近現代史料の管理と史料認識

Modern Archives Administration and Archival Science

鈴江英一 著

北海道大学図書刊行会

はしがき

史料(文書・記録)の保存機関を文書館(アーカイブズ。archives)というが、わが国では依然としてなじみが少ない。しかしながら、古代から現代に至るまで多量の史料が生まれ、現在でも生成し続け、かつ膨大な量が保存されている。それらは日々生成され、日々消滅し続けている。文書館は、生成し消滅していく史料(これもまたアーカイブズというが)を今日と後世とに伝える社会的装置であって、わが国でも少しずつではあるが設立されてきている。しかしながら、わが国において史料の保存に対する社会的認識は微弱で、これを担保する装置としての文書館は、その数においても社会的機能としても弱小であることは紛れもない。文書館の内部にいるいないにかかわらず、史料の保存と公開に関心を持ち、自らその一端を担おうとする者にとって、この現状は見逃すことができず満足できることではない。それゆえ、この状況を憂い打開しようとする多数の論述がおおやけにされていて、いまに尽きない。本書の出版の動機もそのところにある。

ただ文書館の問題を考える際、現状を嘆く前に私は、戦後、いや戦前からの史料保存の歩みを踏まえて、われわれの今日の到達点を見定めておくことから始めようと思う。また、わが国の史料保存認識の弱さ、保存体制の立ち後れは、比較されている諸外国(欧米とは限らない、東アジアの中においてもであるが)の現況からして、認めざるを得ないけれども、わが国の状況を彼我の文書館制度の格差から論ずるに終わらせず、その原因が何に由来するか、解明する方法を確立する必要があるように思う。そのうえで史料の保存公開という史料管理の業務を支える史料管理学(論)の研究がどのように成立するものなのか、またこれに隣接し支援する史料認識の研究としての史料学のありようをも、本書では考えてみたい。

わが国の史料保存の歩みが築いてきた成果は、全国的に総覧するならば、戦後に限っても決して小さいものではない。今日の史料管理学(論)も史料学(史料認識論)も当然、そのうえに立っているが、この一〇年ほどの間に、文書館をめぐる環境は、公文書館法の制定、情報公開法の制定、コンピュータの普及(なかでもインターネットの発達、文書の電子化)、文書館の国際的交流、省庁再編およびきたるべき市町村大合併などが押し寄せ、生まれて間もないわが国の史料保存運動、文書館運営が従来のままでよいのかどうか、岐路に遭遇している。これら新しい事態に史料管理学(論)も応えていかなければならないが、そうであればこそ、われわれがよって立つ地点を確立するため、議論を整理しておく必要があろう。

そのような視点から、本書を『近現代史料の管理と史料認識』として、史料保存と文書館に関わりを持つ人々と課題を共有したいと願っておおやけにした。近現代史料を素材としたのは、筆者がこれまで近現代史料を取り扱ってきたことと、近現代史料には同時代の文書を保存する評価選別という文書館の基本的機能に関わる課題があったからである。

もともと本書は、博士(文学)の学位申請論文として北海道大学へ提出した『近現代史料の史料管理及び史料認識に関する研究』であるが、これを文部科学省学術振興会研究成果公開促進費によって出版するにあたり一部手直ししたものである。本書に収録した各章は、筆者がかつて勤務した北海道立文書館(その前身を含む)および現在の国文学研究資料館史料館に関わって執筆した個別の論文である。これらは、多くはここ一〇年ほどの間に執筆したものである。この中には一九七〇年におおやけにした論文も含んではいるが、学位申請論文提出に際し書き下ろした論文を除き改稿はせずに、節・項の体裁を整えて収録した。本書は三〇年の時間幅のある論文集であるから、現時点での研究段階に即応して目配りすべきところもあり、学説史を取り扱ったもの、文書館の諸業務の分析を行ったものは、新たな学説の登場、文書館の設立、各館の業務の進展による変化などによって、多少の追加では足りないところもあるが、論点自体は克服されていないと思う。したがってこれらをも本書の主張の一部とするのに不整合はないと考えて収録した。

現在を確認し将来を展望するために史料を保存するのが文書館であるとすれば、筆者にとっての本書の意義は、史料の保存公開にかかるこれまでの歩みを確認し、これからの方向を見定めようとするところにある。ここで呈示するところが何かの論議の契機となり、あるいは現状を克服するための論議の対象になり得るのであれば、本書の意義は十全に果たされることになると思う。

二〇〇一年六月

鈴江英一

近現代史料の管理と史料認識——目　次

はしがき

目　次

第二編　史料の引継移管と評価選別

図表目次

序章　史料管理論の課題と方法

一　本書の目的と範囲

本書は、わが国の史料保存と文書館について、これに関わる人々と課題を共有したいと願い、年来、おおやけにしてきた筆者の論文を一書としてまとめたものである。これを『近現代史料の管理と史料認識』としたのは、行論で明らかな通り、近現代史料の管理と史料認識の方法が史料保存と文書館の活動にとって、主要な課題であると考えるからである。

本書の考究対象の「史料」は、社会を構成する組織体および個人が、その活動の過程で生成——すなわち作成、授受または記述、編綴——した文書・記録のことである。これらは、組織体・個人のありよう、生成の形態、作成・伝達の意図によってさまざまな様相を呈している。すなわち文書・記録は、ある特定の要請、価値認識を担って、地域、国、政治形態、組織体の性格、また時代によって規定され多様に生成されてきた。そればかりではなく文書・記録を保存し後世に残そうとする行為自体もまた、すぐれて歴史的、社会的所産というべきであろう(1)。

近現代、特に現代においては、多様な形態を持った文書・記録がほとんどの社会において、かつ絶え間なく生成されており、いまやあふれんばかりとなっている。この事象は、現代の社会また時代における特有の所産にほかならない。他方、文書・記録は、これを生成せしめた当事者によって、当面の生成の目的に沿って使用、管理されるが、時間の経過とともに本来の目的とは別な意義をもって利用され保存価値を生ずることがある。保存された文書・記録は、時間の経過とともに、その価値が多重に累積して、その組織体・個人の諸事象を時間幅の中で説明する素材となっていく。この性質のゆえをもって保存される文書・記録を本書では、「史料」と呼ぶことにするが、これはアーカイブズ(archives)の訳語である。

「史料」は、本来、累積することによって時間を超えて事象を伝え得る性質を持っているので、この点が着目されて、歴史的考察に使用されてきた。史料という術語は元来が歴史学のもので、歴史学は文書・記録その他、保存されてきた研究の素材を「史料」と呼び、かつそれらを保存すべき対象として保護してきた。しかしながら、今日、アーカイブズとしての史料は、歴史学の研究素材である史料と、同一のものとはいえなくなっている。

近代の文書・記録の保存を歴史的に見ると、史料生成の主体である国家制度(地方を含む)と史料保存装置である文書館制度、これを利用する歴史研究とは緊密にして一体的な関係にあった[2]。わが国においても、戦後間もなくの史料保存運動は、主として歴史学の研究者、なかでも近世史などの研究者によって発起され担われてきた。この史料保存運動の延長上に、文書館設立運動が展開されてきた。それゆえアーカイブズとしての「史料」の語には、歴史学研究の色を濃くとどめている。

しかしながら現在、アーカイブズの訳語としての「史料」が、歴史学の「史料」から出発して独自の意味を持ちつつあり、「史料」という語が多義的に用いられつつある。これは近時、「記録史料」という呼称が用いられていることにも現れている[3]。「アーカイブズ」の訳語として文書館に保存されている、また保存されるべき文書・記録を指す場合の史料は、多くの部分で歴史学の素材である史料と重なっているが、両者は完全に一致してはいない。これは、文書館の理論および活動の発展の中で「史料」の概念もまた拡大してきたためである。[4] この差違は、単に用語の違いというにとどまらず、アーカイブズとしての史料に関わる研究、例えば本書でいえば史料管理学(論)――あるいは記録史料学、文書館学、公文書館学[5]――をどのように捉えるかという研究の性格規定に関わっていよう。

文書館など史料保存機関に収蔵される文書・記録は、歴史研究の分野による利用が多くなされるとしても、それに劣らず親機関――地方自治体立文書館であれば、設置母体の当該自治体、企業文書館であれば当該企業――の職員、歴史研究以外の研究者によって利用される。したがってアーカイブズとしての史料は、歴史学の研究あるいは修史事業の素材にとどまるものではない。このため文書館ではアーカイブズたる史料を、組織体自身の運営、関係する個人の証明のためという、現時の用途も含めて利用されることをも想定して保存している。このような史料によって、われわれは、歴史的な時間幅で事象を理解することができるが、文書館は、歴史的時間幅による理解を可能ならしめるように史料を評価選別し保存することに努めてきた。これらの文書館の活動を支える史料管理学(論)は、歴史学の成果を接受するが、その一部となるものではなく、歴史学に隣接する自立した研究分野として、その確立が模索されている。

本書は、これらわが国における史料保存の諸側面について、主として史料管理論の立場から考察を加えようとするものであるが、その際、本書では、主たる考察の対象を近現代史料に置いている。その理由は、筆者がこれまで主に近現代史料の史料管理に携わってきたことによるが、いま一つの積極的な理由を挙げるならば、前述の通り、近現代史料の管理と認識に対する研究の確立を特に意識しているためである。いまだ緒についたばかりのわが国の史料管理学(論)の研究の中でも、近現代史料にかかる史料管理論またこれに隣接する史料論――ここでの史料論あるいは史料学は、あとで規定するように史料管理論とは区別された史料認識のための考察である――の研究は、ようやくその学問的主張がなされ始めたばかりであって、早急に研究の蓄積が必要であると考えるからである。

近現代史料に関しては、厖大な文書・記録を史料として評価選別し、ひいては廃棄して、際限なく増大する史料を制御するという課題がある。また近現代史料には、同時代のわれわれが文書・記録を史料としてどのように認識するかという、他の時代の史料にはない課題がある。右のような近現代史料に特有な理論的・実践的課題は、これを保存しようとする文書館にとって日々に営まれる業務に直接関係するという日常の課題にほかならない。

もとより、史料管理論も史料論も本来、中世、近世、近現代と時代別に存在し、他の時代と対峙して存在を主張するものではないと、筆者は考えている。通時的な史料管理論・史料論が存在し、そのうえで各時代の史料の特質が捉えられなければならないとの考えであるが、ひとまず近現代史料についての考察を集中して論じておく必要があるとも考えている。

この立場から、筆者は、近現代史料を取り上げて本書各章を論述している。すなわち本書では、史料管理論の主要な部分である文書館の機能を考察し、その機能の中心にある親機関からの引継移管および評価選別、さらに近現代史料にかかる史料整理について集中的に論じようとしている。加えて、これらの史料管理論を支える史料認識のための研究分野であり、それ自体独立した研究意義を持つ史料論のありようを考察しようと思う。

史料管理論および史料論を論ずる場合に、どのような体系性あるいは枠組を持つものとして筆者が考えているかをあらかじめ呈示すべきかと思うが、本書では、必ずしも史料管理論を体系的にあるいは各分野を網羅して論じているわけではない。もし史料管理論を体系的に呈示しようとするならば、史料管理体制論すなわち文書館管理運営論、文書館法制、専門職論(アーキビスト論)、調査研究論、文書館施設・設備・環境論から始まり、引継移管、評価選別、整理、目録作成、利用普及、補修・保存処置、展示、相互協力の諸論に至る文書館の各分野があり、それらを全般的に論ずることになるのではないかと思う(6)。しかしながら本書では、前記の一部の分野について、しかもその分野の一部の課題を特出して論じているにすぎない。史料論も同様であって、近現代史料の全般にわたって論議を尽くしたものではない。むしろ筆者としては、これまでわが国の近現代史料論がたどってきた論議を踏まえていくと何を論じ得るか、また史料認識の論議がそれ自体自立していつつも、史料管理論などのように支えていくかを見ようとするものである。[7] それゆえ本書では、近現代史料にかかる史料管理論・史料論を体系的に呈示するよりも、史料保存にかかる課題の発見と実践的な作業の理論化、これによる新たな展開の方向づけを目指して論ずることとする。

二　文書館の課題と本書の方法

わが国における文書館の歴史を振り返ると、一九五九年に山口県文書館がその名称で設置されて以来、半世紀に近づこうとしている。また、一九七六年に文書館をはじめ全国の史料保存機関とそこに勤務する職員、また史料保存に携わる人々によって歴史資料保存利用機関連絡協議会(のち、「全国」を付す。略称：全史料協)が結成されてから、四半世紀を経ている。この間、国立公文書館をはじめ二六の都道府県、十数の市町村に文書館が誕生し、一九八七年には、公文書館法が制定されている。太平洋戦争敗戦後の史料保存運動とその過程で生まれた国文学研究資料館史料館(当初は、文部省史料館)、国立国会図書館憲政資料室の設立などを視野に入れるならば、史料保存の活動と文書館の設立は、戦後のわが国の歴史に即応するように歩んできたと自負してよい歴史がある。いま国・地方自治体の史料保存機関について述べたが、企業、学校、その他の団体の文書館、史料保存の活動が視野に入れられるべきはもとよりである。筆者は、この歩みの中で当初からではなく途中から、また全国的な動きからすると周辺に位置していた者ではあるが、相当部分の年数をともにたどってきた一人として、これまでのわが国における諸々の活動と研究の蓄積を十分、評価をしてよいのではないかと考えている。少なくとも、今日、史料保存および文書館を論ずることが可能となっているのは、それ自体の歴史によって積み重ねられてきた現実的基盤が存在しているからである。[8] しかし同時に史料保存と文書館には、依然としてこれが十分には充実、伸展しない課題が横たわっていることも直視する必要があり、そこに本書の契機がある。

課題とされていることは、文書館が一定程度の広がりを見せつつも、経済の不況、地方自治体の財政悪化の中で、公立文書館の設立の進度が停滞し、なかでも市町村レベルでの設置が依然として稀な状態であること、この背景として、わが国においては史料保存に対する社会的な関心が依然として薄く、文書館制度が未確立であること、さらに、国・自治体・企業などの内部においても文書館の体制・権限が弱体で、十分な機能を発揮し得ない状況にあるという諸点が挙げられる。今日の文書館の課題はいくつもあるが、筆者としては特に次の五つの点を掲げておきたい。

すなわち、第一には、史料保存に対する全社会的支持の未形成、第二に文書館の権限に対する著しい制約がある。第三にはこの文書館を支え史料保存を担うべきアーキビスト(archivist)制度の未発達がある。第四にこれまでの史料保存にかかる技術的蓄積を理論化することに依然として不足しているという現状があり、また第五として史料保存にかかる新たな国際的動向への対応が課題となっていることが挙げられる。

第一の点、史料保存に対する全社会的支持の未形成とは、わが国における史料保存に対する国家的あるいは国民的合意の不足と言い換えてよい。文書・記録を国民ひいては人類の共同の遺産として保存し、そのための施設を十分に担保する体制を整えていない点を指している。このことはわが国の文書館制度を欧米諸国と比較する際に指摘される点であるが、それのみならず、中国、韓国など近隣の東アジア諸国との比較においても状況は同様である。[9] 具体的には、おおやけの文書・記録を史料として保存する基本的法制の整備がなされていないこと、公的機関における文書館の必置を制度化し一般化していないことである。現在わが国の文書館法制では、公文書館法、国立公文書館法を有するが、いずれも施設の設置法であって、史料保存全体を規定する法制度を欠いている。文書館設置も、地方文書館についていえば、先に見た通り一九九九年末現在で四七都道府県中、二六の都道府県の設置にとどまっており、市町村立では、十数館を数える状態である。図書館・博物館に比較するまでもなく、文書館への社会的支持はいまだ多くはない。また、現在の公的な文書・記録のみならず地域の私的所有権のもとにある史料の保存体制についても法的な措置が必要である。

第二の文書館の権限に対する著しい制約というのは、第一の点の反映でもあるが、史料（アーカイブズ）としての文書・記録を保存する際に文書館が有している権限の弱さである。文書館の引継移管権限の問題は公立の文書館に限るものではないが、文書館制度の中核をなしている国・地方自治体においてこの引継移管権限が著しく制約されているのを見る。例えば文書館が親機関の文書・記録の引継移管に際して、これを文書館がその判断によって行う権限を持ち得ているか、また政策決定などに関わる重要文書をも含めてすべての文書・記録に対して文書館の主体性で選別・引継をなし得るかという諸点である。すでにいくつかの県の文書館では右の引継移管について制度的担保が存在するが、国立公文書館はじめ多くの地方文書館においては、この権限に著しい制約が認められる。引継移管体制の確立いかんは、文書館機能の核心に関わるところであって、体系的な史料保存の可否を左右する文書館論の中心的課題である。

第三のアーキビスト制度の未発達も、第一と第二の状況の反映である。文書館の専門職員を指すアーキビストの適切な訳語を日本の文書館はいまだ持ち得ないが、博物館の学芸員、図書館の司書と同様に、またそれ以上の必然性をもって文書館にはアーキビストが必要であるとの主張を文書館界は行ってきた。文書館における専門職が制度的に存在せず、社会的にも認知されていない状況は、文書館を支える主体が誰であるかを不明確にしている。現在、公文書館法第四条第二項には、「専門職員」の配置を規定しているが、同時に付則第二項では、当分の間、地方自治体の公文書館には「置かないことができる」として放置されている。専門職員を養成する体制が整備されていないとの理由である。(10)

アーキビスト問題には、専門職員の教育・養成課程、資格付与、処遇などさまざまな論点があるが、史料管理論としては、公文書館法の規定にいう公文書館の専門職員にとどまらず、広く史料保存に関わる人材を視野に入れた理論的検討が課題である。その際に最も中心的な課題となるのは、アーキビストの専門性をどこに置くか、また文書館における配置の必然性をどのように説明し得るか、という点にあろう。(11)

第四の史料保存にかかる技術の理論化が不足している点についてであるが、これは体験を体系化し理論化していく営為がいっそう必要であるという指摘である。史料管理論は、具体的な実践の学であるから、その理論もまた史料保存の現場での検証を経る必要がある。一九七九年に刊行された『日本古文書学講座』第一一巻、近代編Ⅲは、各文書館における収蔵史料を紹介するとともに史料管理――現用文書の管理、文書館への引継移管、地域に所在する文書の収集、史料整理、目録化、公開など――について、その理論と手法を相互に開陳する機会となった。これによってわが国の文書館の史料管理を総覧することができ、史料管理論の体系化に一歩を踏み出したといえよう。今日では、各文書館において文書館学・史料管理学の研究と実践がいっそう蓄積されてきた。ほとんどの文書館が発行している研究紀要、また全国規模では、全史料協大会の研究会、研修会、同会の機関誌『記録と史料』(一九九〇年創刊)によって、文書館界は広い論議の場を獲得している。(12)

しかしながら、現段階での研究は、各館の事例紹介が多数を占めており、これを他の地方、他の文書館をも視野に入れての論議は、いまだ多くはないように思う。自己の経験を普遍化し一般化する議論の提起が、いっそう課題として残されている。それゆえ後世、わが国の史料管理学の軌跡をたどることがあった時、一九九〇年代は草創期に相当すると位置づけられるのではなかろうか。各館のアーキビストにとっては、これまでの研究史を踏まえつつ、各自の史料管理学(論)・史料学(論)研究を彫琢し体系的に構築することが要求されているように思う。今後、各地の研究と実践が、全国的な史料保存の理論と技法をもリードするようになることが期待される。(13)

最後に第五として挙げた、史料保存の新たな国際的動向への対応が課題となっている点について述べておこう。戦後、文書館の設立経過の中で欧米の文書館の理論と技法が導入された。(14)さらに文書館の国際的交流の中で最新の史料管理論の理論および技法、文書館事情を吸収してきた。[15] 特に一九八〇年代には、安澤秀一著『史料館・文書館学への道――記録・文書をどう残すか――』[16] によって、欧米の文書館事情、アーキビスト養成状況など近年の欧米文書館学の体系が伝えられた。また安藤正人は、一九八四年の在外研究の成果を、アーキビストの専門性と養成課程、史料整理と検索手段の構築を中心に、大藤修との共著『史料保存と文書館学』[17] において紹介している。以来、欧米の文書館の理論、経験の摂取は盛んに行われてきた。

最近は、文書管理論、評価選別論、目録記述論についても国際的状況が紹介され、わが国の史料への適用について検討が進められている。[18] いまだ草創期にあるわが国の文書館界であるが、この分野では、欧米の文書館の先進的な部分を吸収するという段階からさらに歩を進めて、現代の文書館が直面する先端の課題を共有する段階に移っている。いまや厖大な現代の文書・記録から何を史料として保存するか、史料にかかる情報を国際的にどのように交流させるか、世界の文書館が取り組もうとする論議に、日本の文書館もまた参加することが求められているのではなかろうか。このような論議を通じて現代社会の中での文書館のありようを問い直す課題にわれわれも遭遇している。[19]

以上のような課題を有するわが国の史料保存および文書館について、前述の通り本書は全課題をくまなく論じようとしているのではなく、諸課題の一部の分野について、しかもその一部分について論じようとするものである。ただ、筆者としては、今日の文書館が直面している課題を筆者なりに担おうとする方向で本書の論述を構築した。

さて、右のような史料保存および文書館制度確立の論議に筆者も加わりたいと願うのであるが、その際、次の点を留意したいと思う。まず、わが国の史料保存、文書館状況を考える際に意識したいのは、この問題をどのように捉えるかという視点の据え方である。本書では、史料保存の意義と文書館設置の必要性を、当事者の願望あるいは一方的挙止となることは避けて、その社会的意味を客観的に確認する作業として論じていきたい。また、われわれの課題の大きさを文書館先進諸国との落差の認識に解消させることも避けたい。むしろわが国の文書館が到達し得た文書館の社会的機能を再確認して文書館業務の内容を検討し、史料管理の方法論を整序していくことを試みたいと考える。

さらに史料管理論と史料論の関係であるが、筆者は、史料を認識するための史料論の確立によって史料管理もまた強固なものになると考えているが、両者の接点となるところをも確認し整理していきたいと願っている。研究の軌跡をたどりその枠組を設定していくことは、誰しもが行うことではあるが、史料管理論・史料論をいっそう強固なものとするには、これまで蓄積された研究成果を的確に踏まえ継受したうえで論議を展開させていく着実さが必要であろう。文書館にかかる諸論議を整序し総合的に構築していく営為が、特にいま欠かすことはできないのではないかと思う。本書の考究が、上記の史料保存および文書館の状況を直ちに打開するようなことにはならないと思うけれども、そのための一端は担いたいと考えている。

三　本書の構成と各章の要約

次に本書の構成および各章の要約を記すこととする。本書は、博士(文学)の学位申請論文として北海道大学へ提出した『近現代史料の史料管理及び史料認識に関する研究』を改題し、この論文のために稿を起こした序章および第一章など一部に推敲を加えたものである。この序章では、まずわが国の文書館の課題と筆者の研究の視点とを関連づけたが、本論全四編一三章によって、史料管理論と史料認識論を論じ、終章において全体を総括する。本論第一編「現代日本の文書館状況」は、史料保存を担う文書館の機能、わが国の文書館、特に自治体立文書館が抱える課題を公文書館法との関連で取り上げるとともに各館業務の構造を論ずる。第二編「史料の引継移管と評価選別」は、文書館の中核的業務である現代公文書の引継移管、収集基準の実相、また評価選別の事例を通して、これらの問題点を指摘する。第三編「史料整理論の検討」では、史料整理の技法を近現代史料整理論の研究史、近代初頭の市町村役場文書の整理事例から論じ、さらに文書館における史料管理総体の問題に広げて考察する。第四編「近現代史料の史料認識」では、近現代史料論の形成を概観したうえで北海道近代初期の公文書にかかる史料論の方法を、文書様式また法令公布施行方式の変遷から構築しようとし、またわが国の「町村制」における文書管理の実相について論ずる。さらに終章は「史料管理論、史料認識論の展望」として、今後の研究の方向をまとめ、本書全体の総括として位置づける。以下、さらに各章の要約を掲げることとするが、一部を除きいずれも既往の発表論文であるので、あわせて初出掲載書または掲載誌についても明らかにする。

第一編「現代日本の文書館状況」、第一章「史料保存体制としての文書館の機能について」は、序章と同様、本書のために書き下ろしたものである。ここでは、わが国の史料保存運動、文書館理解の軌跡をたどるとともに、その過程で歴史学から発想されてきた史料保存および文書館理解が拡大し、アーカイブズとしての史料の概念が歴史学研究の素材であることを超えて独自に展開していること、それゆえ文書館の課題が現代史料をどのように評価選別し保存するかという点に集中していること、その一方でわが国の地方自治体立文書館には地域史料の保存という機能をあわせ持っていることを指摘する。この章は、近年の文書館理解によって文書館が果たす社会的役割を捉え直し、以下の各章における論述の基本的視点を呈示しようとするものである。

第二章「公立文書館の方向と課題――公文書館法成立一〇年の年に――」（兵庫県史編集専門委員会編『兵庫県の歴史』第三四号、兵庫県、一九九八年三月、所収）は、兵庫県の依頼によって執筆したものである。ここでは、公文書館法成立一〇年の年である一九九七年の時点において、一九八六年に来日したマイケル・ローパー国際文書館評議会（ＩＣＡ）派遣使節による日本の史料保存体制への勧告を指標として、わが国の文書館制度の達成度を論ずる。

第三章「地方文書館における業務の構築について――都道府県立文書館設置条例等の規定を中心とした考察

――」(『北海道立文書館研究紀要』第七号、一九九二年三月、所収)は、一九九一年時点で地方文書館(都道府県立文書館)の業務を、各館の設置根拠である条例等によって比較し、わが国における文書館の機能の多様性を論証する。このような各館の比較研究によって日本の公立文書館全体を論ずるのは、後述の第五章に次ぐ試みであるが、これまでわが国の文書館では行われなかった手法である。これによって、各文書館の業務についての規定が公文書館法をはるかに超えている実態を明らかにする。

第四章「文書館業務と公文書館法――秋田県公文書館条例等の規定をめぐって――」(『秋大史学』第四〇号、一九九四年三月、所収)は、第三章の分析を一九九三年に開館した秋田県公文書館に及ぼして、設置条例、業務の範囲を検討するものである。ここでもわが国の文書館は、公文書館法の枠組の外に業務が構築されるべきことを論ずる。

第二編「史料の引継移管と評価選別」、第五章「わが国の文書館における公文書の引継移管手続と収集基準について」(『北海道立文書館研究紀要』第四号、一九八九年三月、所収)は、都道府県立文書館などを対象として、文書館業務の中核的機能である親機関からの公文書引継移管手続を類型化し、また、各館の収集基準についても類型化を行う。この分析を通じて、わが国の文書館が直面している引継移管体制の確立のための方向を論ずる。わが国の文書館研究で、このような比較研究の方法は、それまでほとんど存在せず、本格的には初めての試みである。

第六章「評価選別論の検討と選別の試み」(史料館編『記録史料の情報資源化と史料管理学の体系化に関する研究、研究レポート』No.2、一九九八年三月、所収。原題は「文書選別の試行について――北海道立文書館準備過程における――」)は、北海道庁の公文書の中から北海道立文書館に引継移管すべき文書を評価選別した試みを報告する。特にわが国の文書館界では報告されることが少ない評価選別の具体例を明らかにするとともに、評価選別の手法を開陳し、評価に介在する課題を指摘する。なお、本章の初出の論文は、研究報告の原稿をそのまま転載したものであったため、新たに評価選別論史と具体的な判断事例などを書き加えるなど大幅に改稿した。

第三編「史料整理論の検討」は、主として文書館の史料整理について、相当の紙数を費やして検討している。本書の三分の一を占めているのではなかろうか。このうち第七章「近現代史料整理論の状況」(『史料館研究紀要』第二七号、一九九六年三月、所収。原題には「近現代史料整理論ノートI」との副題を付す)は、次章の論題とした目録を作成するのに先立って近現代史料の整理論を検討し、その成果を摂取する目的でまとめたものである。一九七〇年代以降展開する近現代史料整理論と都道府県文書目録における分類(目録編成)と記述の推移を明らかにするとともに、整理論の課題の方向を論ずる。

第八章「市町村役場文書における目録記述の試み」(『史料館研究紀要』第二九号、一九九八年二月、所収。原題には「近現代史料整理論ノートII」との副題を付す)は、筆者が担当し一九九七年三月に刊行した『史料館所蔵史料目録』第六四集、「山梨県下市町村役場文書目録」その一における目録記述の報告である。ただし、単なる事例報告ではなく、同目録において試みた目録編成論と記述論を、より一般化した議論として呈示している。

第九章「史料整理論の再考」(『史料館研究紀要』第三一号、二〇〇〇年三月、所収。原題には「近現代史料整理論ノートIII」との副題を付す)は、第七、八章の検討をなしたうえで、史料整理全体を考察したものである。ここでは文書館における整理の性格、史料整理の諸原理を検討し、また個別の史料整理の前に文書館の所蔵史料全体の管理を館業務として位置づけることの必要性、また公文書の検索手段についてのモデルなどを呈示する。

第三編までが文書館論を含む史料管理論であるが、第四編「近現代史料の史料認識」は、史料認識論(あるいは史料論、史料学)である。史料認識論は史料管理論に隣接し、これを支える役割を果たすものであるが、史料認識論それ自体が独立した研究領域と体系を持っており、特に歴史学とは深い関係にある。第一〇章「近現代史料論の形成と課題」(一九九九年一月成稿。『史料館研究紀要』第三二号、二〇〇一年三月、所収。原題には「古文書学などとの接点とともに」との副題を付す)は、近現代史料論の形成過程を追う研究史としてまとめており、第四編の総論的位置づけを持つ。特に史料学の中で主要な位置を占めている古文書学が近現代史料に対しどのような接点を持つかを中心的に論じているものである。ここでは、近現代史料論が現状の古文書学からは自立しつつ展開する様相を見るとともに、史料管理論として論じられた「史料論」と史料認識論の領域に属する史料論とを区別し、史料論の目的が史料認識にある点を論証する。

第一一章「北海道庁所蔵第一文庫系簿書の紹介と考察」（日本古文書学会編『古文書研究』第四号、一九七〇年十月、所収）は、開拓使文書を中心とした北海道近代初頭の文書群の紹介であるが、古文書学の様式論を近現代史料へ適用する試みの呈示と史料理解を史料検索に結びつけようとしたもので、第九章とも関わりがある。古文書学との接点を模索するとともに、これを超えた近現代史料論の可能性を探ろうとする。

第一二章「近代初頭、北海道における法令の施行——開拓使文書の体系的把握のために——」（岩倉規夫・大久保利謙共編『近代文書学への展開』柏書房、一九八二年六月、所収。原題は「明治初年、北海道における法令の施行——開拓使文書の体系的把握のための試論——」）は、近代初頭における北海道への法令施行の特殊な扱い、文書伝達遅延の状況を明らかにする。文書、法令の地域的特性を強調しているが、それらを通じて近代文書学の可能性を探ろうとするものであって、全国的な近現代史料論への展開をも念頭に置きつつ論ずる。

第一三章「「町村制」における文書管理の性格——近現代史料論としての考察——」（高木俊輔・渡辺浩一共編著『日本近世史料学研究——史料空間論への旅立ち——』北海道大学図書刊行会、二〇〇〇年二月、所収）は、一八八九年に施行された「市制町村制」が文書管理事務に及ぼした影響を論ずるものである。ここでは、町村制下の文書が町村自治のどの部分を記録するものであるかを論ずるとともに、この史料認識論が史料管理論に隣接し、評価選別論、史料整理論を支えるものであることに言及する。

以上、本書の構成と各章の内容について示したが、各章は、ほとんどがここ約一〇年ほどの間に執筆した論文である。しかし、なかには第一一章のように三〇年前の論文もあり、収載年次幅は大きい。総じて史料認識論は比較的論文の生命が長いと思うが、史料管理論の分野では文書館界の急速な研究の発展、国際的動向の流入、文書館自体の増加から論文の有効性が短いように思われるところがある。本書でいえば、第三章、第五章のように各館の状況を比較している場合には、新たな文書館の出現により論述の枠組が変わる可能性があり、各館の業務、引継移管手続、収集基準についてすでに改変されているところも少なくないと思う。また、第七章、第一〇章のような研究史は、これ自体が他の論文によって研究史の対象とされていくのであって、新たに付加すべき点も多い。またそれぞれが独立の論文であるから、重複が多いものとなっているほか、全般的に書きあらためることが最善かと思うが、重複部分は各章の論述にとってそれぞれ必要な部分であり、他方、各章をそれぞれの時点での史料管理論・史料認識論として呈示することに別の意義もある。したがって公表の範囲が限られている第六章以外には、新たに書きあらためることをせず、発表当時の姿で本書に収録し、初出論文執筆後の研究の発展、他の章との関連、論点の整合性などについては、必要に応じ各章末に【補記】の欄を設けてここに一括した。

ただ、本書の中に各章を収載するに際し、各章の統一を図る意味で次の点を修正したことは、あらかじめお断りしておきたい。

①各編の編目構成を、章、節、項に統一した。これによって論述に関連して参照すべき他の章、節の呼称を補正した。

②明らかな脱字、誤記、誤植は訂正し用字を統一したが、前記の通り原則として改稿はせず、字句の補正は最小限にとどめた。例えば、ほとんど同義語として記載している「史料」と「資料」、「史料管理学」と「文書館学」など、それぞれの章の中では努めて整合性を図っているが、章を超えた用語の統一はしていない。ただ、「北海道立文書館」「国文学研究資料館史料館」または「国立史料館」を「当館」とした部分は、それぞれの名称に改めた。

③註の表記では、文献名・巻号数表示などを統一した。

④年次は西暦主表記にしたほか、年月日、数値などの表記を統一した。

（1） 今日の文書館が持つ歴史的、社会的性格を近代国民国家との関係で集中的に論じたものに、歴史人類学会主催のシンポジウム「国民国家とアーカイブズ」（一九九七年・九八年）がある（同名の書名で日本図書センターから、一九九九年十一月に出版）。

（2） 文書・記録の生成主体、歴史学のありようと文書館を結びつける議論は多いと思うが、ここでは文書館を「ランケ派歴史学の砦」と評した、P・パーク編『ニュー・ヒストリーの現在』（人文書院、一九九六年六月）序章一〇頁および二三頁を紹介しておこう。同書では、社会史の立場から、当時の政府文書のありよう、これに依拠したランケ派の歴史学、歴史学の進展を保障した文書館制度を一括して批判している。もっとも同書では別のところで、今日の歴史学、特に社会史の分野における、現代の文書館の有効性にも言及している。また、近代文書館が特に歴史学と結びついてきたこと、換言すれば時代の制約を持ちかつ変化しつつあることについては、ドイツのアーキビスト、アンゲリカ・メンハリッツの指摘を紹介した石原一則「アーキビスト養成の歴史と課題」（全国歴史資料保存利用機関連絡協議会（全史料協）編『記録と史料』第四号、一九九三年九月、所収）がある。

（3） 生みだされた文書・記録（レコーズ）から永久保存対象を選別して、これを「史料」あるいは「記録史料」と呼び、アーカイブズの訳語であるとしているのは、全史料協の機関誌名『記録と史料』の説明である。また、全史料協監修『文書館用語集』（大阪大学出版会、一九九七年十一月）も同様に、「史料、記録史料。個人または組織がその活動の中で作成または収受し、蓄積した資料で、継続的に利用する価値があるので保存されたもの」として、レコーズとアーカイブズの関係は、「記録」から「史料」または「記録史料」へ移行するものと捉えている。

（4） 「史料」「アーカイブズ」「文書・記録」については、本書でも表記を統一し得ていない。用語の不統一は、筆者のみならず日本の文書館界が解決していない課題の一つである。論者によって表記および概念が多様に使用されているので、本書でも議論の文脈に合わせて使い分けているが、筆者としては同義語として使用しているつもりである。

（5） 史料保存の学としては、「文書館学」が一般的ではないかと思うが、本書では「史料管理学」また「史料管理論」をとった。筆者は、「史料管理学」と「史料管理論」とを、実質的には区別はしていない。ただ、本書では、史料管理学の体系全体を呈示するまでに至っていないので、ほぼ「史料管理論」とした。

史料管理学は、国立史料館（国文研究資料館史料館の略称）が提唱した呼称である。史料館内でも一九八〇年代には、安澤秀一著『史料館・文書館学への道』(吉川弘文館、一九八五年十月)、大藤修・安藤正人共著『史料保存と文書館学』(吉川弘文館、一九八六年九月)とあるように、当初は「文書館学」を提唱していたが、一九八〇年代後半から「文書館学」といわずに「史料管理学」を称するようになる。例えば公文書館法制定の翌年一九八八年からは、「史料管理学研修会」の名称でアーキビスト教育を開始した。これは史料管理の課題を文書館業務に限定せず、個人を含む各種の史料保存諸機関をも包み込む、より一般化した議論のもとに置こうとしたものである。このことは史料管理学(論)の領域を文書館学の枠内にとどめず、学問領域を広く設定する趣旨でもあったと思う。さらに一九九〇年代には、大藤・安藤が主唱した「記録史料学」を提唱することになる。その代表的著作としては、安藤正人著『記録史料学と現代――アーカイブズの科学をめざして――』(吉川弘文館、一九九八年六月)がある。安藤によれば、この視点は史料管理学を archives administration というやや技術論的な捉え方にとどめず、史料認識論を含めた archive science または archive studies として捉え直そうとするものであると説明されている(同書、一七頁以下、註(23))。しかし、今後、研究の発展とともに新たな名称が創案されることもあろうかと思う。それゆえ本書では、「史料管理学」「史料管理論」にとどめておいた。また、「公文書館学」の提唱は、堀内謙一「公文書館学の課題と今後の展望」(国立公文書館編『アーカイブズ』第二号、二〇〇〇年二月、所収)があるが、用例はいまだ少ない。なお、この序章では古文書学に対峙する意味で提唱された「近代文書学」「近代公文書学」への言及は割愛した。

(6)　註(5)、安藤著前掲書、所収、「第一章　記録史料管理学の課題」で、「記録史料学」を「記録史料認識論」と「記録史料管理論」とに分けたうえで、後者を次のように体系づけている。

①調査収集　史料調査論、評価選別論、移管収集論
②整理記述　史料編成論、目録記述論、検索システム論(自動化論を含む)
③保存管理　記録媒体論、環境管理論、保存修復論
④利用提供　公開制度論、情報提供論、教育普及論
⑤管理体制　史料管理機関論、史料管理制度論、専門職論

(7)　筆者は、史料管理学(論)と史料学(論)との関係を、相互に影響しつつもそれぞれ独立した研究領域と考えている。両者を総合した意味での史料学を想定していない。また、史料認識の学である史料学(論)を、史料管理学と歴史学の両翼が交差する場という想定でもない。この部分を、史料管理学、歴史学とは隣接しつつも独立した領域として考えたい。この点について詳しくは、本書第一〇章で取り扱う。

(8)　戦後の史料保存運動を略述すれば、戦後の社会的変動、例えば華族制度の廃止、物資不足とインフレーション、農地解放などがもたらした歴史資料の保存の危機に対処すべく起こったものである。なかでも地主制廃止に伴う、農村の旧家の史料散

逸が研究者の危機感を高めた。戦後の史料散逸に直面した研究者の強い要請は、一九四八年に開始された全国的な「近世庶民史料調査」、四九年に国立国会図書館に置かれた憲政資料室（現、政治史料課）、五〇年に結成された地方史研究協議会、一九五一年に設置された文部省史料館（現、国文学研究資料館史料館）などを生みだすこととなった。史料散逸の危機は、全国的規模で起こったものであるから、それぞれの地域に拠点を据えた地方史研究は、各地で史料への取り組み、具体的には史料調査、収集、保存、公開を促した。特に農村・農民史の研究が近世地方文書への関心を高め、その再発見に向かわせた。新しい史料の発掘が新たな研究を発展させていったのである。地方史また郷土史研究法とともに史料調査法、史料整理法についての文献が輩出し、文部省史料館が近世史料取扱講習会を開始したのも、この趨勢に位置づけられる。今日の史料保存の取り組みが、戦後の史料保存運動に源流を置くとするならば、そこに発生した史料調査・整理・保存の技術は、現在の史料管理学を支える基盤を広く形成したことになろう。これら戦後の史料保存運動については、多くの論述があるが、とりあえず原島陽一「戦後の史料保存問題の発生」（全史料協編『日本の文書館運動――全史料協の二〇年――』岩田書院、一九九六年三月、所収）参照。また津田秀夫の近代公文書学の論考は、同著『史料保存と歴史学』（三省堂、一九九二年五月）にまとめられている。

（9）アジアにおける文書館の最近の状況については、安藤正人「アジアのアーキビスト教育：最近の状況」（『レコード・マネジメント』№四〇、二〇〇〇年三月、所収）参照。

（10）総理府内閣官房副長官「公文書館法の解釈の要旨」一九八八年六月一日。

（11）アーキビストの専門性を単なるスペシャリストではなく、プロフェッションとして捉えようとするのが、註（5）、安藤著前掲書の立場である。例えば、同書、四〇頁以下。ただ、ここでのプロフェッション性が、現行の日本の行政制度の中でどのような位置づけをもって実現するのか、依然として課題が残っているのではなかろうか。

（12）雄山閣出版、一九七九年四月。

（13）一九八〇年代初めまでの、文書館界の研究状況を概観するものとしては、拙稿「資料ガイド・文書館と近代文書学」（北海道総務部行政資料課編『赤れんが』第七四号、一九八二年十二月、所収）参照。これ以降の研究史は、本書各章で触れている。なお、一九九五年三月（一部、同年九月まで）の関係文献の検索には、全史料協関東部会編『文書館学文献目録』（岩田書院、一九九五年十一月。現在、ＣＤ版も発売されている）が参考となる。

（14）山口県文書館と国立公文書館の設置準備の中で、欧米の文書館理論と技術が翻訳されている。特に国立公文書館の設置準備の過程では、一九六二年以降、『公文書の管理』『アメリカ合衆国の国立公文書館における諸手続』など「公文書保存制度調査連絡会議資料」（全二〇冊）が内部資料の扱いながら印刷され、関連する機関などに配付されている。

（15）外国からの来日者として大きな影響を与えたのは、一九八六年にＩＣＡ（International Council on Archives. 国際文書館評議会）使節マイケル・ローパー（Michael Roper）であろう。ローパーが紹介した文書のライフサイクル論――文書館への引継移管のために文書の発生から廃棄まで一貫した管理システムを構築すべきとする主張――が、日本の文書館で最も課題としていた引継移管体制にふれるものであった。M・ローパー来日の記録、講演内容は、ICA Mission 受入実行委員会編『記録管理と文書館――第一回文書館振興国際会議報告集――』（全国歴史資料保存利用機関連絡協議会、一九八七年十二月）参照。

（16）　註（5）参照。

（17）　註（5）参照。

（18）　一九九〇年代には、安藤・石原一則（神奈川県立公文書館員）によって文書管理および評価選別論が、青山英幸（北海道立文書館員）、森本祥子（当時、史料館研究員）によってICA記述基準特別委員会「国際標準記録史料記述：一般原則」（ISAD（G））の紹介、翻訳および実験がなされている（安藤正人・青山英幸共編著『記録史料の管理と文書館』北海道大学図書刊行会、一九九六年二月、第一〇―一一章。『記録と史料』第六号、一九九五年九月、ほか）。

（19）　日本の文書館運動は、これまで一貫して欧米のレベルに到達することを目標としてきた。わが国の文書館界にとって、近代欧米の文書館はいわば規範であり到達目標であった。しかし、主として一九八〇年代以降、欧米の文書館も現代の膨大な文書・記録への対応、電子情報化の中での大きな変革に遭遇している。したがってわが国の文書館は、規範への到達と規範自体が変革に遭遇しているという、現代の文書館が抱える先端の問題に出会うことになった。いわば二重の課題に直面している。これらもわが国の史料管理論がひとしく担うべき課題であろう。もっとも前者、近代欧米の文書館への到達を目指し、これと同一レベルに並ぼうとする構図は、近代の日本（アジアもといってよいかもしれない）が一貫して歩んできた学問追究の構図と軌を一にするものである。このような構図は、いずれは克服されていくものであろう。また後者は、近代において構築されてきた文書館像を再検討するというものであって、近代および近代化の相対化に通ずるといえるかもしれない。近代の所産としての文書館を相対化する論議については、註（1）および（2）を参照。

現在、依然としてわが国の文書館界が、理論と技法を諸外国――もはや欧米に限らず、中国、韓国など東アジア諸国を含む――から学び吸収するところは多い。しかしながらこの領域、すなわち各国の史料管理の理論と技法については、摂取、吸収する対象として考えるだけではなく、国際的な比較考究を行う対象としても位置づけ、比較史料管理論として発展されるべきものであろう。やがては日本の文書館からも、理論と技法が発信するようになることを希求したい。

第一編　現代日本の文書館状況

第一章　史料保存体制としての文書館の機能について

第一節　課題の設定

本章は、史料保存および文書館の課題について、これまでの論議を踏まえつつ、それらを整理し、史料保存体制としての文書館の機能について考察しようとするものである。ここで述べることは、本書の各章と重なる部分もあるが、各章を展開するにあたって現在、提起されている諸論議を踏み固めて進みたいと思う。いわば本書全体の総論としての位置づけを本章に持たせたいと考えているので、いくぶんの重複はお許し願いたい。

さて本書でいう史料また文書とは、序章で述べたようにアーカイブズ(archives)の訳語である。このアーカイブズを保存する営為は、どのような社会的意味を持つか、すでに多くの論考が積み重ねられている。しかしながら、この提題は、今日、アーカイブズを保存する主たる役割を担ういま一つのアーカイブズ(文書館)が、どのような機能を持つかという論題とともに、いまや自明のこととはいえなくなっているのではなかろうか。[1] 二つのアーカイブズをどのように考えるか、一九八〇年代以降、各国の文書館においても、それまでと異なる状況への対応が迫られている、といわれる。例えば、爆発的な文書・記録の増大への対処、コンピュータの普及がもたらした情報化社会に文書館がどのように対応するかという問題があり、それらは一九八〇年代初頭には、すでにICA(International Council on Archives. 国際文書館評議会)の世界大会の報告課題ともなっており、当時からこれが従来の文書館像を変えつつあると予測されていた。[2]

こうした論議の示す方向は、文書館の歴史が浅いわが国においても例外ではなく、わが国の文書館をもまたその圏外にとどめておき得ない状況にある。本章では、史料保存体制としての文書館が、現代のわが国においてどのような機能を果たし得るかを、これまでの諸論議を参照しつつ考えようとするものであるが、同時に、文書館を論ずる前提として、保存すべき史料がどのようなものとして捉えられるかについても考えておく必要があるのではないかと思う。それゆえ、二〇〇〇年初頭の時点でわが国の二つのアーカイブズについての論議を次のように捉えて考察を進めていきたい。[3] なお、ここではとりあえずアーカイブズを「史料」という語に置き換えてみたが、これから触れる保存すべき対象を「史料」と呼ぶことでよいのかどうか、これも、本章での課題となろう。

まず論議の第一に、保存すべき史料の概念の拡大が挙げられ得よう。わが国でも近代歴史学の発展の中で、保存すべき史料の概念は、歴史学研究および修史事業の枠組の中で形成されてきたことは周知の通りである。それらの中心的な史料が、「文書〈もんじょ〉」であり、それゆえ、文書を保存するための施設である文書館設置の要請は、歴史学の中から発想されてきたと要約できる。しかし、近年の歴史学研究の中でも史料の概念が拡大する一方、歴史学研究の枠を超えて史料保存の意義づけがなされる状況が生まれてきた。[4] この状況に対して文書館は、依然として歴史学研究を重要な隣人として位置づけつつも、他の諸学をも同伴者として、より広範な領域に存立の根拠を置こうとしている。[5]

第二には、第一の点を敷衍した問題であるが、爆発的に増大する現代の記録から何を選別し保存するか、何が保存されるべきかという課題がある。史料の概念が拡大するとともに、行政機関にしても企業にしても、日々生成する厖大な文書・記録から何を将来に向けて保存するのか、保存体制を制度的にどのように保障し、個々の史料を確保していくか、深刻な問題となりつつある。この問題の解決のために、文書・記録発生時からの管理に文書館がどのような役割を持ち得るか、検討を求める論議がある。

第三の問題は、文書館の性格・機能にかかる、公文書館法の規定性についての論議が挙げられる。一九八七年に制定された公文書館法は、国および地方自治体が「歴史資料として重要な公文書等の保存及び利用」(第三条)する機関として文書館・公文書館を規定しているが、同法の示す公文書館像は、従来、各地の地方自治体が進めてきたいわゆる地域史料の保存を積極的に位置づけるものではない(6)。文書館は公文書のみを保存する施設か、またどのように地域史料の保存を考えるか、すでに鋭い提起がなされ始めている(7)。

以上のような、すぐれて現代的な課題に対して、文書館の専門職であるアーキビストがどのような役割を果たすのか、第四にこの論点がある。情報化社会の中で、将来に向けて記録を残すためのアーキビストの役割、専門性、また養成のありようは何か、必然的にこれへの論議に波及する。ここには、歴史学によって養成されてきたこれまでのアーキビスト像とは別のアーキビスト像が描き出されようとしている。アーキビスト制度は、わが国ではアーカイブズ制度以上に未確立であり、その議論が混沌としているといっても過言ではない。わが国のアーキビスト制度は、その未確立の段階で早くもアーキビスト像の変革を迫られているといえようか。

もとより本章では、右に列挙した課題のすべてを尽くせないが、右の論点を意識しつつ、次節においてもう一度、わが国の文書館像の展開をたどり、第三節で、現代における文書館の課題を整理し、第四節で今日の史料保存の要求に対応する文書館像、アーキビスト像を概略探っていきたい。

(1)　周知のようにアーカイブズ(archives)は、記録・文書とこれを収蔵する文書館という二つの意味を持っている。この保存対象のアーカイブズをここでは「文書」「史料」としたが、はたして「アーカイブズ」と「文書」また「史料」が対応する語であるかどうかは、おおいに検討の余地がある。安藤正人著『記録史料学と現代――アーカイブズの科学をめざして――』(吉川弘文館、一九九八年六月)では、冒頭に全国歴史資料保存利用機関連絡協議会(全史料協)監修『文書館用語集』(大阪大学出版会、一九九七年十一月)を引いて、「史料、記録史料。個人または組織がその活動のなかで作成または収受し、蓄積した資料で、継続的に利用する価値があるので保存されたもの」と掲げている。

また、全史料協の機関誌『記録と史料』の説明では、「「記録(レコーズ)」とは、昔の木簡、古文書、金石文、絵図面から、今の公文書や私文書、マイクロフィルム、録音テープ、光ディスクまで、時代を問わず、形態を問わず、およそ人間が記録化してきたあらゆる情報を指しています」とし、「「史料(アーカイブズ)」とは、記録(レコーズ)のうち、歴史的・文化的な価値のゆえに、史料として永久に保存されるもの、あるいは保存すべきものを意味します。正確には、「記録史料」というべきですが、語呂の関係で単に史料としました」として概念づけているが、この理解は今後とも有効であろうか。

レコーズとアーカイブズの二区分はヨーロッパにおいて伝統的に概念づけられたものであるが、これは保存意義の転換という視点から区分された概念であるといえよう。しかし、本章でこれから問題にしようとしているのは、この区分自体がどのように整理された概念であるか、どこまで意味を持つものとして措定されているかという点にある。本章では記録と史料をともに扱う語として、「文書〈ぶんしょ〉・記録」という語で、当面よいと思うが、「アーカイブズ」を文書・記録という語に押し込め得るかどうか、引き続き課題としていきたい。

(2) ICAの世界大会の報告テーマについては、安澤秀一著『史料館・文書館学への道――記録・文書をどう残すか――』(吉川弘文館、一九八五年十月)一九〇頁以下および一七二頁以下、参照。

(3) 二つのアーカイブズの問題がどのように論じられてきたかは、それ自体が本章の課題である。先行論文は行論の中で紹介することとし、ここではあらかじめ呈示しないが、わが国において史料および文書館がどのように論じられているかについては、全史料協関東部会編『文書館学文献目録』(岩田書院、一九九五年十一月)があるので参照願いたい。

(4) 近年の古代・中世・近世の史料学において、従来の古文書学の枠を超えた議論にはめざましいものがある。それらを俯瞰する近年の論考として、とりあえず村井章介「中世史料論」(『古文書研究』第五〇号、一九九九年十一月、所収)、高木俊輔・渡辺浩一共編『日本近世史料学研究――史料空間論への旅立ち――』(北海道大学図書刊行会、二〇〇〇年二月)の序章(渡辺浩一執筆)を挙げておきたい。

(5) 文書館の保存対象史料がいわゆる〝古文書〟に限定されず、広く現代の公文書等が重要な収蔵史料の一角を占めているという点は、全史料協の発足時にも認識されていた。例えば、一九七六年二月の第一回結成大会でも筆者を含む三つの研究報告題は、いずれも公文書、行政文書、行政資料の調査、収集、整理、公開をテーマとしていた(全史料協編『日本の文書館運動――全史料協の二〇年――』岩田書院、一九九六年三月、三六九頁)。

しかし、その後も現代行政文書の問題は、大会の重要テーマであり続けたが、当時、十分に深められなかった印象がある。当時の文書館の主たる利用史料は、古文書(近世史料)であって、その点で文書館の活動が外部から支持されてきたという現実があったと思う。全史料協発足当時、文書館――参加者の所属機関のうち、文書館という名称の施設がまだ少なかったが――においても、いまだ親機関(設置母体)の文書管理に関わる度合いが大きくはなかったといえる。

(6)　ここでいう「地域史料」とは、各地方自治体の地域にかかる史料のことで、特にその自治体の公文書以外の史料を指す。例えば、近世の家文書、近代の企業、個人の史料などである。

(7)　文書館の主たる収蔵対象は公文書であって、地域史料は文書館に不要であるとする主張がおおやけにされることは、いまのところ少ないように思うが、第三節四項で触れるように、今後この主張が一定の位地を占めることはあると思う。いまのところ、大濱徹也「日本のアーカイブズ――現在問わるべき課題をめぐり――」(国立公文書館編『国際公文書館会議東アジア地域支部第三回総会報告書』一九九七年十月開催、所収)の主張がある(内容は、第三節註(25)参照)。

第二節　文書館理解の軌跡

一　戦前の文書館理解

戦前、わが国における文書館理解は、その当初からの大きく二つに区分される流れの中でなされている。一つは政府の文書管理の視点から文書館知識の吸収、他の一つは歴史資料を保存する視点から古文書館設置を主張する中で現れた文書館理解である。前者は、高橋喜太郎「明治前期を中心とした政府の記録組織の変遷等について」(1)

によって明らかにされたところであるが、明治維新後、近代初頭の政府の諸機関は、公文書の作成、授受、保存、利用など記録管理体制を体系的に構築するにあたって、その方法をヨーロッパ諸国から吸収しようと努めており、国立公文書館内閣文庫などの収蔵史料にその痕跡を残している。例えば、文書館史あるいは文書館制度の概説書ともいうべき『仏国文庫規則』『仏国記録書』『独逸国記録書』、官制の中に文書館および文書館行政を位置づけている『白耳義国諸省官制並諸規則』『仏国国内省之事』や、教育制度の中で文書館員の養成機関（旧録学校、古文書学校。l'École Nationale des Chartes のこと）に触れた『仏国学制』などである。これらの訳業は、政府が文書・記録の管理について、またヨーロッパの最先端の文書館知識について吸収していたことを意味しており、実現はしなかったが一八八七年（明治二〇）頃に御雇外国人パウル・マイエット（Paul Mayet）の意見書によってなった『記録法案』は、このような営為の成果であったと考えられる。これは、ドイツの公記録の保存管理を逓信省において取り入れようとした試みであった。

ただ、近代初頭の文書館知識・記録管理方法の吸収は、文書館そのものの設立、公文書の公開には向かわなかった。記録管理の目的が、政府部内、各省部内に限定されていて、非現用となった文書（記録法案でいう「史誌」（アーカイブズ））を外部の利用に供する意図は持たなかったからである。一方、政府は、維新直後、記録の保存および歴史編纂事業を進めるため、行政官に記録編輯の掛を置き、のちに太政官記録課、内閣記録局として発展させこれを担わせるが、それらの記録保存は公開を伴うものではなく、文書館の設立には結びつかず、やがて政府、各省部内の判断によって、事業を廃止し規模を縮小していった。文書管理、公開の契機がもっぱら政府各省部内それぞれの、いわば自己都合によっていたため、当初、吸収しようとした各国の制度のごとく、省庁の枠を超えた全体的な文書管理、文書館体制を生みだすことができなかった(2)。

いま一つの後者の流れ、すなわち歴史資料を保存する視点からの古文書館設置の主張は、戦前では、ほとんど歴史研究者からなされた。近代初頭における日本人の欧米文書館体験は、一八七三年（明治六）五月にイタリア・

ベネチュアの「アルチーフ」を訪れた岩倉使節団が著名であるが、これを『特命全権大使米欧回覧実記』[3]に記録した久米邦武は、周知のように、帰国後、修史館などにおいて散逸する古文書の収集にあたり、わが国の古文書学の創始者となった。[4]一八九〇年代から一九〇〇年代初頭にかけて、歴史学界からなされた文書館に関する主張は、散逸が懸念される古文書（主として古代・中世文書）を収集し、研究者に利用させる目的の古文書館の設置であった。

研究者の主張の中には、文書館を記録局として捉え、わが国にも公文書および旧記、古文書の保存と研究に寄与する記録局の設立を論ずる者もあったが、[5]研究者の関心の大勢は、近代の公文書の保存利用よりも、前近代の歴史研究の素材である古文書の収集、保存、利用に重点が置かれ、その必要から「古文書館」の設置が提起されている。もっともここでは古文書への関心の契機について、ヨーロッパとわが国との相違を指摘できる。ヨーロッパでの古文書学が、中世における権利書証の真偽鑑定という法律上の判断を契機とし、それが近代において学術的研究目的に純化していったことと対照的に、わが国では、当初から、近代歴史学の成立とともに、ヨーロッパの古文書学の導入がなされ、日本の古文書学は全く歴史学の補助学として出発した。[6]それらの研究者による古文書館の構想もこの研究の枠組の中で発想されてきたといえる。

歴史学会の関心がいわゆる古文書の保存にあった中で、注目されるべきはわが国の古文書学を体系化した黒板勝美、法制史家三浦周行の文書館理解である。黒板は一九〇八年（明治四一）から一〇年にかけて外遊し、欧米の文書館を体験する。外遊以前から黒板は、「史学隆盛」のための古文書館設置の必要を論じているが、欧米の文書館を体験したあとでは、「古文書館」は公私の文書、すなわち散逸が懸念される古代・中世以来のいわゆる古文書とともに、公文書の保存をも行うものとして構想されている。具体的には、内閣記録局を改良して古文書館とすべきであるとの発言をし、またアメリカにおける文書館設立動向の紹介を行っている。関連してこの古文書館が、「単に学問研究の為のみならず、また政治上各省の事務を敏活ならしむる上に多大の便益あることを信ず」と述べ

ているのは、文書館理解の発展として注目すべきであろう。(7)

また一九二二―二三年(大正一一―一二)に欧米の文書館を歴訪した三浦周行は、「欧米の古文書館」(8)により、施設の利用者としての見聞にとどまらず、文書館運営の内部に立ち入った詳細な報告を行っている。この中で三浦は、「アルカイヴ」(古文書館)が、単に古い文書の収集機関ではなく、「一般にそれが最早不用」となった公文書、すなわち「執務上自然に堆積したものを一定の期間後受け入れ」保存する機関であること、その機能が歴史研究に多大な寄与をなすものであるとしても、保存の目的は「歴史の材料」として残すにとどまらず、「政治、経済、法律、軍事、文学、言論、美術、音楽等のあらゆる研究に資せられ」るものであること、「アルカイヴ」の収蔵対象は、公文書であるから、これが史料の全部とはいえず、私的史料は含んでいないので、その史料収蔵の偏りは、「個人私用の多くの文書をもって補足する必要があること」、このために博物館の写本部、文書部の活動があることなどを指摘している。

黒板勝美、三浦周行が把握した文書館像は、必ずしも当時の歴史学界が共通に抱いていた古文書館像と一致するものではなかったことは、例えば三浦が欧米の文書館を紹介するにあたって、「我国では折角彼れに学ばうとする所謂アルカイヴなるものゝ本質が未だ充分に理解されて居ない」(9)と述べているところに現れている。いずれにしても、このような研究者の主張は、いまだ分散的であって歴史学界に限っても幅広い世論形成に至らず、政府の受け入れるところとはならなかった。それゆえ古文書散逸防止のための古文書館も公文書の保存公開を図る「アルカイヴ」も、戦前には設立されずに終わった。

ただ、黒板・三浦等の文書館理解が戦前の歴史学界の中では少数であったとしても、「古文書館」の必要性の主張が全体的に多くはなかった中での論述であり、歴史学界においても一定の位地を占めた発言であったと考えられる。それゆえ戦前における歴史学界の二つの文書館理解を等値に置くことは、戦後の文書館理解を見るうえでの手がかりとなろう。(10)

二　戦後の史料保存運動と文書館

戦後の史料保存運動が社会的変動、例えば華族制度の廃止、物資不足とインフレーション、農地解放などの中で、歴史資料の保存が危機に瀕したことに対処すべく始まったのは、周知の通りである。なかでも地主制廃止に伴う、農村における旧家の史料散逸は、研究者の危機感を高めることとなり、当時の代表的研究者九六名の請願によって、主として近世史料を中心に収蔵する文部省史料館(現、国文学研究資料館史料館)が、一九五一年に設置された。また、議会・憲政資料を中心に明治維新以降の政治家、行政官の史料を収蔵した国会図書館憲政資料室が一九四九年に開設した(11)。これらは戦前の歴史学界が求めていた古代・中世文書の収集、保存、公開を目的としてはいなかったが、いわば近世・近代史料の「古文書館」であって、その意味では戦前来の歴史研究者の希求が実現したことになる。ほかにも旧大名家や政治家の史料・コレクションが大学、図書館など公共の施設に収蔵されるようになった(12)。

一九五九年四月にわが国で初めて文書館を称した山口県文書館が設置されるまで、戦前に必要性が主張された史料保存施設が戦後に存在しなかったか、といえば右に見るような史料保存体制が生まれたというべきであろう。しかしながら史料保存体制のありようという点から見れば、次の点に到達していなかったとも指摘できる。第一は、総合的な史料保存政策の欠如である。敗戦後の諸改革の中で連合国軍総司令部は教育の民主化政策の一分野として、「日本における統一的図書館組織」の形成を志向した。また、「国会法」制定の中では国立国会図書館の設立が重要課題となった(13)。さらに図書館法の制定(一九五〇年公布)など、総合的な図書館政策をもって、全国の自治体へその設置が促された。しかしながら占領政策の課題に文書館が位置づけられることはなかった。また日本政府は、戦後間もなく、一九四六年から一九四九年にかけて、農林省、日本学術振興会、文部省、水産庁においてそれぞれ土地制度史料、農漁村史料、近世庶民史料、漁業制度資料の調査を開始しているが、散逸する史料総体を保存する政策を持つことがなかった。[14]

第二には、国および地方自治体の公文書を当面の行政目的以外に保存公開する制度の構築が着手されなかった。公文書を歴史資料として保存する法的根拠また施策を欠落したまま行われた一九五〇年代の町村大合併は、役場文書の大量廃棄につながった。廃棄された文書の中には、近現代の公文書にとどまらず、近世以来引継がれてきた村方・町方文書が大量に含まれていたことは、史料館が故紙回収業者などから購入した一部の収蔵史料の実態からもうかがえる。さらに、地方自治体における一九六〇年代の事務改善合理化推進事業、庁舎の改築などは、史料価値を顧慮しない公文書の廃棄に直結した。[15]

第三は、史料保存体制に位置づけられた施設としての文書館が設置を見なかったことである。文部省史料館、国立国会図書館憲政資料室など、いわば国立の「古文書館」の設立を見たが、国の中央文書館としての位置づけではなく、また地方においても史料保存施設としての文書館は、前述の山口県文書館の設置までは存在しなかった。

以上のような、史料保存体制の欠落を埋め始めたのは、山口県文書館の設置であり、同年十一月に日本学術会議が政府に勧告した「公文書散逸防止について」であった。山口県文書館は、わが国で最初に文書館を称することのできた施設であるが、ここでは主体となった毛利家文書の保存公開のほか、公文書の引継保存機能が重視され、欧米の文書館文献を翻訳するなど諸外国の文書館制度の吸収がはかられていた。

学術会議の勧告は、保管期限が過ぎた国・自治体の公文書を「一般学術資料として、また近代日本の発展過程をあとづける史料として、きわめて重要な根本資料である」とし、これの保存公開を求める趣旨であった。勧告は、「究極の目標として、政府による国立文書館の設置を切望」[16]しつつも、その前提となる公文書の散逸防止をまず求めるという、控えめな要求であって、公文書保存について政府の総合的な施策が欠落していることを諸外国の例と比較して指摘したものである。また、学術会議はその性格上、公文書保存公開の意義を歴史学研究にとどめず、一般学術資料と広く捉えて提起している。この勧告が、のちに一九七一年、国立公文書館の設置となったのは、周知の通りである。

一九六〇年代は、わが国の文書館にとっていわば草創期にあたる。この時期は、山口県文書館という具体的な文書館の出現と公文書保存公開の施策を求めた学術会議の勧告を手がかりに、史料保存と文書館設置を模索していた時期といえる。

三　文書館理解の拡大

戦後の史料保存運動は、近世史料、近代の公文書を歴史的価値があると認め保存の対象として位置づけ、部分的ながら図書館や行政機関での公開を実現してきた。さらに一九六〇年代以降、設立が続いた各地の文書館――京都府、東京都、埼玉県、福島県、神奈川県、茨城県、神奈川県藤沢市に設置の各文書館、公文書館、資料館、歴史館――が史料保存公開の中心的担い手となっていった[17]。それらの文書館は、名称、設置の形態、機能を異にしていたが、文化施設に対する多様な要求が自治体にある中で、ようやく史料保存の事業が自治体行政に組み込まれ始めたことを示している。

一九六〇年代から七〇年代にかけて設置された文書館では、収蔵対象史料の主体が保存期限を満了した公文書、なかでも「明治・大正」という近代でも比較的古い時代の文書と地域の近世史料であった。日本学術会議の二度目の勧告「歴史資料保存法の制定について」(一九六九年十一月)は、この時期の史料保存運動の関心を反映して次のような内容となっている。

すなわち勧告は、「日本民族の最も貴重な文化遺産の一つである、歴史資料」、特に近世以降の史料が急激な社会変動の前に「全面的亡失」、あるいは大量廃棄の危機にあるとして、「歴史資料保存法」によって保存することを求める。法によって保存対象とすべき歴史資料とは、「わが国に存在する文書(古文書を含む)・記録類」であるが、具体的には「近世以前についてはすべての古文書・記録類。明治以降については、戸長役場・市町村役場・都道府県庁文書・国の出先機関の文書。明治以降の私的文書・記録類のうちの重要なもの」と規定する。これらは現地保存を原則とし、同時に史料の保存機関として自治体が文書館を設置する、文書館では、各自治体の「一定の年限を経過した」公文書・記録等の移管およびその管内における「民間所有の資料」の調査・保存措置を講ずる業務を行う、またこの業務にあたる専門職員を文書館に配置し、学識経験者によって構成される委員会を国、自治体ごとに設置することなどを定める、としている(18)。

この「歴史資料保存法」は実現しなかったが、前項で指摘した第一の点である総合的な史料保存政策を持とうとするものであり、また第三の点である文書館の設置を勧告の中心に据えている。このため「歴史資料保存法」の内容は、この後の各地における文書館設立計画に際して指針の一つとなった。もっとも、勧告に見る歴史資料の概念規定は、この時点での歴史学研究者の関心が色濃く反映されており、主たる保存の対象を近世以前の私文書・記録、「明治期」の戸長役場・町村役場文書に置いていたことは否めない。保存すべき公文書は、当時、歴史学研究の素材となっていた近代初期の史料の範囲が念頭にあり、戦後の史料への関心は希薄であったと読み取れる。文書館が近時の文書を引継ぎ移管を受けるという性格規定についての言及がないのはそのためである。また、「民間所有の資料」として想定されているのは、地域の旧家の文書であって、企業・団体等の文書保存措置への言及がない点も、当時、歴史学研究、なかでも地方史研究、自治体史編纂の立場を反映していたといえるのではなかろうか。

とはいえ右の限界はあっても、勧告「歴史資料保存法の制定について」は、総合的な史料保存体制と文書館設置を提起することによって、史料保存認識、文書館理解の発展を示した。それは、史料保存運動が地方ブロック集中型の「日本史資料センター」構想を揚棄し、現地保存と地方文書館設置を掲げた「歴史資料保存法」を結実させたこと自体に現れている。(19) これが具体的な法制定に到達できなかったのは、同勧告の求める内容が私有財産である「民間所有の資料」を保存措置の対象としたこと、都道府県に文書館設置を義務づけたこと、国の財政措置を担保するとしたことなどについて、政府が自己の課題としなかったからではないかと推測される。(20)

一九六九年の勧告以降、学術会議は一九七七年に「官公庁文書資料の保存について」の要望書を政府に提出、八〇年には「文書館法の制定について」の勧告を行った。全史料協および歴史学関係諸学会も歴史資料保存法制定の促進、文書館法制定促進についての要望および国会請願を行った。このような運動の結果、一九八七年に制定された公文書館法は、公文書にほぼ限定してではあるが、史料の保存を政府の課題として位置づけることとなった。

史料保存の歩みの中で公文書館法が到達した主要な点は、「歴史資料として重要な公文書等」の保存利用が、国および地方公共団体の「責務」(第三条)としたこと、「公文書等を保存し、閲覧に供するとともに、これに関連する調査研究を行う」(第四条第一項)施設として公文書館を位置づけたこと、「歴史資料として重要な公文書等についての調査研究を行う」(第四条第二項)専門職員の配置を明定したことである。なお、公文書館法にいう「公文書等」とは、「国又は地方公共団体が保管する公文書その他の記録(現用のものを除く。)」(第二条)と定義されている。かくして公文書を保存公開することの意義が、「歴史資料」という位置づけをもって法定された。(21) これは、近代初頭以来の歴史学界、戦後は文書館界が加わって主張してきた史料保存認識と文書館理解拡大の到達点であった。同時にそれは、文書館理解、史料保存体制の次の課題をも示すものであった。

(1)　岩倉規夫・大久保利謙共編『近代文書学への展開』(柏書房、一九八二年六月、所収)。

(2)　拙稿「文書館前史」(第一節註(5)、全史料協編前掲書、所収)四―五頁。以下、この項については、同書、四―七頁を参照。

（3）　久米邦武著・田中彰校注『米欧回覧実記』四（岩波文庫、一九八〇年八月）。

（4）　岩倉使節団のベネチュア「アルチーフ」（文書館）体験は、久米邦武によって、西暦七〇〇年以来の文書・典籍一三〇万冊を保存するという「書庫ノ設ケアリ、廃紙断編モ収録ス、開文ノ至リナリト云フベシ」と記され、ヨーロッパの政治、文化を支えるものの奥深さを感知する文言として残されている（註（3）、三五〇頁以下）。ただ、文書館の機能が同時代の公文書を歴史的に保存し、公開する施設としては捉えられていない。久米の古文書採訪については、久米邦武「古文書講義」、同「古文書の観察」（『日本古文書学論集』一、吉川弘文館、一九八六年十一月に再録）。

（5）　箕作元八・田中義成「明の王太后より羅馬法王に贈りし論文」（『史学会雑誌』三七号、一八九二年十二月、所収）八九二頁。これは、研究者からの文書館設立の提言としては最も早いものの一つであろう。もっともこの前年、一八九一年発行の『中津歴史』の「例言」に広池千九郎が「西洋各国」では、「悉皆公文書類ヲ保存スル」組織として「あーかいぶ」が存在し、わが国でもこれが必要であると論じている（青山英幸「日本におけるアーカイブズの認識と「史料館」・「文書館」の設置」（安藤正人・青山英幸共編著『記録史料の管理と文書館』北海道大学図書刊行会、一九九六年二月、所収）二六二―二六三頁、再引）。

（6）　ヨーロッパの古文書学の発達については、古くは、坪井九馬三「西洋古文書学之由来」（『史学雑誌』第六編五―七号、一八九五年（明治二八）。註（4）、前掲書『日本古文書学論集』一、八五―一〇一頁に収録）など。

（7）　『史学雑誌』一〇編四号（一八九九年五月）、所収の「古文書館設立の必要」は、無署名であるが、黒板勝美の主張ではないかと思われる。外遊以前、黒板は『歴史地理』第八巻一号、所収の「訪問記」に、「古文書館設立の必要」を述べているが、ここには公文書保存への言及はない。これに対し外遊後には、その外遊体験を記した『西遊二年、欧米文明記』（文会堂、一九一一年九月。のちに「欧米文明記」として『虚心文集』第七、吉川弘文館、一九三九年十二月に再録）において、また「国立古文書館の設立について」（『史学雑誌』第二四編一号、一九一三年一月、所収）の発言があり、内閣記録局の改良の提起はこれらにおいて主張されている。黒板にとっての同時代史である「昭和時代」をも視野に入れた史学概論というべき『更訂、国史の研究　総説』（岩波書店、一九三一年八月）においても、古文書館設立の主張は一貫していたと思う。したがって、註（5）、青山前掲論文で、黒板が『西遊二年、欧米文明記』において「アーカイブズ設置のことを積極的に表明しなかった。五年前の提言（前掲、「古文書館設立の必要」―鈴江註）に比べると、後退した叙述である」とし、「同時代公文書に対する消極的姿勢」（二六二頁）と評するのは、筆者が紹介した黒板の主張とは大きく隔ったものである（拙稿「黒板勝美と〝古〟文書館」（『古文書研究』第五二号、二〇〇〇年十一月、所収））。

（8）　『史林』第九巻第一号―第一〇巻第一号（一九二四年一月―二五年一月）。この論文は、のちに「古文書館」として『欧米観察――過去より現代へ――』(内外出版、一九二六年)に転載、近くは、三浦周行著『日本史の研究』新輯三(岩波書店、一九八二年三月)三八六頁以下に再録されている。ここでは、三浦は文書館の基本的な機能に触れたほか、施設の建築、保存技術、史料整理法、目録編成法、検索手段、閲覧利用法、普及事業、フランスの「文書学校」などにおける「アルカイヴヰスト」養成制度・教育内容、古文書管理学についての紹介を行っている。これは文書館の制度と運営、専門職員についての体系的な紹介であって、戦前における文書館理解の到達点をここに見ることができる。

(9)　註(8)、『史林』第九巻一号、所収、一二四頁。

なお、黒板勝美、三浦周行による文書館設立発言以降またその前後、文書館設立への積極的な提起を管見の限り挙げると、一九一〇年八月七日付『秋田魁新報』の「博物館並文書館の創設」の論説(寿松木毅「秋田県公文書館設立の経緯――主な経緯と関連諸問題の考察――」(『秋田県公文書館研究紀要』創刊号、一九九五年三月、所収)に所載)、今井貫一「地方図書館と郷土資料」(『図書館雑誌』第三六号、一九一八年十月、所収)における地方記録館設立の提唱、『伊予史談』第四〇号(伊予史談会、一九二六年十月、所収)の「彙報」における原史料のための保存館を設立する提唱、一九三二年五月の日本図書館協会大会における藤井甚太郎の講演「読書生として見たる欧米の公文書館及び図書館」(『図書館雑誌』第二六年七―八号、所収、一九三二年七―八月)がある。ここで藤井は、逓信省の記録法案を紹介しつつ、中央、地方に古文書保存施設「記録館」の設立を提唱している。

(10)　戦前の歴史学界の主流が公文書の保存、公開に関心を持たなかった構図を、註(5)、青山前掲論文は「同時代史を対象としない官学アカデミズム国史学会と官僚制における記録の非公開体制とがワンセットとなり、天皇制国家の記録保存体制が構築されたのである」(二八三頁)と総括している。しかし、註(7)、『更訂、国史の研究　総説』では同時代史である「昭和時代」研究の意義を記している。この黒板の主張を、右の「官学」と「官僚制」の間に置いてみる必要があるように思う。わが国の史料保存・公開体制の問題性を「天皇制国家」論だけで説明し尽くし得ない論ずべき点が多々あるように思う。例えば同時代史の公文書を史料として把握する困難性については、本書第一〇章第二節を参照。また近現代日本の史料保存体制の脆弱性については、第三節、註(13)をも参照。

(11)　第一節註(5)、全史料協編前掲書、第一章第二節「戦後の史料保存問題の発生」(原島陽一執筆)。憲政資料室は、前年一九四八年に採択された「日本国会史編纂所設置に関する請願」に基づいて設置された。現在は、国会図書館の政治史料課が所管する閲覧室の名称となっている。なお終戦直後の史料保存運動については、ほかに笹山晴生ほか(座談会)「戦後五〇年、史料の公開と保存」(『日本歴史』第五七七号、一九九六年六月、所収)を参照。

(12)　第一節註(5)、全史料協編前掲書、一一頁。

(13) 日本図書館協会編『近代日本図書館の歩み』本篇(一九九三年十二月)二五四・四五一頁以下。
(14) 第一節註(5)、全史料協編前掲書、六・一〇頁。
(15) 戦後の町村大合併などがもたらした史料の散逸については、第一節註(5)、全史料協編前掲書、一二頁以下および拙稿「地方行政文書の保存・公開をめぐる問題」(『歴史学研究』№七〇三、一九九七年十月、所収)一六六頁以下で触れている。故紙業者に売却された旧役場文書を満載したトラックが製紙工場の門前で阻止され、史料がかろうじて今日に保存されたというエピソードは各所で語り継がれている。また神奈川県藤沢町の文書が合併後に土蔵ごと処分されたという事実を藤沢市文書館元館長の高野修が繰り返し語っている。これなども高野をして文書館設立を決意せしめさせた痛恨の一事にほかならない。史料館収蔵の役場旧蔵文書の存在自体、わが国において公文書を史料として保存する制度が欠如していたことの反映である。本書第八章で取り上げる山梨県下市町村役場文書の例を挙げると、韮崎市役所、中巨摩郡白根町では旧町村役場文書が同市町役場ではほとんど見られなかった。それぞれの自治体史誌ではこの部分に歴史の空白がある。もっとも史料館で保存し得た史料といえども、その役場から散逸したもののごく一部分にすぎず、われわれはそれら自治体の歴史をわずかな狭い窓から覗いているにすぎないといわなければならない。
なお、後掲の日本学術会議の勧告「公文書散逸防止について」においても、「近年進捗した市町村合併の結果、整理と称して、廃棄された文書帳簿の点数はおびただしいものがある」と指摘している(『日本の文書館運動』二四二頁)。
(16) 学術会議の勧告全文は、第一節註(5)、全史料協編前掲書、二四二頁以下、参照。
(17) 山口県文書館設置以降、全史料協発足(一九七六年。当初の名称は「史料協」)までの自治体立文書館の設立は次の通り(第一節註(5)、全史料協編前掲書、所収、「戦後の史料保存運動年表」)。
京都府立総合資料館(一九六三年設置)、東京都公文書館(一九六八年設置)、埼玉県立文書館(一九六九年設置)、福島県歴史資料館(一九七〇年設置)、神奈川県立文化資料館(一九七二年設置。現在、神奈川県立公文書館)、茨城県歴史館(一九七三年設置。現在、茨城県立歴史館)、藤沢市文書館(一九七四年設置)
国の機関では、この間に設置された施設として国立公文書館(一九七一年設置)、外務省外交史料館(同年開館)がある。自治体立の文書館は、文書館機能とあわせて博物館・図書館的機能を担う複合館が少なくなかった。
(18) 「歴史資料保存法」が現地保存の原則を「保存の大綱」として打ち出したのは、これ以前に大きな論議を呼んだ学術会議の「日本史資料センター」問題があったことと関係がある。これは、全国数ブロックに史料センターを設置し研究資料の収集・整備調査を総合的に行い研究者に公開し利用に供するというものであったが、現地保存の原則に反するとして全国の研究者の大勢が設置に反対した。この経緯については、第一節註(5)、全史料協編前掲書、一九頁以下を参照。

(19)「日本史資料センター」から「歴史資料保存法について」への学術会議の転換については、第一節註(5)、全史料協編前掲書、二四頁以下。
(20)歴史資料保存法に対する政府の態度については、木村礎「「歴史資料保存法」をめぐる風景」(岩上二郎編著『公文書館への道』共同編集室、一九八八年四月、所収)二四五頁。
(21)公文書館法の「公文書等」が、地域史料の収集に及ばないこと、同法の内容が眼前の国立公文書館に即したものであること、専門職員の職務内容の規定に疑問があることなど、総じて公文書館法の限界についての筆者の考えは、本書第三章第二節二項で詳述している。公文書館法のもう一つの性格は、その対象史料を「歴史資料」と規定することによって、地方文書館のいくつかの館が持っている自治体行政との関わりに言及していないという点である。
なお、公文書館法は、一九九九年(平成十一)十二月二十二日法律第一六一号をもって改正になった。改正の個所については、第三章末尾の同法全文を参照。

第三節　文書館論の状況

一　文書館論の課題

前節では、わが国の史料保存認識と文書館理解について、史料保存運動の視点から略述した。これらはすでに全史料協の二〇年史である『日本の文書館運動』その他によって明らかにされた周知の事柄であるが、これまでの史料保存運動の中から、今日のわれわれの文書館理解が立っている地点を確認し、その地点から本章の論題の方向を見出したいと考えて述べてみた。というのも、今日の深化した文書館理解の到達点に立って、これまでの、いわば通過してきた文書館理解が種々に論じられるが、その場合、十分留意しておくべきと筆者が考えるのは、かつての文書館論を否定的媒体あるいは克服の対象として論ずる際にも、それらを文書館論の発展過程に位置づけたうえで評価を行うことである。過去の文書館理解を克服するのに急で、その到達点を無視する論議や全体の文脈とは異なる一部を切り取って批判的に引用する論述に遭遇することがあるけれども、そのように批判する視点が成立するのも、これまでの史料保存運動、文書館論、文書館活動の実績があってこそ可能になるという、当然の構図を意識しておきたいと思うからである。本章でも、他の論者の文言の一部を引用し、時にはそれを批判の対象とすることはあるが、いわゆる片言隻語を捉えるような引用となるのは戒めたい。もし否定でも肯定でも全体の論旨に反した引用であった場合には、ご指摘いただきたい。

では、前節で見た史料保存の視点、文書館理解の軌跡はどのようなものとして捉えることができようか。戦前の文書館理解の中にも、当時の欧米文書館の実像を的確に吸収し、文書館の主たる収蔵対象が公文書であることを把握した論議があった。この理解を特に強調しておいたのは、史料保存の対象が何か、またこれを担う文書館の機能が何かという、史料保存の基本的論議の萌芽が戦前に存在し、今日の文書館論がその発展した延長上にあることを自覚したかったからである。一方、戦後の文書館理解が戦前のそれと大きく分かれている点を挙げるならば、わが国でも文書館そのものが実体として存在し、公文書が歴史資料として意義づけられ、保存公開の対象として認識され、さらにそれを法定するに至ったことである。また、戦後の史料保存運動が当時の歴史学研究、自治体史編集の状況を反映して、近世の地方《じかた》文書、近代の役場文書をも史料として位置づけるという史料の概念の拡大をもたらし、これによって文書館設置の必要性を現実のものとすることができた点も挙げられる。保存すべき史料が現に存在することによって、文書館設置が促される面があったからである(1)。

戦後の史料保存運動が、近世と近代初頭の史料保存にまず関心を向けたのは、それらがとりも直さず運動の担い手であった研究者・自治体史編集者の研究・執筆対象であったからである。それゆえ史料保存の視点、文書館理解の所在は、歴史学研究とこれの成果に立つ修史事業の関心とともに深化、発展し、また拡大しつつ規定されきた。第一節で述べた第一の点、史料の概念の拡大は、すでに戦後の史料保存運動の展開の中に胚胎していたといえよう。

保存すべき史料の概念の拡大を通じて文書館を見る場合、論題を次のように設定し得るであろう。その第一には、史料の概念が拡大する中で保存すべき史料とは、どのような範囲のものとして限定づけられるのであろうか、あるいは無限定であることを前提として論議される性格のものであろうか。これは残された文書・記録のうちで、何を史料として残すべきかという論題を含んでいる。第二は、保存すべき史料の概念が拡大する中で、その保存のために文書館に対しどのような役割を課すべきか、という点である。これは歴史的な保存価値を持つ種々の文化遺産のうちのどの部分を、文書館が担い得るかという論題でもある。

右の第一、第二の論題は、本章の第一節で述べたアーカイブズについての第一、第二の論議、すなわち史料の概念の拡大および増大する現代の記録から何を選別して保存するかという論議を内包している。これらの論題は、必然的に次の考察に導かれる。すなわち、第三には、わが国文書館の中核的位地にある自治体立文書館が担っている役割を、どのように理解すべきかという点がある。文書館理解が多様化する中で、これからの文書館の方向が論議されるのは主としてこの点にある。これは第一節で述べたアーカイブズ論議の第三の問題、公文書館法の規定性の論議が含まれる(2)。

二　保存すべき対象としての史料の概念

前項の論題の整理に従って、第一の点、史料の概念が拡大する中で保存すべき史料とは何か、その対象と範囲について、まず触れておこう。これまで述べてきたように史料の概念は歴史学研究の発展に促され、またそれに規定されて拡大してきた。歴史学の発展に伴う史料の概念の拡大は、特に戦後において著しく、それまでの歴史研究が古代・中世の古文書・古記録を中心になされてきたのに対し、近世・近代文書を素材とする分野にまで及ぶに至った。また近世史研究の素材も幕藩史料など支配側の文書にとどまらず、村方・町方文書が史料として捉えられるようになった。(3) 研究が新たな史料を発掘し、新たな史料が研究を発展させてきた。

しかし、そのようにして発掘され保存された史料は、やがて歴史学以外の研究および実務に利用されるようになる。例えば前述の第二節一項で黒板勝美や三浦周行が文書館に収蔵された公文書保存の意義を広く捉えたように、歴史学研究にとどまらず、政治・経済等々の広範な研究および行政への活用が意識されるようになる。(4) 保存し後世に伝えるべき対象史料および史料の利用のありようは、歴史学研究の範囲を自ずと超えていかざるを得ず、史料(アーカイブズ)の概念は歴史学研究を超えて拡大していくこととなる。

一方、歴史学研究の立場からしても研究の進展とともに史料の概念は確実に拡大し続ける。一例を挙げるならば、近世・近代史家でありつつ「近代公文書学」を提唱した津田秀夫は、歴史学研究の立場から保存すべき現代の公文書の概念を規定して、「公務執行のために、政府機関によって作成蒐集された記録の全体」であって、「各省庁及びその部局において、法的義務に従い、本来の業務の措置に関連して、作成され受け入れられた書類、文書類等をいう」と述べて、広義の公文書は、一般に公文書とされているもののほかに、写真、地図、映画、設計図、統計表、録音等まで拡大しておかねばならない、と主張する。(5) 津田の主張は、公文書の概念を極力拡大しておいて、その中から歴史的価値のある公文書を選別すべしとの趣旨であるが、元来が歴史学研究のために利用し得る素材すべてが「史料」であるから、自ずとその範囲は無限定であることを津田の主張が示している。

史料の概念が、アーカイブズとしての史料と歴史学の史料とで一致するのであれば、歴史学の関心に沿って保存すべき対象を措定することは可能であるが、そのようではない。アーカイブズとしての史料――ここでは、紛らわしいので「文書・記録」としておくが――は、歴史学研究にとっては、研究の素材となる「史料」全体の一部である。一方、アーカイブズの中では、歴史学研究の素材である「史料」となるのはその一部にすぎない。歴史学以外の研究においても、研究のための資史料と保存の対象であるアーカイブズとしての史料とは、概念が一致しているわけではない。元来、歴史学研究およびその他の研究にとっての資史料は研究のために利用できる対象を指しているが、文書・記録（アーカイブズ）を保存する立場では、選別し保存する対象が史料である。[(6)] 歴史学研究の史料は無限に拡大する性格を持ち、文書・記録（アーカイブズ）は、保存のために制御が加えられてきた——または加えられようとする——という性格があって、両者は概念設定の次元を異にするものである。[(7)]

もともと文書・記録は、そのときどきの用途のために作成、使用され保存されてきたものであって、文字社会の成立とともに生成されてきた。[(8)] 文書・記録は、ときどきの保存価値の基準が作用して、選別あるいは廃棄され、または偶発的事故によって淘汰されて、今日に蓄積されたものである。このような文書・記録を指して、「人類の共有遺産」「国民的アイデンティティ」[(9)]「知的文化遺産」[(10)] と捉えるのは、史料保存の意義を普遍性をもって考えるために必要な基本的理解であり、歴史学研究など諸研究分野から自立した史料の概念を持つために必要な考え方であろう。文化遺産としての史料を保存する行為は、諸学の成果を学び、その要求に応えることを意図しつつも、各分野の研究に対しては中立的である。

三　史料保存における文書館の役割

本節で第二の論題としたのは、史料保存のために文書館はどのような役割を負い得るか、歴史的資料として残される文化遺産のどの部分の保存を文書館が担い得るかであった。あわせて頭書に紹介したアーカイブズ論議の第二の点、何を史料として保存するかという問題が関わってくる。社会、組織体、集団、個人の諸活動の結果、残された記録が数多存在し、しかも将来に向かって際限なく増え続ける中で、文書館が何をどのように意義づけて残すのであろうか。

社会、組織体、集団、個人の諸活動の結果は、文字・図像など可視・可読媒体に限ってみても、実務的行為の所産である文書・記録から図書、文芸作品である著作物、絵画、地図、映画、テレビ映像に至るまで多様である。これら文化遺産には歴史的価値という視点から後世に伝えるために保存されるべき――といってもその価値基準自体は相対的であるが――ものを多く含んでいる。その中で実務的行為の結果として残された文書・記録はどのような位置づけにあるのだろうか。

前述のように、文書・記録は、元来、歴史的価値を認知される以前に、その本来的な用途、例えば行政事務の執行、企業の目的遂行、個人の行動によって作成、授受、保存されてきたものであって、本来の用途が消滅した際には、廃棄され遺棄される。もし当面の用途を超えて長期に保存されているとしたならば、その文書・記録に、当初の目的を超えた価値が新たに付与されたからである。アーカイブズとしてそれらを保存しようとするのは、その文書・記録についての新たな価値を見出し得るがためである。

現用としては当面の使用がなされなくなっても、その歴史的価値から保存されるものがアーカイブズ(史料)であって[11]、もしこの場合の歴史的価値が、歴史学研究の価値の範囲にとどまるならば、アーカイブズ保存の意義は、歴史学研究自体の意義の中に答を求めることになる。しかしながらこれまでも触れてきたように、歴史学研究とアーカイブズ保存の関係は、密接ではあるけれども相互に自立した関係と考えるならば、アーカイブズのためには独自の保存の視点を持たねばならない。

アーカイブズ(史料)を保存するのは、作成母体の、例えば行政、企業などによる目的追求活動、あるいは個人の行動の痕跡が残され、その存在証明をなし、あるいは文書そのものが記念や思い出となり、さらに歴史編纂や諸研究などの二次的使用に幅広く活用できるからである。さらに史料は、右の活動・行動の痕跡をその累積による長い時間幅で観察することを可能とする。史料の歴史的価値は、古い文書・記録が存在――あるいは古くなるまで保存――する、というのみならず、それらが継続して保存されるところにある。累積によって生みだされる情報の価値は、個々の史料情報の総和をはるかに超えている。[12]

このような活動・行動の累積的痕跡を保護することが、アーカイブズ(史料)としての文書・記録を保存する最も基本的な意義であると捉えたい。[13] そのうえでアーカイブズが他の記録と異なるのは、これが行政、企業、個人などの活動・行動の痕跡として、他に代替しがたい記録であるからである。この点で文書・記録とともに広範に存在する図書、雑誌など大量に複製され流通されるものとは区別される。書籍などの著作物、現代でいえば多くの刊行物は、その内容を開示する目的で作成、流布されるものであるから、作成の目的からして、文書・記録と区分される存在である。ただ同一の刊行物、例えば書籍であっても、組織、個人の一定の活動の経過の中で作成、使用された場合には、その部分が文書・記録の一部となる。[14] 史料として保存されるのは、形態ではなくもっぱら生成の事情によるのである。前述(本節二項)の津田秀夫は、公文書概念の幅広い設定を提唱したが、その意図は、保存すべき公文書の範囲を形態から限定づけ得ない、というところにあった。右のように考えるならばアーカイブズとしての文書・記録は自ずとその形態によっては性格づけられない。

では、次のような場合はどうであろうか。史料は、生成の事情、保存の意図からして、流通している図書などの刊行物とは区別されるが、一方、生産用具、生活用具、はては住宅などの建築物、田畑などの工作物など「非記録の情報資源」[15] とはどうであろうか。文書・記録とこれらの保存との関係が論議の対象となるが、歴史史料として生成の事情、保存の意義からすると、これらはアーカイブズとしての史料(文書・記録)と本質的に変わるところがない。したがってこれまでのように、博物資料、実物史料と呼ばれてきたものと史料との関係は、区分して考えるべき概念ではなく、ともに歴史の生成過程を示す素材として、同様の意義づけに立つものである。ただ、実際の保存管理の段階において、多くの場合、分別して保存されているのは、区分することが有効であるとの現実的な判断によるのである。歴史的な文化遺産として保存する場合の本質的な差異が両者にあるわけではない。[16]

もっとも右の問題――文書・記録と実物史料を統合するか分別するか――については、これまで一定の時間を経て保存されてきた〝古い〟文化遺産についてであって、現に生成し続ける史料の保存にかかる課題となることは少ないであろう。アーカイブズとしての文書・記録は、継続して生成、累積していくところに意義を置くものであるから、この点では、非記録史料の扱いとは大きく異なるところがある。図書館・博物館など類縁の機関が多々ある中で、文書館の位置は、組織、個人の活動、行動を直接的に証明する文書・記録を累積的に蓄積し、保存する機能を担うところにある。この累積的という、将来にわたっての保存の継起性が文書館の基本的な属性である。要言すれば、文書館の存在意義は、長期にわたって生成する史料を、しかも継続的に累積保存していくところにある。文書館の機能は、史料の持つ特質と同様、長い視点をもってその保存(かつ公開)を担うところにあろう。

四　文書館と地域史料

第三の論題は、実際に自治体立文書館が担っている役割をどのように理解すべきかという文書館理解の方向であり、これには、公文書館法の規定性の論議が含まれている。この論議を前項で見た史料保存の基本的意義とそれを担う文書館の機能という視点から展開していきたい。

史料保存の意義と文書館の機能を前項のごとくに捉えるならば、文書館の機能は、一義的にその設置母体である組織(個人を含む)が、文書・記録を自ら評価選別して保存するところにある。このことは、本章でもすでに触れてきたように、文書館が発生した経緯からしても明らかであり、近代においてはさらに保存と公開を一体化した機能を備えた施設として文書館の発展を見た。これに対し、わが国では第一節で述べたように、戦後の史料保存運動の中で主たる目標とされてきたのは、近世および近代初頭の史料の保存であって、それらの文書館像も戦前の文書館像の主流と同様、いわゆる「古文書館」であった。一九六九年の「歴史資料保存法」の文書館像は、たぶんにこれらの反映であった。

史料保存運動と文書館のありようと文書館法制とは、相互に連関して発展し、また規定しあってきた。戦後の歴史学研究に規定された文書館像は、同時代の史料ではなく、主として近世および近代初頭という過去に累積を終えた史料の保護と活用にあたる施設であった[17]。保存対象とされた史料の中心は、かつての村方・町方役人の文書で、保存の経緯から「家文書」「諸家文書」などと称されてきた史料であった。それらの多くは地域における近世の公的文書・記録として生成し、引継がれてきたものである。それらは各地域におびただしく所在し、かつ散逸の危険をはらんでいたから、文書館設置の主張に現実的な根拠を与えてきた。こうして第二節で述べた通り、史料保存運動は文書館設置運動に連結し、全国的な展開を見ることとなったのである。

その後、学術会議は「歴史資料保存法」の現実的達成を目指して、公文書を主体とした史料保存、文書館設立に焦点を当てた勧告、要望を行う[18]。その到達点が一九八七年制定の公文書館法である。この間、一九七一年の国立公文書館の設置、外務省外交史料館の開館をはじめ、七〇年代、八〇年代には自治体立文書館の設置が相次いだ。また欧米の文書館界の動向が安澤秀一、安藤正人らによってもたらされて、わが国の史料保存運動においても、古文書館から公文書館的性格のものへと文書館理解の軸足を変えつつあった[19]。公文書館法は、現に存在する国立公文書館に即した内容であるが、欧米で発達した近代文書館像を捉えたものとなった。

公文書館法の意義は、頭書(第一節)に若干述べたように、その第一条、第三条において国、地方自治体が、それぞれの公文書を「歴史資料」として自ら保存し、利用に供することを根拠づけ、また、その措置をなすことの「責務」を規定するとともに、第四条で公文書の保存、公開を行う施設として公文書館を位置づけたところにあった[20]。現代の公文書を歴史的価値から保存する法的な根拠が確保されたといってよい。同法によって国、地方自治体が自らの文書・記録を、自らのアーカイブズ(文書館)によって保存し、公開するという本来的な文書館の性格を明確に示し得た[21]。設置母体の文書・記録を保存し、公開するという文書館の一義的機能からすると、これの評価選別は文書館にとって最も基本的な業務となる。[22] さらに、文書・記録の評価選別は、文書館をして設置母体の文書・記録管理、すなわち公文書のライフサイクルへの関与を生じせしめるはずである。[23] かくして現代の文書・記録に対する保存価値判断、文書・記録の管理体制全体への関与が、文書館の基本的機能の一つに位置づけられることになったといえよう。

では、これまでの史料保存運動が担ってきた、設置母体以外の文書・記録である地域史料は、どのような位置づけがされ得るのであろうか。諸家文書、家文書といわれるような、近世、近代初頭の文書、また、現代でも企業、団体、個人の文書は、国、自治体の文書館にとってどのように扱われることになろうか。公文書館法は、史料保存運動の中で主張されてきた公文書の保存公開に焦点を絞って法制化を果たしたものであるから、自ずと地域史料ないしはその設置母体以外の文書を収集保存することは、視野の中に入ってはいない。同法第二条の「公文書等」の定義では、「その他の記録」として「古書、古文書その他私文書も含まれることになる」(内閣官房副長官「公文書館法の解釈の要旨」)とあるが、第二条の定義の中では、「国又は地方公共団体が保管する」となっており、同法は現在保管している「その他の記録」以外の文書・記録を収集し保存する法的根拠を公文書館に与えてはいない。公文書館法のこの点の解釈をめぐっては国会の論議となっているけれども、同法は地域史料収集への根拠を用意しているとはいえない。[24] したがって、文書館の第一義的収蔵対象が何かといういわば〝収蔵史料主客論〟は別に措いても、収蔵対象を公文書に限定して保存すべしという主張は、公文書館法から導きだされる。[25]

しかしながら、「文書は文書館へ」という「三大文化施設論」[26]に依拠するまでもなく、また従来、公文書保存に限定してきたヨーロッパの文書館において、私文書を収集対象にしつつあるという状況を控除しても、筆者は自治体の文書館には、公文書館法の規定の有無にかかわらず地域の史料(アーカイブズ)の体系的保存に関与する役割があると考えている。[27] 都道府県、市町村という普通地方自治体は、文化政策の一環として自己の行政文書とともに地域の歴史史料の保存を課題として持つ必要があるように思う。

地域の歴史には時代の断絶がないのであって、前近代と近現代とは分かちがたく連続している。地域の歴史を共有するのは、「住民の福祉の増進を図ることを基本として、地域における行政を自主的かつ総合的に実施する役割を広く担うもの」（地方自治法第一条の二）とする地方自治体における固有の事務の一つであろう。自治体が地域の史料保存に取り組むにあたって、その機能を文書館、図書館、博物館、資料館のどの施設に託するかは、それぞれの自治体の選択である。いずれが担当するにしても各類縁機関相互の緊密な連携のもとに行わるべきは、いうまでもない。そのうえで自治体が管内の地域史料の保存を行うとする場合に、地域の中で文書・記録の保存を専掌する機関としての文書館にその役割を付託するのは十分に合理性があろう。これは文書館の主たる機能である公文書の保存公開とは矛盾するものではなく、地域の過去と現在を総合的に捉えるために、公私の文書・記録の保存を文書館が行うことは、自治体の方策としてむしろ適切な措置ではないかと考える。

（1）初期の文書館に限らないけれども、文書館に収蔵すべき重要かつ大量の史料を現実に擁することが、文書館設立の契機になっている例が少なくない。その代表的な事例が、毛利家文書の収蔵を大きな契機として、わが国で最初の文書館を設置することとなった山口県の場合である。同館の設立経緯については、山口県文書館編『山口県文書館の三十年』（同館、一九九〇年三月）、参照。

（2）これまでも述べてきた通り、わが国では、史料保存運動が最初にあって、この運動に促されて文書館像が形成されてきた。保存すべき史料が何かという論議は、史料保存の実務を担う文書館論に先行すべきであると思う。これまで保存対象が何であるかと論ぜられるのは、多く文書館が史料を選択する評価選別論の中の論議であった。しかしながら評価選別論は文書館論に従属するものであって、本章で論じておきたいのは、文書館論の前提となる、保存すべき対象史料についての論議である。
なお、史料保存論が文書館業務としての評価選別論に集中している中で、大藤修「史料と記録史料学」（『記録と史料』第一号、一九九〇年十月、所収）は、歴史学研究の素材にとどまらない史料の概念を、歴史学と史料学の両方の立場から措定している。

（3）「史料」というのは、本来の意味が歴史学研究あるいは修史のための素材であるから、歴史学研究・修史に使用されるのは、すべてが「史料」にほかならない。いわゆる古文書・古記録に限らずこれに利用し得るものは、すべて有体物に限らず、音声、身振りも含めて歴史学研究のいう「史料」であって、この中には、考古学的遺物や景観も含まれる。

史料の概念の整理を歴史学、古文書学から行った研究については、第一節註(4)、村井前掲論文がある。ここには近年の史料論、古文書学が主張する史料存在のありようを石上英一、富田正弘、安藤正人などの所論を引きつつ論じ、その固有の領域確立のための提起を行っている。

(4) 現在の社会研究、福祉研究の実証的な分析を支えるためのミクロなデータ、具体的には政府統計の調査個票を活用する、データ・アルヒーフの構想については、その一端が濱砂敬郎「政府統計におけるミクロデータの公開問題について」(日本学術振興会編『学術月報』第六三九号、一九九八年二月、所収)一五七頁以下で紹介されている。

(5) 津田秀夫「近代公文書学成立の前提条件」(『史料保存と歴史学』三省堂、一九九二年五月、所収。論文初出は『歴史学研究』№四〇三、一九七三年十二月)一六三―一六四頁。この公文書の概念規定は、情報公開法の公文書の定義と基本的には一致している。

(6) 北川健は、文書館が保存公開する「文書記録」と歴史編纂のために集積した「史料」とを対置させ、文書・記録を「「史料」呼ばわり(するの)は、その利用次元のこと」(「文書館のアイデンティティーとそのイラスト表現」(『山口県文書館研究紀要』第一七号、一九九〇年三月、所収)五五頁)と述べる。この断言は、「文書館なるものが従来の史料保存の方式を大きく凌駕し、これを超克する」(「文書館運動と史料保存運動のインターフェイス」(『地方史研究』第二二八号、一九九〇年十二月、所収)四四頁)という、文書館の自立という視点からなされたものである。

(7) 第五章第三節註(2)で紹介する小林蒼海「アーカイブズについて」(『北の丸』第二〇号、一九八八年三月、所収)一六頁参照。ここでは、公文書についてであるが、将来、何が価値があるかわからないので、全部を残すべきである、というカナダの歴史学者J・H・フランクリン教授の発言が紹介されている。筆者も同様の発言を古代・中世史家(竹内理三博士)から直接聞いたことがある。これらは現代の公文書に対する特異な発言であるが、どの史料も役に立つはずであるというもので、歴史学研究の視点からは必然的に導きだされるであろう論理ではある。

(8) 文字社会と記録については、例えば安澤秀一「記録史料《アーカイヴズ》――人類の遺産を守るために――」(『記録と史料』第一号、一九九〇年十月、所収)を参照。

なお、文字社会に対置される非文字社会、文字化されない無体物の情報についても触れなくてはならないが、本章では、項を立てて論究するには至らなかった。特に文書館の機能の中にオーラルヒストリー(口承記録、聞き取り)を位置づける考えがあり、体験者の聞き取りについて筆者にも若干の経験があるが、わが国の文書館でこれを行う意義について、問題点はまだ整理されていないのではないかと思う。文書館とオーラルヒストリーとの関連については、第一節註(2)、安澤著前掲書、二〇九頁以下、同註(7)、大濱前掲論文、四四頁以下では肯定的に言及されている。

(9) ICA Mission 受入実行委員会編『記録管理と文書館――第一回文書館振興国際会議報告集――』(全史料協、一九八七年九月)八頁。

(10) 安藤正人著『草の根文書館の思想』(岩田書院　一九九八年五月)一一頁。なお、同書二六頁で、アーカイバル・ヘリテイジ(archival heritage)を「記録遺産」と訳し、第一節註(1)の「記録史料」の同義語として使用している。

(11) 文書・記録(レコード)の中から保存されるものが史料(アーカイブズ)であるとの理解が一般的である。例えば第一節註(1)の『記録と史料』の定義がそうである。しかしこれを現用である間が「レコード」で、文書館に収蔵されて「アーカイブズ」の価値が生ずると解するのは、的確ではない。アーカイブズたる価値は、文書・記録が、非現用、すなわち当面の実務的利用がなされなくなった状態になって、初めて生ずるのではなく、現用・半現用の段階であっても歴史的価値のある文書・記録は、すでにアーカイブズである、と考えるべきであろう。本書では、文書・記録が文書館などでの選別、収蔵される、あるいはされないといういかんにかかわらず、「アーカイブズ」としての存在意義は認められなければならないという前提である。

文書館での史料の評価選別は、その館の個別の判断・基準のもとに行われるが、その前に文書・記録のアーカイブズとしての一般的価値が問題とされるべきであって、文書館が評価選別したからアーカイブズとしての価値が生ずるのではないという議論から出発しなければ、史料保存の意義づけや評価選別の論議を、個別の文書館の問題を超えて普遍化して捉えるのは難しいと思う。もとよりこれは個別の文書館が、その館固有の基準によって評価選別を行う必要と意義を軽視するものではない。

(12) アーカイブズ(史料)保存の意義についての多くの論議から、近年の論考で筆者が眼にし得た範囲で挙げると、註(10)、安藤著前掲書では、文書館の意義に関してであるが、①文化遺産としての保存、②市民の権利の保障、③行政、経営の効率化、高度化を挙げている(一一一―一一二頁)。高野修は、公文書についてであるが学術文化の発展と「行政経営上」すなわち「行政事務全般の一貫性や継続性の確保」を挙げる(『地域文書館論』岩田書院、一九九五年九月、九八頁)。石坂昭雄「文化遺産としての「文書」と文書館制度の将来――欧米の実績に学んで――」(『北海道立文書館研究紀要』第六号、一九九一年三月、所収)では、「国民や民族の歴史の誇り、そのアイデンティティをも裏付けてくれるもの」と結論づけ(一三頁)、辻川敦「公文書館法の一〇年――法・制度面からの検証――特集にあたって」(『記録と史料』第九号、一九九八年十月、所収)も、「(市民が)自身のアイデンティティにつながる歴史が守られ、その歴史的な情報が現在と未来の社会を市民自身が作っていくこと」(三頁)の意義を述べている。高橋実著『文書館運動の周辺』(岩田書院、一九九六年十二月)では、「歴史的文化的情報価値として、あるいは行政・経営上の参考資料、諸権利の裏づけ」として文書館での史料の保存を意義づけている(六一頁)。

(13) 史料保存の意義が民主主義の確立との関連で説かれることがある。また史料の公開がデモクラシーの指標、また文書館をして民主主義の砦とする捉え方がある(例えば、註(12)、石坂前掲論文、六頁、註(10)、安藤著前掲書、六五頁)。史料の公開は、いわば歴史自体の公開でもあるわけで、そのような文書館の存在と機能とは、民主主義との強い関わりがある。これを史料の保存の領域に展開したのが、梅村郁夫「一九九〇年代初頭のアーカイブズ理解について」(『山口県文書館研究紀要』第二〇号、一九九三年三月、所収)四〇頁以下で、史料保存(ここでは特に公文書の保存)が、①市民の行政参加の契機、②行政の流れを監視する、③公開が行政の社会的責任を果たす、④市民の権利を保障、擁護する、⑤情報公開制度を文書館が下支えするという諸点を強調している。これは今日、わが国の文書館制度で共有されている理念であるとは思う。ただし、史料、特に公文書の保存が民主主義と直接的に結びつく考え方には、一定の留保を必要としよう。

また、わが国の史料保存体制、文書館制度の未発達の説明として、民主主義の不徹底から説明されることがあるが、それだけでは近現代日本における史料保存体制の脆弱性を説明しきれないように思う。文書館制度の確立の度合いは、各国、各社会におけるそれぞれの史料保存の認識に規定されているはずである。史料が「市民の共有財産」になり得るかどうかは、市政のありよう、市民の史料活用の仕方によるのであって、それぞれの文書館制度はこうした政治体制の反映にほかならない。日本の史料保存体制の脆弱性が何に由来するか、未解明の大きな課題として、依然残されているのではなかろうか。このことについては、小文であるが、拙稿「近現代史料と保存意識」(『学術月報』第五一巻八号、一九九八年八月、所収)でも触れた。

史料の保存が民主的な社会や政治に貢献するという主張について重ねていうと、文書館がそのように機能するかどうかは、その社会・政治体制によるものであろう。専制的な国家体制のもとでも史料が保存され、限定的であっても利用されており、そこにも文書館が機能していることを認めなければならない。史料保存の意義自体は、社会・政治体制を超えた価値中立的な性格を持っている。政治体制がその時代の文書館を生みだすのであって、民主主義的社会形成にもし文書館が貢献があるとすれば、文書館をそのように機能させる社会・政治体制によって初めて可能となるのである。

筆者は、現代の文書館においても史料保存には価値中立的な性格があると考えるが、他方、厖大な同時代の文書・記録の中から史料の体系的保存を志向することと、長い時間幅で社会の諸相の推移を保存しようとする文書館の機能の中には、間接的に今日の民主的社会の形成に関与するところがあると考える。前者は、主要なまた骨格となる同時代の諸事実を保存し次の時代に伝達する機能によって、文書・記録の無視、秘匿など保存の恣意性を排除することであり、後者はその時代の統治機構(国家、政府、自治体その他の親機関)の意思や社会の多数者の価値認識を超えた社会事象の把握を担保することである。文書・記録を保存することによって、また保存が公開に結びつくことによって、文書・記録を生成した機関の過去と現在を将来にわたって客観化し、現時点の体制を相対化させることが可能となる。

現代の史料ではないが、朝鮮李王朝時代の『朝鮮王朝実録』は、前王の治世を記録することで、権力の恣意性を排除し、統治の客観化をはかろうとした。もっともこの場合には、国王といえども閲覧できないという全くの非公開であった、という(「小特集・歴史編纂の比較史」のうち崔承熙「〝朝鮮王朝實録〟の由来と編纂に對して」(『史料館研究紀要』第三二号、二〇〇一年三月、所収)。

(14)　安藤正人は、ある作家が作品を執筆するために購入した図書は、作品の原稿とともに作家のアーカイブズの一部であることに言及している(大藤修・安藤正人共著『史料保存と文書館学』吉川弘文館、一九八六年九月、〇頁)。一方、近世史料などに含まれる書籍史料の位置づけについては、藤實久美子「書籍史料の特性と調査方法について」(『学習院大学史料館紀要』第八号、一九九五年三月、所収)。また、行政刊行物もそれが組織活動から生みだされたものと見るならば、史料の一部となる。これを文書館収蔵史料として位置づけようとする強い主張については、戸島昭「地方自治体の記録をどう残すか——文書館へのステップ——」(『記録と史料』第三号、一九九二年八月、所収)七頁以下がある。

(15)　註(2)、大藤前掲論文、五七頁以下が、「非記録の情報資源」と文書・記録との保存を関連づけて論及している。もっとも、記録・非記録情報資源を実際にどのように残し得べきか、わが国の文書館は、この課題にさしかかった段階ではなかろうか。

(16)　史料の形態、保存の意図が類似しているとしても、文書館・図書館・博物館がそれぞれどのような機能を分担するかという点になると、これらが複合していない方が有益であるとの議論が、文書館界からしばしば提起される(少なくとも都道府県レベルでは、文書館を単独で設置することが、複合施設より望ましいと筆者も考えている)。この三館の鼎立実現を主張するのが、「三大文化施設論」であり、この論理を端的に表現したのが、「図書は図書館へ、実物史料は博物館へ、そして文書は文書館へ」という惹句である。これについては、第九章第二節二項参照。

(17)　わが国の史料保存運動、文書館運動の軌跡には、歴史学研究および修史の素材である古文書の保存という基層があり、これを存在の根拠にして位地を確保し発展してきた。その積極的意味としては、文書館が学界、特に歴史学界に支持されてきた点がある。史料保存運動と文書館は、歴史学研究の成果を吸収し、また文書館の史料蓄積の成果を歴史学研究に還元してきた。文書館を担う多くの人材は、歴史学研究者の中から供給されており、古文書に対する研究者、住民の強い関心が、文書館の活動に基盤を与え、図書館・博物館とは異なる文書館という独自の史料保存公開機関の存在が認知されてきたといえよう。

しかしながら、史料の継続的、累積的保存を行う視点からすると、現代の文書・記録を保存することが第一義的に文書館の課題となる。この点では、右のような歴史学研究および修史の側からの支持には、一定の限界があることを指摘せざるを得ない。保存対象の史料を新しい、いわゆる〝古〟文書でない時期に置いた場合に、歴史学研究および修史の側からの関心が急速に減退していくように思われるからである。

(18)「歴史資料保存法」以降、「公文書館法」制定までの学術会議の勧告、要望は、第二節三項で触れた。

(19) 第一節註(2)、安澤著前掲書および註(14)、大藤・安藤共著前掲書。一九八〇年代の欧米文書館学の吸収については、第一節註(5)、全史料協編前掲書、三八頁以下を参照。

(20) 公文書館法の解釈について、内閣官房副長官の「公文書館法の解釈の要旨」(一九八八年六月一日)が有権的解釈とされている(第一節註(5)、全史料協編前掲書、二九六頁以下に収載)。しかし、本書の論旨は、この解釈に拘束されるものではない。各条項についての筆者の考えは、第三章および第四章各節参照。ほかに、荒井達夫(参議院法制局)「公文書館法の解釈の要旨」(『法令解説資料総覧』第七四号、第一法規、一九八八年、所収)がある。全史料協も「公文書館法の制定とその意義」(一九八九年一月二十五日。第一節註(5)、全史料協編前掲書、二九八頁以下に収載)を表明している。

(21) 自らの文書を自ら保存することについて、註(6)、北川健「文書館運動と史料保存運動のインターフェイス」では、文書・記録の所蔵者が、①「みずから」の手で、②「あまねくみんなに」(のために)、③「みらいに」(に向けて)、という「三つの《み》」と要言している(四九頁)。

(22) 評価選別機能を文書館が持つか否かは、それ自体が文書館論の一つである。公文書館法は、文書館の機能としてこれを積極的に位置づけてはいない。この点も同法が、現状の国立公文書館に即した規定にとどまっている点として指摘できる。もっとも、国立公文書館では、註(20)、内閣官房副長官通達「公文書館法の解釈の要旨」が、同館における評価選別行為の根拠となっているという。

(23) 公文書のライフサイクルについては、例えばマイケル・ローパー「記録のライフサイクル」(註(9)、ICA Mission 受入実行委員会編前掲書、所収)一一頁以下。文書・記録一般のライフサイクルについては、作山宗久著『文書のライフサイクル』(法政大学出版局、一九九五年五月)がある。

(24) 第二節註(20)、岩上編著前掲書、一二〇頁。

(25) 公文書館法成立時に、これが地域史料を排除しているとして、公文書館とは別に民間資料を扱う歴史資料館が必要であるとする意見が表明されている(大野瑞男「公文書館法と文書館」(『歴史評論』No.四六三、一九八八年十一月、所収)一一頁)。一つの県で公文書館と古文書を扱う館を別に設置した例としては、一九九五年二月開設の大分県公文書館と大分県立先哲史料館の並立がある。この二分化は県立ではまだ珍しいが、収蔵対象を公文書に限定して、設置母体外の史料の新たな収集を行わない、または行っていない文書館は、東京都公文書館などほかにも存在する。

〝収蔵史料主客論〟は、註(6)、北川健「文書館運動と史料保存運動のインターフェイス」四六頁、参照。文書館は公文書に限定すべきであるという主張は、第一節註(7)の大濱前掲論文における次の発言である。

「(国、都道府県の公文書館は、)現存する評価のきまった古記録・古文書は別として、新たに古文書類を収集すべきではありません。これらの記録資料は、伝統的に襲蔵してきた図書館・博物館等の類縁機関にまかせるべきではないでしょうか。それぞれが役割分担を自覚的にすることが日本にアーカイブスを根づかせる上で急務の課題といえます」(四四頁)

これは、公文書館法からも導きだされる論理であるが、地域史料については筆者の見解と対極にある主張である。このほか、飛高守「久喜市公文書館の活動――公文書の保存と公開を中心として――」(『八潮市史研究』第一四号、一九九三年一二月、所収)が、「わが国における公文書館設置の経緯からして、また自治体公文書館の責務として民間史料等についても視野に入れておくべきと思うが、それは次元を変えて再検討する必要があると考えている」(六三頁)としているのは、ごく控えめな表現であるが、右の大濱論文(講演)に通底する主張であろう。

(26)「三大文化施設論」については、註(16)、参照。

(27)ヨーロッパの文書館における私文書への関与については、例えば、註(12)、石坂前掲論文、一〇頁。

第四節　まとめにかえて

これまで筆者が述べてきたことは、すでに多くの論者によって考察が重ねられてきたものではあるが、いま一度、文書館理解を深めるため、わが国における史料保存の軌跡をたどり、現代の文書館の課題を整理してみた。しかしながら「史料保存体制としての文書館」論としては、いまだ触れ得なかった点は多い。

論じ残したいくつかの点を挙げると、第一に、わが国の史料保存体制を全体としてどのように構築されるべきか、という問題が残っている。本章第三節四項では、公文書館法の到達点と同法から欠落した問題点を取り上げたが、文書館を設置する前提として史料保存の基本法が必要であるという指摘がつとにある。(1) わが国の史料保存をどのように行うか、政策の基礎となるべき基本的な立法があって、その下に例えば公文書館法のような、これを具体的に担うための施設法が初めて基礎づけられる。このような文書館関連の法体系の確立を目指す論議が深められなければなるまい。文書館に地域史料を含むか、公文書のみかという論議も、公文書だけではない地域史料総体の保存利用を規定する法が整備される中で行われなければならない。

また、文書館ネットワーク論もある。文書館を超えた体制として、文書館相互の協力をはかるネットワーク構築が常に論議となる。全史料協はわが国の文書館運動を担ってきた最大のネットワークであるが、近年、その組織改編をめぐって議論がかわされている。それらは全史料協の組織内の問題を超えて、史料保存運動をどのように発展させていくか、運動体のあり方に及ぶ議論ともなっている(2)。

第二に、文書館の存立形態と機能をめぐる論点がある。文書館が設置母体の機関の中でどのような位置を占めるか、特に文書・記録管理システム全体、いわば記録のライフサイクルの中でどのような位地を得るか、これは史料の引継移管の成否に関わる重要な論点であるが、本章では十分には論及できなかった。この問題の一部は、本書第五章の課題であって別に論じられる。ただ、ほかに文書館の機能として組織体内での情報センターの役割を求める論議がある。これについては、筆者はまだまとまった意見を持ち得ない。自治体文書館でも、これを文書館の主要な機能として位置づけている館もあるけれども、それを文書館のより発展した形態と考えるか、あるいはこれなくしても文書館たり得るのか、論議が重ねられなければならないと思う(3)。また、文書館が組織上、他の類縁機関、すなわち図書館・博物館・情報公開センターなどと一体化し複合施設となる場合の是非をめぐっての論議がある。これも本章では、わずかに触れたにとどまるが、本書第三章第五節では、若干触れているので参照していただきたい。このほか文書館内部の組織論というのもわが国では、おおやけにはほとんど論じられたことはなく、本章でも触れ得ず依然として未開拓の分野として残されている。

第三に、第一節で触れた情報化社会の中のさまざまな変化に対する史料保存運動および文書館の対応である。文書・記録の増大、コンピュータの利用、なかでもインターネットなど情報通信の拡大がもたらす史料情報交流の変容は国際的な課題であるが、この点への論究は本章では、課題の所在を指摘するにとどまった。上記の第二の点とも関係して、記録自体が紙媒体から電子情報へ変化する中で、記録管理のシステム自体も大きく変容しつつあるが、史料自体の変容に文書館も対応を迫られている。(4) その他、情報公開制度と文書館の関係、阪神・淡路大震災などを体験した史料救出活動から見た史料保存運動および文書館のありようなども史料保存体制の課題であるが、本章では全く論及できなかった。(5)

最後に第四として、本節で若干触れようと思うアーキビスト論がある。公文書館法第四条第二項では、「公文書館は、館長、歴史資料として重要な公文書等についての調査研究を行う専門職員その他必要な職員を置くものとする」としている。ここで「専門職員」の職務について「調査研究を行う」としているのは、明らかにアーキビストをその範囲の職員に限定しようとするものである。しかし、わが国各地の文書館における専門的職員の役割は、このように限定されてはおらず、収集ないしは評価選別および整理、利用、普及など各般にわたり、それらの専門的業務に従事している。このような業務にあたる職員とは別に、公文書の重要性にかかる調査研究に主としてあたると規定される職員の存在は、わが国の文書館でもほとんど稀なのではなかろうか。(6)

公文書館法に見る専門職員は、その役割をごく限定された機能にとどめられているが、これを手がかりに現在と将来のアーキビスト像を描くかどうかは議論の分かれるところである。加えてアーキビストの資格制度、教育養成制度の論議が活発である。(7) ただ本章では、アーキビストの機能をこれまでの史料の概念の拡大やそのような中での文書館の役割を整序した論理の延長上に捉えてみることとしたい。

本書の前提とした史料の概念は、組織体の活動(個人の活動を含む)によって生成した文書・記録であった。文書館はその文書・記録を歴史的価値から保存公開する専掌の施設であり、アーキビストは、文書館が果たす史料の保存、公開を現実に担う主体である。アーキビストの存在意義、機能は、史料保存の意義から直接的に導きだされるものである。同時にアーキビストの役割は、どのような形態、名称であれ文書館(アーカイブズ)という具体的な施設の中で、その役割が実体化する(8)。

文書館が、すでに評価の定まったこれまでの史料に限定して保存公開を行う場合には、アーキビストの理念および専門性――研究上のバックグラウンド、職業的素養、技術、経験など――は、歴史学との親和性によって確保、充足される。しかしながら文書館が現時点およびこれからの文書・記録を史料として、しかも生成された段階で評価選別し保存公開をはかろうとする場合には、これを担うために求められるのは、よりいっそう現代の記録管理、情報処理に近接したアーキビスト像であろう。したがってアーキビストの課題は、文書・記録がアーカイブズとして将来どのような価値を持つか、保存されるべきアーカイブズが設置母体である組織体の活動の、また社会のどの部分を切り取って明らかにすることになるか、アーカイブズを通して現代の位相をどのように捉え後世に伝え得るかを明らかにするところにある(9)。

本章の最初に、二つのアーカイブズをどのように考えるか、自明のことではないと述べた。それは現代において社会一般の価値観が多元化する中で、何がアーカイブズとして保存されるべきかという価値の措定がいっそう困難となってきているからである。保存のための価値観が流動化する中でアーキビストが行う史料の評価選別の結果が恒久的価値を保持しているか、常に問われている。加えて今後、増大する電子化された大量の記録を、その発生の時点で、将来の選別のために必須の措置を加える必要が生じてくる。保存すべきアーカイブズ、保存を行うアーカイブズ、さらに保存を担うアーキビストも、それぞれに評価選別、史料管理、検索手段の構築、社会化(公開利用)の新しい事態に直面しており、この事態は冒頭に述べた通り、国際的な潮流でもある。

以上、本章では、わが国の文書館理解の軌跡を手がかりに、史料保存運動の中で発展し自立を遂げてきた史料の概念、史料保存を担う文書館の役割、なかでも地域史料保存と自治体立文書館との関係に触れ、現代のアーキビスト像にも若干ながら論及した。これまで論じてきた諸点は、それぞれ史料保存および文書館の課題としてさらに多くの紙数を費やして論ずべき事柄ではある。多くの先行論文への目配りがさらに必要であったが、本章では議論をいくつかの註に委ね、あるいは割愛したところは多い。

ただ、本章の意図には、史料の概念、文書館理解およびアーキビストというものを、個別に論ずるのではなく、一貫した論理のもとに考え方を整序し把え直すことが含まれていた。というのも、史料の保存、文書館およびアーキビストについての論議は、文書館活動の蓄積の中から生まれたものであるから、これまでそれぞれが担ってきた史料保存運動および文書館設置・経営の経験に規定されて論じられる場合が、少なくなかったように思う。特に文書館関係者が文書館を論ずる時は、筆者を含めてよって立つ個別の文書館の存在形態に引きつけた論議となりがちである。このような場合に必要と思われるのは、自館に即した文書館像を相対化して、普遍化する方向で論議を発展させることであろう。各館は、史料の残存状況、自治体の文化政策、既存の類縁機関の活動、地域の史料保存運動等々の条件に規定されて設置がされている。文書館の成立事情は、公文書館法が存在しても一様となるものではないから、各館の多様な事情の中で文書館論を共有するためには、論議の出発点を文書館に置くのではなく、それぞれの文書館理解の前提にある史料保存の意義を確認するところに置くべきであろう。本章は、文書館理解にかかる論議の共有を意図して呈示し、保存すべき史料の概念を自立させるところから始めてみた。その意味からも史料の概念、文書館理解およびアーキビスト像を一貫した論理で整序する試みが必要であったことを付言しておこうと思う。(10)

(1)　「文書等保存に関する基本法の制定」については、竹澤哲夫「裁判記録の保存と利用」(『史料館報』第五四号、一九九一年三月、所収)四頁。各国のアーカイブズ法については、第一節註(1)、安藤著前掲書、二六三頁以下。なお、わが国の文書館法制としては、ほかに公文書館法に根拠を置く「国立公文書館法」が一九九九年六月に制定されている。

(2)　全史料協組織法制委員会は、同協議会の法人化を展望した会則改正などの組織改編についてアンケートを一九九九年二月に実施した。これに対し会員の意見は、全史料協内部の問題ばかりでなく、運動体のあり方に至るまで幅広い意見が寄せられた。詳しくは『記録と史料』第一〇号(二〇〇〇年二月)一七頁以下、参照。

(3) 文書館が組織体内の情報センターとなるべきであるとの主張は、例えば第三節註(12)、高橋著前掲書、九八頁。文書館が「情報センター」になっていくであろうとの見解は、青山英幸「組織におけるレコードとアーカイブズ」(『北海道大学一二五年史編集室だより』第二号、一九九九年八月、所収)一四頁。

文書館が組織内への情報センター的役割をどのように担うのか、アーカイブズの現代的課題に触れる問題であるが、議論は多いと思う。例えば公立文書館が行政情報センターの役割を果たすことは、可能ではあると思うが、行政情報を提供するのが史料保存機関でなければならないのか、少なくとも歴史的時間の幅で文書・記録を見る文書館でなければならないか、という論議が残る。かつて北海道総務部行政資料室(のち、行政資料課)が、行政情報の収集・提供と歴史資料の保存公開を一つの組織で行おうとして一九六八年に設置されたが、二つの機能を両立させる矛盾から、やがては文書館(一九八五年設置)と行政情報センターに機能の一部が分化していった。この筆者の体験からすると、文書館がその組織の行政情報を提供するセンターとなるのは、文書館の中核的機能ではなく、それから派生する部分にとどまるのではないかと思う。行政情報を提供する部門は、現代の社会状況を迅速に捕捉し、庁内に情報提供を行うという意義に、その機能は帰結する。この機能を十全に発揮しようとすれば、予算上、人員配置、課の関心をこれに集中させることになる。したがって歴史的資料を保存する部分は、行政資料課という組織であっても不要不急の位置づけがされることとなった。行政資料課から文書館への転換について、詳しくは本書第三章第四節一項参照。

もし、文書館が設置母体組織内への情報センターを持つとしても、その部分は、おおやけの施設である文書館とは別の機能として措定すべきであろう。例えば藤沢市文書館の場合は、文書館長が文書課書庫を管理する長を兼ねている。この場合は、文書館長という一つの職に対市民サービスと対庁内サービスという二重の機能を負わせており、理念上は二分されている。文書館の果たす組織体内へのサービスは、――それがごく近時の文書・記録であっても――歴史的視点でアーカイブズを残すという基本的機能の延長上でなされる性格のものではなかろうか。二つの機能を文書館が担うとしても、別の性格のものであるという理念上、業務上の区分は明確になっている必要があろう。

(4) 近年の文書の電子情報化に対する文書館界における国際的な対応については、小川千代子「第三三回ICA円卓会議報告」(全史料協編『会報』第四八号、一九九三年三月、所収)によってその一端が紹介されている。

(5) 情報公開と文書館については、黒滝哲哉「情報公開と文書館――官僚機構の諸問題との関連から――」(『歴史評論』五六七号、一九九七年七月、所収)、後藤仁「情報公開・記録史料・公文書館」(『神奈川県立公文書館紀要』創刊号、一九九七年一一月、所収)がある。情報公開法の施行(二〇〇一年四月)によって、公文書の歴史的保存を目指して、国立公文書館のほかにも国の各機関にアーカイブズ設置を誘引する可能性がある(同法施行令)。

なお、震災と史料救出活動については、多彩な活動を反映して多数の文献がおおやけにされているが、『記録と史料』第八号(一九九七年十月)が特集「阪神・淡路大震災と記録づくり」を掲載している。

(6) 公文書館法第四条第二項の規定は、当時の国立公文書館の職員構成と機能に変更、拘束を与えないことを想定していたのではあるまいか。ここでのアーキビストの機能を評価選別に置かず、主として調査研究に従事するとしている点、また文書館の他の専門的業務と関わらせていない点などに、その意図を忖度《そんたく》できる。

なお、アーキビストが文書館の各業務に関わることについて、筆者の考えは、本書第四章第二節で触れている。

(7) アーキビスト論の中でもアーキビストの養成・資格制度については、第一節註(2)、安澤著前掲書第六章、第三節註(14)、大藤・安藤共著前掲書第四章・第五章、第三節註(10)、安藤著前掲書第六章および『記録と史料』第四号(特集「育てアーキビスト」、一九九三年九月)、などを参照。なお、アーキビスト像および養成・資格制度についての議論の多様性については、寿松木毅「アーキビスト養成・資格制度に関する問題点の考察」(『秋田県公文書館研究紀要』第一号、一九九六年三月、所収)に引用された諸論考の片々からもうかがうことができる。

なお、アーキビストの専門職性(プロフェション)が論議されるが、アーキビストの資格制度ができたとしても史料保存の理念からすると、アーキビストの職務は、医師、弁護士などのようにその業務を排他的、独占的に行う者ではない。個別の館に属して業務を行う存在である。個々に存在するアーカイブズおよびアーキビスト像は、もとより多様である。このため多くのアーキビスト論が文書館の中から提起されるが、それぞれ論者が置かれている個別の文書館における理念、目的、機能と分かちがたく主張されているのではなかろうか。また、歴史学をはじめ研究者側からのアーキビスト像は、それぞれの研究に引きつけた議論が少なくないように思う。

(8) アーキビストが目指す史料保存の営為は、理念的には史料の存在するところ、いずれにても実現されなければならないという普遍性を持っている一方で、アーキビストがその機能を果たすのは、文書館という具体的な施設における業務の中においてである。アーキビストの専門領域に関する倫理綱領については、全史料協国際交流委員会編『ICA北京大会総会・会議資料抄録』(同委員会、一九九七年三月)一二頁以下を参照。

(9) フランス革命以来、近代のアーキビストの歴史を三段階に区分して現代のアーキビストの課題を解説した、アンゲリカ・メンハリッツの所論の紹介は、石原一則「アーキビスト養成の歴史と課題」(『記録と史料』第四号、一九九三年九月、所収)三一頁。

(10) 文書館の存在意義を、歴史学研究に有用であるとの意義から主張する歴史研究者の立場があり、これを文書館に対する無理解であるとの文書館関係者の批判が表明されることがある。これまで掲げた本章および註の引用にもその一端が見られる。もっともこれとて、わが国において文書館の存在を認識して以来、ほぼ一世紀に及ぶ長い議論の一端にほかならない。

第二章　公立文書館の方向と課題
――公文書館法成立一〇年の年に――

第一節　はじめに

全史料協（全国歴史資料保存利用機関連絡協議会）の第一一回大会（兵庫大会）が、兵庫県公館を会場に行われたのは、一九八五年七月であった。この年に兵庫県県政資料館が開館し、また、筆者が勤務していた北海道立文書館が九年の準備を経てようやく設置、開館にこぎつけた。筆者は、開館式典もそこそこに神戸に向かって発ち、大会で県史編集室の寺尾庄八郎副課長（当時）の報告「兵庫県の現状と課題」を伺い、県政資料館の法的、組織上の地位について質問を呈したことを覚えている。この両館とも、公文書館法成立以前に設置を見た文書館であった。「公文書館法」が成立したのは、両館の開館の翌々年、一九八七年十二月のことである。今年、一九九七年はその成立後一〇年目の年に当たる。

公文書館法は成立の翌年六月一日に施行となるのだが、この日、筆者としては歓迎しがたい、ある裁判の最高裁判決があって、公文書館法の誕生も喜ばしさ半分であったことを覚えている。公文書館法自体も、その内容が日本の文書館のこれまでの困難を一挙に解決するものではなかったから、積年のつかえが下りたという気持ちにはならなかったことも、これまた記憶に新しい。公文書館法の成立がいまだ多くの課題を残しているとすると、同法成立一〇年という今年は、日本の文書館と史料保存の将来に関わる私たちの方向について、あらためて見定めておく機会であろうと思う。それゆえ本章では、公文書館法成立一〇年という時点に立ち、わが国唯一の文書館法である同法と日本の文書館の方向を見定め、課題を点検するための一端を述べることとしたい[1]。

（1） 文書館の活動、公文書館法全般についての最近の著作としては、高野修著『地域文書館論』（岩田書院、一九九五年九月）、全史料協編『日本の文書館運動――全史料協の二〇年――』（岩田書院、一九九六年三月）、高橋実著『文書館運動の周辺』（岩田書院、一九九六年十二月）がある。

第二節　公文書館法から一〇年

一　公文書館法の成立と内容

公文書館法の成立は、日本学術会議の数度にわたる勧告、これの支えとなった文書館界、歴史学界の運動の成果であった。また国会での法案の議決に至るまで、法案の策定・提案、審議の促進の中心となった故岩上二郎参議院議員の奮闘も記憶される。全国の文書館・類縁機関とその職員が一九七六年に結成した全史料協は、この運動を積極的に担うとともに、元会長でもあった岩上参議の法制定活動をバックアップした。

議員立法としてようやく陽の目を見た公文書館法は全七か条で、周知のように(と思いたいが)、第一条でこの法律の目的の中に「公文書等を歴史資料として保存し、利用することの重要性」を認め、第三条では、国および地方公共団体(以下、「自治体」と記す)には「歴史資料として重要な公文書等」を保存し、利用させるために「適切な措置を講ずる責務」があると規定する。第四条では、公文書館を定義して「歴史資料として重要な公文書等を保存し、閲覧に供」し、「これに関連する調査研究を行う」施設とし、また、公文書館には館長のほか「歴史資料として重要な公文書等について調査研究を行う専門職員その他必要な職員を置く」とする。第五条では、公文書館は国・自治体が設置するものとし、自治体設置の場合は「条例で定めなければならない」、また、第六条で国は自治体が公文書を設置する場合に「資金の融通又はあっせんに努める」とする。その他、第七条で内閣総理大臣(実質的に国立公文書館のことであるが)は、自治体からの「求めに応じ、公文書館の運営に関し、技術上の指導又は助言を行うことができる」と規定している。

二　公文書館法の問題点

この公文書館法に対しては、最初に述べたように成立当初からその問題点が指摘されていた。その第一は、これが公文書館法であって、公文書の保存・利用が主目的となっており、いわゆる「古」文書などを含む記録史料全般の保存と公開を行うことが欠落しているという点(学術会議、全史料協が構想したのは「文書館法」であった)、第二に、公文書館の設置を「義務」とせず「責務」にとどめた点、第三に、公文書館への公文書の引継移管を行政各部局(国であれば各省庁)の義務とせず規定化しなかった点がある。したがって第二条で公文書館が扱う「公文書等」(「公文書その他の記録」)の定義から「現用のものを除く」として、各部局の文書管理全般についての関与を担保しなかった。これについての専門職員の権限も明記されてない。第四には、館の機能として普及業務の位置づけが弱い、また「専門職員」の業務が「調査研究」という館の一部の業務に限定されている。第五に、これが今日最も問題とされているところだが、同法の附則第二項で「専門職員についての特例」として、「当分の間、地方公共団体が設置する公文書館には、第四条第二項の専門職員を置かないことができる」とした点である。この特例は、内閣官房副長官名の「公文書館法の解釈の要旨」によると、「現在、専門職員を養成する体制が整備されていないことなどにより、その確保が容易でないために設けられた」と説明されている。

このほか、「資金の融通」「あっせん」ではなく、地方交付税に反映すべきこと、類縁の図書館法・博物館法あるいは諸外国の文書館法に比較しても簡素にすぎること、細部の規程を政令に委ねるとしていないこと、等々がある。同法の生みの親ともいうべき岩上参議も、法律はできたが今後の課題が大きいと繰り返し述べている。(1)

三　公文書館法の性格

公文書館法は政府の立案ではなく、前述のように議会内では岩上参議のあたかも孤軍奮闘のごとくにして成立した議員立法である。文書館界で「岩上法」などと呼ばれる所以である。議員立法であったため、当初、法を所管する省庁の決定に難航し、特に国立公文書館を所管する総理府にはこれの引き受けについて抵抗の大きかったことが知られている。(2)政府提案ではなく議員立法によるとはいえ、同法には「公文書館法案大綱」から第五次にわたる法案の修正過程があり、この間、総理府はじめ関係省庁との調整を経ている。初期の大綱案では、法が示す「公文書館」像は当時存在する都道府県立の文書館・公文書館に重なるものであったが、幾度か修正を経て法案の「公文書館」像は著しく国立公文書館に近づいた。前項で同法の問題点として挙げた第一の、収集史料の範囲の限定、第三の公文書移管義務規定の欠如、第四の館の機能、専門職員の業務範囲の限定等の点にそれを指摘できる。

法案は最終的に国立公文書館の機能に著しく変更を加えない内容でまとめられており、同館にとって公文書館法の制定が重荷にならない結果となった。これは同法が現実的な基盤を得るための措置であろうが、自治体の文書館などにとっては、法の規定は館の機能の全域を覆うものではなくなり、あくまでも一部の機能を根拠づけるにとどまった。法制定後、文書館の中にはこれまで設置根拠法令であった地方教育行政組織法に加えて公文書館法を併記するため、設置条例を改正したところもあるが、その場合でも既存の法令を削除せずに、公文書館法を根拠法令の一つとして付加している。また、既存の「文書館」の中で、名称を「公文書館」に変えたところはない。これは自治体その他が設置している文書館が、現に法の規定を超えて機能し、業務を行っていることを示している。(3)

今日、公文書館法をどのように充実させていくか、特に専門職員の養成・資格付与や情報公開制度との関連で、公文書管理体制の問題が、差し迫ったこととして論議されている。公文書館法一〇年にしてそれらの論議が起こるのは、同法の条文の不備を補うというにとどまらず、わが国の史料保存体制全体のあり方の中で法や制度のありようを考えようとしているからである。これらの論議は、これから公文書館法によって文書館を設置する場合にも、踏まえておく必要があると思われる。

（1）　岩上二郎編著『公文書館への道』（共同編集室、一九八八年四月）。
（2）　同前、五五頁。
（3）　新たに公文書館法を設置根拠に加えた例として、「群馬県立文書館の設置に関する条例」の改正がある（群馬県条例第九号、一九八九年三月）。公立の文書館の業務が「公文書館法」を超えて規程されていることについては、本書第三章、第四章参照。

第三節　マイケル・ローパー勧告の視点

一　今日の指標としてのローパー勧告

わが国の史料保存体制は公文書館法成立の時点、一九八〇年代後半から、どのように進展してきたと見ることができるであろうか。また、それをどのような視点から考えることが可能であろうか。同法成立の前年、一九八六年八月に来日した国際文書館評議会（ＩＣＡ）派遣使節マイケル・ローパー英国公文書館副館長は、「日本における文書館発展のために」という勧告を日本の文書館界に向けて行っている。この勧告は、一一年前のものであるが、いま一度、これを今日の史料保存体制を考える際の指標としてみたい(1)。

一一年前、ローパー使節は、日本の各地の文書館を視察し、文書館関係などの職員を集めての講演会、研究会を体験して、「日本における現代的文書館政策を発展させる」ために、この勧告を行ったのであるが、この提言は、その後どのような影響をわが国の文書館界に与え、ここで指摘された課題が、今日なお、どのように残されているのであろうか。公文書館法成立後の史料保存体制を見るうえで、依然として有効な指標となっているこの勧告を見ていくことにしたい。

勧告の第一は、国立公文書館、全史料協、企業史料協議会「三者が全国的な記録史料保存利用体制のための方針を策定・促進するための協力会議を結成すること」であった。つまり、日本の史料保存のために関係機関、団体が全国的に結集することである。これまで個々の問題では、関係機関、団体の連携がはかられることはあったが、いまだ総体の問題を一致して平等に協議する機会・組織はない。第一は、「総合的かつ全国的な文書館」法の制定である。公文書館法についてはすでに述べた。同法は成立したが、「総合的」といえるかどうか。ここでの指摘は、記録・史料の総合的で強制力を持った法制度の必要であろう。第二は、「政府各省庁に、共通の記録管理システムを確立すること」である。これは各省庁が個別に定めているのが現状であって、「共通の」ものはいまだない。情報公開法が成立すれば、早晩この「確立」に迫られよう。

第四に、この「記録管理システムにおいては、国立公文書館が、手順の規定化、省庁間の調整、標準の維持・監督、保存記録選択基準の決定などに際し、指導的役割をはたすこと」がある。国の各省庁に対し、記録の「ライフサイクル」の視点に立った国立公文書館の主体的役割を求めるものであるが、同館には各省庁への強制力はなく、効果的な施策は見られない。もし有効な施策が執られるならば、地方の公文書保存を促進する効果ははかりしれないと思うのだが。第五にいう、別に史料保存施設がある「外務省と防衛庁についても、この記録管理システムの枠内に包含するよう考慮すること」は、第四の趣旨から当然の帰結である。

第六は、自治体に「文書館を設立し、記録のライフサイクル全体の制御と」史料としての保存を「確実にする記録管理システムを確立」することである。かつ「県立文書館のネットワークを全国的に確立すること」としている。勧告では埼玉県立文書館、栃木県立文書館をその先駆的役割を果たしているとし推奨している。法制定の指摘については第二の点で述べた。記録のライフサイクルの制御とそこに果たす文書館の役割については、九〇年代前半に設置された秋田県、神奈川県、沖縄県の各公文書館がそれを実現しつつある。

第七は、「記録を文書館に移管する上で妨げになっている法律的・行政的な障害」を取り除くことである。これは、「記録が、法的な権利や義務の証拠物である」との理由から、また「情報公開制度のもとですでに一般に公開されている」との理由から、文書館への移管に「妨げがあってはならない」とし、このため、「文書館法の中に、法的証拠としての記録の地位や情報公開制度下の記録の位置」は、「文書館への移管によっても、侵害されないことを記」すべきであるとするものである。これは、公文書の文書館移管を担保する法的な措置である。公文書移管制度は、わが国の文書館では、多様な取り組みがなされているが、記録管理総体に対する文書館の役割は、多くの場合、いまだ周辺的であると要言できる。

第八は、「国民的記録遺産」として「民間所在の記録史料を保護するために、緊急措置を講ずること」である。民間所在史料の保存は、わが国の自治体立すなわち公立文書館をはじめ史料保存利用機関が戦後早くから取り組んできた分野である。とはいえ、これが制度的に確立しているわけではない。勧告は民間所在史料のための「全国的登録機関の設置」とこれについての県立文書館の役割、「中央政府の責任」「国立文書館の任務」に言及する。

第九は、アーキビストの地位の公認、そのために必要な「専門職の養成と資格」に言及する。勧告ではさらに章をあらためて、これが論じられる。ここでは「専門職養成施設は日本にない」こと、「養成課程を設置することが不可欠である」こと、養成課程は「高水準の学問的研究と実務経験とが結び付いたものでなければならない」こと、さらに養成課程の設置までの資格認定、現に文書館に勤務するアーキビストの専門的知識・技術を拡大することにも言及する。最後の点は、「とくに次の分野」として、半現用記録の扱い、記録のライフサイクルを踏まえた記録の評価選別・移管方法、「文字形態記録以外の記録類(すなわち視聴覚記録や機械可読記録)」の取り扱い、酸性劣化史料への対応などを挙げている。たしかにこれらの点は、日本の文書館では手薄な部分であった。この一〇年、アーキビストの資格付与、養成については、国立公文書館が公文書館法の「専門職員」に限ってその準備を進めていると聞くが、これまでも国立史料館での史料管理学研修会をはじめいくつかの大学において講座が開設されている。しかし専門的知識・技術の拡大は、なお達成されているとは言いがたい。

第一〇は、「アーキビストの専門職としての発展」のために、文書館関係の国際的な文献の邦訳、海外研修、専門的な問題を討論するセミナーなどの開催、現職者研修の実施、外国アーキビストの招聘を実施し、また文書館内での昇格制度を確立することである。諸外国との交流、文書館学の流入は、ここ一〇年はめざましいものがあ

り、日本の文書館界も国際的な文書館活動に目を開かせられつつある。(2)

第一一は、記録遺産の保存と利用について、「一般市民の広範な関心と支持を喚起する必要」である。これは、文書館のたえざる努力の対象であろう。

二　勧告の背景としてのアーカイブズ認識

以上、筆者はローパー勧告を一一点にまとめて紹介し、今日の日本の文書館界の到達度に少しばかり触れてみた。そのいくつかは、文書館界・歴史学界をはじめとする関係の人々の努力によって進展を見ているが、なお多くは、依然、課題として大きく残ったままであることに気づかしめられよう。これはわが国の文書館が、いまだ草創期から脱却していない状況の現れであろうか。

この勧告の背景にあるのは、すでに指摘されているように、文書館(アーカイブズ)法制・制度の国際的な認識である。もとよりそれは各国によって異なるが、国家の法として史料全体の保存を規定し、文書館の機能を位置づけることを目的とするものである。例えば、フランスの「文書保存法」(一九七九年)、オーストラリアの「文書館法」(一九八三年)、アメリカ合衆国の「国立公文書記録管理庁法」(一九八四年)、カナダの「カナダ国立文書館法」(一九八七年)を安藤正人は挙げている。フランスの「文書保存法」が、同法の適用対象を「すべての自然人又は法人及びすべての公的または私的の機関又は団体がその活動上作成し又は受領した記録の総体」であるとしている点、カナダの国立文書館業務に「記録史料の保存利用や記録管理の問題に関心ある諸団体と協調し、その協力をえて活動すること」を挙げているのはその一端である。民間所在史料の「全国的登録機関の設置」もイギリスにおける全国記録史料登録所(一九四五年設置)などが想定されていることがうかがえる。(3)

このような文書館制度の先進諸国が到達した状況を前提とした勧告を、日本の文書館界はどのように受け止め得たであろうか。勧告の諸点に関するここ一〇年の動向の一端は前に述べた通りであるが、筆者が参照したいくつかの文献、また勧告の送付先の一つである全史料協の諸集会でも、これを刺激とし文書館制度発展の指標として受け止められており、その影響が顕著に認められる。(4) ただ、ICA使節の受け入れ側の一員であり、勧告のいま一つの送付先であると思われる国立公文書館が、勧告に対して反応を示した形跡は、同館の館報『北の丸』、年報からはうかがうことができない。

(1) マイケル・ローパー(Michael Roper)使節の招聘は、国立公文書館・全史料協・ICA Mission 受入実行委員会が行ったものであるが、実態は同委員会によって担われた。「第一回文書館振興国際会議」と銘うたれた諸集会は同年八月十七日から二十三日に開催され、この報告書が『記録管理と文書館』として、同年十二月に刊行された。以下の勧告の引用は、同報告書四二―五四頁による。

なおローパー勧告の紹介は、これまでに第一節註(1)、第二節註(1)の高野・高橋・岩上著の各前掲書のほか、安藤正人「日本の史料保存利用問題に関する国際文書館評議会の勧告について」(『歴史学研究』No.五六八、一九八七年六月、所収)などがある。安藤はこの勧告を、①全国的な記録史料保存利用体制方針策定・促進のための協議機関の設置、②文書館法の制定、③中央・地方における「記録のライフ・サイクル全体を通じた記録管理システムの確立」、④民間史料の保護、⑤アーキビストの資格と養成の諸点に要約して紹介している。

(2) 第一節註(1)、全史料協編前掲書、一九一頁以下、ほか。

(3) ローパー勧告当時の国際的な文書館法制の動向について、詳しくは第二節註(1)、岩上編著前掲書、所収、安藤正人「文書館・公文書館をめぐる外国の法令――ユネスコ研究報告の紹介を中心に――」を参照。

(4) ローパー勧告の影響の広がりと意義については、第一節註(1)、全史料協編前掲書で田中康雄が、「現在でも依然としてわが国文書館発展の指針たるを失っていない」(四〇頁)という指摘とともに触れている。

第四節　公立文書館の状況と課題

一　公文書館法成立後の文書館事情

公文書館法の影響のみではないが、成立後一〇年の間に文書館の設置は急速に行われ、さらに設置の計画が各所で進んでいる。都道府県立文書館を例にとれば、わが国最初の山口県文書館が設置された一九五九年から一九九七年までの三八年間で二六館が設置されているが、この一〇年間で新設、改組、新発足した館は過半に近い一二館に及んでいる。市・町立を含め名称を「公文書館」とする公立文書館も増加した。専門職員の養成も、前述の通り遅まきながらではあるが国立公文書館での養成がスタートしようとしており、国立史料館の史料管理学研修会はじめ大学などでの講座の開設も広がっている。司法資料（刑事訴訟記録、民事判決原本）の保存法制、情報公開制度など記録・史料保存の取り組みも拡大し、深化してきた。全国ネットワークという点では、ローパー勧告の趣旨を全面的に実現したわけではないが、国立公文書館が主催する「都道府県・政令指定都市公文書館長会議」が、一九八九年から毎年開催されるようになった。わが国の文書館制度、史料保存体制が、一〇年前と比較するならば、相当な進展が見られることは、この間の文書館界、歴史学界の雑誌の記事やシンポジウム開催のテーマなどからもうかがえる。ただし、そこでの論議の進展に現状の文書館制度、史料保存体制が応えているかどうかは、なお問題としなければならないであろう。

この一〇年の間に、文書館が直面する課題は、その前の一〇年あるいは二〇年に比較しても明らかに広がっている。かつては史料保存の方途としては、文書館を設置することに論議が限定されていた観があった。文書館の設置は今日もなお切実な課題ではあるが、文書館関係者は図書館、博物館との違いを強調して文書館の独自性を主張するのに急であったように思う。しかし、例えば全史料協が毎年開催する大会の参加者が、一〇〇人規模となり一九九〇年以降には二〇〇人、三〇〇人規模となって、文書館職員および文書館準備関係者だけではなく史料保存に関心のある図書館・博物館・歴史研究者・学生などが幅広く集まるようになると、文書館の設置にとどまらず、これを史料保存の幅広い連携の中で問題を考えるようになってきた。公文書館法成立後、大会テーマがそれまでの「のぞましい文書館像」から「地域の中の文書館」「史料保存のネットワーク」に変わっていくあたりにもそれが現れている。大会は、史料保存が公立文書館のみならず、地域でまた各組織体で行われなければならないという認識を生みだしてきた。(1)

さらに、史料保存をめぐる論議は、かつては主として前近代の古文書をいかに保存するかという点に向けられていたが、前近代とともに、いかにして近代そして現代の記録を史料として保存するかという論議の比重が増してきた。記録が非現用となった時点からアーキビストの仕事が始まるのではなく、記録が発生する段階からアーキビストの関与が必要であることが認識されてきた。

このように文書館の果たすべき役割、社会的機能は拡大しつつある。情報の爆発といわれる現代において、アーキビストはどのようにして同時代の記録を残していくか。この課題は、現代の記録の保存管理、評価選別さらに目録編成と記述、それらを制御するコンピュータなどの情報科学への取り組みに、アーキビストを直面させている。諸外国の先進的な文書館の経験と知見が急速に導入されつつあるのは、文書館学における水準の彼我の落差によるものだけではなく、わが国の文書館が直面する課題を、国際的視野、現代的視野で捉え直そうという要請が働いている現れである。わが国の文書館は、文書館制度の確立を目指す一方で、外に向けて制度への理解を求めつつ、かつてない記録の増大、複雑多様化、これを評価する歴史認識の多様化という新たな状況の中で、自らを変えつつ歩んでいる。

二　公立文書館の課題

これまで公文書館法成立後の状況を、ローパー勧告を手がかりに見てきたのであるが、同時にこの勧告は長い歴史を持った欧米諸国(およびその影響を受けた諸国を含む)の文書館が、現代の記録の生成、史料の保存全体に深く関与しようとして構築した制度を念頭に置いたものであった。わが国の文書館にとって、勧告が指摘した個々の課題は、一つひとつ実現し解決をはかるべきであることはもちろんであるが、勧告の持つ基本的な考え方を共有することが必要であろう。

勧告の基本的な考え方とは、筆者の理解によれば、――わが国の史料保存について全国的、総合的な施策を持つことであり、このために関係機関、関係者が全的に協力して、その意向を反映し統合し得るネットワークが形成されることとである。また、その施策を実行するためにそれぞれの文書館が機能することであって、特に官公庁の記録管理を全的に制御することとである。民間史料の保存に対する公立文書館(国立を含む)の位置づけも同様である。そしてアーキビストはこの施策を具体的に担い、実行する人的資源である――というものである。もとより、このような考え方がわが国で確立するのには、それを危ぶむ声もある。筆者もまた文書館設置準備の経験から、この出発点に立つことの難しさを軽視するものではない。

体験的にいえば、公文書館法成立以前、わが国の史料保存関係者にとっては、どのような法的根拠であれ、形態・機能であれ、まず県レベルで文書館施設を設置することが目標であった。設置の意義、契機、規模は、各県それぞれの事情に規定されたから、文書館の法的な根拠、業務の内容、自治体の中での位置づけが多様で　定していなかった。具体的にいえば、どの文書館も住民、研究者の利用を日的としないところはないが、そのために必要な条例の制定を伴っていない館があり、庁内関係部課に対し、史料となる公文書の文書館への引継移管を義務づける規定を欠いているもの、前述の「民間史料の保存」への対処が希薄な館もあることなどである。概してようやく文書館を設置し、形を整えたというところではなかったろうか。筆者が設置準備にあたった北海道立文書館の計画も、文書館が「存在」することに最大の意義を置いていた観は否めない。各県が文書館設置にあたって、それぞれに可能な途を選択して歩んだ結果は、文書館政策の独創性と多様性をもたらしたが、一方では、文書館として当然備わってよいはずの機能の欠落と停滞を放置することにもなった。

しかし、これまでの状況を変えるためには、やはり文書館の当事者、また文書館を必要とする側がこの視点を共有することから始まるのではなかろうか。少なくとも公立文書館がその地域の史料保存に(それが自治体の役割とするならば)全般的な「責務」があるとの主張がされてよい、と思う。県レベルの文書館では、史料保存専掌の機関として県全域と県外の関係史料を把握すること、その保存のために市町村、図書館・博物館などの類縁機関、大学・研究機関、県民・研究者などの意志を組織し、対策を構築することが求められていよう。「民間史料」の把握は、県によっては館外の市町村や研究者の協力を得て、すでに実施しているところもある。これは県レベルの文書館が県域の史料保存全般に包括的な役割を担う可能性があることを示している。必要なことは、県の文書館が関係機関や県民・研究者の意志を内部化し、実行に移すことができるかどうかである。また、知事部局、教育委員会、議会を問わず県の各機関に対しては、文書館が公文書管理体制の確立を求め、公文書の引継移管を徹底する諸規程の改正を実現する必要があろう。文書館が県庁の文書管理体制の周辺にではなく、核心部分に位置することを自らの課題にする必要があると思う。

(1) 公文書館法成立後の文書館をめぐる状況の推移については、第一節註(1)、全史料協編前掲書参照。特に巻末の「戦後史料保存運動年表」によって一九九五年までの事項を通覧できる。

第五節　おわりに

ローパー勧告は、わが国の文書館制度、史料保存体制の不備を的確に指摘した。欧米の文書館などと比較するとたしかにその落差は大きい。筆者も、一九八一年に英国公文書館(パブリック・レコード・オフィス)を訪問しローパー副館長にお会いし、また館内を見学することができた。規模の大きさに、イギリス政府における同館の地位を見ることができ、書庫の中を交差して走る史料搬送用の電気自動車に施設のただならぬ様を感じたものである。職員数、収蔵規模など、当時、日本の国立公文書館のいうに一〇倍であったことを覚えている。

まして、政府内での公文書館の機能・役割の違いは、あらためていうまでもない。日本の文書館の現状を考えると、課題のあまりにも大きいことにたじろぐ思いがするが、私たちの歩みも小さいながら何もしなかったわけではない。戦後、五〇年前、史料保存運動はほとんど無といってよい状態から出発した。四〇年前にわが国最初の文書館が設置された。ほぼ三〇年前に国立公文書館が設置された。二〇年前初めての文書館団体(全史料協)が誕生した。そして一〇年前には、まがりなりにも公文書館法が成立した。この歩みは、史料保存のために文書館内外にある力が、その理念の実現のためにたゆみなく働いていることを示しているといえないであろうか。次の一〇年、私たちは何を生みだし、引継ぐことができるのであろうか。

この二〇世紀は、動きの激しい、時代の変わり目であることを絶えず認識させられた世紀であろう。私たちの生活も否応なく、つねに揺すぶられ続けてきた。このような歴史を検討するにたる史料と文書館を私たちは二一世紀に伝えたいものである。

第三章　地方文書館における業務の構築について
――都道府県立文書館設置条例等の規定を中心とした考察――

第一節　はじめに

この二〇年ほどの間、全国的に文書館の増加はめざましいものがある。現在（一九九一年末）、都道府県立文書館は一九館を数え、政令指定都市の九館を含め市町村の文書館もその数を増している。これに伴って、文書館の研究活動も著しい深化を見せていることは、周知の通りである。一九六〇年代には、現実のものにはなりにくかった「文書館学」が、今日、文書館界のみならず歴史学界においても市民権を得て定着しつつあるかのようである。この間の文書館にかかる論議は、もとより多岐にわたっているが、近年の業績を見ると、文書館そのもの、あるいは文書館資料（アーカイブズ。Archives）の概念について、実態を踏まえた論議が簇出してきたように思われる。(1) ただ、後述するように、これらの論議の中で、文書館の業務のあり方については、いくぶん理想化された理念が述べられるか、あるいは個々の館の実情の開陳にとどまることが多く、各館が共有し得る一般性を持った議論に触れることが、少なかったのではなかろうか。[2]

文書館運動の高まりの中で、文書館に対する期待も大きくなってきたのであるが、その社会的位置づけは依然強固なものとはいえない。先発の図書館や博物館制度のように、文書館制度はいまだ十分な社会的検証を経てはいないように思われる。今後、文書館の数が増し自治体や企業・団体の中での文書館の機能が強化され、社会の中でその役割が拡大されるにつれて、文書館の理念とともに具体的な業務のあり方について、文書館界や歴史学界以外からも、議論の対象とされることが起きてこよう。文書館に期待されている多面的な機能と文書館、なかでも地方自治体立文書館の力量がどのように応え得るのであろうか。文書館が増加していく中で、その機能と業務をどのような視点から捉えることができるのであろうか。いまだ草創期にあるわが国の文書館である。それらを存立せしめる諸条件について考察を加え、問題点を整理しておくことは、わが国の文書館像を確立するために、いくらかの意義があろうと思う。[3]

本章はそのような作業の一つとして、これまでの論議を検討しつつ、各地の文書館の状況を比較し、各館の業務が設置条例等でどのように規定されているか、業務の設定を条件づける要素が何であるかを考えてみたいと思う。あわせて北海道立文書館設置計画の中で文書館業務がどのように設定されていったか、事例として紹介することとしたい。なお、本章は、一九九〇年十一月に千葉市で開催された全国歴史資料保存利用機関連絡協議会(略称、全史料協)研修会において「文書館の業務」と題して行った講義の原稿をもとに、新たに書きあらためたものである。講義の機会を与えてくださった全史料協の各位に厚くお礼を申し上げる。

(1) 一九六〇―八〇年代のわが国文書館学の軌跡を、学説史としてたどった研究は、寡聞にして知らない。これに代えて、最近の関係文献目録を紹介しておきたい。目録については、数種あるが、まとまったものとして、佐原和久・石川美代子「文書館関係文献目録稿(昭和五十四年一月〜昭和六十一年三月)」(埼玉県立文書館編『研究紀要』第二号、一九八七年、所収)および君塚仁彦編「文書館関係文献リスト――一九八六年一月〜一九八九年四月――」(『地方史研究』第二二二号、一九八九年十二月、所収)がある。また、全国歴史資料保存利用機関連絡協議会(略称、全史料協)機関誌『記録と史料』第一号(一九九〇年)、所収の文献紹介「アーカイブズを学ぶ」もあわせて挙げておく。

(2) 文書館の業務は、一般的にいえば、文書等の原史料を保存し、利用に供することであるが、「文書館が、業務として、具体的に何をどこまでなすべきかについての共通認識は、いまだ確立しているとは言いがたい」(全史料協編『記録遺産を守るために――公文書館法の意義と今後の課題――』一九八九年、三〇頁)という状況にある。

(3) 文書館の増加に伴い、設置の態様、業務の内容はいよいよ多様になってきたといえよう。一九八七年制定の公文書館法(法律第一一五号)が、それらに一定の方向を与えているかといえば、必ずしもそうではないように思われる。

第二節　文書館業務についての諸論議

一　文書館資料(アーカイブズ)をめぐって

戦後、わが国の歴史的資料の危機に際して日本学術会議が行った政府への勧告、要望等のうち、最初のものは一九五九年十一月二十八日の「公文書散逸防止について」の勧告であった。(1)その一〇年前、一九四九年三月には、「史料館設置に関する請願」という国会請願が提出され、採択されているが、これは、もっぱら戦後社会の変動の中で危機に瀕した民間保存の近世および近代初頭の資料の保存、国立および地方の「史料館」設立を訴えるものであった。これに対して右の勧告は、官公庁の公文書を保存し公開する文書館制度が、わが国において欠落していることを指摘するものであった。この勧告では、保存すべき公文書を定義して、「官公庁において(市町村役場に至るまで、中央・地方を問わず）起案授受された学問的重要な意義をもった書類、議事録、帳簿類をいい、活版印刷されたものは除外する」としていた。勧告の趣旨が、廃棄されつつあり、しかも「公開利用の途が閉ざされている」公文書を、公開させようとするところにあったから、保存すべきとする資料も公文書に限られ、民間保存の資料や印刷物は関心の外に置かれていた。また、これを利用する主体が、「一般研究者」の範囲にとどまり、国民一般は意識されていなかった点も否めない。もとより、これらにいう民間資料保存の「史料館」と公文書保存の「文書館」との両機能は、いずれも歴史的資料の保存のために発揮されなければならないものであった。一九五九年勧告からさらに一〇年後の学術会議勧告「歴史資料保存法の制定について」（一九六九年十一月一日）では、資料の散逸を阻止し「貴重な国民的文化遺産を後世に伝えるため」としつつ、歴史的資料については、次のごとく、より包括的に定義し、それを保存するための文書館の設置を、国および地方自治体に求めている。

「ここにいう歴史資料とは、

（A）　近世以前については、すべての古文書・記録。

（B）　明治以降については、戸長役場文書・市町村役場文書・都道府県庁文書・国の出先機関の文書。

（C）　明治以降の私的文書・記録類。

のうち重要なもの」

六九年勧告は、文書館が扱う歴史的資料の範囲を公私の文書・記録とし、これまでにない幅広い認識を示したものとして、文書館界や歴史学界の強い支持を受けた。しかし、四九年の請願、五九年の勧告がそれぞれ現在の国立史料館や国立公文書館を生みだしたのに対し、都道府県立文書館の必置、「明治」以前の資料と以後との間に保存価値の高低を設けてこれを定義の一部としている点など、必置義務規定の厳格さと業務の広汎な設定、その一方で収蔵対象となる資料の概念の未整理から、立法化や政府の具体的な施策を生みだすには至らなかった。(2) このため、さらに一〇年後の一九八〇年五月十二日の学術会議勧告「文書館法の制定について」では、文書館が扱

うべき資料を「官公庁資料」として限定したうえで、

「官公庁資料とは、各省庁、政府関係機関及び地方公共団体が、その任務遂行上、作製、受理した文書(調査資料、統計資料を含む)その他の記録(写真、地図、マイクロフィルム、磁気テープ等)をいう」

と定義した。後述するように、この勧告が原型となって現在の「公文書館法」がまとまり、公文書のほか「企業及び団体等」の文書(私文書)も収蔵対象に含めた全史料協の「文書館法案」[3]は、陽の目を見なかった。もっとも、「文書館法案」における文書の定義は、「業務を遂行するにあたり作成し、又は収受した文書、記録等をいう」として、学術会議の八〇年勧告とほぼ同様の文言となっている。

以上、文書館が収蔵すべき資料の概念を、もっぱら公的機関および文書館界の公式発言によって見てきたが、これらによっても、この三〇年間における文書館資料の概念の変化を読み取ることができよう。すなわち、文書館資料(アーカイブズ)の定義は、当初、散逸を目前とした資料の救済を契機として設定されたものであったが、今日では、機関あるいは個人の活動の一記録群を社会的記憶装置として保存するという視点から設定されるようになった[4]。また、文書館資料の範疇も拡大しつつあり[5]、かつては主な収蔵対象から除外されていた印刷物も、記録群の一部としてであれば収蔵対象から排除されない、というのが今日の共通した理解となっている[6]。文書館にとって、年代の古い文書の保存が重要課題であることは、依然として減じてはいないけれども、文書館資料の保存は年代のいかんを問わずなされなければならない、と考えられるようになってきた。ただ、このような文書館資料の概念の拡大は、文書館のあり方を具体的に論ずる中で、どのような役割を果たしたのであろうか。

二　公文書館法の規定をめぐって

文書館資料の概念がさまざまに設定されてきたのと同様に、文書館の業務ひいては文書館の性格、機能についてもまた多様な捉え方がなされている。前項のはじめに触れたように、戦後、文書館・史料館が設立され始める契機は、近世以前のいわゆる「古文書」の散逸を緊急に防止するところにあった。文部省史料館(現、国立史料館)の設置がそうであり、最初の都道府県立文書館である山口県文書館は、膨大な旧藩主毛利家文書の寄贈を契機として、一九五九年に設立されたものである。(7) 現用を終えたばかりの文書を保存する機能を持つものとして文書館が考えられてくるようになったのは、前述の一九五九年勧告以降、東京都公文書館(一九六八年)、埼玉県立文書館(一九六九年)、国立公文書館(一九七一年)の設立を通じてのことであった。古文書と現用後の公文書の両方を保存の対象とする総合化された文書館像は、これも一九八〇年の歴史資料保存法制定勧告において、一定の結実を見ているが、さらに全史料協の文書館法案では、前項で見たように、「歴史的、文化的価値のあるものその他永久保存する必要のある」「文書資料を収集し、整理し、保存し、及び利用に供すると共に、文書資料に関する専門的な研究を行う機関を文書館という」(第二条、第五条)としつつ、文書館の業務として、文書の引継移管等(購入、寄託、寄贈を含む)文書資料の受け入れ、評価選別、廃棄、受け入れた資料の整理、保存、閲覧等の利用サービス、文書資料に関する調査研究、啓発普及、類似機関との連絡協力を挙げている。

総合化された文書館像の追求は、国に対して国立史料館、国立公文書館、東京大学史料編纂所、国立歴史民俗博物館の文書保存機能を統合して「国立文書館」を設置すべきであるとする提言(広田暢久)をも生んだ。(8) しかし、その一方で、学術会議八〇年勧告のごとく、民間資料を除外した官公庁資料(公文書等)に限定した文書館法が浮上し、さらに公文書館法の制定を見るに及んで、同法への批判、懸念とともに、民間資料(私文書)保存業務の強調と、「公」文書館とは別の史料館設置が主張されるようになった。

例えば、かつての文書館勤務者の中からも、「自治体には史料館ないし文書館と、さらに公文書館とが別個に建設されることが望ましい」(吉原健一郎)(9)、「公文書館とは別に、特定の時代、たとえば古代・中世・近世などの民間史料を収集する歴史資料館の設置は、公文書館に準じて大いに行なわれることが望ましく、公文書館法がこれらの動きを縛ることになってはならない」（大野瑞男）[10]など、前掲の広田提言とは対極ともいえる発言がなされている。これらの論議は公文書館法の制定によって、公文書の保存に業務を限定した公文書館設立の定着を警戒するものであった。このことは、アーカイブズおよび文書館概念の拡大がなされてきたにもかかわらず、自治体レベルの施設体系を具体的に考えた場合、総合化された文書館理念の貫徹には、なお多くの解決すべき問題点があることを示している。

右の論点は、民間資料の保存を文書館の業務としてどのように位置づけ得るか、という問題である。わが国の民間資料すなわち「私的な組織と機構の史料」の保存体制については、これまで見た通り国内の文書館関係者、歴史研究者からの主張のほかにも、文書館の国際組織からの指摘、また助言（F・B・エヴァンズ、M・ローパー）[11]がなされている。一方、公文書館法の規定について、総理府による「公文書館法の解釈の要旨」が出されている。ここでは、「公文書その他の記録」（第二条）の中に、「古書、古文書、その他私文書も含まれることになる」とし、公文書以外の資料も公文書館の収蔵対象であるとしている。しかし、第二条では、公文書館での保存対象の古書等が、現に国、自治体が保管しているものの範囲にとどまっており、新たな収集については規定していない。したがって、私文書の保存についての積極的な規定とはなっていない[12]。収蔵資料が公文書に限定されるか、もっぱら民間資料か、あるいはその両方であるか、それによって文書館の性格は大きく左右されるものとなる。というよりも、文書館が設立される場合、文書館の性格によって、その収蔵対象資料が定められ、館の性格や資料によってその業務が決められるものである。

もっとも、すべての自治体立文書館が総合化を追求しているわけではない。例えば横浜開港資料館では、横浜市に戦前の公文書が少ないこと、文書に限らず絵や写真をも扱いたいとの趣旨などから、横浜の歴史的特色を強調した「開港」資料館の名称を選択した、と説明されており、公文書の保存機能は別に公文書館を設置して行われるべきと、表明がされている（遠山茂樹、西垣晴次、加藤祐三）[13]。保存されるべきアーカイブズが拡大され、文書館全体としては総合化があるべき姿として希求されたとしても、実際に設置され計画されている文書館の形態は多様というほかはない。このような中で、公文書館法は、統一的法規としての役割をどのように果たし得るのであろうか。それを考えるためにも、次節では、自治体立文書館の現況を比較検討しようと思う。検討の対象を主として都道府県立文書館としたのは、相互の比較が容易ではないかと考えたからである。なお、研究業務や展示などについての諸論議は、次節二項の関係部分で触れていくこととしたい。

(1) 勧告、要望のほか、学術会議は、文化財保護法からはずされた学術資料の保存活用に関する内閣総理大臣の諮問に対し、一九五〇年十月二十三日に答申を行っている。この中で、中央・地方官公庁の公文書記録その他の廃棄に際し、このうち学術資料として価値あるものを永久に保存し利用するための方途を講ずるよう求めており、これが、一九五九年勧告につながっている、といわれている(国立史料館編『史料館の歩み四十年』一九九一年、六頁)。

(2) 歴史資料保存法勧告決議に至る経過については、木村礎「資料保存利用問題の経過と現段階(学術会議だより15)」(『地方史研究』第一〇二号、一九六九年十二月、所収)参照。一方、歴史資料保存法では「守備範囲が広すぎて誤解」を受けやすい、公文書館法の制定を望む、とする意見があった(小堺吉光「歴史資料の保存利用に関する諸問題」(『広島市公文書館紀要』第二号、一九七九年、所収))。

(3) 全史料協の「文書館法案」は、一九八七年十月の大会で採択されたものである。

(4) アーカイブズを人類の共同記憶装置とする理解は、世界の文書館界が今日、到達した認識であるが、わが国でもすでに、一九七〇年代の初めに、ジャン・ファヴィエ著、永尾信之訳『文書館』(白水社、一九七一年)によって、一般にも次のように紹介されていた。

「文書とは、個人あるいは法人、私的あるいは公的機関が、その活動の結果を編成し、将来の必要を考慮して、受け入れ、構成した書類の集りである」(同書、一一頁)

(5) 註(4)、ジャン・ファヴィエ著前掲書、一三頁。「今日、文書という概念は、かなり拡大されている」。

(6) 国際文書館評議会編「用語定義辞典」一九八四年版の printed archives の定義。安澤秀一「記録史料《アーカイヴズ》――人類の遺産を守るために――」(全史料協編『記録と史料』第一号、一九九〇年、所収)一四頁再引。

(7) 山口県文書館の場合も、発足の当初においては、最重要の業務として公文書の引継が位置づけられていた。このことについては、同館編『山口県文書館の三〇年』(一九九〇年)九・一二頁参照。しかし、その後の運営を見ると、毛利家文書の収蔵を契機として設立された印象がいかにも強い。

(8) 広田暢久「文書館法制定のための提言」(『歴史学研究』No.四八四、一九八〇年九月、所収)六二頁。

(9) 吉原健一郎「地方史研究協議会と史料保存運動」(『地方史研究』第一八八号、一九八四年四月、所収)四頁。この主張の要旨は、これまで地方史研究協議会などが進めてきた史料館・文書館の建設と行政情報の公開を契機とした公文書館の建設とは、「同一線上にあるものとは考えられない」とし、公文書館の設置が民間資料保存を軽視することにつながると指摘し、もし別個の施設の設置が不可能ならば館名はいずれでも両者の機能を総合した組織にすることを求めるものであった。しかし、これらに対しては、自治体において郷土資料館のほかに文書館を持つことが容易ではない、との指摘がある(林英夫「公文書館法の成立と「史料保存」運動」(同前誌、第二一五号、一九八八年十一月、所収)六六頁)。

(10) 大野瑞男「公文書館法と文書館」(『歴史評論』No.四六三、一九八八年十一月、所収)一一頁。歴史資料館設置を求めるこの発言は、「公文書館法は地域文書館(市町村文書館)に対する配慮が十分とはいえない」(六頁)との同法に対する批判に基づくものである。

(11) Evans. Frank B.,「日本――国会図書館における手稿史料収集の発展と保存――(ユネスコによる日本政府宛報告)」(安澤秀一著『史料館・文書館学への道――記録・文書をどう残すか――』吉川弘文館、一九八五年、所収、一二一頁以下再引)。Michael Roper の発言については、ICA Mission 受入実行委員会編『記録管理と文書館――第一回文書館振興国際会議報告集――』(一九八七年)五二頁。

(12) 一九八八年六月一日付、都道府県あて、内閣官房副長官通達(『地方史研究』第二一五号、一九八八年十月、所収)。

(13) 遠山茂樹ほか「座談・資料館活動をめぐって」(『横浜開港資料館紀要』第五号、一九八七年、所収)七―九頁。

第三節　都道府県立文書館の状況

一　文書館の設置

前述の通り、わが国の地方文書館のうち、都道府県立文書館の設置は、一九五九年の山口県文書館を最初とし、最も新しい徳島県立文書館(一九九〇年)まで一九館を数えている。この間、約三〇年を経過しているが、設置数から見ると、その中点にあたるのが、一九八五年設置の北海道立文書館であった。表3-1「都道府県立文書館の所掌業務」では、設置年次順に設置形態や業務内容を掲げておいたが、ここで明らかなように、この年までの二五年間に文書館の設置は九館にすぎなかったものが、これ以降の五年間には一〇館が設置されている。一九八五年以降、毎年新しい文書館が誕生していることになる。

設置主体を見ると、一九八五年以降、知事部局であることが多くなり、ほとんどの文書館は、地方自治法第二四四条にいう「公の施設」または社会教育施設として条例によって設置されている。設置根拠が議会の議決を要する条例によらない、訓令などの規程によっている館は少ない。条例設置でない場合は、住民が利用する施設としての位置づけがないので、後述するが一般への普及業務、館の専門的能力を高める調査研究業務を行う根拠を得ることが難しいのではあるまいか。設置根拠の例規的措置について、公文書館法も第五条で、自治体が公文書館を設置する場合は条例によることを明示している。これは、公文書館が「究極的に住民の福祉を増進するための施設」(総理府内閣官房副長官通達)であるとの認識に立つものである。公文書館法は自治体に対し設置を義務づけあるいはその名称や業務を規制するものではない。しかし、同法が条例設置を規定したことは、条例によらない施設の場合、同法の適用するところとならないことを意味しよう。

文書館の性格は、その館が一般的な文書館的機能以外にあわせ持つ機能を課せられているか、また、他の類縁機関との関係の中でどのような機能分担をなしているかによっても、定められる。前者は文書館単独の施設ではなく、博物館や図書館的機能あるいは県史編纂業務をあわせ持った複合施設の文書館の場合であり、後者は後発の文書館が既存の施設と競合する場合である。前者は、文書館が単独の施設としては認められず、他の機能とあわせ持つことによって設置が可能となった例であり(京都府、福島県、茨城県、岐阜県、兵庫県)、また、図書館の一機構として設置され、目下、独立の施設設置途上にある例(神奈川県)[1]、さらに、特に修史事業を付帯する方針をもって設置された例(東京都、茨城県)である。複合施設の得失はいちがいに論ずることはできないが、場合によってはその館の重点の置き方がより利用者の多い部分、一般的に理解されやすい部分に傾斜し、文書館業務の後退あるいは制約が生ずるのではないか、との懸念がある[2]。右の意味の複合施設は、一九八五年以降、設置が減少している。その一方、情報公開制度の窓口となっているところもある(富山県)[3]。後者の問題は、先発の図書館・博物館その他が行ってきた文書にかかる業務の範囲、収集資料の帰属の問題である。これらの問題については、北海道立文書館の設立経過を紹介する次節で取り扱うこととする。

二　条例等に見る業務

文書館の業務について、公文書館法第四条では、「歴史資料として重要な公文書等を保存し、閲覧に供するとともに、これに関連する調査研究を行うこと」とし、保存、閲覧、調査研究という文書館の骨格をなす業務を挙げている。しかし、これは都道府県立文書館の業務の大要を尽くしたものであろうか。それぞれの文書館は、自己

表 3-1　都道府県立文書館の所掌業務(条例等による)

No.	設立年次	館名	所管			設置根拠		条例等に表示の資料の名称	条例等に表示の主な業務　○印は見出の語を条例等に表示しているもの，△印は別の語で含蓄しているもの											
			知事	教委	その他	条例	その他		収集	整理		利用・普及						調査研究	歴史等編さん	その他
										整理	保存	利用	普及	展示	講習会等	目録等編刊	(その他)			
1	1959	山口県文書館		○		○		県公文書・記録／県内歴史文書・記録《文書》	○	整備	○	○		○	○	○	参考，助言，案内	○	○	
2	1963	京都府立総合資料館	○			○		資料等	○		○	○		○						
3	1968	東京都公文書館	○			－	都組織規程	公文書類／資史料	△…	→△…	→○	○							○	
4	1969	埼玉県立文書館		○		○		歴史的文書・記録／公文書／その他《文書》	○	○	○	○	啓蒙普及					○	○(文書の)	
5	1970	福島県歴史資料館			○	○	文化センター条例	文書資料《歴史資料》	○	○	保管	○		○	○			○		
6	1972	神奈川県立文化資料館		○		○	図書館条例	歴史的文書・記録／その他	○	○	○	○								
7	1974	茨城県立歴史館			○	○		歴史資料	○		保管	○		○						
8	1977	岐阜県歴史資料館		○		○		歴史・行政資料	○		○	○						○		
9	1982	群馬県立文書館		○		○		歴史的文書・記録／県公文書／その他《文書》	○	○	○	○	普及啓発					○	○(資料集等)	
10	1985	北海道立文書館	○			○		歴史的文書・記録／その他《文書等》	○	○	○	○		○	○	○	情報収集・提供	○		
11	1985	兵庫県県政資料館	○			－	県公館管理運営要綱	《歴史的文化的資料》												
12	1985	大阪府公文書館	○			－	要綱	歴史的文書資料類等	○	○	○	閲覧		○				○		
13	1986	愛知県公文書館	○			○		歴史的公文書／その他《公文書等》	○	○	○	○		○				○		
14	1986	栃木県立文書館		○		○		古文書／歴史資料となる県公文書／その他文書《文書》	○	○	○	○(閲覧)	普及啓発	○				○	○(資料集等)	

15	1987	富山県公文書館	○			○		県政に重要な公文書／県の歴史的文書《公文書等》	△	…→	○	○(閲覧)	○	○						
16	1988	千葉県文書館	○			○		公文書／古文書／その他歴史的資料《文書等》	○	○	○	○(閲覧)		○	○			○	○(資料集等)	行政情報提供
17	1988	広島県立文書館	○			○		歴史的：行政文書／古文書／その他《文書等》	○	○	○	○	普及啓発			○		○	○(史誌資料集等)	
18	1990	鳥取県立公文書館	○			○		歴史資料：公文書／その他記録《公文書等》	○	○	○	閲覧		○				○		県政情報の提供
19	1990	徳島県立文書館		○		○	文化の森施設条例	歴史的文化的：公文書／古文書／行政資料／その他《文書館資料》	○		○	○	教育普及	○	○			○		

〈参　考〉

設立年次	館　名	所管			設置根拠		条例等に表示の資料の名称	条例等に表示の主な業務　○印は見出しの語を条例等に表示しているもの，△印は別の語で含蓄しているもの											
									整理		利用・普及						調査研究	歴史等編さん	その他
		市長	教委	その他	条例	その他		市長	整理	保存	利用	普及	展示	講習会等	目録等編刊	(その他)			
1974	藤沢市文書館	○			○		歴史資料／行政資料	○	○	○	閲覧				○		○		
1977	広島市公文書館	○			○		公文書／記録／その他《公文書等》	○	○	○	○						○		
1982	京都市歴史資料館	○			○		歴史資料	○	○	○	供覧		○					○	
1988	大阪市公文書館	○			○		歴史的文化的公文書・その他記録《公文書等》	○	○	○	○	○					○		市政情報の提供
1987(制定)	公文書館法						歴史的公文書・その他記録《公文書等》	△	…→△	…→○	○(閲覧)						○		

出典）例えば，『執務の手引』（千葉県文書館，1989年）など，各館の例規集によったが，いずれも条例等であるので，個々の出典の掲出は割愛した。

の業務をどのように設定しているのであろうか。表3-1は、各館の業務を、その設置根拠となった条例その他の例規(条例設置でない場合は、組織規程、要綱など、設置根拠となった最も高いレベルの規程)によって比較対照しようとしたものである。これによって、わが国の地方文書館の業務の範囲が概観できるのではないか、と思う。もとより、各館の実態が条例等の規定とは異なるとの指摘もあろう。例えば、茨城県では県史編さん室が組織上も主要な一機構となっているが、条例の文言からはうかがえない。条例等よりも下位の例規、例えば処務規程等には、業務の実態をより反映した詳細な項目を見ることができるが、ここでは、比較対照の可能な条例等の文言によって見ることとした。もっとも、条例等によっているため、複合施設では文書館機能以外の機能をも含んだものとして掲出することになるが、この表では複合の状況は、一部を除き十分には明らかとはならない。複合施設における問題は、個々の業務との関連で触れていきたい。

なお、この表中、「資料の名称」欄には条例等に掲げられた資料の名称を要約して掲げたが、括弧内(《》)はそれらをさらに要約した名称として条例等に表示されている文言である。また、「主な業務」欄には、条例等に表示されている事項を、「収集」「整理」「利用・普及」「調査研究」「歴史等編さん」「その他」に大別して、その該当箇所を示した。このうち「整理」「利用・普及」については、特に項目を細分した。表示されている文言が、別な語の中に含蓄されている場合、例えば「保存」という語に、当然「収集」が含まれている場合は、「収集」欄にも「△…→」と掲出した。また、各欄の見出しの語と異なる文言は条例等の表示を生かして、そのまま掲げたものもある。以下、各項目について述べていくこととする。

㈠　資料の名称

現在のところ各館の条例等が表示するところは、ほぼ「歴史的」という枠組をとりつつ多様な表現をとっている。この場合には、県の公文書とそれ以外の資料の関連づけが注目される。北海道では、「北海道の歴史に関する文書、記録その他の資料」（以上を包括して「文書等」という）とし、公私両方の文書等を一括している。公私文書を区別して表示しているのは、山口県などで、「山口県の公文書及び記録」と「県内の歴史に関する文書及び記録」（「文書」）とが並列している。同じく「文書」という語で包括している埼玉県の場合にも、「郷土についての歴史的価値のある文書及び記録並びに県公文書その他必要な資料」とし、歴史的文書・記録と県公文書とを並記している。この場合いずれも県の公文書に対し歴史的な意味づけの文言を外しているが、これらは、収蔵資料の対象をこれまでのいわゆる古文書以外の公文書にも及ぼそうとして掲げられたもの、といわれている。(4)同様に、文書館が現用の保存文書書庫機能をあわせ持っているところでは、「都の公文書類及び資史料」（東京都）、「県政に関する重要な公文書及び県の歴史に関する文書」（富山県）などと、いっそう両機能を文言上、区別して明示している。

一方、複合施設で文書館機能以外の機能にかかる資料をも収蔵対象としているところでは、資料全体を「歴史に関する資料」（茨城県）、「京都に関する資料等」（京都府）などと包括的に規定している。また、公文書館法の影響を強く受けたところでは、同法第四条を踏まえて「歴史資料として重要な県の公文書その他の記録」（公文書等。鳥取県）としている。(5)今後設置される文書館（公文書館）では、公文書館法の規定に依拠した資料の名称が増加してくることが、予測される。

(二) 収集

文書館と隣接した機能を担い、資料の扱い方でも共通性が多い図書館業務の設定が影響しているのであろうか、各館の条例等は、資料を文書館に収蔵する行為をともに「収集」という語で表示している。この「収集」に含まれる行為は、各館の実態としては、多面的な内容を持っている。例えば、栃木県では、古文書を「寄贈」「寄託」「購入」「収集」（複製）により、行政文書を「管理委任」「引継」「収集」（廃棄文書の収集）によって「収集及び管理する」としている。(6) また、北海道では、収集の方法について、「文書の引渡し」「物品の送付」「購入」「寄贈」「複製」「借入れ」「寄託」の区分を設定している。(7) すなわち、「収集」の語の中には、公文書の「引継」「引渡」「移管」「管理委任」などと、私文書その他の「寄贈」「購入」などの両様の機能が込められている。

しかし、文書館の性格からは、親機関の文書の引継(この場合は公文書の引継)が主たる業務である、とする考え方がある。(8) この立場からすると、「収集」の概念は自ずと狭められざるを得ない。この視点が取り入れられている国立公文書館について見ると、同館の設置根拠である「総理府設置法」においては、他館での収集、整理、保存業務を一括して「保存」とし、このうち収集業務を、同館の実務解説書では各省庁からの「移管」という語で示している。(9) さらに、公文書館法でも、「収集」の語が避けられており、すべて「保存」の語に含蓄されている。同様の表示は、現用文書の保存書庫機能を担っている文書館、すなわち前記、東京都や富山県にも見ることができる。

なお、「収集」には、当然、収集の判断やこれを組織的に決定する行為を含んでいる。図書館では、前者の判断を「選書」と呼び、文書館においてはこれを「評価選別」と呼び、後者を「受入決定」と呼んでいる。評価選別は、公文書の現用期間を含めて、一定年月の間に数段階を経て行われることもあり、複雑な過程をたどることもある。評価選別を含む受け入れの諸業務は、文書館の基本的な機能に関わる業務である。文書館学が深化した今日、なお「収集」の一語に包括し尽くすことができるものであろうか。(10)

㈢ 整　理

「整理」も図書館業務の影響のもとに、文書館の条例等に取り入れられた文言であろう。ここでは大別して狭義の「整理」と「保存」に分けてみた。このうち、「保存」は、若干、前に述べたように、「収集」の意味を含むところもあるので、広義の「整理」の中に、一項を立てて掲出した。まず、狭義の「整理」であるが、ここでは、資料の検索手段の作成と保存管理装置の付与、すなわち資料としての登録、目録の作成および編成、分類、装備(押印、ラベル貼付など)その他、資料を「収集」し、「利用」に供するまでの、一連の整備作業を含んでいる。多くの文書館では、これらの業務を「整理」の語で統一しているが、「整備」(山口県)というところがあり、「保存」「保管」という語に、「整理」と整理後の資料管理を含めているところがある(京都府、茨城県、岐阜県、徳島県)。また、「保存」の語に「収集」の意味を含蓄している東京都、富山県、公文書館法の規定は前述の通りである。

「整理」あるいは「整備」の語とともに表示されている「保存」は、基本的には資料を書庫内に管理することである。これ以外の保存業務の範囲については必ずしも明確にされていない。例えば、資料の劣化を防ぐための燻蒸や補修作業について、埼玉県では整理業務の一部として扱っており、北海道では、これらを「保存に関する業務」の一部と考えてきた。(11)

(四) 利用・普及

「利用・普及」については、「利用」「普及」「展示」「講習会等」「目録等編刊」「(その他)」に分けた。それぞれ多様な内容を持っている。特に「利用」は、この語に「普及」以下を含蓄させていることがあり、多義的である。例えば、茨城県では、条例に「展示」とともに「公衆の利用に供し、その教養、調査研究等に資すること」とし、さらに管理規則では、「閲覧」「編さん及び刊行」「講演会、講習会、研究会等の開催」を挙げている。(12) このように条例以下の例規や実態を見ていくならば、「利用・普及」の各項目の内容は、各館ともおよそ共通したものであることが明らかである。したがって、条例等で「展示」「講習会等」の表示がないとしても、文書館の業務になっていないわけではない。例えば、民俗資料をも扱う施設として設立された岐阜県で、「展示」業務の表示がなく、また、図書館の一機構である神奈川県では、「普及」業務の表示がない。

しかし、文書館資料の「利用」が、「閲覧」の範囲にとどまる規定であれば、「普及」の側面が十分根拠づけられないことになるのではあるまいか。例えば公文書館法の場合「利用」(第一条、第三条)と「閲覧」(第四条)と両様の文言があるが、公文書館の業務を具体的に表示しているのは、第四条の「閲覧」である。総理府の「公文書館法の解釈の要旨」によると、「「利用」とは、展示、貸出等も考えられるが、基本的には閲覧である」としている。そうであるとすれば、公文書館法の中では、「展示」のほかの「普及」に関する部分が、積極的な位置づけを持っていないことになる。地方文書館にとって「普及」関係の業務の中でも「講習会等」によって行われる、住民、研究者、他の資料保存機関職員との交流事業・行事の重要性は等しく認められるところであり、条例等でもこれらの明示が必要ではないかと思われる。

「展示」は、館の建築、改修の際にそのスペースが具体的に検討されるためであろうか、「普及」関係の業務の中でも、比較的明確な位置づけを持っている。おそらくどの館でも、何らかの展示スペースを持っていることであろう。ただ、文書館業務の中の「展示」について、文書館学からの発言は少ない[13]。

「目録等編刊」の項は、「歴史等編さん」の項とも関連があるが、ここでは、文書館資料の検索手段としての目録など、普及的資料の編集刊行に限定して掲出した。「(その他)」は、「利用・普及」関係で他の項にまとめることのできない条例等の表示を掲出したものである。

(五) 調査研究

資料の「収集」「整理・保存」「利用」とともに「調査研究」が、文書館の基本的な業務として位置づけられている。公文書館法でも、「歴史資料として重要な公文書等を保存し、閲覧に供するとともに、これに関連する調査研究を行うこと」を、公文書館設置目的の一つに挙げている。前記の総理府の「解釈」では、次のようにいう。

「「これに関する調査研究」とは、「歴史資料として重要な公文書等に関連する調査研究」のことであるが、それは単なる学術研究ではなく、歴史を後代に継続的に伝えるためにはどのような公文書等が重要であるのかという判断を行うために必要な調査研究が中心となるものである」

この「解釈」は、同法における調査研究の中心的部分が、資料の評価選別を含む保存にあることを示している。「調査研究」についての規定は、各館ともほぼ共通している。いくつかの例を示すと、次の通りである（若干の字句に異同がある）。

・文書等に関する専門的な調査及び研究を行うこと（山口県、栃木県、北海道）
・文書等の調査及び研究に関すること（埼玉県、大阪府、千葉県）
・資料を……研究して、住民の利用に供する（京都府、岐阜県）
・公文書等に関する調査研究を行うこと（愛知県、鳥取県）

ここに掲げた中では、「専門的な」という文言が入るかどうか、また、「調査」が入っているか、「調査」と「研究」とが一つの熟語となっているかの違いにとどまっている。各館とも文書館の「調査研究」は、文書に関する調査研究であって、一般的な歴史研究ではないという点で共通している。ただ、この中には資料の保存のための文書館学的研究のほかに、文書そのものの研究である古文書学や史料学の研究を含んでいることは、各館の研究紀要を見ても明らかである[14]。論文の中には、「研究」の範囲をさらに広げた内容のものもある。こうしてみると、公文書館法の規定についての総理府の『解釈』は、公文書等保存のための調査研究が「中心」であるとの留保を加えつつも、「調査研究」の目的を、何が保存すべき重要なものであるかの判断のためとしている。これは、地方文書館の現状からすると、「調査研究」の範囲を現状よりも、制限的に規定しているとの観を否めない。むろん「調査研究」を条例等に表示していない館が、調査研究を行っていない、ということではない。例えば、京都府では、『資料館紀要』の刊行を続けており、茨城県も同様である。近年に設置された文書館の中にも、「調査研究」を条例等に表示していないところがあるのは、一定の考え方に立つものであろうが、条例等へも明確に表示することは、「調査研究」を文書館業務の中に位置づけるために、有効なのではあるまいか。

もっとも、「調査研究」が文書館業務の主要なものの一つとして、条例等に位置づけられているとしても、地方文書館においては、これを実際に進めていく場合の困難さが、つねに伴っているといえよう。公文書館法では、調査研究を行う専門職員を置くことについて、項を設けて規定しているが(第四条第二項)、もっぱら研究を行うのが設置の目的ではない地方文書館では、専門的職員が、もっぱら「調査研究を主として行う者」(総理府「解釈」)となっているわけではなく、日常の収集、整理、利用・普及業務の合間を縫って、調査研究にあたっている。したがって、「調査研究」、なかでも職員個人の力量に依存する度合いの強い「研究」業務と、山積する資料の整理など、文書館が組織的に遂行しなければならない他の業務との調和をどのようにはかるか、ときとして問題となることがある。(15)

㈥　歴史等編さん

前述の通り、茨城県のように、館によっては修史事業を行っているが、条例等には規定していないところがある一方、歴史の編纂等の業務を条例等に規定しているところがある。この条項は、上記の四つの主要業務とは、ほぼ別項目で表示されているところに、その館の強調点があるように思われる。

「歴史等編さん」業務の規定は、一様ではないが、大別すると歴史の編纂刊行と資料集等の編纂刊行の二つの形態がある。前者は、「歴史の編さん及び配布」とした山口県の例、「都政史料の編さん」(修史事業のこと)とした東京都の例などである。いずれも、歴史編纂を臨時的業務としてではなく、その館の本来的、恒常的業務として位置づけている場合である。後者は、「普及」事業とは別に、所蔵文書の翻刻など資料集の編集刊行を特に挙げている場合で、ここでは、「文書の編さん及び刊行」とした埼玉県の例、「資料集等の編さん及び刊行」とした群馬県や栃木県、千葉県の例を見ることができる。もっとも資料集の編纂などは、各館の業務にないわけではないが、これを表示することによって業務の幅を示す意義があろう。ただ、この業務は、歴史書や資料集など、何冊かの書籍を実際に執筆し、編集・制作し、刊行するなどの実務に携わることである。もし、他の業務との関係も円滑にし、かつこれを完全になそうとするならば、専門の組織と専任のスタッフを配置することなくして、容易に達成し得ることではなかろう。

(七)　そ の 他

多くの館で「その他文書館の設置の目的を達成するために必要な事業に関すること」(埼玉県)などの表示がある。この「その他」の項では、一般的な「その他」として規定された表示以外に、これまで掲出しなかった事項を掲げた。これは、そう多くはなく都道府県立文書館では、千葉県の「県の施策、県勢等に関する行政情報を提供すること」および鳥取県の「県の施策その他県政に関する情報の提供に関すること」が注目を引く。同様の表示は、大阪市の「市政に関する情報の提供を行うこと」などがある。

千葉県の場合は、館の設置目的(第二条)に文書等の散逸防止と活用により、県民の郷土理解を深めることのほか、「県の行政に関する情報を県民に提供し、もって県民の県政に対する関心にこたえるとともに県民の利便に資するため」とあり、これに基づいて業務の設定を行っている。この行政情報の提供というのは、館の「情報広場」において同県および同県勢の紹介、「県民便利メモ」、県政の重要事項・計画、県制作映画・ビデオなどの放映を内容としている(『千葉県文書館』同館リーフレット)。

地方文書館も自治体行政の一環であり、資料の利用・普及が自治体からの情報提供の一端といえるが[16]、文化施設である文書館の性格からすると、ここでの「行政情報提供」は、これまでとは異なる業務の強調であろうと思われる。自治体行政の情報提供を、地方文書館の業務の中に積極的に位置づけていく例は、これからも少なくないと予測される[17]。ただ、この場合には自治体として提供したい情報がある一方で、利用者の中には、その施策の方向とは立場を異にする場合がある。したがって、文書館でなし得る情報提供の性格や範囲をめぐって、県政に対する文書館の中立性を吟味することが、今後あり得るのではなかろうか。

千葉県と同様、鳥取県も設置の目的(第二条)として、学術文化の発展とともに「開かれた県政の推進に資するため」としている。同館の案内によると、加えて鳥取県の場合は、富山県のごとく、条例の中に表示されてはいないが、情報公開制度の中心的な窓口(「中央窓口」)として位置づけられている、という。文書館と情報公開業務との関わりについては、種々あって、文書館がその中心的な窓口となっているほかに、その担当部門が別組織となっていて、文書館と同一の庁舎で業務を行っている場合がある。また、一般的には文書館収蔵資料は情報公開制度による公開の対象から除外されているが、埼玉県などのごとく、前述の現用文書の管理をもあわせ持っているため、その部分が情報公開の対象となっている例も少なくない。ただ、国民、住民の知る権利の保障や行政への参加を目指す情報公開制度と文書館の業務とは、基本的に別のものとして考えられているためか、都道府県立文書館の条例等には、明示されていない(18)。

以上、都道府県立文書館が収蔵する「資料の名称」とその「収集」「整理」、また、「利用・普及」「調査研究」「歴史等編さん」「その他」の業務を、条例等の規定によって見てきた。文書館が実際に担っている業務は、条例等に規定されたもの以外にも前述の情報公開のごとく少なくはない。ただ、その業務の大要は、基本的にここに掲げられたものによってうかがうことができよう。自治体が設置する地方文書館は、ほぼ条例を存立の根拠としているものであるから、相互に比較できないような業務の異同はない。まして、都道府県立文書館の比較であるから、共通した部分の方が多いといえよう。しかし、そのような中でも表示された文言を詳細に検討していくと、都道府県立文書館も一様ではなく、また、その業務の範囲も、統一的法規としての公文書館法の規定を、大きく超えたものとなっている。

例えば、収蔵資料についての規定は、「収集」業務における公私文書の重点の置き方に傾斜を生んでいるようであり、それが自ずから「整理」業務の性格にも及んでくることになる。「普及」業務では、展示のほか講習会等の開催、目録等の編集刊行など、多くの館が公文書館法の規定あるいはこれの「解釈」を超えた、幅広い範囲のものとして定めている。また、「調査研究」については、文書館業務全体の中でどのように位置づけられるか、そのあり方が今後とも論議の対象となるであろう。さらに、公文書館の名称で設置される施設では、行政情報の提供や情報公開業務との関わりがいっそう強められるであろうことが予測される。次節では、文書館が計画される過程で、これらの諸業務がどのような関連性のもとに構築されていくか、北海道立文書館を事例として見ていくこととしよう。

（1）　埼玉県は発足当初、図書館の一機構であった。神奈川県も現在（本章論文初出当時）、独立の公文書館設置計画を進めている（『記録と史料』第二号、一〇〇頁）。

（2）　展示施設（文書館としての展示室という意味ではない）との複合を要求される歴史民俗資料館タイプでは、展示業務が負担となっている、との声を聞く。また、行政推進のための資料と歴史的資料を同時に扱うことが困難であった事例、すなわち行政資料室タイプの場合の問題点としては、後述する北海道立文書館の前身である北海道総務部行政資料課の場合がある。

（3）　富山県の場合、情報公開制度の「総合窓口」は別にあるが、公文書館は単に収蔵資料についてのみならず、知事部局における情報公開の窓口となっている。ちなみに、同館は知事部局の保存文書書庫業務を担当している。文書館が、情報公開の窓口になっている例は、市立の文書館に少なくない。

（4）　山口県の場合は、同県の「文書取扱規程」により文書館が文書主管課および各主務課から現用文書の送付を受け、保存を行うことができる、となっている。埼玉県の場合は、行政的使命が残っている現用の長期保存文書（保存期間一一年以上の文書。他県での永年保存文書）の管理を行っている。なお、群馬県も埼玉県と同様の規定である。

（5）　愛知県は、公文書館法以前に設置された館であるが、収蔵対象を「歴史的価値のある県の公文書その他資料」《公文書等》としている。

（6）　栃木県立文書館「文書の収集及び管理に関する要綱」。ここでは、「収集」に広狭両様の意味を持たせている。

（7）　「北海道立文書館資料管理要領」。

（8）「文書館は親機関からの引継に終始すべきである」という考え方の紹介については、本書第五章第一節二項参照。

（9）国立公文書館編『公文書等の集中管理――保存・公開のための移管の重要性について――』（一九七七年一月、再版）四・一二頁。

（10）評価選別の方法と判断の基準については、第五章、第六章、埼玉県市町村史編さん連絡協議会編『行政文書の収集と整理（地方文書館の設立にむけて、二）』（同協議会、一九八九年）など参照。

（11）『埼玉県立文書館概要』昭和五十七年度、三頁、「北海道立文書館（仮称）の組織運営・業務及び施設計画」（北海道総務部文書館設立準備室編『赤れんが』第八三号、一九八四年九月、所収）。

（12）茨城県の条例名は、「学校以外の教育機関の設置、管理及び職員にかんする条例」であり、これにより財団法人茨城県教育財団への委託を定めている。また、規則名は、「茨城県立歴史館管理規則」である。

（13）文書館としての展示については、拙稿「地形模型「草創期の札幌」の制作について――制作の意図と関係資料――」（『北海道立文書館研究紀要』創刊号、一九八六年、所収）、青山英幸「開館五周年記念特別展示について」（同前誌、第六号、一九九一年、所収）、中野等「文書館（史料館）における「展示」業務――柳川古文書館を素材として――」（『記録と史料』第二号、一九九一年、所収）参照。

（14）地方文書館の研究紀要の例として、『広島県立文書館紀要』第二号（一九九〇年）の内容を挙げると、次の通りである。「広島県立文書館の現状と将来」、〈研究〉「厳島神社の宝蔵信仰について」、〈史料紹介〉「山縣家文書について」、〈文書館業務を顧みて〉「燻蒸を実施して」「滅びゆく古文書を救うこと」「広島県移住史海外調査報告」「古文書の整理・利用とその問題点」「コンピュータ利用の可能性と問題点」ほか。

（15）高亀保正ほか（鼎談）「広島市公文書館の現状と展望」（『広島市公文書館紀要』第二号、一九七九年、所収）五八頁以下。発足当時の同館では、将来、閲覧サービスにとどまらず、研究発表や講習会を実施するとなれば、研究機関的機能抜きに業務を考えることはできないが、現段階では研究機関問題は棚上げにしたい、とする議論がなされている。研究と他の業務との関係は、同館の草創期に限られた問題ではあるまい。北海道立文書館でも同様である。文書および文書館業務に限定した研究であっても、「研究」となれば、他の業務との摩擦、個人と組織との葛藤がつきまとっているといっては、いい過ぎであろうか。

（16）全史料協編『記録遺産を守るために』（一九八九年）三〇頁。

（17）一九八五年を境として都道府県立文書館の形態を見ると、八五年以前では、文書館に歴史的資料の展示機能（博物館的機能）を併置させた館が少なくなかったが、これ以降には、展示を含め行政情報についての機能を、文書館に持たせる例が現れてきた。後者は、千葉県、鳥取県のほかにも、富山県の展示業務などにうかがえる（『富山県公文書館』同館リーフレット）。

なお、各館の行政情報提供業務の大部分は、かつて各県で盛んに設置された行政資料室が担おうとしてきた機能であるように思われる。行政資料室から文書館への転換については、次節で北海道の場合を例に述べることとする。

(18)　情報公開制度を担わしめる文書館を構想しつつ検討した結果、この機能を除いて設置されるに至った例としては、大阪府の場合がある(公文書館問題専門家研究会編『行政情報センターの実現と歴史資料の保存のために――大阪府公文書館の基本構想についての提言――』一九八三年、大阪府公文書館編『公文書館』一九八五年)。なお、情報公開制度と文書館制度との関係については、第二節註(9)、吉原前掲論文、三頁以下のほか、広田暢久「文書館設立のための若干の提言――山口県文書館を中心に――」五一頁以下(ともに『地方史研究』第一八八号、所収)、大藤修「史料保存をめぐる問題点と課題――『地方史研究』第一八八号、特集「地方史研究と文書館」の論点整理を通じて――」(『地方史研究』第一九四号、一九八五年四月、所収)五頁以下および二一頁以下が触れており、これらの論議の基調は、両制度が混同されてはならない、とするところにある。また、全史料協編『記録遺産を守るために』においても、「文書館、公文書館の設立のための指針案」の中で触れている。ここでは、前者を「現用文書の利用形態」とし、同じ公文書を扱うものであっても、後者は「歴史的・文化的価値」から利用に供するという性格のものであるとしつつ、両制度は、異なる機能を持っているが、車の両輪の関係にあり、「両制度を円滑に運営するための基盤は、文書のライフサイクル全体にわたる一貫した文書管理システムの構築にある」(二〇頁)としている。同様の主張は、埼玉県市町村史編さん連絡協議会編『地域文書館の設立にむけて』(一九八七年)でもなされている。ここでは、情報公開制度の導入を前提とした公文書館・地域文書館(市町村文書館)設立の動きに対して、両者の性格の違いから、地域文書館が情報公開の窓口になることには慎重であるべきとしつつも、情報公開制度の導入の気運を「好機として把え積極的に取り組むべきであろう」(二五頁)としている。

第四節　文書館における業務の検討——北海道立文書館の場合——

一　文書館設立計画以前

北海道立文書館は「北海道立文書館条例」によって、一九八五年七月に設置されたものである。文書館設置問題が起こってから、ほぼ九年を費やしての発足であった。もっとも、文書館の前身である総務部行政資料課（一九六八年発足当初は行政資料室。のち文書館設立準備室に組織替え）に、一七年の歴史があったことは、周知の通りである。文書館の計画は、この行政資料課の業務を発展させ、その問題点の解決策として構想されたものである。したがって、道立文書館の性格や業務を説明するには、行政資料課の設置状況から述べる必要があろう。

行政資料の収集、整理、利用、情報提供を目的とした行政資料室・県政資料室は、地方自治体で情報化社会への志向が強まる中で、一九七〇年前後に、次々と各県で設置されるようになった。一九六八年、都道府県行政資料室連絡協議会が組織され、七三年には、札幌市で都道府県行政資料研究協議会が開催された。札幌での研究協議会に際して、まとめられた行政資料室等の設置状況は、三五都道府県に及んでいた。(1)

北海道でも、北海道庁旧本庁舎（通称、赤れんが庁舎）が改修復元され、国指定の重要文化財となったことを契機とし、これの有効な活用の一つとして、行政資料室（課）が設置された。行政資料室の母体となったのは、総務部文書課史料編集係で、同係は「北海道百年」記念事業の一つ、開拓功労者伝記の編集にあたる一方、幕末以来の公文書である簿書や旧記の整理、利用業務を行っていた。行政資料室（課）は、史料編集係の事業を承継しつつ、次の業務を行うこととなった。

「道の行政資料及び古文書の収集及び管理並びに情報の提供に関すること」（「北海道行政組織規則」第九条）

この規定は、「北海道行政資料管理規程」（一九七〇年四月。訓令）によって、さらにその内容が明確なものとなっている。「管理規程」は、行政資料の収集、保存、利用等について規定したものであるが、訓令であったから、もっぱら庁内の各機関および職員に命令するもので、本来は、道民を対象とする性質のものではなかった。また、この「行政資料」というのは、北海道財務規則の規定により送付された物品（備品、消耗品などの資料）、北海道文書編集保存規程により引継ぎを受けた文書および「道行政の推進に必要な資料として行政資料室において保存すべきものをいう」（同管理規程第二条）と定義されていた。

資料保存の目的が「道行政の推進」にあったから、同規程別表の収集基準、分類表によっても主な収蔵資料は、道関係機関の刊行物や執務上の参考資料であり、その主たる利用者と規定されているのは道職員であった。行政資料課の基本的性格は、いわば庁内図書館であって、道民をはじめ庁外の利用は、第二三条により、「行政資料は、職員のほか、一般にも利用させることができる」を根拠とするにとどまっていた。さらに、保存期間三年以上の道の文書を、文書主管課を通じて引継ぐことになっていたが、刊行物の規定に比較して詳細なものではなく、これも副次的な位置にとどめられていた。

もっとも、同課の利用の実態を見ると、道職員よりも外部利用がはるかに多かった。しかも所蔵公文書は史料編集係から引継いだ簿書などが大半を占めており、文書主管課からの恒常的な文書の引継は果たされてはいなかった。また、ここが庁内組織であったため、その設置について庁外からの意見聴取や検討がなされなかったこともあって、行政資料室の性格には、終始、あいまいさが離れなかったといえる。例えば、行政組織規則にいう「道の行政資料及び古文書」は一見、行政上必要とする資料と歴史的に保存価値のある文書と読み取れる。しかし、行政資料管理規程では、一括して「行政資料」となっている。「規則」と「規程」とが整合性を欠いていたことはいうまでもない。また、収蔵対象が、管理規程別表の収集基準の通りであるとすれば、この「古文書」には、私文書が含まれていないことになる。「情報の提供」もその目的や内容の設定が十分確立していなかったため、事業が一貫し得なかった憾みもあった。(2)

各県で行政資料室の活動が活発化するとともに、行政資料(この場合は、行政刊行物など)と公私の文書は、地域の資料として、ともに重要な位置を占めていることが強調されるようになった。このため、両者を保存する機能が相互に連携を持ち、地方自治体の中で、一体性をもって発揮されるべきとする指摘がなされるようになった。(3)しかし、同時に、「現代の行政に寄与する資料室の機能は、新しい資料をつぎつぎと求めるものであるから、一面、資料を体系的に長期にわたって保存する機能とは、かみあわない場合も出てくる」(4)という認識が生じてくる。したがって後者の機能については、他に求めざるを得ないが、これを同一機構で行おうとした北海道の場合は、どのようになったであろうか。(5)

二　文書館設立構想の検討

行政資料課(室)は、当初、「北海道行政資料館」として構想されたもので、現在の道行政推進にかかる資料の保存・利用と古文書(歴史的資料)の保存・利用を両立させようとの意欲的な試みをもって発足した。(6)しかし、現代に有用な資料を収集保存することが、直ちに歴史的資料の保存につながるという理念は、前述の通り、現実の矛盾を回避できなかった。一九七三年に検討された行政資料課の改善案の分析によると、「昨今、強く要求されている行政各部門への積極的な情報提供ならびに歴史学等の研究者をはじめ、一般道民から(の)公文書等公開要請に十全に対応しえないのが現状」であり、その原因は、業務がそれぞれの目的に沿って推進されていないこと、資料収集が不十分であること、またそれを担う組織の弱体、職員構成の問題にあるとした。(7)

この認識のもとに、行政資料課では、課の設置目的をより明確にする方向で改善案が策定されたが、その具体的構想は、行政資料の提供業務と歴史的資料の保存公開業務の分離、すなわち、内部組織である行政資料課から行政資料館、文書館あるいは古文書館の分離であった。もっとも、この時点では、行政資料課の充実に力点が置かれており、文書館の設置は、従たる位置づけであったが、文書館問題が起こった一九七六年に策定された「道立文書館(仮称)設置構想」では、重点を文書館に置くものとなっていた。

一九七六年十月、文書館の設置は、初めて北海道議会で質疑が交わされ、「(文書館は、)じみではありますが重要なことと存じますので、その設置について検討いたします(8)」との堂垣内尚弘知事の答弁によって、その検討が開始された。翌七七年には、全国の既設文書館九館を訪問して調査を行い、結果を『文書館に関する調査報告書』として七八年に刊行した。その後、八二年二月、道は、「北海道立文書館(仮称)設置に関する基本構想」を決定したが、これは、開館の三年前、道議会での最初の質疑から、六年後であった。他の館と比較しても、相当な準備期間を費やしたことになろう。

基本構想の策定に至る検討の第一は、文書館の性格についてであった。これは、文書館の設置構想、道議会の質疑の過程からも当初から一貫して、歴史的資料としての文書を保存管理し公開することを目的とした施設として考えられていた。その点は、五九年学術会議勧告などが踏まえられ、単に年代の古い文書のみを対象とするのではなく、現代の文書も一体として保存する施設として構想された。ただ、後述するように収蔵資料をどの範囲とするか、館の性格に関わる問題は、なお残されていた。

第二は、行政資料課との関係である。道議会の質疑の中で知事が前向きな答弁をした背景には、行政資料課を文書館とすることで、質問者の要求に容易に応えることができるとの判断が、道の首脳部にあった点も見逃せない。したがって、この場合には、行政資料課は、廃止となるか、文書館に吸収されるか、あるいは別な性格づけがされるかのいずれかとなる。結局、道の方針は、文書館には、行政情報の公開提供機能を持たせず、同課に現存する資料を文書館に移管し、新しい行政刊行物の利用などの情報提供機能は別に、行政の内部機構で処理することとなった。[9] すなわち、文書館は同課から資料を引継ぐが、庁内図書館的機能と行政資料情報の提供機能は承継せず、この機能を持つ行政資料課は廃止されることとなった。

第三は、赤れんが庁舎の使用問題である。これは、計画の当初、行政資料課の事務室、書庫としてきた赤れんが庁舎が、不特定多数の利用する図書館・博物館に類似した文書館には転用できないのではないか、もし文書館に使用する場合には大幅な改造を必要とするのではないか、という問題の提起があった。重要文化財の大幅改造は、所管の文化庁の許可を得るのがほとんど困難であると予測された。しかし、その後、文書館は図書館でも博物館でもなく、従来と変わらない使用形態なので、用途の変更は必要がないものと判断され、引き続き文書館として使用することとなった。

第四は、収蔵対象である。前述の通り、文書館の収蔵資料は、現代の文書を含む幅広い年代のものとなったが、現用文書を含むか、公文書のみならず道関係以外の文書、なかでも私文書を含むか否かによって、文書館の性格、業務は大きく変わってくる。当初、文書館設置計画にあたる総務部の首脳部の中にも、また行政資料課内部でも、私文書を除いた公文書を主体とする「公文書館」構想が主流であった。これが、七八年九月には、一転して「(古)文書館」構想となった。[10] これによって、道の既存の類縁機関との調整が必要となる、道以外の公文書や私文書をも収蔵対象とすることになった。

なお、歴史的資料としての文書の保存を目的とするところから、文書館の収蔵対象には現用文書を含めないこととなった。また、前述の通り、文書館は行政資料課の「行政資料」(文書を含む)を引継ぐが、新しい行政情報の提供や道職員の執務参考資料を提供する庁内図書館的機能を持たなくなるから、この部分の資料は含まれないことになる。ただし、道関係機関の刊行物は、文書と一体のものとして文書館の収蔵対象となった。

第五には、類縁機関および情報公開業務との関係である。北海道には、既存の類縁機関として北海道立図書館および歴史・自然史系博物館である北海道開拓記念館があり、これらの施設との競合を調整する必要があった。それぞれ歴史的資料としての文書(特に、私文書)を収蔵しているからである。これについては、各館をもまじえた道立文書館(仮称)に関する連絡調整会議が「文書の原本の収集は、原則として文書館が行う」として、文書館がこれの専掌機関であることを確認した。(11)

一方、情報公開業務は、当初、行政資料課内に担当者をおいて検討を始めたものであるが、第一の点の、もっぱら歴史的資料を扱う文書館という性格づけの趣旨から、八四年四月に行政資料課が文書館設立準備室となった時、情報公開準備室としてこの業務を独立させた。これに伴い道の刊行物を一元的に収集し道関係の資料利用機関に配付する業務を含めて、行政情報の公開提供業務は、文書館と切り離して行われることになった。

第六は、文書館における調査研究と展示の位置づけである。まず、調査研究であるが、これの内容が吟味され文書館業務の中に位置づけられるようになるのは、行政資料課原案の「道立文書館(仮称)の骨格概要」(七九年十一月)が、学識経験者で構成された北海道立文書館(仮称)設置に関する懇話会で検討され、報告書がまとめられる過程においてである。同報告書「北海道立文書館設置に関する基本的事項についての意見」(一九八一年二月)では、これを「文書等に関する調査研究」として表記しているが、「基本構想」でも同じ文言が踏襲されている(条例では、さらに、「文書等に関する専門的な調査研究」と規定している)。いずれにしても、ここに明示されているのは、文書館の調査研究は、歴史一般の研究ではないが、「文書等の保存、整理及び利用ための調査研究」(「骨格概要」)にとどまらず、これらの業務に関して行われるもので、いわば文書学および文書館学に関する調査研究である、という点である。

展示については、「基本構想」を受けて八二年八月に策定された「計画」(12)では、「文書等を広く道民の観覧に供し、北海道の歴史、文化についての関心を高めることを目的とする」とされた。ただ前述の通り、この展示には庁舎自体が重要文化財で観覧の対象であるという条件づけがされていた。施設全体からすると、小さくはない二二二㎡というスペースを割くことになったのも、文書館の業務および収蔵資料を紹介するにとどまらず、より一般性を持った親しみやすい展示が期待されているという、社会的要請を受け止めた結果である。とはいえ、文書等の保存、文書館の業務に対する理解を深めるという趣旨では貫かれた[13]。

以上、北海道立文書館の主要業務がどのように構築されるに至ったかを、主として「基本構想」策定経過の中で見てきた。基本構想では、文書館の設置目的を、「北海道の歴史にかかわりのある公私の文書等を(中略)文化遺産として後世に伝えるとともに、これを広く道民の利用に供するなど本道の学術、文化及び行政の発展に寄与する施設とする」[14]とし、館の性格を、①文書等を文化遺産として後世に伝える、②道民が、本道の歴史を学び郷土を理解し、新しい文化を創造することに寄与する、③本道の文書等保存利用機関、団体等の活動に資する拠点的施設となる、とした。この設置目的、性格に基づいて、文書館の業務が定められたのであるが、その各項は、ほぼ、北海道立文書館条例第三条(事業)の中に反映され、次の通り規定された。

「第三条　文書館は次の事業を行う。

一　文書等を収集し、整理し、及び保存すること。

二　収集した文書等を利用に供すること。

三　文書等に関する専門的な調査研究を行うこと。

四　文書等の目録及び文書等に関する研究紀要等を作成し、及び配布すること。

五　文書等を展示し、及び文書等に関する講習会、研究会等を開催すること。

六　文書等に関する情報を収集し、及びその情報を提供すること。

七　その他設置の目的を達成するために必要な事業。[15]」

このように規定された文書館の機能と業務は、もっぱら歴史的資料の保存利用に集中したものであった。機能の複合的構成を排除し、歴史的資料専掌の機関として文書館を性格づけることは、設置構想の基本的枠組であって、この点については、道の首脳部、行政資料課の文書館事務担当者、歴史研究者がともに一致していたといえる。(16) これは、文書館の設置にあたって、複合施設であった行政資料課の負の経験が踏まえられ、他の要素を加えないで文書館が十分な存在意義を持つことができるか否か、長い時間をかけて検討した結果にほかならない。(17)

(1) 拙稿「都道府県にみる行政資料室と文書館」(『赤れんが』第三一号、一九七四年六月、所収)五頁以下。
(2) 行政資料課では、その発足当初から、資料情報誌『赤れんが』(全八四号、一九六九―八五年)を編集刊行していた。同誌が果たした資料紹介や資料ガイドの役割は少なくないと思う。ただ、同誌と所蔵資料の目録類の発行以外の、道政執行方針、施策の推移や知事選挙公約の集録など、行政情報の集録は、その有効性が疑問視され、多く持続し得なかった。
(3) 都道府県行政資料室連絡協議会は、当初、埼玉県などの文書館も加入した組織であった。したがって、行政資料室と文書館の接点についても意識され、一九七五年の京都市での集会では、岩倉規夫国立公文書館長が、両者を視野に置いた講演を行っている(「情報化社会における行政資料室(文書館)等の果たす役割」上・下、『赤れんが』第四一―四二号、一九七六年一月―三月、所収)参照。
(4) 註(1)、拙稿、七頁。
(5) 北海道における一九六〇年前後の簿書・旧記の保存公開など史料保存運動および行政資料課設置から文書館設立への歩みを、北海道地方史研究との関係で詳述したものに、大庭幸生「北海道立文書館設立準備の現場から――背景、経過、課題について――」(『地方史研究』第一九四号、一九八五年四月、所収)がある。本章とあわせて参照されたい。
(6) 「北海道行政資料館(仮称)設置について」(一九六七年九月一八日、総務部文書課)。「行政資料室の発足」(『赤れんが』創刊号、一九六九年五月、所収)七頁以下。
(7) 「行政資料関係業務の組織および運営の方向(素案)」(一九七三年、行政資料課)。
(8) 『昭和五十一年第三回北海道議会定例会会議録』(一九七六年)二五〇頁。
(9) 『昭和五十六年第一回北海道議会定例会会議録』(一九八一年)三三八頁。
(10) 当初の構想が「公文書館」であったのは、収蔵対象を公文書に限定することによって、実施第一年度に入っていた『北海道発展計画』に盛り込まれていた「古文書館の整備を進める」(一〇五頁)という事項との競合を避けて、文書館設置をスムーズに実現したいとの考えもあったからである。「古文書館整備」の一項は道教育委員会が文化財保護の一環として挿入したものであるが、具体的な計画は策定されていなかった。

知事部局の「公文書館構想」が、古文書館に転換したのは、当時の宮尾盤総務部長の指示によるものであった。ここでは、文書館は古文書を中心としたものであること、行政資料課の延長としての公文書館は必要がないこと、庁内図書館は、議会図書室で、公文書保存業務は文書課でよい、というものであった(『[北海道立文書館設置経過記録　一九七七・三―一九八四・三]』。以下、文書館の設立経過については、筆者が筆記したこのノートによるところが多い)。やや「古」文書館に傾いた認識であるが、これには茨城県歴史館(当時)が念頭にあったようである。道立文書館の計画は、以後この方向で進むことになった。

(11)「文書館が収集する文書等の範囲の考え方について」(一九八三年五月十一日)。もっとも、「文書原本の収集は、文書館」という連絡調整会議の結論は、「運用に当たっての説明」において、一定の条件のもとで文書館以外の類縁機関が文書原本の収集を行うことを認めている。
なお、文書館に対する利用者の強い要望となっている、図書館、記念館が収蔵している文書原本を文書館へ移管することについては、開館後、三者の協議として続けられている。

(12)「計画」の名称は、第三節註(11)の「北海道立文書館(仮称)の組織運営・業務及び施設計画」である。

(13) 北海道立文書館の展示については、第三節註(13)、拙稿参照。

(14)「基本構想」のうち「学術、文化及び行政の発展に寄与する」部分については、条例に盛り込まれる予定であったが、案の検討過程で削除された。

(15)「基本構想」主要業務(七)「道内及び道外関係機関との情報交換並びに相互協力」は、「条例」第三条六号、七号に包含された。

(16) 文書館をもっぱら歴史的資料としての文書を扱う施設とした結果、文書課が扱う現用文書の保存業務は、一切、文書館では行わないこととなった。このため、永年保存文書は、永年である限り文書館には、引継がれないことになる。この問題点については、本書第五章二節二項を参照。
なお、道立文書館にかかる歴史研究者の設立運動については、田端宏・井上勝生・船津功「北海道立文書館設立運動の経過について」(『歴史学研究』№四九九、一九八一年十二月、所収)に詳しい。

(17) 本節の記述は、なにぶん設置計画にあたった当事者の視点で見たものであるので、北海道史研究の視点や北海道の文化事情、道政全般の視点からなど、別の角度から補足されなければならない点が多々あろう、と思う。これらの点は、一部、既往の論文も扱っているが、いずれ設置の詳しい経過とともにあらためて論ずる機会を得たいと思う。

第五節　おわりに

叙上のように、わが国の地方文書館には、性格の類似性、業務の共通性が見られる。これは、文書館設置の根拠を与える地方自治法制の態様、文書館成立の契機、文書の保存状況、先行する関係施設の形態などに共通するところが多いからである。例えば、文書館設置を促した契機は、総じて、戦後における歴史的資料保存のシステムや慣行の解体と、その一方で公文書散逸の急速な進行にあった。これを提起したのは、いずれも主として歴史研究者であったから、文書館の設置は、歴史研究の環境整備でもあった。また、このような要求を成立せしめるほど、各地に公私の文書が豊富に存在していたことも、文書館設置による史料保存を、現実に有効なものとした。さらには図書館など、文書館に先立って史料の保存にあたっていた施設が存在していたことも、文書館の存立や業務の形態に一定の影響を与えた、といえよう。

本章は、都道府県立文書館の設置の根拠となった条例等を手がかりに、地方文書館の業務がどのように構築されているかを見ようとしたものであった。各館の条例等では、文書などを歴史的資料として収集、整理、保存し、利用に供し、また、何らかの普及を行うことを業務として規定し、さらに、多くの館では、調査研究業務を条例等に加えていた(そうでない館でも、これを行っている実態が少なくなかった)。文書館業務のこれらの共通性は、文書館を成立せしめた上記の諸事情によるものであろう。ただ、そのような全般的共通性の中で見ると、各館の違いがなお存在し、わが国地方文書館における多様な個性的形態を認めることができよう。

それぞれの館設置条例等の規定において、多様性を生みだし、性格や業務の実態を左右し条件づけているのは、主に収蔵対象資料の幅と上記以外に包含された他の業務、特に施設の複合的要素(建物ではなく組織の複合性)である。

収蔵資料にかかる幅とは、一方では公文書の恒常的引継、他方では私文書の収集を含むか否かである。前者は文書館の機能からしても、本来的な業務であるが、私文書(恒常的に引継がれる親機関の文書を除く以外の、すべての文書と言い換えてもよい)の保存を業務に加えることは、普及業務など外部に対する活動に根拠を与えるものであろう。また、施設の複合性の問題は、文書館が何を業務とする施設であるかという議論をなげかけている。北海道立文書館設置の際の諸問題とその検討過程は、複合性を全く排除した場合の事例として提供したものである。[1] 今後の文書館の計画のために、ケーススタディの一つになるのではないかと思うからである。

最後に、次のように私見を述べて終わりにしたい。地方文書館を計画するにあたって、その業務をどのように構築するか、「公文書館法」が制定されたいま、公文書館法の規定に準拠するかどうか、依然としてさまざまな選択肢が存在する。現実の都道府県立文書館の業務は、公文書館法の規定を超えて設定されており、また、地方の文書館に寄せられている期待は、見てきた通り、この法によって規定されている範囲にとどまっていない。文書館の業務は、公文書館法の規定する範囲に限定することなく、幅広く構築されるべきであろう。

他方、文書館に対するいっそうの期待は、時に複合的要素を文書館業務に加えることがある。その場合でも、歴史的資料の保存利用機関として存在する文書館の性格は貫かれなければなるまい。文書館業務の中核部分は、文書館でなければなし得ない諸機能によって、構築されるべきである。それ以外の業務の付加によって、文書館が成立し、存在意義を持つものではないことを、特に都道府県や大都市の文書館が計画される場合のために、指摘しておきたいと思う。

(1) 北海道立文書館の設置過程の初期には、ほかに条例による設置の可否、知事部局とするか、あるいは教育委員会とするかという所管の選択の問題があった。前者は、公文書館であれば、東京都のように内部組織でよいのではないか、という論議、後者は、山口県、埼玉県が教育委員会に所属していたことからくる論議である。いずれも大きな議論とはならなかった。前者は、公文書館から文書館に転換したことによって、後者は、従来の行政資料課における文書館的活動の実績が存在していたことによる。

【参　考】

法律第百十五号

公文書館法

公布　昭和六二(一九八七)年十二月十五日法律第百十五号
改正　平成十一(一九九九)年十二月二十二日法律第百六十一号(傍線部分)

(目的)
第一条　この法律は、公文書等を歴史資料として保存し、利用に供することの重要性にかんがみ、公文書館に関し必要な事項を定めることを目的とする。

(定義)
第二条　この法律において「公文書等」とは、国又は地方公共団体が保管する公文書その他の記録(現用のものを除く。)をいう。

(責務)
第三条　国及び地方公共団体は、歴史資料として重要な公文書等の保存及び利用に関し、適切な措置を講ずる責務を有する。

(公文書館)
第四条　公文書館は、歴史資料として重要な公文書等(国が保管していた歴史資料として重要な公文書その他の記録を含む。次項において同じ)を保存し、閲覧に供するとともに、これに関連する調査研究を行うことを目的とする施設とする。
2　公文書館には、館長、歴史資料として重要な公文書等についての調査研究を行う専門職員その他必要な職員を置くものとする。

第五条　公文書館は、国立公文書館法(平成十一年法律第七十九号)の定めるもののほか、国又は地方公共団体が設置する。
2　地方公共団体の設置する公文書館の当該設置に関する事項は、当該地方公共団体の条例で定めなければならない。

(資金の融通等)
第六条　国は、地方公共団体に対し、公文書館の設置に必要な資金の融通又はあっせんに努めるものとする。

(技術上の指導等)

第七条　内閣総理大臣は、地方公共団体に対し、その求めに応じて、公文書館の運営に関し、技術上の指導又は助言を行うことができる。

附則

（施行期日）

1　この法律は、公布の日から起算して六月を超えない範囲内において政令で定める日から施行する。

（専門職員についての特例）

2　当分の間、地方公共団体が設置する公文書館には、第四条第二項の専門職員を置かないことができる。

（総理府設置法の一部改正）

3　総理府設置法（昭和二十四年法律第百二十七号）の一部を次のように改正する。

第四条第七号の次に次の一号を加える。

七の二　公文書館法（昭和六十二年法律第百十五号）の施行に関すること。

附則〔平成十一年十二月二十二日法律第百六十一号〕

（施行期日）

第一条　この法律は、平成十三年一月六日から起算して六月を超えない範囲内において政令で定める日から施行する。ただし、第四条の次に三条及び四節並びに章名を加える改正規定（第十三条に係る部分に限る。）及び附則第十条（内閣府設置法（平成十一年法律第八十九号）第三十七条第三項の改正規定に係る部分に限る。）の規定は、平成十三年一月六日から施行する。

【補　記】

本章は、第一節で述べたように、全史料協主催の研修会の講義を論文としたものである。論文の初出は一九九二年三月であるが、その後、一九九三年、九四年にも講義を行った。その頃には表3-1の「都道府県立文書館の所掌事務」も収録対象の都道府県立文書館が増加して、一九から二三になっていた。付加したのは、新潟県立文書館、和歌山県立文書館、神奈川県立公文書館（№6の神奈川県立文化資料館を廃止し公文書館に改組したもの）、秋田県公文書館、香川県立文書館である。一九九四年八月十五日現在の状況は、この年の全史料協作成『全史料協研修会テキスト』二三―二四頁を参照していただきたい。ここで追補した新潟県立文書館以下については次表の通りである。ただし、神奈川県立文化資料館と公文書館をともに掲げたので、館数は二四となっている。

その後も文書館は増加し、二六の都道府県に設置を見ている。香川県立文書館に続くのは、長野県立歴史館、大分県公文書館、大分県立先哲史料館、沖縄県公文書館である。文書館の増加は、当然、検討の基数を変え比較の視点も新たになろう。しかしながら本章で検討した条例等に盛られる条項に基本的な変化があるとは認められない。条例等に見るわが国の地方文書館の多様なありよう、公文書館法の規定を超えた性格規定、特に公文書とともに地域史料を収蔵対象とした業務の設定、また複合施設の問題点など、本章の結論は依然として有効であると考えている。この点は、次の第四章でも確認できる。ただ、次章でもその一端に触れるが、秋田・神奈川県など、文書館が親機関の文書のすべてを掌握したうえで、評価選別を行うシステムを構築している館がわが国の文書館でも出現してきた（さらに二〇〇一年四月、宮城県公文書館が設置されている）。

なお国立公文書館については、「公文書館法」に基づく単独法「国立公文書館法」（一九九九年六月二十三日法律第七九号）によって設置が根拠づけられた。この法律は、同館が独立行政法人となるに及んで改正され現在に及んでいる。現行の「国立公文書館法」第一一条（業務の範囲）の各号では、公文書等の保存及び利用に関する情報の収集、整理、提供（二号）、専門的技術的な助言（三号）、調査研究（四号）、研修（五号）などとしている。業務の範囲を公文書館法よりも幅広く規定しており、なかでも、調査研究の対象を「保存」のほか「利用」としている。これらの規定によって、国立公文書館の業務の範囲が地方文書館に近づいたと

表3-1　都道府県立文書館の所掌業務（条例等による）　〈追補分〉

No.	設立年次	館名	所管 知事	所管 教委	所管 その他	設置根拠 条例	設置根拠 その他	条例等に表示の資料の名称	収集	整理 整理	整理 保存	利用・普及 利用	利用・普及 普及	利用・普及 展示	利用・普及 講習会等	利用・普及 目録等編刊	利用・普及 (その他)	調査研究	歴史等編さん	その他
20	1992	新潟県立文書館		○		○		歴史的文書／その他の資料《文書等》	○	○	○	○	普及啓発					○	○（資料集等）	
21	1993	和歌山県立文書館		○		○		歴史資料：文書／その他資料《文書等》	○		○	○	普及啓発					○	○（資料集等）	
22	1993	神奈川県立公文書館	○			○		歴史資料 公文書／その他《公文書等》	○		○	○（閲覧）					文化活動の場の提供	○		保存対象以外のものの廃棄
23	1993	秋田県公文書館	○			○		歴史資料：公文書／その他記録	○		○	○						○（法4条1項）		
24	1994	香川県立文書館	○			○		歴史資料：公文書／古文書／その他記録	○		○	○						○		

条例等に表示の主な業務　○印は見出の語を条例等に表示しているもの、△印は別の語で含蓄しているもの

いえよう。ただし、業務の拡大は、国立公文書館についていえることで、「公文書館法」自体は、本章で指摘した業務の範囲にとどまっている点には変わりがない。

また第四節で触れた行政資料課の問題は、現代の行政に即応する情報提供と歴史的史料保存という二つの機能を持とうとした複合施設の矛盾として捉えたものである。一七年ほどの行政資料課(室)の歩みは、次の北海道立文書館を生みだすのに必要な過程であるが、同時に第四節末尾で記したように「負の経験」といえるものでもあった。これについては、本章のほかに第一章第四節註(3)でも言及した。筆者には、行政資料課の時代にある戦後改革関係の記録群が収集基準に合致しないとして、合法的に廃棄されたことを阻止できなかった、痛切な経験がある。これが筆者自身に文書館への転換を決意せしめた、という意味でも行政資料課は文書館の母胎であった。

第四章　文書館の業務と公文書館法
――秋田県公文書館条例等の規定をめぐって――

第一節　はじめに

筆者は、一九九三年四月、ながらく勤務していた北海道立文書館から国立国文学研究資料館史料館(通称、国立史料館)に移った。国立史料館は大学共同利用機関であるが、文書館の一種と自覚しているから、このケースはいわば、アーキビストの転勤である。(1) 国立史料館に赴任して間もなく、筆者は、秋田さきがけ新聞の相馬記者から、秋田県公文書館の設立について、取材を受けた。この取材時点(五月十一日)での同記者が把握していた情報と認識では、秋田県公文書館の設立計画が、次の通り進められているとのことであった。

㈠　公文書館の開館が本年十一月に迫っている。

㈡　設置条例では、公文書館法第四条に基づき公文書館の業務を行うことになっている。

㈢　したがって、県の公文書や現に県が所蔵する古文書は取り扱うが、新たな古文書の収集を行わないことになり、歴史研究者側に不満がある。
㈣　これまで、歴史研究者など外部の意見を公式に聴取する機会が設けられてこなかった。
㈤　公文書館は、知事部局に設置されるが、新築される施設は県立図書館と共用であり、館長は図書館長と兼務である。
㈥　内部組織は、古文書課と公文書課がある。古文書課には、教員出身者の配置が予定されている。

このうち、主として㈡㈢の公文書館の業務の範囲について問題ありとして、この時の取材となったものである。もっとも、「古文書の収集をしない」という点は、事実認識に違いがあったようであるが、この時は、相馬記者の事実認識を前提として、大要、次のような意見を述べた。

「公文書館がどのような業務を行うかは、設置条例等に具体的にどのように明記されるかによって決まるが、公文書館法第四条によって業務を限定するのは、文書館のあり方としてはどうか。「古文書を取り扱わない」と自分の手を縛らない方がよいのではないか。新たな収集対象を県の公文書に限定すると、今後、①市町村への指導協力、②専門的知識の館内での蓄積、ができなくなるおそれがある。また、条例制定後に業務の範囲を見直すことは難しいのではないか」

②「専門的知識の館内蓄積云々」について補足すると、文書館設置者側から、県の公文書の評価選別については、文書館専門職員(いわゆるアーキビスト)でなくとも、県の行政に熟達した職員であれば、業務を遂行できるといわれかねない、もし専門職員が不要とされるならば、上記のことが起こることを指摘したものである。(2)

秋田県公文書館の業務については、一九九三年十一月十三日開催のシンポジウムで壽松木《すずき》毅同館次長から「公文書館の資料受入れと保存について」として報告があり、収集対象も県の公文書に限らず古文書も含んでおり、普及活動や市町村との協力関係も今後充実させるとのことであった。同報告によれば、筆者などの当初の懸念は解消されたかに思われるが、文書館の業務と公文書館法の関係については、なお論議が必要と思われ、また、わが国の文書館の歩みの中で占める秋田県公文書館の位置づけについても、私見を述べておきたいと思い本章をまとめることとした。(3)

(1)　文書館から文書館へという人事交流は、これまであまり例がなかったかと思う。これまでわが国では、アーキビストという職業について制度化されたものはなく、専門性、地位についての概念もいまだ定まっていないため、文書館から文書館への転職を困難にしている。しかし、もしアーキビストの職務が、例えば全国歴史資料保存利用機関連絡協議会(略称、全史料協)専門職問題特別委員会の報告書『アーキビスト養成制度の実現に向けて』(一九九二年)で述べているごとく、個々の職場に限定されない普遍的なものであるとすれば、公務員に限ってみても、国と地方公共団体との、また、地方公共団体相互の、あるいは国際連合など国際機関との人事交流が、当然なされ得ることではなかろうか。

(2)　専門職員についての筆者の指摘は、『秋田さきがけ』五月十二日付の記事では、「公文書だけの扱いなら専門職員は不要となり、」と発言が要約され、「言われかねない」の部分が欠落していたため、あたかも筆者自身が専門職員を不要とするかのような意味となっているが、趣旨は本文に記した通りである。

(3)　文書館の業務については、全史料協の全国大会に先立つ研修会でも主要なテーマの一つとなっているが、筆者も一九九〇年に講義を担当し、それをもとに第三章(論文初出、北海道立文書館編『研究紀要』第七号、一九九二年、所収)をまとめた。各館の条例等に明定された業務の比較については、同章を参照していただきたい。

第二節　公文書館法における公文書館の業務

文書館の業務がどのようなものかを規定するのは、個々の文書館の設置条例等であるが、国および地方公共団体の「公文書館」の設置について規定した「公文書館法」(昭和六二年法律第一一五号)では、次のようなものとしている。

「(公文書館)
第四条　公文書館は、歴史資料として重要な公文書等を保存し、閲覧に供するとともに、これに関連する調査研究を行うことを目的とする施設とする。
2　公文書館には、館長、歴史資料として重要な公文書等についての調査研究を行う専門職員その他必要な職員を置くものとする」

ここでは公文書館の業務として「保存」「閲覧」「調査研究」の三点が挙げられている。このうち「閲覧」のところは、同法の第一条、第三条では「利用」となっている。公文書館法の条文の解釈については、別に総理府が「公文書館法の解釈の要旨」(一九八八年六月一日付。以下、「解釈」と略称)として有権的解釈を施している。これによると、同法第二条(定義)でいう保存の対象となる「公文書」と「その他の記録」(いずれも現用を除く)とは、いわゆる公文書(公務員が職務を遂行する過程で作成する記録)のほか、古書、古文書、その他の記録で国、地方公共団体のどの機関が保管、作成したものであってもよい、とされている。また、「利用」については「展示、貸出等も考えられるが、基本的には閲覧である」としており、「調査研究」は、「単なる学術研究ではなく、歴史を後代に継続的に伝えるためにはどのような公文書等が重要であるのかという判断を行うために必要な調査研究が中心となる」としている。

総理府のこの「解釈」は、文言の定義をなす箇所であるから、いきおい業務が、限定的に捉えられているが、現実に設置されている各地方の文書館の業務は、公文書館法制定以前はもちろん、制定以降においても、各館の設置条例等によってこのような限定を超えて規定されている。特に本章の課題となる、公文書館の収集対象やまた専門職員の職務内容については、「解釈」が触れていない点を含めて、各館の状況からそれを指摘しておく必要があろう。

まず、収集(公文書館法では「保存」)についてであるが、国および地方公共団体の文書館・公文書館がその設置母体である国、都道府県、市町村の機関で「保管」している公文書の引継移管を受けることとなっており、さらに「解釈」では、前述の通り、他の機関が保管しているものでもその対象となる、としている。これによると文書館・公文書館は、いわゆる親機関の文書のほか、例えば都道府県の館であれば、管内にある国の出先機関あるいは市町村の文書をも収集対象となし得ることになる(市町村の館が、国、都道府県の機関の文書を収集対象となし得ることも同様である)[1]。問題は、「その他の記録」として包含されている史料の範囲であろう。

「その他の記録」について、「解釈」では、「古書、古文書、その他私文書も含まれる」としているが、これは、公文書館法の制定過程における論議を踏まえたものといえよう。同法は周知のように、岩上二郎参議院議員の提案になるものであるが、岩上議員は、同法案の趣旨説明の中で、「公文書等」には、「古文書その他私文書が含まれる」と「等」の範囲について補足している[2]。したがって公務員が職務遂行の過程で作成し、授受し、また現に保管している歴史的資料は、公文書以外のものであっても、あるいはその施設が「公文書」館であっても、保存の対象となる。総理府内閣文庫収蔵の古典籍や徳川幕府関係文書などが、国立公文書館所蔵資料の重要な一部となっていることなど、その具体例として挙げられる。また、既設の図書館や博物館に収蔵されている古文書を、新設の文書館・公文書館に移管し、利用に供する根拠もここにある。

しかし、既存の施設に収蔵されている文書以外の文書については、どうであろうか。例えば、戦後散逸の危機にさらされ、保存の緊急性が指摘されてきた近世の村方・町方文書などは、すでに私人の所有となっていることが多く、現在では公文書とは言いがたくなっており、この保存について各地の文書館の果たす役割は、今日、依然として大きいものがある[3]。近世文書に限らず、近代の私文書、特に企業や社寺など私的な団体の文書についても同様である。これら私文書の収集・保存の業務を各地の文書館・公文書館は、公文書の場合とともに、館の主要な業務として位置づけているが、それは公文書館法の規定から直接導きだされたことではなく、各地方の独自の課題がそれをなさしめているのである[4]。

次に、専門職員についてであるが、法では、「歴史資料として重要な公文書等についての調査研究を行う専門職員」としている。「解釈」は、これを敷衍して、「歴史を後代に伝えるためにはどのような公文書が重要であるかという判断を行うために必要な調査研究を主として行う者」としている。いずれにしても、専門職員の主たる業務は調査研究ということになる。「解釈」では、専門職員の職務の力点を、公文書(ここでは、「等」を欠き、「その他の記録」は除かれることになるが)の評価選別にかかる調査研究に置いているが、評価選別以外の整理、利用、普及など他の文書業務については、専門職員の職務との関連を明示していない。また、仮に、「解釈」が述べるごとく「単なる学術研究」(一般的な歴史研究の意味か)でないとしても、右の業務各般に及ぶ研究や史料そのものの研究(古文書学を含む史料学的研究)、さらには、各地に存在する古文書の調査も、文書館においてなすことが求められている調査研究の範疇であるとは、いえないだろうか。専門職員の問題は、その制度化を論議する前に、文書館・公文書館の調査研究それ自体の性格、内容、館業務全体における位置づけがまず検討されなければならない。

また文書館・公文書館の調査研究に従事するのは、はたして調査研究部門の職員に限られるものであろうか。館の専門的業務が、評価選別以外の各般にわたると同様に、調査研究業務は館の業務各般について、かつ各部署で行われるものではないであろうか。各地の文書館における調査研究の実態からもまた、一部の職員に限って調査研究が担われているわけではない。加えて、調査研究にあたる職員が実務を担っていない館、すなわち、評価選別などの実務と調査研究の担当を分離させている文書館・公文書館は、わが国では稀なのではあるまいか(5)。

公文書館法および「解釈」の規定について検討したが、現に各地で活動している文書館・公文書館の業務は、各館の設置条例等の規定を見ても、法や「解釈」の限定を超えていることがわかる。それらは、各館が設立されている地域の固有の状況に由来するものである。では、各地の文書館・公文書館の設立動向の中で、秋田県公文書館はどのように位置づけられるのであろうか。

（1）　文書館・公文書館が、他の機関の公文書を保存することについて、「公文書館法」は、積極的に規定しているわけではない。同法を根拠として他機関の公文書の保存を迫るには、第二条はなお薄弱であるといわざるを得ない。これに対し、日本学術会議の勧告「文書館法の制定について」（一九八〇年）では、国の各省庁地方支分部局の資料を「現地保存の原則」の視点から、都道府県の文書館へ保存を委託することに言及し、文書館法に規定することを求めている。最近では、裁判記録の保存が各地の、そして各文書館の課題となっていることを考えれば、国の機関等所管公文書の地方移管を法に明定する必然性と意義が十分あるのではないかと思う。裁判記録について、詳しくは、竹澤哲夫「裁判記録をどう残すか」（『記録と史料』第三号、一九九二年、所収）参照。

（2）　第一一一回国会参議院内閣委員会（一九八七年十二月八日）。岩上二郎編著『公文書館への道』（共同編集室、一九八八年）一一九頁以下。

（3）　近世・近代初頭の村方文書その他の私文書の保存にかかる都道府県立文書館の役割について、最も身近な主張には、シンポジウムの報告の一つ、斎藤昭（新潟県立文書館）「地域内の連携を求めて――新潟県立文書館の事例と問題点――」がある。

（4）　都道府県立等の文書館の収蔵史料の範囲については、第三章表3-1「都道府県立文書館の所掌業務」を参照。なお、この表は、追補のうえ、『全史料協研修会テキスト』（一九九三年）二三頁に再録した。

（5）　文書館・公文書館の専門職員（アーキビスト）の専門的任務については、第一節註（1）、全史料協前掲報告書、第一章2を参照。

第三節　秋田県公文書館条例と所掌事務の規定

都道府県立の文書館・公文書館（以下、「地方文書館」と略す）数は、数え方にもよるが、一般的には秋田県公文書館を含めて一九九三年中に二二を数えるまでになった。このうちほとんどが、各都道府県条例によって設置されている館であるが、東京都、兵庫県、大阪府の各館は条例以外の、行政組織規則等による設置である。また、名称は、文書館・公文書館・歴史資料館・歴史館・資料館など多様であるが、近年は、文書館または公文書館のいずれかをとるようになってきた。名称を公文書館としたのは、公文書館法制定(一九八七年十二月)以前では、東京都、大阪府、愛知県、富山県、制定以降では、鳥取県、秋田県および一九九三年十一月に県立文化資料館を組織替えして新たに公文書館を発足させた神奈川県を加えて三館、合計七館である。このほか、準備中の地方文書館やすでに設置されている政令指定都市の施設ではこの名称をとる館が少ない(1)。

地方文書館を設立するにあたって近年の傾向では、その所管が知事部局である場合は、公文書館の名称をとり、教育委員会である場合には、公文書館の名称をとらず文書館とする傾向にある。かつては新設の文書館が文書館とするか公文書館とするかは、単なる名称の問題にとどまらず、館の性格を決める重要な選択肢であった。筆者が設立に携わった北海道立文書館の場合には、いずれかの名称を選択することによって館の業務が、自ずと定まるものとされていた。すなわち、公文書館では、北海道(庁)各関係機関の公文書に限って扱うことになり、文書館では、公文書はもとより、私文書についても、収蔵対象とすることを意味した。北海道の場合には、当初、公文書館構想で進められたが、やがて文書館として構想されることになったため、道条例による設置、すでに古文書を収蔵している道(庁)の類縁機関(北海道立図書館、北海道開拓記念館)との調整が必要となった。また、道(庁)の内部組織ではなく条例による「公の施設」の設置となることから、業務の中に市町村関係機関への協力や北海道民への普及業務が位置づけられ、それらを担う職員の質も検討すべき課題とされた(2)。

このような名称の選択が、館の性格に及ぶというのは、それまでの公文書館(国立公文書館、東京都公文書館)の業務が、ほぼ公文書に限定されていたからである。そのような文書館の設置状況のもとでは、収蔵対象と業務を公文書に限定した公文書館の概念が成立するのは避けられない。公文書館法の内容もまた、このような公文書館概念を基本とし、現存の文書館の状況を補足して成立したものにほかならない(3)。しかし、近年、各地の文書館設立動向の中では、公文書館の名称をとる館であっても、その業務は、法の限定を超えて設定されている。公文書とともに古文書(私文書)もという秋田県公文書館が選択した道は、こうした文書館設立史の背景を持っている。

もっとも、「秋田県公文書館条例」（平成五年秋田県条例第二号）では、

「第一条　歴史資料として重要な公文書その他の記録を保存し、及び利用に供するため、公文書館法（昭和六十二年法律第百十五号）第四条第一項の公文書館として、秋田県公文書館を秋田市山王新町十四番三十一号に設置する」

とし、公文書館法に全面的に依拠した内容となっている。収蔵対象の公文書等を秋田県に関するものと限定していない点とともに、地方文書館の条例では、これまでにない規定となっている。論議のあった古文書の収蔵については、条例には明定されず、秋田県行政組織規則（昭和五十六年秋田県規則第二一号）で、所掌事務に規定されている。このような簡素で規則に全面的に委ねる構成は、秋田県における「公の施設」設置条例制定の慣行に則ったためと説明されている。また、条例はすべて法に依拠するとの法制技術上の立場が、公文書館法との関係を規定した第一条の文言になったともいわれる。(4) ことは公文書館の設置に限らないわけであるが、館の業務の内容を条例ではなく規則で規定するということになると、議会のおおやけの論議を経ず、県内部の判断で館の業務を変更できることをも意味しよう。公文書館の業務の範囲をどこに設定すべきかについて、こと古文書（私文書）の収蔵に関して、公文書館法がその変更を止める根拠とならない点については、前述の通りである。公文書館の業務の決定、運営について、議会その他の役割は依然大きいといわねばならない。

一方、シンポジウムの壽松木報告において特に強調された、同館の特色の一つに、県の類縁機関が収蔵している古文書とその関連史料を公文書館に移管し、集中管理ができたことがある。これによって県立図書館の佐竹家文書などを公文書館で閲覧できるようになった。これは、「秋田県立図書館・公文書館建設基本構想」を委託された日本図書館協会の建設基本構想委員会の報告（一九八九年十一月）に基づいたものであり、また、それ対する知事の強い支持によるもの、といわれている。県の類縁機関収蔵古文書類を新設の文書館に移管することは、その県の文書を体系的に収蔵することとなり、文書館の機能を充実させる意味で十分な意義を持つばかりか、多くの

利用者の要求に応えるものであろう。事例を挙げないが、多くの場合に既設の機関からは、古文書の移管に難色が示され、仮に原則的な了解がなされた場合でも、実施が具体化しない場合が少なくない。この点は公文書館法が秋田県では有効に適用されたことになり、地方文書館における文書の体系的保存に望ましい一事例を加えることになった。

いま一つの同館の特色として、壽松木報告において強調されていたのは、県の公文書を永年保存文書はもとより有期限保存文書もすべて、文書主管課を通じて公文書館に引継ぎ、有期限保存文書については、公文書館において全量を集中して評価選別することとした点である。これにより、県(知事部局)の公文書館がすべて掌握するところとなる。文書館制度にとってこのことの意義の大きさは、壽松木報告の通りであって、公文書の体系的保存を担保する制度を同館は得たことになる。同館の評価選別の成果については、今後とも注目していきたい。

文書館が、公文書の全量把握を行うことは、引継移管の手続きの類型中、文書館が保存文書書庫業務を担うケースであり、藤沢市、広島市がこの類型であったが、近年設立された館としては、広島県立文書館がこの類型に属している。秋田県公文書館の場合は、「歴史資料として重要な公文書、古文書その他の記録」とともに「永年保存文書等の保存に関する事務を行う機関」(秋田県行政組織規則第一八条)と規定され、このケースの事例をさらに加えることになり、こうした引継移管方法が一般化してくることは、わが国の文書館が抱えてきた課題の解決に一つの方向性を与えるものであろう。(5)

(1) 地方文書館設立準備の動向については、『記録と史料』第三号(一九九二年)九六頁以下、参照。
(2) 北海道立文書館の名称と性格の選択については、第三章第四節を参照。
(3) 公文書館法案の策定には、日本学術会議の勧告等、全史料協の「文書館法大綱案」などを下敷きとしているが、最終的には、国立公文書館の現状に適合する構造を採っている。同法案は、その策定過程の中で、現に存在する公文書館のありように強い影響を受けて、変容していったのではあるまいか。国立公文書館としての公文書館法制定の意義については、菅野弘夫国立公文書館長(執筆当時)「「公文書館法」成立にあたって」(第二節註(2)、岩上二郎編著前掲書、所収、二五二頁以下)を参照。

(4) 秋田県公文書館条例の制定意図の説明については、同館の御教示によるものである。なお、条例制定にあたって、秋田県議会での論議はなかったとのことである。また、一九九二年四月までの設立経過については、『公文書館に関するこれまでの経緯――機能、組織、業務について――』(同県総務部文書広報課、同年)に詳しい。

(5) 文書館の引継移管方法については、第五章「わが国の文書館における公文書の引継移管手続と収集基準について」論文初出、北海道立文書館編『研究紀要』第四号、一九八九年、所収)参照。筆者の類型化では、広島県、秋田県の場合はC－2(すべての永年文書の引継移管を受けるもの)の類型の一部に相当する。

なお、広島県については、熊田重邦「広島県立文書館の現状と将来」(『広島県立文書館紀要』第二号、一九九〇年、所収)一五頁以下、参照。

第四節　おわりに

実際に行われようとしている秋田県公文書館の業務は、行政組織規則の規定によってより幅広いものとなった。館の機能は、まず歴史資料としての公文書、古文書その他の記録に関わるものとされ、公文書館の課題を発展的に捉え、業務を拡大して設定されている。その意味で、文書館の現状と公文書館の実態とが接近してきた今日の状況を、同館の機能の設定は、よく反映しているといえるのではなかろうか。しかも、永年保存文書等の管理を文書主管課に代わって行う、というのであるから、その機能は、既存の地方文書館と比較してもいっそう幅広いものとなっている。このように秋田県公文書館は、厚みを増してきた全国の文書館設立の歴史を背景として誕生したものであり、同時に新しい歴史をそこに加え、かつ切り開きつつあるといえよう。

こうした幅広い機能を措定した館の業務を担う専門職員がどのようなものであるべきか、シンポジウムでも同館におけるアーキビスト論は、つきつめた論議に発展しなかったが、将来専門職員がどのように補充、確保されていくことになるか、という点とともに、今後、論議が深められるべきであろう。さらにシンポジウムでも発言があったが、館の運営に関して、外部の意見を聴取する常設の公式の諮問機関(運営審議会、協議会等)が必要ではないかと思う。この諮問機関の構成員には、研究者、市町村史編集者、行政経験者、一般利用者、その他史料保存施設・学校教育・報道関係者などが考えられようが、館に対する利用者の要求を反映するにとどまらず、館のあり方、将来像、史料収蔵の考え方に論議の及ぶことが求められよう。歴史資料をめぐって、また、公文書館をめぐって、今後とも率直な論議がかわされていくことこそが、館の業務を外部から支えるものであると付け加えて、本章を閉じたい。

『付　記』

本章の執筆にあたっては、秋田県公文書館および高橋実氏(当時・茨城県立歴史館、現・作新学院大学)から資料の提供を受けた。記してお礼を申し上げます。

【補　記】

秋田県公文書館の開館を契機に開催されたシンポジウムとは、秋田大学史学会主催の「歴史資料の保存をめぐって」という公開シンポジウム(一九九三年十一月十三日、秋田市)である。このシンポジウムの概要、報告は、本章の初出論文を掲載した『秋大史学』第四〇号に収録されている。

第二編　史料の引継移管と評価選別

第五章　わが国の文書館における公文書の引継移管手続と収集基準について

第一節　本章の意図と範囲

一　問題の所在

わが国の文書館をめぐる状況は、「公文書館法」(昭和六二(一九八七)年法律第一一五号)の成立、施行(翌一九八八年六月一日)によって新たな局面を迎えた。同法は、かねて歴史研究者や文書館関係者が成立を願っていた「文書館法」とは、名称・内容とも異にしていたため、その実効性や今後の運用をめぐって種々の論議がある。しかし、賛否は別として、成立したうえは、同法が現実の重みを持つ存在となっている。今後は、同法の存在を前提として論議がなされることになろう。[1] 文書館は、「公文書館法」第四条および「北海道立文書館条例」第三条など[2]

にあるように、歴史資料として重要な文書等を収集し保存し閲覧・利用に供し、またこれに関連する調査研究・普及を行う施設である。本章の主題である公文書の収集・保存は、これら一連の文書館業務の最初に位置づけられている業務である。

ところで、わが国の文書館設立の契機もまた種々であるが、その当初においては、旧藩主の家文書や近世の村方文書の散逸防止、あるいは県史編集史料の保存に迫られて発足した例が少なくない。例えば、わが国最初の地方自治体の文書館である山口県文書館(一九五九年設置)は、膨大な毛利家文書の保存を契機に設置されたものであり、一九五一年設置の文部省史料館(現、国文学研究資料館史料館、東京都品川区)は、戦後、散逸の危機に瀕した近世の農村文書を保存する施設として発足したものである。その他、府県の先駆的文書館においては、開館時から府県庁文書の保存を行っている館であっても館設立の構想の当初には、いわゆる「古」文書の散逸防止や県史編集史料の保存が業務の中心であったといわれる[3]。

都道府県庁の公文書(以下、国、市町村を含めて、各官公庁で作成し、文書館に引継移管される文書を「公文書」ということにする。館によっては「行政文書」としているところもある)の引継移管が、各文書館の主要業務として、館の内外から認識されるようになったのは、古文書や県史編集史料の収集・保存に対する関心よりも、やや時期が遅れてのことと思う。しかし、各館の設立時には、公文書の保存に対する認識が高まり、公文書の引継移管を重要な業務として位置づけているところが少なくない。また、わが国の文書館と個人会員によって組織されている全国歴史資料保存利用機関連絡協議会(一九七六年設立。略称は「全史料協」)の全国大会においても、早い時期から公文書の引継移管について、各種の報告の発表と討論が行われていた[4]。

このように、第二次世界大戦後の歴史資料としての文書の保存事業は、旧華族・村方文書の散逸防止から、しだいに恒常的に作成される公文書の確実な保存へと、課題の中心を移しつつある。いまやわが国でも、公文書の収集・保存が文書館の主要な業務となりつつあるのではなかろうか。

現代の公文書が、国や地方自治体の各機関における事務・事業の軌跡を示す基本的な資料であり、国民また住民にとって、歴史を知るための重要な資料であることは、言を重ねるまでもないであろう。それらの公文書が、後述するように膨大な量となっており、年々その作成量を増大させていることも、国や地方自治体に勤務する者は体験的に知悉している。テレビやその他文字による以外の通信手段が発達した昨今では、文書に残される情報の量や価値が相対的に低下したとはいえ、いまなお国や地方自治体の事務が文書主義の原則によって貫かれていることには変わりがない(5)。

いま、これらの公文書の中から、文書館が後世に伝えるべき歴史資料を保存しようとするにあたって、どのような課題があるのだろうか。今日のわが国文書館における公文書収集に関連する課題を挙げるならば、文書の管理・編集保存制度、情報公開制度との関係のあり方、引継移管体制、評価選別の主体性の確立、収集基準の制定と運用のあり方、保存施設のあり方等々がある(6)。なかでも、公文書の確実な引継移管をどのように制度化するか、また公文書をどのように評価選別するか、という一点には文書館の課題が集約されているように思う。そして、前者は、引継移管の手続の確立に帰着し、後者は、収集基準の制定として要約されるのではなかろうか。本章は、公文書収集にかかるこの二つの側面について、各館の事例を紹介しつつ、それらがどのような考え方により、どのような構成を持っているかを、見ようとするものである。わが国の文書館の歴史は浅いとはいえ三十数年を経過し、またその数も、三〇館近くとなっており(7)、多くの経験が各館に蓄積されている。それらを概観し共有することだけでも、この課題を解決していこうとしている館や、これから文書館を計画し、設立しようとしている県市町村にとって、いくらかは稗益するところがあるのではないかと思う。

なお、現代の公文書の引継移管の手続、収集基準の問題について、全史料協での論議を除くと、わが国で各文書館の事例が、文献上紹介されて論じられるようになったのは、ここ一〇年ほどの間ではないかと思われる(8)。以前から文書館の存在、その業務全般、「古」文書の保存についての論考は多々あったが、本章にかかる課題については、あまりおおやけにされていなかった。わずかに、国立公文書館の設立準備の段階で、内閣総理大臣官房総務課が編訳した「公文書保存制度等調査連絡会議資料」のうち、アメリカ合衆国連邦公文書館副館長（当時）、シェレンバーグ（T.R.Schellenberg）のThe Appraisal of Modern Public Records（現代公文書の評価）の抄訳[9]、同じくModern Archives,Principles and Teckniques（現代の公文書、原理と技術）[10]の抄訳などがあるが、いずれも外国文献の翻訳、紹介にとどまっていた[11]。しかし、近年は各館の機関誌、研究紀要などで少なからず論述されるようになった[12]。本章もその一つであるが、この関係の論考は今後さらに豊富にかつ充実してくるものと思われる。また、そうなることが求められている、といえよう。

二　本章の対象とする「公文書」について

本章で扱う「公文書」は、国および地方自治体が、その業務を遂行する中で授受・作成し、管理してきた文書で、それぞれが設置する文書館に引継移管しようとする資料である。したがって、他の機関が管理している文書を寄贈・寄託によって収集する場合――例えば、国の機関の文書を地方自治体の文書館が収集する場合、また地方自治体同士で所蔵文書が移動する場合――は、本章の対象ではない。同様に、他の文書館・図書館等が所蔵している文書の管理換を受けたり、マイクロフィルムなどによって複製収集する場合も、本章が扱う引継移管問題の範疇から除外している。文書館に引継移管されず、外部に流出した文書を、古書店等から購入する場合も時としてあろうが、これも本章の対象外である[13]。ここでいう公文書の移管引継は、その文書館が公文書の保存について当面の責務を持っている機関から収集を行うことを指している。北海道立文書館でいえば、いわば「親」機関である北海道の公文書の引継移管を行うことである。近代の文書館の業務は、その「親」機関の公文書の引継移管を受けるのが基本であって、単なる「古」文書の収集施設にとどまるものではない。都道府県の公文書は各都道府県立文書館に、市町村の公文書は各市町村立文書館にというように、「親」機関の公文書を後世のために体系的に継承する業務が文書館に委ねられている。このような継続的、体系的に引継移管を行うところに、図書館とは違う文書館の独自の機能があり、また本章の主題があるといえよう。

このことを全史料協の公文書館法問題小委員会報告『記録遺産を守るために――公文書館法の意義と今後の課題――』では、文書館の二つの機能の一つとして行政上の機能を次のように要約している。

「第一は行政運営上のサービス機能である。文書館、公文書館は系統的な文書の保存・管理を行っているため、地方公共団体が文書等を今後の政策の立案にあたって基本的な資料として活用したり、事務上の参考資料や証拠資料として利用することによって、行政事務全般の一貫性や継続性を確保して効率かつ経済的な行政運営を可能にする」(14)

このような意味からすると、国や地方公共団体(自治体)以外の団体、企業、学校の場合においても、事柄は同様であろう。それぞれの団体、企業、学校などの文書をその機関の関連の施設で継続的、体系的に保存しようとする場合には、本章で扱う公文書の収集についての論議を援用することが、できるのではないかと思う。

いずれにしても、文書館における公文書の収集は、「親」機関の文書の引継移管として行われる。このため、文書館には、他の機関からの収集というものはなく、もっぱら「親」機関からの引継に終始すべきであるとの次のような考え方も生まれる。

「図書館は収集機関であるのに〔対し〕、公文書館は、受入機関なのである。公文書館は〔略〕奉仕する機関による作成された素材〔原文は、materialではないかと思われる。資料と訳すべきか。―鈴江註〕を保管する目的をもって設置されている。原則として購入とか寄贈とかによって素材を取得することには重要度をかけてはいない。〔略〕これは傍線を引いて置くべきことであるが、公文書館というものは素材を収集しないものなのである。この点は、サー・ヒラリー・ジェンキンソンによって非常に明らかになっている。同氏は、公文書は、収集されるものではない。もしこの重要な事柄を確立させるためだけならば、私は「収集」なることばが、古文書家の用語の内から抹殺できたらよいと望んでいる[15]」

ただこのように「文書館に収集なし」と考えると、公立の文書館が他の機関の文書や私文書を保存する根拠を見出しがたくなるであろう。「公文書館法」では、文書館の収集対象を「公文書等」(同法第二条)として、公文書のほか、いわゆる「古」文書・古記録を含む資料としているように、それらがわが国の文書館資料のいま一つの主要な柱である点には変わりがない[16]。

とはいえ、文書館が「親」機関から公文書を移す業務は文書館にとって、最も重要な「収集」(というべきか否かは別として)である。また、そのための方法が、各機関で制度化されている。本章の標題ともなっている「引継」「移管」という文言自体、後述するように、制度化された手続きの中の位置づけを持った用語である。

さらに付言すれば、文書館へ引継移管される以前の公文書は、各機関の中で、多く「文書管理」という名称で、制度的に管理されている。多くの地方自治体では、「文書管理規程」などの名称を持つ訓令を定め、文書事務の処理を規準化しているが[17]、これによって、文書の収受から始まり、機関としての意志決定(起案、合議、決裁)、文書の施行(浄書、発送、公報登載)を経て文書の保管・保存・廃棄に至る一連の文書事務の流れを制御している[18]。

北海道では、本章の主題に関わる主な例規として、「北海道文書管理規程」(昭和四一(一九六六)年訓令第四号)、「北海道文書編集保存規程」(昭和六〇(一九八五)年訓令第一号)がある。特に後者の「文書編集保存規程」は、後述するように、文書館への引継移管の手続を規定し、主務課・文書主管課と文書館の業務を連関させる架橋の役割を果たしている。本章は、まずこれら文書管理の諸規程において、引継移管がどのように制度化されているかを見ることから始めたい。

(1) 歴史学界や文書館界がかねて追求してきた法案は、「歴史資料保存法」(日本学術会議一九六九年十一月一日勧告)、「文書館法」(同一九八〇年五月十二日勧告)であった。「公文書館法」成立に至る経過は、この法律の推進者であった岩上二郎参議院議員の『公文書館への道』(共同編集室、一九八八年)の各編に、また、高野修「『公文書館法』制定への経過」(『藤沢市文書館紀要』一一号、一九八八年)に詳しい。また、公文書館法への種々の反応については、全国歴史資料保存利用機関連絡協議会編『会報』一四号(一九八八年三月)、一五号(同九月)、同協議会公文書館法問題小委員会編『記録遺産を守るために――公文書館法の意義と今後の課題――』(同小委員会報告、一九八九年一月)、地方史研究協議会編『地方史研究』第二一五号(第三八巻五号)特集「公文書館法問題」(一九八八年十月)、歴史科学協議会編『歴史評論』No.四六三(一九八八年十一月)などがある。

(2)「公文書館法」第四条は、次の通り。

「第四条　公文書館は、歴史資料として重要な公文書等を保存し、閲覧に供するとともに、これに関連する調査研究を行うことを目的とする施設とする。

2　公文書館には、館長、歴史資料として重要な公文書等についての調査研究を行う専門職員その他必要な職員を置くものとする」

「北海道立文書館条例」第三条は次の通り。

「第三条　文書館は次の事業を行う。

一　文書等を収集し、整理し、及び保存すること。

二　収集した文書等を利用に供すること。

三　文書等に関する専門的な調査研究を行うこと。

〔四、五、六、七省略〕」

(3)一九八八年十二月一日現在、文書館の数が、国立では国立公文書館と国立史料館の二館、都道府県立一七館、市町村立八館となっている。ただし、文書館の名称や概念を広くとるならば、この数はさらに増加してこよう。

本章の主題にかかる近代の行政文書と文書館等における分類などに触れた文献として、『日本古文書学講座』第一一巻、近代編Ⅲの第五章「文書館・公文書館の近代文書とその分類」がある。ここには、国立の二館、北海道立文書館の前身である北海道総務部行政資料課、福島県文化センター歴史資料館、埼玉県立文書館、東京都公文書館、京都府立総合資料館、山口県文書館、藤沢市文書館の状況が紹介されている(ほかに、外務省外交史料館、大阪市立図書館が紹介されている)。

同書によれば、例えば福島県歴史資料館(一九七〇年開館)の場合は、県史編集資料、県内旧家伝存の古文書の散逸防止対策が、埼玉県立文書館(一九六九年開館)の場合は、県下の歴史的文書の散逸防止が当初の目的であった。一九六三年開館の京都府立総合資料館は、開館九年を経過した一九七二年になって、近代行政文書の「移管」による受け入れを始めた。

（4） 全史料協発足後の第一回の研究集会は、一九七六年二月二十一日に山口県文書館で開催された。ここでは、高野修「行政文書の収集と整理における藤沢市文書館の問題点」および筆者の「公文書の収集と公開について」の二報告があった。翌七七年の第二回では、「行政文書の収集と保存」というテーマで、京都府、茨城県の両館、山口市公文書室からの報告があった。当時、公文書に対しては「行政文書」、引継移管は「収集保存（保管）」という語が多く用いられていた（同協議会『会報』第一号以降（一九七六年六月―））。

（5） 官公庁の事務の「文書主義」については、文書事務の実務書が必ず触れるところである（例えば、北海道総務部文書課編『文書事務の手引』北海道、一九八八年〈第三版〉、一八、二二頁）。

また、井出嘉憲「行政における文書管理」（『社会科学研究』第三五巻五号、石田雄教授還暦記念号、一九八四年二月）七〇頁では、近代市民社会の官僚制における支配の正統性の根拠中、重要な一つとして、文書主義による事務の遂行を挙げている。

（6） 註（1）の『記録遺産を守るために――公文書館法の意義と今後の課題――』では第二部第二章「文書館、公文書館の業務」として、まず公文書の受け入れを挙げている。ここでは、文書館設立の際に、各地方自治体の「文書管理規程」を改定する必要を述べ、また、公文書を受入れる方法として、①引継、②管理委任に基づく移管、③収集などを挙げ、さらに評価選別の基準制定に際しての一般的なガイドラインを示している。

なお、「選別の方法」の中では、「中間保管庫」的施設の必要性について触れている。

（7） 文書館の数は註（3）参照。

（8） 文書館関係文献の目録は数種あるが、とりあえず次の四点を挙げる。

①松林俊一「公文書館関係文献資料目録」（『広島市公文書館紀要』第一号、一九七八年）。補遺が第二号（一九七九年）に掲載されている。

②拙稿「資料ガイド・文書館と近代文書学」（北海道総務部行政資料課編『赤れんが』第七四号、特集・北海道立文書館、一九八二年一二月）。

③佐原和久・石川美代子「文書館関係文献目録稿（昭和五十四年一月～昭和六十一年三月）」（埼玉県立文書館編『文書館紀要』第二号、一九八七年）。

④小川千代子「諸外国の公文書館制度等に関する邦文資料の紹介」（国立公文書館編『北の丸』第二〇号、一九八八年）。

（9） 邦訳名『外国における現代公文書の評価（公文書保存制度等連絡会議資料、第五号）』。

（10） 邦訳名『公文書と公文書館（同前、第一号）』。

（11） 各国文書館における公文書の引継移管制度の紹介は、近年も続いている。例えば、大藤修・安藤正人共著『史料保存と文書館学』（吉川弘文館、一九八六年九月）第一章「文書記録の保存・利用と文書館」および一九八六年に国際文書館評議会派遣使節マイケル・ローパー（Michael Roper）イギリス国立公文書館（P.R.O）副館長を迎えて行われた第一回文書館振興国際会議の報告集であるICA Mission 受入実行委員会編『記録管理と文書館』（全史料協、一九八七年）所収の同使節の基調報告などがある。

（12）　現代の公文書の収集について論述した主な日本語文献を挙げるならば、次の通りである（本章に関連のある文献を含む）。
①高野修「藤沢市行政文書保存の課題と問題点」（『藤沢市文書館紀要』第一号、一九七五年、所収）。
②広田暢久「県庁資料の収集と整理について」（山口県文書館編『文書館ニュース』第一〇号、一九七六年、所収）。
③宮本功・小南晴彰「公文書保存の理念と現状——藤沢市文書館を事例として——」（『藤沢市文書館紀要』第三号、一九七七年、所収）
④「歴史資料館における公文書収集について」（『岐阜県歴史資料館報』第一号、一九七八年、所収）。
⑤高崎進「文書館における行政文書の課題」（『藤沢市文書館紀要』第四号、一九八一年、所収）
⑥高野修「文書館の業務内規の作成と今後の課題」（同前、第四号、一九八一年、所収）。
⑦中村頼道「企業史料の収集保存と記録管理」（『地方史研究』第一八八号、一九八四年四月、所収）。
⑧福原徹「行政文書の保存及び管理業務の現状」（『藤沢市文書館紀要』第九号、一九八六年、所収）。
⑨大藤修・安藤正人共著『史料保存と文書館学』（吉川弘文館、一九八六年、所収）。
⑩小川千代子「記録管理とアーキビストの役割——文書館史料の価値判断基準について——」（『地方史研究』第二〇三号、一九八六年十月、所収）。
⑪「広島市の情報公開と公文書保存」（『広島市公文書館紀要』第一〇号、一九八七年、所収）。
⑫佐藤京子「歴史資料としての公文書保存のために」（北海道立文書館編『赤れんが』第五号、一九八七年六月、所収）。
⑬小林蒼海「アーカイブズについて」（国立公文書館編『北の丸』第二〇号、一九八八年、所収）。
⑭註（1）、『記録遺産を守るために——公文書館法の意義と今後の課題——』。

（13）　本章が取り扱う範囲から、他の機関の文書を収集する問題を除外するといっても、それらの文書が文書館の収集対象外であるという意味ではない。北海道の場合でいえば、戦後、北海道開発庁が発足し、一九五一年にその出先施行機関である北海道開発局が設置されたことによって、かつて北海道庁に一元化されていた事務（土木を含む開発事業）が北海道から分離された。また、農業試験場なども一九五〇年、国と北海道に分離された。戦前の北海道庁の活動を総覧しようとする場合には、国の機関となったところの文書も、あわせて見ておく必要がある。また、右のような機構や事務の分離ではなくとも、地域の歴史的資料を総合的に後世に伝えようとする場合には、都道府県の文書と国の文書とを連関させて保存する必要がある。北海道では、戦前、御料林が、林野の一六・四％（一九四五年現在）を占めており、現在の営林局関係の文書も、道の文書と連関させて保存される必要があろう。すでに営林局の地方出先機関の一部の文書が北海道立文書館に収蔵されている（北海道立文書館編『利用の手引』一九八八年〈第二版〉参照）。

もし、他の機関の文書であっても、文書館がその機関の文書を収集する責務があって、引継移管が制度化されているような場合は、当然、本章の対象である。例えば、フランスの文書館のように、中央集権的に文書館行政が行われているため、県の文書館が県庁文書だけではなく、裁判所・郵便局・税関などの政府機関の文書も引継ぐこととなっているような場合である（拙稿「欧羅巴文書館疾走記　一九八一年」（北海道総務部行政資料課編『赤れんが』第七四号、一九八二年十二月、所収）。

（14）　文書館が設置の目的を果たすための第一の機能として『記録遺産を守るために――公文書館法の意義と今後の課題――』では次のように述べている。

「第一は学術文化的な機能である。文書館、公文書館の対象資料は、それぞれの時代を背景にその地域の人々の生活や歩みを反映する歴史的な資料として、また、地域学習や地域研究のための素材となるべき資料として提供される。そういった資料が活用されることによって、文書館、公文書館は、地域に関する情報センターとして、地域の学術文化や教育の発展に寄与することができるのである」（同書、二五頁）

（15）　註（10）、『公文書と公文書館』三二―三三頁。

（16）　註（1）、岩上編著前掲書、一一九―一二〇頁、所収、公文書館法の趣旨説明を参照。

なお、荒井達夫（参議院法制局）の法令解釈「公文書館法の解釈の要旨」（『法令解説資料総覧』七四号、第一法規、一九八八年）で、「「その他の記録」には古書・古文書とその他私文書も含まれることになるが、それは本法の究極の目的が、国及び地方公共団体が歴史を継続的に後代に伝えるという将来を指向するものであり、そのためには公務員がその職務を遂行する過程で作成する記録を保存していくことが極めて重要であるが、それを補完する資料としてそれらが有用であると考えられるためである」（五五頁）として、「古」文書保存の意義が公文書の補完的機能にあるとしているが、かかる限定は、「公文書館法」立法の趣旨ではない。

（17）　今井実著『文書実務（地方公務員新研修選書、一八）』（学陽書房、一九八〇年）九頁。

（18）　註（5）、『文書事務の手引』二二頁。

第二節　引継移管方法について

一　引継移管の諸前提

各文書館の公文書の引継移管にかかる諸規程を見るにあたって、その態様を特色づけるいくつかの前提について触れる必要があろう。

まず、文書館そのものの設置形態について述べておくこととしたい。わが国の文書館は、設置の契機が多様であり、また運営の形態も一様ではない。文書館が独立した組織ではなく、図書館に併置され、その一部局（神奈川県立文化資料館）となっている場合があり、図書館・博物館的施設との複合館（福島県文化センター歴史資料館、茨城県立歴史館、岐阜県歴史資料館、京都府立総合資料館など）となっている場合もある。また設置主体が県であっても、運営を財団に委託している例（福島県、茨城県など）もある。地方自治体内での所管も知事・市長部局があり、また教育委員会所管の館もある。さらには、近年、普及しつつある情報公開制度との関連で、これを館業務に取り込むところもある。また、「現用」[1]（「公文書館法」第二条）を含めて公文書を取り扱う文書館があり、「現用」を除いた歴史資料としての公文書のみを取扱う館もある。これによって、当然、引継移管の形態が異なってくる[2]。このうち、情報公開制度と文書館との関連についていえば、次のようなことになる。

情報公開制度は、国や地方自治体が公文書など情報を国民、住民に公開する制度である。情報の開示を請求する権利を国民・住民に認め、その開示を国や地方自治体に義務づける制度であって、その目的は、行政の民主化と国民、住民の行政への参加とを目指すところにある。情報公開は、歴史資料の保存を目的としているわけではないが、取り扱う主な対象が公文書であるため、文書館の業務との接点が生ずる。[3] 地方自治体の中には文書館を情報公開のための「統一的な窓口機能」（広島市公文書館[4]）としているところ、あるいはその一つとして位置づけているところもある（富山県公文書館[5]）。文書館の所蔵文書が情報公開の対象となるか、また文書館そのものが情報公開の主務課となるかによっては、文書館へ引継移管される公文書の範囲に、おのおの差異が生ずる。

次に、文書館と各機関の保存文書書庫を管理する文書主管課との関係が、引継移管の形態を規定する点に触れておこう。

現代の公文書は、前節二項で述べたように、「現用」の文書である間は、「文書管理規程」「文書編集保存規程」などによって管理されており、それから文書館に引継移管がなされる。いわば、文書管理規程の支配下にある保存文書が、文書館の支配下に移って本章でいう「公文書」となるのである。

一般に、「古」文書などを文書館が収集する場合には、文書館に寄贈・寄託（時には売却）したいという所蔵者の意思と、それを必要とする文書館の意向とが一致すれば、文書の収集がなされる。しかし、公文書の場合は主務課（それぞれの事務を担当する課）と文書館とが直接交渉して授受する場合もあるが、収集が文書保存管理制度の中で行われている場合には、この間に、保存文書書庫を管理する文書主管課が介在して引継移管を行うのが一般的である。この書庫には、各主務課では当面使用しなくなった、永年・一〇年・五年保存などの文書を保存しており、ここに集積された公文書が文書館に引継移管される。

文書主管課は、文書課・総務課あるいは法制文書課（大阪府）などと呼ばれているが、通常文書管理事務を総括する課でもある。北海道（知事部局）の場合は総務部文書課がこれにあたり、文書管理事務を統括するほか、本庁における保存文書書庫を管理する組織となっている（「北海道文書編集保存規程」第三五条。各支庁では、書庫の管理は総務課が担当し、その他の出先機関等ではその代表課が担当している）。この文書主管課が文書保存にどのような役割を果たすか、文書館との関係はどうか、また、書庫には公文書がどのように引継がれ保存され、文書館に引継移管されるに至るかによって、各県・各館各様の特色が生まれてくる。

以上のことを踏まえつつ、国、都道府県および若干の市の文書館について、各館の引継移管が例規上どのように定められているかを、表5-1にまとめてみた。表には、各館について文書館を所管する部局、公文書が文書館の資料となった時の呼称、引継移管にあたっての例規上の取り扱い、情報公開制度との関連などを示した。いずれも各県の文書管理規程、文書事務の手引、各館の要覧・紀要その他の例規などに依拠してまとめたが、なかには事実関係をそれぞれの館に照会し確認したところもある。表中では、各館を三大別して類型化した。このうちA類型は「現用」を終えた文書を廃棄後引継ぐとしている例、B類型は廃棄文書のほか一定年限を経た永年保存文書の引継移管を受けることが明示されている例、C類型は文書館が上記A・B類型の機能のほか、文書主管課の保存文書書庫の機能をもあわせて担っている例である。各類型は、さらにいくつかのケースに細分することができる。(6)

二　引継移管の類型(一)——A廃棄文書の引継移管のみの例——

文書館としては、評価選別の対象となる公文書をいかに把握するか、文書館の立場で評価選別する機会をいかに確保するかが課題である。(7)すなわち、理念的には文書館がすべての保存文書に対して評価をし選別を行うこと、選別した文書が必ず文書館に引継がれることが求められる。これを制度化する場合、わが国の文書館では保存期間を満了して廃棄される有期限文書と、保存期間を満了してはいない文書や保存期間が満了することのない長期・永年保存文書とでは、その取り扱いを異にしている。このA類型では、保存文書はいずれもいったん廃棄の手続を経たうえで引継移管が行われている。換言すると、これらの文書館では、保存文書が行政上の保存価値が

表 5-1　文書館における公文書の引継移管手続の類型

（○…該当するもの
△…上記に準ずるもの
－…対象とするものがないもの）

No.	館名	所管・運営			文書館の資料としての名称	廃棄文書の引継移管の手続（〈　〉内はその名称）		長期・永年保存文書の引継移管の手続（〈　〉内はその名称）		評価選別の主体	情報公開制度との関連
		知事	教委	その他		有		有			
〈A類型〉廃棄文書の引継のみの例											
〈A-1〉引継移管が規程にないもの											
1	神奈川県立文化資料館		○		歴史的公文書資料	△	〈引渡〉（規程上の根拠がなく覚え書による）	－		（実質的には館）	－
〈A-2〉引継移管が規程に明示されているもの											
2	北海道立文書館	○			文書等	○	〈引渡〉文書館資料とすることが適当と認められるものは，文書館長に引渡さなければならない（文書編集保存規程，教育庁文書処理規程）	－		館（教委文書。知事部局の規程には，明示なし）	－
3	山口県文書館		○		行政文書	○	〈引継〉文書館に引継ぐことが適当と認められるものは，文書館側と協議の上，引継ぐことができる（文書取扱規程）	－		学事文書課（実質的には館）	－
4	大阪府公文書館（府法制文書課分室）	○			歴史的文書資料類等	○	〈引継（知事部局・行政委員会等）〉歴史的文化的価値を有する文書を公文書館に送付する（歴史的文書資料類の収集及び保存に関する規程）	－		法制文書課長（公文書館）	－
5	茨城県立歴史館（茨城県教育財団）			○	廃棄公文書	○	〈引渡〉廃棄文書は原則として歴史館に引渡す（「廃棄する文書の処理方法について」〈文書課長通知〉）	－		館	－

No.	館　　名	所管・運営 知事	教委	その他	文書館の資料としての名称	有	廃棄文書の引継移管の手続(〈　〉内はその名称)	有	長期・永年保存文書の引継移管の手続(〈　〉内はその名称)	評価選別の主体	情報公開制度との関連
〈B類型〉廃棄文書，一定年限後の長期保存文書を引継移管する例											
〈B-1〉長期保存文書を「引継」ぐもの											
6	愛知県公文書館	○			公文書等	○	〈引渡〉公文書館長は歴史的価値あるものと認められる廃棄決定文書を選別しなければならない(文書管理規程，愛知県公文書館公文書等管理規程)	○	〈引渡〉永久保存文書で20年を経過した文書を公文書館に引継ぐ(同規程)	館(廃棄文書)	1986.4.1以降に作成された文書が対象となる
7	千葉県文書館	○			文書館文書	○	〈引継〉保存期間満了文書は文書館が選別して文書課から引継ぐ(文書規程)	○	〈引継〉完結後20年を経過した文書は文書課が文書館に引継ぐ(同規程)	館(廃棄文書)	完結後30年までは情報公開の対象となる
8	岐阜県歴史資料館		○		公文書	○	〈引継〉館長が館に収蔵することを必要と認めた文書は，引継ぐことができる(公文書規程)	○	〈引継〉10年を経過した文書で館において保存することが適当と認められるものは，県総務課長が決めて，引継ぐ(同規程)	館(廃棄文書)，県総務課(廃棄以外の文書。館・主務課と協議)	―
〈B-2〉長期保存文書の「管理委任」を受けるもの											
9	国立公文書館	○(総理府)			公文書等	○	〈送付〉省庁は10年未満で保存期間満了の文書を送付する(連絡会議申合せ)	○	〈移管〉省庁は10年以上経過した文書を移管する。ただし30年以内(同申合せ)	各省庁	―
10	福島県歴史資料館(財団法人福島県文化センター)			○	県庁文書	○	〈引渡〉主務課および文書学事課の判断で歴史資料館に引渡すことができる(文書取扱規程)	○	〈委託〉完結後10年を経過したもののうち，文書学事課長が歴史資料館に収納することが適当と認めるものは主務課と協議のうえ，保存を文化センターに委託できる(同規程)	文書学事課(実質的には館)	―

〈表 5-1 の続き〉

No.	館　名	所管・運営			文書館の資料としての名称	有	廃棄文書の引継移管の手続（〈　〉内はその名称）	有	長期・永年保存文書の引継移管の手続（〈　〉内はその名称）	評価選別の主体	情報公開制度との関連
		知事	教委	その他							
11	栃木県立文書館		○		行政文書	○	〈移管〉資料として価値のある文書は引続き保存し，または適切な施設に移管することができる（県文書取扱規程，教委庶務規程）	○	〈管理委任〉必要と認められる文書は適切な機関に管理を委任できる（県同規程。教委規程になし）。30 年を経過した文書を対象とする（管理委任の方法）	文書館（廃棄文書），文書学事課（廃棄文書以外）	－
12	京都府立総合資料館	○			行政文書	○	〈引渡〉主務課は学術研究資料で公開可能な文書を資料館に引渡す（文書等編さん保存規程）	○	〈移管〉完結後 25 年を経過した保存文書を移管する（同規程）	主務課	－
13	群馬県立文書館		○		行政文書	○	〈管理委任（知事部局）〉〈－（教育委員会）〉知事が適当と認めたもの（県文書管理規程，行政文書管理委員要領）文書館長が特に歴史的価値を有すると認めたもの（教委文書管理規程）は，文書館で保存できる	○	〈管理委任（知事部局）〉〈引継（教育委員会）〉完結後 10 年を経過した文書，10 年未満でも知事が適当と認めたもの（県同規程，同要領），完結後 10 年を経過した永年文書（教委同規程）は文書館で保存できる	館（教委文書）	文書館で閲覧する文書は対象外

〈C 類型〉保存文書書庫業務をも担当する例

〈C -1〉10 年経過後の長期保存文書の管理委任等を受けるもの

No.	館　名	知事	教委	その他	文書館の資料としての名称	有	廃棄文書の引継移管の手続	有	長期・永年保存文書の引継移管の手続	評価選別の主体	情報公開制度との関連
14	埼玉県立文書館		○		行政文書	△	〈－〉（学術歴史上，必要なものを文書館が収集する。規程上の定めがない）	○	〈管理委任（知事部局）〉〈引継（教育委員会）〉文書の担当課は 10 年を経過した長期保存文書の管理委任または引継を行う（文書規程，行政文書の管理委任に関する協議書）	文書館（廃棄文書）県文書課，教委総務課（廃棄文書以外）	長期保存文書が対象となる

〈C -2〉すべての永年文書の引継移管を受けるもの

No.	館　名	知事	教委	その他	文書館の資料としての名称	有	廃棄文書の引継移管の手続	有	長期・永年保存文書の引継移管の手続	評価選別の主体	情報公開制度との関連
15	富山県公文書館	○			公文書等	○	〈移管〉歴史的価値のあるものを選別して保存する（文書管理規程）	○	〈引継〉保存期間 5 年経過後の文書の引継を受ける（長期保存文書を含む。同規程。公文書館は同規程上の書庫の役割を果す）	館（廃棄文書）	保存期間満了前の文書は対象となる

No.	館　名	所管・運営			文書館の資料としての名称	有	廃棄文書の引継移管の手続（〈　〉内はその名称）	有	長期・永年保存文書の引継移管の手続（〈　〉内はその名称）	評価選別の主体	情報公開制度との関連
		知事	教委	その他							
16	藤沢市文書館（館長は保存文書主管課長を兼ねる）	○（市長）			行政文書	○	〈—〉歴史資料として価値があると認められる文書は文書館が収集する（文書取扱規程）	○	〈引継〉永年文書は原則としてすべて文書館に引継がれる（同上規程）	館（廃棄文書）	現用の保存文書のみ対象
17	広島市公文書館	○（市長）			公文書等，歴史資料文書	○	〈引継〉保存期限の経過した歴史的文化的資料は公文書館が保存する（文書取扱規程）	○	〈引継〉①公文書等—永年保存文書は，完結の翌々年度に文書館に引継ぐ ②歴史資料文書—保存期間が30年を経過した文書（同規程）	館（公文書等のうち廃棄文書および歴史資料文書）	歴史資料文書は対象外
〈C-3〉保存期間満了後も期間を延長して保存するもの											
18	東京都公文書館	○			公文書等	○	〈引継〉公文書館長が歴史的文化的資料として引継を求めたものは主務課は引継がなければならない（文書管理規程）	○	〈引継〉長期保存文書は完結の翌々年度公文書館長に引継がなければならない。作成後30年を経過したものは保存価値等を評価し直し，引続き公文書館における保存の可否を決定する（同規程）	館	対象となる

出典）表5-1および5-2に関連する諸例規について，主として次の文献によった。その後の規程等の改正については，できるだけ補ったが，個々の規程等の名称・年次などの表示の掲載は割愛した。

神奈川県立文化資料館編『文化資料館諸則集』（1972年）
北海道立文書館編『北海道立文書館関係規程集』（1986年）
北海道総務部文書課編『文書事務の手引』（第3版，1988年）
山口県文書館編『執務の手引き』（1986年）
大阪府総務部法制文書課編『文書事務の手引』（1984年）
茨城県総務部総務課編『文書事務の手引』（第3次改訂版，1986年）
愛知県編『文書関係例規集』（1986年）
千葉県文書館編『執務の手引』（1989年）
岐阜県総務部総務課編『文書事務の手引』（第4次改訂版，1988年）
国立公文書館編『公文書の集中管理について』（第2版，1977年）
福島県総務部文書学事課編『文書法規事務の手引』（1979年）
栃木県立文書館編『文書館例規集』（1987年）
京都府立総合資料館編『京都府立総合資料館規程集』（1987年）
兵庫県文書課編『文書法制事務の手引』（改訂新版，1987年）
群馬県立文書館編『文書館例規集』（1982年）
埼玉県立文書館編『執務の手引』（1984年）
富山県総務部総務課編『文書管理の手引』（1987年）
藤沢市文書館編『藤沢市文書館紀要』9号（1986年），所収，福原徹「行政文書の保存及び管理業務の現状」
広島市公文書館編『広島市公文書館紀要』第10号（1987年），所収「広島市の情報公開と公文書保存」
川崎市総務局編『情報公開ハンドブック』（1985年）
東京都公文書館編『東京都公文書館要覧』（1973年）

全くなった段階でなければ、引継移管がなされない。

Ａ類型のうち、Ａ-１とした神奈川県立文化資料館の場合は、「神奈川県文書管理規程」によると、保存期間を経過した保存文書はすべて廃棄されることになるが、その中から同館では、これを「歴史的公文書資料選別基準」によって評価選別し引渡を受けている。(8) ただし、この引渡は、特に例規上の根拠があるわけではなく、県と館との覚え書によってなされている、という。文書館への公文書の引継移管が、県の規程に盛り込まれておらず、事実行為として行われているわけで、このような方法は、ほかにも埼玉県立文書館の例があり、初期の山口県文書館でも同様であった。(9)

しかし、Ａ類型の多くの館(県)では、Ａ-２のケースのごとく、文書館への「引渡」「引継」などを行うための規定が、それぞれの文書管理規程に盛り込まれている。次に北海道と山口県の例規の関係部分を掲げておこう。

○北海道文書編集保存規程

（文書館長への引渡し）

第四十一条　第二十九条（第三十二条において準用する場合を含む。）の規定により廃棄の決定をした文書であって、文書館資料とすることが適当と認められるものについては、文書館長に引き渡さなければならない。(10)

○山口県文書取扱規程

（文書館への引継ぎ）

第四十三条　文書取扱主任又は学事文書課長は、その保管又は保存に係る文書のうち、山口県文書館（以下「文書館」という。）に引き継ぐことが適当であると認められるものがあるときは、館長と協議の上、これを文書館に引き継ぐことができる。

北海道の場合、「文書編集保存規程」によって文書館への引渡を義務づけているが、「文書館資料」とすることを「適当」であるとして認める主体が誰であるのかは、同規程に明示していない。もちろん評価選別の実質的な主体は文書館であるが、そのことは明示されていないのみならず、引渡主体が主務課とも文書主管課とも読み取れる文言となっている。知事部局については、引渡すことを判断する主体が明確ではないが、教育委員会の保存文書については、一九八八年に改正された「教育庁文書処理規程」によって、「文書館から引渡すよう依頼のあった文書」は、保存中にその表示を行い、保存期間満了後、「引渡すことが適当でないと認められる文書」以外は文書館に引渡すことになっている。

一方、山口県の場合には、引継が義務規程ではなく、「できる」規程となっている。この場合も、引継を判断する主体は、実質的には文書館であるが、規程上は文書学事課となっている。

A-2のケースも、公文書保存の目的が「歴史的文化的価値」(「大阪府文書管理規程」第三十一条)ある文書を後世に残すことに置かれている。それ以外の目的がないから、行政上の必要を加味して永年保存文書を文書館に取り込むことはない。このため、前述の通り、永年保存文書が「永年」である限り、文書館に引継がれることはない、という問題が残る。

北海道でも、永年保存文書として指定されるのは、「条例・規則その他重要な例規文書の原議」「中央官庁の令達文書で特に重要なもの」を始め、訴訟・不服中立等に関する文書、財産、市町村の廃置分合などの内容を持つ文書である[11]。永年保存文書は、事件・事案が重要であり、あるいは法令の規定によって保存期間を永年と定められているのであるから、容易には廃棄できない文書である。永年保存文書が文書館に引継がれないこととなると、文書館にとっては、所蔵すべき資料の構成上、最も中核となるべき部分が欠落する結果となる。このため、北海道のように保存期間一〇年経過後に、永年保存文書の保存の見直しを行うよう指示するところ、また大阪府のごとく、「法制文書課長は永年文書の保存期間が二五年を経過した時点において、原課の課長と協議して現用文書としての廃棄決定を行う」こととしているところがある[12]。ただどこまで徹底して見直しを行うかが、問題として残るであろう。

いま一つの解決策は、永年保存文書であっても一定期間経過後は、保存場所を文書館に移す方法である。北海道立文書館でもこの方向を検討しつつあるが、それを実現したのが、次項のB類型である。

なお、A-2のケースのうち、大阪府公文書館は、組織上独立の館ではなく、法制文書課の内部組織であるため、文書主管課長である法制文書課長が文書館を所管している。

三　引継移管の類型(二)——B廃棄文書および一定年限後の長期保存文書を引継移管する例——

B類型は、廃棄された有期限保存文書(この場合は一〇年以内保存の文書を意味する)のほかに、長期保存文書および永年保存文書[13]のうち、保存期間が一〇年経過または二〇年ないし四〇年経過の文書を文書館に引継移管するという形態である。この類型も二つに大別される。B-1は、長期・永年保存文書が文書館に単純に引継がれるケースであり、一方、B-2は、文書主管課が文書館に保存文書の「管理委任」「委託」などを行うケースである。いずれのケースも、公文書保存の意義を「資料としての価値」(栃木県文書取扱規程)、「歴史的価値」(愛知県公文書館公文書等管理規程)に置いている。ここでは、愛知県と栃木県の規程から関係の条項を掲げておく。

○愛知県文書管理規程

(公文書館への引継ぎ)

第四十六条の二　文書課長又は主務課長は、その保存する永年保存の文書については、保存の期間が二〇年を経過した後、愛知県公文書館公文書等管理規程(昭和六十一〈一九八六〉年愛知県訓令第一〇号。以下「公文書等管理規程」という。)の定めるところにより愛知県公文書館に引継ぐものとする。

○栃木県文書取扱規程

（保存文書の管理委任）

第六十二条の二　保存文書（出先機関におけるものを除く）のうち、必要と認められるものは、適切な機関にその管理を委任することができる。

（資料としての保存等）

第六十五条　文書学事課長は、保存年限が到来した文書その他保存の必要がなくなった文書で、資料として価値のあるものは、引き続き保存し、又は適切な施設に移管することができる。

右の栃木県の規程でいう「適切な機関」というのが、同県の文書館のことである。

Ｂ類型は、前述の通り永年保存文書のうち、一〇年以上、特に二〇年ないし四〇年という長期の年月を経た文書を、「現用」を終えたものと見なして文書館に引継移管する例であるが、その際、廃棄処分をするのではなく、保存文書でありつつ保存の場所を文書館に移すという方法をとっている。[14] このうち国立公文書館は、移す時期を一〇年以上経過後としているが、あわせて移管完了時期を「作成後三〇年」以内としており、実質上、移管時期が三〇年とみられ、栃木県立文書館も別な定め（一九八六年九月二十五日「公文書の管理委任の方法等」）によって、文書館へ移す時期を三〇年経過後としているので、次項のＣ類型とせずにＢ類型とした。

Ｂ-１のケースでは、文書館に保存文書を移すにあたって、県の文書管理上における館の位置づけからか、文書館への「引継」として処理されている。このうち、愛知県公文書館、千葉県文書館は、いずれも知事部局であり、情報公開制度に関わりの深い公文書館タイプの文書館である。[15] 岐阜県歴史資料館はかつて知事部局であったのが、教育委員会の所管となったものである。同館の公文書は「引継」によって収集する、としているのでＢ-１のケースに含めた。また、岐阜県の場合、「岐阜県公文書規程」第三十八条の四に、

「第一項の保存文書のうち十年を経過した文書で岐阜県歴史資料館（以下「歴史資料館」という。）において保存することを適当と認められるものは、歴史資料館で保存することができる」

としているように、同館への引継は、「できる」規程であり、引継義務規程とはなっていない。また、近年はあまり引継がなされていない、という。したがって文書館への引継が義務規程となっているC類型とは区別して掲げた。

B-2のケースは、福島県のように財団運営の施設に保存を委託する場合であり、また栃木県のように、教育委員会所管の文書館に対して、知事部局が保存文書の管理を委任する場合である。栃木県の場合、知事部局の文書のうち、廃棄文書は「移管」、廃棄文書以外の公文書は「管理委任」となっているが、群馬県の場合は、両方とも「管理委任」となっている。栃木県立文書館は、前述の通り三〇年経過後に引継を行うとしているのに対し、群馬県立文書館は完結後一〇年経過のものの「管理委任」を受けることとしている。B-1の岐阜県の場合と同様、一〇年という短い期間であるため、次項のC類型とも考えられるが、文書管理規程では「委任できる」との定めであったので、C類型とはしなかった。

さて、「管理委任」というのは、「地方自治法」第一八〇条の二の規定、すなわち、

「(事務の委任又は補助執行)

第百八十条の二　普通地方公共団体の長は、その権限に属する事務の一部を、当該普通地方公共団体の委員会又は委員と協議して、普通地方公共団体の委員会、委員会の委員長、委員若しくはこれらの執行機関の事務を補助する職員若しくはこれらの執行機関の管理に属する機関の職員に委任し、又はこれらの執行機関の事務を補助する職員若しくはこれらの執行機関の管理に属する機関の職員をして補助執行させることができる。但し、政令で定める普通地方公共団体の委員会又は委員については、この限りでない」

という定めに根拠が置かれている。(16)これは、「普通地方公共団体の長」(知事、市町村長)に属する保存文書であって、廃棄文書以外の、現に保存文書として管理している文書を、教育委員会の所管の文書館に移すに際して、現在、いくつかの文書館でとられている方法である。(17)文書館の業務にこのような「管理委任」の概念を導入したの

は、次項で触れる埼玉県立文書館であった。

国立公文書館および京都府立総合資料館の場合は、地方自治法第一八〇条の二にいう「管理委任」の範疇に含まれないが、前者は、各省庁が総理府所管の機関に保存文書を移す例であり、後者は知事の承認を経て保存文書を資料館に移す例である。両館の「移管」はともに、B-1の「引継」のケースとは異なると思われるので、B-2の「管理委任」「委託」のケースに加えておいた。あるいは別のケースとして、扱ってよいかもしれない[18]。

四　引継移管の類型(三)——C保存文書書庫業務をも担当する例——

前項までに掲げたA・B類型は、いずれも引継移管をなすべき公文書が「歴史的文化的資料」であった。文書館の設置目的もそれらの保存・利用に置かれていると思われる。これに対しC類型の文書館では、歴史的に意義のある公文書の保存を目的とすることは当然であるが、長期・永年保存文書の収集保存目的にあわせて別の要素が付加されている。すなわち、C類型の文書館では、長期・永年文書のうち、長年月を経てほとんど「現用」の価値を失い、もっぱら歴史的価値のみを持つに至った公文書のほかに、完結直後ないし完結後一〇年程度を経た、いまだ「現用」としての機能が失われていない公文書の引継移管をも受けている。したがってC類型の文書館は、文書主管課の業務の一部である、行政上の目的で文書を保存する、保存文書書庫の機能をも兼ねている。この類型もまた、長期・永年保存文書の管理委任・引継などの方法でそれぞれ特色があるので、三つのケースに分けることとした。

まずC-1のケースは、教育委員会所管の文書館が、知事部局の保存文書の管理委任を受けるケースである。ここに掲げたのは、前述(三項)の管理委任によって保存文書の収集を最初に行った埼玉県立文書館の例である。なお、埼玉県立文書館の場合、長期保存文書の管理委任が規程上、早くから整備されているのに対し、廃棄文書の引継移管については例規的な根拠が存在しない。このため廃棄文書の引継は事実行為としてなされている。

○埼玉県文書規程

（保存文書の管理委任等）

第四十七条　文書課の文庫及び所の文庫において保存している第一種の保存文書のうち必要と認められるものは、埼玉県立文書館長にその管理を委任するものとする。

埼玉県立文書館の場合、前掲B類型の岐阜・群馬両館とともに、長期・永年保存文書が一〇年経過後、すなわち完結後一一年目には文書館に移されることになっている。しかし、埼玉県立文書館の場合は、右の規程で明らかな通り、文書主管課の書庫機能の一部を文書館が担う定めであり、岐阜、群馬の両館と態様を異にするものである。埼玉県立文書館が「管理委任」を受けた文書は、一〇年を経過し「現用」の要素が少なくなったとはいえ、保存の意義が歴史的資料に限定されず、行政上の意義を兼ね備えている。したがってそれらの公文書は、同県の情報公開制度による開示請求の対象となっている。

次にC-2のケースは、一つはC-1のケースよりもさらに短く完結後五年を経過した文書をすべて引継ぐという例で、富山県公文書館の場合である。いま一つは、藤沢市文書館、広島市公文書館などの場合で、これは年限を措定せず、永年文書を含めて引継を受けている例である。いずれにしても、文書館が行政目的の保存文書書庫機能の一部または全部を代行している例である。

○富山県文書管理規程

（公文書館長への引継ぎ）

第五十五条　総務課長及び出先機関の長は、毎年度当初に、その書庫等において保存する永久又は十年の保存期間に係る文書のうち、保存期間開始後五年を経過したものを公文書館長に引き継がなければならない。

○富山県文書管理規程運用方針

1　本条は、本庁の書庫又は出先機関の書庫等の保存文書で、永久又は十年の保存期間のもののうち、保存期間開始後五年を経過したものを公文書館長に引き継ぐことを総務課長及び出先機関の長に、義務付けたものである。

2　公文書館は、文書の保存に関し、二つの役割を持っている。

一つは文書管理規程上の書庫として行政上の利用のために文書を保存する役割であり、他の一つは公の施設として行政上の役割を終えた歴史的価値のある文書を保存し、県民の利用に供する役割である。本条は、前者の書庫としての役割を持つ公文書館長への文書の引継ぎについて定めたものである。

○藤沢市文書取扱規程

（文書の保存管理）

第五十一条　文書の保存管理は、保存文書主管課長が行う。ただし、引継ぎを完了した出先機関の文書については、保存文書主管課長の承認を得て、出先機関で保存することができる。

（保存文書の引継）

第五十二条　各主管課かい長は、製本された文書を保存（廃棄）文書目録（第三十一号様式）を添えて、翌年度八月末までに文書館長（以下「館長」という。）に引き継がなければならない。ただし、第四種に属する文書は、各主務課において保存するものとする。

藤沢市の文書管理規程については、若干の説明が必要であろう。藤沢市の場合は、規程第五十一条の「保存文書主管課長」とは「文書館長」を指している。[19]したがって、保存文書は原則的にすべて文書館長である保存文書主管課長の支配下に置かれることになる（ただし、保存年限一年の第四種は主務課保存）。文書館長は、歴史的資料としての公文書の保存のほか、多くの府県や市町村にある文書課保存文書書庫の管理を担当するという二面性を備えることになる。この場合、廃棄文書をもほぼ文書館の掌握するところとなっている。

広島市公文書館は、従来「歴史的文化的価値のある公文書」を保存する施設であったが、一九八六年に情報公開制度を発足させるにあたって、情報公開の統一的な窓口になるとともに、文書保存の一元的な管理にあたる組織となった。このため、公文書館と各区総務課は文書保存担当課とされた。したがって、同館へは広島市長部局本庁の文書が完結した年度の翌々年度に引継がれ、各区の永年保存文書も保存期間一〇年経過後(有期限の保存文書は保存年限経過後)、それぞれ公文書館に引継がれる。さらに、次の規程によって同館所蔵資料として、新たな性格を付されて引き続き保存される。その判断は、公文書館長の権限となっている。

○広島市文書取扱規程

第四十六条の二　公文書館長は第四十三条の規定により引継ぎを受けた文書であって次の各号に掲げるもので、歴史的・文化的資料として保存価値を有すると認められるものを歴史資料文書として保存するものとする。

(一)永年保存の文書で、保存期間が三十年を経過したもの

(二)保存年限の経過した文書

さてC-3のケースは、同じように文書館が保存文書の書庫となっている東京都公文書館の例である。文書管理規程には次の通りある。

○東京都文書管理規程

(長期保存文書の引継ぎ)

第四十四条　主務課長は、長期保存の文書を、その完結した日の属する年度の翌々年度の初めに、公文書館長に引き継がなければならない。

右の規程の通り、東京都公文書館は行政目的のために価値のある文書を保存するとともに、「歴史的資料としての保存価値」(同規程四八条の三)によっても文書を保存するという両面性を持って、保存の業務にあたっている。(20)

廃棄文書(保存期間満了文書)も同様の趣旨で同館に引き続き保存される。

(文書の廃棄)

第四十八条　公文書館長は、長期保存文書以外の文書で公文書館において保存する必要があると認められるものがある場合には、主務課長にその引継ぎを求めることができる。

東京都公文書館の例をC-2の各館の例から分けたのは、C-2の各館では、行政上保存すべき文書と、文書館固有の歴史的な公文書とを区分していたのに対し、東京都公文書館では、公文書が歴史的資料としてなお保存の必要がある時は、その保存期間を延長して保存し、両者を一体のものとして管理しているからである。

なお、情報公開制度との関連でいえば、C類型の各館は、いずれも保存文書の書庫として機能していることから、保存期間満了以前の公文書については、文書館の資料であっても開示請求の対象となっている。

五　小　括

以上、各文書館における公文書の引継移管の方法を三類型七ケースに分けて、それぞれの特色を紹介した。わが国の文書館は、ここに見るように多様な公文書の引継移管方法があり、今後、新たに設置される文書館によって、さらに、別の類型・ケースが生じてくるであろう。今後、どの類型がわが国文書館の公文書引継移管方法として大勢を占めるか、見定めがたい。ただ、各館の例を見ると、およそ次の点が課題となっていることがわかる。

①主務課から文書主管課に至る文書保存管理事務の流れの中に、文書館が位置づけられ、そのことが文書管理規程に明示されること。

②文書館への引継移管が主務課・文書主管課の義務として文書管理規程に明示されること。

③保存文書が廃棄される状況を、文書館がつねに掌握できること。

④文書館が、保存文書の廃棄に先立って評価選別できる機会を確保すること。
⑤評価選別は、文書館の主体性で行い得ること。
⑥文書館は、廃棄文書だけではなく長期・永年保存文書をも評価選別の対象となし得ること(体系的な収集をなし得る制度を確立すること)。
⑦文書館を所管する部局以外の文書をも引継移管をなし得ること。
⑧行政目的の文書保存管理事務の中に、文書館が一定の役割を果たすこと(例えば、保存文書書庫の機能の一部を担うことによって、保存文書全体を把握し、その中から歴史的資料としての公文書を後世のために確保しようとする方法をとることも一つの選択であろう)。

以上の諸点は、現在、わが国の文書館がそれぞれ模索している方向ではないかと思う。そして、右のような課題が存在するというのは、わが国の文書館制度が揺籃期にあって、公文書を歴史資料として保存する意義やこれを行う文書館に対する認識が、国や地方自治体の中でいまだ定着していないためであろう。そのような中で、文書館が公文書の引継移管をなし評価選別をするための制度を確立する必要性を考える時、文書保存管理事務全般への文書館の権限の及び方と、それを実現する施設・設備の充実が問題となろう[21]。それらの点について、欧米の三つのケースを簡単に紹介して、この節を終えることとしたい。

まず、アメリカ合衆国連邦政府の場合である。連邦公文書館(National Archives and Records Service)は、各省庁原局の公文書を、各局文書主管課に引継ぐが、そこには保存文書書庫がなく、文書館組織の一環である記録センター(全米一三か所)に移管される。この記録センターが、いわゆる中間庫と見られるものであって、ここで永久保存の可否を評価し、選別した公文書を公文書館に移すことになる[22]。

アメリカ合衆国の州政府レベルの文書館は詳らかではないが、イギリスのイースト・サセックス州(East Sussex Record Office)の場合については、安藤正人によって紹介されている[23]。ここでは、三次にわたって選別を繰り返し、最終的に文書館に永久保存される公文書が決定する。三次の保存見直しというのは、まず主務課で従来から保存不要とされている型式的な公文書(routine records)が廃棄される。次いで、公文書はレコード・センターに移され、七年目に第一段階(1st review)の見直し(評価選別。reviewing)が、行政的価値から行われ、不要なものは廃棄される。第二段階(2nd review)では、二五年目に行政的価値と歴史的価値の両側面から保存の見直しがされる。ここで残った公文書が永久保存とされて文書館に引継移管される。イギリス政府の場合は、各省庁での第一段階が文書完結後五年で行政的・歴史的見地から行われ、完結後二五年で国立公文書館(Public Record Office. わが国では「公記録保存所」と訳されることが多い)に移すことの可否を決める。

各省庁または各部の文書室で最初の「見直し」がされ、次いで文書館が評価選別をするという方法は、ロンドン市の文書館(Greater London Record Office and History Library)でも同様である。同館には、近代文書部(Modern Official Records)があって、その責任者(Record Keeper)のもとに庁内各部の記録保存官(Department Record Officer)がおり、それぞれの文書室(Record Room)を管理している。[24] この文書室が中間庫というべき施設であって、文書館の指導監督のもとに、時間をかけて公文書の評価選別を行っている。

一方、フランスの文書館の場合であるが、ここでは文書館行政は中央と地方とが一元的に行われており、フランス公文書局・国立文書館(Direction Archives de France Archives Nationales)が指示する統一的なリストによって各省庁から、また各県から、公文書が移される。文書館では、ごく軽易な公文書を除き主務課が作成したリストによって評価選別し、永久に保存すべき公文書を決定するのである。[25]

右に挙げた三か国の例は、それぞれ引継移管の形態を異にしているが、いずれも文書の保存管理事務の流れを文書館が制御し、その管理のもとに永久保存の決定が行われている。公文書の公開時期を判断するのは各主務課であるとしても、何が歴史資料であるかを判断し得るのは主務課ではなく、文書館である。外国の例を理想とするかどうかは別として、公文書を歴史資料として評価選別する主体が文書館であることについては、右の各国の例に共通しており、かつそれが確立しているものと考えられる。

(1) 保存文書として行政上の価値があり文書館に引継移管するには至らない状態を、「公文書館法」第二条では「現用」という文言で表している。「現用」という語は、文書館界では広く使用されていたが、同法によってはじめて法律用語になったといわれる。「現用」の定義について、総理府の行った有権解釈である「公文書館法の解釈の要旨」(一九八八年六月一日)では、「「現用」とは、国又は地方公共団体の機関がその事務を処理する上で利用している状態にあることをいい、頻度が低い場合でも本来的な使用がなされていれば、これに該当する。したがって、「現用」であるかどうかの判断は当該国又は地方公共団体の機関が行うことになる」としている。

しかし、文書館に移る公文書がすべて「現用」ではなくなっているもの、とすれば、表5-1のC類型のごとく、「現用」でありつつ文書館で収蔵する場合はどうなるのであろうか。文書館界では、「現用」ではない公文書を「非現用」と称することがあるが、さらに「半現用」との概念も提示されている(例えば、第一節註(1)、『記録遺産を守るために――公文書館法の意義と今後の課題――』二七頁)。いずれにしても、文書館が収蔵すべき公文書を、「現用を除く」ものとする「公文書館法」の規定では、現状を包摂していないのではなかろうか。「現用」文書とは、どのような状態のものを指すのであるか、その取り扱われ方について立ち入った論議が必要であろう。「現用」なる語が、「公文書館法」の概念では包摂しきれない面が少なくないと思われるので、本章では、現用にかぎ括弧(「 」)を付して用いた。

(2) わが国文書館の設置形態については、例えば、「全国の公文書館および類似機関の設置状況」(第一節註(1)、岩上編著前掲書、所収)二九八頁、「内外の文書館と道立文書館」(北海道立文書館編『北海道の歴史と文書』一九八五年、所収)八〇頁以下、参照。

(3) 情報公開制度は、近年、急速に各地方自治体で普及しつつある。北海道の情報公開については、その概念を次のように規定している。

「情報公開制度は、公文書等について住民に開示を請求する権利を認め、行政機関等に開示を義務づけることにより、行政機関等が保有する情報を住民が必要なときに入手できるよう制度的に保障するものである」(北海道編『情報公開制度基本計画』、一九八五年)

(4) 「広島市の情報公開と公文書保存」(『広島市公文書館紀要』第一〇号、所収)一二一頁以下。

（5）「富山県公文書開示事務実施要綱」（『富山県公文書館年報』第一号、所収）。

（6）わが国文書館の業務・施設についての調査は、各館の設置構想立案の段階でたびたび行われている。その中で本章の主題である引継移管及び収集基準についても触れられている。例えば、①北海道総務部編『文書館に関する調査報告書』（一九七八年）、②［大阪府］公文書館問題専門家研究会編『行政情報センターの実現と歴史資料の保存のために――大阪府公文書館の基本構想についての提言――』（一九八三年）、③神奈川県編『公文書等の資料管理に関する報告書』（一九八六年）、などである。ただ、本章の主題に関していえば、それぞれ調査の視点を異にするので、文書館資料としての名称、引継移管の手続などについて、全面的にそれらに依拠することが難しい。表5-1は、それらを参考としつつ、独自の判断によって作成した。

（7）公文書の引継移管を制度的に保障する方法については、各館各様にこれを模索してきた。例えば、山口県文書館での経過については、広田暢久「より良き文書館実現のための留意点について」（文書館設立推進協議会編『徳島県立文書館設立運動の歩み』一九八八年、所収）がある。

（8）註（6）③、神奈川県編前掲書、五頁。神奈川県でも新たに公文書館の設立構想が立てられつつある。

（9）註（7）、広田前掲論文、二四―二五頁。

（10）「北海道文書編集保存規程」第二九条の規定とは、主務課での保存期間が満了した文書、第三二条は永年保存文書も、それぞれ保存の必要がないと認めて廃棄することができる、という規定である。

（11）「北海道文書編集保存規程」第三条(一)。永年文書の対象となる簿冊については、第三節註（13）、参照。

（12）「北海道文書編集保存規程の施行について」（一九八五年二月二十五日、文書第七七号、総務部長通達）、一九。大阪府の場合は、「歴史的文書資料類の収集及び保存に関する規程の解釈」(二)ア(イ)によっている。ただし、現在は永年保存文書の完結後二五年後の見直しは行っていないという。

（13）「永年保存文書」は必ずしも「永久保存」の意ではない、といわれる。例えば次のような定めである。「「永年」とは、一〇年を超えることを意味するものであること。したがって、「保存期間が永年の文書」とは、永久に保存しなければならない文書のことを意味するものではないこと」（註（12）、前掲通達、三(一)）

（14）「公文書等の国立公文書館への移管及び国立公文書館における公開措置の促進について」（一九八〇年十二月二十五日付、各省庁連絡会議申合せ）。

（15）Ｂ-１のケースでは、永年保存文書の場合であっても、「引継」として文書館に移される。その理由は詳らかではないが、愛知県、千葉県とも公文書館タイプの文書館（千葉県は「もんじょかん」と称さずあえて「ぶんしょかん」と呼ばせている）であって、公文書の保存が主目的であるからであろうか。第一節註（1）、『記録遺産を守るために――公文書館法の意義と今後の課題――』では、「引継ぎ」について次のごとくに説明している。
「(1)引継ぎ
文書館が知事・市長部局等の所管にある場合は、知事・市長部局等の文書については、「規程」を改定し、「～は文書館に引き継ぐ。」と規定しておくことにより、公文書は文書館に引継ぐことが可能となる。文書館が教育委員会の所管の場合は、教育委員会の文書がこれにあたる」(三三頁)

(16) 事務の委任を教育委員会から知事・市長部局へ行う場合は、同様に「地方自治法」第一八〇条の七に基づいて行うことができる。

(17) 第一節註(1)、『記録遺産を守るために――公文書館法の意義と今後の課題――』第二部二章、1・1「公文書の受入れ」。

(18) 表5-1に掲げた限りB-1のケースでは、岐阜県の場合を除き県の文書管理規程によって、文書館への「引継」「引渡」などを主務課・文書主管課に義務づけている。これに対しB-2のケースでは、「できる」規定となっている県がある。これは、文書館が知事部局の所管となっている場合には、県の規程によって義務づけることが可能であるのに対し、教育委員会所管の文書館の場合には、県の規程では義務づけができないためであろうか。

(19) 第一節註(12)⑧、福原前掲論文、八頁。

(20) 「東京都文書管理規程」第三六条は、「主務課長は当該課において常時利用する必要があると認める文書を、常用文書として指定することができる」としており、常用文書である限り東京都公文書館に引継がれることはない。ただし、この「常用」の概念が、東京都における「現用」の文書を意味するかどうか詳らかではない。東京都公文書館が引継を受ける公文書には「公文書館法」でいう現用文書が含まれていることにはならないだろうか。

(21) 保存文書管理事務全般への関与が文書館にとって必要であるとの視点から、保存文書の発生から廃棄までの流れを「文書・記録のライフ・サイクル」と名づけ、その中に文書館を位置づけるという主張がある。例えば、第一節註(11)、ICA Mission受入実行委員会編『記録管理と文書館』所収、マイケル・ローパー「記録のライフ・サイクル」およびその影響のもとに記述された第一節註(1)、『記録遺産を守るために――公文書館法の意義と今後の課題――』二六頁以下など。ただ、「ライフ・サイクル」という語がまだなじみにくいので、ここでは、「文書保存管理事務」という語で表してみた。

(22) アメリカ合衆国連邦公文書館についての紹介は多数あるが、公文書の引継移管については、総理府官房総務課編『アメリカ合衆国の国立公文書館及び公文書の取扱い等について(公文書保存制度等調査連絡会議資料、第一〇号)』などがある。近年の紹介としては、第一節註(12)⑩、小川前掲論文、同⑬、小林前掲論文、一三頁以下を参照。

(23) イースト・サセックス州立文書館については、第一節註(12)⑨、大藤・安藤共著前掲書、一五頁以下参照。
(24) 第一節註(13)、拙稿、二四頁以下。
(25) 同前。フランスの県立文書館の事例としてセーヌ・マルティム県文書館(Archives de la Seine-Maritime)の引継移管方法を紹介している。

第三節　収集基準の構成と適用について

一　収集基準の制定

公文書の引継移管にあたって、その手続きを確立することについては、前節で述べたが、同時に文書館がそれを行う主体性もまた確立されるべきである、との点についても触れた。公文書の引継移管の場合、文書館の主体性は、何を収集すべきかとの評価選別の判断を行う時に発揮される。その際、評価選別の判断の基準を、多くの館では、これを収集基準として成文化している。本節では、各館の収集基準を紹介し、その考え方に触れていこうと思う。(1)

文書館が公文書を永久保存のために評価選別する必要があるのは、文書館の収蔵能力(施設のみならず人および予算において)に限界があり、保存文書のすべてを残すわけにはいかないからである。一年間に各機関で作成される公文書はそれぞれに膨大な量である。いずれも概算であるが、イギリスの政府機関の場合は、書架延長で毎年一〇〇マイル(2)(約一六〇キロメートル)、あるいは二〇〇マイルとも推定されている。(3)わが国の都道府県の例でも、東京都の一九八五年の調査では、書庫配架の全長一万六、七五二メートル(一冊あたり六センチメートルとすれば、約二七万九、〇〇〇冊分)と計算され、[4]北海道でも一九八〇年の調査(行政資料課調査)の推定値が一八万冊(うち本庁分五万冊)を数えている。

評価選別の結果、公文書の一部分は文書館によって収集され、大部分の公文書は廃棄となる。このため、時としてすべての文書を残すべきであるとの論議が起こるが、それは現実に作成される文書の量をかえりみない意見であろう。[5]

ところで、公文書の評価選別を行うのに際し、成文化された収集基準が必要欠くべからざるものかというと、必ずしもそうではない。収集基準がなくとも、文書館の専門職員であるアーキビスト(archivist)[6]が評価選別を行うことができないわけではない。しかしながら、もしアーキビストが収集に対する考え方の根拠や見識なしに公文書の保存を行ったならば、恣意的に保存をはかったことになり、別の職員、次の時代の手に移った時に、かえってその公文書の保存を危うくし、歴史的資料としての永続的な保存を難しくするであろう。このためアーキビストの判断を、いささかでも客観化しようとする試みが、この収集基準の制定となって現れている。[7]

すべての公文書を残すとなれば、収集基準はもとより不必要であるが、公文書の一部を残す場合には何らかの収集基準が必要であることから、その構成、適用の仕方等々が論議の対象となる。しかし、引継移管の手続と同様、収集基準についても各館の実態は多様なものがある。本節では、収集基準を構成するいくつかの要素ごとに、各館の例を紹介することにしたい。

二　収集基準の構成

各館の収集基準を見ると、収集すべき対象を、五、六から二〇ほどの項目のものにまとめている部分がある。これがある館では収集基準そのものとなり、あるいは収集基準の中核部分となっている。これを、収集基準の「大綱」としておこう。また、「大綱」とは別に、館によっては収集にあたっての一般的な態度、原則・視点などを掲げている場合がある(以下、これを「原則・視点」としておこう)。各館の収集基準は、この「原則・視点」と「大綱」の組合せ、または「大綱」単独のいずれかの構成となっている。館によっては、さらに大綱の細目として、収集対象を「例示」して示している場合、収集にあたっての「留意事項」を付している場合、さらに収集対象から除外する文書であることを指示する「対象除外条項」を掲げている場合がある。このような「原則・視点」「大綱」「対象の例示」「留意事項」「対象除外条項」についてまとめたのが表5－2である。

この表には、前節で取り上げた文書館のうち、いまのところ収集基準を成文化していないという、福島県、栃木県、富山県の各館を除いている。なお、収集基準は文書館職員の判断のためか、あるいは主務課などに示してその職員が行う評価選別に資するためのものであるか、に分かれる。多くの場合は前者で、千葉県文書館・国立公文書館、兵庫県県政資料館の場合は、国および県の主務課の評価選別に供するための基準である。しかし「大綱」に限っていえば、両者を分けて紹介しなければならないほどの著しい差異は認められない。

また、収集基準が永年保存文書を含むすべての保存文書を対象とする場合と、有期限の廃棄文書のみを対象とする場合とがある。廃棄文書のみを対象としているのは、大阪府、愛知県、千葉県、京都府、埼玉県、藤沢市、川崎市、東京都の各館である。しかし、内容的にほかと特に区分すべきところは見当たらない。ただ、京都府立総合資料館の五か条、千葉県文書館の七か条のように簡略にとどめているところや、有期限文書を対象としているためか各項目の文言の中に「重要なもの」との挿入がないものもある。しかし、一方では永年保存文書を含めている場合でも、「大綱」が簡略な例(岐阜県歴史資料館)があり、有期限の廃棄文書に対しても、「重要条項」を含む例(大阪府公文書館)もあって一様ではない(8)。

「原則・視点」と「大綱」とは、厳密に区別をつけがたいけれども、それぞれ別のものとして掲げられており、前者(例えば茨城県立歴史館などのごとく「大綱」「留意事項」としているが、内容的には「原則・視点」として

表 5-2　文書館における収集基準の形態

○＝該当するもの

No.	館　名	収集基準を使用する主体		廃棄文書を対象とした基準	収集基準の構成					収集基準の名称
		館	主務課等		原則・視点	大綱(項目数)	対象の例示	留意事項	対象除外条項	
1	神奈川県立文化資料館	○				⑪				歴史的公文書資料選別基準
2	北海道立文書館	○			○	⑪		○	○	文書館資料収集基準
3	山口県文書館	○				⑪			○	行政文書収集の基準
4	大阪府公文書館	○		○		⑰	○			歴史的文書資料類の評価基準。評価基準に基づく文書資料の例示
5	茨城県立歴史館	○			(大綱)○	㉓				収集基準
6	愛知県公文書館	○		○		⑰				廃棄決定文書収集基準
7	千葉県文書館		○	○		⑦				廃棄公文書の収集基準
8	国立公文書館		○			⑬	○	○		移管の対象となる公文書等の種類表3(ほかに表4の4項目がある)
9	京都府立総合資料館	○		○		⑤				原則として収集する文書
10	兵庫県公館県政資料館		○			㉑				歴史的文化的価値を有する文書等の評価基準
11	埼玉県立文書館	○		○	○	⑩		○		行政文書の収集基準
12	群馬県立文書館	○			○	⑭	○			行政文書収集基準表
13	岐阜県歴史資料館	○				⑤				選別基準
14	藤沢市文書館	○		○		⑩				行政文書(資料)の受入れ収集基準
15	広島市公文書館	○			○	⑧			○	公文書収集方針
16	川崎市公文書館	○		○	○	⑰			○	川崎市公文書館に保存する行政文書の収集基準
17	東京都公文書館	○		○		⑯	○	○		公文書等の収集基準実施細目

扱うべきものがあるので、それらを含む）の場合は、「大綱」を適用して評価選別するにあたって、その原則的な考え方や方向性の指示を行うものといってよいであろう。また、「留意事項」は、「大綱」の適用にあたっての細目や作業心得などである。

ちなみに、「原則・視点」「大綱」「留意事項」が混然となったものの例として、かつて「山口県文書館五原則」なる公文書の収集基準があったので紹介しておこう。これは、同館で慣習的に用いられていた基準で、わが国文書館界草創期の所産といえよう。

○山口県文書館五原則

㈠　人事関係の史料は収集する。

㈡　土地関係の史料は収集する。

㈢　一件記録は収集する。

㈣　大部の関連史料は中心部課のものを収集する。

㈤　必ず二人以上で収集作業を行ない。取捨に迷うものは相談する。二人の意見が違っても、一人が収集すべきだという史料は収集する。

この五原則は、同館の実務の中から生みだされた経験則であったが、特に第五項が特色となっている。すなわち、各課に出向いて文書を評価選別する時には、複数の職員で相談して決定し、意見の相違を見る時は判断を留保し、意見の一致を見るまでの間、保存しておくというのである。(9) この方法は、のちにわが国文書館の草創期における各館の評価選別業務に少なからぬ示唆を与えたものと思う。

三　収集基準の「原則・視点」の例

「原則・視点」として掲げている例として、茨城県立歴史館の「収集基準」のうち「収集基準の大綱」(「大綱」とあるが本章でいう「原則・視点」に相当する)、広島市公文書館の「公文書等収集方針」のうち「収集の基本方針」、北海道立文書館の基準のうち、「文書館資料の収集に関する留意事項」の最初の部分である「共通の留意事項」を紹介しよう。(10)

○［茨城県立歴史館］収集基準

一　収集基準の大綱

県政および県民生活の推移を歴史的にあとずけられるような文書・刊行物を収集すること

㈠　戦時体制下の県行財政が、地方自治法下のそれへどのように改変・再編されていったか、その過程を示すもの

㈡　地方自治法下の行財政の推移と実態を示すもの

㈢　戦前の農村・農業が、現在のそれに変貌するまでの過程を示すもの

㈣　鉱工業の推移とそれが県民生活にどのような影響を与えているかを示すもの

㈤　商業・水産業・林業等の推移と従事者の生活の変化を示すもの

㈥　学校教育・社会教育の推移を知りうるもの

㈦　総合開発計画と地域開発の構想と実施、およびその実施が県民生活にどのような変化をもたらしているか、を示すもの

○［広島市公文書館］公文書等収集方針

一　収集の基本方針
㈠　市が行政事務遂行上参考となる公文書等を収集する。
㈡　市民が行政に参加し又は行政の方向について知るため必要とする公文書等を収集する。
㈢　市民生活を保護のため必要とする公文書等を収集する。
㈣　学術調査研究資料として価値のある公文書等を収集する。

○［北海道立文書館］文書館資料の収集に関する留意事項

「文書館資料収集基準」の適用に当たってけ、次の事項に留意して行うものとする。

第一　共通の留意事項
一　全道的な状況を把握し得るもの及び地域的な特色が明らかとなるものを収集する。
二　一群のものとして保存されている文書及び刊行物等は、務めて一括して収集する。
三　個々には、軽易にみえるものであっても、長期に継続して保存することによって、政治、経済、文化、生活等の推移を明らかにできるものは収集する。
四　文書の残存が少ない時代のものは、希少性に留意して収集する。
五　その他、将来、歴史的資料として有用と考えられるものを収集する。

ここに掲げたように、「原則・視点」には、「改変の推移」「発展過程の全容」「全道的状況の把握」「地域的特色」「行政上の参考、市民参加」「行政の方向を知る」等々が挙げられ、原則的な考え方や評価選別する側の姿勢・方向性などが示されている。なお、群馬県立文書館の「収集基準表」に付された「観点」五項目は、岐阜県歴史資料館の「大綱」によく似ており、「大綱」とも思えるが、同館の収集基準表にある「区分」が、本章の「大綱」の範疇であると見られるので、同館の「観点」は「原則・視点」として取り扱った。(11)

四　収集基準「大綱」の例

「大綱」の例としては、まず岐阜県歴史資料館の「選別基準」とともに最も短い五項目よりなる京都府立総合資料館のものと、最も長い二三項目の茨城県立歴史館のもの、および中間的な北海道立文書館、国立公文書館が各省庁に示した「移管の対象となる公文書等の例」[12]（表三の分）を掲げておこう。

○［京都府立総合資料館］原則として収集する文書

一　府の重点施策、あるいは特別の事件に関するもの

二　例規、通達類

三　社会情勢、事件を反映する内容に関するもの

四　復命書綴

五　永年文書の補完的な資料となるもの

○［茨城県立歴史館］収集基準

二　収集する文書

(一)　条例、規則及び訓令の制定・改廃に関する文書並びに告示に関する文書

(二)　県議会議案、県議会報告書及び県議会会議結果(速記録等)並びに条例及び予算の議決に関する文書

(三)　県行政の総合計画にかかる各課(部)の起案文書

(四)　通知、催告、申請、届出、報告及び進達に関する文書で将来の例証となる特に重要なもの

(五)　諮問、答申等に関する文書

(六)　許可、認可、免許、承認、取消等の行政処分に関する文書

(七)　地方公営企業管理者、行政委員会の委員及び監査委員並びに附属機関の委員の任免に関する文書
(八)　知事、副知事及び出納長の事務引継書
(九)　叙位、叙勲及びほう章に関する文書(秘書課及び世話課の所学に限る)
(一〇)　県有財産の取得並びに処分管理に関する文書(設計に関するものを含む)
(一一)　県又は市町村の行政区画の変更、廃置分合に関する文書
(一二)　県行政の沿革に関する文書(部、課(所)等の設置又は廃止に関するもの)
(一三)　調査、試験研究に関する文書、統計表、年報の類
(一四)　各部課の重要な事業の計画及び実施に関する文書
(一五)　損失、補償及び損害賠償に関する文書
(一六)　職員の服務に関する文書で重要なもの(人事課所管に限る)
(一七)　公務災害補償の認定に関する文書
(一八)　各省庁から各部課への通達のうち重要なもの
(一九)　部長(課長、場長、所長)の事務引継文書
(二〇)　行政上の助言、勧告及び指導に関する文書
(二一)　人事異動内申書、昇格推せん調書、特別昇格推せん調書
(二二)　重要な講習会及び会議に関する文書
(二三)　監査及び検査に関する文書

○［北海道立文書館］文書館資料収集基準

北海道の歴史に関する文書、記録等文書館資料の収集に当たっては、体系的に行うものとし、次の基準によ
る。

第一　公文書
一　道関係機関の文書
知事部局、企業局、各種委員会（監査委員を含む。）、議会等（それぞれの前身となる機関を含む。）を出所とする文書については、次に掲げるものを収集する。
㈠　知事部局の文書
ア　道政の主要な施策及び事業に関するもの
イ　例規等及び各種制度の新設、改廃に関するもの
ウ　道の財政状況等に関するもの
エ　道の組織、機構の変遷又は営造物等の設置、改廃に関するもの
オ　道民（個人、団体、法人等）の意向及び動向に関するもの
カ　主要な調査及び統計に関するもの
キ　道有財産等の取得、管理、処分に関するもの
ク　行政処分及び道民の権利義務に関するもの
ケ　主要な行事、事件、災害等に関するもの
コ　北海道の沿革に関するものなど、将来の参考又は例証となるもの
サ　その他、学術研究上、保存の価値があると認められるもの
㈡　知事部局以外の文書
知事部局の文書に準じて収集する。
○［国立公文書館］移管の対象となる公文書等の種類
・表三、行政機関の組織、政策、実施等に関する公文書等―移管の対象となる公文書等の例

①閣議関係文書
②大臣決裁等各省庁の局長及びその相当職以上の決裁を得た公文書等並びに課長及びその相当職の決裁、閲覧等を得たもののうち重要なもの
③政務及び事務次官会議関係資料
④大臣及び次官保管資料
⑤各省庁の文書管理規則等により、永久保存の指定をしたもの
⑥各省庁の大臣官房等(総務、人事、会計等の各課)が作成、受理したもののうち重要なもの
⑦各省庁の企画担当部門(局、課、係等)が作成、受理したもの
⑧各省庁又はその局、部、課の創設、改廃、統合前後に作成、受理した組織、機能に関するもの
⑨重要な政治的、経済的、社会的、文化的問題に関連して作成、受理したもの
⑩各種法令集、各省庁の関係法規集、職員録(名簿)等
⑪図書、冊子等で当該省庁の組織、機能の理解に役立つもの
⑫その他上記に準ずるもの

(特例)

⑬昭和二〇年(終戦の年)以前に作成された公文書等のすべて

右のうち、国立公文書館の収集基準には、次いで「表四、行政の対象に関する公文書等」が掲げられ、「記録の内容」とした次の四項目を挙げている。

①個人に関する情報を記録したもの
②法人、団体等に関する情報を記録したもの
③事物、地域(場所)等に関する情報を記録したもの

④その他上記に準ずるもの

さて、収集基準「大綱」の性格を、その項目数によってあえて分類すると、八項目以下の簡略なもの(広島市公文書館など四館)、九―一四項目の中間的なもの(神奈川県立文化資料館など七館)、一五項目以上の多項目のもの(茨城県立歴史館など六館)に分けることができよう。

中間的な項目数を持つ収集基準を例にとると、項目の内容は既に掲げたように、制度、計画・施策、例規、監査、調査・統計、褒賞・表彰、会議、陳情・請願など(埼玉県立文書館の場合)、さらに事業、組織、予算・決算、財産、行政処分、事件・災害を挙げるところがあり(北海道立文書館、川崎市公文書館)、それに、その他学術研究価値が付け加えられる。いずれも「大綱」では、県の事業・事務、県民の動向を幅広く包摂するように定められている。ただ、右のような内容は、永年保存文書の保存種別の規定に類似しており[13]、永年保存文書にかかる規程を参考として作成されたことは、明らかである。ただし、埼玉県立文書館の場合、「収集基準の原則」が「第一種文書(永年保存)の選定基準は行政上の必要性から定められたものであるので、第二種以下の有期限文書の収集基準は、学術研究資料として価値あると認められるものを選定することを原則とする」とあるように、行政目的の保存と学術研究目的の保存とは、対象が必ずしも一致しないとの認識に立っている。

なお、中間的なものと多項目のものとは、項目を細分しているかどうかの違いであると見られる。例えば、茨城県立歴史館の、㈦公営企業管理者以下、㈨叙位・叙勲以下、㈢部課等の廃止、㈥職員の服務、㈦公務災害、㈡人事異動などの六項目は、北海道立文書館の、「エ　組織・機構・営造物等」の中に含まれているがごとくである。また、なかには、国立公文書館の「移管の対象となる公文書等の例」の①―④、兵庫県県政資料館の「歴史的文化的価値を有する文書等の評価基準」のごとく、大臣あるいは知事決裁のものは収集対象とするなど、「親」機関の決裁レベルによって保存対象を指定するところもある。

五　「対象の例示」「留意事項」「対象除外条項」の例

収集基準は、その定めるところによって、文書館が必要とする公文書をすべて包摂していなければならない。したがって「大綱」は考え得る事項を、できる限り網羅して列挙することが多い。しかし、「大綱」の場合は、その定めが抽象的な文言になりやすいので、文書館が必要とする公文書を特定することが困難となる傾向がある。そのために、収集基準の中で簿冊名を挙げて例示し、または「大綱」に解説を加え、あるいは「大綱」の適用の際、その細目や運用にあたって留意すべき事項を付加することがある。大阪府公文書館、群馬県立文書館[14]、東京都公文書館などに見られる通りである。ここでは、東京都公文書館の例示を「大綱」とともに掲げておく。

○［東京都公文書館］公文書等の収集基準の実施細目

（選別収集対象の範囲）

第四条　収集する公文書等の範囲は、次に掲げるとおりとする。

一　有期保存文書及び刊行物等

№.	種別	例示
1	制度、機構の新設、変更廃止に関するもの	東京都の行政組織機構　人事管理基準実施細目　組織の規程制定改訂依頼　庁議首脳部会議　再雇用職員活用基本方針　事務分担表　管理職等の範囲変更報告　初任給決定　海外交換吏員　研修基本計画　給与自治省通達　職員定数　その他必要と思われるもの
2	施策、企画を具体的に示すもの	東京都長期計画　主要事業執行計画の提出　多摩ニュータウン、光ヶ丘グランドハイツ跡地建設計画　防災団地造成　離島振興　研究計画の調査　OA計画　その他必要と思

		われるもの
3	各種条例、規則、要綱、基準等例規に関するもの	法令運用解釈通知　事務要領　条例立案請求　条例改廃　告示、通達、要綱、実施細目等制定改廃　その他必要と思われるもの
4	監査等に関するもの	歳出入決算調書　住民監査請求に基づく監査通知、報告　自治省行政監察調査　予防監察結果　指摘事項処理　その他必要と思われるもの
5	各種調査、統計に関するもの	調査規則、要綱運用解釈通知　調査要領制定改廃　要望アンケート　機関委任統計　予算要望、事務改善要望　その他必要と思われるもの
6	表彰等に関すること	職員表彰　都政功労者　町づくり功労者　叙位叙勲伝達推薦・公告　省庁表彰内申　感謝状　その他必要と思われるもの
7	各種委員会、審議会に関するもの	議会提出資料　都行政に関する懇談会資料　各種委員会・審議会委員要項　都区協議会区長会　特別区協議会　その他必要と思われるもの
8	陳情、要望に関するもの	議会からの要望書　請願処理報告　都民からの陳情書受理・報告　都政モニター　広報コミュニティ関係調査　その他必要と思われるもの
9	不服申立、訴訟等に関するもの	懲戒分限処分　人事公平保護通知・回答　訓告処分　病気・規則休職　差押　その他必要と思われるもの
10	公有財産の取得並びに処分、管理に関するもの	用地買収調査　地上権設定　用途変更　譲与　敷地引継　所管替　都有地売却　都有地活用　貸付料改訂　借地権承継期間更新　境界立会依頼　貸付契約　地図訂正　その他必要と思われるもの
11	行政区画の変更、配置分合等に関するもの	新たに生じた土地確認告示　公有水面埋立工事及び認可　住居表示実施状況調査　町区域変更、町名変更　街区変更通達告示　埋立地所属問題　所属未定地　その他必要と思われるもの

12	許可、認可、免許、承認、通知、取消等の行政処分に関するもの	都区財調算定単位　一部事務組合設立　宗教法人認証　学校教育法人設立変更　公益法人設立　その他必要と思われるもの
13	事務引継等	知事進退挨拶文　参事・主幹事務引継　幹部自己申告職務記録　宣言書　都市提携署名　その他必要と思われるもの
14	都内における重要事件、行事等都政、社会情勢を反映する内容をもつもの及び歴史的資料等	世界大都市会議　外国賓客　諸外国との交流事業　東京府文書　東京市文書　アジア大会　東京オリンピック　その他必要と思われるもの
15	行政委員会、公営企業局、政府及び他の自治体が発行した刊行物	調査報告　回答　要望　都営交通　白書統計　府県政市町村政概要　水道局事業概要　下水道局事業概要等　警視庁統計交通統計　教育統計年鑑　都立高等学校案内　学校名簿　請願書　陳情書　その他必要と思われるもの
16	その他歴史的、文化的価値があると認められるもの	

この「例示」も、すべてをそこに示すのは不可能であって、「大綱」の各項目を具体的に理解することを助ける範囲の内容にとどまらざるを得ない。その理解を助ける、という趣旨では、「大綱」の各項目に細目を付した「留意事項」の場合も同様である。まず北海道立文書館における、公文書についての「内容に関する事項」を掲げておこう。これは、前掲の「第一　共通の留意事項」に続く条項である。

○［北海道立文書館］文書館資料の収集に関する留意事項

第二　公文書に関する留意事項　一　道関係機関の文書

㈠内容に関する事項

ア　主要な施策、事業

(ア)　道政の基本的な執行方針に関するもの
(イ)　総合開発計画など長期にわたって企画された計画に関するもの
(ウ)　特に重点的施策、事業として推進されたもの
(エ)　国の基本的政策を受けて推進されたもの
(オ)　その他、道民に顕著な影響のあった施策、事業に関するもの
イ　例規等及び制度の新設、改廃
(ア)　法令、例規、判例、行政実例、運用解釈等に関するもの
(イ)　道政の基本的な制度に関するもの
(ウ)　国の基本的政策を受けて設けた制度に関するもの
(エ)　その他、道民に顕著な影響のあった制度に関するもの
ウ　財政状況等
(ア)　予算（執行状況、起債を含む。）決算、監査結果等が明らかとなる基本的なもの
(イ)　課税、徴収状況等、税務に関する基本的なもの
エ　組織、機構、営造物等
(ア)　組織、機構の設置、改廃、運営等が明らかとなるもの
(イ)　主な造営物の設置、改廃、運営等が明らかとなるもの
(ウ)　職員の給与、人事管理及び人事記録の主なもの
オ　道民の意向及び動向
(ア)　議会、各種委員会、審議会、会議等の構成、審議経過及び結果が明らかとなるもの
(イ)　世論調査の経過及び結果が明らかとなるもの

(ウ)　請願書、陳情書、意見書など
(エ)　国政、道政等の選挙、審査、請求等の執行及び結果が明らかとなるもの
(オ)　主な褒賞、叙勲、表彰等、個人及び団体の実績が明らかとなるもの
(カ)　主な道費補助団体の活動に関するもの

カ　主要な調査及び統計
(ア)　国から委託を受けた調査及び統計のうち、基本的なもの
(イ)　道が行う調査及び統計のうち、基本的なもの及び特色あるもの

キ　道有財産等
(ア)　主な道有財産の取得、管理、処分等が明らかとなるもの
(イ)　主な国有財産の取得、管理、処分等が明らかとなるもの
(ウ)　特に重要な物品の取得、処分等が明らかとなるもの

ク　行政処分、道民の権利義務
(ア)　主な許認可、補助、融資等に関するもの
(イ)　主な審査、調停、協定、保証等に関するもの
(ウ)　主な訟務、裁定等に関するもの
(エ)　土地の所有権、漁業免許等、永続的又は長期的権利の取得、喪失、指定等に関するもの
(オ)　市町村の配置分合、名称変更等に関するもの
(カ)　その他、道民の財産、資格等、主な権利の証拠となるもの

ケ　主要な行事、事件、災害等
(ア)　道民の生活に大きな影響を及ぼしたもの

(イ) 道政上の重要な行事に関するもの
(ウ) その他、一般に注目され、話題となったもの
コ　北海道の沿革など
(ア) 歴史、沿革等を記録したもの
(イ) 部長、支庁長等に相当する職以上の引継書等、行政の継続を明らかにできるもの
(ウ) その他、事務、事業の経過を記録したもの
サ　その他
文書の様式、事務の手続き等の実例を残す必要があるもの
また、「大綱」適用にあたっての運用条項としての「留意事項」を、東京都公文書館と北海道立文書館について掲げておこう。[15]
○ [東京都公文書館] 公文書等の収集基準細目
（選別の原則）
第三条　公文書等の収集にあたっては、次の原則に基づいて行う。
一　有期限保存文書
(一) 都全体の状況を示すもの及び地域的特色を示すものを選別収集する。
(二) 一群のものとして逐次作成された一件ものの文書については、できるだけ一括収集する。
(三) 同種のものが大量にわたる場合には、その代表例となる一部を選別収集する。
(四) 後に印刷物として刊行される文書は、原則として除外し、案件の理由、経過を示すものを選別収集する。
(五) 案件が逐年にわたると判定される文書は、軽易なものを除き選別収集する。

○［北海道立文書館］文書館資料の収集に関する留意事項　第二　公文書に関する留意事項　一　道関係機関の文書

㈡運用に関する事項

ア　主要な道政の推移を体系的かつ継続的に明らかにすることができるように収集する。

イ　地方自治法施行以前の文書は、原則としてすべて収集することとする。

ウ　次の文書は、特に配慮して収集する。

㈠　知事等（知事部局以外では、その機関の長。以下同じ。）が決裁したもの

㈡　知事等が出席した主な行事及び部内の会議を記録したもの

㈢　道全体の施策に係る企画、調整を担当する組織（各部代表課を含む。）のもの

㈣　それぞれの施策、事業等については、計画から結果にいたる一連のもの

エ　年次又は地域を限って収集することが適当な場合には、年次又は地域を特定して収集する。

オ　請願書、陳情書等、同種のものが大量にわたる場合には、原則としてその一部を収集する。

カ　大量にわたるものなどのうち、年次をおいて収集することが適当な場合には、一定の年次をおいて収集する。

キ　保存文書として編冊したもの以外であっても、行政上の補完資料として重要なものは収集する。

ク　本庁、本部等と出先機関等とに同一内容の文書がある場合には、本庁、本部等のものを収集する。

ケ　次の文書は、収集対象から除外する。

㈠　内容が軽易で定例的なもの

㈡　議事録の速記録、公報の原稿、統計の集計表等で刊行物等にその内容が記載されているもの

㈢　その他、文書館において保存することが適当でないもの

次に、「対象除外条項」であるが、これは広島市公文書館の例を掲げておこう。この条項は、本節三項に掲げた「一　収集の基本方針」のあとを受けて、「二　収集の対象となる公文書等」八項目があり、これに対置して「三　収集しない公文書等」として掲げられている七項目である。このように、収集すべきものと収集しないものと、ほぼ同数の項目を立てて掲げているのには、理由があろう。おそらく、収集・非収集（廃棄）の両方向から評価選別を進めていき、判断の困難な中間の部分を狭くすることによって評価選別作業を容易にしようとする意図と思われる。

○［広島市公文書館］公文書等収集方針

三　収集しない公文書等

㈠　法令により、廃棄処分することが規定されているもの

㈡　担当課で使用頻度の高いもの

㈢　機密文書等、担当課で保存することが適当なもの

㈣　担当課で特に保存することが適当なもの

㈤　同一内容を有する二種類の文書の一方

㈥　文書の内容が他の文書に転記されてあるもの

㈦　保存の必要が認められないもの

六　小　括

わが国の一七の文書館における公文書の収集基準について、「原則・視点」「大綱」「対象の例示」「留意事項」「対象除外条項」に分けて概観してきた。いずれも成文化された規程の範囲で見たのであって、いわば制定法の範

疇である。今回は、各館の実情、適用の実態には考察を及ぼすことができなかった。実情・実態については、今後、機会があればさらに考究したい。

さて、「大綱」などの各項目で定められている内容は、あくまでも評価選別すべき公文書の範囲を、できるだけ包摂しようとする考え方に基づいている。「対象除外条項」が定められている場合であっても、それはきわめて限定した範囲にとどめ置かれている。これは、各館が、「大綱」をできるだけ広く適用させようとの意図を持っているからであろう。

対象を幅広く包摂せしめようとする収集基準の性格は、一般の行政事務で用いられる「基準」とは異なっている。一般的に基準というのは、その基準に達しないもの、合致しないものを、適正ではないとし排除するための規程であるが、文書館の収集基準は、そのような意味の基準として制定されてはいない[16]。収集基準は排除のものさしではなく包容のものさしであり、また対象を厳密に計るものさしではない。収集基準のこのような性格について、T・R・シェレンバーグが『外国における現代公文書の評価』[17]において次のように述べている。これを紹介し本節の小括にかえることとしたい(ただし、以下は右の邦訳をさらに要約したものである)。

――現代の公文書の評価選別に関して、いくつかの所見を以下に述べておこう。

(一)　公文書の価値の評価に際し銘記しておくべきことは、精確な基準を持ち得ないことである。基準は一般的原則を述べる範囲を出ない。決して絶対的、究極的なものと考えてはならない。従ってアーキビストが、評価選別という危っかしい浅瀬を渡るのに際して舵をとるための指針であるにすぎない。

(二)　評価基準(収集基準)が、精確、精密になし得ない以上、それらは絶対性、恒久性を持ち得ない。アーキビストが、種々の時代の公文書を評価するのに種々の基準があってよい。過去の時代に価値があるものが、現在では無価値なものもある。また、他の文書館では無価値なものもある。

(三)　評価基準が絶対的、究極的なものとなり得ない以上、適度に、常識的に適用されなければならない。アーキビストは、多量に採り過ぎても少量に採らな過ぎてもいけない。極端は避けるべきであり、過度の選別は弊害を起こす。

㈣　公文書の評価には、直感や恣意的推測に基礎を置いてはならない、その文書に関連する文献を用いて徹底的に分析すべきである。アーキビストは、それがどのような意味をもって保存されるべきか、分析すべきである。

㈤　公文書の分析では、文献調査でわからないことがあれば、各種専門家の知識の援助を求むべきである。

㈥　アーキビストは、専門家の援助を求める前に、その公文書に対する予備的な基礎的調査をしておくべきである。

㈦　アーキビストは、特殊な公文書群の保存には、それをどの程度保存するか、保存することのみに関心がある学者との間で調節者の役割を果さねばならない。

右のシェレンバーグの意見は、わが国の文書館関係者に多くの影響を与えたはずである。例えば、国立公文書館が「移管の対象となる公文書等の種類」の表三・表四を作成するにあたって、あえて「基準」とせずに、「移管の対象となる公文書等の例」としたのもその一端であろう。[18]

本節で紹介した他の館においても、収集基準を厳格に適用すべきこととしては考えていないと思われる。収集基準に照らして排除するよりも、いかに合理的にこれを運用して、評価選別の結論を得るかが、評価選別の現場の主要な関心事になっていると思われる。かつての山口県文書館五原則が触れているように、収集基準に照してもなお異なる複数の判断が存在する場合も少なくない。それを解決する合理的な手段、方法が求められているが、次節で触れるように、その解決策の一つとしては、各館の体験の交流が必要と思われる。その際にも、前掲のT・R・シェレンバーグの指摘が示唆に富むものとなろう。

(1)　評価は、appraisal の訳語であろうと思われる（ほかに review が使用されているかもしれない）。公文書を「評価」ののち

「選別」(selection)することになるのであるが、日本語で「基準」を付して用いる時には、特に区別がなく「評価基準」も「選別基準」も同義語として用いられている。本章では、同様の意味で「収集基準」とした(註(7)参照)。

(2) 神奈川県では、ある年の文書作成量を算定したところ、重量にして百数十トンと推定されたという。神奈川県の県史編集の委員である、ある著名な古代中世史家は、近年出土している古代の木簡の例を引いて、すべての公文書の保存を主張していた。全部の公文書を保存すべきであるという「高名な歴史家」は、わが国だけではないことが、第一節註(12)⑬、小林前掲論文、二二頁にも紹介されている。それによると、J・H・フランクリン(John Hope Franklin)教授は、ある事件で意見を求められて、一九七四年十一月のシカゴの連邦法廷に立ち、過去の記録を「今から一〇年、一五年又は一〇〇年後に何が価値があることになるかを知る方法がない」から、全部をとっておくべきである、と主張したという。しかし、これを行う困難はいかにも大きい。

(3) 第二節註(24)、拙稿、三五頁。

(4) 東京都総務局編『東京都における文書管理の現状――文書管理実態調査報告書――』(一九八六年)五頁。

(5) 第一節註(12)⑬、小林前掲論文、一六頁。

(6) archivist の適切な訳語が見当たらない。公文書館法第四条では、「専門職員」としている。

(7) 多くの文書館は、収集判断の基準を成文化するにあたって、「収集基準」としてまとめており、本章もこれに統一した。しかし、すべての文書館が「収集基準」という語を用いているわけではなく、「選別基準」(岐阜県歴史資料館)、「原則として収集する文書」(京都府立総合資料館)、「収集方針」(広島市公文書館)、「評価基準」(大阪府公文書館)などとしている。国立公文書館の場合は「移管の対象となる公文書等の種類」の中で、「移管の対象となる公文書等の例」としている。「基準」という語感の持つ制限的な規定を避けて、「例」としたのであろう。

(8) 千葉県文書館の「廃棄公文書の収集基準」は次の通り。

①県政史上一時代を画することとなった事業、事件に関する文書
②県の重要事業に関する文書
③特筆すべき事業、事件に関する文書
④市町村の統廃合など、行政区域の変化をあとづける文書
⑤県の歴史、伝統、文化的遺産に関する文書
⑥上記に該当しない文書で、昭和三十五(一九六〇)年以前の文書
⑦その他文化的、資料的価値を有すると思われる文書

また、北海道の「大綱」部分では、重要条項を努めて排除している。わずかに「主要な」との文言を三か所に挿入するにとどめている。これに対し、文書管理規程(北海道の場合は、「文書編集保存規程」)では、永年保存文書を一〇年保存以下の文書と区別するものとして、過半の項目に「重要」または「特に重要」という文言を付している。

(9) 第一節註(12)②、広田前掲論文。

複数の職員による収集については、現在でも埼玉県立文書館の「行政文書の収集基準」のうち「三、収集上の留意点」(一)に掲げられている。

(10) 北海道立文書館の収集基準と収集に関する留意事項の全文は、『北海道立文書館研究紀要』第二号(一九八七年)九四—一〇〇頁に掲載されているのであわせて参照していただきたい。

(11) 群馬・岐阜両県の館の収集基準のうち、著しく似ているのは次の部分である。

○[群馬県立文書館]行政文書収集基準表　観点

(一) 制度の新設・改廃及びこれに伴う事業に関するもの

(二) 県政上特に重要な事業に関するもの

(三) 県政上特に重要な事件に関するもの

(四) 各種調査統計に関するもの

(五) その他特に収蔵保存を必要と認めるもの(歴史的記録)

○[岐阜県歴史資料館]選別基準

一 制度の新設改廃及びこれに関する事業に関するもの

二 県政上特に重要な事業に関するもの

三 県政上特に重要な事件に関するもの

四 各種調査、統計

五 その他特に収蔵を必要と認めるもの(例えば、土地の沿革を示すもの、生産様式・交通手段を反映するもの、住民の声を反映するもの、時代世相を反映するもの、制度創成期に関するもの)

(12) 京都府立総合資料館の「大綱」は「原則・視点」とも思える定めである。しかし、過半の項目が他館の「大綱」と共通しているので、「大綱」の一つとした。

(13) 「北海道文書編集保存規程」第三条には、永年保存文書を次の通りとしている。

イ 皇室及び庁中儀式に関する文書で重要なもの

ロ　条例、規則その他重要な例規文書の原議
ハ　中央官庁の令達文書で特に重要なもの
ニ　中央官庁その他関係官庁との重要な往復文書、報告書等で将来の参考又は例証となるもの
ホ　職員の進退、賞罰等に関する文書及び履歴書（人事課所管のもの及び出先機関の長限りで任用する職員に係るものに限る。）
ヘ　恩給及び退職年金の裁定に関する文書
ト　予算、決算及び出納に関する文書で特に重要なもの
チ　議会関係文書で特に重要なもの
リ　訴訟、不服申立て等に関する文書（軽易なものを除く。）
ヌ　統計書、試験研究資料等で特に重要なもの
ル　貸付金、補助金等に関する文書で特に重要なもの
ヲ　国有財産及び道有財産に関する文書（軽易なものを除く。）
ワ　市町村の廃置分合、境界変更、名称変更等に関する文書
カ　局部、行政機関、公の施設等の設置及び廃止に関する文書
ヨ　許可、認可、特許、登録その他の行政処分に関する文書で特に重要なもの
タ　契約その他権利義務に関する文書で特に重要なもの
レ　北海道の沿革に関する文書で将来の参考又は例証となるもの
ソ　官報及び北海道公報（文書課保存のものに限る。）
ツ　その他永年保存の必要があると認められる文書

(14)　群馬県立文書館「行政文書収集基準表」では、有期限文書と永年保存文書それぞれの収集対象を例示している。しかし、同館では次のように永年保存文書をすべて保存することにしているので、その分の例示は『参考』にとどめている。「収集に当っては、上表右欄の永年保存文書は、原則としてすべて収集し、左欄のものは、歴史的価値判断に基づき収集するものとする（収集基準表、注一）」

(15)　運用上の留意事項は、ほかに、国立公文書館「移管の対象となる公文書等の種類」表三のうち第一三項がある。ここでは、「特例」としてすべての戦前の公文書を収集対象としている。

(16)　法令用語では、「基準」は、許可・免許・認可等の行政処分を行う場合に拠るべきところを法定した例が多いといわれる。

行政機関の独善と恣意を防止し、行為が公正に行われるためのものとされている(林修三ほか編『法令用語辞典』学陽書房、一九七九年〈第五次全訂新版〉)。もとより収集基準は、このような意味での基準ではない。しかし、時として、「これは、収集基準にないから保存しない」という視点が肥大して、収集対象を狭める議論が起こることがある。

(17) 第一節註(9)、『外国における現代公文書の評価』六二―六七頁。

(18) 筆者も、収集基準は指針(ガイドライン)を示すのがその役割であると思う。ちなみにイギリス国立公文書館(P.R.O)が各省庁の保存担当官に示した指針の試訳を示すと次の通りである。原題は、A Guide for Departmental Record Officers, by Public Record Office, 1971, p.24 "Guidelines for Selection of Records for Permanent Preservation" である。

○「永久保存文書の選択の指針」(北海道立文書館試訳)

「文書(記録)は、相当配慮しつつ保存されねばならない。

それは、特別な省庁、特殊な種類の記録についても、評価基準にあてはめようとするとなればなおさらである。(三七項参照―原註)

基準は、ただ政府及び各省庁の長期計画の記録としての評価だけでなく、より幅広い調査研究の要求などにもこたえられなければならない。次に、永久保存文書の主な種類を次の通り示す。これによって詳細な評価基準を定めるにあたって、決する際の指針となるよう用いられたい。

一 省庁の起源に関する書類

組織及び人員配置、職務、統廃合(事務書類、組織図、各上層部の部局、地方機関に対する指導、指令の組織、省への定期連絡、事件に関する重要なファイル。)

二 年次報告、その他の報告書

三 政策方針の書類。これらには立法準備、法令文書に関する書類、大臣あるいは上級職員への提出書類、内閣及び閣議への提出書類、草案もあわせ含むものである。

四 政策の実施、変更されたものに関する重要な書類

五 すべての省の委員会と実施部門の議事録と書類

六 各省庁の実績書

七 廃止または中止となった省の活動、調査、計画に関する書類

八 公的な歴史の参考、例証となる書類

九 王室に対する権利、債務、すなわち財産に対する賠償請求

一〇　著名な公共あるいは国際的な行事、儀式、その他関心をよんだ国家的計画などに関するもの
一一　政治、社会、経済、その他の分野の傾向と発達に直接、あるいは間接的に関係するもの。それらが長期間、広い範囲にわたる統計的、財政的な資料で未公刊のものであれば、重要である。
一二　特に重要な科学的、技術的研究と成果の状況に関するもの
一三　地域的、地方的な意義をもつ資料として有用なもの及び全国または、広範囲の概要を把握できるもの

第四節　今後の課題

本章は、公文書の収集保存のために、引継移管の手続と収集基準の二点から、わが国文書館の状況を見てきた。前者は文書館における収集保存を確実なものにするための方法であり、後者は、文書館が何を保存するかを明確にするための規程である。いずれも各機関の中での文書館の位置づけ、館設立の事情、性格、設立後の歩みを反映した内容となっており実態は各館各様であった。この状況が「公文書館法」の制定によって、どのような方向に赴くのか、まだ明らかではないが、今後の課題として三つの点を提起し本章を終えることとしたい(1)。

まず第一には、この問題について「公文書館法」自体を活用する必要がある点を指摘したい。前述の通り同法の内容は、文書館界の年来の期待を十分に反映し得なかった。今後改善されるべき点が多々あることについては、立法推進者も認めるところである。しかし、すでに実定法として存在しているのであるから、あるべき姿を実現するためにも、条文に実態を与えていかなければならないであろう。これを本章の主題に即していえば、「公文書館法」が第三条で「責務」として、「国及び地方公共団体は、歴史資料として重要な公文書等の保存及び利用に関し、適切な措置を講ずる責務を有する」とした点に注目したい。総理府の有権的解釈「公文書館法の解釈の要旨」(一九八八年六月一日付)では、「責務」とは「義務」ではないとしつつも、国および地方公共団体は、公文書等を

歴史資料として保存するために適切な措置をとる責務があり、これを国民や自治体の住民に負っている、と解している。文書館が文書の引継移管を行うにあたって、また評価選別を行うにあたって、国および地方自治体は、公文書を歴史資料として保存するための措置を制度的に保障しなければならない、と考えるべきであろう。

第二には、引継移管の手続について述べた際（第二節五項）にも触れ、『記録遺産を守るために――公文書館法の意義と今後の課題――』でも論及されていた点（「文書記録のライフ・サイクル」）であるが、中間庫の必要性が強調されるべきであろう。欧米の文書館の形態を見ると、各国さまざまな伝統を経てきたことがわかる。しかし、いずれの場合にも、「現用」を終えた公文書を中間庫に収蔵し、評価選別のため滞留しておく装置が文書館のために確保されている。

わが国では、このような中間庫に類似した施設として、文書課など文書主管課の保存文書書庫があるが、ほとんどの場合、これは文書館の支配のもとに置かれてはいない。中間庫における保存の段階で、評価選別が行われるならば、文書館が時間をかけて評価選別の判断をすることも可能である。また、評価選別を時間すなわち歴史そのものに手伝わせることが可能であり、必要なことでもあると思う(2)。

第三に、評価選別を行った各館の経験が交流されるべきであると考える。例規としての収集基準の現状はすでに見た通りであるが、収集基準のあり方が厳格なものさしではないとすれば、評価選別にあたっての具体的な適用の方法こそが、収集の適否を左右する。評価選別を行うための、公文書に対する分析方法、収集基準適用の手続等々、経験を交流し得る点は少なくない。地方自治体の公文書は、規模の大小はあれ、取り扱う内容には共通するところが多いので、各館の経験を共有するのは比較的容易である。

実際にどれを選別するか、どのようにして評価選別を行い得たか、収集基準作成の経過とともに、その適用の実態も興味のあるところである(3)。選別の結果とともに、公文書を分析し情報を整理して結論を導きだした過程もまた重要であると思う。北海道立文書館の収集基準を制定した際も、その前段の作業として、収集すべき簿冊の調査を行ったことがある。この調査は、各主務課にどのような文書（簿冊・台帳形態）があるか、それらのうち何を保存すべきかを分析しようとするものであった。この調査においては、各主務課のすべての事務・事業を挙げて、それぞれの執行過程で作成された全簿冊の把握を行い、各簿冊の内容と相互の関係、行政上の保存の意義などを聴取し、あるいは文献で簿冊の性格を調査した。そのうえで山口県文書館の五原則にならい、複数の職員が判定し、その結果によって収集すべき対象を確定した。公文書の評価選別にあたっては、公文書を調査・分析し、また専門的意見を聴取して行うべきであるとのT・R・シェレンバーグの指摘を踏まえつつ行った。この経験を通じて、筆者は評価選別の手段、方法を確立する必要性を痛感するに至った。(4)

以上の提起に若干のことを付言して本章を閉じたいと思う。それは、T・R・シェレンバーグの「所見」にもあるように、現在のアーキビストの評価選別の判断が、将来とも同じように支持されるとは限らない、という点である。アーキビストの判断自体、歴史的制約の中にあり、歴史研究が現在のアーキビストの判断を超えて進んでいくのは、間違いのないところである。何を保存すべきかとは、歴史資料として何が価値あるか、との意味であるが、それは人によって異なるばかりか、時代とともに変化し、かつ深化していくものでもある。

戦後わが国の歴史研究の発達に影響を及ぼした農村や民衆の史料は、かつては省みられる機会の少なかった文書・記録であった。それが研究対象として陽の目を見るに至った結果、近世近代史研究を一変させたことは、ここで詳述するまでもないであろう。(5)今日、歴史研究の資料として、現代の公文書を保存しようとする論議がなされている状況自体、わが国における歴史資料保存への理解の深化を示すものにほかならないと考える。歴史研究の発達は、現在の歴史資料に対する価値判断を超えて進んでいくものである。したがって将来の歴史研究者の研究を、現在のアーキビストの評価選別の手の中に封じ込める結果になってはならないであろう。しかし同時に、アーキビストの評価選別の結果が、長く歴史の評価に耐え得るものでありたいとも思う。これは矛盾であろうか。この願いを可能にするのは、アーキビストの歴史研究に対する深い理解と、公文書収集方法の制度上の保障と評価選別の手段、方法の確立にあると思うが、いかがであろうか。

（1）北海道立文書館の当面の課題については第一節註(12)⑫、佐藤前掲論文を参照。評価選別の機会が具体的に確保されるべきことや永年保存文書の完結後三〇年時点で文書館で公開することなどについて提起をしている。

（2）アーキビストが評価選別を行うことは、公文書を保存するという以上に、多くは公文書を廃棄する仕事である、という側面を持っている。この意味では、評価選別にあたるアーキビストは、過去の歴史と将来の歴史研究に対して重い責任を持っているといってよい。しかし、この責任の全部をアーキビストが負いきれるものでもあるまい。責任感のあまり収集基準を厳格に適用しようと考える必要はないであろう。評価選別に万全を尽くすとしても、自らの判断もまた歴史の所産であって、歴史全体の中では常に相対的であることを認めないわけにはいかない。

（3）第一節註(12)⑩、小川前掲論文には、一九八五年、アメリカのアーキビスト協会主催のワークショップ「アーキビスト入門講座」に参加した報告が記されている。ここでは、ある企業の文書の目録を預けられ、それを文書館の限られたスペースに納めるために、何を保存し何を廃棄すべきか、という課題が与えられた。そして受講生がなぜそのようにしたか意見を述べるという、実践的な演習がなされた。また、その判断の前提となる判断基準の適用について数項目が挙げられているが、それらの設定の合理性について、小川は「目から鱗が落ちる思い」との感想を述べている。示唆に富みかつ共感を呼ぶ報告である。

（4）北海道立文書館の収集基準は、「北海道立文書館(仮称)引継予定文書の引継事務の試行」(昭和五七、五八(一九八二―八三)年度)および「試験的評価選別作業」(同五六、五七(一九八一―八二)年度)の経験を通じて成案としたものである。

前者の「試行」は、引継移管の手続や収集基準の制定のために、本庁、支庁の各主務課を対象として行った作業である。後者は、本庁の文書主管課である文書課から引渡を受ける廃棄文書を評価選別して、収集基準制定に必要な資料を得るための作業である。いずれの時も、一見明白に保存すべき公文書と、保存する必要のない公文書が見出せた一方、その中間にあって保存すべきか判断に迷う、しかも大量の公文書が存在した。例えば、区画整理事務関係文書、工事図面を伴う文書、開発行為許可関係文書、漁業許可関係文書などである。これらの経験の内容は、この時の関係者によって、いずれ詳しく報告される必要があろう。

（5）戦後の歴史研究と史料保存運動との関連については、多数の文献があるので、とりあえず次の小文を挙げる。「内外の文書館と道立文書館」（第二節註(2)、北海道立文書館編前掲書、所収）八二―八三頁。

〔付　記〕

本章は、一九八八年九月十六日、国立史料館主催「第三四回史料管理学研修会」前期研修において、「現代行政文書の評価と移管」と題して行った講義を、論文としてまとめたものである。当初は、講義ノートをそのまま載せる考えであったが、論文の体裁をとる必要から論題を変え、内容にも相当手を加えた。しかし、論旨については整理をして順序を変えたところがあるけれども、大要は講義内容と変わりがない。ただ、表は今回、大幅に改めた。また、収集基準の成果を得るために行った、試験的な評価選別作業については、講義では詳しく述べたが、本章では第四節註(4)の程度にとどめた。

最後に、本章を取りまとめる機会となった史料管理学研修会を主催された、安澤秀一・原島陽一両教授をはじめ史料館の方々、および各館の状況について懇切に御教示また資料の提供をいただいた方々、すなわち、福島県歴史資料館誉田宏氏、茨城県立歴史館桜庭宏氏、群馬県立文書館石田和男氏、栃木県立文書館仲田凱男氏、千葉県文書館堤郁男氏、埼玉県立文書館佐原和久氏、東京都公文書館山本純美氏、藤沢市文書館高野修氏、大阪府公文書館山口宏司氏、またお名前を伺わなかったが、富山県公文書館、岐阜県歴史資料館、三重県総務部学事文書課の方々に厚くお礼を申し上げたい(以上の所属は、本章初出当時)。さらには、つたない講義を長時間にわたって聞いてくださり、質問や感想を寄せてくださった研修会参加の方々、また、資料の提供と種々の指摘をしていただいた勤務を同じくする人たちにも、お礼を申上げるしだいである。

もっとも、各館の御教示、御提供をいただいたわけであるが、筆者の理解が不十分なため、誤りや不適切な記述があろうかと思う。それらは、一切、筆者の責任である。なにぶん他館の事情に不案内なまま管見の限り取りまとめたものである。御指摘、御批判を賜わりたいと思う。

なお、本章執筆後、京都府立総合資料館では「府引渡し文書及び府地方機関等文書収集基準」を一九八八年に制定していることを知った。

【補　記】

本章の論文初出は、一九八九年三月であるが、その後、わが国においても文書館の数は急速に増加し、都道府県立文書館に限っても、表5-1に掲げた一五館から二六都道府県(大分県には二館)に及んでいる。第三章の補記で触れた通りである。特に神奈川県立文化資料館は、日本の地方文書館の中で最も強い引継移管システムの権限を持つ神奈川県立公文書館に代わっており、本章で目指した文書館が文書の全量を把握して評価選別する体制は、一部に実現しつつある。このような点だけでも、最近一〇年間の文書館制度の拡充はめざましいものがある。また既存の文書館でも引継移管制度を改善しつつあるところも多い。それゆえ表5-1の内容は変更の必要がある。この表における類型を他の類型に移す館、あるいは新たな類型の設定を必要とする館もあろう。

この種の分析は、数年をおかず古びるものである。もし筆者が行った方法が有効であるならば、筆者以外の誰かが新しい時点での改変を行ってもよいと考えている。ただこれまでは部分的な新たな事例の呈示には出会うが、この論文を全面的に書き換える研究は現れていない。それゆえ本書の一部として収録し、文書館業務の比較研究の一方法として提起することとした。というのも個別の館を超えた各館の比較分析は、わが国の文書館を対象としては、初めてであったからである。

その後、都道府県の文書管理に関する規程等から文書管理システムの性格を分析した、水口政次「都道府県における文書保存・利用の現状と課題」(安藤正人・青山英幸共編著『記録史料の管理と文書館』北海道大学図書刊行会、一九九六年二月、所収、第七章)がおおやけにされている。同論文は、本章とは別に、都道府県知事部局の文書管理体制における文書館の位置づけを考察したものである。各県を網羅的に検証するこのような研究が生まれていることは、筆者の比較研究の方法がいくらかでも裨益したのであろうか。また戸島昭「文書・記録の評価と選別」(同前、第八章)が本章の収集基準の分析を発展させていることも付記しておきたい。ごく近年では、松尾正人「文書・記録の評価と移管」(同編『今日の古文書学』第一二巻「史料保存と文書館」雄山閣出版、二〇〇〇年六月、所収)が、これまでの議論を包括的に紹介している。

また、北海道立文書館についていえば、長い問懸案であった引継システムの改正が、一九九六年六月七日付の「北海道文書編集保存規程」(現行の「北海道文書管理規程」)の改正によって実現した。この内容は、各主務課が文書(簿冊)完結後に登記する「保存文書台帳」の写しを文書主管課から文書館に提出すること、文書完結の時点で「(文書館によって)文書館資料とすることが適当と認める」文書、すなわち文書館の必要とする文書があれば、文書館から主務課・文書主管課に通知され、保存期間満了後に「文書館に引き渡さなければならない」としたこと、永年保存の文書であっても、各部局で「保存の必要がないと認めたものは、文書館に引き渡すことができる」としたことなどが骨子である。文書完結時点での文書館の評価選別権が実現したことと、従来、文書館への引継移管は、いったん文書を「廃棄」した上で行われていたところを、廃棄とせず保存文書としての「引渡し」に転換させ、廃棄できない永年保存文書の移管を可能としたことの二点が、改正の特色である。のちにこれらの規程は、一九九八年三月三十一日付の情報公開条例改正とともに同日制定された「知事の所掌事務に係る公文書等の管理に関する規則」(北海道規則第四六号)によって根拠づけられた。「公文書の文書館への引渡し」が北海道庁内部の規程である「訓令」のみによっていたのが、道の行為を道民に対して明示する「規則」によるとしたのも、文書館の機能がいっそう強化されたことになる。これらの経過については、鐘原美恵子「よりよい公文書引継ぎシステムの構築に向けて——北海道における文書編集保存規程改正の経緯——」(国立公文書館編『公文書館専門職員養成課程修了研究論文集』平成十二年度、二〇〇一年、所収)によって明らかにされている。

なお、第四節註(4)で触れた「北海道立文書館(仮称)引継予定文書の引継事務の試行」については、次章第六章「評価選別論の検討と選別の試み」で詳述した。引継移管システムに関する主要な論文についても、同章第二節二項で紹介している。

第六章　評価選別論の検討と選別の試み

第一節　はじめに——現代史料保存への課題——

生成された文書・記録の中から何が史料（アーカイブズ）[1]として保存されるべきか、という提題には、わが国の史料の中でもある時期までのものについて、歴史学が論議の余地なく明快な結論を下すことが可能であろう。例えば古代、中世、近世の史料について、歴史研究者は残存するすべての史料を保存すべしとの主張をするであろうと予測されるからである。あるいは、近代でも初期の史料について網羅的な保存が主張されるのではないかと思う。このような判断は、多くの文書館においても共有されており、いくつかの館の収集基準においても、一定時期以前の記録については網羅的に保存する、と規定している例が稀ではない[2]。このような網羅的な史料保存の領域を文書館が設定することは、とりも直さずその時期の史料を文書館の評価選別の埒外に置こうとする発想である。あたかもその時期の史料は、評価選別論の対象にならず、あえてその要否を問題にする必要がないという

規定の仕方である。(3)

すでに〝古い〟文書・記録に対して、現代の文書・記録の場合はどうであろうか。現代史料の保存に対して歴史研究者の発言は、概して乏しい。(4)現代史の時期区分をいずれに置くかは別として、例えば一九六〇年代の高度経済成長期以降、あるいは七〇年代、八〇年代さらに九〇年代の文書・記録はどうであろうか。すべてを史料として網羅的に残すべしという先の主張は、現代の文書・記録にも及ぼし得るのであろうか。

〝現〟時点で作成される文書・記録の中から、何を史料として保存すべきか。これは文書館が擁する主要な課題である。文書館の側からの発言は、当然ながら網羅的な保存には否定的である。(5)史料の保存の実務を担う文書館およびアーキビストからは、現代の文書・記録を評価選別し、かつ淘汰することは、保存のために不可避と考えられている。一方、歴史学の研究者にとって、評価選別行為はいまだ理念的な問題にとどまるか、あるいは研究者にとって〝必要〟な史料が廃棄されることがないようにと、監視すべき対象となっているのでなかろうか。(6)

現代の事象を保存するために、厖大な文書・記録から史料となるものを選別し淘汰する必要があるとすれば、それはどのような理由からであろうか。歴史研究者をはじめ利用者と文書館界が共有できる考え方をどこに見出し得るか。また、それをどのように実行し得るのであろうか。本章では、その論議に全面的に答え得るものではないが、問題の所在を示し、その中での本章の位置づけを試みたいと思う。

さて、評価選別について問題とされるのは、第一に、評価選別そのものの必然性がある。評価選別が必要であると考えられているのは、前章第三節一項で触れたように、文書――この場合は、文書館の設置母体である、いわゆる親機関の文書――の評価選別を行うのは、文書館の収蔵能力に限界があるからである。これは物理的な収蔵能力すなわち書庫のスペースのみならず、収蔵に必要な人的資源および予算に限界があって、永久保存すべき史料の減量に文書館とアーキビストは迫られている、というのである。

ただ、文書館の収蔵能力に限界があり、評価選別に必然性があるとしても、保存すべき史料と収蔵能力との関係はつねに相対的である点は留意したい[7]。もし、収蔵能力の拡大、例えば書庫の増設、収蔵量に見合った人的配置がなされたならば、評価選別基準は大幅に緩和されて適用され、収蔵史料は一挙に増加することになるのであろうか。また、文書の保存形態を圧縮――例えばマイクロフィルム化、記録保存の電子情報化――するならば、評価選別を行う必要がほとんどなくなるであろうか。評価選別の必然性を文書館の収蔵能力の限界にのみ置いてよいのであろうか。第一章の史料保存のありようから、その必然性を説明することはできないであろうか。

第二は、この評価選別がどのようにして行うかという方法を確立する問題がある。評価選別の方法について、前章第二節五項でアメリカ合衆国、イギリス州政府、フランスの制度について述べ、また収集基準の適用については、第三節六項などで述べた。さらに評価選別の手続きについては、前章(論文初出、一九八九年三月)以降、多数の論文が生まれ、近年、全史料協の「公文書の管理・移管・評価選別についての研究」では、一九九八年十一月に『公文書の管理・移管・評価選別に関するレポート集』が作成されている[8]。ただ、選別すべき史料の判断を具体的にどのように行ったかというケーススタディの共有が必要とされているが[9]、いまだ評価選別のケーススタディの公表は乏しいように思う[10]。

第三は、評価選別を行うアーキビストの専門性および養成課程の問題がある。文書館の専門職員であるアーキビストの重要性また専門性については、つとに論じられているところである[11]。公文書館法第四条第二項では、公文書館の職員について「公文書館には、館長、歴史資料として重要な公文書等についての調査研究を行う専門職員その他必要な職員を置くものとする」と規定している[12]。ここにはアーキビストの職務として評価選別のための研究が位置づけられているのを見る。しかしながら文書館界内部からこのアーキビストの専門性が強く主張され、また諸外国で確立したアーキビスト制度の紹介がなされているけれども、日本におけるアーキビストの配置の必然性を客観的に論証した研究が乏しいように思われる。それも現代の記録の評価選別について、また現代史料の管理についての専門職員の必置理由とその専門性の所在を、文書館界の内部に対してではなく、文書館の外部、特に設置母体の機関(行政機関、企業、学校など)に主張し得る理論的、実態的な根拠を明示し、かつ確立する必要があろう。

第一章で論じたように、戦後の史料保存運動の初期のごとく、史料保存と歴史学研究とが双頭一体であった場合は、アーキビストの専門性が、もっぱら歴史学に依拠して主張され、特に近世・近代初頭の歴史学の素養、古文書解読能力がアーキビストの要件とされた[13]。もとより、右の能力は、今日、わが国のアーキビストの中で必要とされる能力の一つと思うが、それをもって現代の記録に対処し得るであろうか。少なくとも容易に可能であるとはいいがたい。評価選別業務のことは、一般的な歴史学の素養によって充足できるのではなく、歴史的時間幅の中で現代の文書・記録を理解し、これの再構成を後世において可能となるように史料を保存せしめる識見によって確立するものであろう[14]。

本章は、右の三点のうち、第二の評価選別の一つの方法について論じようとするものである。この内容は、すでに前章で触れた北海道立文書館の設置準備段階で行われた、「北海道立文書館(仮称)所蔵予定文書の引継事務の試行」(以下、「試行」と略称)におけるケース・スタディである。以下、そこで行われた手法を紹介して議論に供そうと思うが、本題に入る前に、近年紹介されている欧米の評価選別論の動向に触れておきたい。この「試行」の手法とそれら評価選別論の論議との関連づけを行いたいと考えるからである。

(1) 史料(アーカイブズ)の概念については、第一章第三節二項参照。

(2) 評価選別基準の摘要に際し、ある時期以前は網羅的に保存すると規定した収集基準については、国立公文書館の「移管の対象となる公文書等の種類」表三に掲げた特例(「昭和二〇年(終戦の年)以前に作成された公文書等のすべて」)、北海道立文書館の「文書館資料の収集に関する留意事項」における「地方自治法施行以前の文書は、原則としてすべて収集することとする」という項、神奈川県立公文書館の「公文書等選別基準」における「昭和二〇年以前に作成し、又は取得した公文書等」という例がある。

(3)　いわゆる〝古い〟史料を網羅的に保存するという基準は、絶対的な規定を置くように見えるが、〝古い〟というのは、あくまでも現在の時点に対して判断される相対的な設定にすぎない。時代が新たになれば次々と〝古い〟史料が生まれるにすぎない。〝古く〟なったことを文書館の史料価値の判断として採用できる対象は、あくまでも例外であって、〝古さ〟による基準は一般化ができない性質のものである。

(4)　拙稿「地方行政文書の保存・公開をめぐる問題」(『歴史学研究』№七〇三、一九九七年十月、所収)一六七頁。また津田秀夫「近代公文書学への模索」(同著『史料保存と歴史学』三省堂、一九九二年五月、所収)一八二頁以下でも、評価選別について歴史学研究者の研究が生まれていないとし、その理由について、公文書の自由な利用が保障されていないからであると分析している。

(5)　現代史料の網羅的保存発言を紹介したものについては、第五章第三節註(2)がある。

(6)　近世・近代史研究の立場から、評価選別問題について早くから活発な発言を行っていたのは津田秀夫である。津田は、自ら提唱する「近代公文書学」の課題を、「保存か廃棄かの接点で学問の対象を自ら決定する学問である」(「近代公文書学成立の前提条件」(註(4)、津田著前掲書、所収、一六二頁)として古文書学とは一線を画し、また公文書の範囲を送達文書から地図、図表、写真、映像、統計、録音テープに至るまで拡大している。ただ、保存対象を限定しその他を廃棄する方法について触れるところがないので、この提起は評価選別の実務にまで下りるものとはなっていない。

また、「史料論と歴史学研究(一)」(註(4)、津田著前掲書、所収)では、全国歴史資料保存利用機関連絡協議会(全史料協)編『記録遺産を守るために』(一九八九年　月)が提唱したライフサイクルの構造図を例に挙げて批判している。批判の主要点は、歴史的記録について記録の発生段階に立ち入って保存すべきであるのに、ライフサイクルの構造図では文書館での保存が半現用以降の段階でしか考えられていないというものである。「歴史学の最近の進展の情況が、現代のしかも史実の発生源にまで立ち入って事実を抹殺させないための努力を研究者に要請しているにもかかわらず、その途をふさいでしまっていることに気付いていない」(同前書、二八一―二八二頁)と辛辣である。この点は文書館の視点からすると選別対象文書の全量把握の問題であるが、津田の指摘には、歴史学の立場からの要請を主張するのに急であって、ライフサイクル論への誤認があるように見える。

(7)　前章では、評価選別の判断は相対的な価値評価であるという前提に立って論議を進めている。第四節註(3)の小川千代子「記録管理とアーキビストの役割」の報告は、主として一定スペースの中で何を優先的に保存していくかという、アーキビスト養成ワークショップの演習についてであった。実際的な演習の有効性を認める報告であったが、評価選別の判断が相対的なものであることをも示していた。本章では評価選別の相対的性格を認めつつも、アーキビストの営為は、選別した結果が永続的価値を失わないことを目指してなされているという前提に立っている。

(8) 評価選別に関する研究業績については、全国歴史資料保存利用機関連絡協議会関東部会編『文書館学文献目録』(岩田書院、一九九五年十一月)の「600収集と整理」「640評価・選別と収集・受入・移管・廃棄」の項を参照。なお、『公文書の管理・移管・評価選別に関するレポート集』は、各文書館に配付されているが、小部数であり関係者以外には配付されたものではない。したがって、ここでの報告が都道府県の文書館を超えた共通認識となるのは、先のことであろう。ともあれ報告の概略は、安藤福平「公文書の管理・移管・評価選別について」(『広島県立文書館紀要』第五号、一九九九年三月、所収)で公表されている。安藤は、その後、同名の論文を『記録と史料』第一〇号(二〇〇〇年二月)に発表している。

(9) 註(8)、安藤前掲論文(『広島県立文書館紀要』)、三〇頁。

(10) 文書館における評価選別の事例報告としては、佐藤隆「公文書の評価選別と公開非公開の基準についての試論」(『秋田県公文書館研究紀要』第四号、一九九八年三月、所収)がある。ここでは、土木関係の文書を例に報告されているが、このような具体的な例示はいまだ少ない。

(11) アーキビストをめぐる論考は、註(8)、『文書館学文献目録』参照。ここに掲載された一九九五年三月以降の論考としては、安藤正人「記録史料学とアーキビスト」(『日本通史』別巻三、史料論、岩波書店、一九九五年十二月、所収。のちに安藤正人著『記録史料学と現代——アーカイブズの科学をめざして——』吉川弘文館、一九九八年六月、第一章として再録)、寿松木毅「アーキビスト養成・資格制度に関する問題点の考察」(『秋田県公文書館研究紀要』第二号、一九九六年三月、所収)などがある。

(12) 公文書館法における専門職員の定義は、公文書の保存価値判断にかかる調査研究を専門職員の業務とするものである。これは、アーキビストの職務を調査研究に偏らせているように思う。また、調査研究を「歴史資料として重要な公文書等について」としているごとく評価選別への関与も直接的ではなく、間接的関係に抑制されている。総理府の「公文書館法の解釈の要旨」(一九八八年六月一日)は、同法の有権的解釈とされているが、ここでも文書館の専門職員は、「歴史を後代に継続的に伝えるためにはどのような公文書が重要であるのかという判断を行うために必要な調査研究を主として行う者」としており、「評価選別」への関与を直接的には規定していない。

(13) 近世史研究の視点からアーキビストの要件を歴史学に置く発言としては、例えば大野瑞男「公文書館法と文書館」(『歴史評論』No.四六三、一九八八年十一月)の「日本では文書館職員は何よりも歴史研究者でなければならないと考える」(九頁)がある。筆者も、初期の全史料協の大会で、古文書解読能力がアーキビストたる決定的な条件であるとの主張を聞いた記憶がある。もっともアーキビスト養成に関する歴史学と文書館界の緊密な関係は、ヨーロッパの文書館界にとっても近年まで揺るぎないことと考えられていた(拙稿「欧羅巴文書館疾走記　一九八一年」(北海道総務部行政資料課編『赤れんが』第七四号、一九八二年十二月、所収)三二頁以下。

(14)　アーキビストの基礎的知識、なかでも評価選別を支える知識および学問的裏づけについては、全史料協『文書館専門職(アーキビスト)の養成についての提言』(一九八九年一月二十五日)、同『アーキビスト養成制度の実現に向けて――全史料協専門職問題特別委員会報告書――』(一九九二年十月二十日)、国立公文書館の『公文書館における専門職員の養成及び資格制度に関する研究会報告書』(一九九三年六月二十一日)など。国立公文書館の研究会報告については、筆者の批判的分析がある(「公文書館法の問題点を増幅した『報告書』」(全史料協『会報』№二八、一九九三年九月、所収))。アーキビストの資格、養成課程については、多くの論議があるが、ここでは、註(11)の諸論考を参照。

なお、本章ではアーキビスト論の展開を主な論点としていないが、わが国のアーキビスト論、特に公立文書館の専門職員論には次のように類型化できる主張がある。

①評価選別は文書館で行わず、当の行政機関自らによってその業務上の価値から判断するのが適切である。

②現代の公文書を選別するのは、行政経験が豊富な職員の配置が有効である。

③評価選別を行うのは、実務経験の積み重ねが有効であって、特別の養成課程(大学院または国立公文書館などの養成課程)は、必要がない。

④上記②③の職員によって、評価選別が可能であるならば、アーキビストは必要ではなく、専門職員としての資格制度は不要である。

以上のうち、①は文書館以外での評価選別、④は専門職員不要論、②は専門的知識を行政的知識および経験に限定する見解、③は養成課程不要論である。筆者はいずれの立場もとらないが、これらの論議に対しては、客観的で綿密な対論を用意する必要があると思う。

第二節　評価選別論の状況

一　欧米評価選別論の紹介

アーカイブズたる文書・記録の評価選別が論議されるのは、わが国においては、戦後、文書館設立が実現していく過程においてであった。もっともわが国で近代初頭に各分野で欧米の諸制度を導入した際、太政官および諸省ではヨーロッパの文書館制度の諸文献を翻訳しており、その中には評価選別にかかる部分も含まれている。例えば、『普国記録法』『記録法案』（パウル・マイエット）などである。[1] しかし、これらは、公文書の保存、廃棄など政府文書の内部的文書管理に影響を与えた痕跡はあるが、文書館制度が採用されなかったために、歴史的資料としての文書・記録を保存するための評価選別論としては、発展しなかった。[2]

戦前、文書館制度について最も詳細な紹介を行ったのは、三浦周行「欧米の古文書館」[3]であったが、この中では「アルカイヴ」（文書館）の第一義的目的が公文書の収蔵にあると強調しているけれども、文書の評価選別論の紹介はなかった。その後、藤井甚太郎が「読書生として見たる欧米の公文書館及び図書館」[4]によって、記録館の設置と公文書の保存、公開を提唱しているが、ここでも何を保存するかという評価選別を論ずるまでには至らなかった。

評価選別論に限らず、欧米の文書館関係文献が翻訳、紹介されるようになるのは、文書館をわが国にも実現しようとする戦後の流れの中においてであった。[5] 一九五九年に設置された山口県文書館は、その設立準備過程の中で、『米国全国文書館処務手続の手引』および関係論文の翻訳を行った。国立国会図書館においても一九六〇年に『公文書館制度研究会調査資料』五点を発行している。また、国立公文書館の設立準備にあたった総理府官房総務課は二〇冊にわたる『公文書保存制度等調査連絡会議資料』（一九六二年—六九年）を作成し印刷した。これらのうち、特に本題の評価選別を中心に触れた文献は、『外国における現代公文書の評価（公文書保存制度等調査連絡会議資料、第五号）』『公文書と公文書館（同、第一号）』などである。[6]これらの文献は、総理府の部内資料として作成されたもので頒布の範囲が限られ、広い論議を起こすには至らなかったが、新たに文書館の設立を構想し、あるいは文書館業務の改革が志向された際には、欧米文書館学を紹介する数少ない邦文文献として参照された。

一九七〇年代から八〇年にかけては、欧米の文書館界との交流によって、その文書館学・史料管理学が広く紹介されるようになる。それらのうち城戸毅は、ドイツのアドルフ・ブレネケ（Adolf Brenneke）の『文書館学（Archivkunde）を紹介した際に、「文書館収蔵物」の廃棄、保存の基準と手法に言及している。[7]また、マイケル・ローパー（Michael Roper）によって、欧米の引継移管システムがライフサイクル論として紹介された。[8]

ライフサイクル論は、文書・記録がその発生から廃棄あるいはアーカイブズとして恒久的に保存されるまでを、現用、半現用、非現用の三段階に区分して管理するものとし、各段階それぞれの管理者（業務管理者、記録管理者、アーキビスト）を措定する。文書・記録は、各段階において評価選別、廃棄が行われるが、それらは一貫した管理のもとに置かれ、かつその流れが有機的関係をもって管理される必要があるとするところに主眼があった。この考え方は、評価選別の前提となる体系的な文書管理の重要性および文書館が評価選別する以前の段階における管理の必要性を示し、わが国の文書館界での文書館業務構築に影響を与えた。ただし、ライフサイクル論も文書・記録保存のシステムへの言及であって、文書・記録の中から、何を選別するかという評価選別判断の実際に深く入り込んだ紹介ではなかった。これが前章をおおやけにした一九八九年以降、一九九〇年代になるとわが国でも評価選別が盛んに論じられるようになり、再び欧米の評価選別論が紹介されるようになるが、これについては次項で触れることとする。

二　評価選別論の展開

わが国の文書館界では欧米の文書館界における評価選別論の成果を吸収しつつ、一九九〇年代以降、引継移管論、評価選別論に集中した議論が展開されるようになる。それらは大別すると、①文書館の引継移管システムについて論じたもの、②評価選別の判断、手法について論じたものであるが、加えて、③欧米の評価選別論が再び紹介されるようになる。これらは、いずれも文書館の実務に根ざした論考であって、歴史研究者一般の発言は、頭書に述べたように評価選別論の分野では乏しく、評価選別の実際に影響を及ぼすところが依然として少ないといわざるを得ない。

まず、①引継移管システムについては、各館を比較対照した研究と各館の事例を基にした論議が展開されている。前者は、安藤正人・青山英幸共編著『記録史料の管理と文書館』所収の、水口政次「都道府県における文書保存・利用の現状と課題」、戸島昭「文書・記録の評価と選別」[9]、全史料協編『公文書の管理・移管・評価選別に関するレポート集』の成果を踏まえた安藤福平「公文書の管理・移管・評価選別について」[10]、樋口雄一「公文書館における評価と選別――原則的な考え方――」[11]がある。後者の個別の館における事例として論じたものには、九〇年代の早くに青山英幸「対話都道府県(公)文書館における公文書引継・選別の現状と課題――北海道を中心として――」[12]があり、その後、小森治夫による京都府立総合資料館の例[13]、榿場徹夫、杉村泰雄、石原一則による神奈川県立公文書館の例[14]、佐藤隆による秋田県公文書館の例[15]などがおおやけになっている。

②では、前掲の佐藤隆論文の一部に秋田県庁土木事務所関係の事例が論じられているほか、戸島昭「地方自治体の記録をどう残すか――文書館へのステップ――」[16]が、行政資料(行政刊行物)を含めての史料収集を提起して

おり、上原嗣男「公文書の評価と選別（試論）」[17]は小文ながら千葉県文書館の事例を挙げつつ、歴史研究における利用・引用史料の程度を評価選別に反映することを提案している。また、作山宗久著『文書のライフサイクル』[18]では、荒川化学工業の史料室における史料選択の例を大江神一の報告によって紹介している。

一方、③の外国文献の新たな紹介は、安藤・青山共編著前掲書に所収の石原一則「欧米における記録管理」および安藤正人「欧米記録史料学における記録評価選別の展開」[19]の両論考によって行われた。石原論文は、欧米における記録管理の歴史と現代の記録管理体制の成立について論じている。特に記録のライフサイクルにおけるリテンションスケジュール（retention schedule）、すなわち移管、保存、廃棄の計画的処理を中心に、「記録評価」の諸相を紹介している。記録管理の歴史と状況を見るに先立って石原は、文書館の評価選別行為を、「社会的な公共財として史料を永久保存」するために、「記録を選択する人間のその場限りの判断ではなく、持続的な価値判断に基づいて行われなければならない」[20]と規定している。文書館が取り組む評価選別の課題は、この持続的な価値判断をどのように担保し得るかというところにあろう。

安藤論文が取り扱うのは、価値判断を担保するための評価選別論史と今日の論点である。本章の事例報告の論点も、価値判断の有効性をどのように確保し得るかというところにある。安藤が紹介する評価選別論史は、主として第二次世界大戦前後から近年までの、ドイツ、イギリス、アメリカ、カナダの動向を扱っている。ここでは、評価選別の理論がドイツにおける国家中央、また、より上位レベルの行政組織体（機関）で生成された記録を重視する「サンテ＝ロア・モデル」、イギリスにおける文書・記録を生成した当事者である組織体の意志決定に委ねる（したがってアーキビスト、歴史研究者による判断には委ねない）ヒラリー・ジェンキンソン（Hilary Jenkinson）の評価選別論、ジェンキンソン理論の影響を受けて段階的な淘汰を行うイギリスの評価選別システム（グリッグ・システム。Grigg system）に触れる[21]。その上で、本論文の前章でも取り上げたアメリカの指導的アーキビストであったT・R・シェレンバーグ（Schellenberg）の理論における諸価値の区分（業務・法務・財務価値という記録作成目的本来の価値、証拠的価値および情報的価値という本来の文書・記録作成目的以外の利用価値）を紹介する。ここでは、シェレンバーグがこの価値判断にあたって、アーキビストの留意すべき諸点として指摘した、①文書・記録作成母体の組織と機能に習熟して、文書・記録の位置とそれに含まれる情報の意味を正確に知ること、②利用者たる行政当局・研究者・学生らのニーズの所在について、あらゆる手段を通じてつねに学習をすること、などを紹介している。[22] 本章の次節で扱おうとする、評価選別の事例はシェレンバーグの理論の適用を試みたものである。

もっとも安藤論文の評価選別論紹介の最要点は、次いで触れられているドイツのアーキビスト、ハンス・ブームス（Hans Booms）の〝能動的記録評価選別論〟およびその影響のもとにある北米のアーキビスト、例えばテリー・クック（Terry Cook）の主張などにある。それらの主張を要言すると、シェレンバーグなどに代表されるような個々の文書・記録の価値を個別に評価する「伝統的な評価選別論」を否定して、歴史事象や出来事の価値序列を見極めることによって、社会の発展過程の全体像の中に選別すべき記録を位置づけるという能動的あるいは巨視的評価選別の方法論の提唱であるといい得ようか。能動的・巨視的評価選別論では、文書・記録そのものよりも文書・記録の発生源である社会の諸機能に着目し、その社会像を反映する記録の選別を行おうとする。このように評価選別の焦点を絞ることによって、年々、幾何級数的に膨張する現代の文書・記録の保存に対処しようとするものである。[23]

能動的・巨視的評価選別論は、現代の時点すなわち同時代の価値体系の中で把握が可能となる評価選別の方法を確立しようとするものであって、評価の視点は、将来の利用価値に置かれるのではなく、現代の価値によって判断されるべきとする。このため現代社会の社会過程の分析と価値の序列化が必要であり、そのうえに立った文書・記録の選別対象の確定、またその体系化が論議の要点となる。このような価値の序列化による保存対象の体系化の構築を「ドキュメンテーション・プラン」と呼び、その具体的な指針が「ドキュメンテーション・モデル」

であると解される。アーキビストの役割は、まずもって「ドキュメンテーション・プラン」「ドキュメンテーション・モデル」を構築するところにあり、これによって保存されるアーカイブズ群は、アーキビストが〝創造する〟構造物ということになる。(24)

筆者の乏しくかつ間接的な理解によっても、能動的・巨視的評価選別論が、社会総体の情報の中に評価選別の根拠を求め、価値の序列という分析方法を理論的に方向づける意義を有していると指摘できる。また、これの紹介が行われた意義も大きいものがある。もっとも筆者の知見は、北米の文書館界で行われているという「ドキュメンテーション戦略」の実相を把握していないという限定的な中にとどまっているが、二つの点で能動的・巨視的評価選別論には課題があると考えている。その一つは、この紹介者である安藤正人によっても指摘されているが、能動的・巨視的評価選別論の理論的支柱である「組織体分析」「社会過程分析」によって、価値の序列化がどのように可能となるかという点である。いずれの分析も筆者には、史料認識論の支持が必須と思われる。しかし、本書の第一〇章などで随所で触れたように、それを担う近現代史料の史料認識論こそ、わが国においても緒についたばかりの研究領域であって、容易な課題ではない。二つには、評価の視点を現代の価値に限定することの是非である。ここでは現代文書・記録の評価を同時代人の価値基準に即応させることになるが、この視点からは歴史的時間幅の中で意義づけられるアーカイブズの価値がどのように位置づけられるのであろうか。前述の石原一則が指摘した、持続的な価値判断の確保とは、それぞれの時代の価値判断を超えたところにアーキビストの視点を置こうとする意図が含蓄されていると思われる。同時代の価値体系が、時代を超えて文書・記録を保存する意義を評価選別の実際面でどのように関連づけられるのであろうか。課題は小さくはないと思う。

上記の点に加えていま一つの異なった視角から述べるならば、能動的・巨視的評価選別論が「伝統的な評価選別論」として退けた、シェレンバーグらの評価選別論の中に社会総体の情報把握の方法が含まれていなかったのかどうかという点がある。シェレンバーグ自身がこれを評価選別論として呈示していなくとも、その手法の中にすでに含蓄されていなかったのかどうか。次節以下では、シェレンバーグの評価選別論の影響を受けて行った北海道立文書館設置準備過程での評価選別作業の試みを報告する中で、右の諸点を考えていこうと思う。

(1) 『普国記録法』による記録局の廃棄、保存については、青山英幸「日本におけるアーカイブズの認識と「史料館」・「文書館」の設置」(安藤正人・青山英幸共編著『記録史料の管理と文書館』北海道大学図書刊行会、一九九六年二月、所収)二五一頁以下。また『記録法案』は、一八八〇年代後半に逓信省が御雇外国人パウル・マイエット(Paul Mayet)の意見書を翻訳したもの。

(2) 註(1)、青山前掲論文、二五一頁以下および拙稿「文書館前史」(全国歴史資料保存利用機関連絡協議会編『日本の文書館運動——全史料協の二〇年——』岩田書院、一九九六年三月、所収)四頁以下。

(3) 『史林』第九巻第一号—第一〇巻第一号(一九二四年一月—二五年一月)、所収。

(4) 『図書館雑誌』第二六年七号—八号、所収。

(5) 以下の欧米文書館の紹介、外国文献の翻訳については、註(2)、全史料協編前掲書、第一部第四章(石原一則、小川千代子執筆)参照。

(6) 『公文書保存制度等調査連絡会議資料』の第一号、第五号については第五章第一節一項参照。同『資料』のうち収集および評価選別については、ほかに『公文書の管理』(第三号)、『主要各国における国立公文書館制度等について』(第六号)、『アメリカ合衆国の国立公文書館及び公文書の取扱い等について』(第一〇号)、『イギリスにおける移管のための文書類の準備』(第一四号)、『イギリスにおける各省庁の文書担当官に対する文書処理方法について』(第一五号)がある。一九八二年までの「収集・選別」については、拙稿「資料ガイド・文書館と近代文書学」(『赤れんが』第七四号、所収)参照。

(7) 城戸毅「Adolf Brenneke, Archivkunde について」(岩倉規夫・大久保利謙共編著『近代文書館学への展開』柏書房、一九八二年六月、所収)二二一頁以下。

(8) ICA Mission 受入実行委員会編『記録管理と文書館——第一回文書館振興国際会議報告集——』(全史料協、一九八七年十二月)一一頁以下。ほかに安藤正人によるイギリス州立文書館における段階的評価選別システム(グリッグ・システム)の紹介、筆者によるフランスの県立文書館における保存基準適用の事例紹介、第五章第三節註(18)で触れたイギリス国立公文書館(P.R.O)の「永久保存文書の選択の指針」などがある。

(9) 註(1)、参照。

(10) 第一節註(8)、参照。

(11)『神奈川県立公文書館紀要』第二号(一九九九年二月、所収)。
(12)『北海道立文書館研究紀要』第六号(一九九一年三月、所収)。
(13)「京都府における行政文書の引継移管と評価選別」(京都府立総合資料館編『資料館紀要』第二三号、一九九五年三月、所収)。
(14)楫場徹夫「公文書選別事務の現状と課題」、杉村泰雄「公文書収集システムの確立と課題」(ともに『神奈川県立公文書館紀要』創刊号、一九九七年十一月、所収)。石原一則「現代公文書の評価・選別方法について――神奈川県立公文書館の実務から――」(同前、二号、一九九九年三月、所収)。
(15)第一節註(10)、参照。
(16)全史料協編『記録と史料』第三号、一九九二年八月、所収。
(17)全史料協関東部会編『アーキビスト』No.四四、一九九八年七月、所収。同稿は同部会第一四九回月例研究会の報告である。
(18)法政大学出版局、一九九五年五月、一八八頁以下。
(19)安藤正人の論文は、のちに第一節註(11)、『記録史料学と現代』の第五章「評価選別論の現在」として収録。
(20)註(1)、四四六頁。
(21)グリッグ・システムについては、註(8)および第一章第二節五項でも若干触れている。
(22)第一節註(11)、安藤著前掲書『記録史料学と現代』二四四頁。
(23)註(22)、二四六頁以下。なお、安藤は、この論文の初出後、同書への再掲にあたって「付記」を添えてディビット・ベアマン(David Bearman)の論考に触れている。ベアマンは、文書・記録の価値によってではなく、その発生の元になった文書・記録の業務機能における「証拠性の確保」を行うべき、としているように読み取れる。これは評価選別の視点を、文書・記録のメタデータの保存に措定すべきということか。

なお、ハンス・ブームスの〝能動的記録評価選別論〟を批判的に紹介しているものに富永一也「新しい評価選別論の構築をめざして」(国立公文書館編『平成一〇年度公文書館専門職員養成課程修了研究論文』一九九九年、所収)がある。ブームスに対する根本的な批判であって、検討されるべき重要な指摘を含んでいるが、同論文集は、「内部資料」として執筆者と都道府県など主要な文書館、筆者を含む論文審査の関係者などにのみ限定して配付されたものである。公刊された論考ではない以上、これの引用、批評には、たとえ執筆者の了解を得ても躊躇せざるを得ない。これを見得る範囲が限られているとすれば、おおやけの場での議論とはなりにくいからである。ここでは、同論文の存在を示しておくにとどめることとし、早い機会に公表の手段をとることを国立公文書館と執筆者に期待したい。同様のことが、文部省科学研究費補助金の報告書についても言うことができる。この場合も配付対象が、少数であれば公刊されたとはいえない。本書に関係するものとしては、これも筆者が関係者のひとりである、国文研究資料館史料館編『特定研究「記録史料の情報資源化と史料管理学の体系化に関する研究」研究レポート』№1-3（一九九七年三月―二〇〇〇年三月）がある。この『研究レポート』の場合については、第八章の補記であらためて述べることとする。

もっとも富永の「新しい評価選別論の構築をめざして」は、その後、一部が「評価・選別を難しくしているものは何か」（『沖縄県公文書館研究紀要』第二号、二〇〇〇年三月、所収）に収録されている。同論文は、評価選別論であり、ブームス批判を行っているが、ほかに文書館論、アーキビスト論に及ぶ幅広い論点を呈示している。ただ、これは文書館論への序論的位置づけにあるという。したがって議論の全容を捉えて批評するのは、続編の公表を待つこととし、ここでは同論文の存在を紹介するのにとどめたい。富永の関連した論文としては、ほかに「評価・選別の客観基準と公文書の理念」（『アーカイブズ』第三号、国立公文書館、二〇〇〇年五月、所収）がある。

（24）　註（22）、二五〇頁。

第三節　評価選別の実際

一　「試行」の経過

北海道立文書館は、一九八五年七月に全国の都道府県中、一〇番目に開館した文書館である。この前身は一九六八年十一月設置の北海道総務部行政資料室（のちに、行政資料課）であったが、一九七六年に設立が検討され始めてから九年という長期の準備期間を要しての開館であった。「公文書館法」制定以前であり、この間、文書館設置の可否をも含めて、文書館の性格・機能、設置場所、館舎・施設の態様、収蔵対象資料の範囲、庁内文書引継移管体制の構築、他の類縁機関との業務調整、館内組織のありよう、専門職員の採用、その他の人事、予算等々、いずれも高い障壁を越える必要があった。

このうち庁内公文書の引継移管については、およそ次のような課題があった。すなわち、第一に文書館に収蔵する対象をどのようなものとするか、そのための収集の基準を策定すること、第二に、収集基準の適用によって、北海道立文書館に収蔵されるべき文書・記録量の算定である。これは収蔵量が施設の規模、なかでも書庫のスペースに関わってくる問題であることはいうまでもない。もとより第一、第二とも、北海道庁の公文書以外の他の公文書、私文書その他の資料に関わる収蔵資料全体の問題であるが、文書館の親機関である北海道庁の公文書は質量とも収蔵資料の主要部分であるから、道の公文書の引継量は文書館の収蔵量の大半を規定していた。第三は各主務課(担当課)・文書課からどのようなシステムによって文書館が公文書の引継移管を受けるか、その体制をどのように確立し得るかである。第四にそのためには、既定の「北海道文書編集保存規程」をどのように改訂し、文書管理体制全体に文書館を位置づけてその権限を明示し得るか、また第五には、文書館に収蔵すべき文書・記録の評価選別を行う主体は主務課あるいは文書館のいずれかに措定すべきか、第六に評価選別の具体的な方法をどのように確立するかという諸点である。いずれも北海道立文書館設置準備にとって欠くことのできない事項であるが、諸課題の核心となるのは第三の点、すなわち前章の論題となった引継移管体制の構築にあった。しかしこの検討は、文書館開館以前には文書課との協議が進展せず、開館後もながらく懸案として残された。本章で取り上げようとする評価選別の判断と手法は第六の点であって、第一の収集基準と同様、これなくしては開館に到達しないというものではなく、諸課題中の最重要点とはいえなかったが、北海道立文書館の設置過程が生みだした史料管理論的成果の一つとしてよいのではなかろうかと考えている。

以上の諸課題を解決するための判断材料を得る必要から、文書館設置計画を担当していた総務部行政資料課は、一九八二年(昭和五七)年五月に春季文書整理週間[1]にあわせて、「北海道立文書館(仮称)所蔵予定文書の引継事務の試行実施要領」を定め、文書館への引継事務の試行を行った。[2] この「試行」の要領では、実施の趣旨を「道の文書を、昭和六〇年に開館する予定」の北海道立文書館へ「円滑に引き継ぐため」に「引継事務を試行する」として、「昭和五六年度に完結し、編集を終えた」簿冊等(文書・帳簿)に対し、㈠「引継を予定する簿冊等の選別を行うこと」、㈡「引継時期の判断を行うこと」、㈢「引継ぎを予定する簿冊等の保存及び引継ぎを行うこと」を実施するというものである。実施事項の具体的な内容について若干補足すると、各課が文書課に提出する完結文書の引継票等の写し一部が行政資料課にも提出される。[3] 行政資料課はこの中から文書館へ引継ぐべき文書を選別し各課へ通知する。各課は選別された簿冊等について、引継の時期――保存期間満了時か、三〇年後あるいは三〇年以上または時期未定のいずれか――を指定して行政資料課に通知する。この簿冊等についてては引継時期を記入したラベルを貼付する。引継時期が到達した簿冊は、文書館が引継を受ける。その間、文書課または各主務課はラベルを貼付した簿冊等を保存するというものである。この「試行」は、前述の公文書引継移管にかかる六点の課題いずれにも関わりがあるが、最も関係が深いのは、第一の選別対象、第三の移管システムの構築および第六の評価選別の手法であった。

「試行」を実施したのは、一九八二年(昭和五七)年度―一九八四年(昭和五九)年度である。なお、この「試行」の前年には、一九八一年度に実施した文書課所管廃棄文書の中からの選別実験作業があった。「試行」はこれを発展させたものである。八二年度は、本庁の部局を対象として、文書課引継簿冊の中から将来、文書館に引継がれるべき文書の選別を行い、さらに課を特定して主務課における文書作成、編集の実態を調査した。また、次年度に実施を予定した支庁等出先機関の「試行」について、準備を行っている。あわせて前年度に引き続き文書課廃棄文書の中からも選別を試行した。八三年度は、支庁を対象として実施し、また、文書課引継文書の評価選別を行い、八四年度には、ほぼこの作業を収束させ、まとめの段階に入った。この課を特定して行った文書作成、編集の実態調査、またこれに基づく選別の試みが本章の主題である。

二　評価選別判断の手法

一九八一年度・八二年度の文書課所管廃棄文書の選別実験作業、八二年度に文書課が引継いだ文書に対する評価選別「試行」は、次のような手順で行った。もっとも下記のような綿密な調査を実施したのは、引継票等を提出したすべての課ではなく、二、三の課を抽出して行ったものである。

①評価選別対象となる簿冊の内容調査
②各課で毎年編冊される全簿冊名目録の作成
③各課の事務分掌（係段階まで）の収集、各事務の流れと簿冊の対応、簿冊相互の関連の調査
④各事務・事業の法的根拠、各課の実務概要の把握
⑤当該事務・事業について担当職員からの聴取

なお、上記の調査は、いわば各課へ立ち入っての調査であるが、それに先立って対象の課の事務についての事前の調査を行った。これは、前章で触れたシェレンバーグの提言、

「公文書の評価には、直感や恣意的推測に基礎を置いてはならない、その文書に関連する文献を用いて徹底的に分析すべきである。アーキビストは、それがどのような意味をもって保存されるべきか、分析すべきである。公文書の分析では、文献調査でわからないことがあれば、各種専門家の知識の援助を求むべきである。アーキビストは、専門家の援助を求める前にその公文書に対する予備的な基礎的調査をしておくべきである」(4)

を踏まえた結果である。

事前調査のための参考資料としたのは、当該課の事務分掌、処務細則および職員録、文書分類表、関係業務概要・業務実績、当該課の刊行物、当該課の業務に関連してすでに選別した文書の目録、その他の参考図書である。

これらの諸資料は事前に入手し得た場合もあり、後述するように実地調査の段階で入手できた場合もある。

このうち、事務分掌は、その課が所掌する業務の範囲を知るためであり、各係の業務の細部まで明らかにする処務細則は、より具体的に事務の内容を把握することができる資料である。また職員録は事務処理機構を具体的に裏づけるものである。文書分類表は文書課が全庁的に簿冊等とその保存年限を一覧するために作成したものであるが、これによって各課が作成、管理する各簿冊等の名称および保存年限によって示される重要度が明らかとなる。そのうえでほとんどの課が毎年作成している業務概要、業務実績報告を参照することによって、各課の主たる業務の処理状況、動向が把握できる。また業務概要は、課によってはおおやけに刊行されている場合がある。その他、業務に関連する刊行物——その多くは毎年継続して発行される刊行物であるが——は、業務の内容を把握するために目を通しておくべき基本的な諸資料である。すでに選別した文書の目録とは、これまでの選別実績であって、当然、この年度の選別にあたっても有力な指針となる。その他、考えられる参考図書、参考資料は収集しておく必要がある。これは、当該事務・事業の処理にかかる法令および事務・事業の解説書である。例えば区画整理事業の関係法令およびその解説書、事務の手引書の類である。その事務に携わった経験のないアーキビストにとって経験を補う方途は、これら文献によって知識を深めることであって、これは必須の作業である。もとよりアーキビストは、その事務・事業の細部にまで精通するわけにはいかないが、国の制度、道の行政全体の中での位置づけを文献によって理解することはでき、これによって関連する事務の全容と生成する文書の概要をあらかじめ把握することが可能となる(5)。

さて、以上の事前準備ののち、当該課への実地の調査を行うのであるが、次のような順序によって行った。まず、各事務・事業の法的根拠、各課の実務概要の把握を行った。次に、当該課の事務の執行単位である係段階までの事務分掌すなわち処務細則の提供を求めた。これによって事務の細部まで明らかとなる。そのうえでこの年度に作成された文書、具体的には編綴されたすべての簿冊等の標題を確認する。これは事前に当該課が作成する

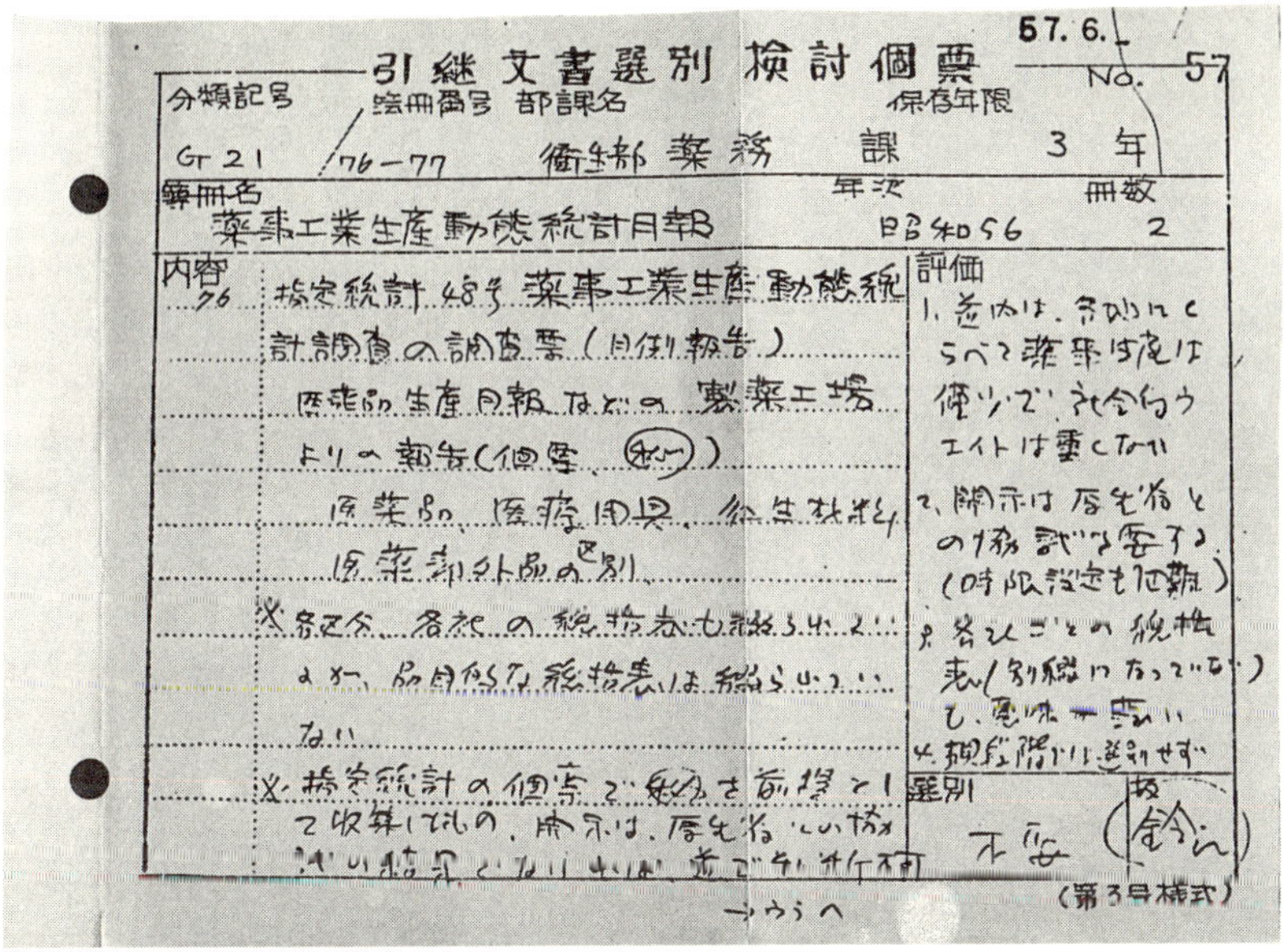

図 6-1　「引継文書選別検討個票」の例

場合もあるが、行政資料課の「試行」担当者による実地調査によって作成する場合もある。先の文書分類表が必ずしも実態を反映していない場合があるので、あらためて現実に存在する簿冊等を調査し目録化する必要があった。そのうえで個別の事務・事業とその過程で生ずる簿冊との対応関係を把握した。すなわちどのような事務処理の流れの中でどのような簿冊等が作成されるのか　また他の簿冊等とどのような事務処理上の関係があるのかを調査した。この段階では、当該課の担当職員から各簿冊にかかる事務・事業の解説を受け、不明な個所、確認を要する個所を聴取した。

一方、評価選別対象となる個別の簿冊については、内容を逐一、調査することとした。これは主として「引継文書選別検討個票」の作成であった。「選別検討個票」は、個別の簿冊の内容を「試行」担当者が理解するためのもので、特に簿冊名では評価の判断が下せない場合、「試行」担当者間で評価が分かれるなどの場合に作成した。内容は上図(図6-1)のごとく、検討の年月、個票の番号、簿冊名、年次、冊数、文書分類表の分類記号、検討対象の簿冊番号、部課名、保存年限、編綴文書の内容、評価選別の判断、選別の担当者名である[6]。

この記載の核心部分は、簿冊の内容と評価選別の判断である。その部分について筆者が保存を要すると判断したものおよび不要とした判断事例を原文のまま掲げておこう。

《保存とした判断の例》

『利尻礼文サロベツ国立公園許可(長官)　沓形港港湾整備関係』昭和五六、二冊、O14/1546、生活環境部自然保護課、永年

【内容】

(1)特別地域内工作物の新築及び水面の埋立

同意書、現況写真(概況図)、変更理由(町長提出)、利尻町長説明、港湾拡張整備計画樹立に伴う事前調整、全面図、波浪図、現況写真、港湾整備計画説明書、許可証写、環境庁長官へ進達、宗谷支庁長進達、審査、調査(植生一覧表を含む)、利尻町長許可申請書、沓形港整備計画書

(2)(原文のママ)……

※支庁長権限だが特殊、大規模のため本庁と協議する

【評価】

1、工事の規模と事前協議の内容に注目して保存してみる。

ただし、事前協議は、この種の事案におおむね伴うものであるから、個々詮議によって選別するものである。

【選別】

保存

《不要と判断した例》

『薬事工業生産動態統計月報』昭和五六、二冊、G21／76―77、衛生部薬務課、三年

【内容】

指定統計48号薬事工業生産動態統計調査の調査票(月例報告)

医薬品生産月報などの製薬工場よりの報告(個票、(秘))

医薬品、医療用具、衛生材料、医薬部外品の区別

※各区分、各社の総括表も綴られているが、品目的な総括表は綴られていない。

※指定統計の個票で(秘)を前提として収集したもの。開示は、厚生省との協議の結果でなければ道で判断不可(以下略)。

【評価】

1、道内は、各地にくらべて薬事生産は僅少で社会的ウェイトは重くない。

2、開示は厚生省との協議を要する(時限秘も困難)。

3、各社ごとの総括表(別綴になっていない)も意味が薄い。

4、現段階では選別せず。

【選別】

不要

三　評価選別の結果

上記のような調査に基づき、①行政上、その事務・事業が主要な位置を占めているか、②行政上の位置と関わ

表 6-1　保存期間満了文書中，文書館引継選別率(1981 年度-82 年度)

文書保存年限	1981 年度廃棄文書(%)	1982 年度廃棄文書(%)	1982 年度廃棄文書(冊数)
永年保存文書	選別率 48.4	選別率 49.4	選別数 296
10 年保存 〃	25.2	26.6	97
5 年保存 〃	2.6	6.4	147
3 年保存 〃	4.0	8.0	6
1 年保存 〃	0.0	0.0	0
総　数	13.6	13.7	546

りなく、資料としてまとまっていることによって歴史的資料としての意義が生ずるか、③全道または特定地域をカバーしているか、④継続的に保存し得るか、との諸点に留意しつつ評価選別の判断を行った。[7]評価選別結果の例として、「試行」の一環として行った文書課において保存期間を満了した文書(廃棄文書)の選別数によって示すと、表6-1のような数値となった。

これは一九八一年度の廃棄文書選別対象三、四七三冊のうち、四六六冊を選別した結果が一三・六パーセント、また「試行」の年八二年度では、同じく三、九七六冊のうち五四六冊、すなわち一三・七パーセントを選別したという数値である。このうち永年文書から三年保存文書にまで限ってみれば、選別率が一六・五パーセントに上がる。なお、廃棄文書の中の「永年保存文書」とは、マイクロフィルム撮影後に廃棄対象となる永年文書の原本を指している。

これらの選別過程では、その当初から「保存すべきもの」「不要のもの」と判断し得たものが多かった。例えば、例規類は保存対象に、会計関係の帳票は不要と判断された。統計表のうち個票は不要であるが、地域の集計表は保存対象であると判断することができた。しかし、判断に迷い、また選別担当者によって判断が分かれたものがあって、評価選別上の課題を示している。いくつかを例示すると次の通りである。

㈠　都市計画事業関係

都市計画法に基づく開発行為の許可は、都市区域内の土地形質の変更に対して建設大臣から知事に機関委任された事務である。開発行為は、地域の景観の変化、産業・

地域構造の変化を示すもので、関係の文書が厖大、詳細に作成されており、一連の文書は重要であると判断された。ただし、権限の移譲もあって事業の許可主体が分散しており、各地域、各地区、各事業内容にわたり、逐一保存することは躊躇された。この事務は、知事へ機関委任されているが、道の施行規則によりさらに支庁長および人口一〇万以上の市(八市)の市長に委任しており、しかも政令指定都市(札幌市)は知事の権限外である。したがってそれぞれ許可の主体を異にしている。本庁(住宅都市部宅地課所管)の許可対象となるのは面積が広いというよりも、特殊なケースで通例ではない判断を要する場合であって、最近ではゴルフ場の許可の例が多いという。このため、景観の変化等々を把握しようとの意図からするならば、本庁分に限らず許可主体のレベルを超えて保存の措置を講ずる必要がある。

このため、「試行」では、関係文書の一部のみを選別した(都市計画地域の指定、都市計画審議会)。個々の各地域・各地区・各事業内容をどのように判断して保存するか、今後の課題として残された。

㈡　衆参両院議員選挙関係

関係文書は、庶務、選挙特報・公報、ポスター、ビラ、収支決算のみであった。全簿冊を一括して保存することも考えられたが、この時は当該選挙について他の方法では保存しがたいものに限って選別した。

㈢　農漁村動力電気導入事業

この文書は、一九六〇年代頃に始まる、例えば酪農農家のミルククーラーなどに使用する電力の三叉化の補助事業などで、農漁村近代化の資料として意義ありとし、以前から選別してきた。しかし、この事業自体、一九八〇年代には、行政的・社会的意義がなおあるのか再検討が必要であると考えられている。

㈣　営繕工事関係

個々の工事のうち、特に重要で大規模な事業を残すことでよいと判断され、このときは該当なしとなった。個々の対象については、内容、規模によって判断する必要があり、その基準が求められる。

問題点は、関係の簿冊が工事の文書を建築物一件ごとに、工事の開始から完了まで、一冊あるいは数冊にまとめて編綴するのではなく、年度単位で複数の工事をまとめて編冊していることである。したがって特定工事のみを選別する場合には、簿冊を解体する必要に迫られる。

(五) 漁業許可

漁業許可証は、毎年、漁船、漁種ごとに交付される。許可証は一枚であるが、発行枚数の総量は毎年、厖大となる。漁種、地域を特定して選別することも適切とはいえない。例えば、サケ・マス漁は対象とするが、エビかご漁は対象にしない、日本海沖は選別するが、ニュージーランド沖は選別しない、とはならないであろう。したがって選別するならばすべての漁種、海域を網羅的に保存することになるが、多量の文書ゆえ毎年網羅的に保存することは難しい。さらに、許可主体が、北海道沖の漁場であっても、農林大臣の許可、道知事、青森県その他の他県知事の場合がある。北海道沖の漁業がすべて北海道知事の許可ではなく、北海道民の漁業がすべて北海道沿岸・沖合に限られるものでもないので、北海道庁の文書を網羅しても、これによって把握できる情報は限定されている。

一案としてある年次ごと、例えば、他の漁業権(区画、定置)の改定時期に漁業許可書を網羅的にマイクロ化して、選別文書の体系性を保持して保存することも考えられる。

この「試行」は、本庁の文書について調査を行ったあと、支庁を対象に行っている。支庁分は本庁にない支庁独自の文書がどの程度存在するかという検討課題があった。結果は、ほとんどが本庁に決裁文書あるいは報告書として提出されており、本庁文書を保存することによって、道の文書の体系的保存は可能であるとの見通しを得た。ただ上記(一)「開発行為許可」関係の一部の事務については、指定して保存することが必要であるとの指摘ができた。また、支庁文書中の選別対象がごく限定的であることから、支庁の簿冊についてすべての文書目録を提出させる必要があるかどうかという議論も生じた。しかし、支庁など出先機関の文書の選別については、十分煮詰めた検討に至らずに「試行」を収束させた。

「試行」は、この作業の目的が多面的であったため、最後は他の差し迫った設置準備に追われるようになり、十分な総括ができず、したがって引継移管問題の何かを解決したという明確な成果を得たとはいえないまま終わった。しかし、この「試行」全体は、評価選別の手順、方法について貴重なデータを提供し、収集基準策定および引継移管体制の問題点の摘出をなし、選別判断主体は各主務課ではなく文書館であるべきとの結論を引き出したことなど、その後の北海道における保存文書移管体制の構築、評価選別の方法に反映したと考えている。

（1）文書整理週間（または文書整理月間）は、総務部文書課が「北海道文書編集保存規程」に基づき、毎年春季・秋季の二度実施するもので、文書課への保存文書の引継、不要とされる文書・執務資料の廃棄、歴史的資料の行政資料課（のちに文書館）への引き渡しを行うことが主たる内容であった。

（2）最初の「試行」は、同年五月十二日付行資第六七号、総務部長名によって北海道庁本庁内各課（室）長あての通知に基づいて行われた。

（3）各主務課から文書課へ引継がれる完結文書のほかに、各主務課が引き続き課内にとどめ置きたいとする文書があり、この手続きが「保存承認」として完結文書の引継とともに行われていた。「引継票等」の「等」の部分は、この「保存承認」票提出の意味である。しかしながらそれまで「保存承認」票が文書課へ提出された事例はほとんど皆無であって、実質上、各課での廃棄が文書課の承認なしに行われていた。

（4）第五章第三節六項「小括」の㈣—㈥（T・R・シェレンバーグ著『現代公文書の評価』の意訳）。

（5）文献を精査することによって当該課の事務を理解することは、その事務については部外者であるアーキビストにも十分可能であると思う。筆者はアーキビストに代わって行政事務の経験を積んだ職員があたる方がより効果的であるという立場をとらない。アーキビストは行政経験を豊富に積んだ職員の見解から多くを学ぶべきであるが、それはアーキビストが判断をする情報を参考意見として徴するという意味であって、アーキビストに対する協力者としての位置づけである。行政経験が直ちに歴史的資料としての判断を生みだすものではないことは、「試行」に従事した行政資料課の職員と各課の職員の保存価値判断における差として、この「試行」が立証したことを付言しておこう。思うに歴史的資料価値の判断を行政経験によって得ようとするならば、文書館は評価選別のために各行政部門を網羅するだけの職員の配置を要することになる。しかして文書館にとって必要なのは、各分野個別の行政の専門的知識ではなく、全庁にわたって歴史的資料を概観できる史料の専門的知識である。それを持ち得ることが必要なのであって、経歴、学歴が問題なのではない。ただ、そのような学識、見識をどこで得られるかといえば、単に行政の経験だけで得られるものとは思われない。そのためには、一定の学問的裏づけを持った養成課程による教育または再教育が有効であるというのが、筆者の立場である。

（6）行政資料課では、「文書等評価選別の手引き（仮称）」（同年三月十五日作成）の第2・2で「評価選別の進め方」を次のように定め、その中で「引継文書選別検討個票」を位置づけている。

2 評価選別の進め方

(1)当該課の業務内容を調査し、当該文書にかかる業務の概要を把握する。必要により当該課からの聴取を行う。

(2)完結文書引継票等により、複数の職員により予備選別を行う。

(3)予備選別の結果を整理し、原本の点検を必要とするもの、判断が分かれるものは簿冊の内容を点検し、「選別検討個票」に記載し、採否の判断を行う。

(4)選別理由を付して選別結果を再整理するとともに、選別決定の手続きをとる。

(5)選別の手続、評価選別基準その他、問題点があれば記録する。

（7）評価選別判断の要点とした、行政上の主要な位置等の諸点は、のちに「文書館資料収集基準」の各所、なかでも「共通の留意事項」の規定に反映されている。

第四節　まとめにかえて――評価選別論への小考――

本章の課題としたのは、現代の文書・記録を史料として保存するための評価選別をどのように行うかという、具体的な方法の一端を報告することであった。紹介し得たのは筆者が経験した範囲の事例である。わが国の各文書館においても同様の選別作業を行っているはずであるが、これまで論文として評価選別作業が例示されることが少なかったので、この小文で報告する意味はあろう。そのうえで最後に第一、二節で触れた諸課題に少しでも答えておこうと思う。

本章の第一、二節で触れた課題は、厖大な現代の文書・記録（特に地方自治体の公文書）から評価選別し淘汰する必然性、評価選別の方法、アーキビストの専門性および養成課程の諸点であった。また社会総体の中で評価選別すべき対象の文書・記録をどのように位置づけるか、特に能動的・巨視的評価選別論から批判されたシェレンバーグの評価選別論をどのように〝評価〟するか、というところにあった。最初の点、評価選別の必然性の問題は、評価選別の本質に関わることなので最後に触れることとし、第二の点以下は、評価選別の理論と方法、またそれを担う学問的背景の問題であるので、まずこれについて若干のことに触れておこう。

前節で紹介した一連の「試行」は、北海道庁内の一課単位で行った作業であったが、その際、文書の選別において必要としたのは、公文書の二つの側面についての立ち入った理解であった。一つは文書を生成した母体である当該課業務全体への理解、いま一つは選別の対象である文書（簿冊）の有する情報価値自体への理解である。そのために行ったのが当該課の業務と生成された文書（簿冊）の内容に対する分析であった。評価選別では、当該対象文書の持つ情報が検討の対象となるのであるから、まず文書の内容を把握し分析する作業は欠かすことができない。「引継文書選別検討個票」の作成は、簿冊への理解を概括的な範囲にとどめず、内容を把握し簿冊に対する知見を客観化する作業として有効であった。さらに法令、参考資料、保存文書目録、関係者からの聴取によって、当該業務全体の遂行の上で、それぞれの簿冊の位置、例えば当該業務の全容、経過および結果がどの簿冊によって把握し得るか、他方、どの簿冊については廃棄してもその業務全体への理解を損なわないかの検討を行った。この判断は、当該業務にかかる簿冊ないしは文書の全体を体系的に把握することによって、初めて可能となる。当該課の業務は、いくつもの簿冊ないし文書の体系を生成させ、これを業務の結果として残しているのであって、評価選別はその一部を切り取って保存する行為にほかならない。評価選別の行為は、部分によって全体像を伝えようとするものであろう。したがって評価選別者の作業は、文書・記録のどの部分を選別し、または廃棄したのか、その全容が当然のことながら記録され明らかにされなければならない。

全体の中の一部を保存するという行為は、もとより当該課とその所管する簿冊ないし文書とを規定する関係にとどまらない。当該課とその自治体全体との関係としても同様である。先の「選別検討個票」における判断についていえば北海道庁の行政全体の中での自然保護課、薬務課などの業務の位置づけが明らかにされる必要がある。「試行」では、道行政全体における各課の位置を検討するには至らなかったが、「試行」の方向は、各課の簿冊ないし文書の評価選別の方法を拡大することによって、部段階、知事部局全体、さらには各種委員会などを含む道の組織全体における評価選別対象の特定に向かう性格のものである。北海道立文書館の収集基準(評価選別基準)は、道の組織全体の簿冊を把握した上で策定することにはならなかったが、本来、評価選別基準はこうした積み上げによって策定されるべきものであろう。ただ、文書館開館後の評価選別の経験・実績の蓄積が、より綿密で実質的な基準の内実を形成する根拠となっていったと思う。

全体の中の一部ということで、留意したいのは、組織全体の中での各課およびその業務を価値づける場合に、全体から見た各業務の重要度を計るのみならず、各課各業務の持つ社会的な意義についても多様な検討の視点が加味される必要があるということである。その組織、例えば自治体の重要施策にかかる文書・記録は、史料保存の視点からも重視される必要は当然あるが、史料として保存する価値のある文書・記録は、すべて自治体の重要施策の文書・記録とは限らない。施策の重要度と文書・記録の現用段階における重要度と史料として保存すべき価値とは、必ずしも一致するものではない。そこに歴史的時間幅で史料を見るアーキビストの独自の視点が求められる。アーキビストの判断が行政経験だけでは得られないとする根拠の一つがここにもある(1)。

他方、前章で紹介し、またその後策定された各文書館の収集基準、評価選別基準を見ると、眼前の文書・記録の処理ではなく、史料生成母体である組織体(この場合は、主として各地方自治体)の重要施策、重要事業とともに親機関の組織および法規という制度的骨格をまず列挙しているのを見る。これは、たぶんに現用文書における永年保存ないし長期保存文書の保存年限の指定に影響された結果ではあるが、自治体行政全体を視野に入れた評価選別を行おうとしている証左である。評価選別の視点は、その機関全体の中で個々の保存対象がどのようなものかを位置づけるという構図をつねに保有しているように思う。筆者には、シェレンバーグらの評価選別論の中にも、この視点は排除されてはいなかったように思われる。シェレンバーグの理論には、文書・記録を生成する組織体全体の中で評価選別がなさるべきという考え方があり、これを敷衍していけば、その組織体が社会の中でどのような機能を有するものであるかという視点が含蓄されていると言えるのではなかろうか[2]。

能動的・巨視的評価選別論の積極的な意義は、当該組織体の活動の範囲で評価選別を行うにとどまらず、その文書・記録の持つ社会総体の中での位置づけを求めた点にあろう。社会総体の中での当該組織体の位置、さらにその中での文書・記録の位置づけを摘出するという、能動的・巨視的評価選別論の方法論が、「〝記録遺産の形成〟という創造的行為[3]」たらしめる、といえようか。

しかし、第二節の最後で述べた通り、能動的・巨視的評価選別論には、同時代の価値体系の序列が史料を永続的に保存するという価値評価にどのように結びつくかという課題がある。これらの論議を筆者は、間接的に理解をしているにすぎないが、これまでの史料論の到達点からすると、評価選別の論理を〝社会総体─個別の組織体の価値─個別の史料価値〟という構図で発想するよりも、現代の文書・記録自体の情報が伝える範囲と性格の解明を行うことがまずもって必要であろうと考える。評価選別のために組織体の社会的機能が明らかにされる必要はあるが、それは具体的な文書・記録の存在を媒介として意義を有するものである。それゆえ評価選別は、〝現代において生成する文書・記録総体の性格─その中における各組織体の文書・記録が持つ情報の範囲─個別の史料の価値〟という構図となるのではなかろうか。前節の選別の判断が困難であった諸事例の存在は、組織体内外において文書・記録を生成させる社会的構造の解明を促すものであった。社会の中での文書・記録の位置づけをどのように認識するのかという点は、史料認識論が評価選別論に隣接し、その成果を反映させる位置関係にあることをあらためて示しているといえよう。

アーキビストの専門性の問題は、本章では詳論できなかったが、右に述べたような当該組織体内外の社会的構造の中で行われる評価選別は、行政の実務経験のみに依拠して達成されるものではないことを示している。それゆえ評価選別は、史料保存の視点に立ちつつ、行政の実務経験者の知見を吸収することによって可能となることが多いと規定してよいのではなかろうか。もし行政実務に豊富な経験を有するものが評価選別にあたる場合には、当該自治体(国の場合も同様)の行政に対するより幅広い知見を持ちつつ、右のような史料保存の視点に立つことが求められよう。いずれにしても評価選別にあたるアーキビストの要件は、史料保存の視点と行政的知見とを兼ね備えていることである。

筆者としては、行政の実務経験のみを評価選別者の要件として強調するのは、史料保存の視点を控除しているのであって、当を得ていないのではないかと考えている。また、評価選別の能力が文書館での実務によって初めて確保されるのであるから学校教育または養成課程を必要としない、という論議も受け入れがたい。この主張には、アーキビストに必要な基礎教育の重要性、理論的な教育の必要性が欠落してはいないであろうか。アーキビストの養成問題では、史料保存のために必要な専門的知見や視点を文書館など史料保存機関の内部にどのように確保し蓄積していくかという論点をはずすべきではあるまい(4)。

最後に、頭書の評価選別の必要性について、若干のことを付言しておきたい。史料保存機関の現状では、評価選別は物理的に限界のある収蔵能力に、保存すべき史料の量を対応させる目的で行っている。この点が今日の評価選別にとって、決定的与件である。では、今後、各機関にとって文書・記録の評価選別が、引き続き必須の業務となるであろうか。例えば文書の電子化が支配的になった場合、物理的な限界は大幅に減少することになろうか。筆者は、この点を予測する能力を持たないが、仮にすべてを保存し得ることがあったとしても、保存すべき重要度の判別、電子データの永久保存処置の優先度などを設定する必要から、保存価値の序列化の課題が、アーキビストの評価選別の課題となるのではなかろうか。そのような状況を織り込まないまでも、文書・記録に重要度があるとすれば、その内容とその生成の状況を保存するには、一定の価値判断によって量的に限定していくのが有効ではないかと思う。どのような文書・記録の環境となっても、アーキビストが重要度の判断から免れることはないと考えるが、いかがであろうか。

（1）第一節註(11)、安藤著前掲書、二四八頁以下では、ブームスの評価選別方法を日本のある県を想定したモデルによって説明を試みている。この場合も価値の判断は、上位機関から下位機関へ、また全体から細部へと及んでいく構造が想定されている。ただし、組織体の序列が価値を定めていくと考えるならば、安藤自身も指摘するように、価値の一面的評価に陥るのであって、そこに今後の能動的・巨視的評価選別論の課題があるように思う。

（2）筆者は、シェレンバーグの評価選別論には、その文書・記録が社会の中でどのような価値づけがなされるかという視点に発展する要素を含蓄していると考えている。第一節註(11)、安藤著前掲書、二四四―二四五頁もまた、シェレンバーグが能動的記録評価選別論を高く評価していたとしている。

（3）第一節註(11)、安藤著前掲書、二四六頁。

（4）アーキビスト教育の有効性については、第三節註(5)をも参照。

第三編　史料整理論の検討

第七章　近現代史料整理論の状況

第一節　本章の意図

本章を含む第三編「史料整理論の検討」は、近現代史料の整理について、史料管理学・文書館学の立場から考察を試みようとするものである。ただ、筆者はいまだ近現代史料整理論を体系的に呈示するまでに至らないので、近現代史料整理論のいくつかの側面を取り上げて論ずることになるが、今回はそのささやかな一歩である。本章は、第三編の最初の章であるので、「整理論」自体の軌跡をたどってみることにしたい。

もっとも、「近現代史料整理論」と掲げているが、筆者は、「古代・中世史料整理論」[1]「近世史料整理論」、そして「近現代史料整理論」が相互に独立して対峙していると考えているわけではない。本来は全時代を通じての史料総体[2]に対する整理論が存在していて、もし必要があれば古代、中世、近世、近現代といった史料的特質に応じた各時代ごとの整理各論が論ぜられるという程度のことであろう。ただこれまでのところ、わが国では、史料管理学・文書館学の立場から史料整理論の総体が論じられたことは、そう多くはなかったと思う。各時代にわたる体系的な史料整理論の呈示が、一、二を除きほとんどなされてこなかったといってもよいのではなかろうか[3]。史料総体に対する整理論が、例えば図書館学における図書整理論[4]、博物館学における資料管理論[5]に対置し得るまでに、ことわが国の文書館界では、体系化されていないように思われる[6]。史料整理論の現状は、包括的な「史料整理論総論」が呈示される以前の、各時代の整理論が個別に蓄積されつつある段階である。本章が「近現代史料整理論」を掲げるのも、「史料整理論総論」が確立していない現段階で、これが他の時代、特に近世史料の整理論に見合った発達を遂げたいと思うからである。

筆者が本章で近現代史料の整理論を扱おうというのは、一つには近現代史料に対する関心とこれまでの整理実践の経験によるものであるが、いま一つは意識的に追求されることの少なかった近現代史料の整理論の到達点を、いまの段階で捉えておきたかったからである。というのも、史料整理論の中では、近世史料整理論が一定の蓄積を持っており、幾多の論争も生まれ、それがさらに史料整理論・整理技術の発展を促してきた[7]。しかしながら近現代史料の整理論は、近世史料整理論に比較すると、萌芽的な状態にとどまっているかのように見える。もとより、近現代史料の整理は、後述するように相当な実績をわが国の文書館は持っているが、史料整理論として体系を備えようとする論議の蓄積が少なかったように思う。近現代史料整理論が体系的に構築されるためにも、その現状を把握し到達点と課題を確める必要があるのではないかと考えるからである。

また、「いまの段階で」と筆者が記したのは、近現代史料整理論(に限らず、史料整理論全体についてもいえるのだが)は、いま新たな課題に直面し内容を変えつつあるのではないか、と考えるからである。それが何であるかは、本章の行論とともに触れたいが、要言するならば次のようなことである。

かつて文書館が扱ってきた史料は、近現代史料といっても例えば行政文書(公文書)でいうならば、主に近代初頭の文書であった。しかしいまや各文書館が収蔵し整理する行政文書は現在の文書であり、時には明日の文書(を想定して）の収集、整理にあたっている。当然これらに対する整理論が要求されつつある（やがては近代史料整理論とは別に、現代史料整理論が必要であるとの論議が起こることも予測される）。文書館自体が、今日の社会の中で変革を求められているといえるのかもしれない。これらの変革の動きに、われわれはどのような対応をなし得るであろうか。生まれたばかりのわが国の史料管理学・文書館学は、相当な自己形成の努力が求められているのではなかろうか。

わが国において史料管理学・文書館学を学ぶわれわれは、外からのさまざまな知見や刺激を受け入れなければならないが、同時に、これまでわが国の文書館界が蓄積してきた史料整理論がどのような内容のものであったか、またそれらをどのように継承し発展させていくべきか、見定めておく必要があるように思う。史料整理論の検討の最初に、「近現代史料整理論の状況」として、これまでの史料整理論の歩みとその到達点と課題とを探ってみようと思うのは、右の必要性からである。

では、この整理論はどのような内容のものであろうか。近現代史料整理論（ひいては史料整理論総体）がどのような枠組を持つものであろうか。この点も本編各章の課題であるように思うが、仮に次のように考えておきたい。史料整理論の内容としてまず挙げられるのは本章の主題である、近現代史料整理論自体の研究史がある。さらに、目録編成法、目録記述法、各種の検索手段の構築、そして目録批評などが挙げられよう。これらの史料整理論各論が考究されるために、先進的な文書館の史料整理理論・技術の導入、各館の史料整理法の比較、他の類縁機関（特に図書館界）の理論と技術の比較および吸収がなされることになる。

なお、ここでいう「整理」とは何かが問題となろうが、とりあえずごく平明に次のごとく規定しておくこととする。すなわち、保存されている史料を利用に供するために施す、検索・出納に必要な処理としておこう(8)。通常、収集、整理、利用あるいは保存という文書館業務の領域がある。整理は、収集と利用の間に位置するものであるが、その領域は画然としたものとして確立しているわけではない。したがって整理の概念規定は、筆者があらかじめ呈示し得るほど容易ではない。整理についての概念規定自体も、いずれこの第三編「史料整理論の検討」の課題としておきたい(9)。

このほか、あらかじめ史料整理論の対象を考えるうえで触れておきたいのは、史料整理論が適用される対象の史料についてである。かつては図書館における「図書」に対して、文書館の収蔵資料は「文書」であるとされてきた。史料管理学・文書館学の整理論の対象ももっぱら文書原本を対象にしてきた、といってもよい。しかし、近年、全国歴史資料保存利用機関連絡協議会(全史料協)発行の『記録と史料』などでも、その定義について、「記録(レコーズ)とは、昔の木簡、古文書、金石文、絵図面から、今の公文書や私文書、マイクロフィルム、録音テープ、光ディスクまで、時代を問わず、形態を問わず、およそ人間が記録化してきたあらゆる情報」であるといい、「史料(アーカイブズ)とは、記録(レコーズ)のうち、歴史的・文化的な価値のゆえに、史料として永久に保存されるもの、あるいは保存すべきもの」(「誌名のことば」)といっている。もしそうであれば史料整理論の対象史料も自ずから拡大されることになる。筆者はこれだけの記録・史料の定義をもって史料整理論を展開するのには戸惑いがあるが、史料概念の拡大の方向は受け入れなければならないであろう。従来からも文書館に存在する史料は、いわゆる文書原本以外の広汎なものを含んできた。文書原本以外の「記録・史料」も整理論の中に位置づけておく必要がある(10)。

このように本章の対象と課題を設定したうえで、いま一つ触れておきたいことがある。それは図書館学における資料の組織化(整理)が図書館に収蔵している「図書館資料」を対象としているように、史料管理学・文書館学における史料整理論も、基本的には史料保存利用機関が管理する史料を対象として構築されるものであるという点である。もとより、この史料保存利用機関というのは、文書館・公文書館・史料館に限らない。また、図書館・博物館のような文書館の類縁機関にとどまらない。修史機関、その他の団体あるいは史料を保存している個人も含まれる。いずれの機関、個人であっても、史料を管理する主体が自ら行う史料管理の営為の一環が、ここでいう整理論の考察の対象である。ただ本章では、論議の枠組を、史料保存の専掌機関である文書館などの史料保存利用機関における史料管理に措定している。史料整理論は、文書館の中にとどまらないのであって、史料が存在するところ整理論の課題は存在するのであるが、論議の枠組を明確にするために、史料保存利用機関の史料管理理論の一環である整理論として、この後の論述を進めていきたい(11)。以下、本章では、次節において一九七〇年代から八〇年代前半、近現代史料整理論が提起され形成されていく過程を、第三節では一九八〇年代半ば前後以降、今日までの整理論の状況を述べ、最後の第四節で今後の近現代史料整理論の方向について、まとめをすることとしたい。

(1) 古代・中世史料整理論を掲げた論述については、筆者は不明にして把握していない。ただ、上島有による一連の京都府立総合資料館所蔵東寺百合文書とその整理に関する論述と紹介に接することができたので掲げておく。
「東寺百合文書の整理について」(『史料館報』第二六号、一九七七年三月、所収)、「東寺百合文書の伝来と現状について」(京都府立総合資料館編『資料館紀要』第八号、一九八〇年三月、所収)、「東寺百合文書の整理と保存」(『北の丸——国立公文書館報——』第二三号、一九九一年三月、所収)。

(2) 本章の対象である「史料」については、特に断わらない限り、文字、図象などの「記録史料」を意味している。また、「文書史料」「文書」と記することもあるが、いずれも同義語として使用している。これは本章で取り上げた文献の記載にあわせて、そのつど語を選んで記したためである。
なお、本章で用いた「文書」は、古文書学の古典的な定義、例えば「文書とは、われわれがある事柄に関して記号をもって意志表示をなし、これを相手方に交付するものである」「差出者と受取者とが必ずなければならぬ」(伊木寿一著『増訂　日本古文書学』(雄山閣出版、一九七六年四月、四四頁)という範囲に限定されるものではない。

(3) 史料整理論総体を扱った著作は、国文学研究資料館史料館編『史料の整理と管理』(岩波書店、一九八八年五月)、大藤修・安藤正人共著『史料保存と文書館学』(吉川弘文館、一九八六年九月)を挙げるにとどまろう。この両著も、史料整理技術の具体的な紹介はもっぱら近世史料の場合を事例としたものである。
なお、近世史料の整理の体験から、中世、近世、近代を包括した整理論体系の構築を提起した論考に、塚本学「文字史料の整理をめぐる問題若干――福富家文書目録の作成を終えて――」(『国立歴史民俗博物館研究報告』第四五集、一九九二年十二月、所収)がある。ここでは、近世の「往復形態の文書」の名称(さらには差出人、宛名人を含めて)の付与をどのようにするか、「中世・近代のこの種の例との整合性も考えねばなるまい」(三三九頁)と記述の標準化に及ぶ提起がされている。

この福富家文書に限らず、近世史料の中に近代史料が含まれているのは珍しいことではない。その意味では、近世、近代を通じての目録記述の標準化、目録編成の理論構築は、両時代を含む史料の整理者にとって現実の課題である。

(4)「図書館学」という名称を使用することについては、留保が必要かと思う。近年では、「図書館情報学」という呼称が多用されている。アメリカの図書館学が情報学と相互補完的に総合されて、図書館情報学となっていく経過を略述したものに、桜井宣隆「図書館情報学の誕生と将来」(『図書館情報大学研究報告』一九九一・一〇巻一号、一九九一年八月、所収)がある。

(5)かつて図書館学の整理論は、例えば『図書館ハンドブック』(日本図書館協会、一九六〇年七月〈増訂版〉)では、「整理技術」(Ⅳ章)として表記されていたが、近年は、「資料の組織化」として概念づけられている(岩猿敏生ほか共編『新・図書館ハンドブック』雄山閣出版、一九八四年六月)。

(6)博物館学の資料整理法については、例えば、柴田敏隆編『博物館学講座』第六巻、「資料の整理と保管」(雄山閣出版、一九七九年三月)五九頁以下、「Ⅲ、資料整理とその過程」がある。ここでの整理は、「受入れから収納まで」を指している。すなわち、資料の受入登録、分類、目録作成・公刊、情報検索に及ぶが、文書館・図書館の整理とは異なり、博物館に特有な、マウント(標本クリーニング、計測、保存処理など)、ラベリング(収集記録の貼付)、鑑査(学問上の名称を付与するための同定または鑑定)を主要な整理過程の一つとして措定している。

(7)近世史料整理論を掲げた、最近一〇年程の研究のうちいくつかを例示するならば、大藤修「近世史料の整理と目録編成の理論と技法――信州松代八田家(商家)文書の整理と目録編成を事例に――」(『史料館研究紀要』第一七号、一九八五年九月、所収)、安藤正人「近世・近代地方文書研究と整理論の課題――「文書館学」の立場から――」(『日本史研究』二八〇号、一九八五年十二月、所収)がある。この二論文は、註(3)、大藤・安藤共著前掲書の第六章、第七章として収録されている。また、中野美智子「近世地方史料の整理について」(『大学図書館研究』第二八号、一九八六年六月、所収)、同「近世地方史料の整理論の動向について――所蔵目録作成の立場から――」(地方史研究協議会編『地方史の新視点』雄山閣出版、一九八八年十月、所収)、山中秀夫「近世地方文書の検索の機械化及びその利用」(『ビブリア』第八七号、一九八六年十月、所収)などがある。

(8)全史料協公文書館法問題小委員会編『記録遺産を守るために――公文書館法の意義と今後の課題――』(全史料協、一九八九年一月)では、整理業務について次のごとくに定義している。

「2・3・1　文書の整理と目録編成

文書館における文書の整理業務とは、受入れた公文書及び古文書を、歴史資料として利用可能な状態に変換する諸作業を言う。受入れてから閲覧等の利用に供せられるまでのあらゆる作業の過程が整理である。この整理には、搬入後の装備に至るまでの物理的な作業とともに、目録の編成・索引の作成といった分析的な調査の二面が含まれている。

（略）整理作業の方法は、大きく次の三つの段階が考えられる。

ア．文書そのものに対する補修・製本等の加工作業。

イ．文書及びその容器への装備作業。

ウ．目録・索引の編成作業。」（三八頁）

利用可能な状態へ史料を変換させるという、この整理の概念は、筆者もほぼうなずけるが、はたして受け入れから利用までの間のすべてが整理の範疇に入れるべきかどうか、検討が必要であろう。

なお、整理関係の用語についてＩＣＡ（International Council of Archives 国際文書館評議会）の Dictionary of Archival Terminology, 1984では、安澤秀一の試訳によると、次のようである。

ARRANGEMENT〔整理＝配置〕　（1）作成部局の管理構造および／あるいは権限、もしくは機能を反映させながら、出所原則・登録簿原則に基づいて、記録群／史料群の構成を組立てる知的操作、もしその操作が不可能ならば、別の基準に基づいた構成が採用される、すなわち物的形態であり、あるいはアルファベット順・年代順・地理区分・主題別といった書誌的事項である。整理は多かれ少なかれ、つぎの水準で行なわれるであろう。史料館毎、記録群／史料群、副群、系列、個別書類。（2）番号付・箱入れ・書架配置によって、上記の操作を物理的に補完すること。

DESCRIPTION〔記述〕　保有史料の制御と参照を適切ならしめる検索手段の作成。

FINDING AID〔検索手段〕　史料館でアーカイヴズを記述し、それによって管理し知的制御を行い、利用者に提供できるようにするための、印刷ないし未刊の書類、基本的な検索手段は案内・登録簿・目録・年次順目録・リスト・索引・配架位置表、および機械可読アーカイヴズのためのソフトウェア書類である。

（国文学研究資料館史料館編『史料管理学研修会講義要綱　平成元年度長期研修課程』一九八九年、所収）

（9）　ちなみに、図書館学における整理（資料の組織化）の概念では、例えば木原通夫ほか共著『資料組織法』第二版補訂版（第一法規、一九九一年四月）によると、「利用者がどんな手がかりから図書館資料を求めても、図書館は速やかに、かつ適確に提供することができるように、個々の図書館資料を一定のシステムに基づいて、組織化―分類・目録・装備・配架および各種目録の編成―を図る必要がある」とし、「この一連の過程が資料組織法」であって、組織法は、図書館の種類、図書資料の質と量、蔵書構成、管理方式、整理体制によって異なるが「いかなる方式でも標準性、統一性、将来性、合理性は考慮されていなければならない」(一頁)とされている。また、『新・図書館ハンドブック』では、資料の組織化を、「蔵書全体が生きた資料資源として機能を発揮するような一連の施策(政策及び技術)が資料の組織化である」(一七一頁)としている。これらの資料の組織化は、図書館内の整理を意味している。

(10)『記録と史料』誌に見る、「史料」概念の拡大は、史料というものを歴史学の素材とのみ考え、また文字史料、なかでも文書に限定して考えてきたことからの、文書館界の批判によるものと思われる(この指摘は、例えば、大藤修「史料と記録史料学」『記録と史料』第一号、一九九〇年十月、所収、五四頁以下)。

もっとも、文書館の現実はすでにこのような文書以外の「史料」をも収蔵してきたのであるが、館蔵史料の主流とは見なされていなかったので、それらを包摂する史料管理論・整理論がこれまで発達してこなかった、と指摘できる。

(11)本章では、文書館・史料館など史料保存利用機関(図書館などの類縁機関を含む)の史料整理を考えようとしているが、この範疇を超えた史料整理論が存在し得ることを筆者は否定しているわけではない。例えば、館外での史料調査が行われるが、その場合の目録の作成その他整理方法については、館への収蔵を目的とした日常の整理業務とは、自ずと別の方法があろう(現地調査の中で発達した整理論の一つに現状記録論がある。最近の報告としては、岡部真二「現地調査における史料整理の方法について——原秩序尊重・段階的整理の実践報告——」(『記録と史料』第三号、一九九二年八月、所収)がある)。

本章で枠づけした史料整理論が、館外の史料調査、目録作成の方法とどのような関係を持ち得るか、本編の論述の成熟を待つこととしたい。というのも、これまでの整理論が館蔵史料の整理と、館外あるいは個人所蔵などの史料整理との区別にあまり関心を持ってこなかったように思うからである。もとより一般的にいえば、館蔵史料の整理技術が館外調査に応用されることが多いと思うが、筆者としては、この区別を立てて議論の錯綜を防ぎたい。

第二節　近現代史料整理論の提起

一　一九七〇年代の近世史料整理論

近現代史料整理論が提起されるのは、各種の文書館関係文献目録[1]によっても、一九六九年の広田暢久「県庁史料の分類について」[2]、七一年の原島陽一「県庁文書目録化に関する覚え書」[3]などに始まると見てよいであろう。したがって近現代史料整理論の検討対象は、一九七〇年前後からであるが、その頃の史料整理論一般についても必要な限り触れておくこととしたい[4]。

一九七〇年前後に今日の近現代史料論の生起を見るが、この頃、近世史料整理論では、主として史料分類論を中心に展開されており、これに目録記述論が附随していた。それらの分類論については、大野瑞男「近世史料分類の現状と基礎的課題」[5]が一九六八年時点での紹介と批評を行い、その後、中野美智子「近世地方史料の整理論の動向について――所蔵目録作成の立場から――」[6]によって詳細に分析されている。この二論文によって一九七〇年頃までの論議を概括すると次のようになろう。

まず、この時期の整理論の到達点として第一に挙げられるのは、図書の分類法（その典型として日本十進分類法（NDC）が想定されている）の限界を指摘しつつ、近世文書に適合する独自の分類表策定が模索されていた。大野は「近世庶民史料分類項目」から『史料館所蔵史料目録』の分類に至る分類表の軌跡を紹介しつつ論述を進めているが、同時にそれはNDCに代表される図書分類表からの史料整理論の自立が課題であったことを示している。

第二に、文書の分類表の場合、その適用にあたっては、「家わけをくずさない」という原則、今日の用語でいえば「出所の原則」(Principle of Provenance)を前提としていた点である。これは図書の場合が、図書総体に対する普遍的で標準的な分類表を目指したことと対照的であって、図書と文書史料(図書館と文書館とではない)の分類論を原則的に分けるものと考えられていた。

第三に、分類表の策定は、これが主題項目を列挙するにとどまらず、古文書学的・史料学的成果を反映させようとする動きがあったことである。その代表的な例として紹介されているのが、児玉幸多作成「近世史料の分類」[7]である。ここでは、文書を公文書・私文書に分け、文書の授受関係を基礎として分類項目の設定を試みている。文書の機能に基づいて文書を類型化しこれを分類に転化させることは、その後、十分な発展を見せなかったが、一九七〇年代に鎌田永吉の次のような見解に到達してゆく。

「近世史料の分類は、文書が「家」(「村」)別の文書として存在することを前提に、その家や村のなかでそれぞれの史料が作成された動機や背景にもとづいて、その史料が文書のなかで本来持っていた位置や役割を復原していく作業なのである[8]」

第四に、分類と排架(書架上の位置)との分離である。図書における、主題を展開した書誌分類と排架位置を示す書架分類の結合は、NDCに代表されるような成果を生んでいるが、文書の場合、分類に排架を従わせることによって「史料の原型破壊[9]」の起こるおそれがあるとして排除した点である。これも今日の用語でいう、原秩序尊重の原則(Principle of Respect for Original Order)の確立に結実していくものである。文書群内部の排列を「通し番号」処理するのが史料の出納に便利であるとする考え方は[10]、やや出納の利便に傾斜した結論であるが、基本的には、分類を排架から解放する考え方としてよいであろう。分類は、もっぱら目録カード(あるいは刊行目録の紙上)で行われるものとなった[11]。

その他、これは大野自身の分類論の「帰結」の一つであるが、「中世・近現代史料を含めての日本史史料全体系」

に適合する分類法が見出されるべきであるとした見解があることも付け加えておこう。このことは本章の課題にも通ずる提案であった。このほか、この時期の史料整理論の特色としては、史料の記述が分類の補完的な位置にとどめられていた点がある。概して分類に関する旺盛な関心にかかわらず、記述の領域は、図書館学の整理のように精密な検討がなされたとはいいがたい。大野が、「分類が不完全でも史料の表題に正確に史料の内容が表現され、形式が記載されれば、利用上の障害はそれ程大きくはない[12]」と述べているのは、この時期の史料整理者が記述に対して抱いていた期待度を示している。事実、多くの目録では、分類で十分、表し得ない史料本文の情報を、文書の標題などの記述によって補おうとする傾向があったのであろう。これは、分類論から自立した記述論が発展していなかった現状を示したものと指摘できる[13]。

二　近現代史料整理論の生成

近世史料整理論が、図書における主題別分類の理論の影響を受けつつ古文書学や近世史料学の成果を整理論に結びつけ、独自の方法を試みていた一九七〇年までに、近現代文書史料(特に近代公文書)に関する研究では、二点の先駆的業績があった。一つは、大久保利謙「文書から見た幕末明治初期の政治――明治文書学への試論――[14]」(一九六〇年)、他の一つは、発表が大久保論文よりも遅いが、その構想が大久保論文に影響を与えたという藤井貞文「近代の古文書[15]」(一九六八年)である。共通しているのは、いずれも幕末・維新期の文書を近世から近代への過渡期と捉え、政治体制の変革の中で新たな文書様式の出現に注目して論述を構成している点である。この二つの論文の成果はほかにもあるが、本章の史料整理論の関連で見るならば、ともに近代文書への古文書学の適用を志向したところにあった[16]。大久保が「明治文書学への試論」としたのは、近代文書学の体系化を予感せしめる命名であった。しかし、その後の近代文書研究は、個別には成果を挙げつつあるが、古文書学の様式論に基礎を置く体系化を達成せしめてはいない。様式論的アプローチが近現代の文書史料論には、容易に結びつかなかったからである。[17]

ただ、様式論による近代文書論が、文書を様式の種類によって、文書史料の性格を理解しようとするものであったから、史料分類論につながる可能性を有していた。すなわち、藤井・大久保が呈示した近代文書の基本的な性格は、近代初頭に文書(公文書)の様式が早期に確立し、さらに長期に持続し、しかもその制定が法令で明示されるものである。したがって、史料整理論の視点からは、文書の様式に即して分類を施す可能性が、近代文書では近世文書以上に存在するのではないか、と考えられた。もっとも一九七〇年前後、近現代史料の整理論における分類論として呈示された文献は、既刊の目録に比しても少なく、筆者が挙げ得るのは、前掲の二点を含め次の数点にとどまる。

①広田暢久「県庁史料の分類について」

②原島陽一「県庁文書目録化に関する覚え書」(以下、原島「覚え書」と略称)

③拙　稿「府県庁文書の目録化と分類をめぐって」[18](一九七一年)

④大村　進「史料館所蔵史料目録第十七集刊行に寄せて」[19](一九七一年)

⑤原島陽一「県庁文書の分類について」[20](一九七一年)

このうち、①は、山口県文書館が自館の行政史料(公文書)を対象として分類を試みた結果の報告、②～⑤は、文部省史料館(当時)所蔵愛知・群馬両県庁文書の目録(『史料館所蔵史料目録』第一七集、原島陽一担当)[21]をめぐる論議である。

まず①の山口県文書館の場合についていえば、この整理は同館の「県政史編集事業」を進めるための、いわば文書館内部の利用を目的とした暫定的な位置づけのものであった。[22]ここで同館所蔵の「県庁史料」というのは、公文書のほかパンフレットや印刷物を含むものであり、その整理は、戦前と戦後、すなわち一九四五年八月の終戦を境として二分し、便宜上、行政史料(公文書)とパンフレットを区分していた。かつ、分類はすべて「部課別分類」として、内容分類すなわち主題別分類とはしない、とした。特記されるべきは、これを「仮分類」とし、本格的な分類表の完成を将来の課題として残した点である。次のように言う。

「これら約三万点にわたる史料を分類するに当って、当館の職員が全員検討を重ねた結果、現段階で完全な分類項目を確立することは、大へんよいことのようだが、実は問題を残すことになる……という結論に達した。この理由は、全国で多くの文書館が設立された場合、県政史料の分類が、青森と東京と山口では異なっているのでは具合が悪い。出来れば図書館の十進分類のように、全国各館で共通であることが望ましい。とするならば、今回の整理は確定分類ではなく、仮分類として、便宜上分類することがよいのではなかろうか……ということになった」(23)

同館では、全国標準分類表の可能性が考えられていたのであるが、単独館での分類表構築はかえってその達成に障害になるとして、その作業を「仮分類」にとどめたというのである。全国標準分類表を志向する壮大な構想力が、主題別分類の困難性を予測させたことになる。かつその結果が、組織別分類(編成)を選択することになるのは、〝歴史の皮肉〟ではなく、この頃の史料整理に対する日本十進分類法はじめ図書館の分類法の影響の強さと、それによっては解決しがたい行政文書の史料的特性に対する文書館の認識を示すものであろう(24)。

②の原島「覚え書」は、愛知・群馬両県庁文書の目録編集の報告を直接の執筆契機としているが、あわせて既刊の道府県庁文書(北海道、岐阜、福島、京都、大分、長野、埼玉)の目録を比較するという目録批評を伴っている。「覚え書」はまた、表題(標題)の根拠(情報源)をどこに求めるか、表題に尽し得ない内容を解題あるいは件名表記などによってどのように補うか、多年次(複数年次)の重出掲載の是非、分課機構(組織別)による分類が史料の機能を表現する可能性、しかして行政機構の頻繁な変遷に対応するための工夫の必要、さらに事項(主題)索引の有効性という整理技術の諸課題を提起している。これらの提題は、いずれも近現代史料整理論の各論としてそ

れぞれ発展させるべきものであるが、個々には別に触れることとし、提題の中心となっている機構分類（組織別分類）の有効性について論じられていく過程をたどっておこう。

『史料館所蔵史料目録』第一七集が注目されるのは、内容摘記（内容注記）を行ったこと、編年を目録編成の第一基準としつつ多年次（複数年次）の簿冊を重出させたこと、事項（主題）索引を付したことであった。このうち特に事項索引は、事項別すなわち主題別分類の可能性につながる問題として将来への課題とされた。

原島「覚え書」で目録批評の対象となった七道府県庁のうち、北海道、大分、長野はいずれも年度と組織を組み合せた目録編成であり、他の岐阜、福島、京都、埼玉は、原島によれば、事項分類を採用している。原島「覚え書」に対しては、筆者の③「府県庁文書の目録化と分類をめぐって」および④大村進「史料館所蔵史料目録第十七集刊行に寄せて」の小文がある。筆者は、北海道庁所蔵文書の目録において、主題分類の限界から年度と機構（組織別）分類を選択した経験を紹介し[25]、仮に主題別分類を可能とする場合があるとすれば、それは分類項目が分課機構に対応しているか、あるいは既に簿冊が主題別分類を可能とするような編綴がなされているからではないかと指摘した。「編冊の状態が分類を規定する」というのが筆者の見解である。全国共通の標準分類表や分類の一般通則の制定よりも、利用者の多様な要求に対応する検索手段を作成することの有効性を、筆者は指摘した。大村は、文書史料自体の持つ本来の体系を示す分類基準の策定を期待する立場をとり、また、行政文書には件名目録の作成が必須であることを主張している。

原島の⑤「県庁文書の分類について」は、③④に対する再論であるが、この一連の論議は、厳格な分類基準を持つ普遍的な分類表策定の困難性を再確認し、簿冊の内容の採取すなわち件名目録の必要性を確認する結果となった。この結論――組織・年次別編成の有効性と件名目録の必要性――は、こののち一九七〇年代の最後に『日本古文書学講座』第一一巻、近代編Ⅲの五（章）「文書館・公文書館の近代文書とその分類」のうち、原島陽一「国文学研究資料館史料館」[26]の項でも論ぜられ、史料館の中で定着していったものと見てよい。

三　都道府県庁文書目録の状況

原島「覚え書」を契機とする一連の意見交換は、近代行政文書の整理論が広く眼に触れるかたちをとった初めての論議ではなかったかと思う。それまで近代行政文書について史料整理者が、自己の体験を公表してその是非を問う機会は、図書館界を別にすれば乏しかったからである。この後は、一九七六年に結成された歴史資料保存利用機関連絡協議会(「史料協」と略称、のち「全国」を冠して「全史料協」と略称)が研究会を開催するようになり、前述の『日本古文書学講座』第一一巻が刊行されて、近現代史料整理論を交換・共有する機会が拡大した。特に『講座』第一一巻の「文書館・公文書館の近代文書とその分類」の項では、国立公文書館以下、国、地方自治体の一一館の目録編成と分類の考え方が紹介され、あわせて目録編成のあり方についても、いくつかの提起があった。

整理論にかかる論議が、一九八〇年前後にどのように展開したかを見る前に、整理論の前提となった行政文書の目録がどのように編集刊行されてきたか概観しておきたい。表7-1「都道府県庁文書目録の分類と記述の構成」は、筆者の管見の限りではあるが、(27)刊行された都道府県庁所蔵文書の目録について、分類と目録記述の構成を見ようとしたものである。都道府県庁文書の目録に対象を限定したのは、これまでの整理論の主流がこの分野を対象としていたことと、市区町村役場文書を加えると膨大な数にのぼり、筆者では把握しきれないと思われたからである。ただ市・区立の文書館等の若干の事例と国の機関の文書目録を［参考］として付加した。また、本表に掲げたのは、所蔵目録すなわち所蔵簿冊の全容を示そうとした目録であって、件名目録については簿冊目録に併記されたもののほかは含んでいない。なお、本表の排列は刊行年順であるが、一部にはこののちも継続して刊行されているものもある。したがってこれまで公刊された目録各巻のすべてを掲げているわけではないが、初出の

収録行政文書数(冊)	分類項目および排列					主な記述項目(請求記号番号を除く)						多年度簿冊の位置
	性格	第1分類	第2分類	第3分類	分類項目内の排列	標題	年次	分課	冊数	件名	その他	
−	◆	年　次	−			○	○	○	○		備考	初年
−	?	−				○	○					
−	?	課	−			○	○		○	○		
10800	◆	行政庁	年次	組織	登録番号	○	○	○				終年
7307	◇	部　課	−		棚番号	○	○		○			
4900	◆	内　容	(細目)	−		○	○		○		形態	
	◆	組織等	(細目)	−		○	○		○		形態	
−	◆復元	部門*知事官房他	−		細分／年次	○	○				内容,備考	
2306	◆	分　類	−		年代／標題 50 音順	○	○	○				
−	◆	年　次	組織	−		○						終年
3900	◆	年　次	分類*令達……勧業	−		○	○	○	○	○		重出
7870	◆	課*日本著者記号表		−	年度	○	○	○				終年
	◇	分　類	(細目)	課*日本著者記号表	年度	○	○	○				終年
7982	◇	年　代	部(類)	−	目	○						重出
11235	◇	部	課	細分類	類(簿冊)名／年次	○	○					初年
1300	◆	時　代	事項	細目	編年	○	○	○	○			重出
−	◇	年　次	−		類目／課係	○		○	○			終年
−	◇	年　次	−		類別／元部門(課)	○		○			類別,摘要	
−	◆	年　次	課	−		○					摘要	終年
6522	◆	類	−			○	○		○			初年
3157	◇	課	−		年次	○	○		○			
177	◆	類別	−			○	○			○		
349	◆	部	−			○	○			○		終年
5720	◆	(大分類)	(小分類)	−	編年／簿冊番号	○	○	○			備考	
3791	◇	課	細分類	−	類名／年度	○	○					初年
1229	◆	資料群	(各課)	−	編年	○	○					
2996	◆	簿冊区分	−		編年	○	○			○		
2832	◆	部	−		課	○	○	○			完結年	終年
4584	◆	部	−		課	○	○	○			完結年	終年
1571	◆	部	課	−	編年	○	○			○	備考, 旧簿冊番号	終年
−	◆	行政庁	年次	組織		○	○	○			形態, 注記	終年

表 7-1　都道府県庁文書目録の分類と記述の構成

No.	編　者　名	目　録　名			発行年	収　録　年　次
		書　　名	巻次	巻　表　示		
1	東京都総務局文書課四谷分室	資料図書仮目録	2		1952	明治他
2	島根県広報文書課	島根県庁所蔵郷土資料目録			1956	明治初年他
3	滋賀県	保存簿冊目録	1-9		1959-68	近世-昭和 42
4	北海道総務部文書課	北海道所蔵史料目録	1-4	簿書の部	1961-63	幕末-明治 20 年頃
5	群馬県総務部広報文書課	保存文書目録	1		1964	明治-昭和 20
6	岐阜県立図書館	岐阜県立図書館郷土資料目録	3 4	明治期岐阜県庁事務文書	1964 1965	近世-大正
7	福島県史編纂会議	福島県史資料所在目録	1		1965	明治，大正
8	佐賀県立図書館	佐賀県明治行政資料目録			1965	明治他
9	長野県総務部文書広報課	長野県行政資料目録	1-2	明治編，大正編	1966-69	明治，大正
10	京都府立総合資料館	京都府立総合資料館所蔵府庁文書目録		明治編	1967	明治
11	大分県立大分図書館	大分県立大分図書館所蔵大分県行政資料目録	(1)		1969	明治，大正，昭和
12	埼玉県立図書館文書館(埼玉県立文書館)	埼玉県行政文書総目録	1 2		1969 1983	自治法施行以前 昭和 22-43
13	京都府立総合資料館	京都府立総合資料館所蔵行政文書総目録	(1)		1973	明治元-昭和 20
14	東京都公文書館	東京都公文書館蔵書目録	1-2 3-5		1974 1975-78	慶応 4-明治 大正-昭和 18
15	長野県総務部文書学事課県政資料室	長野県公文編冊及び行政資料目録		昭和 52 年 3 月 1 日現在	1977	明治-昭和
16	山口県文書館	山口県文書館収蔵文書仮目録	1	戦前の部	1979	戦前A *県史編纂所 戦前B *県文書課
17	岐阜県歴史資料館	岐阜県行政文書目録		明治・大正・昭和(20 年以前)編 大正・昭和(30 年以前)編	1979 1983	明治-昭和 20 明治-昭和 30
18	群馬県立文書館	群馬県行政文書簿冊目録	1-3	明治期行政文書編，大正期行政文書編，昭和戦前期行政文書編	1984-86	明治，大正，昭和戦前
19	埼玉県立文書館	埼玉県教育委員会行政文書総目録	1		1987	昭和 23-55 年度分
20	神奈川県立文化資料館	神奈川県立文化資料館戦前期公文書目録		簿冊目録	1989	明治 12-昭和 22
21	富山県公文書館	富山県行政文書目録	1-3		1991-94	明治-昭和 22
22	山口県文書館	山口県文書館蔵行政文書目録		1930 年代完結簿冊文書 1940 年代完結簿冊文書	1995 1993	1930 年代完結 1940 年代完結
23	新潟県立文書館	新潟県公文書簿冊目録	1		1994	明治-昭和 22 年度
24	北海道立文書館	北海道立文書館所蔵資料目録	10	幕府文書……開拓使文書 1	1995	幕末-明治 5

〈表 7-1 の続き〉

収録行政文書数(冊)	分類項目および排列					主な記述項目(請求記号番号を除く)						多年度簿冊の位置
	性格	第1分類	第2分類	第3分類	分類項目内の排列	標題	年次	分課	冊数	件名	その他	
3688	◆	年代	―		課係	○	○	○	○		内容摘記	重出
4347	◇	類	目	付記		○	○				類目	
3976	◆	大分類	中分類	―	発生年	○	○		○			初年
―	―	―				○	○	○	○	○	形態	
911	◇	類	門	目		○	○			○		
―	◇	門	類	項		○			○		備考	

成者による新たな分類項目の設定，◇印は，文書編冊時または，文書館等に移管される以前の分類を生かしたもの，？印は不明なものである。

②「第１分類」以下は，分類項目として設定された各階層の順位を，目録の用語にしたがって記載した。目録の表示がなかったものについては，適宜補ったが，この場合，(　)を付したものもある。

③「分類項目内の排列」は，分類項目として設定された以外の項目内の排列を記載した。

(4)「主な記述事項」では，請求記号その他，検索，出納のための記号など，各目録に当然共通して存在するものを除き，記述の対象となっている各事項を「標題」…「その他」に区分して記載した。この場合，その意味を汲取って該当箇所に示したものであって，各目録の記述事項の表示通りではない。

(5)「多年度簿冊の位置」は，複数年次の簿冊を目録のどの位置に記載したか凡例および本文などで明らかにされている場合に記載した。

巻を紹介することにより、本章での論述の素材には十分であると思われるので、ここに掲げる範囲にとどめた。

本表は、右の趣旨で作成したのであるが、この表により分類と記述にかかる次のような指摘が可能である。

(一) 一九六〇年代、すなわち原島「覚え書」以前の目録は、「明治・大正編」などとされているように、近代文書の目録ではあるが一八六〇年代から一九二〇年代の比較的古い文書を対象としている。これに対し一九四五年以降の戦後の文書を含む目録化は、古い文書の目録刊行を果たした一九八〇年代以降になってからである(例えば、⑰「岐阜県行政文書目録」大正・昭和編、⑫『埼玉県行政文書総目録』第二集。岐阜、埼玉では、こののちも戦後の文書の目録刊行を継続している)。これは、目録の対象が古い近代文書から現代の文書に移行していることを示している。[28]

(二) 目録の作成主体は、一九六〇年代には主として都道府県庁の文書課などの庁内組織、図書館などであったが、七〇年代には文書館の増加を反映して、

〈参　考〉

No.	編　者　名	目　録　名			発行年	収　録　年　次
		書　　名	巻次	巻　表　示		
1	文部省史料館	史料館所蔵史料目録	17		1971	明治-昭和戦前（愛知・群馬県庁）
2	藤沢市文書館	藤沢市史資料所在目録	1		1975	明治 9-昭和 47
3	広島市公文書館	広島市公文書館所蔵資料目録	1	戸坂村役場文書目録	1979	明治-昭和 30
4	品川区立品川歴史館（東京都）	品川歴史館資料目録		行政資料編 1	1989	昭和 7-21
5	国立公文書館	太政類典目録	上-下		1974-77	慶応 3-明治 14
6	外務省外交史料館	外交史料館総目録	1-2	戦前期	1992	明治-昭和戦前

註）1．本表は戦後公刊された都道府県庁文書目録に見られる，分類と記述の構成について，ほぼ刊行年次順に掲げたものである。主として最初の巻について掲げたもので，その後継続して刊行された目録については，必要な範囲で示した。

2．件名目録を主たる目的として編集された目録については，一部を除きこの表からは割愛した。

3．〈参考〉欄には，国，市区町村の文書館等の例を参考として掲げた。

4．「収録年次」以下の各欄は，各目録のはしがき，凡例および目録本文などにより記載した。

(1)「収録年次」は，目録で表示されている文言などにより記載した。

(2)「収録行政文書数」は，目録のはしがき，凡例などに明示された収録簿冊等の冊数を記載した。

(3)「分類項目および排列」は，次の通り。

①「性格」は，目録作成者の分類に当たっての考え方を記載したもので，◆印は，目録作

文書館の手になるものが多くなった。八〇年代以降には、都道府県庁文書目録の作成は、ほぼ文書館の業務となった。

㈢　一九九〇—六〇年代の目録は、作成主体の多様性もあって、分類階層の最上位（目録編成の第一基準）の設定は、編年（①東京、⑨長野、⑫埼玉1）、組織（③滋賀、④北海道、⑥岐阜4、⑪大分—明治・大正）、主題（⑥岐阜3、⑦福島、⑪大分—昭和）など多様に分散している。[29] 一九七〇年代の目録は、編年（⑬京都、⑭東京、⑮長野）あるいは主題によることが顕著となるが、八〇年代以降、史料群あるいは組織別編成が主流となっており、文書館の方法に一定の方向性が生じつつあることをうかがわせる。

㈣　記述項目については、この表からは顕著な推移を引き出しがたい。記述項目の選択に大きな差異は認められないからである。すなわち、年次・分課などの記述項目がない場合であっても、それらを分類項目として設定していることが多い。なお、図書の目録記述における発行年、著者に対応する年次・分課は、文書の目録でも記述の重要な要素を構成して

いる。ただ文書の場合、記述と分類の相互補完的な関係がこの表からも明らかで、記述が分類から独立していない状況を示している。

(五) この表からは、件名目録を除外したが、簿冊目録に件名目録を併載している例(㉑富山)、内容の一部を摘記している例(③滋賀、⑩京都)が若干ある。わが国の行政文書の目録・検索手段の体系の中で、件名目録を重視する考え方の一端を示すものである。

(六) これまでの分類や排架状態を新たな目録においても保存するという考え方は、必ずしも一般的に支持されてきたわけではない(「性格」の欄参照)。目録の作成者は、それぞれに方法を模索しつつ、独自に分類を構築しようとしてきた。出所の原則も、これまでの排列の状態を保持するという意味では広く採用されてはいない。

(七) 一九八〇年代以降の目録は、出所の原則を意識するようになってきた点で、同じ組織別分類でも一九五〇―六〇年代の多くの例とは違いがある(例えば㉒山口)。一九五〇―六〇年代の目録では、出所の原則や原秩序尊重の原則に立って文書(簿冊)相互の有機的な関連を目録上に表現しようとしたものは少なかった。⑪大分のごとく、第一基準を組織別(課)としたが、課の編成はアルファベット表記(日本著者記号表)としている。ここでは、組織の建制順よりも、図書の著者名と同様に課名による目録排列が、検索上、有効であるとの考え方に立っているが、これは図書の整理方法の強い影響によるものであろう。ただ④北海道の場合のように、群として文書を把握し、簿冊編綴時の史料構造を復元することを視野に入れて分類を行った例もある。

この表から概括し得るのは、以上の通りであるが、(一)に関連して補足するならば、近年、組織別目録が主流となってきた要素の一つに、文書館に引継移管され整理対象となる文書の変化があるのではないかと思う。目録作成の対象となる文書群は、もはや「明治」「大正」というこれ以上増加せず選別や淘汰されることのない時代の文書ではなく、戦後の文書それもごく近時の文書に移行しつつある。近年の文書をそのつど目録に編入するには、新たな分類表を設定するよりも、出所となる組織(部課)による目録編成を行うことに、史料整理者が合理性を見出すようになったからであろう。

四　目録編成(分類)論の展開

一九七〇年代の最後に刊行された『日本古文書学講座』第一一巻は、この時点で公刊された各文書館・公文書館などの目録を中心としてその整理方法を紹介するものであったが、主な対象史料は近代の行政文書であった。多くは自館の目録編成(分類)、目録記述の開陳にとどまっていたが、初めて全国各館の整理方法が総覧され、史料整理論が各館の枠を超えて展開し得る可能性を示すこととなった。史料整理論の論議の機会がこのように提供された意義は小さいものではない。

『講座』第一一巻で論ぜられていた史料整理論は、書架上の配架位置と利用検索上の分類との分離、すなわち書架分類と書誌分類とを一致させることの放棄(京都府立総合資料館・小嶋一夫、北海道総務部行政資料課　筆者)、出所の原則の採用(国立公文書館・永桶由雄)、公文書に即した編年と分課による分類(国文学研究資料館史料館・原島陽一、北海道、埼玉県立文書館・大村進、山口県文書館・田村哲夫)、将来の新収文書にも対応し得る開放的な目録編成(北海道)、文書の残存形態に即した分類(福島県文化センター歴史資料館・誉田宏)などである。これらの論点は、八〇年代、九〇年代を通じて目録編成上の方法・課題として一般化していった。

一九七〇年代までの整理論の提起と目録作成の蓄積は、一九八〇年以降の発展を促したが、そこでは整理論の諸原則の発見、再確認、整理にかかる概念・用語の厳密化が論じられている。例えば、「出所の原則」の理解では、国立公文書館(永桶由雄執筆)の場合、「保存公文書の分類は、各々の省庁が独自に行なってきた分類整理方法をそのまま用いることとしている[30]」とあるように、各省庁の整理方法を保存するという立場である。したがって出所の原則を次のように定義する。

「出所の原則とは、公文書館における所蔵公文書等の配列方法に関するものである。この原則は、欧米諸国において図書の分類整理方法とは別個に発展してきたものであり、今日次のように解されている。公文書館における所蔵公文書の配列方法は、行政機関の組織および機能を明確に反映させたものでなければならない。すなわち、公文書館の書庫において一定の行政組織単位ごとに区画を設け、各区画の中においては、公文書等がそれぞれの行政機関において現用に供されていたときの保存順序に従って配列しなければならないものである。この原則を逸脱し、たとえば、特定の分類基準を設定し、各件名について再分類しようとするならば、一連の行政活動の流れを反映している公文書等がほかとの関係において有する有機的関連性を破壊し、研究上の利用価値を著しく損うことになる。ただし、公文書等の原配列はそのままにしておき、検索の便を考慮し、目的に応じた二次分類、三次分類を行なった目録等を作成することはいっこうにさしつかえない[31]」

他方、京都府立総合資料館の小嶋一夫は同館の分類を説明する中で、前述のように日本十進分類法などが到達した、書架上の位置を決める書架分類と主題を中心とした分類すなわち書誌分類との一致に疑問を呈示し、物理的な書架上の排列と利用検索を目的とした目録上の分類とを分離する方法を提起している。国立公文書館の出所の原則と小嶋の分類に対する考え方とは、同一のように見えるが、前者は、物理的な排列の保存に意義を認める見解であり、後者は、目録編成のために分類を書架上の位置の拘束から解放させる必要を論じたものである。両者の相違は、出所の原則およびこれに続く原秩序尊重の原則に対する力点の置き方の違いにとどまらないように思われる。出所の原則でいう「出所」とは、どの単位で捉えられるべきか、原秩序尊重の原則の「原秩序」とは、文書館が引継いだ時点を指すのか、あるいは文書の作成、簿冊の編綴の時点まで遡るのか、という問題である。出所の原則、原秩序尊重の原則は遵守すべきものとしても、それらの原則によって引継ぎをした時の状態を書庫内でも保存して固定することの積極的な意味を目録編成の上でどのように表現し得るのか、収蔵史料全体を管理し目録の体系を構築する上で史料整理者が解決しなければならない諸課題がここにある[32]。

なお、一九七〇年代に次いで一九八〇年代前半には、近現代史料整理論のいくつかの論考を見ることができる。例えば、一九八三年の水野保「近代行政文書の整理と文書館」[33]は、東京都公文書館の文書整理の事例を通して「文書が作成された組織」の解明を行うことの必要性、件名目録作成の有効性を強調している。[34]八五年には、埼玉県立文書館における『埼玉県行政文書総目録』の編集を通じて得た知見による、原由美子「行政文書整理試論――総目録第2集を編集して――」[35]がある。ここでは目録の編集過程、すなわち整理作業過程が綿密に解説されている。特に「部課別分類」の採用にあたっては、分類が組織の変遷に対応することの重要性が強調されている。組織の変遷の解明は、行政文書を組織別に分類するための前提として各館でも必須とされた。[36]

組織の変遷の解明とともに、近代官公庁の史料管理史というべき文書管理の変遷の解明が、一九八〇年以降には多くの研究として蓄積がされ新たな研究分野を形成してきた。文書管理史の研究は、直接、史料整理論を構成するものではないが、文書館の実務の中から生みだされた新たな研究分野であった。[37]

これまで見てきたように、一九七〇年代までの近現代史料の整理論は、近世史料の整理論を継承しつつ近世史料整理論と同様、図書館学の整理論の成果を取り込み、主として行政文書の整理実践を踏まえて展開された。しかし、一九七〇年代ではまだ整理論を体系化するには至らなかった。近現代史料の整理論は、ようやく交流の場を持ち始めた段階であった。この時期、文書史料の整理が図書の整理と異なる性格を有するものであるとの認識に到達したとしても、整理実践を支える整理技術が図書の整理技術とは、大きく隔たることがなかったといってよい。

文書史料の整理には、図書と異なり標題を確定することの困難さがあり、著者とは異なる簿冊の編綴者、主務者(例えば部課名)の概念があり、複数の文書年次をどのように処理するかという、図書の場合にない問題がたしかに存在する。そして目録編成(分類)の問題については、すでに見てきた通りである。そのような違いにもかかわらず、目録作成の単位が物理的な一冊あるいは一枚であることについては、図書も文書史料も共通しているといってよい。個々の記述事項には差異があっても、目録カードに一点ずつ記録するという技術自体は、両者に共通するものがあった。[38]

文書史料の整理と図書の整理の方法を明確に区別するのは、文書史料の整理の場合には対象を群として取り扱うことであった。群としての文書史料の集合の中で個々の文書史料を、その機能に即して位置づけるというのが、一九七〇年代に文書館・史料館が獲得した成果であったけれども、これを分類の問題としてのみ捉え、記述を含めた問題として考えるまでには到達しなかった。図書の整理技術を吸収し改良したが、群としての文書史料の構造を目録で表現する集合的記述には発展しなかった。それらは、目録が刊行される際には解題として呈示されるが、目録記述の一部として考えられてはこなかったのである。分類もまた、一九七〇年代には組織別目録が主流となりつつあったが、文書(簿冊)相互の関連性を目録上の排列によって利用者が感知するように工夫されることはあっても、これを体系的に説明するという記述の技術にまで発展させることができなかった。[39]その意味では、文書史料の整理技術は、図書のそれから遠いものではなく、自立の度合いも弱かったといえるのではなかろうか。近代史料整理技術の自立が弱ければ、その実践を踏まえて成立する近現代史料整理論も体系化を遂げることが難しい。近現代史料整理論の体系化は、次の一九八〇年代に行われた欧米の諸整理理論の導入によって、一応のかたちを整えていくことになる。

(1)　文書館関係文献目録は、これまで種々作成されているが、最も詳細な山田哲好(研究代表)編『史料管理学に関する文献情報の収集とデータベース作成についての基礎的研究(平成四年度科学研究費補助金(一般研究C)研究成果報告書)』(一九九三年三月)およびその後続のデータベースとして取組まれた全史料協関東部会の成果がある。筆者の文献検索にはこの両データベースの成果を利用させていただいた。記してお礼を申し上げる。
(2)　山口県文書館編『文書館ニュース』第四号(一九六九年二月)、所収。
(3)　文部省史料館編『文部省史料館報』第一三号(一九七一年三月)、所収。

（4）　文書館の史料整理方法は、近代初頭の欧米文書館知識の導入とともに紹介されている。それらの知識は現用文書の管理方法として政府の諸機関で採用され地方にも及んでいった（詳しくは、高橋喜太郎「明治前期を中心とした政府の記録組織の変遷等について」（岩倉規夫・大久保利謙共編『近代文書学への展開』柏書房、一九八二年六月、所収）を参照）。また、後述するように法制史家三浦周行は欧米の文書館を詳細に紹介する中で、文書館の史料整理の原則として、respect des fonds（出所の原則）をも紹介している（三浦周行「欧米の古文書」中の一（『史林』第九巻第四号、一九二四年十月、所収）一〇七頁）。出所の原則は、わが国でも「家わけをくずさない」という史料整理上の格言として存在していた。

（5）『史料館研究紀要』第一号（一九六八年三月）、所収。

（6）　第一節註（7）。

（7）　児玉幸多「地方郷土史料の蒐集とその分類」（丸山二郎・児玉幸多共著『歴史学の研究法』吉川弘文館、一九五一年九月、所収）。なお、この分類はいわゆる「分類表」としての体裁で発表されたものではない。

（8）　鎌田永吉「近世史料の分類（遺稿）――第十八回近世史料取扱講習会講義草稿――」（『史料館研究紀要』第九号、一九七七年三月、所収）九頁。これは、九七二年十月に開催された近世史料取扱講習会における「近世史料の分類」の講義草稿である。

　この草稿では、近世史料を分類する意義、目的、実務上の問題点を論じているが、その中心は大野が行った各種の分類表の紹介をさらに拡大して詳述している。同稿は、近世史料の分類論の紹介としては、大野・中野両論文の中間に位置している。なお、鎌田は、残された課題の一つに「明治以降の行政機関の文書」の整理を挙げている（二三一―二四頁）。

（9）　註（5）、大野前掲論文、二七〇・二八〇頁。

（10）　同前、二八一頁。

（11）　史料の分類と排架とを分離するという考え方は、史料整理論の重要な到達点であったと思う。文書史料の整理論が図書の整理論から自立しきっていない一九七〇年代以前には、実務上も重要な選択ではなかったろうか。それまでの史料保存利用機関の多くが図書館であったことからすれば、これを分離する考え方は図書館の一般的な整理技術から距離を置いて成立したものではなかったかと筆者は理解している。

（12）　註（5）、大野前掲論文、二八一頁。

（13）　中野美智子は、一九八〇年代のほぼ前半までの近世史料の分類の理論について、三つの類型をもって紹介している（註（6）、中野前掲論文、一三五頁以下）。

①古文書学の史料類型型分類（大野が紹介した分類表では、児玉幸多「近世史料の分類」を含めて大半がこれにあたる）。

②近世史料学の主題列挙型分類(前掲鎌田永吉の分類についての考え方は、この型の中で紹介されている)。
③文書館学の階層構造型分類(欧米文書館学の到達点として、後述する安澤秀一・安藤正人・大藤修等によって提唱され実践されてきたもの)。

中野は、③の立場すなわち階層構造の再構成を分類の原理とする立場が、②の主題列挙型分類を包摂する分類原理であるとしている。また、これまで出所の原則は、①②の分類理論でもすでに共通認識となっているが、「原秩序(原配列)尊重の原則」は必ずしも重視されてこなかったと指摘している。これらは、③の立場が欧米の史料管理学・文書館学の成果を吸収するとともに、戦後の近世史料整理論を止揚した側面があることの指摘でもあろう。また、中野は分類論の類型化に続けて、目録記述論についても論じている。

なお本章は、中野の三類型のうち①②が到達した一九七〇年代以降の近現代史料整理論をたどることを意図している。

(14) 立教大学史学会編『史苑』第二一巻二号(一九六〇年十二月)、所収。
(15) 日本古文書学会編『古文書研究』創刊号(一九六八年六月)、所収。註(14)の大久保論文には、「(幕末の)時期の文書に就いては、藤井教授の教えにおうところが多かった」(四頁)と記されている。
(16) 大久保論文には、幕末・維新期の文書に対する古文書学的アプローチのほかに、近代法令の発生とその公布施行手続についても詳細に論じられている。のちにこの部分の方が多くの研究に引用され、さらに各地の地方法令公布施行方式の研究に影響を及ぼしている。本書第一二章「近代初頭、北海道における法令の施行」(初出論文は、「明治初年、北海道における法令の施行――開拓使文書の体系的把握のために――」註(4)、岩倉・大久保共編前掲書、所収)もその一つである。
(17) 近現代史料論は、大久保利謙が呈示した近代文書の成立過程、近代的法令公布施行方式の確立過程を敷延する方向で展開し、やがて津田秀夫が「近代公文書学への模索」(津田秀夫著『史料保存と歴史学』三省堂、一九九二年五月、所収)などで提唱するような、評価選別のための「公文書館学」における基礎的な研究としても位置づけられるに至っている。
(18) 『文部省史科館報』第一四号(一九七一年七月)、所収。
(19) 同前、所収。
(20) 同前、第一五号(一九七一年十二月)、所収。
(21) 文部省史料館(一九七一年三月)。
(22) 山口県文書館が行った県庁史料の分類の活用目的は、当面、文書館内部の利用に置かれていた。当時、同館は県政史編集事業にあたっていたが、県政史料に「活力を与え、県政史の中で縦横に活躍させようとするならば、これを早急に分類して体系をたて、書架に配列して編集員が自由に閲覧出来るようにする必要があった」(註(2)、『文書館ニュース』第四号、所収、一一頁)と述べられている。
(23) 同前、一一頁。
(24) 筆者も、一九六〇年代前半に山口県文書館を訪問し、北海道における組織別・年度別の目録について批評を受けたことがある。その時、図書館勤務が長かったある山口県文書館員からは、「年度や機構で分けるのは、単なる仕分けであって分類とはいえない」との指摘があった。組織別・年度別を分類と考えるか、またその有効性はどこにあるかなどの諸点をめぐって、館員同士の活発な討論がその場で突如として起こったのだが、そのような文書館の姿を印象深く覚えている。
(25) 簿冊形態の行政文書に主題別分類を施すことの困難性については、筆者が、註(26)『日本古文書学講座』第一一巻、一二一頁以下で触れている。その他、拙稿「史料を残す、歴史を残す」(國學院短期大学図書館学会編『滝川図書館学』第三号、一九九二年三月、所収)三五頁以下など。
(26) 雄山閣出版(一九七九年四月)一一二頁以下。
(27) 筆者が検討の対象になし得た都道府県庁文書の目録は、主として史料館所蔵の範囲であって、既刊目録のすべてを尽くしているといえないかもしれないが、本章の論述に必要な素材は提供をなし得ていると思う。もっとも、蔵書目録などの一部に他の文書群とともに県庁文書が収録されている例はないわけではないが、本表に網羅することはできなかった。例えば『山梨県立図書館所蔵古文書目録』五(一九八三年十二月)、所収の「山梨県行政文書」(一六二一―一一七頁)がある。
なお、これまで各県の目録編成を対比した表としては、これも管見の限りであるが原島「覚え書」のみのように思われる。
(28) 本表では、目録の刊行年次順に掲げたが、実際の目録編成の年次は、刊行年次よりも数年以前に行われていることがある。例えば、⑯『山口県文書館収蔵文書仮目録』の刊付は一九七九年であるが、目録の編成は、すでに一九六六―六九年頃に行われていたと思われる(註(2)、広田前掲論文、一一一―一一二頁)。
(29) 一九五〇―六〇年代の分類が多様化している要因は、それぞれに独自の分類を模索したところに求められよう。この時期、行政文書を対象とする目録の作成について情報を交換し経験を交流する機会が、きわめて制約されていたことを指摘できる。
(30) 『日本古文書学講座』第一一巻、九二頁。
(31) 同前。国立公文書館における「出所の原則」の定義は、同館発行の『公文書等の集中管理』によって、設置当初(一九七一年)から、同館の史料整理の基本原則として掲げられている。もっとも、最近の「公文書館等職員研修会」では、アーカイブズ資料の整理について、「出所の原則」「原配列尊重の原則」に基づいて、「それらのアーカイブズ資料を作り出した組織の機構や機能が反映されるように行われなければならない」と説明され、整理・分類の階層性について触れられている(小林蒼海「公文書史料(アーカイブズ)の選別と分類」(国立公文書館編『第七回公文書館等職員研修会受講資料』一九九四年十一月、所収))二二頁。

(32) 国立公文書館においても、出所の原則などに対する理解を移管時の物理的な排列の保存、固定にとどめず、簿冊相互の関連性を解明し公文書の体系を再構成して考えようとする視点に立つ論考がある(中野目徹「参事院関係公文書の検討――参事院の組織と機能・序――」『北の丸』第一九号、一九八七年三月、所収、参照)。

(33) 『史料館報』第三八号(一九八三年三月)、所収。

(34) 同前、二―三頁。

(35) 埼玉県立文書館編『文書館紀要』創刊号、(一九八五年八月、所収。原にはこのほか、「県庁文書整理の実際と問題点」(全史料協関東部会編『アーキビスト』第一三号、一九八七年六月、所収)がある。

(36) 各文書館でも都道府県庁組織の変遷表の作成は、研究としてはさほど意識されずに、その成果を刊行目録の解題に付記するにとどまっていることが多いけれども、多大な労力がそこに注ぎこめられている。それは組織の変遷を明らかにするにとどまらず、各部課の事務分掌を明らかにすることをも伴っている(中谷弸「近代行政文書の課題」『史料館報』第五〇号、一九八九年三月、所収)。

このほか、各館の保存管理状況の解説としては、藤沢市文書館の福原徹「行政文書の保存及び管理業務の現状」(『藤沢市文書館紀要』九、一九八六年三月、所収)、田中尚「群馬県立文書館における行政文書の整理とその課題――解体・補修・製本を中心に――」(群馬県立文書館編『双文』第七号、一九九〇年三月、所収)がある。

(37) 行政文書の保存管理の変遷について、一九八〇年代以降の主要な研究を管見の限り挙げると、八潮市史編さん委員会編『八潮の行政文書目録　庶務・行政・財務編(八潮市史調査報告書、三)』八潮市役所、一九八〇年三月、「解説」(遠藤忠執筆)、阿久津宗二「群馬県における明治期公文書の編纂過程と保存規則」(『双文』第一号、一九八四年三月、所収)、原由美子「近代における地方行政文書保存関係資料」Ⅰ―Ⅲ(埼玉県立文書館編『文書館紀要』第二―四号、一九八七年三月―九〇年三月、所収)、青山英幸・今野隆夫「明治中期北海道庁文書の保存と編さん規則について」(『北海道立文書館研究紀要』第三号、一九八八年三月、所収)、小暮隆志「群馬県における明治期行政文書の作成について――文書事務関係規程にみる――」(『アーキビスト』第一四号、一九八八年一月、所収)、小暮隆志「群馬県における郡役所の廃止と文書保存」(一)―(二)(『双文』第五―六号、一九八八年三月―八九年三月、所収)、青山英幸「北海道(庁)における公文書の編集と保存について――公文書の保存問題をめぐって――」(『地方史研究』第二一九号、一九八九年六月、所収)、大西愛「明治の文書マネジメント――明治三十八年の大阪府文書編纂保存規程――」(大阪府公文書館編『大阪あーかいぶず』No.2、一九九〇年十一月、所収)、渡辺佳子「明治期京都府における文書管理の変遷」(『京都府立総合資料館紀要』第一九号、一九九一年三月、所収)、京都府立総合資料館歴史資

料課編「京都府文書事務基本史料集成」(1)―(2)(『京都府立総合資料館紀要』第二〇―二一号、一九九二年三月―九三年三月、所収)、佐藤京子「札幌県の文書編纂」(『北海道立文書館研究紀要』第九号、一九九四年三月、所収)がある。

(38) 文書史料の記述の問題については、前掲『日本古文書学講座』第一一巻、所収の拙稿一二六頁以下、大村進「埼玉県立文書館」一六〇頁以下参照。文書に適合する記述については、分類の問題に劣らず各館ともその時点で最善を尽くす努力が払われていた点は明記しておきたい。小嶋一夫がいう「公開施設における行政文書の取り扱いについては、よるべき先例も少なく、またそれのもつ特性が十分究明されていない現段階にあっては、収集・整理・保存・利用の各面にわたって問題を含んでいる」(同書、一七七頁)との認識は、各館共通のものであったといえよう。

(39) 目録排列のうえで、類似の標題を集めて相互のまとまり(シリーズ)を感知せしめるというのは、文書館へ引継移管される行政文書の場合には、一定程度、有効であろう。しかし、近現代史料のすべてにわたって有効であるとは限らない。たしかに行政文書の簿冊は、組織によってまた業務によって編綴されていることが多いから、同一標題の簿冊の配列を集中することによって、利用者が簿冊相互の関係を一定程度把握することができる。引継移管の経過が明瞭で、それらが文書シリーズとして同定できるからである。しかし近現代史料(とは限らないが)の中には、組織上の位置づけが不明なものや、古書店、故紙回収業者より購入し他の史料と混在してしまったもの、また、来歴が不明な史料、ごく少量の文書群、一枚物の文書などは、目録上の排列や分類項目の付与だけでは、史料相互の関係を説明することが難しい。相互のまとまり(シリーズ)、相互の関係を説明するには、目録排列上の集中によっては不十分で、それぞれに概要の記述が必要とされよう。

なお、行政文書の整理技術として独自の発達を見せたのは、文書件名目録である。近現代史料の特徴の一つである簿冊形態の史料は、分類や記述によっては必要な情報を伝えることができないという目録作成者・利用者の認識があって、その解決を文書件名目録に求めたからである。文書の件名は、図書の目録記述法の内容注記、内容細目にあたるものといえようが、文書件名目録は、簿冊に編綴された個々の文書の標題を網羅的に掲げることによって独自の目録作成技術として発達し、しかも基本目録とは独立して編集刊行されるようになった。『日本古文書学講座』第一一巻所収の館においても、国立公文書館、北海道、埼玉県、京都府などの各館で件名目録の作成がなされていた。現在、この数がさらに増加していることはいうまでもない。

第三節　近現代史料整理論の体系化

一　欧米における史料整理論の導入

欧米の文書館における史料整理論が、わが国の一般の眼に触れるかたちで紹介されたのは、法制史家三浦周行の「欧米の古文書館」[1]（一九二四―二五年）が最初であろう。三浦は、非現用の公文書の引継移管を受け保存・公開する施設として文書館（アルカイヴ）を規定したうえで、文書館における収集、施設の建築・設備、保存技術、整理法、目録編成法、検索手段、閲覧利用法、普及事業、文書学校におけるアルカイヴキスト養成制度・教育内容、「古」文書管理学について詳細な報告を行っている。なかでも本章に関連しては、"respect des fonds"すなわち出所の原則に言及している[2]。その後、半世紀を経て出所の原則や原秩序尊重の原則は、そのような訳語としてではなかったが、ジャン・ファヴィエ著、永尾信之訳『文書館』（文庫クセジュ）によってより広く紹介された[3]。

しかし、文書館における史料整理論が豊富に紹介されたのは、普及の範囲が限定されていたが、国立公文書館の設立準備にあたった内閣総理大臣官房総務課の翻訳になる、一連の『公文書保存制度等調査連絡会議資料』であろう。ここでは、史料整理の基礎理論が「出所の原則」「基礎資料尊重の原則」[4]などとして紹介され、それが前述の国立公文書館における「出所の原則」の定義に反映されている。ただ、右の「出所の原則」の定義では、引継移管時の排列順をそのまま保存することに重点が置かれており、目録編成をどのように行うべきかという課題、ひいては文書群の内部構造を目録上どのように表現するかという課題に触れておらず、補助的な検索手段の有効性を提起するのにとどまっていた(国立公文書館における補助的な検索手段として、公表されているのは、件名目録である)。この「出所の原則」理解が、各館の整理技術にどのように影響を与えたか十分検証をなし得ていないが、一九七〇年代では、従来から近世史料整理論の前提とされてきた、「家わけをくずさない」と同じように受け止められてきたのではなかろうか。(5)

欧米の文書館における史料整理論が体系的に導入され広く紹介されるようになるのは、一九八五年前後からおおやけにされる安澤秀一、安藤正人(ともに国立史料館員)の一連の著作によってであろう。このうち安澤の主要な論述、例えば『史料館・文書館学への道』(6)は、整理論そのものを独立して扱ったものではないが、安澤のいう「史料館・文書館学」の体系化を志向する中で整理論が提起されている。(7)すなわち、同書第一章には、国立史料館主催「近世史料取扱講習会」(一九八三―八四年)における講義「史料館・文書館学序論」「史料の整理管理Ⅱ(カードおよび冊子体目録編成法)」の綱目を示しているが、安澤は後者の綱目の中で、出所の原則を「類別(sorting)の第一基準」とし、原秩序(original order)尊重の原則を「第二基準＝文書群内部における」ものとして、両者の関係を明らかにした。また、史料の構造復元の可能性と検証の意義を論じ、「原秩序」尊重が、史料発生時の原秩序復元の方向性を持つものであることを示唆した。(8)

安澤の呈示した整理論は、対象史料の年代を近世史料あるいは近現代史料に限定しない全時代にわたるものであったが、近現代史料への具体的な適用がはかられたわけではなかった。(9)安澤の著書『史料館・文書館学への道』に続いて、一九八六年に大藤修・安藤正人共著『史料保存と文書館学』が公刊された。同書の中では、安藤正人執筆の第五章「欧米における史料整理と検索手段の理論と技法」(10)、第七章「近世・近代地方文書研究と整理論の課題」が、近現代史料整理論との接点を持った論文であった(両論文の初出はいずれも一九八五年)。この二論文から、一九八八年刊の国文学研究資料館史料館編『史料の整理と管理』(11)、所収の第一部「史料整理・管理の基礎知識」第三章「史料の整理と検索手段の作成」(安藤正人執筆)に至る中で、史料整理についておよそ次の諸点が紹介および提起された。いずれも主として安藤によってなされたものであるが、その第一は、史料整理の二つの原則、「出所の原則」と「原秩序(原配列)尊重の原則」の成立を綿密にたどり、史料が階層構造を持つものとして把握されるべきことを指摘した点である。「史料群の階層構造」の概念は、文書史料が「内的秩序=有機的統一性」[12]を有するという、本来の性格から導きだされたものであるとし、史料の整理は、この「史料群の階層構造」を再構成し呈示することであるとしている[13]。

第二に、史料の階層構造を具体的に表現するものとして、史料群内部の各レベルの構造が紹介された。ここでは、組織の単位を示すグループレベル(あるいはアーカイブ・グループ)、その下に分割し得る史料群の単位としてシリーズレベル以下の設定が呈示されているが、前者が「出所の原則」にかかる部分、後者が「原秩序(原配列)」にかかる部分の設定であるとする[14]。

第三に、史料整理業務の段階的実施と各段階に対応する目録構造の紹介およびこれにかかる安藤試案が呈示された。文書史料の目録記述作業は、受入登録段階の仮整理・概要調査の段階から、詳細なリストの作成に向かい、さらに体系的配列目録(基本目録)に到達し、必要によって各種の検索手段を作成するものであるべきとする考え方が紹介され、かつこれらの考え方をまとめた説明図が呈示されている[15]。

第四に、以上の諸点が、近世史料、近現代史料(および近世以前、現代以後の将来の史料を含む)にも共通して適用され得る通時的で普遍的な性格を持って呈示されている。これは、どの時代にも共通する整理の基礎的理論の呈示である[16]。

安澤、安藤らによって体系的に紹介された欧米の文書館学の成果が、史料の整理実践にいち早く反映し得たのは、まず近世史料の目録においてではなかったかと思う。これは、右の両書の著者(安澤、大藤、安藤)が、いずれも近世史学・近世史料学を学問的背景とした研究者であったこととも関連していよう。もっとも、両書に取り上げられていた欧米の文書館学の成果は、多く近現代の文書史料を対象としてなされたものであった。しかし、この考え方の、わが国の近現代史料、なかでも行政文書の整理技術への適用、具体的な実践例はいまだ乏しいといわざるを得ない。したがって、欧米の文書館学の成果が史料の整理実践の現場で、どのように消化されているかを見る必要がある。本項で取り上げた整理論の体系化が、近現代史料整理の実務者にどのように受容されていったのであろうか。

二　史料整理論の深化

前項で触れた『史料の整理と管理』が公刊されたのは一九八八年であるが、この前後から近現代史料の整理論は精密化してくる。整理論が精密化する傾向は、もとより近現代史料の整理に限るものではないが[17]、近現代史料の整理実践の中でその特有の課題が明らかにされつつあった。これまで呈示された体系的な諸理論は、その課題にどのように応えられ得たかが、次の問題となろう。

一九八八年前後の近現代史料整理論がどのような課題を担い、精密化し展開していったか、その方向を次の四点から見ることができよう。その第一の点は、まず前項で触れられた整理の諸原則、すなわち出所の原則、原秩序尊重の原則、それらに加えられた史料の階層構造の把握、整理の段階的実施などの基礎的な理論というべきものが、近現代史料の整理、目録作成にどのように摂取され、かつ整理実践に基づく主張となっていったかをたどる必要があろう。第二には、一九八〇年代後半から特に顕著となってくる、文書館および史料整理におけるコンピュータ利用に関わる論議がある。コンピュータ利用がどのような方向に赴こうとしているのか、整理論との接点をどのように持とうとしているか、見ておく必要がある。

第三に、文書館における史料整理の原則や技術が普遍的な妥当性を持つとすれば、それらは各文書館内の理論・技術にとどまらず、当然、他の文書館と交流され共有化される可能性を持つ。かつその普遍的な妥当性は、文書館に限定されるものではなく、文書史料一般に及ぶはずである。したがってそれらは、文書史料を保存する類縁機関を含めて適用される理論と技術としても定立されなければならない。それがどのように浸透していくか、文書館を超えた史料整理論がどのように展開していったかを捉える必要がある。第四には、文書史科の整理論が普遍化した場合に生じてくるいま一つの側面は、目録作成にかかる標準化の問題である。一館の整理にとっても、目録編成・記述の標準化は、当然、追求されることではあるが、文書館以外を含む各館共通の技術が追求されると、理論と技術の標準化と精密化は必然的なものとなっていく。この標準化の主張がどのようなものであるか、この点も見る必要があろう。もっとも、以上に掲げた諸点は、もとより単独で存在するものではなく、相互に関連する事象である。それらの関連にも留意しつつ、一九八五年前後から九〇年代前半の整理論をたどってみよう。

第一の、基礎的な理論の摂取であるが、まず一般的な解説書にそれらが反映されているのを見ることができよう。その顕著な例を一九八九年に公刊された二つの文献に見出すことができる。その一つは、公文書館法の公布施行を機に編集された全史料協編『記録遺産を守るために——公文書館法の意義と今後の課題——』である。ここでは、2・3「文書の整理」で、前掲『史料保存と文書館学』『史料の整理と管理』によって呈示された出所の原則、原秩序(原配列)尊重の原則、原形保存の原則、平等取扱いの原則などが要約され、その意義が確認されている。(18) また、いま一つは埼玉県市町村史編さん連絡協議会(埼史協)が編集刊行した『行政文書の収集と整理』(19)で、一連の『地域文書館の設立に向けて』シリーズの第二冊である。同書の第三章「行政文書の整理について」では、「出所の原則」「原秩序尊重の原則」を説明しつつ、行政文書の整理の具体的な各過程——受け入れ、装備、登録台帳記載、件名目録を含む目録の作成——について解説している。

このように、基礎的な理論は、近現代史料についても整理実践の場で受け止められようとしているが、これらの理論を実際に吸収しやすいのは、すでに整理体系が確立している既存の文書館よりは新設の文書館であり、整理済みの大量な行政文書群に対してよりは、これから整理に取りかかる小規模の史料群の場合であろう。事実、欧米の文書館が到達した史料整理の諸原則・技術を意識的に摂取しようとした近現代史料の整理は、増田元らによる『国策研究会文書目録』[20]があり、かつその目録作成とデータベース化にかかる報告が、「国策研究会文書目録のデータベース化」[21]として発表された。これは、史料の整理を通してコンピュータ利用の意義という第二の論点にも触れるものであった[22]。

国策研究会文書の整理は、コンピュータの全面的な導入をはかった事例であるが、同時に増田らは、第一の論点であるコンピュータの利用について、その有効性と可能性について積極的に提起を行っている[23]。この国策研究会文書は個人所蔵の、いわゆる私文書であるが、増田らによれば近代行政文書一般についても、①書誌的な構造、②主題（内容）の構造、③文書形式の三つの観点から、データベースを構築することによって、「多様な検索・アクセス要求」を可能にするという。すなわち、

「研究者の個別の要求に応じて、コレクションの中から特定の側面を持つ文書を抽出し、文書間の多様な関係をそのつどダイナミックに復元して、一定の順序に並び変え、画面やプリンターに出力するというオンライン目録の強力な検索機能は従来の冊子体目録では実現出来なかった機能であり、今後はこうした文書目録に対するオンライン検索の要求が増大してゆくものと考えられる」

としている[24]。

右の視点をさらに発展させた永田治樹・増田元・竹内比呂也「文書目録情報のデータベース化の問題――文書OPAC作成とMARC（AMC）の事例から――」[25]では、文書館・図書館など館種の違いを超えた文書史料一般に共通する目録化の可能性を論じている。具体的にはSociety of American Archivits（SAA）が組織したNational Information Systems Task Force（NISTF）によるAMCフォーマットの紹介であるが、このAMCに対しては、「AMCフォーマットの開発は、図書館が作成する目録記述と文書館が作成する目録記述の間に共通し、標準化できる領域があるということを示し、両者が情報サービスという共通の目的のもとに、資源を共有し、

協力しあうという可能性を開いたことになる」として、「図書館・文書館の共存、共助の関係の進展・深化が望まれる」と展望を示している。[26]

AMCフォーマットの紹介にも見られるように、コンピュータの利用を通して、文書群としての集合的記述の重要さ、史料にかかる管理情報の記録の必要さが認識され、また史料の階層構造を目録上どのように表現するかが課題となり、記述の統一が求められてくる。これらについては、東京都公文書館で行ってきた『学事文書件名目録』の作成についての報告、山崎尚之・上田ひろや・保坂一房「明治期行政文書の目録作成と入力事業について――東京都公文書館の場合――」[27]でも指摘されている。この中で執筆者の一人、保坂一房は、「好むと好まざるとにかかわらず原資料・目録・コンピュータの三者を総合的に把える必要が増してきた」[28]と述べている。また、長沢洋は、「広島県立文書館におけるコンピュータ利用とその問題点」[29]で、同館の受入台帳を例に資料の管理、利用のための検索、さらに研究支援、情報提供サービスを展望する際の課題に言及している。[30]加えて簿冊名目録と件名目録との中間に位置する「簿冊概要」の必要性と、この記述を行うための規則化が必要であるとしている。[31]

次に第三の論点を見ることとしたい。これまで文書館は図書館その他の類縁機関とは別個の存在であることが強調されてきた。史料整理についても、文書館における方法の独自性が強調されることが多かった。それが文書館の独立、整理論の自立を促す契機ともなってきた。[32]しかし、国策研究会文書の目録作成が文書館においてではなく、図書館でなされたことに見るように、文書史料の性格に即した整理は、文書館以外でも行われるべきだとの主張が生まれてくる。前述のコンピュータ利用をめぐって論議されてきた中で、階層構造の表現、目録記述の統一の問題があったが、これなど文書館に限らず文書史料を保存する図書館の課題でもあった。

日本図書館協会の『日本目録規則』(NCR)一九八七年版[33]の試みは、図書館側からの課題解決の提起であった。一九八九年に発表されたNCR第一一章「非刊行物」においては、他の章(図書、逐次刊行物など)との整合性をはかりつつ「文書階層」の概念をとり入れ、次のごとくに規定された。

「11・0・2・1A　文書・記録類（以下「文書等」という）については、その原秩序を尊重し整理するものとする。集合体としての文書等には、それらの作成に関する組織・機構、およびその機能や形状にもとづく階層的な構造（「文書階層」とよぶ）が存在する。記述の対象としては、必要に応じてこの文書階層のいずれかのレベルを記述の対象とし、他のレベルの書誌的記録については、それを注記する」

さらに「文書階層」についての解説では、「官庁文書」「家伝来文書」「個人文書」に大別し、それぞれ「グループレベル（共通の出所による文書の最大の単位）」『サブグループレベル（グループの中での組織等の副次的な分割単位）」「シリーズ（クラス）レベル（特定の機能や関連した事項により分けた単位）」「サブシリーズレベル（シリーズの中での形態や内容などによる副次的な分割単位）」「ユニットレベル（個々の文書ないしは文書ファイルの単位）」ごとに説明を加えている。具体的な記述の記載では、「定型的な文書等の書出し」（例えば「乍恐以書付奉願上候」）は、これをタイトルとするほかに、「様式等を補記」（例えば「（谷地窪揚土弁普請請願書）」）し得る任意規定を設け（11・1・1・2B）、また書簡・はがきなどタイトル表示のない「資料」には、例えば、「（書簡）という語」に続けて、「筆記した日付、筆記した場所、受取人の名前および宛先の住所」などを付してタイトルを構成する（11・1・1・2C・ウ）としている。また、上位レベル、下位レベルの「文書階層」の関係について注記をする（11・7・3・0C）なども規定され、文書史料特有の存在形態に対する記述上の配慮がなされた。

このNCR第一一章の第一次案に対しては、一九九二年に近世史料の整理や刊行目録の編集、調査にあたってきた立場から、中野美智子・中田佳子の批評が、全史料協編『記録と史料』第三号で公表された[34]。結局、NCR一九八七年版での第一一章の取り扱いは、改訂版でこれを取り下げ、3・0「通則」において「歴史的な文書記録類の整理については、資料の原秩序を尊重し、資料の作成に関係した組織・機構、および資料の機能や形成にもとづく文書館・史料館における整理の基準を参考とすること[35]」として、全面的に文書館の史料整理の方法に委ねてしまった。

この処置は、文書史料を図書と同じように扱うことの矛盾を明らかにする結果となったが、同時にNCR策定者が史料整理の課題解決を図書整理法の視点からは回避させたことにもなろう。はたしてこの処置は、図書館にある文書史料の整理についての論議を深める結果になったであろうか。わが国の文書館界は、標準的な「文書館・史料館における整理基準」をいまだ生みだし得ない現状にある。多くの図書館では、NCRから史料整理の方法について具体的な指針を得られないまま整理を放置するか、あるいは図書と同じ整理の方法に回帰することになってしまわなかったであろうか。[36] もっとも、NCR一九八七年版改訂版は、文書館界に館種を超えて使用されるべき史料の「整理基準」制定の課題を投げかけたといってよい。その内容は、目録編成と記述の標準化であって次の論点の第四にかかる問題である。

すでに中野・中田両論文の批評の対象が消滅したので、NCR第一次案にかかる両論文の個々の指摘についてはここでは紹介しないが、論議の対象が消滅しても残された課題はある。すなわち、記述の標準化の必要性(「書誌的事項(記述の要素)と様式(要素の配置)及び記録の方法(表記法)の確立[37]」)であり、それによる機械検索の可能性、有効性の追求であり[38](中野美智子)、また、階層的記述のほか、保存状態、保存環境、伝来状況など管理データを含めた記録、それらを多角的に検索する方法の策定である[39](中田佳子)。

目録編成と記述の標準化の必要性は、各館の史料整理規程にかかる論題の中でこれまでも触れられてきた。各館の規程集の中でも、記述の標準化を意識的に追求しているところもあるが(例えば『群馬県立文書館例規集[40]』)、その視点で自館の整理体系全体を解説しているものはそう多くはない。その一つに一九八七年の鷲塚研「道立文書館の資料整理について[41]」があり、「北海道立文書館資料整理要領」の解説を中心に、同館の整理方法を紹介している。同館の収蔵史料は近代以降が大半を占めているが、前近代の文書を含めてここでは史料を「公文書」「私文書」「刊行物等」に区分し、それぞれ異なった分類、目録の組織、目録作成の方法をとりつつ、全体として統合された一つの整理体系を構築している。

各文書館での目録作成や記述の具体例に踏み込んで論じたものとしては、宮崎俊弥「近代文書と目録記述方法」[42]があり、群馬県坂本家文書を事例とした報告がなされている。また平野正裕「近代文書整理法序説――文書の「成立様式」と「集積文書」について――」[43]は、近代文書の特有な成立基盤との関連で目録記述の方法の確立を目指したものである。ともに記述の標準化を志向し、目録実践の共有化をはかろうとしている。さらに、斎藤忠一「小樽・高島南弥太郎家文書目録の整理を終えて」[44]は、当初の主題別目録編成から構造分析による組織機能別目録編成へと整理方針を転換した過程とその都度の整理方法に対する考察を披瀝した詳細な事例報告となっている。右のうち、平野の「近代文書整理法序説」は、「文書の整理は古文書学の成果を基礎」とするとし、古文書学の成果の延長上に整理論を位置づけようとするものであった。具体的には、史料の形態、特に近現代文書特有の複写・印刷(印字)の方式と文書作成の意図との関連を考察してそれを記述に反映させることを論じ、また複写・印刷による史料生産の大量化、紙質の変化などの問題を摘出している[45]。これらの諸論考は、目録編成・記述にかかるすべての課題をカバーするものではないが、整理実践の積み重ねの結果、到達した点であり、近現代史料整理論の蓄積と深化を示すものといえよう。

三　整理論の環境と再構築

前項で概観した近現代史料整理論の深化は、目録作成の機会と必要性が広汎にわたっていることの反映でもある。すなわち、わが国における文書館の充実、これに伴う整理対象史料、特に近現代史料の増大、これに対処しようとするコンピュータの導入等々によって整理論もその環境を変えつつある。なかでもコンピュータに関しては、二つの側面で文書館界に対応を迫りつつある。その一つは、国際的な文書館業務、特に目録記述の標準化の問題[46]、いま一つは、「行政の情報化」、なかでも公文書自体の電子化の問題である。

国際的な文書館業務の標準化は、一九九二年の第一二回国際文書館評議会（ＩＣＡ）大会では、第二全体会議の議題であった[47]。ここでは、リチャード・Ｊ・コックスが「文書館業務の標準化――情報化時代のトゥール――」と題する基調報告を行っている。ここでの文書館業務の標準化とは、①施設・設備の利用に関する基準、②目録の記述システムや用語の基準、③実務やサービスのガイドラインなど[48]にかかるものであるが、特に②の点が本章と関わりがある。ＩＣＡでは、一九九〇年に記述標準化特別委員会で「文書記述の原則についてのステートメント」Statment of Principles regarding archival description を発表している[49]。このステートメントの基準化を促進することが、第一二回大会の勧告の一つとなった[50]。翌一九九三年九月、メキシコシティで開催されたＩＣＡの第二九回国際円卓会議（ＣＩＴＲＡ）では、目録記述基準に関する討論[51]が行われているが、その中では、日本語を標準化する場合のローマ字表示の適否にも論議が及んでいる。史料整理の分野でも、わが国は国際的な論議への積極的な関与が求められていることになる。

一方、「行政の情報化」は、行政事務の合理化がはかられる中で、文書館の業務もまた対応が迫られていることを示している。例えば一九九四年十二月二十五日の閣議決定になる「行政情報化推進計画」は、「行政をめぐる内外諸情勢の変化に的確に対応し、行政の総合性の確保、簡素化・効率化の一層の推進、国民ニーズへの対応等を図っていくことが要請されているが、近年急速な進歩を遂げつつある情報通信技術の成果を活用し、これらの要請に一層的確に対処するため」（同計画前文）として策定されたものであるが、この中で、次の諸点を挙げている。すなわち、情報通信技術の成果を行政のあらゆる分野に導入すること、行政内部のコミュニケーションの円滑化、情報の共有化による政策決定の迅速化・高度化を目指すこと（第一・二「計画目標」）、そのために一般行政事務における文書の作成・保管・伝達等の事務処理を情報システム化すること、国民等との間の行政手続、例えば許認可事務等の事務手続を紙から代替する技術への転換をはかり、文書の施行に際しての公印、契印の省略、電子的決裁の導入をはかること（第二・一「情報化の進展に対応した行政情報システムの整備」、二「情報化に対応した制度・慣行の改善」)である。これらは文書館にとって、保存すべき文書史料の収集・移管の段階からすでに直面する文書管理の「合理」化である。これらの文書(もはや「文書」とはいえないかもしれない)が文書館へ引継がれるに際しては、使用された情報機器や情報システムに対応する文書の管理装置が、文書館側にも一定程度、設備されていなければならない。まして、それらの情報管理のための検索技術、本章でいう目録編成・記述などの標準化は必須の課題となってくる(52)。

以上のような史料についての文書館をめぐる国内外の変革に、わが国文書館の整理論は、これまで見てきた通り全面的に対応を果たしているとはいえないが、これまでの諸理論を捉え直し再構築しようとする論議を生みだしている。それが一九九二年の岡部真二「現地調査における史料整理の方法について――原秩序尊重・段階的整理の実践報告――(53)」の原秩序尊重・段階的整理の検証であり、九五年の竹林忠男「行政文書の整理と編成――史料整理基本原則の適用とその問題点――(54)」である。このうち後者が、文書館の近現代史料の主流である行政文書について、京都府立総合資料館所蔵の京都府庁文書の整理を踏まえつつ、出所の原則と原秩序尊重の原則を検証し基本目録結成の方法を論じている。以下、主として竹林の所論を見ていくこととしたい。

竹林が取り上げたのは、出所・原秩序尊重の両原則を実際に適用する際の難点と、それを克服した同館の実例である。すなわち、竹林は、①出所の単位をどこに措定すべきかという点については、これを「文書管理保存体制」のあり方に基づいて定めるべきとする(55)。また、②組織の統廃合によって順次引継がれてきたような、来歴が複雑に累積した文書群の場合には、その出所を確定する困難な作業が存在していると指摘する。③原秩序尊重の原則については、記録発生時(各原課における文書発生、保存編冊時)の秩序かあるいは集中管理時(文書主管課での保存)の秩序のいずれとすべきかは、その実態に即して文書館が選択し、その秩序を生かして継承すべきとする。④行政文書基本目録の目録編成にあたっては、「行政文書(原簿冊)の配列については原行政機関の文書管理保存における秩序(配列)を引継ぎ、基本目録の編成については作成原課の秩序を基準とする(56)」という見解を呈示している。これは、前節四項で小嶋一夫が同館を事例として述べた主張と一致している。これらの提起は、これまで見てきた史料整理の理論を確認しつつ、これを実体化させた意義を持つものである。

この項の最後に、これまで触れてきた近現代史料整理論の諸論考の中では、ほとんど引用されてこなかった安藤正人「記録史料目録論」[57]を本章の流れに位置づけておきたい。一九九一年に発表されたこの論文では、前述のNCR一九八七年版第一一章第一次案の提示や『国策研究会文書目録』の刊行、また検索などの自動化(コンピュータの利用)やそれらの国際的動向(例えば国際文書館評議会(ICA)の「史料記述の原則について」(前述の「文書記述の原則についてのステートメント」)の発表などを踏まえつつ、これまでの史料整理の理論に体系的整序をはかり、整理論の再構築を行っている。ここでの主たる論点は、第一に、「記録史料の保存管理」全体の「プログラム」を措定し、これを三点に分けて呈示している。すなわち、①現況の調査、応急保存処置、長期管理計画を内容とする「所在調査」、②保存施設への収蔵から保存管理計画の立案、保存管理処置の実施に至る「保存管理」、③整理計画の立案から調査研究の実施、整理と目録作成、閲覧その他の利用に至る「整理利用」の各区分に、それぞれ①調査目録、②受入目録・配架目録、③基本目録・詳細目録・各種の索引が対応し、これらが段階的目録作成の「システム」として構成されるべきとしている[58]。第二には、「記録史料群の構造認識」の把握とこれの目録上の表現を対応させた「各目録記述」(各レベルのデータ構造(記述の要素))の項目を設定している。これは、これまでも史料の階層構造として説明されてきた点であるが、それぞれに記述すべき諸要素を各階層ごとに、外形要素(数量、媒体など)、内面的要素(出所、伝来、史料群の構造、年代、内容など)に区分して挙げている。第三に「検索手段システム」の構築では、基本目録に主題索引・年代索引その他を付すという、基本目録を中心に据えた総合的検索手段システムの開発を目標として措定している[59]。

安藤が呈示した体系的な史料整理システムの概念図は、欧米の史料整理論が一九八〇年代に導入されて以来、ほぼ十年にして一定の摂取を果たし、わが国に定着し得る独自の表現を獲得したことになろうか。今後、目録編成・記述などの整理実践によってその適否が検証されると思うが、一九九〇年代前半の、近現代史料(にも通ずる)整理論の到達点といえよう。ただ、国際的な史料整理論の環境も変化しつつあり、コンピュータの利用の問題は、史料整理の理論と技術に大きな可能性と課題をもたらしていることも、これまで見てきた通りである。現在の到達点自体が安定したものではないことも容易に想起される。次節では、本章の課題を再確認しつつ問題の再整理を行いたい。

(1)『史林』第九巻一号―第一〇巻一号、一九二四年一月―二五年一月、所収。この論文は、のちに『欧米観察――過去より現代へ――』(内外出版、一九二六年)に収録され、近年では三浦周行著『日本史の研究』新輯三(岩波書店、一九八二年二月)三八六頁以下に再録されている。

(2)三浦周行が紹介した"respect des fonds"は、「(古文書が)本来一纏めになって居るものは飽迄も其儘これを保存すべきであって、夫等が全部に亙って調査を遂げられ本来の関係が諒解さるゝ迄は整理の方法も極められない、従って本来の冊なり綴込なり包なりも古文書の性質や整理の方針がよく解って来且つ記録に留められる迄は決してそれをほごしてはならぬとされて居る」(第九巻四号、一〇七―一〇八頁)というものである。もし三浦が紹介した"respect des fonds"がわが国最初のものであるとすれば、その訳語に「原物尊敬」あるいは「原形維持の愛着」をあてたのは、「出所の原則」の初訳であるかもしれない。これは三浦の論文を一九二五年に三井文庫が筆写し、三井高陽がドイツ留学に際して携行した本の中にある註記である(現在、史料館所蔵)。

なお、三浦が紹介する"respect des fonds"は、右の記事からも訳語からも、出所の原則の中に原形保存の原則をも包含しているように読み取れる。

(3)白水社(一九七一年一月)。同書では、出所の原則、原秩序尊重の原則などの概念を、「資料の原形保存ないし復旧」(七六頁)、「出所と関連して有機的な配列のままにおかれるかあるいは有機的な配列におき直された」「原初における秩序を復元する仕事」(以上七七頁)という訳語によって表現している。

(4)『アメリカ合衆国の国立公文書館及び公文書の取扱い等について(公文書保存制度等調査連絡会議資料、第一〇号)』内閣総理大臣官房総務課、八一―八四頁。このほかT・R・シェレンバーグ著『現代の公文書、原理と技術』の部分訳『公文書と公文書館(同前資料、第一号)』、『公文書の管理(同前資料、第三号)』などに、史料整理論の紹介を見ることができる。

（5）『日本古文書学講座』第一一巻では、史料整理に際して文書史料を群として把握することの有効性や「家わけをくずさない」という諸点が言及され（筆者、一三二頁、ほか）、また原秩序保存が論じられ、J・ファヴィエ著『文書館』の引用がされているが（小嶋、一八三頁）、「出所の原則」という用語については、国立公文書館の場合のほかには言及されていない。
（6）吉川弘文館（一九八五年十月）。
（7）目録編成に対する安澤秀一の見解は、「目録上の配列編成とは、特定化された「誰某」文書に内在する秩序体系を明示するところにある」（『史料館・文書館学への道』二四頁）というものである。
（8）註（6）、安澤著前掲書、四二―四四頁。この部分の初出は、「史料館研究紀要」第一六号（一九八四年九月）である。安澤には、ほかに第一節註（8）の「史料管理主要用語（集）」（『史料管理学研修会議義要綱　平成元年度長期研修課程』、所収）の訳業がある。
なお、「史料館・文書館序説」の構想には、マイケル・クック（Michael Cook）が一九八二年にユネスコの The Development of a Record and Archives Management Programme（RAMP）に提出した文書館学の教科科目編成の影響があったようである（註（7）、安澤著前掲書、二二八頁以下）。
（9）第一節註（3）、参照。
（10）安藤論文の初出は、『史料館研究紀要』第一七号、一九八五年九月、所収で、原題は「一九八四年在外研究報告・史料整理と検索手段作成の理論と技法――欧米文書館の経験と現状に学ぶ――」である。同論文は、イギリス、フランス、西ドイツ、アメリカの四か国を訪問し各国の文書館を調査した報告で、欧米文書館学の基礎理論を概括しているが、その中核に史料の整理と検索手段の作成が据えられている。
（11）第一節註（3）。
（12）第一節註（3）、大藤・安藤共著前掲書、一二四―一二九頁。
（13）同前、一二九頁。近現代の官公庁文書（行政文書）の場合、組織自体が明確な階層構造を有し、その組織によって作成された文書が相互に関連を持った秩序を有し、それを再構成することが目録編成の目標となるのは必然の帰結であると思う。欧米の文書館学の導入とは関わりなく、誰しもこの概念に到達するのではなかろうか。その一例として筆者の体験を挙げておく（『日本古文書学講座』第一一巻、一二六頁以下）。
（14）第一節註（3）、大藤・安藤共著前掲書、一二八―一三四頁。
（15）同前、一四二頁以下。安藤は、史料整理と検索手段の作成について、マイケル・クックの著作の論述を紹介しつつ、史料の整理段階を、①初期整理、②内容調査、③構造分析、④多角的検索手段の作成を行うこととして説明している。これは、『史

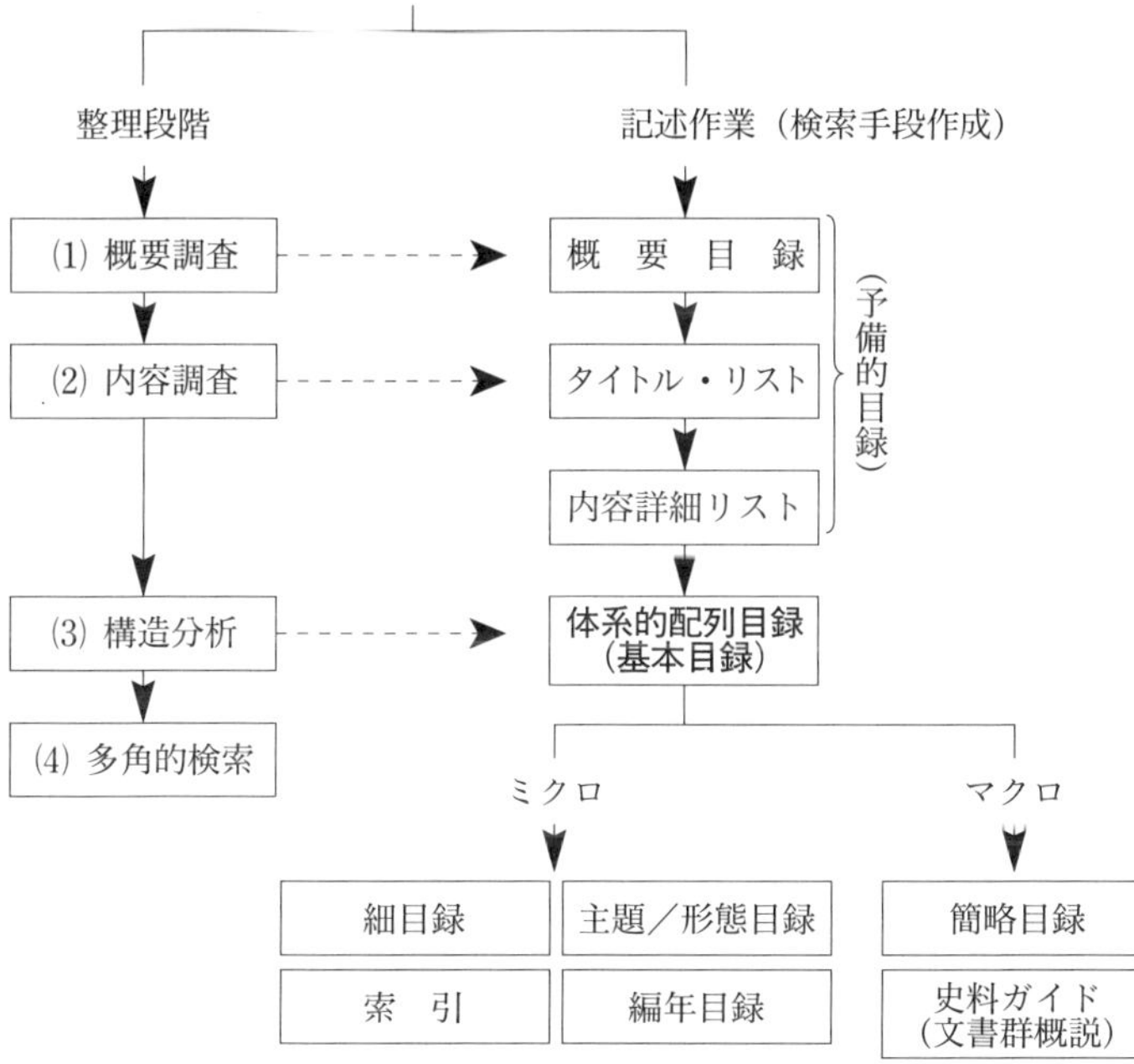

図 7-1　史料整理と検索手段作成の基本手順

料の整理と管理』五九頁では、図7-1のごとくにまとめられている。

(16) 目録編成と記述の方法については、『史料の整理と管理』の刊行後、Keeping Archives, 1987 の第五章 Arrangement and Description が石原一則の訳で「史料編成と目録記述」(神奈川県立文化資料館編『郷土神奈川』第二八号、一九九一年二月、所収)としてわが国にも紹介された。著者は、Paul Brunton と Tim Robinson である。

(17) 一九八八年前後に近世文書の整理ないし目録化についておおやけにされた論考としては、第一節註(7)の大藤修「近世史料の整理と目録編成の理論と技法」、中野美智子「近世地方史料の整理について」、山中秀夫「近世地方文書の検索の機械化及びその利用」、同じく註(3)の塚本学「文字史料の整理をめぐる問題若干」などがある。これらの論考の提起には、当然ながら近現代史料の整理に際しても通底する論点もあるが、本章では一九八〇年代以降の近世史料整理論を包摂し得ないので、ここでは論文名を挙げるのみにとどめたい。

(18) 第一節註(8)、『記録遺産を守るために』三八―三九頁。

(19) 埼史協は、一九九一年四月、設立の主目的を自治体史編さんから史料の保存利用に変え、正式名称を「埼玉県地域史料保存活用連絡協議会」とした(太田富康「埼史協の名称変更と今後の展望」(『記録と史料』第二号、一九九一年十月、所収)九八頁)。

(20) 東京大学附属図書館、一九八八年。国策研究会文書は、商工省の高級官僚であった美濃部洋次旧蔵の戦時金融政策関係の史料を中心としたコレクションで、現在、東京大学附属図書館の所蔵となっている。主として一九三七年―四五年を中心とした三一四ファイル、八、一〇三点によって構成されているという。

なお、同目録についての紹介は、次註(21)、同目録に対する批評には、後註(57)、安藤正人「記録史料目録論」七四―七五頁がある。

(21) 増田元・永田治樹・竹内比呂也執筆。『書誌索引展望』第一二巻三号(一九八八年八月)、所収。

(22) 家文書が中心の近世文書の整理論では、コンピュータ利用の論議が早くからなされており実績がある。例えば、田中康雄「文書館における近世文書の目録作成をめぐって――コンピュータ化環境の中での問題点――」上・下(群馬県立文書館編『双文』第三・七号、一九八六年三月―一九九〇年三月、所収)がある。ごく最近には、鎌田和栄「目録作成とパソコン利用について」(『地方史研究』第二五七号、一九九五年十月、所収)がある。

(23) 註(21)、増田ほか前掲論文、二九頁。

文書館が行政文書の目録編成をコンピュータに全面的に依拠して行った例としては、前節に掲げた「都道府県庁文書目録の分類と記述の構成」所収㉑『富山県行政文書目録』第一―三集(一九九一年―一九九四年)がある。このほか、中途で件名目録の編集をコンピュータ入力に切替えた東京都公文書館の『学事文書件名目録』(後述)がある。また、情報公開制度との関連で現用文書の管理、またこれにかかる文書の引継移管のための管理にコンピュータの導入がはかられている例もある。大阪市の場合がこの例である(大阪市の公文書公開制度と公文書館における情報機器による検索システムについては、国松賢美「大阪市の公文書検索システム」(『大阪市公文書館研究紀要』第二号、一九九〇年三月、所収)がある)。

なお、このような件名目録、情報公開にかかるコンピュータの利用は、個々の文書(いわゆるドキュメントレベルの単位)への到達を目的としたものである。

(24)　註(21)、増田ほか前掲論文、一七頁。
(25)　『大学図書館研究』第三三号(一九八八年十二月)、所収。
(26)　同前、五〇頁。
(27)　全史料協関東部会編『アーキビスト』第一九号(一九八九年十二月)、所収。
(28)　同前、六頁。保坂は目録記述の統一の重要性を提起し、「グループ」(文書群)全体の概要調査から「シリーズ」の把握へ、さらに「ユニットレベル」へと、目録作成を段階的に進める必要を指摘している。
(29)　『広島県立文書館紀要』第三号(一九九四年三月)、所収。
(30)　同前、三三―三四頁。
(31)　同前、三〇頁以下。長沢はこのほか、神奈川県公文書館の資料検索システムにおける概要情報の入力、検索方法についての報告と批評がある(「第3回全史料協・企業史料協議会合同研究会参加記」(全史料協編『会報』第三三号、一九九五年三月、所収))。

コンピュータ利用によるデータベース化に言及しているものではないが、多角的な検索手段を件名目録に求める次の意見もある。

「(件名目録によって)利用者は特定の事業の施行内容、郡市町村の個々の人物、一定地域の行政事項など、目的とする資料の有無や所在を直ちに検索することができ、多面的な利用が可能となる」(石山和男「群馬県立文書館における行政文書件名目録の作成について」(『アーキビスト』第一七号、一九八九年四月、所収)、三頁。

右は、全史料協関東部会第四四回月例研究会(一九八八年六月)の報告要旨である。各文書館における件名目録への支持は、依然強いものがあり、今後これを基軸としてデータベース化がはかられることになるかもしれない。

なお、各文書館のコンピュータ利用の状況を概観したものに、平瀬直樹「文書館におけるコンピュータ利用――山口県文書館――」(『山口県文書館研究紀要』第二〇号、一九九三年三月、所収)がある。ここでは、山口県文書館における近年の行政文書のデータベース化も紹介されている(五〇頁以下)。
(32) 文書館界からは、文書館が図書館・博物館とならぶ独自性、存在意義を持つものとして強調されてきた。文書館のアイデンティティーをイラストによって端的に表現したのは、北川健「文書館のアイデンティティーとそのイラスト表現」(『山口県文書館研究紀要』第一七号、一九九〇年三月、所収)がある。
(33) 『日本目録規則』(NCR)は、日本図書館協会目録委員会の手になるもので、一九八七年に従来の標目統一方式から記述独立方式に切替える意図で新版予備版を作成したが、第一一章(非刊行物)などは制定を先送りしていた。一九八九年に第一一章などの第一次案を発表したが、一九九四年四月の改訂版ではこの規定は採用されなかった。
(34) 中野美智子「近世史料目録の標準化の問題点と課題――「日本目録規則一九八七年版」第一一章非刊行物(第一次案)をめぐって」、中田佳子「『日本目録規則一九八七年版』第一一章非刊行物(第一次案)について」(いずれも『記録と史料』第三号、一九九二年八月、所収)。
(35) 日本図書館協会目録委員会編『日本目録規則』一九八七年版改訂版(同協会、一九九四年四月)、八六頁。
(36) NCR作成者(目録委員会)が、文書に関しては文書館の方式に委ねたこと自体は、筆者も適切な判断であったと考える。第一一章非刊行物(第一次案)の問題点については、中野・中田両論文にその多くが指摘されているが、文書史料の目録記述が図書と異なるものであることが確認されたのは、評価されてよい。
(37) 註(34)、中野前掲論文、七九頁。
(38) 中野は、文書の階層構造を把握し呈示することは、研究課題の領域であり、分類の問題であるとしている(同前論文、七九頁)。この指摘は筆者も同感で、目録記述のためのNCRの中に分類の問題にかかる「文書階層」を包摂しようとしたところに第一次案の矛盾があったのではないか、と考えている。また、中野は、『史料の整理と管理』の文書階層抽出の理念がNCR第一次案に影響していると指摘している。思うに第一次案は、文書館・史料館の整理論が、分類(目録編成)と目録記述を明確に分離していないことの反映であったのかもしれない。
(39) 註(34)、中田前掲論文、八四頁。
(40) 群馬県立文書館(一九九三年三月)。
(41) 『北海道立文書館研究紀要』第二号(一九八七年三月)、所収。「北海道立文書館資料整理要領」の制定・施行は一九八五年で、筆者もこの策定に深く関わった一人である。策定にあたって、出所・原秩序の両原則を踏まえているが、施行後一〇年を経て両原則は有効性を維持しているか、検証を加えるべき時期でもあろうか。
(42) 『アーキビスト』第三四号(一九九五年三月)、所収。

(43)『横浜開港資料館紀要』第一一号(一九九四年三月)、所収。
(44)『北海道立文書館研究紀要』第一〇号(一九九五年三月)、所収。
(45)宮崎・平野両論文が提示した個々の記述の方法については、別に稿を起こして筆者の体験と照応して論ずることにしたい。また、平野論文には、「本来、文書の整理は、古文書学の成果を基礎としておこなわれるべきであろう」として、史料整理論の前提に古文書学を据えて、「近代文書整理論」構築への意志を表明している。このような明確な研究の枠組み設定は、これまで近現代史料整理論では少なかった。ただ平野が求めるように、古文書学がはたして近現代史料整理論を支え得るか、また支えてきたかは検討すべき余地があるように思う。
(46)史料整理のコンピュータ利用を概観し、国際的動向との接点に触れたものとして、安澤秀一「「文字記録史料と電算機応用に関する課題と解決」研究集会を開催して」(『アーキビスト』第一八号、一九八九年八月、所収)などがある。
(47)ICA第一二回大会は、一九九二年九月、カナダ・モントリオール市で開催された。この報告については、小玉正任・柴田和夫「第一二回国際公文書館大会及び米加両国国立公文書館等について」(国立公文書館編『北の丸』第二五号、一九九三年三月、所収)、渡辺佳子「第一二回ICA大会とアメリカ、イギリスの文書館」(『京都府立総合資料館紀要』第二二号、一九九四年三月、所収)がある。
(48)註(47)、渡辺前掲論文、七頁。
(49)註(57)、安藤正人後掲論文「記録史料目録論」七三頁。
(50)註(47)、小玉・柴田前掲論文、一七頁。
(51)影山淳弌・小菅吉治「第二十九回国際公文書館円卓会議報告」(『北の丸』第二六号、一九九四年三月、所収)。国際円卓会議はICA大会が開催されない年に毎年開催される。
(52)「行政情報化推進基本計画」が文書館における行政文書の保存に影響を及ぼすと思われるものの中には、事務処理の結果を保存する形態の問題がある。例えば、情報機器に封じ込められた情報、機器を媒体としなければ視認できないフロッピーデスク内の文書の管理をどのようにするかという問題である。また、データベースを駆動する全体の構造、つまりコンピュータプログラム総体も保存の対象とならなければならない。さらに「電子的決裁方式の導入」は、決裁過程の保存がきわめて困難になると予測され、「セキュリティの確保」については、秘密文書の保存の措置が別に講じられねばならないことを示していよう。情報がかえって一部に独占され秘匿されるという傾向を促進するという危惧を、この「計画」は軽減するものではない。
(53)第一節註(11)。
(54)同前、第五号(一九九四年九月)、所収。

(55) 同前、第五号、五四―五六頁。竹林論文の行論からすると、出所は「文書管理保存体制」に規定される。保存体制の実態によって、各種行政委員会・出先機関、場合によっては内部組織であっても、管理保存体制上、他と区分し得る場合には、それぞれ独立した出所と扱ってよいとの主張として受け止められる。
(56) 同前、六二頁。
なお、「原秩序尊重の原則」については、これを「文書作成段階への遡及」を行うことであるとする理解に対し、整理直前の現状を「原秩序」とする考え方もある。ごく最近では、本田雄二「史料整理と目録編成について――原秩序尊重の目録編成と分類項目付与の有機的連関――」(『新潟県立文書館研究紀要』第二号、一九九五年三月、所収)がこの主張である。筆者は、すべての史料について文書作成時に遡及することが可能とは考えないが、これまで述べたように、近現代の行政文書の場合には文書作成時の状態を復元することは可能であるし、積極的に試みる意義があると考えている。

なお、本田論文は近世史料を対象とする論述であるが、原秩序のほか、記述の統一、分類を施すことの意義、「整理」という語の当否について、近現代史料の場合にも考えなければならない、いくつかの問題提起がなされている。もっとも、「整理」を「整備」に変えたいとする提言(六七頁)については、もし語義のこだわりのみであれば不要と思うが、概念の変換を伴う提言なのであろうか。
(57) 『歴史評論』№四九七(一九九一年九月)、所収。
(58) 同前、六五―六七頁。
(59) 同前、六九―七三頁。

第四節　ま　と　め――近現代史料整理論の課題――

本章の主題は、これまで議論として成立することの少なかった近現代史料整理論の主張をたどることによって、その到達点と課題を確めることであった。叙上の通り近現代史料整理論は、近世史料整理論の中の分類論を母体とし、近代の行政文書の整理実践の過程で各館が独自に模索する中に出発点を置いてきたといってよい。また各文書館はその過程で近代行政文書管理史の研究、行政機構の変遷の解明を整理論とともに発展させてきた。一九八〇年代後半には欧米の先進的文書館学の整理論が紹介された。

欧米の整理論の導入は、近世・近現代の枠を超えた史料整理の体系として呈示されたこともあって、その後の史料整理論をリードすることになった。その内容も史料の階層性に即した目録編成と基本目録を中心とした目録の体系を呈示することによって、文書館における整理技術の基礎理論としての地位を獲得したといってよい。また、コンピュータの利用によって、各種の検索手段の作成についても、多様な可能性が示されたが、同時に従来、標準化が進まなかった目録記述についても、これを促す方向が現れている。

もっとも、この体系的な基礎理論をいち早く吸収したのは、近世史料の整理であったように思われる。新たな理論は欧米の近現代史料、なかでも行政文書の整理実践を基礎として成立した整理論であった。しかし、近現代史料を収蔵する都道府県立文書館の整理体系の主要部分が、容易にこの整理論によって構築されたとはいえない。多くの館では、すでに一定の整理体系と実践の蓄積があって、整理技術が確立していたこともあったからである。むしろ、近現代史料の中でも、近世史料に近似した、家文書、私文書の整理に際してこの理論と技術が摂取されやすかったとはいえないであろうか。

以上のような近現代史料整理論の状況から、今後の方向をどのように見定めることができるであろうか。第一に挙げなければならない点は、新たな諸理論が、近現代史料、特に行政文書などを対象とした整理実践の中で、その当否が検証されなければならないということである。元来、整理論は実践の中で生まれてきた理論であるから、近現代史料を対象とした整理実践を積み重ねてその当否を検証し、理論と技術を改善していく必要があろう。第二に目録記述の標準化の問題であるが、これも一定の実践の蓄積によって確立していく方向にある。文書館界が他の類縁機関に貢献し得る体系を構築するにも、実践による検証を集約する文書館界のシステムが必要となってこよう。第三に、目録記述の国際的標準化の動きの中で、わが国の文書館界に対しても標準化への要請が強められよう。これに対応する必要があるが、外的な要因に動かされるのみでは、目録記述技術の確立は望みがたい。目録記述についても、「出所」「原秩序」の二大原則の適用についても、近現代史料を対象としては、ようやく実践を伴った論議が始まった段階といってよい。きたるべき変革に対応するためにも、わが国の史料整理論の主体性を確立しておく必要があるのではなかろうか。第四に、これまでのことに若干加えたいと思うのは、整理論を成立させるための枠組についてである。文書館の一業務としての整理の範囲は、依然として明確ではない。したがって整理論の範疇も定まりがたい。あるいは、「整理論」に変えて「目録論」「検索手段の作成論」に置き換える方が、概念を明確にできるであろうか。しかし、文書館業務の、収集(引継移管といってもよい)・整理・利用という流れの中に、整理技術を明確な体系をもって確立させるには、単に目録・検索手段を論ずるだけでは不足であろう。「整理」の概念を文書館でも明確に規定する必要があるのではないか、と筆者はいまのところ考えている。

右に挙げた諸点は、引続き筆者の課題でもある。この課題の発見のために本章の紙数を費したことになる。それぞれの課題は、筆者の整理実践とともに展開していきたいと思うが、本章の論述の枠組に、また内容について御批判をいただけるならば幸いである。

〔追　記〕

(1)　本章浄了後、史料館渡辺浩一教官の示唆により、武田晴人「経営史料としての個人文書——石川一郎文書の整理に即して——」(『企業と史料』第一集、企業史料協議会、一九八六年三月、所収)に接することができた。これは、一九八三年五月に行われた第三回企業史料管理研究会での講演記録である。石川文書は、戦前、化学工業統制会会長、戦後、経団連初代会長を務めた石川一郎の文書で、一九四二年から五六年にかけての文書であるという。講演は、石川文書の整理にあたってその経過を報告したものであるが、ここでは、整理の第一段階で原型(現形)に基づき記録をし、第二段階で、原秩序を復元する方向で文書の階層構造に即した分類を施していることが報告されている。加えて将来の展望として目録の刊行と、目録に付す索引によって多角的な検索手段を提供することが展望されている。史料整理の諸段階、階層構造の設定、索引の位置づけなど、八三年に提起された諸点が今日なお史料整理論の課題であることはいうまでもない（本章第二節註(13)関連）。

(2)『記録と史料』第六号に、「国際文書館評議会記述基準特別委員会「国際標準記録史料記述：一般原則」」（青山英幸解説、森本祥子訳）が掲載されている。同誌の発行は、一九九五年九月三〇日となっているが、筆者に配付されたのは、十一月六日であったので、本章で検討するには至らなかった。

(3)本章浄了後、第二節註(1)で紹介した全史料協関東部会の文書館学文献目録のデータベースは、その成果が最終的に『文書館学文献目録』（岩田書院、一九九五年十一月）として公刊された。同書によって、近現代史料整理論の流れに位置づけるべき業績が、ほかにも多数存在することを知ったが、すでに入稿後であったので、本文では触れることができなかった。その主な論文名のみを掲げておく（発表年次順）。ただ、これらの研究によっても本章の論旨を著しく変えることにはならない。

①八木江里・阿部裕子・松田久子「湯浅年子（一九〇九―一九八〇）史料整理の歩み」（『お茶の水女子大学文化研究センター年報』第二号（通巻九号）、一九八八年十二月、所収）。

②佐藤勝巳「戸田市における行政文書整理試論――その方法と実践――」（『戸田市立郷土博物館研究紀要』第四号、一九八九年三月、所収）。

③小松芳郎「旧役場史料の整理・保存について」（松本市総務部行政管理課編『松本市史研究』創刊号―第二号、松本市、一九九一年三月―九二年三月、所収）。

④渡口善明「沖縄における行政文書の整理・保存の現状と課題」（『地域と文化――沖縄をみなおすために――』第六五号、南西印刷出版部ひるぎ社、一九九一年六月、所収）。

⑤吉田義治「パソコンによる検索目録作成への試み――岐阜県行政文書のデータベース化――」（『岐阜県歴史資料館報』第一五号、一九九二年三月、所収）。

⑥豊島区史研究会（青木哲夫・伊藤悟・倉敷伸子・波田永実）「木村秀崇氏関係文書の現代史料としての意義」（『生活と文化――豊島区立郷土資料館研究紀要――』第八号、一九九四年三月、所収）。

(4)次の二つの論文は、本章に関連する研究であるが、いずれも入稿後に公刊されたので、前項と同様に本文に反映することができなかった。これも論文名のみを掲げておく。

①安藤正人「越後国頸城郡岩手村佐藤家文書の構造」（渡辺尚志編『近世米作単作地帯の村落社会――越後国岩手村佐藤家文書の研究――』岩田書院、一九九五年十一月、所収）。

②安藤正人「記録史料学とアーキビスト」（『日本通史』別巻三、「史料論」岩波書店、一九九五年十二月、所収）。

(5) 本章執筆にあたっては文書館学文献目録データベースのほかにも、実に多くの方々から著書・論文抜刷あるいはそのコピーをいただき、また御教示を受けた。特に各地の文書館・史料館など史料保存利用機関および館員の方々には何かにつけて、御教示、御協力をいただいた。ここでそのすべてのお名前を尽くすことができないので、末文ながら厚くお礼を申し上げ謝意を表するしだいです。

（一九九六年一月二十五日）

【補　記】

本書第三編の各章は、「近現代史料整理論ノート」Ⅰ—Ⅲとして、一年おきに執筆した論文である。この間、筆者は、一九九七年には『史料館所蔵史料目録』第六四集、「山梨県下市町村役場文書目録」その一を制作している。一連の論文と目録の発表は、執筆・制作年次の順に筆者の史料整理に対する考察が深化していく過程であった。すなわち、『目録』第六四集を制作するにあたって、筆者は、対象史料についての研究（山梨県の市町村制度、地租改正過程など）のほかに、これまでの近現代史料整理論研究の帰趨を見極めたうえで、目録の記述、編成（項目の構成）を行う必要があると感じていた。それゆえ筆者が持ち得ている知見以外に、援用し得る史料整理論の把握をこころざしたが、その結実が本章である。いわば本章は、『目録』第六四集を構想するための研究史の役割を果たしている。したがって、一九九六年以降の研究動向は、第八章、第九章の論述に必要な限り各章で付加しているが、第七章のような網羅性は意図していない。

なお、表7-1「都道府県庁文書目録の分類と記述の構成」に関連しては、梅原康嗣（長野県立歴史館）「行政文書の目録編成と目録記述——記録史料の検索システムの視点から——」（国立公文書館編『平成一〇年度公文書館専門職員養成課程修了研究論文』、所収）がある。しかし第六章の補記でも述べたが、この論文集は「部内限り」としての配付がされているものであるので、これの所在を紹介するにとどめたい。その後、梅原康嗣「行政文書の目録記述のあり方とガイド」（『長野県立歴史館研究紀要』第七号、二〇〇一年三月、所収）がおおやけにされている。

第八章　市町村役場文書における目録記述の試み

第一節　本章の課題

一　本章の意図

本章は、前章「近現代史料整理論の状況」[1]に引き続き、市町村役場文書目録の作成、なかでも目録記述について考察しようとするものである。かつその検討を具体的な文書群、すなわち山梨県下の市町村役場文書を素材として行うことを目的としている。検討の素材である山梨県下の市町村役場の文書群は、すでに筆者が一九九七年三月に『史料館所蔵史料目録』第六四集、「山梨県下市町村役場文書目録」その一（以下、「『目録六四集』」「本集」などと略称）として目録化を遂げている。本章は、この目録の編集の過程で得た知見を再整理してまとめたものである。

史料の整理――ここでは主として文書館など史料保存利用機関における史料整理を念頭に置いている――は、何らかの目録によってその結果を固定する作業であって、整理作業の中心は、目録の作成にあるといってよい(2)。ただ、ここでいう目録は、史料利用者の検索のために供する目録に限ってみても(3)、印刷・刊行される冊子体の目録にとどまるものではない。閲覧室に備え付けられたカード形態の目録、コンピュータに入力した目録などさまざまな形態の目録を念頭に置いている。これらの史料目録の目的とするところは、いずれの形態をとったとしても、第一義的には利用者が史料に到達するため、あるいは求める史料の有無を確認するためであると規定してよいであろう。

この目録の第一義的な機能は、史料(以下、本章では同じ意味で「記録史料」「文書」「文書史料」と表記することがある)に限らず、図書館における図書目録の場合においても変わらない。また、博物館における文書資料以外の博物資料の目録の場合も、機能は同じである。ただ、図書と異なる文書史料についての目録作成の理論と技術が模索されるのは、目録化の対象となる史料の性格と検索する利用者側の要求に、少なからず他と異なるところがあるためである。すなわち、史料の性格についていえば、目録を構成する記述の要素(例えば、標題、作成者、年次)が図書に比較して多様で不定型であること、史料の成立事情が、個々に独立した著作物とは異なり、他の文書との関連で生成するものであること、多くは群としての保存管理がなされていて、一定の構造を有していることなどが挙げられる。さらに利用者からの要求の点では、多面的で多様な検索の可能性が期待されている。利用者が行う検索は、図書の場合以上に幅広く渉猟され、時として漠とした広汎さで行われることが少なくない。

史料・図書ともに、目録の目的が「同定識別」にあるとしても、史料の場合には、「同定識別」機能に盡し得ない側面があるのではなかろうか(4)。史料の場合、複製を別にすれば一点しか存在しないのであるから、目録の「同定識別」機能の意味も自ずと異なってこよう。文書史料の目録では、図書の場合のように、他にも存在するものをその館においても確認するという機能はなく、また古典籍の場合などのように同一著作の別の写本を他館で確認する機能を持つことは少ない。史料保存利用機関が、印刷目録であれ、閲覧室備え付けのカード目録、電子化された目録であれ、史料の目録を作成する時は、他館には同一のものが存在せず、時としてこれまで知られていない、利用者にとっては未知なる史料を呈示することを意味しよう。史料の目録は、利用者にとって、新たな史料の情報を開示する機能を担っているのである。

史料目録が目指しているのは、ある史料の存在をその所蔵機関の書庫の中に確認するにとどまらず、利用者に対し史料が担っている多様な情報を伝えるところにあるともいえよう。ここでいう史料の持つ多様な情報とは、前述の通り史料が群として存在するという、史料生成上の性格であり、生成後の伝来・管理過程であり、その他何らかの意味を持っていると思われる史料自体に現れたさまざまな表示である。近年、史料論の動向は、このような情報を構造化して伝えようとする主張が、地歩を占めつつある。前章「近現代史料整理論の状況」で触れた、史料の階層構造の把握および原状記録論の提起、「国際標準記録史料記述」などによって紹介したことは、史料の持つ多様な情報に対応しようとする整理理論と整理実践の今日における到達点であった。

目録作成者が史料の持つ多様な情報や想定される利用者の多面的な要求に対応しようと意図する時に、その意図の数だけ目録表現が存在することになる。例えば、前章で触れた都道府県庁の行政文書目録の編成・記述事項が、ことごとく異なっている点に、史料目録の多様性を見ることができよう(5)。利用者の多面的な要求に対する目録の多様な対応は、史料の場合に限らないのであって、図書の場合にも同様に生起する。ただ、史料の情報が不定型であり、史料群の階層構造が史料群ごとに異なるという性格から、史料目録の多様性が促進されることになる。目録作成者がどのような意図をもって、史料の情報を開示しようとするか、それによって目録の編成・記述が定まってくるのである。

また、史料に対する目録作成者の理解の到達度が、目録の編成や記述を決定するのではないかとも思う。したがって目録作成者の史料への理解、また利用者に対して階層構造など史料の性格への理解をどのように期待するかによって、目録の様相も異なっている。一方、一文書群の中には多様な形状の史料が存在するのであり、目録としてこれを表現するには、史料の情報を一定程度、抽象化せしめることは免れない。かつ多様な史料を目録として固定化するには、史料情報を抽象化する技術が必要である。加えてその技術を個別の文書群、個別の目録作成者・所蔵機関を超えて共有することを目指すならば、目録記述の標準化の問題に行き当たらざるを得ない。

本章が意図するのは、このような史料理解が目録表現(その限界を含めて)に反映することを具体的な例をもって明らかにし、その技術の共有化を追求するための諸課題を呈示するところにある。以下、次項で本章の素材となる山梨県下市町村役場文書の概要を示し、次節でこれまでの史料整理論の動向および整理の諸原則についての論議を通して、目録編成・記述論の課題に触れ、第三節では『目録六四集』のために検討した先行の諸業績・目録規程を紹介し、本集で設定した記述事項の構造を呈示する。第四節・第五節では本集で行った目録編成についての諸問題、記述事項の諸問題を検討し、あわせて目録作成の経過を述べ、最後に第六節では、本章全体を総括しつつ今後の論議のための提起を行ってまとめとしたい。

二　対象史料について

本章は具体的な整理実践を通して、史料の目録記述の考察を行おうとするもので、整理実践の対象となったのは、冒頭に述べたように山梨県下の市町村役場文書である(6)。もっとも本章の諸議論が先にあって目録が成立したわけではなく、目録編集の体験があって本章が可能となったものである。ただ議論をより一般化するために、単なる整理実践の報告にとどめず、課題を設定して論述することが有効であると考えて、本章のごとき構成とした。

本章の対象史料となった各文書群の概要については、他の史料館収蔵史料とともに、すでに『史料館収蔵史料総覧』(7)(以下、『史料総覧』と略称)によって明らかとなっている。『史料総覧』では、原木史料(所蔵史料・委託史料)、マイクロフィルム史料合わせて五一一九件を収録し紹介しているが、このうち原木史料四一一件についていえば、文書群名からその出所が近代の市町村役場であることを明示しているのは、北海道など一五道府県六八件にのぼっている。このほか近世の文書群としているものでも、文書年次の下限が一八七一年(明治四)の廃藩置県以降に及んでいるものを加えると、近代の市町村役場が出所ではないかと考えられる文書群は、原本史料の約四分の一、約一〇〇件を数えることができる。このうち山梨県が二五と最も多く、これらが「山梨県下市町村役場文書目録」の「その一」および「その二」の対象となる文書群である。(8)

山梨県下の巨摩・八代・山梨・都留各地方の市町村を出所とする役場文書は、従来、なされていた仮整理では多くが、「山梨県北都留郡諸村役場書類」などと郡単位にまとめられ、合わせて九文書群となっていた。しかし、『史料総覧』編集の際、筆者が文書群の内容を詳細に検討した結果、現在では二五文書群(近世に文書年次の下限がある「都留郡小菅村文書」を含む)であると推定し得た。(9)『目録六四集』の「山梨県下市町村役場文書目録」その一は、このうち巨摩地方(北巨摩郡、中巨摩郡、南巨摩郡)に属する文書群を収録対象としている。すなわち、韮崎市役所文書をはじめ九市町村役場を出所とする文書群に、当初は近世の村文書と見られた「河原部村文書」を加えた、次の一〇文書群である。なお、巨摩地方以外の八代・山梨・都留各地方の分は、「山梨県下市町村役場文書目録」その二として、他日に期することにしている。(10)

巨摩郡河原部村文書、韮崎市役所文書、北巨摩郡龍岡村文書(以上、現・韮崎市)、同郡増富村役場文書(現・須玉町)、中巨摩郡飯野村役場文書、同在家塚村・西野村・今諏訪村組合役場文書、同郡源村役場文書、同郡百田村役場文書(以上、現・白根町)、南巨摩郡鰍沢村文書、同五開村役場文書(以上、現・鰍沢町)

『目録六四集』に収録した一〇文書群に含まれる文書数は、一、六三九点である。ただし合綴・袋入(合綴・袋入の説明については後述)となった史料をも一点と数えるならば、一、八二一点にのぼる(以下、この一〇文書群を総称する時は「本文書群」という)。本文書群は近代の市町村役場を出所とするとはいえ、多数の近世文書を含んでおり、当然のことながら簿冊も状物もともに存在する。それらを同じ一点とするならば、多量にわたる増富村、飯野村ではかえって近世文書が多数を占める。河原部村、鰍沢村では過半といわないまでも相当数の近世文書を擁している。しかし、他の六文書群は近代初頭の役場(村事務所・村役所・戸長役場・市役所・町村役場)などにおいて作成・授受・管理された公文書がほとんどである。

収録した史料のうち近世文書では、検地帳・名寄帳などの土地関係、年貢割付状・毛附取調帳・年貢皆済目録・勘定帳・上納金書上などの貢租・御用金関係、村入用夫銭帳・貯穀取集小前帳などの村の財政・救恤関係、五人組帳・宗門帳などの戸籍関係、取締御請書・村中議定請印帳など村方取締関係の文書が主なものである。他方、近代文書では地租改正およびその後の土地制度にかかる史料がほとんどを占めており、地券台帳・地所一筆限取調帳・地所名寄帳・地価修正一筆限取調帳などが比較的各文書群に共通した標題の簿冊である。また文書群によっては、山梨県庁からの布達・達書(太政官・諸省の法令を含む)、郡役所などからの指令および往復文書などを多数含んでおり、租税・村費関係、学事関係の文書を見ることができる。ただし当時の役場文書が体系的に残っているわけではない。これは史料館所蔵の他の文書群についても指摘できるが、近代の文書では地租改正関係文書をはじめとする土地関係史料に特に集中して残存している傾向がある。(11)

これらの文書群は、各市町村役場において引継がれ、長年にわたって累積し保存されてきた。しかし、おそらく一九五四年以降、大規模に行われた戦後の町村大合併の時期に廃棄されて流出したのではないかと推定される。史料館では、一九六六年度(昭和四一年度)と翌六七年度(同四二年度)の二度にわたり、他の山梨県下の文書とともに東京都内の古書店から一括して購入した。特に六六年十二月には、長野県、新潟県の役場文書とあわせての一括購入であった。したがってこれらの文書群は、史料館が市町村役場などの原蔵者から直接入手したものではない。入手の際に文書群の出所を確認したわけではなく、時として全く別の出所の文書群が混入していたことも稀ではない。文書群の出所を把握し、これにどのような文書群名称を付すか、出所が明確な家文書などとは、異なる取り扱い上の困難さが伴っている。文書群の出所・名称は、あくまでも史料館に現存する史料の年代などを根拠として推定したものである。精査した結果による判断とはいえ、今後、例えば全く異なる文書群に混在した、より新しい年次の史料の発見などによって、異なる文書群名称を付すことになる可能性がないわけではない。もともとそれが一文書群であると推定したことを含めて、文書群名称と出所は仮定の上に立っている点を指摘しておかねばならない。本文書群のこのほかの内容については、行論の中で触れることとし、目録の構成、また各文書群ごとの数量を表8-1として掲げて、本集の全体像の呈示に代えたい。

なお、筆者が山梨県下の役場文書を目録の対象とした理由については、若干付言しておくこととしたい[12]。史料館では、毎年二冊ずつ目録の刊行を行うことが恒例となっており、各冊一人の教官が順次、編集を担当することとしてきた。かつ収録する文書群の選択も、すべて担当教官の判断に任せられてきた。一九九六年度は筆者のほか森安彦館長が担当であったが、筆者の場合は、これまで近代地方行政史料を多く扱ってきたこともあり、まとまった近代の役場文書を見出し、その全体像が明らかとなるような目録の作成を当初は企画した。しかしながら単独の文書群によって目録一冊を充当させ得る量の史料が、どの文書群にも見出し得なかったので、次には『史料総覧』で手がけた山梨県の各役場文書群を糾合して一冊の目録(山梨全県下の分では、結局、二冊の目録となる)にしようと試みた。個々には多量ではないとしても、全体として当時の役場文書の典型的な姿を復元し得るのではないかと考えたのである。しかし、史料館に残存しているのは、各文書群とも土地、租税、貢納などの文書に偏る傾向があることが分かってきた。したがって本文書群のそれぞれは、数量のうえでも多くはなく、内容からも役場文書の完結した姿を示し得ないので、役場文書の典型を捉える意味からは、目録、刊行の効果が当初に想い描いたものではなくなった。しかしながら、史料保存利用機関の使命としては、どのような史料でも公開し、目録を公表(あるいは刊行)して普及する使命があると思う。対象文書群への目録担当者の関心、意欲が目録を完

表 8-1 「山梨県下市町村役場文書目録」の構成（主要部分）

	文書群名・主要項目名	数量
1	**甲斐国巨摩郡河原部村文書目録**	126
1･1	河原部村名主所文書	53
1･2	河原部村公用取扱所・村事務所・村役所文書	50
1･3	河原部村外三箇村戸長役場文書	5
1･4	河原部村（韮崎町）外二箇村組合役場文書	3
1･5	その他	15
2	**山梨県韮崎市役所文書目録**	6
2･1	河原部村外三箇村戸長役場・韮崎町外二箇村組合文書	3
2･2	龍岡村役場文書	1
2･3	大草村役場文書	1
2･4	八幡村役所文書	1
3	**山梨県北巨摩郡龍岡村文書目録**	1
3･1	龍岡村役場文書	1
4	**山梨県北巨摩郡増富村役場文書目録**	469
4･1	小尾村・比志村名主（所）文書	292
4･2	布告・布達・郡衙往復	39
4･3	増富村戸長（事務取扱所）・村事務所・村役場文書	92
4･4	増富村戸長役場文書	29
4･5	増富村役場文書	17
5	**山梨県中巨摩郡飯野村役場文書目録**	505
5･1	飯野村会所・戸長（事務取扱所 1）文書	375
5･2	戸長（事務取扱所 2）・村事務所・村役所文書	103
5･3	源村外一箇村戸長役場文書	17
5･4	飯野村役場文書	10
6	**山梨県中巨摩郡在家塚村西野村今諏訪村組合役場文書目録**	190
6･1	在家塚村事務所・村役所文書	34
6･2	上今諏訪村事務所・村役所文書	7
6･3	下今諏訪村事務所・村役所文書	16
6･4	西野村名主（所）・戸長（事務取扱所）・村事務所・村役所文書	76
6･5	百田村外一箇村戸長役場文書	11
6･6	豊村外三箇村戸長役場文書	15
6･7	在家塚村外二箇村組合役場文書	30
6･8	不明	1
7	**山梨県巨摩郡源村役場文書**	107
7･1	築山村名主（所）・戸長（事務取扱所）文書	1
7･2	源村戸長（事務取扱所）・村事務所・村役所文書	74
7･3	徳島堰下詰所文書	3
7･4	源村外一箇村戸長役場文書	26
7･5	源村役場文書	3
8	**山梨県中巨摩郡百田村役場文書**	20
8･1	百田村戸長（事務取扱所）・村事務所・村役場文書	12
8･2	百田村外一箇村戸長役場文書	7
8･3	百田村役場文書	1
9	**山梨県南巨摩郡鰍沢村文書**	170
9･1	鰍沢村名主（所）文書	63
9･2	布告・布達など	99
9･3	鰍沢村事務所・村役所文書	8
10	**山梨県南巨摩郡五開村役場文書**	45
10･1	五開村戸長（事務取扱所）・村事務所・村役所文書	38
10･2	五開村戸長役場文書	6
10･3	五開村役場文書	1
	合　　計	**1639**

成させる重要な起動力ではあるけれども、史料が平等に扱われることもまた必要である。どのようなささやかな文書群であっても、目録化し利用普及に供するのは、史料保存利用機関としての責務ではないか、と筆者は考えている。

また、この目録の作成にあたっては、当年度の頭初に図8-1に掲げるような編集・刊行計画を策定して作業を進めた。計画の日程には多少の遅れを生じたが、ほぼこの予定に沿って進めることができた(編集経過については第四節一項参照)。もっとも、「5．作業の細目、方法」のうち(1)のページ数は一二〇頁の予定が二三八頁とほぼ倍増した。(5)の索引など検索手段の多角化は、本集では実現しなかった。また(2)のうちの史料の集合記述も予定したようなものにはならなかった。[13]

(1)　『史料館研究紀要』第二七号(一九九六年三月)、所収。

(2)　史料の整理には、いうまでもなく目録作成のほか、史料の受入決定、装備、排架など、ほかにも重要な作業がある。史料の整理の全作業について体系的に示した文献は多くはないが、史料館編『史料の整理と管理』(岩波書店、一九八八年五月)、および埼玉県市町村史編さん連絡協議会(現・埼玉県地域史料保存活用連絡協議会)編『行政文書の収集と整理』(同協議会、一九八九年三月)など一連の『地域文書館の設立に向けて』シリーズがある。

(3)　利用者の検索に供する目録以外にも、史料保存利用機関が史料を管理するために作成する目録としては、受入決定・登録のための目録、引継移管状況を把握するための目録、書架上の位置を確認するための排架目録(書架目録)などがある。

(4)　図書の目録記述の原則について、『日本目録規則』(NCR)一九八七年版改訂版は、「通則」の中で、「1・0・0・1(記述の原則)書誌的事項は、記述対象資料を他の資料から同定識別できる範囲で、必要かつ十分なだけ記録する」とし、記述の範囲(1・0・1)では、「ある資料を他の資料から同定識別する第1の要素はタイトルである」とする。同定識別が、NCRにおける記述の中心的な課題であることが知られる。他方、玄圭燮(Hyeon Kyu-Seob)「書誌記述の原則確立のための覚書」(『大学図書館研究』第二七号、一九八五年十二月、所収)では、識別性のあり方が書誌記述の原則の一つとしつつも、記述の原則の第一に「歴史性」を据え、「書誌記述は一つの文献が歴史的に存在したことを記録する事実証明行為である」(林昌夫訳)とする主張がある(八頁)。図書の記述の場合でも、多様な視点があるのを知ることができる。

5. 作業の細目、方法

(1) B5判、横書二段組、本文110頁、解題5頁、索引5頁、合計120頁程、所収史料点数約1300点を目標とする。

(2) 各史料一点ごとを独立の単位として記述し、史料の集合記述も可能な限り行う。

(3) 既存の仮整理目録は全面的に見直し、再点検、追加作成を行う。

(4) 目録記述の標準化、集合的記述の方法に留意する。

(5) 索引を付与し、索引手段の多角化を図る。

(6) 目録の編集、索引の作成及び校正を的確、迅速に行うため、電算入力(パソコン処理)を行う。

(7) 巨摩各郡以外の都留・山梨各郡については、「山梨県下市町村・戸長役場文書目録2」以下に収録することを計画する。

6. 予算

主として印刷費、賃金、消耗品費、調査旅費であるが、恒例の通り(別途検討)。

7. 作業の日程

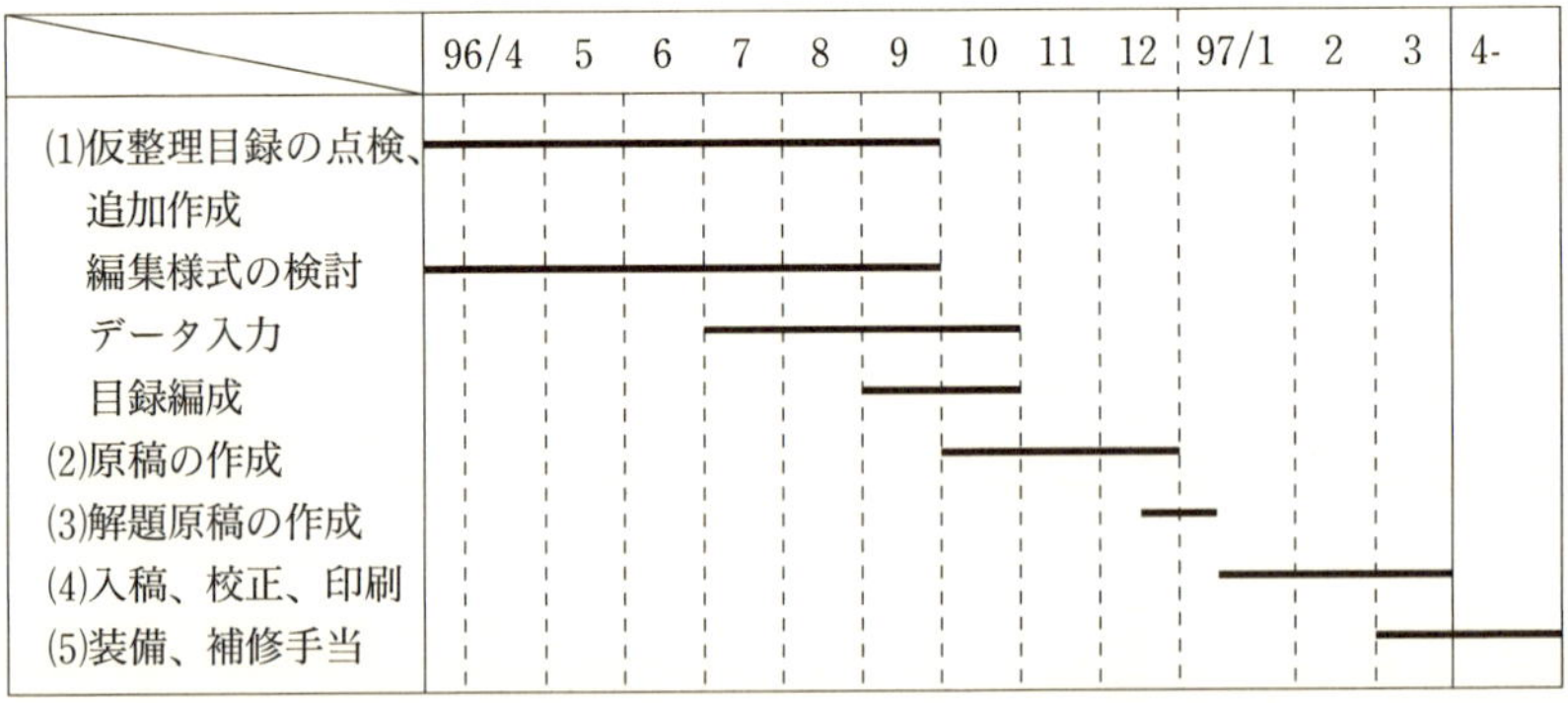

『史料館所蔵史料目録』第64集編集・刊行計画

1996/4/1（鈴江）

1．目的

史料館所蔵史料について正確な情報を提供し、閲覧等の利用に必要な手段を講じ、的確な保存管理に資するため、史料館所蔵史料目録の一環として編集・刊行を行い、あわせて整理・検索手段の開発に寄与する。

2．目録の名称

『史料館所蔵史料目録』第64集「山梨県下市町村・戸長役場文書目録　1」（仮題）

3．収録の対象とする史料

史料館所蔵山梨県市町村役場文書のうち、主として巨摩各郡市町村・戸長役場文書（9機関・1669点）のうちから、別記作業の日程の範囲で処理出来るものを対象とする。

4．実施内容

⑴　仮整理目録の点検、追加作成、編成
⑵　原稿の作成
⑶　解題原稿の作成
⑷　印刷、刊行
⑸　装備、補修手当

3．実施期間

1995年12月～1996年3月（装備・補修手当部分を除く。細部は別記日程による。）

4．実施担当者

⑴　下項を除き、鈴江教官が行う。
⑵　目録点検等、原稿作成の補助に臨時職員若干人区をあてる。
⑶　装備、補修は、担当事務補佐員と協議して行う（詳細別途検討）。

図8-1　『目録64集』編集・刊行計画

なお、日本図書館協会用語委員会編『図書館用語集』(日本図書館協会、一九九六年八月、改訂版)では、目録記入の記述(description)について次のように規定している。

「異なる資料や同一資料の他の版との完全な識別を果たすために、その資料の一連の書誌的事項を組織的に構成・排列することによって具体的に記録したもの、またそのように記録すること〔以下略〕」

ここでは、同定識別の意味を「異なる資料との完全な識別」と限定して使用している。史料目録の場合、本来異なる史料の集合であるから、識別も別の意味を持ってこよう。

(5) 第七章、表7-1「都道府県庁文書目録の分類と記述の構成」。

(6)『目録六四集』の編集については、『史料館報』第六六号(一九九七年三月)掲載の拙稿「『総覧』から『目録』へ——「山梨県下市町村役場文書目録」その一の編集を終えて——」で概略触れている。

(7) 名著出版、一九九六年三月。

(8) 近代の基礎的自治体の機関を総称するのに「市町村役場」というのは、語が熟さないかもしれない。市の場合には、市役所という表記が適切であろう。ただ、「市役所・町村役場」とするのは、目録の書名としては冗長と考えたので、「市町村役場」とした。この語には、戸長役場など「市制町村制」(一八八八年、法律第一号)以前の機関を含めたのはいうまでもない。

(9)『史料総覧』八八頁以下。

(10) 山梨県内の文書群には、筆者が役場文書と判断したもののほかは、「巨摩郡今福村文書」と区の所有になる「山梨市下井尻村区有文書」を除くとすべて家文書である。もっとも、『史料総覧』では、この「今福村文書」が、家文書の可能性のある文書群であるとしている。

(11) 史料館所蔵の役場文書は、地租改正関係文書をはじめ土地関係史料に集中している(ように思われる)。その要因は、いまのところ明らかではない。この種の史料が、当時、各市町村役場では廃棄処分の対象となりやすかったのか、あるいは土地制度に対する当時の学界の関心が史料館の収集方針に反映したものか、もともと市町村役場が土地関係文書を重視してきた結果によるものか、明らかではない。

(12)『目録六四集』の編集についての筆者の意図は、『史料館報』第六六号掲載の拙稿(註(6))参照。

(13) 所蔵史料目録の編集・刊行にあたって計画を策定したのは、史料館では近年にはなかったと思われる。あらかじめ計画を呈示して作業を始めるという慣行はこれまでなく、いまのところ筆者のほか青木睦教官の試みにとどまっている。ただ、このように成文化した計画があることは、館業務として目録の編集・刊行を遂行するにあたって、業務の内容と進捗を客観化するという意義がある。なにより筆者自身、計画を呈示することによって、業務の目的と内容、方法等の考え方を整理し、その進捗に心を期することができた（と思っている）。

第二節　目録編成・記述論の課題

一　史料整理論の動向

前章「近現代史料整理論の状況」で筆者は、近現代史料整理論の研究の流れについて次のようにまとめておいた。すなわち、わが国の近現代史料整理論が近世史料整理論の中の分類論を母体としてきたこと、また、近代行政文書の整理実践の過程で各館が独自に模索する中に出発点を置いてきたことを指摘した。さらに一九八〇年代には欧米の文書館学の整理論が紹介されて今日の史料整理論に影響を与えてきたこと、この整理論は、近世・近現代の枠を超えた史料整理の体系として呈示されたこと、その内容も史料の階層構造に即した目録編成と基本目録を中心とした目録体系の呈示であったことを述べた[1]。そのうえで近現代史料整理論、特に本章の意図する目録記述、目録編成の問題について、今後の方向として次の四点を挙げた。

その第一は、階層構造の把握をはじめとする新たな諸理論が、近現代史料、なかでも行政文書などを対象とする整理実践の中で、当否が検証されなければならないという点である。元来、史料整理論は実践の中で生まれてきた理論であるから、整理実践が伴って初めて確立するものである。第二は、目録記述の標準化の問題である。これも整理実践の蓄積によって確立していく必要があるが、標準化のためには理論と実践を集約するシステムが文書館界でも必要となってこよう。第三には、目録記述の国際的標準化への対応であり、その際、わが国の史料整理論の主体性を確立する必要があると述べた。第四は、整理論の範疇および文書館の整理業務の範囲をどのように考えるべきかという、「整理の概念」を明確に規定することに触れた。[2] いずれも大きな課題で、それぞれ別個に取り上げて論ずべき問題である。

右の諸点のうち、第一と第二の点にかかる整理理論を整理実践の深化によって検証すること、これを目録記述の標準化に発展させていくことについてであるが、各文書館等ではそれぞれの整理の実績があり、一部には館としての目録規則を制定しているところもあるけれども、これを共有化する試みは、ほとんど着手されていない。[3] 第三の国際的標準化は前章の追記(2)でも触れたように、国際文書館評議会基準特別委員会の「国際標準記録史料記述：一般原則」(ISAD(G))が全史料協編『記録と史料』第六号[4]に紹介され、その後、森本祥子「国際標準記録史料記述(一般原則)適用の試み――諸家文書の場合――」[5]、青山英幸「国際標準記録史料記述等による箱館奉行文書目録作成の実験について」[6]によって整理実践の試みがおおやけにされている。この分野は、国際的な動向を吸収するために引き続き活発な論議がなされるであろう。もっとも国際的動向の吸収はようやく緒についたばかりであり、欧米の文書館での整理の実態を含めて、この方法の浸透の可能性は検証されなければならない。[7] いままでのところISAD(G)は、右の二論考によってもフォンドレベル(あるいはグループレベル。文書群)での有効性が評価される一方、これが下位のレベル、ファイルレベル、アイテムレベルの記述については、今後の課題が多いことも指摘されている。[8]

言語や所蔵する機関を超えて、また館種を超えて史料情報の共有化を目指す記述の標準化は、今後、多くの史料保存利用機関で試みられ改良されていくこととなろう。所蔵機関ごと、文書群(フォンドレベル)ごとに史料を区分し、さらに階層の下位に向かって情報を分割し把握するというこの検索手段は、史料整理論の発展のうえに到達した理論に基づく手法であって、将来における普及が大いに考えられるのであるが、現状では数ある目録編成・記述方法の試みの一つにほかならない。前章で触れたように、かつては史料の目録も、主題(事項とも称した)

によって区分する分類表あるいは文書の様式・機能に基づく分類表が追求されたことがある。それらの分類表の提起は、主として近世史料を対象としたものであったが、今日でも近世史料に限らず主題別分類が決して少ないわけではなく、また過去のものでもなく、なお一般的であるとすらいうことができる。

前章と重複することを述べるが、主題別分類表を策定しようとする論議が盛んであった中で、鎌田永吉「近世史料の分類（遺稿）」[9]の主張は、整理論の一つの転換点をなしている。鎌田は、「近世史料の分類は、文書が「家」（「村」）別の文書として存在することを前提に、その家や村のなかでそれぞれの史料が作成された動機や背景にもとづいて、その史料が文書のなかで本来持っていた位置や役割を復原していく作業なのである」[10]と述べ、史料の発生時に遡って史料の構造の復元を目指すことに史料目録の方法を措定しようとしていた。鎌田の見解は分類を論じているが、文書発生構造解明への志向の一つと見ることができよう。さらに史料の階層構造の解明を目録作成の中心課題として意義づけたのは、大藤修・安藤正人共著『史料保存と文書館学』であり、史料館編『史料の整理と管理』であった。階層構造の把握を目指すというこれらの主張は、今日、史料館の目録作成を支える理論の主たるものとなっている[11]。

右に挙げた主題別分類の策定、文書発生時の構造復元、階層構造の把握等々は、それぞれに異なった目録表現を生みだしてきた考え方である。ただし具体的な目録表現の中では、階層構造の把握を意図した目録であっても、階層の下位のレベルでは「単純な主題分類」[12]とはいわないまでも、主題・内容による分類とさほど異ならない項目の設定がなされることも少なくない。これは目録を編成するにあたっての（さらには利用者の検索にあたっての）、主題別分類への要求の強さを示しているといえよう。このように今日の目録が抱えている複合的性格は、同時に、史料の持つ階層構造をどのように考え目録として編成するかという課題に対して、いっそうの理論的根拠の強化を求めるものである。次項以下では、これまでの筆者の整理実践をまじえて、主題別分類の問題点、行政文書における組織・機構分類の有効性とその要点、編成と記述の関係および「原秩序尊重の原則」について述べて、「山梨県下市町村役場文書目録」の諸事例を検討する前提としたい。

二　主題別分類と組織・機構分類

史料の目録編成[13]（または目録構成、分類）については、まず主題別分類の限界と組織・機構分類[14]の必然性を、これまでの筆者の整理実践を通して述べてみたい。以下、地方行政文書を念頭に議論を進めていくこととするが、ここでの論議は行政文書以外の史料にも適用し得るものと考えている。いま筆者の整理実践として紹介するのは、一九六一年から六三年に刊行した『北海道所蔵史料目録』第一―四集、「簿書の部」その一―四の事例で、この目録には北海道庁所蔵の〝簿書〟と称する近代初頭の文書群を収録している。この史料は幕末の幕府箱館奉行所時代から明治維新政府の開拓使時代などを経て、ほぼ一八八六年（明治一九）設置の北海道庁時代初期に至るまでの公文書約一万八〇〇〇冊であって、近代初頭の北海道行政の全容を凝集した文書群である。〝簿書〟は、現在、北海道立文書館その他の史料保存利用機関に所蔵されており、一万一、〇〇〇冊以上が確認されている。[15]

『北海道所蔵史料目録』「簿書の部」は、前章の「都道府県庁文書目録の分類と記述の構成」では、④に掲載されているもので、目録編成（分類）の第一分類を各行政庁（箱館奉行所、開拓使、北海道庁など）に置き、第二分類は編年、第三分類には各行政庁内部の組織（本庁・支庁、局・課など）とした。目録編成の基本的な考え方は、その〝簿書〟を編綴した実在の組織・機構に位置づけるところにあった。ただし「開拓使公文録」「略輯旧開拓使会計書類」など特定の編綴意図のある〝簿書〟は、編年からはずして別にまとめたものもある。分類の一端を掲げると次の通りである。

○箱館奉行所文書

〔略〕

○開拓使文書
明治二年
〔略〕
明治九年
札幌本庁
上局
記録局
民事局
会計局
〔略〕
函館支庁
上局
記録課
〔以下略〕

一九五九年に開始した〝簿書〟の整理は、当初、〝簿書〟を年次に区分し、さらに類目(主題別、事項・事類別)に分けることが試みられた。例えば、1外事、2治安、3裁判、4職員、……8産業(1)一般、(2)農業、(3)林業……、10会計、11租税、12地理、13地券などという類目である。しかしこの主題別分類は、間もなく有効に機能しないことが明らかとなった。分類表自体の未熟さもあるが、仮に日本十進分類法(NDC。当時は、新訂六版)を参酌しても事態は同じであったと思う。当初、担当した文書係から整理業務を引継いだ筆者が、主題別分類を試行した後、これを放棄したのは次のような理由からであった。

理由の第一には、主題別分類の根拠となる「主題」を文書綴である〝簿書〟に見出すことの困難さがあった。例えば「神社一件」「租税ニ関スル件」などと標題に編綴の意図を読み取ることのできるもの、また内容から編綴の意図を特定することが可能なものもあるが、それらは全体の一部にすぎなかった。「文移録」「電信録」「取裁録」「願伺届録」「御用留」「引継書類」「申奏録」といった文書の様式を示すものは、標題からも内容からも主題を特定できず、このような〝簿書〟の方が少なくなかった。試みにある年次の〝簿書〟を分類してみると、主題が特定されて「類目」に分類し得るかに見える〝簿書〟と、文書の様式を標題に掲げた〝簿書〟とは、全体を二分しており、主題別分類を〝簿書〟の全体に及ぼすことの困難さが立証された。[16]

第二に、〝簿書〟の場合、図書の分類の根拠となる「著作の主題」に相当する「編綴の主題」を特定すること自体が困難であった。〝簿書〟の内容を著作の主題と同じように考えるならば、著編者に相当する組織・機構はどのような編綴の意図があると考えることができようか。例えば水産課は、業務遂行過程の所産・痕跡として〝簿書〟を残したのであって、水産に関する特定の主題を表現しようとして関係文書を糾合し編綴したのではない。また、水産課の『往復留』がすべて水産に関する文書の集積とは限らない。少なくとも主題別分類の項目を設定して、各課・係の簿書を組織横断的に糾合させることは、各〝簿書〟の成立事情を明らかにし、簿書間の関係を示して内容の理解に到達させるという目的に対して、著しい乖離があるものといわざるを得ない。[17]

第三に、〝簿書〟が生成されるのは、それぞれの組織・機構の活動の結果である。これに着目すると、〝簿書〟は、それらの組織・機構に位置づけることが、本来の性格に即していることになる。〝簿書〟の場合には、主題別分類によるよりも組織・機構による方に、論理的な必然性が見出された。「家わけをくずさない」という、今日の「出所の原則」に似た原理を追求するとこのような結論となった。

第四に、この〝簿書〟は現存するのが約一万一、〇〇〇冊ほどであるが、かつて一九〇一年(明治三四)に北海道庁第一文庫が建設され、ここに収蔵、整理された時は、約二万八〇〇〇冊を擁していた。〝簿書〟数がいわば半減していることになり、散逸した〝簿書〟を少しでも復旧し得ないかという期待を筆者は抱くようになった。加えて〝簿書〟の散逸は、第一文庫の成立以前にも見られることであった。[18]したがって現存の〝簿書〟を対象として限定的に分類表を策定しこれに拠るのは、所蔵〝簿書〟の増加によって適合しなくなるおそれがあると筆者には思われた。開かれた分類を行うには主題別分類よりは、〝簿書〟を本来の位置に復帰させることを意味する組織・機構分類の方が有効であると思われた。また、復旧部分を含めて、各時代の文書作成の状態、〝簿書〟の編綴・伝存過程の手がかりを保存することが、〝簿書〟の理解には必要と考えた。〝簿書〟生成の状態を復元するには主題別分類はかえって障碍になると考えたのである。現に〝簿書〟を所蔵している他の図書館が行った分類を見ると、主題別分類を施すことによって、〝簿書〟の構造に対する考究は、そこで停止しており、本質的理解への途が閉ざされているのではないかという懸念を拭い得なかった。[19]

以上のような検討から筆者は、『北海道所蔵史料目録』では、主題別分類を放棄して編年を加味した組織・機構分類による目録編成を行うこととした。もっとも編冊された公文書であっても主題別分類が有効に機能する場合がないわけではない。それは分類項目が組織・機構に対応しているか、あるいは編綴そのものが主題別分類表を前提としてなされている場合である。「編冊の状態が分類を規定する」というのが筆者の考えである。[20]

右は筆者が体験した整理実践の紹介であるが、少なくとも一般的な行政文書などの場合、出所を超えた主題別分類はなじまない、という原則的な指摘は可能であろう。当時、わが国には文書館学・史料管理学はいまだ存在していなかった。したがって〝簿書〟の目録作成の手法も、「出所の原則」「原秩序尊重の原則」を受け入れた結果ではなく、他の史料保存利用機関との整理技術の交流のうえに到達したものでもなかった。全国的な動向とは隔絶しつつ史料そのものの性格を、素朴に追求した結果であった。とはいえ史料の整理・目録化について、考究されるべきいくつかの点がここでは提起されていると思う。すなわち組織・機構による目録編成を可能とさせる原理的な要素は何か、あるいは目録編成と記述との関係、史料発生時への復元と原秩序尊重の原則との関係をどのように考えるかという諸点である。

三　組織・機構分類の要点について

まず、組織・機構による分類(目録編成)を可能とさせる原理的要素について述べておきたい。あらためていうまでもなく組織・機構分類が、行政文書や大規模な企業・団体などの文書により適合しているのは、これらの組織体でその内部機構が明確に区分され、しかもその全体が階層的に構築されているからである。文書は、その組織体各部分の活動の結果、また反映として作成・授受・保存(廃棄)され、一部が史料として残される。もし目録作成者(整理担当者)が、この残された文書を作成・授受した組織・機構に位置づけていくことを行うならば、その方法が組織・機構分類である。文書をそれに位置づけるためには、文書発生時の組織・機構のありようを目録作成者が把握していることが必要であることから、組織・機構図の作成、またそのめまぐるしい変遷についての解明が必然化する。さらに組織・機構変遷と表裏の関係にある各時期の事務分掌、文書管理制度の把握も必要となる。それらの要件が満たされて、初めて組織・機構分類は可能となる。そのためわが国の文書館、特に都道府県の文書館においては、これらの研究が重要視され、現に多くの研究が積み重ねられてきた[21]。

文書は、標題あるいは記事の内容などを根拠として、組織・機構の一部に位置づけられる。この場合、組織・機構は変遷するものであるから、文書はその時間軸に沿って位置づけられることになる。それを目録としてどのように表現し得るかが、目録作成者の課題となる[22]。この、文書を組織体の一部に位置づけるという行為は、次のような考え方のもとに成り立っているといえないであろうか。

まず第一は、位置づける組織・機構というのが、その文書の管理主体であるという点である。その文書を取り扱った側、すなわち業務の中で文書を作成・授受・保存した実在の組織・機構である[23]。多くの行政文書の目録では、それを課・係名として表示しており、各自治体の文書管理規程では、「主務課」と規定し、一般には「原課」などと呼ばれることがある。(24)これを課と限定せず、部または係を含める場合には、より一般化した呼称が必要となるが、その場合には「主務者」と呼ぶことができよう。本章では、ややなじみにくい呼称ではあるが、以下、「主務者」と表記することとしたい。(25)

この主務者は、その文書を起案し決定に関与し施行する主体であるから、起案文書（稟議書）などの作成者であるが、単なる文書の差出・発給者ではない。主務者が管理する文書には、主務者が発給する文書の案も当然存在するが、主務者宛に到達した文書もある。作成・授受の文書をともに管理する主体が、この主務者である。主務者とは単なる文書の差出・発給者ではないとあえていうのは、その史料の作成者、文書の差出者と主務者の概念を混同させてはならないからである。(26)

主務者は、組織・機構の各階層レベルに措定されるのであるから、組織体全体、例えば地方自治体では県庁・市役所などが主務者であり、またその内部機構の部・課あるいはその下部の係が主務者となり得る。要は、業務の各レベルに存在し、各レベルで意志決定機関となり得る単位が主務者である。北海道庁所蔵の〝簿書〟の例では、開拓使―札幌本庁―記録局―履歴課が、それぞれの段階での主務者である。主務者の概念は、組織全体のレベルでは、「出所の原則」の出所とほぼ同義といえる。もっとも「出所の原則」は、現存する文書群について、出所を異にする他の文書群と区別するために用いられる考え方であり、他方、主務者の概念は、文書発生時の組織・機構を特定するために措定した考え方である。

なお、主務者による分類は、その文書の組織・機構を明示できない場合、つまり出所が不明な場合には、有効に機能し得ない。十分な根拠がないまま主務者を特定すると、時には利用者に誤った認識を与えかねないこともあり、組織体への位置づけを断定することを控えた方がよい場合がないわけではない。

第二は、主務者の概念を捉えて分類を考えることとは、文書が個別に存在するのではなく文書の複合体である簿冊の姿をとる時に、特に必要かつ有効である。簿冊という形態にした主体は、個々の文書の作成者ではなく、各文書全体の管理主体である主務者にほかならないからである。文書が個別化せず、複合体として成立している簿冊の場合には、これを成立させた文書管理主体、すなわち主務者の概念をもって初めて、組織体に位置づけられるものとなる。なお簿冊という文書を複合して保存する行為は、主務者の文書作成過程・保存意思の表現である。簿冊には、事案の経過を理解することができる、集約した情報が高い密度で保存されている。簿冊という文書の複合体は編綴されている文書相互の関係をも表示しており、個々の文書の情報を総和した以上の情報を目録作成者・利用者に提供している。簿冊はまた、文書の前後に表紙を付して主標題、年次、主務者を表示し、主務者や年次を特定する手がかりを提供している。さらに編綴の形態から、それが一冊のものとして編綴が完結しているかどうかをも示している。

第三に、個別の文書の主務者とこれを簿冊に編綴した時の主務者とは、完全に一致するわけではないという点が留意されなければならない。複数年次の文書を編綴した簿冊、また単年度の場合でも、その間に組織・機構の改正によって主務者の名称変更・分合廃置が行われることがあって、初年の文書の主務者と終年の文書主務者とは異なる場合が生ずる。「都道府県庁文書目録の分類と記述の構成」表における「多年度簿冊の位置」に見るように、目録によって年次の措定が初年または終年(終年が最も多い)に分かれている。また、いずれかのみの掲載では年次の見落としにつながることから、各年次に文書名を重出させる例も見られる。そこでは主務者の概念をどのように捉えるかの違いが、表現されていることになる。

個々の文書の主務者ではなく、複合化した簿冊の主務者を想定し、簿冊の主務者を組織・機構に位置づけようとするならば、編綴された文書の最終年次がその簿冊を位置づける根拠となろう。簿冊の表紙には、編綴の始年の年次や主務者が表示される場合が少なくない。表紙の主務者の表示が、しばしば初年の主務者を示すものである一方、最終年次の主務者は、編綴された文書の最後の日付に対応する組織・機構がこれに該当することとなる。

いずれの主務者を目録に表示させるにしても、組織・機構による目録編成を成立させる要点として、主務者と年次の特定が必要となることは、確認してよいであろう。

組織・機構による目録編成(分類)を成立させる要点が、史料の主務者と年次にあるとして、これを行政庁・企業・団体など明確な階層的機構を有する組織体以外の、例えば近世の村町文書・家文書の目録編成では、どのように援用できるのであろうか。たしかにこれらの場合には組織・機構を復元し、史料のすべてに亘って主務者と年次を特定することが、常に可能であるとは限らない。近世の村が、内部機構というものによって機能を分化していないことと、年次を特定し得ない史料の多いこと、近代の役場文書に比較して文書を簿冊として編綴することが少ないため、簿冊形態によってもたらされる集約された情報が多くはないことなどが理由として挙げられる。しかし、家文書の場合であっても、文書群の構造は必ずしも単一ではなく、内部に組織・機構が存在し、それぞれの機能に史料を位置づけることが可能である(27)。本章の対象である村町文書などでも、例えば村内の組の分裂などを史料的に確認できるならば、組織・機構上の区分をそれぞれの組に求めることが可能である。仮に内部の組織・機構の解明が得られないとしても、出所としての主務者の措定、主務者を特定するための年次の把握が目録編成上の最重要点であることには変わりがない。

四　編成と記述の関係について

本章は目録記述について論ずることを主な課題としているので、編成(分類)と記述の関係に触れておく必要があろう。筆者は、記述の諸要素が編成を決定する重要な要点となっているという前提に立ちつつ、同時に編成によって記述の内容が左右されるのではなく、記述自体は完結したものとしてその技術を確立する必要があるのではないかと考えている。また記述を構成する各要素は、全体としては有機的な関係を保ちつつ、それぞれ独立した概念を持って成立していることが必要である。[28] ここでは特に編成と記述の関係を、図書の場合と対比しつつ考えておくこととしよう。

図書(図書館学)の整理技術では、記述と分類とを分離させることによって、それぞれ完結した方法として確立させてきた(例えば「日本十進分類法」[29](NDC)および「日本目録規則」[30](NCR))。具体的には、一定の「書誌的事項」によって構成された「目録記入」(例えば目録カード)を成立させる一方、それぞれの「記入」に任意の標目を付与し、これによって「記入」の排列を行うこととしている。この標目が主題別分類の記号である場合には、例えばNDCでは歴史―日本に210の記号を付与し、その記号によって目録に「記入」が編入される。もしこれを産業―農業の項(NDCでは、農業史が612)にもあわせて編入しようとする時は、標目のみをあらためて別に「記入」を編入することができる。この方式は、目録カードを使用する場合を想定しているが、カードの使用を止めコンピュータによる処理を行う、いわゆるカードレスとなっても原理は同じである。この場合、記述に変更を加える必要はなく、また一般的には記述の変更が分類を左右することにはならない(もとより、図書の主題の判断を左右するような記述の誤りが生じた場合は別である)。

これに対して史料の場合、筆者の主張を再論するまでもなく、前章「近現代史料整理論の状況」で見た都道府県庁文書目録に現れているように、記述と分類とが相互補完的に位置づけられており、記述というものが分類から独立していないことが多い。[31] これは、史料整理論を構成する記述論と分類論(目録編成論)とが相互に自立していないということでもある。[32] 記述と分類が相互に自立しつつ技術体系を確立する必要があるとともに、にもかかわらず両者を全く分離し得ない側面があることをこれは示すものであろう。この分類(編成)と記述が相互に入り組んでくる問題を、NCRの改訂作業で取り組まれた「文書階層」設定の過程に見ることとしたい。

NCR(日本目録規則)は、一九六五年版の後、一九七〇年以来、改訂作業が進められ、七七年には新版予備版が、さらに八七年版が公表、刊行された。しかし、この版には第一一章非刊行物など未完成の部分があったので、八九年三月に、その部分の第一次案が発表された。最終的にNCRは一九八七年版改訂版が九四年に刊行となり、この改訂作業は一応の完成を見ることができた。ただ、第一次案で提示された「文書階層」の設定は、この改訂版では削除された[33]。

NCR一九八七年版の第一一章第一次案(以下、「第一次案」と略称)に規定された文書史料の記述は、次のようであった。

「11・0・2・1A　文書・記録類(以下「文書等」という)については、その原秩序を尊重し整理するものとする。集合体としての文書等には、それらの作成に関する組織・機構、およびその機能や形状にもとづく階層的な構造(「文書階層」とよぶ)が存在する。記述の対象としては、必要に応じてこの文書階層のいずれのレベルを記述の対象とし、他のレベルの書誌的記録については、それを注記する」

この文書階層とは、「文書等の集合体におけるつぎのような体系的秩序をいう」として、それぞれのレベルを表8-2のように説明している。

この「第一次案」には、文書等の原秩序尊重、文書群の階層構造の把握、階層構造に適合する記述の選択などが意欲的に取り入れられ、文書館学・史料管理学の理念が共有されていた。「第一次案」に対しては、近世史料の整理に携ってきた立場から、中野美智子、中田佳子らの批評がある[34]。目録編成と記述の関係から見るならば、「第一次案」の試みは、史料の階層構造を文書階層として表現することとして提示しているが、文書階層の具体的な記述例を呈示するに至らなかった。「第一次案」の他の規定は、ほとんどが個別の史料すなわちユニットレベルの記述を行うためのものであって、群としての文書階層すなわちグループレベルからサブシリーズに至る部分を具体的に記述する方法を提示することに乏しかったといえる。

「第一次案」の問題性は、中野美智子も指摘するように、「文書階層はあくまで階層構造の表記であって、書誌的事項の表記とは区別されるべき[35]」であって、筆者も目録記述の中に分類を包摂しようとしたことによるNCR

表 8-2　NCR の「文書階層」

	官庁文書	家伝来文書	個人文書
グループレベル(共通の出所による文書の最大の単位)	都道府県庁や市町村役場で作成あるいは受理した文書の総体	特定の家の成員が作成あるいは受理した文書の総体	特定個人が作成あるいは受理した文書の総体
サブグループレベル(グループの中での組織等の副次的な分割単位)	部課単位の文書群 ・総務部庶務課文書 ・民生部社会課文書 など	組織，役職ごとの文書群 ・村文書(名主文書) ・組合村文書(大庄屋文書)など	歴任した役職や属した組織ごとの文書群 ・私的文書群 ・会社文書 ・サークル文書など
シリーズ(クラス)レベル(特定の機能や関連した事項により分けた単位)	〔民生部社会課文書の場合〕 ・生活保護関係文書 ・地方改善関係文書 など	〔名主文書の場合〕 ・貢租関係文書 ・土地関係文書 など	〔会社文書の場合〕 ・任免関係文書 ・会議関係文書 など
サブシリーズレベル(シリーズの中での形態や内容などによる副次的な分割単位)	編綴あるいはファイルされた同一事業の文書群	〔貢租関係文書の場合〕 ・検見関係文書 ・割付・取立関係文書 など	ファイルごとあるいは1点ごとの文書 ・会議配布資料綴 ・会議記録 ・拝命書 など
ユニットレベル(個々の文書ないしは文書ファイルの単位)	簿冊・ファイル内部の1点ごとの文書	綴りあるいは1点ごとの文書	

出典)『日本目録規則』1987 年版第 11 章第 1 次案(31-32 頁)。

自身の矛盾ではないかと指摘した。(36)

もっとも文書階層が記述の範疇として提示されたのは、文書群各レベルの集合記述の必要性・意義に着目してこれをNCRの中に包摂しようとする意図であったことは明らかである。そしてこの集合記述への志向には、今日、ISAD(G)に見られるような、階層的検索手段を構築する記述技術の動向が背景にあったと読み取れる。集合記述をどのように行うかは、依然として目録論の課題である。特にシリーズレベルの記述は、後述するように『目録六四集』でも試みようとしたが、十分な展開を見ずに終わり、課題として残った点である。(37)

五　「原秩序尊重の原則」について

前述の『北海道所蔵史料目録』では、〃簿書〃をその発生時に遡って復元することを意図して目録編成を行った。この場合に個々の〃簿書〃は、組織・機構の階層構造に位置づけられるが、この組織・機構は時間軸に沿って変化するものである。

したがって文書の累積は、二重の構造を負って今日に伝存しており、これをどのように目録に表現し得るかが目録編成の課題となる。史料発生時への復元は、もとより筆者ばかりでなく前述(本節一項)のように、鎌田永吉の「本来持っていた位置や役割を復原」するという主張にも見ることができる[38]。これらの主張は、史料整理の原則の一つである「原秩序尊重の原則」に隣接していると思われるので、この関係について触れておきたい。

「原秩序尊重の原則」(Principle of Respect Original Order)は、ICA(国際文書館評議会)編『文書館用語辞典』(原題：Dictionary of Archival Terminology[39])では、

「一つの出所をもつ史料群は、(史料相互の間に)存在する関連性や、(元の)検索番号を保存するために、それを生んだ事業所・機関・組織によって行なわれた整理をそのまま残すべきであるという原則[40]」

と規定されている。わが国でもそのように理解されているが、原秩序または原配列尊重の原則の概念は、さらに拡大・発展が見られる。これを類型化するとおよそ次のような理解となる。

(一)　原秩序の復元

当時、史料館員で海外の文書館学・史料管理学の導入に先駆的な役割を担った安澤秀一は、「史料館／文書館学序論」の構想の中で、目録編成の際の類別第一基準に「出所の原則」を挙げ、次いで第二基準として「文書群内部における原秩序 Original Order の尊重、復元の可能性と検証[41]」を挙げて、復元論と読み取れる主張をしている。訳書では、J・ファヴィエ著、永尾信之訳『文書館』に、「原初における秩序を復元する仕事[42]」との訳語がある。これは『文書館用語辞典』の規定を、より徹底した方向へ展開しようとしたものといえよう。

(二)　現状の保存

史料がこれまで管理されていた状態を保存することであるとする立場で、国立公文書館の公式の説明、また、「保存形態の現状をむやみに変更しないという意味にとらえておいた方が、わかりやすい[43]」とする、安藤正人「史料の整理と検索手段の作成」における説明がこれである。現状記録との関連で「原秩序尊重の原則」を見ようと

する岡部真二[44]、「原秩序」よりも「現秩序」尊重に重点を置こうという本田雄二[45]の主張もこの立場である。この立場は、現在の保存状況に即して「原秩序尊重の原則」を考えようとしており、『文書館用語辞典』の規定する結論の部分を、さらに展開したものといえよう。

㈢　二重原則の採用

行政機関の文書主管課が文書の集中管理を行った場合、記録発生源(原課、主務課)における秩序と集中管理の結果としてなされる秩序との二重の秩序が生ずることになる。これに対応する考え方を、竹林忠男「行政文書の整理と編成——史料整理基本原則の適用とその問題点——」が提起している。ここでは文書館における書架上の配列は、文書を引継いだ時の状態を採用し、基本目録上の編成は原課の秩序によるとしている[46]。この主張は、目録編成上では㈠の立場であるが、㈡の立場をも踏まえており、「原秩序尊重の原則」に対する独自の立場と見て別の位置づけをしてみた。ここで提起されているのは、竹林論文の例示にある京都府所蔵旧宮津藩(県)庁文書[47]のように、複雑な引継経過をたどって文書館に引継がれた文書群について、どの時点で原秩序を捉えるべきか、引継の各段階の原秩序が複合している中で、原秩序を目録上どのように表現し得るかという問題であるように思われる。すなわち、史料発生時の構造とそれが機構改革や文書の引継移管に伴って、新たな階層構造へと時間軸に沿って遷移していく様相を、どのような目録表現としていくかという、先の二重の構造を問題にしているといえよう。

このように「原秩序尊重の原則」は多義的に解釈されている。ただ、原秩序(排列)を尊重し保存する意義は、『文書館用語辞典』によると、史料の関連性、内部秩序が組織活動を反映している場合に、これを残すべきであるとするところにある。「原秩序尊重の原則」は、一定の保存すべき価値がそこに存在することを前提としており、原(あるいは現)秩序に絶対の価値を置く趣旨ではない[48]。したがって出所(フォンドまたはグループ)の下、サブフォンド(またはサブグループ)以下の目録編成基準として、「原秩序尊重の原則」理解の㈡を採用すべきか、あるいは㈠によって発生時まで遡及するか、史料の状況と目録作成者の意思に委ねられていると考えるのが妥当であろう。

『目録六四集』では、〝簿書〟の整理実践に見るように、史料発生時の復元を念頭に置いて行い、結果として「原秩序尊重の原則」とは同一ではないが、㈠の立場により近いものとなっている。[49]

（1）第七章第四節。
（2）同前。
（3）都道府県庁文書目録の状況については、第七章第三節二項。各館の目録規則については、同第三節二項。なお、京都府立総合資料館の「京都府庁文書目録カード記載要領」（一九八七年九月十八日改訂）を同館の御厚意で、九六年九月に入手することができた。ただ、『目録六四集』の編集が進んでいたので、これに十分反映することができなかった。
（4）一九九五年九月刊、青山英幸解説、森本祥子翻訳。
（5）『史料館研究紀要』第二八号（一九九七年三月）所収。
（6）『北海道立文書館研究紀要』第一二号（一九九七年三月）、所収。
（7）史料館では、一九九六年度より特定研究「記録史料の情報資源化と史料管理学の体系化に関する研究」を開始し、館内外約五〇名の研究者（現場のアーキビスト、文書館の職員を含む）によって共同研究を進めている。第一年度の成果は、『同研究レポート』№1として九七年三月に刊行した。この研究会の第三部会が目録記述を含む整理論の課題に取り組んでいる。
（8）註（6）の青山前掲論文では、ISAD（G）がフォンドレベルの記述に重点を置いていることを示唆しており、ISAD（G）の記述方法を「日本の記録史料群の記述に適用するには、十分な情報を」（六頁）示していないとして、今後の課題があることを指摘している。また、註（5）の森本前掲論文では、史料館所蔵の「出羽国村山郡観音寺村岡田家文書」を事例としてISAD（G）の適用を実験しているが、ここでは「諸家文書では中間レベルの階層を把握するのが難しい」（二四七頁）との指摘があり、フォンドとアイテムの中間にあるファイルの記述が問題とされている。また、記述の要素（項目）について、「シリーズに関する記述を試みると、実はほとんど書くことがない」（二五三頁）との報告が紹介されている。さらにアイテムレベルすなわち個別史料の記述を行うための「典拠コントロール」の標準化が課題であることを指摘している（二三五頁）。
（9）『史料館研究紀要』第九号（一九七七年三月）、所収。
（10）同前、九頁。
（11）目録作成の中心課題に階層構造を置く主張は、大藤修・安藤正人共著『史料保存と文書館学』（吉川弘文館、一九八六年九月）二五九頁以下。史料館編『史料の整理と管理』（岩波書店、一九八八年五月）七八頁以下、安藤正人「記録史料目録論」（『歴史評論』No.四九七、一九九一年九月、所収)六八頁以下など。
(12)　註(11)大藤・安藤共著前掲書、三〇五頁
(13)　「目録編成」(arrangement)という語は、分類(classification)の対概念として生みだされた史科整理上の造語である。『目録六四集』でもこの語を使用したので、本章でも目録を構成することおよびその構成項目を指して「目録編成」と称している。ただ、「分類」に代わるものとして、「目録編成」を史料整理論の用語として定着させてよいかどうか、躊躇するところがある。「目録編成」という語には、「史料を目録に編成する」という語感が優先し、目録を編成するための方法、項目の設定という意味が希薄のように思われるからである。筆者は、分類という語を使用しても大過はなく、かえって理解しやすいとは思うが、arrangementをあえて分類に対置させるのであれば、「目録の構成方法あるいはその項目」という意味で、「目録構成」の語ではどうかと考える。一方、柴田容子「史料管理学におけるarrangmentとは何か」(平成八年度史料管理学研修会長期課程レポート)では「史料構成」との訳語を提唱している。
(14)　本章では組織と機構の区別を特に厳密に定義して使用しているわけではないが、組織体全体を指す場合に「組織」とし、その内部の構成体を「機構」とし、両者ともどもに指す場合に「組織・機構」と記した。
(15)　近年の〝簿書〟の概況については、第一一章「北海道庁所蔵第一文庫系簿書の紹介と考察」(論文初出、『古文書研究』第四号、一九七〇年一〇月、所収)、拙著『開拓使文書を読む』(雄山閣出版、一九八九年十一月)「序」を参照。
現在、北海道立文書館では、〝簿書〟の目録改訂作業を進めており、一九九五年より『北海道立文書館所蔵資料目録』一〇、以下として刊行している。これには、新たに収蔵した〝簿書〟も付加されている。
(16)　同一レベルで複数の分類原理が併存するのは、分類として有効に機能しないことになる。二以上の分類原理を用いる「交叉分類」(第一節註(4)、『図書館用語集』改訂版、二七九頁)の考え方もあるが、〝簿書〟の分類の場合には適用し得ない。
(17)　主題別分類は行政文書に全く適合し得ない、と筆者が主張しているわけではない。後述するように、編綴が分類を規定するのであって、主題別分類表に基づいて簿冊が編綴されているのであれば、その原形・原排列を維持して主題別分類を施すのは、可能であり有効であろう。例えば近年のファイリングシステムのように一定の文書分類表のもとに管理されているものは、文書館においてもその分類・排列が尊重されなければならない。ただしその場合であっても出所の区分を無視した目録編成を施すのは、文書本来の姿から遠いものとなる。
(18)　北海道庁第一文庫の成立時に、『北海道庁第一文庫簿書目録』天・地・人三冊(手稿本。現在、北海道立文書館所蔵)が作成されている。この目録は、第一次分類項目として行政庁を、第二次以下は本庁・支庁—局—課などとし、最小分類項目である課の中の排列を編年順としている。筆者はこの目録から多くを学んだが、そのままでは組織・機構の変遷に即応することは難

しいので、『北海道所蔵史料目録』では、行政庁の以には年次を措定し、頻繁な行政機構の変遷に対応することとした。

(19)『北海道所蔵史料目録』における分類のより詳しい解説については、拙稿「北海道総務部行政資料課」(『日本古文書学講座』第一一巻、雄山閣出版、一九七九年四月、所収)の項を参照。

(20)拙稿「府県庁文書の目録化と分類をめぐって」(『文部省史料館報』第一四号、一九七一年七月、所収)一〇頁。

(21)第七章第二節四項および同節註(35)以下。例えば、原由美子「行政文書整理試論――総目録第2集を編集して――」(埼玉県立文書館編『文書館紀要』創刊号、一九八五年八月、所収)などがある。

(22)従来、史料目録は具体的に目録カードあるいは冊子体の目録というかたちをとってきた。特に公刊、頒布にあたっては、史料目録は印刷した冊子体の目録となる。これは、いわば二次元に排列された目録であるから、時間軸に沿って重層的に保存されてきた文書をどこまで目録として表現し得るか問題となる。文書群には、組織という階層構造と時間軸の推移という、三次元の構造があるからである。多くの目録表現は、その一つの側面を切り取って利用者に呈示してきた。原島陽一の手になる『史料館所蔵史料目録』第一七集(文部省史料館、一九七一年三月)は、愛知・群馬両県庁文書を収録しているが、これの第一次分類項目は年次、すなわち編年の目録であり、第二次項目がなく、分類項目内の排列は課係名であった。同目録ではこれに組織・機構を反映した主題別項目を立てた索引をもって、年次を横断する検索手段を呈示している。今日、三次元の構造を構築し検索することは、コンピュータの利用によって可能性が著しく高くなった。ただ、本章ではまだそれを論ずるに至らない。

(23)主務者は、実在の文書の管理主体であって、実際に文書の作成・授受・保存を行った組織・機構の名称である。ただ組織・機構の中には、名があって実態がないものもあり、別の組織・機構によって業務が実質的に担われている場合もある。これを文書の管理主体と認めるかどうかは難しいところである。

(24)水口政次「都道府県における文書保存・利用の現状と課題」(安藤正人・青山英幸共編著『記録史料の管理と文書館』北海道大学図書刊行会、一九九六年一月、所収)二九九頁。

(25)「主務者」というのは、筆者の造語ではない。「北海道立文書館公文書目録規程」第二に「三　主務者に関する事項」というのがあるので参照していただきたい。本章では、第三節二項で触れる。

(26)主務者とは、文書の作成者でもなく、発給者でもなく管理主体であることを強調するために、次のような事例を挙げておこう。

一つは、開拓使東京出張所が一八八〇年(明治一三)に作成した『東北諸港報告書』(『北海道所蔵史料目録』第二集、三九頁、収録)である。同報告書の一本が東京出張所から開拓使函館支庁に送付されており、同支庁記録課の〝簿書〟として目録上に位置づけられた。この「乾」「坤」二冊に関しては目録上の位置を、作成者の東京出張所に据えるわけにはいかない。いま一つは、『函館ヨリ逓送之書類』(同前目録、第一集、四〇頁、収録)である。これは函館支庁から東京出張所へ送付した文書の写しを、同支庁から札幌本庁へ送付したものの綴である。個々の文書の成立には札幌本庁は全く関与していない。本庁は写しを送付された側で、これを編綴しただけにすぎないが、この〝簿書〟は同本庁庶務局記録課に位置づけられる。この二例は、主務者の概念を鮮明にさせるために呈示した特異な例であるが、どの文書群にもあり得ることではなかろうか。

(27) 家文書の内部組織の構造を明らかにした史料館の目録としては、例えば註(11)、大藤・安藤共著前掲書、第六・七章に、第四一集「信濃国埴科郡松代伊勢町八田家文書目録」その一(一九八五年三月。大藤担当)、第三八集「越後国頸城郡岩手村佐藤家文書目録」その一(一九八三年十月。安藤担当)について、それぞれ目録担当者による詳細な解説がある。

(28) 『目録六四集』「解題」、二〇頁。

(29) 最新のNDCは、日本図書館協会分類委員会編『日本十進分類法』新訂九版(同協会、一九九五年八月)。

(30) 最新のNCRは、日本図書館協会目録委員会編『日本目録規則』一九八七年版改訂版(同協会、一九九四年四月)。

(31) 第七章第二節三項。記述と分類との相互補完的な関係とは、具体的には「年次」「分課」などが、ある目録では記述項目として扱われ、他の目録では主要な分類項目の一つとなっていること、あるいは記述項目の「年次」および「分課」によって「分類」の位置を決定するなどという、両者が不可分の関係にあることを指す。

(32) 第七章第二節一項。

(33) NCRの改訂経過については、新版予備版、一九八七年版、同改訂版の序説を参照。

(34) 『記録と史料』第三号(一九九二年八月)、所収、中野美智子「近世史料目録の標準化の問題点と課題——「日本目録規則一九八七年版」第一一章非刊行物(第一次案)をめぐって——」、中田佳子「『日本目録規則一九八七年版』第一一章非刊行物(第一次案)について」。

右の論考で中野は、これまで図書館界が扱ってこなかった近世史料目録の編成について議論が提供されたことを評価しつつ、池田家文庫藩政史料を例に記述、文書階層にかかる近世史料目録の標準化の必要性について論評を加えた。中田は、図書館以外の史科所蔵施設との情報交換が可能となることを評価しつつ、呈示された個々の記述について、標準化の有効性を論じている。

(35) 註(34)、中野前掲論文、七八頁。

(36) 第七章第三節、註(38)。

(37) ISAD(G)のほか集合記述を目指したフォーマットに、AMC(Archives and Manuscripts Control)があり、永田治樹ほか「文書目録情報のデータベース化の問題——文書OPAC作成とMARC(AMC)の事例から——」(『大学図書館研究』三三号、一九八八年十二月、所収)の紹介がある。

これらのフォーマットでは、「記述」の概念の拡大が見られる。「文書階層の記述」が追求された結果が、「史料の階層構造」を表現する「記述」となっており、記述が、従来の記述と分類の双方に関わる語となっている。

(38) 註(10)参照。
(39) ICA Handbooks Series vol.3,1984.
(40) 安藤正人訳。註(11)、大藤・安藤共著前掲書、一二五頁。
(41) 安澤秀一著『史料館・文書館学への道――記録・文書をどう残すか――』(吉川弘文館、一九八五年十月)四四頁。
(42) 白水社、一九七一年一月、七七頁。ほかに第七章第三節、註(8)参照。
(43) 註(11)、史料館編前掲書、五七頁。
(44) 岡部真二「現地調査における史料整理の方法について――原秩序尊重・段階的整理の実践報告――」(『記録と史料』第三号、一九九二年八月、所収)六四頁。
(45) 本田雄二「史料整理と目録編成について――原秩序尊重の目録編成と分類項目付与の有機的連関――」(『新潟県立文書館研究紀要』第二号、一九九五年三月、所収)五五頁。
本田は、「あえて文書の作成段階にまで遡らずとも、自分が文書を整理する直前の現状(過去に幾度か整理が行なわれていたとしても)を「原秩序」として史料整理を行い、目録を作成すればよいし、またそうすべきであると考える。整理者の恣意を極力排除することが、客観的で科学的な目録たりうると思うからである。整理者は冷静な目で原秩序(現秩序)を尊重した目録を作り、それを利用者に提供する責務がある」という。
(46) 『記録と史料』第五号、一九九四年九月、所収、六二頁。
竹林は、原秩序には二つの秩序があるとし、「記録発生源の組織と機能の体系を基準とする場合は原課における秩序を、また文書の管理保存の体系を基準とする場合は集中管理の秩序をそれぞれ原秩序とすべきだという見方が成り立つと思われる。従って、秩序に関してこのような二重構造をもつ文書群に対する「原秩序尊重の原則」の適用の正しいあり方は、この二つの秩序を文書館においてそれぞれ生かして引継ぐことではないかと考えられるのである」という。
(47) 竹林が事例とした京都府立総合資料館所蔵の宮津藩(県)庁文書などは、組織の変遷などに伴って文書の異動が複雑に行われた例である。また組織の変遷に加えて、例えば歴史編纂などのため再利用がなされ、新たな秩序を構成することもあり、あるいは文書保存の管理方法の変遷によって、集中管理中の文書分類に変更が加えられる場合がある。これらを含めて重層的な秩序を目録として表現することは、近現代史料の整理としては、まだ問題がようやく提起された段階ではないかと思う。これらは中世史料整理論・近世史料整理論では、いっそう遭遇する問題ではなかろうか。

(48) ＩＣＡの「アーキビストの倫理綱領」第二項には、「原秩序尊重の原則」をアーキビストの倫理として位置づけている。「2．アーキビストは文書館史料を歴史的、法的、管理運営的な観点からみて評価、選別、維持管理を行ない、それにより出所の原則、資料の原秩序の保存と証明を残さねばならない」これの説明として「……アーキビストは、文書館の理念と承認された標準に従い、できる限り速やかに、保存のために選別した記録の整理と記述をすべきである。(以下略)」と補足している(全史料協国際交流委員会訳・編『ＩＣＡ北京大会総会・会議資料抄録』全史料協国際交流委員会、一九九七年三月、一二一―一三頁)。

(49) 「原秩序尊重の原則」の解説としてではないが、田中康雄「文書館における近世文書の目録作成をめぐって――コンピュータ化環境の中での問題点――」上(群馬県立文書館編『双文』第三号、一九八六年三月、所収)では、目録の編成・記述について、「原形、原秩序の復原が最大の眼目となる」(九頁)としている。

第三節　目録記述の検討

一　記述検討の前提

これまでは近現代史料整理論の中核である目録の編成・記述についての基礎的な問題、すなわち理論的な側面について検討を加えてきた。また、いわゆる「原秩序尊重の原則」について、何が踏まえられるべきかを考察した。この節ではさらに、『目録六四集』作成にあたって採用した技術的側面について述べることとしたい。ついては、検討の枠組ともなる、いくつかの前提についてあらかじめ呈示しておきたい。

前提とする第一は、前述(第一節一項)のように、目録にはさまざまなものがあるが、本章では、広く利用者の検索の用に供される目録を念頭に置いて論述を進めていきたいと考えている。もとより本章は、印刷・刊行された冊子体目録である「山梨県下市町村役場文書目録」の作成について論ずることを主眼としているが、目録の作成、なかでも記述を論ずるにあたっては、必ずしも目録が印刷・刊行されることを前提としてはいない。史料保存利用機関によっては、印刷・刊行に至らなくとも、閲覧室に備え付けたカード目録または冊子体の目録を、目録の完成した段階と位置づけて利用者の用に供している場合がある(1)。

他方、史料館では次項で詳述するように、史料受け入れ段階でカードまたは一覧表の目録を作成し、とりあえず閲覧検索の用に供している。この目録は「仮目録」と称し、のちに本集のような冊子体の目録を基本目録として刊行するようにしている。このような方法は、他の文書館などでも広く見られるが、しかし、どの史料保存利用機関でも目録刊行を整理の最終段階としているとは限らない。印刷・刊行にまで到達することは、目録作成にとっていまのところ望ましい姿であるとしても、印刷・刊行は情報流通の一手段、情報媒体の一形態にとどまるものであって、それ以前に目録編成と記述が確立していなければならない(2)。

第二は、近世・近代という歴史の時期区分を超えた、通時的に適用し得る記述方法を追求していきたい、という点である。従来、整理対象史料を、「中世史料」「近世史料」「近現代史料」という時期区分によって性格づけし、それぞれに見合った整理方法が採用されてきたことが多い。しかし、本集の山梨県下の市町村役場文書もそうであるが、近代史料といわれる中に近世文書が含まれており、またその逆もある。文書群の主たる部分がいずれかの時代に属しているとしても、時期区分を超えて史料が残存している例は決して稀ではない。各時代の史料の性格・形態にそれぞれ特徴があるとしても、歴史研究の時期区分が直ちに整理方法の区分に結びつくものではないであろう。本章では、前述(第二節一項)の整理論の動向を踏まえつつ、通時的な記述の確立を目指したい。

あわせて、文書群に含まれる文書以外の史料、地図はもとより図書・印刷物など、多様な形態の史料も記述し得るようになることを追求したい。いまのところ文字史料以外の実物史料まで視野に入れることはできないが、少なくとも文字史料の範疇では一般化し得る記述について考えてみようと思う。

第三は、本章で考察する記述技術が、本集の文書群のみに適用されるのではなく、ほかにも適用し得る普遍性を志向したい。本章の目的自体が、目録記述の標準化に寄与することにある。これは本章第二節一項でも触れた通りであって、多言を要しないであろう。

もっとも目録記述の定義が一様ではなく、それに従って標準化の内容も異なることは確かである。従来は、「記述」は個々の史料の書誌的事項を組織的に構成する意味であることが多かった。次の第四で触れるように、本章の焦点もそこに置いている。しかし、史料の"description"を「記述」と訳し、これを幅広く捉えることも行われている。これまで触れてきた、ISADなどによって紹介された目録記述の方法などがそれである。ここでは文書群の各段階に解説を加えてそれを「記述」とし、階層的な検索手段を構築していくことが試みられている。ISADではこの構造を一般化することを指して「記述の標準化」としている。このような標準化は、国際化と機械検索の要求に対応しようとするものであるが、標準化への要求はほかにもあって、本章のような課題設定が生まれている。広汎な課題をISADなどが包摂し得るかどうかは、今後の整理実践のありようにかかっていると思う。

第四は、右にも述べたように記述の対象となる史料の単位を、物理的な一点(「単体」とも呼ばれる。「個々の史料」あるいは「個別の史料」の意)として、記述を行うことを考えている。物理的な一点をどのように考えるか、後述するようにそれ自体が検討の対象ではある。それゆえ個別の史料をどのように把握し目録に表現し得るかを考究することも本章の課題とした。

前述(第二節四項)のように集合的記述は史料目録の課題であるが、本集での集合的記述は全体の解題、各文書群の解題を呈示するにとどまった。文書群ごとの解題では、出所の歴史、史料の来歴、数量、概要(文書群の内部構造を含む)、その他の参考記事、地図などを掲載したが、従来の解題の域を超えるものではない。目録の階層構造の各段階(サブフォンド、シリーズなど)に即した記述は、その可否を含めて将来の課題とし、今回は、もっぱら物理的な史料一点の目録表現を行うことに集中した。

以上、本章の前提として、①カード・冊子体・印刷目録など、どの目録形態にも共通する記述のあり方を追求すること、②通時的記述が可能となること、③他の文書群にも適用可能な普遍性(標準化)を目指すものであること、④記述の単位を物理的な一点として、この目録表現を考えることの四点を挙げた。以下、右の枠組を議論の前提として本章を進めていくこととする。次項以降、史料館その他本集に先行する目録表現を検討し、その結果による記述事項の構成を呈示していきたい。

二　先行する目録規程の検討

前項で呈示した前提を立てて筆者が検討した、いくつかの史料保存利用機関の目録作成規程について、概略を紹介しておくこととしたい。以下、各館の整理規程・目録規程を検討することになるが、史料館のように館として統一的な規程を持たず、個々の文書群に応じて目録を作成している場合も少なくない。この場合には、刊行目録の凡例によることとした。

もとより筆者がすべての史料保存利用機関の規程、近代の市町村役場文書の整理実践を網羅的に検討し得たわけではなく、限られた範囲の知見にとどまっている。また、参考とした規程・目録についても、書評として呈示するほどの論述をこの場所で加えることはなし得ない。本章では、あくまでも筆者が先行業績を検討し吸収した範囲で、要点を明らかにするにとどまる。本集作成にあたって検討し参考としたのは、次の通りである。このうち、a史料館の目録、cのうち北海道立文書館の諸規程、eのうち池田家文庫の目録を中心に、本目録の検討に特に資した諸点を見ていくこととする。

a史料館所蔵史料目録

既刊全六三集のうち、比較的近年のものと、愛知・群馬両県庁文書を扱った第一七集。

b前編の「都道府県庁文書目録の分類と記述の構成」表に掲載の目録

同表中、④『北海道所蔵史料目録』、㉔『北海道立文書館所蔵資料目録』は、当然、主な検討対象となる。

c史料保存利用機関の整理・目録規程

「北海道立文書館資料整理要領」「同公文書目録規程」(ともに一九八五年制定)、「群馬県立文書館公文書整理要領」(一九九二年制定。『群馬県立文書館例規集』一九九三年三月、所収、四三頁以下)など。

なお、京都府立総合資料館の「京都府庁文書目録カード記載要領」を入手したが、本集作成開始後であったので、十分に吸収することはできなかった(第二節註(3)参照)。

d市町村役場文書目録

神奈川県の『県西地域広域市町村圏明治年代役場文書目録』(同協議会編・刊、一九七五年三月)、熊谷市立図書館編『熊谷市行政古文書目録――熊谷町役場編――』(熊谷市・同市教育委員会、一九八五年三月)など。

e近世大名家文書目録

検討対象としたのは、岡山大学附属図書館編『池田家文庫マイクロ版史料目録』改訂増補、全七冊(丸善、一九九二年一月―九三年十一月)、加賀前田家の金沢市立図書館編『加能越文庫解説目録』上・下巻(同館、一九七五年三月―七六年三月)である。

(一) 史料館所蔵史料目録

史料館では、前項で若干触れたように、史料を受入登録する時点で仮目録を作成する。これはカード目録または手書の冊子体目録で、当面の利用者の用にはこれを供している。(3) そして時あって本集のごとき目録として編集

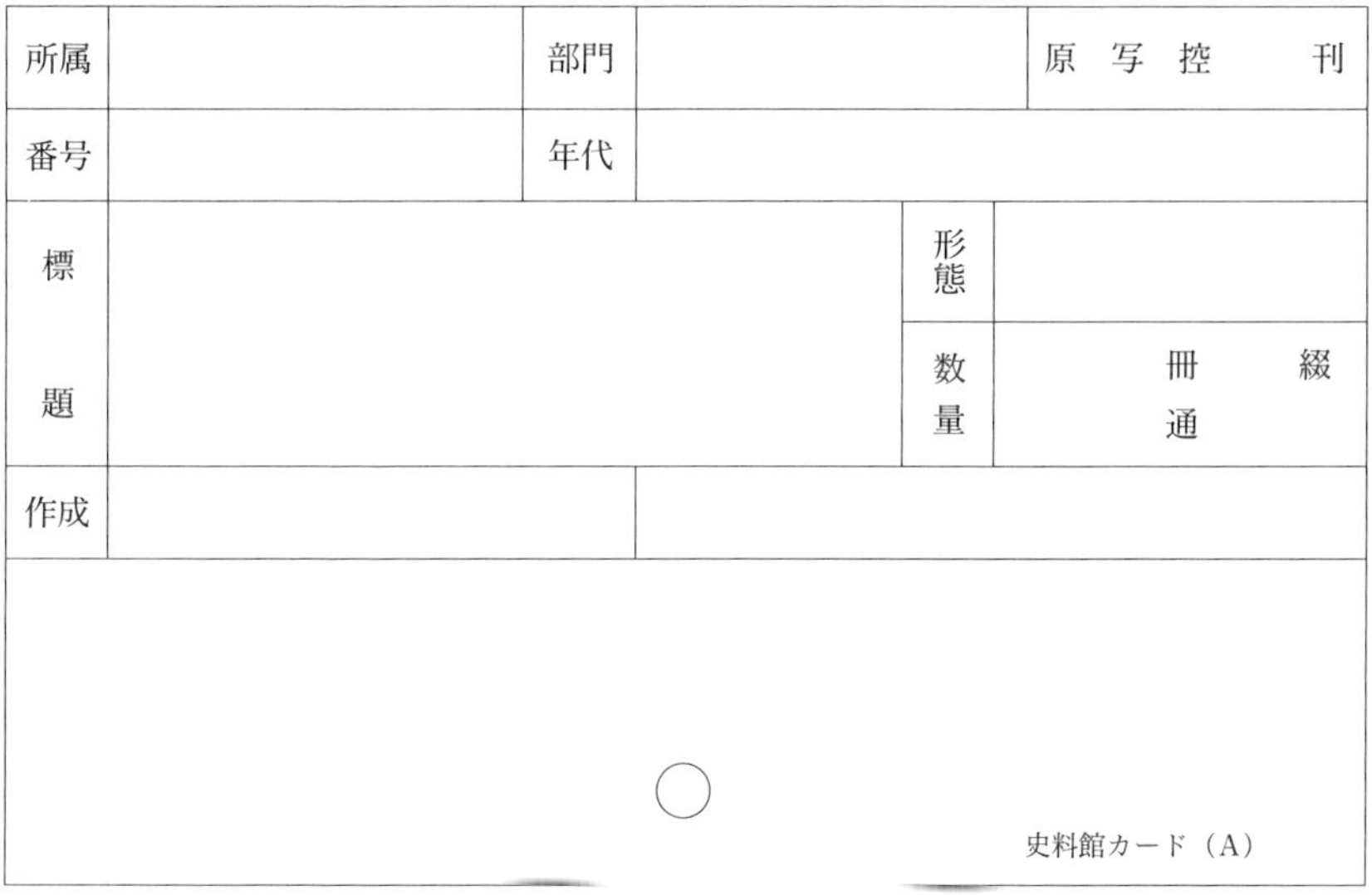

図 8-2　史料館の目録カード

し、印刷・刊行して配布し、目録作成の作業は完結する。[4]仮目録によって当面の検索需要に応じつつ、次の段階で時間と労力と費用を集中して印刷・刊行させて目録が完成するというものである。

仮目録段階の記述事項の構成は、目録カードの様式（図8-2）が示すように、所属（文書群）、部門（分類）、番号（史料番号。閲覧請求番号、排架番号ともなる）のほか、標題、作成（者）、年代、形態、数量それに成立の状況を示す「原」「写」「控」「刊」の別、およびそれらの項目名を表示しない註記のための欄（最下部の空欄）となっている（この詳しい解説は、『史料の整理と管理』六八頁以下にあるので、参照していただきたい）。史料館では、一九五一年の創設以来、今日まで目録規程を明定していなかった。ただ、日常の整理の蓄積、刊行目録の凡例の表示、館内での討議、さらに『史料の整理と管理』の関係記事の執筆などによって、館内での一定の合意形成を行ってきた。整理方法は、長年の蓄積により慣行として確立してきたというのが、これまでの経過である。[5]

『史料館所蔵史料目録』における記述項目を近年の目録の凡例によって示すと、ほぼ、①表題、②作成者または

組　合　村

触書・御用留

○御触留

享保十五戌ゟ宝暦元申(未)迄御触書　牧野駿河守様御預地ゟ已来　当武求在役中　佐藤氏　享保一五年～宝暦元年　半袋入　二冊　三五

宝暦二申ゟ明和四亥迄御触書其外書留　武求在役中　佐藤氏　宝暦二年～明和四年　半袋入　一冊　二〇六

○御用留

亥御用留　佐藤八平　寛保三年　半　一冊　六三

子年御用留帳　佐藤八平　寛保四年　半　一冊　六四

丑御用書留　延享二年　半　一冊　六五

御用書留　延享三年　半　一冊　六六

御用留　佐藤　延享四年一月　半　一冊　六七

図 8-3　『史料館所蔵史料目録』の目録表現の例
(第 38 集，5 頁)

差出人、③宛名、④作成年月日、⑤形態、⑥数量、⑦整理番号(史料番号。請求番号に当たる)、となっており、この順に記述が行われている。また、「表題」(史料名称)は原表題をとり、表題のないものについては丸括弧(　)を付して仮表題または内容を示すとしている。作成年月日は和年号で示し、干支のみの場合はそれを記し、推定の場合は丸括弧で示したほか、角括弧[　]を付して「内容年代」を記載する場合もあるとする。[6] 目録によっては、「表題」は原則として「原表題」をとりつつも「適宜加工」をしたとするもの、帳簿などの内容、記載期間を示す年月日が明らかな時は併記するとしているものもある。実際の目録表現を『史料館所蔵史料目録』第三八集「越後国頸城郡岩手村佐藤家文書目録」その一[7]によって例示すると、図8-3の通りとなる。

ここでは、①表題から④作成年月までを最上段にまとめ、次に⑤形態、さらに⑥数量を記載し、最下段に⑦整理番号を配置している。他方、府県庁文書を目録化した第一七集では、簿冊状態の行政文書が主であるという特徴から、記述事項は、①表題、②作成課係名、③作成年月日、④数量、⑤整理番号の順となっている。②の作成課係名は「掲載年次」の最終課係名(組織・機構名)を示している。③年次では、複数年次にわたる場合に始年と終年の両方を示している。これは目録編成にかかわることであるが、第一七集は編年分類であるため、二年度以上にわたる場合には始年に位置させて終年に重出し、必要に応じて他の年次にも重出させるとしている。このほか合綴、非公刊印刷物(活版・謄写版印刷)の種類、内容摘記を記載し、巻末に書名索引を付していることを凡例に記している。(8)

史料館の目録記述は、「表題」部分に記述事項を集中させ、この一定のまとまりによって史料像を感知せしめようとするところに特色がある。また、合綴・袋入など複合したものの個々の史料の場合には枝番号を付し、書き分けて個別化する機能を備えている。ただ、簿冊などでは表紙などに表示された作成者と簿冊完結時点の主務者の書き分けが不問に付されているように思われる。史料目録第一七集についていえば、複数年次の簿冊は、その始年に位置づけたことが、「解題」で説明されている。これに対して作成課係名は終年で捉えられている。そうすると始年に存在しない課係名が始年の位置で表示されることになる。また、複数年次の場合の重出を、終年のほかに必要に応じて中間の年次にも行ったという。この工夫は第一七集の特色の一つと思われるけれども、この方法を普遍化させ得るであろうか。標準化の視点からは、この工夫はやや特殊なもののように思われる。

それゆえ『目録六四集』では、『史料館所蔵史料目録』に見る、個々の史料の情報を一定のまとまりをもって呈示する記述の方法、複合した史料の取り扱い、形態表示の方法、シリーズ索引の工夫を取り入れつつ、従来、鮮明とならなかった諸課題に取り組むこととした。すなわち、時代と形態を異にする史料、例えば近世の状物、冊子形態の文書、近代の簿冊、刊行物などを、同一の目録排列の中で表示するための、それらに共通した記述方法を見出すことなどの課題である。

公文書名に関する事項（公文書名・副公文書名・巻次・年次など）
主務者に関する事項
編綴文書年次に関する事項
形態に関する事項（丁数・大きさなど）
注記に関する事項

（カード上の記載位置）

	A7-1
A7-1	軌道（二）ノ二　昭和六年
	北海道庁土木部道路課
456	1931（昭和 6）
	1 冊（7 cm）30 cm
	函館水電停留所廃止新設及位置変更ノ件
CA46420	「軌道図面（二）ノ二　昭和六年」併冊
A　1217	

（カード記載例）

図 8-4　北海道立文書館公文書目録カードの様式と記載例

（二）　北海道立文書館公文書目録規程

北海道立文書館の目録規程は、「同館資料整理要領」によって所蔵資料全体の整理方法が統合され、さらに「同館公文書目録規程」「同館私文書目録規程」のほか刊行物等についてはNCRを準用して行うこととしている。このうち、本集に収録する史料が関係するのは、主として「公文書目録規程」である。この規程は、先の『北海道所蔵史料目録』作成の主要な概念を継承しつつ、さらに一般化、精密化を遂げている。まず記述事項であるが、これは、①公文書名（副公文書名、巻次、回次、年次などを含む）、②主務者、③編綴文書年次、④形態（丁数・大きさなど）があり、ほかに⑤付属資料・内容細目等の注記がある。これらは、目録カード上では図8-4のように記載される。このうち公文書名（標題）は、表紙、背、小口、前扉、巻頭などから、そこに表示されている記事をそのまま転記する、としている。主務者は、その公文書を完結した時点で取り扱った組織・機構の名称を記載する。編綴文書年次は、簿冊に編綴された文書の年次（西暦主表記とし、元号年を付記）である。会計年度による編綴の場合は、これに「年度」と付加する。ただし一紙文書の年次表示は月日まで記載する。帳簿・日誌等は記載された記事の年次を記載する[9]。

この規程に依拠した目録表現を、『北海道立文書館所蔵資料目録』一二、開拓使文書(3)、所収[10]の開拓使―明治七年―函館支庁―庶務課の文書の例によって見ると図8-5の通りである(下欄は、『北海道所蔵史料目録』第　集に掲載の同一〝簿書〟の例)。

同目録の凡例によると、頭部の「2333」の番号は、開拓使文書の中の通し番号であり、末尾の〈簿書 00733〉は従来からの閲覧の請求記号(番号)である。なお、この目録では自館・他館に原本のあるマイクロフィルムなど

2333　**兵器引渡書類　明治六年ヨリ**
開拓使　函館支庁　庶務課
1872〜74（明治5〜7）
1冊（5 cm）27 cm
表紙には「記録課」とあり
<簿書 00733>

『北海道立文書館所蔵資料目録』の場合(12, 25頁)

庶務課
00733　兵器引渡書類　明治六年ヨリ　庶務課　明治5〜7

『北海道所蔵史料目録』の場合(第1集, 42頁)

図 8-5　北海道所蔵〝簿書〟の新・旧目録の記載例

2413　諸書拾遺編冊　元年〔マイクロ資料〕
〔開拓使　函館支庁　外事課〕
1862〜74（文久2〜明治7）
マイクロフィッシュ5枚
原本所蔵：市立函館図書館
<F1/0808>

『北海道立文書館所蔵資料目録』の場合(12, 31頁)

図 8-6　〝簿書〟のマイクロフィルムの目録記載例

の複製資料も原本の目録に組み込んで掲載しており、図8-6の通りとなっている。

右の例示に見るように、目録の様式が『北海道所蔵史料目録』の一覧表形式から、NCRなど図書目録の記載形式に近づいていることがわかる。これは、同館の一連の整理規程策定当時、NCRの改訂作業が進行中であって、その「新版予備版」(一九七七年)を参考にしたところが多かったからである[11]。したがって目録規程の構造は、個々の記述では図書の整理法を可能な限り取り入れつつ、これを文書に適合させ、同時に文書を群として捉えるような目録排列を行うことを意図して策定されている[12]。

この目録規程では、主務者の概念が確立しており、各記述事項の構成、記載位置が明確となり、文書史料を個別に記述する方式が呈示されている。ただここで未解決の問題は、個々に独立していない複合した文書(合綴・袋入)の処理、簿冊と状物の記述を同一目録の中で区別して排列し得るかどうかという点である。もとよりこの規程は、近現代の公文書のみならず、近世の幕政・藩政文書、村町方文書をも対象とし、簿冊、一紙文書(状物)ともどもに記述することを目的としている。しかし近現代の簿冊に、より適合したものであることは、明らかである[13]。

㈢『池田家文庫マイクロ版史料目録』改訂増補、その他

史料館・北海道立文書館の目録規程のほかに参考としたのは、岡山藩池田家の池田家文庫の目録、加賀藩前田家の加能越文庫の目録である。加えて、そのほかに検討した二、三の行政文書目録について、触れておくこととする。

まず、岡山大学附属図書館所蔵の『池田家文庫マイクロ版史料目録』[14]は、既刊の『岡山大学所蔵池田家文庫総目録』[15]の改訂増補版であって、次のような方針によって既刊の『総目録』の「データの全面的な見直し」と「改善を図」ったという。改善のポイントは、①書誌的事項の記述の見直し、②作成年次、内容年次の明確化、③「体系的編纂物」や一件文書の原秩序復元、④コンピュータ化を意識した記述の標準化であった[16]。いずれの指摘も『目

ラベル番号 〔旧ラベル番号〕
標題　　　　　部編名
巻次等
作成者　宛名
作成年次
形態　数量
一般注記
内容：内容細目　内容年次
旧棚：池田家旧棚記号
リール No.　　　コマ No.

記載形式(『池田家文庫マイクロ版史料目録』改訂増補「藩士」1 凡例 10 頁)

※ D6-58-(1)〜(6)
刑部殿養子之事ニ付江戸へ来ル願書書状類
池田刑部〔ほか〕筆　池田要人，池田主殿，日置伊織宛.
享保 8 年 2 月
継紙　1 包（9 通）
標題は包書入による.　作成者：日置伊織，上坂外記，伊庭平内.　包書入：享保八卯五月朔日仰付済.　池田家旧棚記号は「国史目録 6」(A6－12)による.
旧棚：〔記第 36 号〕ノ 487　大納戸
リール No.：YDF 001　コマ No.：240

記載例(同上，192 頁)

図 8-7　池田家文庫の目録様式と記載例

録六四集』の課題となった点であり、したがって本章の論題でもある。

このうち複合した文書の処理について、同目録ではこれを、「畳紙、包紙、袋、桐箱、漆箱など」に収納されているものとして捉え、次のような処理をしている。すなわち、一件全体に対し集合的記述をなし、次にこれを構成する史料一点単位に書誌記述を行うか、あるいは集合的記述をなし、その内容注記の中で各史料を記述するか、いずれかの方法によって記述するとしている。[17] 後者の方法は、「合綴文書」「綴じ合せ文書」にも適用され、「総合標題」を付し、個別史料を内容細目として注記する方法をとっている。[18] これらの詳細な凡例では、記述対象と書誌的事項の概念を明確に規定することが意図されている。また書誌的事項の表記にあたって用いるコンマ、コロン、セミコロン、スラッシュなど区切記号の使用には、コンピュータ処理を意識した国際的な書誌情報流通への対応が、視野の中に置かれている。書誌的事項と「記載形式」および記載例を挙げると図8-7の通りである。

次に、金沢市立図書館所蔵の『加能越文庫解説目録』は、①標目(この場合は標題名)、②編著者、③出版事項、④対照事項(形態等)、⑤註記などを、記述する事項としている。このうち凡例によると、出版事項には自筆・手写の別を表示し、註記には「資料の原題、内題、別名、旧蔵者、内容年代、叢書・合綴書の細目、内容の略解などをいれた」としている。事実、図8-8に掲げるように豊富な「註記」に、この目録の特色がある。

このほか、市町村役場文書目録についていくつかの目録を検討した。しかし管見の限り記述事項の設定について、大きな差異は認められなかった。例えば図8-9、熊谷市立図書館編『熊谷市行政古文書目録』は表形式で、「目録項目」(記述事項)は、①「番号」(文書番号)、②「年月日」、③「標題(補題)」、④「差出人(作成人)」、⑤「受取人」、⑥「形態」の六項目である。また収録対象を「明治年間」に限った神奈川県の『県西地域広域市町村圏明治年代役場文書目録』(図8-10)も表形式で、小田原市以下、出所別に、①「請求番号」、②「標題」、③「明治年」、④「枚(丁)数」、⑤「注記」(厚さ、「虫くいなど使用不能」、既往の調査番号)を項目としている。前者の熊谷市の場合は、熊谷宿など近世文書の記述にも対応するために差出人(作成人)、受取人欄を措定しており、後

976　灌姫様御婚礼一件　　16.16－224

御婚礼方編

手写　明治4年（1876）

2冊・4枚・巻子1・仮綴1(9通) 24.5 cm

①御問合帳（54丁）②御召物覚（2丁）③御着丈ケ（1枚）④御紋本（2枚）⑤御精進日（1枚）⑥横浜貫より問合条々（巻子1）⑦打合文書（仮綴1，9通）。灌姫（ひらひめ）は14代藩主慶寧の女，文久2年（1824）～明治5年（1871）7月26日歿，11才。これは明治4年3月旧高田藩榊原政敬と縁組許可，その準備の書類。

図 8-8　『加越能文庫解説目録』の記載例(上巻，121頁)

近代

番号	年　月　日	標　題(補題)	差出人(作成人)	受　取　人	形態
A　町　村　政　　1　村　況　　15					
388	明治10・1・4	〔市街地里程人口戸数等取調ニ付照会〕	中尉和知…	副戸長黒田時雨二郎	綴
389	明治20・1・	〔大里郡久下村〕地誌	大里郡久下村役場		縦
390	大正12・4・25	〔熊谷町肥塚村合併祝賀会ニ際シ祝辞〕	埼玉県知事堀内秀太郎		状
391	大正12・4・25	祝辞(熊谷町肥塚村合併祝賀会ニ際シ)	町会議員惣代		状
392	大正12・4・25	式辞(熊谷町肥塚村合併祝賀会ニ際シ)	熊谷町長斉藤茂八		状

図 8-9　『熊谷市行政古文書目録』の記載例(13頁)

(1)本庁

A－0

請求番号	標　　題	明治年	枚(丁)数	注　　記
※028	清《(ママ)》書並契約書	23	448	

A－7

※017	会議ニ関スル雑書	39〜①1		(厚)15

図 8-10　『県西地域広域市町村圏明治年代役場文書目録』の記載例(9頁)

者(小田原市など)の場合は、収録史料として簿冊形態の文書のみが想定されており、それぞれの収録対象史料に見合った記述項目の設定となっている。

以上、『目録六四集』の作成にあたって参考とした先行の目録および目録規程を概観した。これによって筆者は、本集の記述の方針を得るために検討すべき諸点を確認することができた。すなわち記述の方針確立のために検討すべき第一の点は、収録対象史料と目録記述規程(目録規則)との関係である。整理対象の文書群が限定されている場合には、記述の規程(多くは目録の凡例)は簡略なものとなる傾向がある。規程が目前の史料のみならず、他の文書群へも広く適用させようとする場合は、精密とならざるを得ないが、そうでない場合は簡略となるか、特定の史料に適合するよう規程は特殊化する。もっとも史料が大量であったり、作業を複数で行う場合には、規程はより精密化する傾向がある。一方、規則制定者が策定にあたって、普遍性、一般性をこころざした場合(例えば、将来のコンピュータ処理を想定した場合など)は、規程はその文書群への適用にとどまらず、また一館規模を超えた標準的な目録規程に近づくことになる。『目録六四集』の目録規程(この場合は「凡例」)は、これまで述べてきたような前提に立つとすれば、山梨県下の役場文書に適用し得るにとどまらない。標準化の志向を保持する必要がある。

第二は、各記述事項(書誌的事項)について、できる限り概念を明確にするという課題である。各記述事項について概念を明確にすることは、目録規程の内容の確立——標題、主務者などをどのように規定し得るか——である。いわば各記述事項を定義することにつながるのであるが、この場合、一つの記述事項は両義的な概念を持ってはならず、また、一つの表示に対しては一つの記述が排他的に選択されることが原則として立っていなければならないであろう。実際の記述に当たってこの一義的・排他的な原則を貫徹させることが困難な場合があるとしても、目録規程の目指すところは、記述する行為を秩序をもって統制するところにある。(19)

第三に、再三触れてきた、対象史料の時代、形態を超えた記述の検討である。すなわち近世・近代を包含し、簿冊・状物を問わずに、目録の情報を把握し記述することである。時代を超える統一した記述をなし、また同時に、各時代特有の史料の特質、性格をも表現する必要があろう。さらに簿冊、状物などの記述が共通の原則に立ちつつも、同時に両者を書き分けて表現し得ることが必要である。これは、単に冊か状かを表示する問題にとどまらず、標題、作成者(時には宛名)など、他の記述事項とも関連し、記述事項全体の構成を検討することにも関わってこよう。

第四に、これもまた再三触れてきた点であるが、記述の単位をどのように考えるかという問題がある。前項では、集合的記述の必要性を課題としつつも『目録六四集』では、目録記述の単位を物理的な一点にしたと述べた。しかし合綴文書(綴じ合せ文書)や袋入文書の場合、物理的な一点という定義をどの部分にあてはめることになるか。合綴・袋入全体が一つの単位か、合綴されあるいは袋に入れられた個々の史料を一つの単位とするかが問題として残っている。これも他の通常の史料と記述上の整合性を保持しつつ記述する方法が検討されなければならない。

以上のような検討事項が記述事項を構築する中で、どのように具体化するか、次項などで明らかにしていきたい。

三　記述事項の設定

本集の作成にあたっては、前述(第一節二項)の通り、「『史料館所蔵史料目録』第六四集編集・刊行計画」を策定して行った。この段階では、目録の性格を「各史料一点ごとを独立の単位として記述」すること、「史料の集合記述も可能な限り行う」こと(同計画5。作業の細目、方法(2))、「既存の仮整理目録は全面的に見直し、再点検、追加作成を行う」こと(同(3))、「目録記述の標準化、集合的記述の方法に留意する」こと(同(4))、すなわち標準化、集合的記述の可能性を追求することを、作業の目標として措定した。それらは、前項末に検討すべき記述の課題として挙げた、第四の記述の単位確定の問題、第二の記述事項概念の明確化、第一の目録記述規程標準化への志向に照応している。

第三の通時的記述、形態を問わない、統一的かつ史料の特性に応じた記述を行うという問題は、各記述事項をどのように設定し、全体としてどのように構成するかという課題であり、第二の課題もこれとの関連で考えなければならない点である。

従来、『史料館所蔵史料目録』では、まず仮目録作業があり、記述事項の構成もこれに依拠するところが多かった。特に目録カードの様式(図8-2)は、基本目録の目録表現全体に影響を与えてきたといってよい。この様式は、個々の史料の記述に適していると同時に、いわゆる「一括文書」、史料の小群すなわちシリーズ単位の記述にも対応し得るものとなっている。「数量」の欄に「冊」「綴」「通」を掲げ、複数史料の記述を用意しているのは、シリーズ単位の記述のためである。かつ複数史料の場合には、「年代」の欄に記載(内容)の年代の幅を記述することとしている。個別の史料も複数の史料をも同一様式で記述し得る利点が、これにはある。

しかし、この目録カードに対して、群としての記述――例えば出所やシリーズ全体の記述――を行うには適さないという指摘が、これまで『史料の管理と整理』でもなされてきた[20]。カードによる目録記述に対して指摘がされるのはこの点で、何らかの補完が必要とされるところである。一方、仮目録カードの様式について、前述のごとき本章の課題を踏まえると、一括記述をしたために起こる問題も発見される。例えば、「表題」(標題)などでもシリーズのすべてが同一の標題になっているとは限らない。誤記ではない場合でも、部分的な変更は常にあり得るところである。「作成」欄の場合には、多年度にわたる主務者を単一の名称によって記述し得ないことも起こる。シリーズの史料の量が多くなればなるほど、「年代」欄の記述は複合化し、文書作成年代か内容の年代かの区分を、書き分ける必要が生じてくる。「形態」の場合には、特にそれが顕著であって、同じシリーズ内でも、大きさ、丁数、また他の多様な形態を示すには、一枚のカードでは対応し得ない。もっとも、目録カードには、「備考」欄が大きく設定されており、ここで一定の註記を行うことが可能とされている。しかし、余白にも限界があり、右に述べた個別の史料をシリーズ単位で記述するのは、難しいところがある。したがって、目録カードの体裁をとる場合には、個別の史料とは別に、シリーズのカードが必要となってこよう。すなわち、記述の複雑化を避けるには、個々の史料は個別に把握して記述することによって、集合記述と個々の史料の記述を分離する方法が有効ではないかと考えられる。したがって『目録六四集』では、記述の単位を物理的な史料一点、すなわち簿冊一冊、状物の文書一点とし、合綴された簿冊、綴じ合せ文書、袋入文書も、全体を一点として記述を行うこととした。

記述の単位を個々の史料一点としたうえで、次の視点によって記述事項を構成することとした。まず第一に、記述にかかる情報の単位を固定化することである。記述にかかる情報としては、これまで触れてきたように、標題、主務者、年次、形態など多様な事項が想定される。それらを記述事項として構成するには、一定の枠組と記述の順序を設定して制御する必要がある。したがって、本集ではすでに各種の目録規程で行われているように、標題に関する情報、成立に関する情報など情報の種類を固定化することとした。これによって史料が多種多様であっても、個々の記述をこの枠組の中に固定することができる。さらに各情報の単位の中では、個々の記述事項に細分化し、さらに史料の状態によって細部を適宜、加除し得る柔軟性を持たせ得る。すなわち、大枠の固定化と細部の柔軟性を確保することが可能となる。

第二に、記述にかかる各情報の単位には、相互に独立性と完結性を持たせることである。各記述事項は、全体的に一つのまとまりを持つ有機的な関係をもって表現されるべきものである。本集の場合、各記述事項間は文書年次によって主務者が決定するなどの関連性があるように、相互に無関係ではない。しかし同時に、記述にかかる各情報の単位は、それぞれに独立性と完結性を持っている必要がある。例えば、標題の情報は標題として記述し、主務者・作成者は、標題の情報を参考とすることがあっても、成立の情報として別個に記述する。また、主務者・作成者名が標題の一部に表示されていても、それをもって成立にかかる情報の中から主務者・作成者の記述を省略しない、という原則である。これは年次の場合も同じである。記述にかかる各情報の単位は独立しており、その単位の中で完結したものとなるという考え方である。

第三は、つとめて客観的に表示された情報によって記述することである。記述には客観的な表示に基づいて行われる部分と、目録作成者の判断を表現する部分とがある。例えば、標題などで簿冊の表紙の表示は客観的に視認し得る情報である。これに対し標題のない史料に標題を付し、あるいはその文言を補うなどのことは、目録作成者の判断が働いた結果付与される情報である。特に成立にかかる情報は、差出、宛名、年次などの場合、客観的な情報がないわけではないが、少なからず目録作成者が史料の成立を判断した結果の所産である。筆者は、客観的な表示によって記述し得るものと、目録作成者の判断が作用して記述するものとは区別されるべきであり、客観的な表示の部分をつとめて拡大すべきと考えている。

例えば、史料の原本、写本、控などの区分は、史料の利用者に対して重要な情報を提供することになるのであるが、この判別は多分に目録作成者の判断となる。もとよりこの判断は難しく、それ自体が研究の領域であって、むしろ記述に必要なのは、原本、写本の区別また真偽如何よりも、このような判断の素材を統一的な基準によって呈示するところにあるのではなかろうか。

以上のような検討から『目録六四集』では記述として構成する各情報の要素を、「標題情報」「成立情報」「形態情報」「内容情報」「管理情報・利用条件情報」などに区分し、図8-11のように設定した。あわせて記述の一例を、あらかじめ増富村役場文書によって示しておく。

各記述事項の詳細な検討は、後述の第五節によることとし、ここでは、『目録六四集』の凡例に沿って、各記述事項の基本的な説明をしておきたい。

①目録掲載番号

まず頭初の目録掲載番号は、各文書群ごとその排列順に付した通し番号である。この番号は、記述単位とした各史料を識別するために付したもので、本目録限りの番号である。したがって史料自体に表示されているわけではなく、閲覧請求番号でもない。ただ目録上の位置を指示し、あるいは「シリーズ」の説明などにあたっての便宜のみを目的に付与したものである。

目録掲載番号　標題情報

成立情報

形態情報

標題等の補足情報

内容情報

管理情報・利用条件情報

史料請求番号

371［各戸地価金取調帳］

増富村役所．明治 14.（1881）．

1綴（3冊）．34・5 cm（横長半帳）．一部破損．

合綴：1．各戸地価金取調帳　第壱号　明治十四年七月日　宮本組．作成：増富村役所．明治 14・7．（1881）．1冊．34 cm（横長半帳）．一部破損．内容：碓井甚吾分以下．

2．各戸地価金取調帳　弐号　明治十四年第七月十八日　増富村宮本．作成：増富村役所．明治14・7・18．（1881）．1 冊．34・5 cm（横長半帳）．一部破損．内容：丸山甚左衛門分以下．

3．各戸地価金取調帳　三号　明治十四年七月廿日　増富村役所宮本組．作成：増富村役所．明治 14・7・20．（1881）．1冊．34 cm（横長半帳）．内容：有井嘉平分以下．　**史料請求番号 41M，54-12**

記載例（『目録 64 集』，89 頁）

図 8-11　「山梨県下市町村役場文書目録」の目録様式と記載例

②標題情報

史料を識別するために最も基本的な情報となる標題情報では、史料の表紙などに記載されている文言を、そのまま標題として転記することを原則とした。標題には、主標題、副標題、巻表示のみならず、標題の一部として年次、主務者が含まれる。また標題の情報は、簿冊の表紙のみならず後表紙・内表紙（扉）・地小口などにも表示されており、これらは表紙の表示を補い、時には代替し得るものもあるので、その場合には適宜採用して標題に加えることとした（標題情報の欄に記載することができなかった標題の情報については、⑤標題等の補足情報欄に移した）。表紙などの欠損、字句の脱落など不完全な標題情報は、角括弧を付して補記した（例えば、[丑]御年貢可納割[付之事]．）。合綴史料で全体の標題が付されていない場合、また史料の綴紐を繋ぎ合せ、掛け合せた史料は、その一部の標題をとって全体の標題とした（[入作名寄ほか]．）。状物などの定型的な標題が付され、その標題のみでは内容が判然としない時は、史料館の近年の慣行によって、必要に応じ丸括弧に入れた文言を補記した（例えば、乍恐以書付奉申上候（川急破普請之儀ニ付）．）。

③成立情報

史料の成立に関わる機関名、氏名、年次などの情報、すなわち主務者または作成者、差出者、宛名、書写者、文書年または作成年次、書込み下限を成立情報としてここにまとめた。主務者は、これまで述べてきたように、最終の文書年の時点で史料（主として簿冊の場合になるが）を編綴し管理した組織・機構の名称である。しかしなかには最終文書年の主務者を特定し得ない場合がある。このうち作成時点・編綴開始時点の組織・機構名、年次が明らかな時は、「作成」の語を付して記載した（作成：在家塚村事務所．）。状物で差出・宛名が表示されている場合は、「差出」「宛名」の語を付して記載した（差出：中村八太夫．宛名：[鰍沢]村名主・長百姓・惣百姓．）。書写が明らかとなっている場合も同様である。書込み下限というのは、土地台帳、戸籍簿など一定期間使用されている史料で、これに書込みあるいは掛紙、付箋、貼札などによって表示された最終の年次を示すものである。

④形態情報

形態情報は、NCRなどの「形態に関する事項」にほぼ相当する。数量、大きさ、判型は、当然、主たる記述対象となる。そのほか印刷形態、造本(綴)、欠損状態さらに罫紙や所定の用紙、本文中の押印の状態を形態情報に加えた。

⑤標題等の補足情報

以下⑦までは、注記に当たる部分で、本集では、文字の大きさを八ポイントに下げて小さく記載している。標題等の補足情報は、表紙以外の地小口に表示されたもののうち、標題の一部に加えなかった文言、表紙に表示された文言であっても煩雑にわたるなど、標題から分離することが適切であると判断した文言をここに移した。表紙に押印された印鑑の印文なども これに含まれる。

⑥内容情報

ここには他の史料との関連、目次抄録の有無、所収の地名、人名、地番など、また史料の内容細目を一括した。なかでも合綴・袋入史料に含まれる個々の史料の情報は、「内容」「合綴」「袋入」の語を付して記載した。例示した図8-11の史料は合綴史料である。合綴・袋入史料に含まれる個々の史料についても、全体と同様に各記述事項について記載している。

⑦管理情報・利用条件情報

ここには、保存上、留意すべき点、利用に制限があって注意を要する事項を記載した。「開披不可」「開披注意」「取扱注意」とした史料には、閲覧、撮影が制限される場合があることを示した。

⑧史料請求番号

記述事項の最後尾には「史料請求番号」として文書群記号、史料番号を付した。閲覧請求は、この記号・番号によってなされることとなる。

『目録六四集』では、以上のような各記述事項を設定した。それらが具体的な事例にどのように対応し得たか、また残された問題点は何かについては、第五節「記述事項の諸問題」で詳述することとする。

(1) 閲覧用目録をその館での目録の完成した段階として位置づけているのは、例えば「北海道立文書館資料整理要領」がある。もっともこの場合でも印刷した冊子目録が、より精査された内容となって刊行されている。
　史料保存利用機関でも、閲覧用目録のほかに文書引継に際して作成される移管目録、また書庫での管理を目的とした排架目録、個々の文書の件名を収録した件名目録など派生的な各種の検索手段を作成するが、本章の論議はそこまで包含していない。

(2) 目録の印刷・刊行は広く頒布する手段として大きな効果が期待でき、また目録の完成度を高める契機となる。このことを強調するのは、田中康雄「文書館における近世文書の目録作成をめぐって――コンピュータ化環境の中での問題点――」上(群馬県立文書館編『双文』第三号、一九八六年三月、所収)である。同論文で田中は、「印刷に付すということの意義は、その機関として正式なものであり最終的な答えだということの表明であるということになろう」(九頁)と述べている。印刷・刊行した目録が、その「最終的な答え」であることは、一般的な事実としてはその通りであろう。ただ、目録の印刷・刊行に要する労力、時間、費用を調達するのは、いずれの史料保存利用機関にとっても十分に充足し得るものではない。目録の編成・記述の体系を考えるならば、印刷・刊行の以前に組織化された目録が完成されていなければならない。今後、いっそうの普及が予測されるコンピュータによる検索を考えると、高い完成度の目録がデータの入出力の前提として成立されている必要があるのではなかろうか。

(3) 史料館の仮目録作成の段階では、文書群記号と排架位置を示すラベルが貼付され、史料の同定識別が可能となっている。ただし、この段階では同一標題の史料の番号(「史料番号」と称している)に枝番号の表示を省略している場合があり、なかには状物・断簡を一括させて目録上も弁別せず後考に付したもの、また、一部であるが、未整理の史料にはラベルの貼付をしていないものもある。

(4) 第七章第三節、註(15)では、『史料の整理と管理』所載の「史料整理と検索手段作成の基本手順」図を紹介した。ここでは、整理段階の構造分析に対応する記述作業(検索手段の作成)を体系的配列目録(基本目録)の作成に対応するものとして位置づけ、さらに次の段階に進んで多角的検索手段の構築を位置づけている。すなわち基本目録の作成の次に、「細目録」「主題/形態目録」「索引」「編年目録」へ進むことが想定されている。もっともこれは史料館にとってももっぱら今後の課題であって、基本目録以外にその先へ進んだ試みは実践されていない。

（5）史料館では、今日まで明文化した目録規程を持たなかった。目録編成・記述方法は各目録担当教官の判断に委ねるというものである。ただし実際の目録編集にあたっては、絶えず学問的検討を加えて改善されてきており、方法の変更には館員（現在は教官）の討議を経ることで合意形成がはかられてきた。目録作成のためにこのような討議が続けられてきたことは、本集のような新しい試みが許容されたように、つねに学問的な新たな検討を可能とし、柔軟な構造を持つという利点を生んできた。

（6）『史料館所蔵史料目録』第六一集「尾張国名古屋元材木町犬山屋神戸家文書目録」その一（一九九五年二月）、「凡例」。

（7）一九八三年十月刊。

（8）『史料館所蔵史料目録』第一七集の凡例の関係分を示すと次の通りである。

「一　史料は編年によって分類し、同年代の中は当該暦年の最終部課編成の順に配列した。なお、二年度以上にわたる簿書は始年次で採録し終年次に重出させることを原則としたが、必要に応じて他の年次にも重出し、重出分には＊印を付して区別した。（以下略）。

一　史料の記載欄はほぼ、㈠表題　㈡作成課係名　㈢作成年月日　㈣数量　㈤整理番号の順である。

一　表題（史料名称）は原表題を採った。但し、表紙を欠くものや表紙を付け違えてあるものは仮りに命名して掲げ、〔　〕を付して前者と区別した。また、二行以上の割書は、一行に続けるか、・を用いて連記した。

一　作成課係名は、原則として掲載年次の最終課係名を示した。（中略）また、提出書類の控や調査書類などで作成課係が判然としないものは、書類の作成者を記し、必要に応じて宛名も記した。保管書類などには課係名に（　）を付して区別した。

一　作成年月日は、簿冊の内容によって年または月で示し、数年にわたるものは、始年～終年を示した。但し、掲載年次の年表示は原則として省略した。

一　数量の上部に示した合は二冊以上の独立編冊を合綴したもの、印はとくに公刊を目的としない活字印刷物である。（中略）孔は謄写印刷物を示す。」

（9）「北海道立文書館資料整理要領」および公文書、私文書の目録規程とその制定過程などは、鷲塚研「道立文書館の資料整理について」（『北海道立文書館研究紀要』第二号（一九八七年三月、所収）七九頁以下に詳しい。このうち「公文書目録規程」の主要部分を示すと次の通り。

「第二公文書の記述

1　記述

(1)記述の範囲

記述の範囲は、公文書名、主務者、編綴文書年次、形態等とする。また、公文書の付属資料、内容細目等についても必要があるときは記載する。
(4) 記述の方法
ア　カード上の記載位置
記述は、目録用標準カード（75×125㎝）を用い、その記載位置は、次の例による。

（本章、図8-4「カード上の記載位置」の通り）。
2　公文書名に関する事項
(1)　公文書名
ア　公文書名（以下「標題」という。）は、表紙、背、小口、前扉、巻頭から、そこに表示されている形をそのまま記載する
（以下略）。
3　主務者に関する事項
(1)　主務者の表示は、その公文書を完結の時点で取り扱った組織の名称（省庁名等、地方公共団体名等、省庁及び地方公共団体等の出先機関名等。）及びその内部部局名等を記載する。ただし、表紙等の表示と主務者が異なる場合は、表紙等の表示を注記する。
4　編綴文書年次に関する事項
(1)　編綴文書年次は、その公文書に編綴された文書の年次又は年度を西暦紀年で記載し、元号年を丸かっこに入れて付記する。
なお、年度によって編綴文書年次を記載した場合は、元号年を付記したあとに「年度」と記載する。
(2)　編綴された文書の年次が二年以上にわたる場合は、古い年次と新しい年次を波ダッシュ（〜）で結んで記載する。
(5)　一紙文書の場合は、表示された月日も記載する。
(6)　帳簿、日誌等は、記載された記事の年次を記載する。」
(10)　一九九七年三月刊。
(11)　註(9)、鷲塚前掲論文、八四頁。
(12)　北海道立文書館における目録排列は、公文書の場合、出所（元の組織）、年次などによる分類目録と組織名五〇音順による組織名目録の二種類である。このほか、公文書の中に編綴された刊行物等は、別に目録カードを作成し、刊行物等にも編入することとしている。ただ、このように排列された分類目録が、細目化されていないため資料の増加につれて実際の検索にやや困難を感ずるようになっており、また分類目録と組織名目録との間に重複感があって、相互補完的効果が十分に発揮できてい

ない面が生じている(この点は筆者在職中からの改善課題であった)。

なお、「北海道立文書館資料整理要領」全体の特徴は、「公文書」「私文書」「刊行物等」という「整理区分」を設定し、それぞれの目録規程を制定したこと、また、それぞれの「整理区分」に属している「雑誌・新聞」「地図・図類」「写真」「フィルム」「磁気テープ」などを「別置資料」として、排架場所を別にするとともに、これらを目録カード上でも別に分類することとした点にある。資料の特質に応じた整理方法の適用と物理的な形態の違いに対応した整理方法を、「整理区分」と「別置資料」の組合せによって処理しようとしたこの試みは、文書館界に紹介され文書館学・史料管理学の検討対象とする意味があると思うが、本章では全般的に論ずる余裕がないので、その指摘を行うにとどめておく。

(13)「北海道立文書館公文書目録規程」では、一紙文書(状物)の年次についての規定はあるが、「私文書目録規程」のように「差出」「あて名」の規定を欠いている。

(14)「池田家文庫マイクロ版史料目録」改訂増補、全七冊の構成は次の通りである。

「総記」(一九九二年一月)、「国事維新」(一九九一年三月)、「藩士」Ⅰ—Ⅳ(一九九三年三月—六月)、「法制」(一九九三年十一月)。

この目録の作成・編集を担当した中野美智子には、これの紹介を含む近世史料の目録論として、「近世地方史料の整理論の動向について——所蔵目録作成の立場から——」(地方史研究協議会編『地方史の新視点』雄山閣出版、一九八八年十月、所収)があり、また、NCR一九八七年版第一一章第一次案に対する批評として、第二節註(34)の前掲論文がある。

(15)岡山大学附属図書館編、一九七〇年三月。

(16)『池田家文庫マイクロ版史料目録』改訂増補の改善のポイントとして、同目録には次の通りに記されている。

「改善のポイントは、①書誌的事項の記述を見直してより精度の高いものにすること、②特に、年次情報は歴史として最も重要な要素であるので、作成年次及び内容年次を出来る限り明確にすること、③体系的な編纂物や一件文書は、その原秩序を復元することなどである。④また、将来電子化も可能となるように、標題をはじめ各書誌的事項について、標準的記述を図ることを課題とした」(「藩士」Ⅰ、㈤頁)

(17)同前、㈥頁。

(18)同前、㈦頁。

(19)NCR一九八七年版改訂版では、通常の記述方法のほか「任意規定」と「別法」を用意している(総則0・10)。しかしこれもNCRを使用する各館が、いずれかの方法を選択するのであって、同一文書群の中で使い分けるというものではない。

(20)註(4)、史料館編前掲書、㈦一頁。これまでのカード目録では、集合的記述に十分適合してこなかったことは一般的に指摘できる。しかし、群（グループ、シリーズ）の記述がカード目録に全く適合しないかというと必ずしもそうとはいえない。見出しカードに一定の集合的記述を付加するなどの方法で解決しようとしている館も見られる。

第四節　目録作成の経過と目録編成の諸問題

一　『目録六四集』作成の経過

本章は、目録記述について考察しようとするものであるが、記述の問題と関連して史料の階層構造、主題別分類の限界、組織・機構分類の必然性さらに原秩序尊重の原則など目録編成の課題にも論及してきた。『目録六四集』でも、この目録編成をどのように行ったか、各記述事項の諸問題を論ずるにあたって目録の構造を示す意味からそれらに先立って触れておくこととする。もっとも、その前に本集の作成経過の概容について述べ、目録編成・記述における個別の問題への導入としたい。

『目録六四集』の作成にあたっては、前述（第一節二項）の通り、「『史料館所蔵史料目録』第六四集編集・刊行計画」を一九九六年四月一日付で策定した。実際の目録作業は計画策定の前年、九五年末から開始し断続的に行ってきたが、集中して継続的に行ったのは同年五月以降であった。その後、臨時職員（六人の大学院生、学生）の補助を得つつ九七年一月の入稿を果たした。この経過をさらにたどると、作業は九五年十二月十八日に河原部村文書の仮目録カードの点検に着手したことに始まる。[1] しかし間もなく九五年度中は、『史料要覧』（当初は、『史料総覧』）の担当委員の一人としてまた執筆分担分その他の校正などがあり、九六年三月五日までは、目録のための作業がしばしば中断した。それでも三月十一日には、河原部村文書一二六点をひとまず終えて次の文書群に取りかかった。しかし、計画策定直後は同年五月開催の国文学研究資料館春期特別展を史料館が担当したことから、作業は再び中断した。中断した期間は、四月中旬から五月中旬までの約一か月余で、五月十三日になって目録作業は再々開した。再々開直後にデータソフトの「桐V5」が、この目録作業に適合することを学習し、「桐」によるデータベース化が可能であることを確認した。仮目録カードの点検作業が進捗するに伴い、後述するように、大部分のカードは再作成をする必要があることが明らかとなった。

河原部村から始めた目録カード点検・再作成け、おおむね本集の文書群の排列順に、最後は鰍沢村、五開村の分をもって七月中に終えることができた。八月五日からは「桐」によるデータ入力のため、臨時職員の大学院生三名が交互に勤務、パーソナルコンピュータによるデータベース化の作業に従事した。[3]この過程で、記述事項の設定がまだ安定していなかった初めの頃のカードは、点検が不十分であることが明らかとなった。記述事項の構成にあいまいさがあり、筆者の判断が揺れていることが自覚されたからである。このためデータ入力と並行して、八月上旬からはカードの訂正を行い、九月下旬にはデータ入力が修正を含めて一応の終了を見ることができた。十月には、目録編成のために編成(分類)項目番号の指定を行い、これが十月十九日に完了し、逐次、データに加え、十二月下旬には目録編成とデータ入力を完了した。その後は「桐」に入力したデータベースをテキストファイル化して印刷用原稿とし、一月七日に脱稿した。目録の完成までは、右の作業のほかに解題、校正、地図作成、現地調査等々の作業が、脱稿後の時期を含めて加わるのであるが、記述と目録編成に直接関わるものではないので本章では省略する。

この間、新たに刊行される目録の編集をテーマとする史料館恒例の館内研究会が、九月三日と十一月二十八日に開催された。目録編集のための研究会は通常一回であるが、本集の場合は、体裁を横書に変えるという、これまでにない要素もあって二度の開催となった。第一回は、本集を単独に論議の対象とし、第二回は本集とともに第六五集「武蔵国多摩郡後ヶ谷村杉本家文書目録」をも対象とした。このうち本集にかかる主たる論議は、第一回の研究会に集中している。研究会で提起された主たる論点を要約すると、次の通りである。

まず、第一に基本的な問題として、この目録の形式(特に横書および記述事項の構成など)が今後の史料館の目録作成を規定するものになるのかどうか、通時的な目録が果たして可能であるのかどうか、また必要であるか、記述の標準化がどこまで可能かまた必要か、という指摘があった。第二には、記述単位の捉え方の問題として、史料一点をどのようなものとして概念づけるか、シリーズをどのように表現するか、袋入史料の枝番号の処理等についての論議があった。第三には、記述事項の構成の問題として、標題情報、成立情報など記述情報の単位を固定化することの適否、また記述事項の構成の適否などの論議が提起された。第四に、各記述事項の問題として、主務者の概念、判型表示の統一性、特に標題の扱いとして不完全標題の補記、原標題と内容が異なっている場合の処理、重複する情報(標題情報と成立情報における主務者・作成者・年次などの重複)を記述することの可否等々の論議がなされた(4)。

以上、目録作成の経過と史料館における論議を紹介した。これらによって見ても、目録編成と記述の論議は、次のような課題として集約されよう。

(一)本文書群の階層構造とこれの目録編成への転化

(二)記述する史料の単位。関連して合綴史料・袋入史料その他の複合した史料の処理、シリーズの処理、番号の処理

(三)記述事項の全体的構成

(四)各記述事項の記載

①標題情報(標題のとり方など)、②成立情報(主務者、作成者、差出・宛名、年次、書込み下限など)、③形態情報(数量、大きさ、判型、綴、造本、用紙、押印、欠損状態)、④諸注記(一般的注記、その他の標題、内

容など）

本節では、右のうち㈠の目録編成について次項以下で述べる。㈢の記述事項の全体的構成は、すでに前述（第三節三項）した通りである。したがって㈡記述する史料の単位、㈣各記述事項の記載については、第五節で述べることとしたい。

二　目録編成についての検討

本集の文書群は市町村役場文書[5]とはいえ、主たる収録対象は近世から近代初頭にかけての史料であった。このように史料の年代が長期にわたり、その間、町村合併（戸長役場、組合役場の離合を含む）もあって、管轄地域が変容し役場組織そのものが改変される場合に生ずる目録編成上の問題は、どのようなものであろうか。本集で考えなければならない課題を、㈠出所の特定、㈡時期区分の設定、㈢内部構造の把握、㈣類別とシリーズの編成の四点によって述べておきたい。

㈠　出所の特定

『目録六四集』に収録したのは、前述（第一節二項）の通り河原部村文書以下一〇文書群の個別の目録である。「山梨県下市町村役場文書」というのは、各文書群を包含した際に便宜的に付した書名であって、この名称の文書群があるわけではない[6]。

本集の一〇文書群は、出所によって文書群を区分する『史料総覧』の枠組を踏襲したものである。この出所名は、文書の最終年次に対応する主務者をもって措定したもので、一部を除きこの部分の『史料総覧』の執筆者でもある筆者の仮定である。例えば中巨摩郡飯野村と在家塚村は、戦後、合併して巨摩町（一九五一年七月）となり、のちさらに他村とも合併して白根町(一九五四年四月)となった。しかし両村の文書群(在家塚村の場合は、在家塚村外二箇村組合役場文書)には、巨摩町・白根町両役場時代の文書を含んでいない。もし両文書群に巨摩町役場・白根町役場時代の文書を含んでいたならば、併合して単一の巨摩町役場あるいは白根町役場を出所とする文書群名称となったであろう。また、逆にこれに含まれる最終文書年次が聯合戸長役場の時期にとどまっていたならば、飯野村の文書は源村外一箇村戸長役場文書に、在家塚村の文書は、百田村外一箇村戸長役場文書としなければならない。(7) 町村合併や戸長役場、組合役場の離合集散のある場合には、どの時点を捉えて出所とするかによって、文書群名称が異なってくる。飯野村、在家塚村にかかる制度の変遷を図示すると、図8-12のようになる。現在の時点で見るならば、出所は一か所に固定されているかに見えるが、それは現在の残存状況に規定された結果であって、史料発生の各段階を考えると、文書群の出所は複合したものであることがわかる。本集の文書群の出所を特定し、文書群の構造を理解する第一歩は、この複合状態を明らかにするところにあった。

(二) 時期区分の設定

(一)で述べたように、役場組織の変遷は文書群の構造を理解するための有力な手がかりである。また次節で述べるように、主務者・作成者を特定する手がかりともなる。

山梨県では、一八七二年以降の大小区制期には大小区に分かたれず、当初は郡ごとの区制、七六年からは全県の通し番号を付した区制に改変された。また、七八年には大小区制の廃止によって、郡区町村編制法が適用されるが、この時、郡の分割がされる(巨摩郡の場合は、北、中、南の三郡)。この間、七二年までは一部に名主所・名主公用所などと称していた事務所(独立の事務所を構えていた場合だけではなく、年番名主の居宅があてられる場合も考えられる)は、名主の名称廃止、戸長等への改称の時期に、村公用取扱所・戸長事務取扱所など(8)と称し、これが七五年に「事務所」と名称が統一された。さらに七八年には「村役所」と改称、八四年には聯合「戸長役

組織の変遷に伴う文書の引継・流出を示す(想定)。

戸長役場・組合役場に含まれる可能性のある文書の範囲を示す。

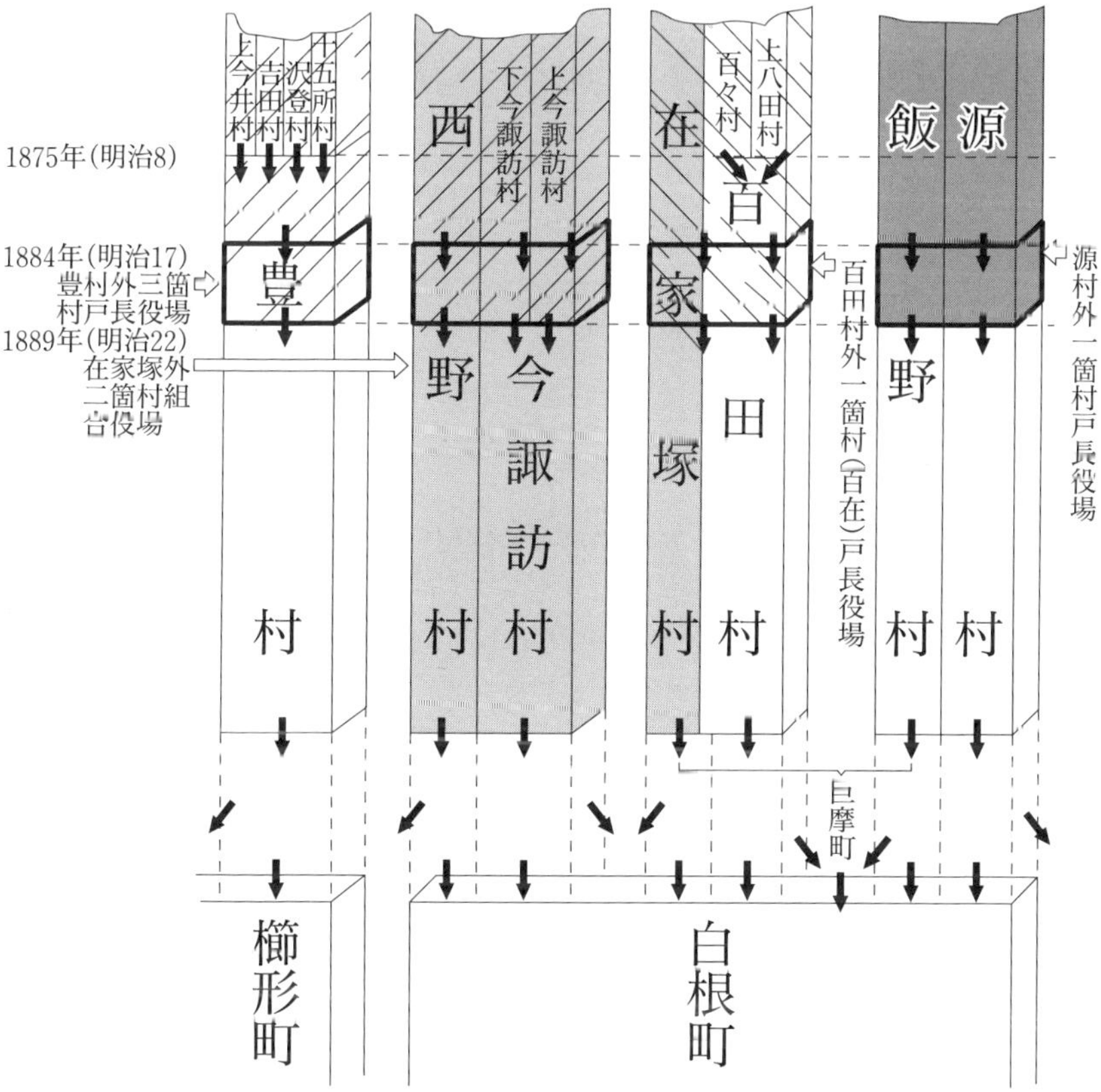

図 8-12　自治体組織の変遷と文書の引継想定図
(飯野村・在家塚村などの場合)

区制・郡区編制	町村役場等名称
	名主所・公用所など
1872(明治5).1.18	
郡ごとの区制(全79区。のち80区)	
	1872(明治5).10.25
	村公用取扱所・戸長事務扱所など
	1875(明治8).11.9
1876(明治9).10.3	
全県区制(全34区)	区・町・村事務所
1878(明治11).12.19	1878(明治11).12.23
区制廃止，郡を分割	町・村役所
	1884(明治17).9.25
	戸長役場(聯合)
	1889(明治22).6.26
	町・村役場，組合役場

図8-13 山梨県区制・郡区編制・町村役場等の名称の変遷(1872-89年)

場」が開設され、八九年には市制町村制の施行に基づく「町村役場」「組合役場」となる。これを図示するならば、図8-13のごとくである。ただし、七五年の事務所改称、七八年の村役所改称は、それぞれ十一月九日、十二月二十三日という年末の改正であり、文書の作成、特に簿冊の編綴に反映していないので、目録編成上の時期区分としては、表8-3の通りとした。

各文書群の時期区分はそれぞれの史料の残存状況に規定されるけれども、本集では基本的に、表8-3の区分(戸長事務取扱所期から村役所期までは、目録編成項目を併合した場合が多い)に依拠することができた。このうち近

表 8-3　山梨県町村事務所の時期区分(本集関係分)

時期区分	年　　次	摘　　要
名主(所)期	—1871 年(明治 4)	名主所・公用所・会所
戸長(事務取扱所)期	1872 年(明治 5)—1875 年(明治 8)	公用取扱所など
町・村事務所期	1876 年(明治 9)—1878 年(明治 11)	
町・村役所期	1879 年(明治 12)—1884 年(明治 17)	
聯合戸長役場期	1884 年(明治 17)—1889 年(明治 22)	
町・村役場期	1889 年(明治 22)—	組合役場を含む

世と近代との画期は、一八六八年の明治維新よりも、七二年の戸長制採用、大小区設定の前後に置き得るのではないかと考えて、各文書群の編成項目の設定をほぼそのようにした。また、文書の種類・様式からは、地租改正事業が進行し、年貢の村請制が廃止となる一八七五—七七年にその画期が見られる。本集の目録編成もこのような町村執行体制の変化と文書のありようを反映している。

(三)　内部構造の把握

次に各文書群の内部構造の把握について述べる。図8-12のような文書引継の錯綜した関係は、他の町村においても見ることができよう(9)。在家塚村を例にとれば、自治体としての在家塚村は近世から戦後まで一貫して存続しているが、役場としては、一八八四年までの在家塚村担当戸長事務所・村役所と八四年以降の豊村外三箇村戸長役場と八九年以降の在家塚村外二箇村組合役場とでは、それぞれ別個の組織である。この時期に作成・編綴された文書群は、それぞれ前の時期の文書群とは、異なる組織によって作成された文書群である。しかし同時に以前の時期の文書をも継承して蓄積し、文書群を構成している。前述の(一)では、これを出所の複合状態として述べた。百田村外一箇村戸長役場文書は簿冊の編綴時点では、一つの文書群であったが、聯合戸長役場の解消、町村制の施行後には在家塚村外二箇村組合役場と百田村役場とに分割されて、それぞれ継承されることが起こるのはその一例である。文書群の内部構造は、基本的には図8-12のごとき時間軸に沿って遷移しつつ複合し累積した層をなしている。したがって、本集でもこの文書群の内部構造を目録の構造、すなわち目録編成に反映させる必要がある。

各文書群の内部構造をどのように目録編成に反映したか、その主要部分は第一節二項に掲げた表8-1「「山梨県下市町村役場文書」の構成(主要部分)」にすでに見る通りである。このうち河原部村文書の部分を再掲すると次のような区分となっている。

1・1　河原部村名主所文書／一八七一年(明治四)
1・2　河原部村公用取扱所・村事務所・村役所文書／一八七二年(明治五)―一八八四年(明治一七)
1・3　河原部村外三箇村戸長役場文書／一八八四年(明治一七)―一八八九年(明治二二)
1・4　河原部村(韮崎町)外二箇村組合役場文書／一八八九年(明治二二)―
1・5　その他

右のうち、1・1の「河原部村名主所」という名称は、使用始期が確認できていないけれども、近世後期にはすでに使用されていた。1・2の「河原部村公用取扱所」は、名主名称廃止後の戸長の事務所名称であり、村事務所・村役所は山梨県における担当戸長事務所名称の一斉変更による呼称である。1・3の戸長役場、1・4の組合役場は、前述の通り役場組織自体の改変になるもので、それぞれの前の時代とは別個の組織体である。1・5は、河原部村以外の村役所その他の組織体の文書であって、戸長役場などの役場組織の組合せの中でこの文書群に残されたものである。(10)時代的には長期にわたり、量的にも過半近くを占める近世(名主名称廃止以前)の文書が単一の組織に終始するのは、時期を細分化し得た近代に比較して年代幅の平衡を欠いているのは否めない。これは近世の組織・機構の変遷を、近代のようには明確に把握できなかったためである。

なお府県庁文書では、近代初頭であっても分課(組織機構の内部分化)の存在が認められ、文書群の内部構造も文書の管理主体となった各部課等に位置づけることによって現し得た。しかし、本文書群のような近世から近代初頭の町村役場文書では、分課の設置、業務の分担が明確ではなく、分課に基づく組織・機構分類は困難であった。(11)また編年排列の根拠となる年次の表示も、十分明らかにはならなかった。したがって組織・機構や編年による目録編成は著しく制約される結果となった。この点も近世の文書群を組織・機構によって構造化することを難しくし、近世部分の目録編成をやや平板にした要因となった。さらに本文書群がいずれも近世・近代初頭の町村文書としては、発生した文書のごく一部をとどめるにすぎず、町村の機能総体を反映していないことも、文書群の内部構造を組織・機構と関連させて目録編成に反映させがたくした一因ともなった。いきおい残存している文書のみを対象として、㈣に掲げた「類別」「シリーズ」に委ねたところが多い。[12]

㈣　「類別」と「シリーズ」の編成

本集の目録編成は、ほぼ文書群（出所。フォントまたはグループ）―役場組織―類別―シリーズ（一部）―個別史料―合綴・袋入史料（一部）という階層構造になっている。この構造を河原部村文書目録の目次によって例示するならば、図8-14の通りである。

河原部村文書では、役場組織による項目の設定は「河原部村名主所文書」など、類別による項目の設定は「領主支配・村方支配・村儀定」などとし、また「シリーズ」の設定は†印を付して「田畑取附帳」などとした。「1―11」など目録掲載番号によって表示したのは、ページ数の代わりに目録上の位置を示すためである（図8-11記載例を参照）。このうち、目録編成の第一次項目とした役場組織についてはすでに述べたので、ここでは第二次項目である「類別」と「シリーズ」について述べておこう。

河原部村文書を例にとると、第二次項目である「類別」では、「領主・村方支配・村儀定」「貢租・御用金」「土地」などの項目を設定した。本集での「類別」は、グループレベル、サブグループレベルの下位にあって、次に述べる「シリーズ」レベルを内包する位置にある。一般的に目録の階層構造を設定する時は、この段階では組織・機構をさらに細分化するか、それらの機能・業務を分析し、「シリーズ」として項目を設定することになる。ところが本集では、役場内の分課の存在を確認できず、また各時期の事務の全体を分析するに至らなかったために、

目　次

図 8-14　甲斐国巨摩郡河原部村文書「目次」

「類別」という著しく主題別分類に近い項目の設定となった。近代初頭の役場文書であっても、その業務を考察し、文書・簿冊発生の構造を分析したうえで、項目の設定を行うという課題が今後に残された。

「類別」に包含されるものとして設定した「シリーズ」は、単に同一の主題を有しているというのではなく、同一標題であるかまたは史料発生の状況あるいは編綴の事情に、史料相互の一体性が確認できる史料小群を対象としている。(13)したがって「シリーズ」は、「田畑取附帳」「起返小前帳」など特定の史料に限って措定することとなった。(14)

以上、四点にわたって本集の作成にあたって検討した目録編成の方法について述べた。史料の構造を目録の階層構造にどのように反映し得るかが課題であったが、文書引継の過程で階層構造そのものが複合していた。これまで述べてきた通り、史料発生時から見ると、現存の史料は相当程度、変容を遂げている。この変容もまた、今日、史料の整理・利用に際して認識しておくべき多くの情報を伝えている。その複雑な変容過程を目録はどのように表現できるであろうか。史料の構造に対する分析が深まれば深まるほど、その成果を冊子目録として印刷し、あるいはカード目録によって、平面的に排列することによって表現し得る限界を思わしめられる。目録に付す索引は、平面的な排列を一定程度補完し得るが、それにも制約は免がれない。この点では、今後の発展が予測されるコンピュータの活用によって、多元的検索手段を開発することがいっそうの課題となる。(15)

目録編成が史料の構造を反映することによって本来の姿となり得る、というのが本集にとっても（したがって本章においても）基本的な立場である。そのために叙上の通り、史料の成立、機能、管理、伝存等々に対する理解が必須であるとも主張してきた。コンピュータによる検索手段の構築が追求されると、目録編成にあたって整理担当者の史料に対する本質的理解が、いっそう貫徹していることが求められる。同時に、個々の史料の記述に対しても、その厳密さが要求されてこよう。次節では、本集における具体的な記述について詳述しておくこととしたい。

（1） 本集作成経過の日付等は、筆者手許の「山梨県諸村文書調査ノート――要覧と史料目録のために――」によっている。

（2） 国文学研究資料館春期特別展「近世文字社会のひろがり――史料館収蔵史料展――」は、一九九六年五月十三日―二十四日に開催され、あわせて五月十七日に特別講演会が開催された。

（3） 本集のデータ入力その他については、慶應義塾大学大学院生池和田有紀・清水亮・羽田聡の三君によって行われた。特に羽田は増富村を構成した小尾・比志両村の年貢割付状の年代比定を行い、不明であった割付状の大部分の年次を解明した。また、データの確認その他の作業には、当時、慶應義塾大学生倉持隆・深瀬公一郎、独協大学生守田逸人の三君がこれに加わった。

（4） 史料館内研究会の論議には、新たな目録形成の導入がこれまでの目録形式とどのように整合性を保持し得るか、また今後、史料館の目録作成をどのように規定し変化させていくかという、本集の目録編成・記述にとどまらない問題に触れている。それらの論議は、目録規程の策定をはじめ目録作成作業の基準化などへ展開する可能性をはらんでいる。しかし、この研究会の論議は、史料館の目録全体を見直す方向には展開せず、『目録六四集』に限定した問題にとどまった。

（5） 『目録六四集』を「山梨県下市町村役場文書目録」としたが、正確には「山梨県下市役所・町村役場文書目録」とすべきであろう。また、今回の「その一」には該当するものはないが、「その二」では「戸長役場文書目録」とすべき文書群も存在する。しかし目録の書名としてそれらすべてを包含するのは冗長であるので、前述のように「市町村役場目録」とするにとどめた。

（6） 史料館内研究会においても、目録の書名を「巨摩各郡市町村役場文書目録」としてはどうか、との意見があった。しかし、「その二」が都留・山梨・八代各郡にわたること、索引は「その一」「その二」の分を合わせたものにしたいと考えたので、「山梨県下」と称することにした。

なお、本集は個別の文書群の集合とはいえ、各文書群に共通する事柄、例えば、山梨県の町村制度、地租改正事業、また本集の整理過程、目録編成・記述の方法など包括して説明する必要があったので、各文書群の解題とは別に、本集全体の解題を巻頭に付した。

（7） 飯野村文書、在家塚村文書の中に、巨摩町あるいは白根町の文書を含んでいないのは、偶然または合併以前に各役場から放出されたことを意味するか、あるいはそれらの文書群を格別に別置しておいた結果であるか、種々想定し得るが明らかではない。ただ、合併後、新たな文書がそれに付加されない状態で放出されたと見るのが蓋然性が高いと考えてそれらを出所として措定した。

なお、巨摩郡河原部村文書は『史料総覧』の際に付与された文書群名を変えずに、本集でも踏襲したのでこの文書群名となった。文書の下限からすると「韮崎町外二箇村組合役場文書」ということになる。また、別に「韮崎市役所文書」というのがあるが、これと同一の出所ではないかと考えられるけれども、それを裏づける史料が残存していないので、両者を別の文書群とした。

文書群のどの時点を捉えて出所とし文書群名称を付すか、その方法も十分確立しているとは思われない。『史料総覧』でも、例えば筆者が担当した「出羽国山形宝幢寺文書」などは、文書の下限時点で見ると、宝幢寺住職の復飾名である佐伯家文書ということになり、その最終地名をとると出所地名は東京都となる。出羽国領内真言一宗の惣録寺の地位にあった宝幢寺の歴史からすると、「東京都佐伯家文書」ではいかにも実体から離れすぎる感があるので従来の名称とした。地域が限定されていることが多い近世文書の場合には、地名を付した文書群名称は文書群の識別に有効であるが、近現代史料の場合にはどうであろうか。出所の特定、文書群名称の付与の方法には解決すべき課題が多いように思われる。

(8)　「名主所」「村公用取扱所」「戸長事務取扱所」という名称が、すべての町村で確認できているわけではない。一部の町村のみに事例があるのかもしれない。ただ、目録編成項目として設定する場合に何らかの項目名を付する必要から、一部について「名主(所)」「戸長(事務取扱所)」とした。

(9)　韮崎市に関係する河原部村外三箇村戸長役場、河原部村(韮崎町)外三箇村組合役場、大草村外二箇村戸長役場の組織と文書の引継想定図については、『目録六四集』解題、九頁、図四、その二を参照。

(10)　本集では、目録編成の第一項目として、役場組織とは別に例外的に設定した項目がある。増富村役場文書の「布告・布達・郡衙往復」、鰍沢村文書の「布告・布達など」とした項目である。これら史料群は役場組織の変遷、時期区分を超えて存在し、かつ形態も類似しており、編綴が一貫して継続していることが明らかである。このため、それらを一括することが利用上も便利であると考えて、この項目を設定した。編綴の状態、伝存の経過を尊重した結果である。ただし、このような例外的な措置が広汎に行われてよいというわけではない。

(11)　近世の文書の中にも、分課に類する例が認められないわけではない。例えば、近世の一時期に村が組に分化し、それぞれに文書管理を行ったことが、河原部村などに起こっている。同村では、一八六〇年(万延元)に東西二組に分かれ、それぞれ名主を立てて帳箱も「引訳《わ》」けていたというのである(『韮崎市誌』上巻、一九七八年、四七六頁)。事実、数点の史料には標題の一部からも東西両組の分立を確認し得る。ただ、本集では、東西分立の終期を確定し得なかったので目録編成の項目設定には反映できなかった。

(12)　近世文書を十分に構造化できなかった要因には、筆者が本土の近世農村史に関する知識に不足していたことも、自ら指摘できる。ただ、それでも一定程度の編成が可能であった要因の一つに、本集の史料の量と種類が限定されていたことが挙げられる。

(13)　シリーズレベルの項目設定が、いわゆる主題別分類に近似する原因は、史料の発生・編綴の状況に史料を位置づけるという目録編成の論理を貫徹していないあいまいさにあるのではないかと思う。史料の発生・編綴の状況に即して史料を位置づけるというのは、組織・機構の機能に着目してこれを構造化することであって、それが目録編成上有効であるという認識にその根拠を置いている。したがって末端の組織・機構、例えば課レベルの群をさらに細分化するにあたっても、その方法は課の機能とその課の文書管理に即して文書群を構造化することが、本来のあり方であろう。もっとも、これを貫徹するためには、組織・機構の態様、業務の内容、文書管理の方法等が十分明らかとなっていることが前提となる。

なお、組織・機構の最下部が目録上でも編成の最小単位になるとは限らない。部―課―係と組織・機構が細分化している場合でも、目録編成の最小単位が課のレベルにとどまっている例は少なくない。これには、組織・機構の細分化が不徹底であると指摘できる場合もあるが、目録編成上、一定のレベルにとどめておくことが、かえって有効であると目録作成者が判断している場合もある。

(14)　「シリーズ」は、同一標題でなくとも、内容の一体性が確認でき得るならば、「シリーズ」として扱い得る。例えば、小尾村(増富村内)などの「丑御成ヶ割附之事」「寅之年免定」「戌御年貢可納割付之事」などと多様な標題を持つ一群の年貢割付状がそれである。一方、組ごとに作成された名寄帳は、同一の村のものであっても、それぞれ別の「シリーズ」と考えるべきであろう。源村の例では、旧有野村の分(**11―16**)と旧飯野新田の分(**17―21**)とは別のシリーズとした。

なお、「シリーズ」(series)であるからには、複数の史料を意味するのであるが、例外的に一点のものをも「シリーズ」としての表示を与えた場合がある。これは、本来、複数の史料として存在するはずのもので、他の「シリーズ」との区別を明確にするための措置である。例えば、五開村役場文書の「一筆限反別地価取調帳」では、旧柳川村の分(**1―10**)と旧十谷村の分(**11**)とをそれぞれ別の「シリーズ」として表示した。

(15)　印刷された冊子目録、カード目録の限界を克服する手段としてコンピュータによる多角的な検索が有効であるとして、その場合でも、個々の史料が確実に統制された方法によって把握できていなければ、利用者はその目録によって検索の目的を十分果たし得ないことになろう。

第五節　記述事項の諸問題

一　記述する史料の単位

本節では、『目録六四集』で行った目録記述について、一部重複するところもあるが、具体的な事例に即して詳述することとする。このうち一項では記述する史料の単位について、第三節三項で触れたことをさらに展開して述べる。二項から五項までは、各記述事項の記載について項を分けて述べ、六項では記述についての考え方をまとめ、その他残された問題に言及することにする。

まず記述の単位であるが、本集ではこれを物理的な一点、すなわち簿冊一冊、状物文書一通を単位とした。本集の凡例では、やや熟さない用語であるが、これを「個々の史料」とも表記した。筆者としては、記述の単位をどのように措定するかによって、標題情報以下の各記述事項の定義が変わってくると考えた。例えば、数冊にまとまっている「名寄帳」、連年作成されるが時期によって標題を異にする「年貢割付状」を集合的に捉えて記述をする場合と、物理的に視認し得る一点を捉えて記述する場合とでは、標題以下の各記述事項において異なる表記となるのは明瞭であろう。

記述の単位を集合的に把握するならば、標題以下の各記述事項も包括的に記載される。図書の記述の場合、叢書・全集という上位の書誌階層についての記述が用意されているが、多数の巻冊で構成されている史料に対して包括的記述はどの程度に可能であろうか。史料の場合、標題の付与は時に恣意的に付与されている場合すらある。

史料では、巻冊によって主標題さえ異同がある史料も少なくない。そのような史料小群に統一的な標題を選ぶのは、表記の矛盾を深くすることになるのではあるまいか。著作物である図書と文書史料の目録記述の違いが、ここにも見出されるのではないかと思う。

すでに見た通り史料館の目録では、史料を包括的に記述し、個別の史料には枝番号を付してその関係性を保存していた。『目録六四集』でも、仮目録のこの処置によって、史料小群のまとまりを確認することができた。しかし本集では、物理的状態を一冊の簿冊、一通の状物という形態で残した文書作成当時の主務者による史料管理上の意図を重視し、包括する記述を避けた。

右のような史料小群を本集で「シリーズ」と称したことは、前に述べた。「シリーズ」は、最下位の編成項目である。第二次項目内に適宜†印を付し、「†田畑取附帳」などと記載した。当初の意図としては、第一次・第二次項目、「シリーズ」とも、それぞれの段階の説明を付すことを予定したが、本集ではなし得なかった。わずかに文書群ごとの解題の中で、第一次項目の解説を行い第二次項目を列挙したにとどまり、「シリーズ」の説明はほとんど行っていない。これは筆者が各「シリーズ」について解説を行う詳しい知識を有していなかったからであって、筆者にとっても今後の課題として残った。

物理的一点、すなわち「個々の史料」を記述の単位に措定したとして、問題となるのは、合綴・袋入などの複合した史料の扱いである。合綴は、本来、独立した複数の文書・簿冊を一綴にしたもので、しかも全体の標題(図書の場合の総合書名)を欠いている場合である。また簿冊の綴紐をつなぎあわせ、あるいは横帳の簿冊を綴紐で掛けあわせた場合も合綴の範疇に加えた。合綴された史料は、多くの場合、標題がないので次項で述べる標題情報では、目録作成者側が仮に付することとなる。(1) 合綴史料は、本来、個々に作成され、時に文書作成者も作成年次も異なる場合があるけれども、合綴という形態で残した合綴者(主務者)の意図を重視すべきであろう。同時に、この合綴意図は、今日まで十分に伝えられ得るとは限らない点にも留意したい。目録作成者の分析、判断の及ばない場合も少なくないからである。[2]

合綴された史料は、作成の時点では独立の意図をもって作成され保存されてきたのであるから、これが検索の単位となることも考えられる。したがって合綴された史料についても合綴史料全体と同様に、すべての記述事項にわたって記載した(この点は、史料の内容細目を注記する場合とは区別して行った。合綴史料の注記の方法については、袋入史料とともに五項を参照)。

袋入史料の場合も合綴史料と同様の扱いをした。ただしこの場合は、袋に標題を付している時には、これを表紙と見做して全体を一点の史料として記述することができる。一方、通常の簿冊と同様に扱い得ないのは、袋内に物理的には独立した状態で史料が存在しており、これをさらに個別に記述する必要があるという点である。時には袋の中にさらに袋があり、また封筒があって記述すべき史料の構造が多重化している。これらの記述は合綴された史料と同様、注記の一部として扱うこととした。

右のような処理によって、袋入史料も合綴史料と同様の扱いをするという考え方で一定の論理性を持たせ得たと思うが、難点がないわけではない。この方法では、合綴史料、袋入史料とも注記部分が際限なく拡張していくことになる。特に袋入の場合、本集ではたまたま少なかったが、袋入の状態が幾重にも多重化した場合、また数百点にのぼる場合には、それらを一個の史料として扱い得るかという問題が起こるはずであって、この点も課題である。[3]

次に目録に表示した番号について触れておこう。前述(第三節三項)のように「個々の史料」の頭初には、文書群ごとの目録掲載番号を付している。これは本集限りの番号であって目録上の位置を検索するための機能のみを持たせたものである。史料の階層構造、また史料間相互の関係は、前述の「シリーズ」のまとまりや標題の巻表示などによって表している。なお史料請求番号は、従来の史料番号をほぼ踏襲した。

もっとも、右の目録掲載番号を用いて史料の階層構造、史料間相互の関係、物理的に置かれた状態、合綴・袋入状態を表示する方法も考えられよう。目録掲載番号に重層性を持たせて合綴・袋入史料の構造を表示するのは、一定程度有効かとも思われる。しかし多重化が際限なく展開する状況(多重化する枝番号の付与)を目録の掲載順を示す番号に反映させるのは、目録の体裁からも重荷になると考えた。ここではむしろ各記述の単位を単純に序数で表示する方を選択して、パソコンの連番表示の機能を生かすこととした。(4)

二 各記述事項の記載 (1)標題情報

本集で標題情報を構成するとしたのは、主標題、副標題、巻表示、標題年、標題主務者であり、これらは表紙以下の後表紙、内表紙、小口などからも補ったことは前に述べた(第三節三項)。また不完全標題や表紙のない合綴史料の場合に、標題を補記したことも述べた。(5)史料の場合、史料の作成者が標題を付与することを必要としていたか、またどのように表示しようとしていたか、しばしば不明な場合がある。書札礼や文書作成規程などに規定されている場合は別として、史料の作成者は任意に標題を付していたというほかはない。図書の場合のように、史料の作成者、編綴者が自らの意図を標題として明瞭に表示するとは限らないからである。簿冊の場合、表紙に記載された主標題、副標題、巻表示のほかに年次、主務者(作成者)を含めてすべての表示を標題情報として転記することにしたのは、史料作成者の意図をできる限り客観的に表そうと考えたからである。表紙などの記事をそのまま転記する考え方からすると、前述の「シリーズ」で、一部の史料の標題が他の巻冊と異なっている場合であっても、他にあわせて標題を統一することにはならない。(6)このほか表紙の表示は時として厖大な字数に及ぶ場合があり、また意味不明な文言、記号があるなど、紛らわしく煩瑣にわたる記事がある。それらは、「その他の標題表示」として、「標題等の補足情報」に移し、標題情報を可能な限り簡略にした。(7)

史料の場合、標題は識別の主要な要素であるから、これを改変しないというのが、本集のとった原則である。

状物の場合に定形的な標題をそのまま転記し丸括弧（　）を付して内容にわたる記事を補足したのも同様の考えからである。他方、標題を欠いた史料に対して目録作成者が新たに標題を付すというのは、文言の一部の欠損を補記するなどという場合とは異なった意味を持っているように思う。それは標題の付与にあたって目録作成側の判断が全面的に出てくることであって、ともすれば恣意に流れるとは言わないまでも標題付与のありようが問題となるのではなかろうか。

本集の記述に即して言えば、鰍沢村の「［御布達書］」（77。41K-1,14）の場合、編綴された史料には太政官の布告を含んでいるので「［布告・布達書］」とすべきであろうが、この前後の史料の標題にあわせて「御布達書」とした。筆者の意図としては、標題の付与に目録作成者側の解釈を表出させないように努めた一端である。とはいえ標題そのものの中に目録作成者としての立場を消し得ない場合が生ずる。全く内容不明の断片を「［帳簿断簡］」（河原部村126。42E,150）とし、合綴史料の標題に、史料の一部の標題をとって「［上納金請取覚帳ほか］」（坂野村275。41L-4,279）とし、また推定した標題に判断の幅を持たせて「［一筆限名寄取調帳カ］」（鰍沢村163。41K-1,102-2）などとしたのは、その例である。このような処理が本集の一般的な標題の記述とどのような整合性を持つかという課題が残る。(8)

三　各記述事項の記載　(2)成立情報

成立情報の各記述事項は、史料の成立にかかる諸要素である。特に本集では成立情報の主務者（または作成者など）・年次を目録編成の根拠としている。したがって記述と目録編成は、成立情報の部分で接点があり、両者はここで整合性を持つこととなる。本集の各情報の要素は、それぞれ自立性を有しつつ、全体では有機的に関連を持って一点の史料を表現し得るように構成したことはすでに述べた。特に成立情報では、標題情報などの情報を摂取して記述するところが少なくない。

本集の成立情報を構成するのは、主務者または作成者・差出者、宛名、書写者、文書年次または作成年次、それに書込み下限である。再三触れてきたように主務者は文書年次とともに成立情報の中核となる概念であって、当初は、すべての史料を主務者と文書年によって捉え、目録編成を行う考えであった。しかしこれも述べてきたように、最終文書年次を特定できず、したがって主務者を措定できなかったことが多かった。また、差出者・宛名・文書年月日が明示されていても、はたしてその村または村役人が主務者であるか、あるいは他の出所の文書が混入したのではないかとの疑念を払拭できない文書が少なくなかった。[9] 前者は特に近代の土地関係の台帳に多く、後者は近世の状物に多くを見ることができた。このような場合、前者では次善の策として作成者・作成年次の組合せによって記述をし、これを目録編成にあたっての根拠とした(例えば、各村の「地券台帳」「地所名寄帳」)。後者では、状物の差出者・宛名が標題との整合性をはかる必要もあって、主務者の記載を行わず、差出・宛名、文書作成年次を記載することとした(例えば、「年貢割付状」「諸勘定帳」[10])。状物以外でも、形態は冊子(簿冊、横帳)であるが、「連印帳」「夫銭帳」[11]のごとくその機能が文書一通と等しい場合は、その差出・宛名によって記述を行った方が、全体として記述のまとまりがあり、利用者に理解がされやすい。

もっとも、右のような場合に必要なのは、主務者・文書年次の組合せによる記述か、作成者・作成年次の組合せによる記述か、書き分けた際の区別を明示することである。このため主務者・文書年次以外のものについては、「作成：」「差出：」「宛名：」という語を付して記載することとした。「書写：」の場合も同様に行った。[12] これによって主務者などに続く年次の意味するところは、それぞれに文書年、作成年月日、差出日付、書写日付を意味することになるが、それは特に表示して断らなくとも理解されよう。[13]

史料の本文から主務者・文書年次を特定できない場合には、標題情報などを摂取することになるが、作成者・作成年次の多くの情報源は表紙の表示である。これは、ほぼ文書作成時点の主務者・文書年として見ることができるので、他の情報との矛盾がない限りこの表示によって作成者等を特定した[14]。もっとも、このため標題情報と成立情報との両方に重複して主務者・作成者・年次を見る場合も起こる。この重複をわずらわしいという意見もあるが、本集ではどちらかを省略するということはしなかった。筆者の考えでは、標題情報の記述は客観的に視認し得る表示に基づいて行われる。一方、成立情報は、標題情報等を視認して摂取するが、最終的には目録作成者がその他の情報をまじえて多面的な判断を行って記述する。成立情報は、他の情報以上に目録作成者の判断が大きな比重を占めている。加えて視認できる標題情報がすべて正確であるとの保証はなく、その正確度は、目録作成者自らが検討しなければならない性質のものであろう[15]。

次に文書年について述べておきたい。本集の凡例では、文書年について「文書年には、簿冊などに編綴された文書の年次を記載した。複数の年次にわたる場合には、最初と最後の年次をハイフン(—)でつないで記載した。同様に、日誌・出納簿など日付を逐って書継がれる場合には、日付の最初の年と最後の年を記載した」と記し、次に作成年次・差出日付について記した。

簿冊に編綴されている文書原本を確認し、複数年次の場合に最初と最終両年を示すこの方法は、本集以外にも多くの目録で行われてきた、ごく一般的な記述の方法であったかと思う。ただこれが原本以外のこととなると、目録作成者の判断が多様に分かれるかもしれない。例えば写本の場合はどうであろうか。何度にもわたって写本が作成され村に残る検地帳などの場合には、もし書写年が表示されていれば、それが重要な成立情報の一つとなる。また書写年が明示されていなくとも、書写の経緯が明らかとなれば、それも記述すべき対象となる。

主務者・作成者と写本成立との間には、著しい年次の間隙が生ずる場合も少なくない[16]。また、連印帳などで前年の「書附(公儀申渡)」に請印した文書は、書附と請書部分をそれぞれ独立した文書と見なすか、あるいは書附部分を請書に附随する文書と見るかによって、成立情報の記述を異にする。この場合は文書一通をどのように考えるかという問題をも伴っている。本集では、河原部村文書の「御書附写村中連印帳」(一。42 E,3)のごとく、書附を請書の一部とした。史料の中には、さらに複雑な事例もあろう。

目録作成者の判断が揺れるのは、凡例の後段、「書継がれる場合」である。これは、日を逐って記載される記事を、日付の異なる文書の連続と見なして処理するという考え方である。多くの日誌・金銭出納帳など帳簿類は、この方法によって一定程度記述し得るが、さらに難しい事例がないわけではない。一つは、その日付とこれに繋がる文言が日付ごとに書継がれたのか、単にまとめて列記しているのにすぎないと見るか、ということの判別である。[17]いま一つは、帳簿・台帳などで多数の口座に分けられている場合であって、この方は、日付を記載する側の行為が連続的であっても、年次は各口座に分散しており、目録作成者は日付のある記事を逐一採取する必要に迫られることとなる。このほか戸籍簿、印鑑留、地券台帳などへ新たな年次が追記されていく例がある。これらは台帳などへの書継ぎの範疇に含め得ないでもないが、日付の連続性を欠き、文書年次の概念からは著しく離れた感がある。[18]このため戸籍簿の場合には、最終文書年を逐一採取しなかった。本集で作成者・作成年の組合せを多用することになったのも、この種の年次の表示が多かったからである。しかもこの年次の採取には多大な労力を必要とし、また正確を期するのが困難であったという事情もある。しかし、その帳簿・台帳がいつまで使用されていたのかを明らかにするのは、作成年次を一定程度、補完する意義があると思われたので、「書込み下限」というあまり例のない記述事項であるが、設定することとした。[19]

この「書込み下限」は、土地関係の帳簿・台帳類がいつ頃まで使用されていたか、およその使用年次の幅を示す指標となるのではないかと思われる。特に地租改正関係文書では、地券制度が廃止となった一八八九年(明治二二)以降にも書込み下限を見ることのできる「地券台帳」[20]が少なからずあり、さらに一八八九年以降に「地券名寄帳」[21]の標題を持つ簿冊が作成され、一〇年にわたって使用されていることも確認し得る。これらは政府の地券制度廃止後も、地券関係の台帳が各村で一定程度現用文書としての機能を果たしていたことを推測させるものである。

四　各記述事項の記載　(3)形態情報

形態情報は、史料の外形について記述する部分である。ここでは、その史料に即して一般的な状態あるいは特徴的な状態を記述することとなる。一般的な形態は各史料ごとに必ず記述するもので、数量、大きさに関する事項がそれである。一方、特徴的な状態というのは、各史料それぞれに即して記述する特殊な事項であって、史料印刷の方法、造本・綴りの状態、欠損状態、罫紙などの用紙、本文中の押印状態である。写本である場合には、そのことの指摘もこれに加わる。特殊な記述事項は、各史料の特徴について記述するものであるから、必要に応じて増やすことができる。ただし、必要に応じて記述するというのは、記述事項の選択、記載内容が便宜的に流れやすく、目録作成者の恣意ととられかねない記述に陥りやすい。これを防ぐには、少なくとも一冊の目録の中で記述事項の範囲が統一されていなければならず、それを制御するためにあらかじめ記述すべき事項の表(リスト)や用語の定義を用意する必要がある。記述事項の表は、新たに付加すべき事項が生じたならばこれに書き加え、それまでの定義を再点検し必要があれば修正を加えるというものである。本集の場合は、一覧表ではないが前述(第四節一項。註(1))の「山梨県諸村文書調査ノート」がその役割を果たした。

形態の記述を統一的に行うのは、目録としてもとより当然のことであるが、記述事項を具体的にどの範囲に設定すべきかというのは、課題が多い。本集でも事前に記述する事項を措定できなかったのは、対象となる形態というものの全容を想定しがたかったからである。このため(と筆者は思っているが)特殊な記述事項がとみに増加する傾向を免れ得なかった。これは形態の記述が、個々の史料の目録記述全体にとってどのような意味を持つか、という課題のあることを示している。

史料の場合、形態の記述に図書の場合のように同一著作の同一の版との同定、また別の版を識別するという機能はないから、第一義的には利用者が史料の態様を想定し得る情報を呈示することを目的としていよう。その目的からすると、史料の持っている情報量への関心が最も大きな比重を占めるのではなかろうか。本集では、したがってまず最初に「1冊」「1通」などと冊数・通数を挙げた。合綴史料の場合は「1綴（3通）」、袋入史料の場合は「1袋(23点)」などと記載した。本集の記述は史料一点ずつを単位としているから、史料の大半は、「一冊」「一通」である。わざわざ一点であることを記載するまでもないように思われるが、ここでは一点であることを確認する意味からもまず点数を掲げた。利用者の第一義的要求からすると、ここは丁数・ページ数など情報量の基本的な事項を記載すべきであろうが、ほとんど省略した。丁数・ページ数を省略した主な理由は、それに十分な労力を割き得なかったことと、大部な簿冊の場合、正確を期することが難しかったためである[22]。

なお簿冊の場合に全体が木版印刷、活版印刷によって作成されている時は、「活版1冊」などとした。特に官省の布告・布達、県庁の布達などを合綴している場合には、「活版合綴1冊」とした。これは、市町村役場の側で印刷物を合綴して一冊の簿冊とした状態であることを示して、標題情報の表示を補完したかったからである[23]。

大きさは、簿冊・状物の縦の長さをセンチメートルで示した。これは〇・五センチメートル単位とし、端数は二捨三入・七捨八入で処理した。図面などの場合は、同様に縦のほか横の長さを示した。また横帳の場合のみ、史料館の慣行に従って判型を「横長半帳」「横長美帳」などと記載した[24]。したがって本集では、史料の大きさを示す記述として、主として竪帳か横帳か、またその一定程度の法量を示す程度にとどまった。本集では十分意を払うことをしなかったが、状物などの場合、竪紙あるいは折紙・切紙などの文書発給に関わりのある情報もあり、精密な記述を行う必要のある場合がある。その意味では形態情報にも、成立情報を補完する性格があるといえよう。

もっとも形態情報の記述に成立情報を補完する側面があるとしても、それは形態情報として第二義的な意味にとどまろう。ただ目録作成者としては、ほかにも成立情報の根拠あるいは補完する情報として記載しておきたいと思うことが少なくない。その第一は、その史料の形態上の完結性に関わることである。例えば、史料の前、後を欠いている場合、特に簿冊の前後の表紙を欠いている場合があり、本集ではこれをすべて記載した。これは単に欠損部分を指摘するというだけでなく、残欠部分が発見されあるいは別のものと思われた史料が本来同一であると確認されることが起こり得るからである。このような場合には、標題情報・成立情報の記述にも影響を与え、ひいては目録編成上の位置を変更しなければならないこともあろう。簿冊のみならず、増富村の年貢割付状のごとく、欠損のために小尾・比志両村いずれであるかを識別し得ず、不明とさざるを得なかった場合もある。「前欠」「後欠」「表紙欠」というのは、そのような欠損を前提として目録編成と記述を行っているのであって、一定の限界のもとに下した判断であるとの表示でもある。

一方、近世の簿冊などでは、四ツ目綴あるいは色表紙を付し、またかぶせ綴[25]を施している造本があり、丁重に作成・保存されたことをうかがわせる。これらの造本では、あとで新たな料紙を付したりあるいは新たな編綴のし直しを行わないことが想定されている。したがってこのような簿冊は、高い完結度を示していると見ることができる。これに対して二ツ目綴であって、いわゆる仮綴の場合は、新たな文書を付加し編綴し直す可能性がある。この場合は簿冊の完結度は低いと判断される[26]。

第二に、成立情報の直接の根拠を形態情報に見出す場合である。例えば、土地関係の台帳などで、標題情報に作成年次の表示がなく、本文の記事によっても作成者を特定できず、使用している罫紙や特別の用紙（地券名寄帳用紙、地券台帳用紙など）によって、ようやく特定できる場合がある。特に罫紙の場合は、柱題（版心）の表示によって文書の作成者、簿冊の編綴者を特定できることが少なくない（例えば、五開村の「名寄帳」（41．41K－2,146）。また主務者、作成者を推定する場合に、編綴されている罫紙によって、主務者、作成者と罫紙との間に矛盾がないのかどうか検証する素材ともなり得る[27]。このような主務者、作成者の根拠となる罫紙・台帳用紙は、重要な情報源であるので、「罫紙：源村・坂野村戸長役場黒色13行罫[28]」「地券台帳用紙使用」などと記載した。

第三に成立情報を補完する場合について述べる。本集の場合、史料館の目録カードの様式にもある、史料の原本・写本・控の区別をほとんど記載していない。ただ、特に必要な場合(写本であることが多い)、形態情報の末尾に「写」「再写」などと記載した程度である(例えば、飯野村の「酉畑田成帳」(16。41L-4,190)、「未改畑田成写」(12。41L-4,193-2)。それも標題情報などで写本であることが確認し得るもの、草稿の幾段階かが残存していてその一過程であることが確認できるという、ごく一部にとどまった。送付された文書が原本であることは確認できるが、他はそれが写本であるか、控、草稿であるか、その区別をすべてにわたって目録作成者が行うことが果たして可能であるかという問題があるからである。

近世の状物では、実際は提出されなかった原本というものがあり得るし、地租改正関係事務にかかる土地の調査報告書では、幾段階かの書替えが行われており、草稿と控の区分が難しい場合も少なくない。このため、原本、写本、控などの記載は原則として行わないこととし、代わりに文書としての完成の度合を示す情報として押印の表示を記載事項とした。もっとも、表紙の押印はすでに標題の一部に、また作成者、差出者の押印はその位置に記載しているのであるが、それらとは別に形態情報では、土地所持者、貯穀拝借人その他村民が連印している場合には、「村民連印」「地主押印」「所持者押印」「拝借人押印」「名請人押印」などとした(例えば河原部村の「村中定書受印帳」(4。42E,11)、在家塚村の「一筆限反別地価取調帳」(25。41L-2,15-2)。また差出者側がかぶせ綴の綴じ目に押印した「綴目印」、提出された文書に対し代官所が確認したことを示す「見置印」はすべて記述事項とした[29]。これらの押印の存在は、その史料が原本であるか、原本に近い控えであることを示している。記述事項に押印を加えたのは、単に印影の有無だけではなく押印の状態を通して、その史料の成立にかかる情報をいくらかでも呈示しようと意図したからである。

以上、筆者が意図した形態情報の記述について述べた。本集の形態情報には、その第一義的な意義のほかに、成立情報に関わる第二義的意義を課した部分が少なくなかった。形態事項の範囲は目録によって異なるが、本来、簡潔な記載によって意が尽くされるならば、その方が望ましいことはいうまでもない。

五　各記述事項の記載　(4)注記、その他

この項では、標題等の補足情報、内容情報、管理・利用条件情報等の注記部分および史料請求記号について述べることとする。

(一)　標題等の補足情報

本集の標題情報の記述は、簿冊の場合には表紙全部の記事を情報源として、これを転記して行うこととしている。しかし図書の標題紙・奥付と異なり、簿冊の作成者が目録作成を前提に表紙の記載を行っているわけではもとよりないのであって、表紙にはさまざまな文言が記載されている。また表紙のみならず後表紙、内表紙、[30]地小口などには、表紙の記事を補う文言がある。それらすべてを標題情報として記載するのは、すでに述べたように煩瑣であるので、標題等の補足情報を注記として設定した。もっとも、すべての表紙の表示を記載することにしたのは、記事の軽重を十分見定めることができなかったためでもある。表紙の表示の意味を細部にわたって十分把握できていたならば、形態情報同様、記載を淘汰し得たものがあったかもしれないとは思う。例えば、在家塚村の「反別地価名寄帳」(2。41L-2,11-1)では「地小口表示」として「在家塚古名寄帳　壱」を記載し、さらに「その他の標題表示」として「一　常右衛門　壱筆限帳突合之上検査済　三月八日斎藤（花押）」と記載したが、検査済の意味が解明できていれば簡略に注記することは可能であったかもしれない。そのほか補足情報には、標題情報・成立情報の根拠に関する補足的な説明を記載した。

(二)　内容情報

ここは史料の記事の内容を示す注記である。一般的な内容注記のほか、内容細目またすでに述べた合綴された

史料、袋入史料の個々のものについて、ここで記述した。

一般的な内容注記には、「御触書(盗賊召捕に付)に対する請書」[31]などという史料の機能に対する説明、「与惣兵衛分以下」[32]「地番：1620—1769番」[33]という記事の範囲を示す説明、「太政官・諸省・県の布告・布達など」[34]という標題を補完する説明などである。特に地番に関する記事の中には、「シリーズ」内の各巻の順序を示し巻表示を補完する機能があった。

一方、内容細目の場合も、「内容：1.」と序数を付してそれぞれ列挙した。合綴・袋入の場合は、個々の史料と同じように詳しく記載したことは、すでに述べた通りである。

(三) 管理情報・利用条件情報

保存上の留意点、利用上の制限または注意を要する場合には、管理情報・利用条件情報として記述することとした。「破損」「フケ」「コンニャク版褪色」[35]「綴紐切れ」などの一部は、史料館内部の管理のために必要な事項ではあるが、それらを含めて利用者と史料館(特に閲覧担当者)との間で、利用に際して共通の理解に立つ必要があると考え記載した。

(四) 史料請求番号

文書群記号と史料番号とを組合せて史料請求番号として掲げた。初頭の目録掲載番号との混同を避けるために、すべてにわたって「史料請求番号」の語を付した。これによって史料の閲覧請求にあたって利用者が迷うことはなくなると思われる[36]。

六 記述についての小括

以上、本集の各記述事項についての考え方、記述の課題について具体的に触れた。もとより課題の主要な部分について述べたのであって、問題のすべてを取り上げたわけではないが、本集の記述に触れるべき主要な点を尽くし得たのではないかと思っている。

本集での記述の要点を再度まとめるならば「個々の史料」一点を記述の単位としたこと、史料の情報を各記述の情報として分解し記述事項を設定したこと、記述の中心は目録編成とも関連がある主務者等の把握にあったこと、記述の情報源として史料自体に表示され客観的に視認し得る文言を重視したことであった。これらの要点を通じてあらためて確認し得るのは、第一に、時代を超え、文書群を超えた目録の作成を意図するならば、統一的な目録規程を用意することが必須であるという点が挙げられる。第二に、目録の作成を共同担当者であれ補助者であれ複数で行う場合には、あらかじめ作成する目録の記載様式が確立している必要があること、第三に目録規程や目録記載様式が一定程度、整備しているならば、その史料への知識が十全でなくとも目録の採取に着手するのは可能であるということである。第三の点は、本章の最後で再論することとして、ここでは第一および第二の点を補足し、記述の諸問題の小括としたい。

第一と第二の点、目録規程の策定と目録記載様式の確立を、まず目録のデータベース化との関連から触れておきたい。『目録六四集』は、前述(第四節一項)のように、筆者が採取した目録のデータを、作業補助者(三人の大学院生)によって、パーソナルコンピュータに入力し、印刷原稿を打ち出すことを企図した。また、『史料総覧』の記事は、将来、国文学研究資料館のインターネット上でアクセスできるようになることを目指しており、目下は館内限りではあるが、ホームページに載せて検索し得るようになっている。やがては、『史料総覧』からさらに個別の文書群の目録を検索し得ることが展望されているので、本集もこれにつながるデータベース化を視野におくこととした。使用したソフトは、前述の通り管理工学研究所の「桐Ｖ５」であった(37)。

もっとも筆者自身は、この作業のために初めて「桐」に接したという全くの初心者であって、周囲の経験者の意見を参考にしつつ導入したものである。したがって筆者の「桐」の活用は素朴な段階にとどまっていて、このソフトの評価、今後の可能性について詳しく報告すべき内容があるわけではない。ただ、結果のみを記するならば、このようなソフトが本集のごとき史料一点ずつを個別に記述する方法には適合していたこと、データの並べ替え、整列、連番付与などの機能が有効であったこと、しかし集合的記述を行うには、より高度の操作が必要であるらしいということ、印刷原稿の作成(テキストファイル化)[38]、史料番号順の書架目録の作成については、所期の目的を達成したことなどが挙げられる。このデータベースの項目は、最終的に「文書群」から「メモ」に至る二四項目となった。このデータベースの一端を示すと、図8-15のようになる。[39]

このような入力の方法は、一つの記述事項に一つのセル(記述枠)が対応することであって、他のセルに対し記述項目を排他的に設定することになる。このように機械によって記述を行う場合に必要となってくるのは、その記述事項が他の事項に対しては排他的な関係となっていることである。従来、史料の記述に当たっては、この点が十分に論じられてこなかったのではなかろうか。先の第一と第二の点は、これに関わっている。

各記述事項の概念を明確にし排他的な関係を定義することは、一つには目録規程の制定につながることであり、それを実施するための記載様式(データシート)を用意することであろう。本集の場合、筆者にとって新しい経験であることが多かったので、既存の目録カードにデータを追記・訂正する方法をとったが、あらかじめ吟味したデータシートを用意しておく必要があった。データシートの様式を確立しておいて入力原稿を作成するのでなければ、作業の円滑な進行が望めないことを今回は自覚した。筆者の方法上の模索は、概念や定義の揺らぎとなりデータ入力の正確度にも影響を与えたからである。

なお、本集のごとき記述方式をとった場合の問題があることにも気づく。その一つは、記述の内容が豊富となった分だけ、従来の史料館の目録に比較しても、全体のボリューム(目録の所要頁数)が膨らんだことである。厳密な換算はなし得ないが、総頁二三八頁を費やすのであれば、その収録史料数は巨摩郡地方の一、六三九点(合綴・袋入史料を含めると一、八二三点)にとどまらず、山梨全県分約三、〇〇〇点を収録し得たのではないかと思われる

HYAKUTA.TBL　97年　8月12日　10：30　〈1〉

中巨摩郡百田村役場文書

	文書群	文書番号	分類	分類2	主標題	副標題・巻表示	標題年
1	41L-1	1	11	1	一筆限反別地価取調帳	壱番　字堂西・字小原中通・字二ツ塚	
2	41L-1	2-1	11	2	一筆限反別地価取調帳	第弐号　従第百八十七番至第三百七十一番　字小六科・鳳天神・浪木	
3	41L-1	2-2	11	3	一筆限反別地価取調帳	第参号　従三百七十二番至第六百四十二番　字産神・大門東・大門	

	標題主務者	主務者	作成者・差出者・書写者
1	山梨県第十三区百田村之内上八田組．		作成：［百田村事務所］．
2	百田村役所．		作成：百田村役所．
3	百田村役所．		作成：百田村役所．

	宛名	文書年	作成年次	西暦	書込み下限	数量
1			明治［　　］．			1冊．
2			明治［　　］．			1冊．
3			明治［　　］．			1冊．

	大きさ・判型	遺本・欠損等	罫紙	形態その他	注記1（標題関係）
1	２７・５cm．			地主押印．	その他の標題表示：地第壱号，登記済．
2	３１cm．			地主押印．	その他の標題表示：地第四号，登記済．地小口表示：古一筆限　二号　上八田．
3	２４cm．			地主押印．	その他の標題表示：地第四号，登記済．地小

	注記2（内容・合綴）	注記3（保存利用）	メモ
1	地番：１－１８６番．		
2			表紙に明治16・8・13付文書の反故を使用．付箋・朱印多数．
3			表紙に明治17・5・付文書の反故を

《このレコードは次ページに続きます。》

図8-15　「桐」による入力の例(百田村役場文書2-4)

ほどである。印刷目録での頁数は、時に刊行の可否にも関係するので、本集の方式の一般化をはかるならば、頁数の縮減を課題としなければならないであろう。

いま一つは、合綴史料・袋入史料の記述である。本集の限りではすべての合綴された史料、袋に入っている史料を記載し得たが、一レコード二、〇〇〇字という「桐」の容量を超えたものも二、三あり、合綴・袋入の量が著しく多くなった場合、また袋入の状態が幾重にも多重化した場合の処理が課題として残されている。また、「シリーズ」の記述を具体的にどのように行うか、今後の整理実践を待たなければならない。特に地租改正事務関係文書の体系的把握が次集(その二)に向けての課題である。

(1) 本集では、それぞれ標題のある複数の史料で表紙を欠いているものを合綴史料とした。包括的な標題の表示を欠いているからである。ほかに、表紙を付しているがそこには複数の史料の標題を列挙し包括的な標題を表示していない場合も合綴史料として扱った。この例は、河原部村文書の70・71に見ることができる(42E,86・87/89)。

(2) 史料が多岐多年にわたり合綴の意図を正確に推し計り得ない場合がある。例えば飯野村の「[墓地起返等之訳并家数人別等増減訳書上帳ほか]」(285。41L-4,178)。

(3) 袋入史料の記載例では、飯野村の「下圦訴訟費用書」(505。41L-4,178)一袋(一三点)がある。この場合は全体の袋によって標題をとり個々の袋入の史料を合綴史料と同様に記載した。

(4) 本集では多重化した袋入史料を、史料請求番号の階層化(枝番号、孫番号)で表してみた(註(3)、「下圦訴訟費用書」を参照)。ただ筆者は物理的な状態を史料請求番号に反映させるには限度があり、出納のためには幾層もの枝番号を多用せず、単純な記号・番号を付す方が良いと考えている。史料請求番号は、現状記録を行う際に付される物理的な関係を示す番号とは別に表示した方がよいのではなかろうか。したがって刊行目録などでは、目録掲載順番号、史料請求番号、物理的な関係を示す番号というそれぞれ別の役割を果たす三種類の番号表示が必要となるのかもしれない。

(5) 簿冊の場合、標題情報は通常、中央に主標題があり、その下または脇に巻表示が、標題の右に年次、同左下に主務者(作成者)が表示されるという配置が一般的であろう。ただしすべてがそのようであるとは限らないので、本集では主標題、副標題、巻表示、標題年、標題主務者の順に配列した。したがって、この点では一種の加工を行っている。特に年次は「未御年貢可納割附之事」のように主標題と一体不可分のもの以外は、切り離して所定の位置に移した。

なお表紙の左下に標題主務者と見える表示があり、内容としては巻表示に相当するが、簿冊作成者の意図としては標題主務者として表示されているという場合がある。例えば、増富村の「地券一筆限リ小拾帳」(405。41M,10-2)に合綴されている各史料に表示されている氏名である。このうち「中嶋紋右衛門」(合綴：11.)には、同人の押印があり、この小拾帳の成立に対する関与を表示している。しかしこの史料の差出(作成者)は中嶋紋右衛門ではなく地券担当人有井幸八ほかであった。

(6) 同一「シリーズ」であっても標題の表示が多岐にわたっている例としては、飯野村の「地所一筆限野見帳」(377－389。41L－4,161-1～161-13)一三冊がある。ここでは、一部の標題が「地所調査書」「地所取調原帖」などと表示を異にしている。

(7) 本集では、標題情報の記事を省略することはしなかった。ただ、過大と思われる表示の場合にどのように対処するか課題であろう。補足情報に移した記事には割愛してもよいものもあったと思われるが、これに逐一、採否の判断を下すのはかえって難しかった。この史料を活用して研究が進んだ段階でその判断が可能となることを期待したい。目録作成段階の史料の分析は、中間報告の域にとどまるところがあるのではなかろうか。

(8) 標題の付与が恣意的になるのを避けるために標題を当初、全く空欄(「[　]」)とした年貢割付状があった。これは年貢割付状の標題が年次によって変化があって、その史料は年次も標題も欠落しており、正確に標題を付与することが困難であったからである。しかし標題を付さないことは、史料を識別する機能を目録として放棄したことになるので「[年貢割付状]」とした(増富村288。41M,101-2)。もっとも標題は表紙に表示されている記事を転記するという原則からすると、標題への補記も本来はあるべきところが欠落している部分を補う程度にとどめるべきかと思う。標題を補記して整える行為が、例え括弧([　]( ))を付したとしても、どこまで許容されるかという問題は残る。

(9) 河原部村の「御用廻状扣帳　文化九壬申年十月廿八日　蔵前院副寺記」(51。42E,10)の作成者は明らかに同村内の蔵前院である。これが河原部村文書に含まれている理由について合理的な説明をすることはできない。それは説明ができないだけで、かたや全く無関係な史料が混入しているともいえない。このような出所を確定できない場合の扱いは、いまのところ解題などで説明するほかはないであろう。

(10) 差出・宛名の記載では、地名・肩書などが表示されている場合はすべて記載することとした。地名・肩書の一部が省略または誤記がある場合、その処理の仕方によっては、索引の編成その他検索の際に支障をきたすおそれがあるので、何らかの統一をはかる必要が生じてこよう。

また、作成者差出者が多数にわたる場合、例えば村中が文書の差出者として連印したような場合には「222名」などとした。これもさらに多数にのぼるならば、簡略化する方法が必要となるかもしれない(当初は「多数」と記したが、いかにもあいまいなので、実数を掲げることとした)。なお、作成者・差出者の押印が一顆以上あれば、すべて「押印」と付記した。

(11)「連印帳」「夫銭帳」の例では、飯野村の「金銀御停止触被仰渡連印帳」(293。41L-4,217)、「申年村入用夫銭帳」(296。41L-4,221-1)など。

(12)主務者の場合に、「主務者:」とはしなかった。本文書群のような行政文書の目録では主務者を記載することが一般的な表記であるため、あえて「主務者」の語を記載しなかった。

なお、当初、成立情報という概念を重視して書写を宛名の前に位置せしめた。しかし差出・宛名は一体となる組合せであったので、宛名を差出の次に位置せしめ、書写は年次の後とした。例えば増富村の「甲州逸見筋小尾村御検地水帳」(2。41M,1-2)などの場合である。

(13)標題情報と成立情報の書き分けは、標題情報をゴシック体で記載し、記載欄も位置を変えているので両者の区別は明瞭になっていると思う。ただし、内容情報の欄に記載した合綴された史料などの場合には、標題主務者と成立情報の主務者が隣接して重複することから、若干、違和感を生じているかもしれない。

(14)前述(第四節二項)のごとく山梨県では、一八七六年から七九年にかけて区制の変更、郡の分画、町村事務所・町村役所の名称変更などが相前後して行われている。このため区・郡名が史料に表示されている場合には、それらが主務者名などを特定する有力な根拠となった。

(15)成立情報を主務者ではなく作成者によって記述しようとする場合には、表紙の表示は、最有力の記述の根拠となる。他方、主務者によって記述する場合には、表紙の記事は参考とはなるが最有力の根拠というわけにはいかない。その簿冊が編綴されていく時間的経過の中で、主務者の名称の変更があり、また組織・機構の改変もあって、最終文書年の時点では表紙の表示とは異なる組織・機構となり得るからである。例えば、増富村の「郡役所達綴込　明治十七年第一月ヨリ　増富村役所」(324。41M,43-1)は、標題主務者が「増富村役所」であるが、役場の名称が同年中に「増富村戸長役場」と変わり、最終文書の主務者は同戸長役場となる。

ただし次のような例もある。増富村の「損地ニ関スル書類綴」(440。41M,28)は、標題主務者として「増富村役場」と表示されているが、最終文書の年次からするとその前の「増富村戸長役場」であって増富村役場の時期までは下らない。この簿冊は村役場設置以前の文書を村役場発足後に一冊に編綴して標題を付したものと推測される。

(16)原本の作成年次と写本の書写年との年次の差が小さい場合は、目録編成上の影響も少ないが、これらに著しい懸隔がある場合にはどうなるか、課題ではある。また作成者と書写者の著しい懸隔も同様の問題がある。例えば他村で作成した文書を別の村が書写し、写本を所蔵管理したというような場合である。河原部村の「卯御年貢勘定帳」(32。42E,102)以下の「宇津谷三組」(1・1・11)分は、そのような事例と考えられる。

(17) 日々に書継いだものであるか、まとめて何日分かを列挙したにすぎないか、微妙なものに、人足出役の調帳がある。例えば、飯野村の「[地券調諸人足調簿]」(439。41L-1,287)のうち「合綴：1.」と「2.」は、まとめて記載したものと思われる。一方、河原部村の「青梅新道修築人費勘定帳　明治七年従十一月至明治九年四月」(77。42E-67)は、「明治七年」から「九年」までの書継ぎ文書であると判断される。

(18) 戸籍簿、印鑑留などへの年次の追記については、文書年次の概念から離れていると記したが、この年次をどのようなものと考えるか、十分な概念規定が必要であろう。この定義によっては、目録編成のあり方にも関わってくる問題である。

(19) 書込み下限は、地券台帳などで当初の記事に変更が加えられた場合である。この書込みは、朱書されることが多いが、掛紙(付箋・貼札)を貼付していることもある。この掛紙などは剝離する場合も少なくないので、書込み下限は、およその年次を示すにとどまる。

なお、凡例にも記したが、「明治九年より十三年まで免租」などとある場合の書込み下限は、これを「明治九年」に書込んだものと見なして、同年を下限として措定した。

(20) 地券制度廃止以降の書込み下限の事例では、飯野村の「地券台帳」(445。41L-4,160-2)の書込み下限が「明治二七」年となっている。

(21) 増富村の「地券名寄帳」(453。41M,4-1)は一八八九年以降の作成であって書込み下限が「明治三二」年となっている。

(22) 一般の図書はもとより古典籍に比較しても史料の場合、丁数の正確さを期することが難しい。掛紙、下札などを含めてどのように数えるかという問題もある。マイクロフィルム撮影を行う場合などを考えると、正確な丁数の記載は、利用者に与える利益は大きいが、目録作成者側の多人の労力と時間を必要とすることになり、記載を行うか否かその効果の程度を秤量することとなろう。

なお、丁数を詳細に調査するならば、継紙(続紙)が何枚かになる年貢割付状などの料紙の長さ(横の法量)も計測することになろうが、これも困難であったので断念した。したがってこの場合には、縦の長さの後に「(継紙)」と付記するにとどめた。

(23) 印刷方法についての項目は、本集では特殊な記述項目の一つである。印刷方法記載の例としては、鰍沢村の「御布告　戌七月九日迄　年号明治七歳　扱所」(73。41K-1,10)の場合、「活版合綴1冊」とした。これは鰍沢村にその発令のつど送付された布告・布達類の印刷物を編綴したものである。ほかに同村の「電信取扱規則」(151。41K-1,95-1)の場合は、「活版1冊」とした。これらは町村に対し単冊で送付されものの例で、鰍沢村が発行したものではなく他所の印刷であることを示そりとした。本集では、簿冊の形態となった史料を念頭に置いたが、一枚物の印刷物の場合も同様に取り扱う必要があろう。

（24）　横帳・半帳の判型、造本の名称については、詳しくは第二節註（11）、大藤・安藤共著前掲書、二四四頁以下の大藤の提案を参照。本集では、これを簡略にして取り入れた。

（25）「かぶせ綴」としたのは、綴目を本紙とは別の料紙で覆い背をくるんだ造本のことである。これは現代でも重要な契約文書など分割し得ないようにする場合に施しているもので、「袋綴」と称している。書誌学では「包背装」「背くるみ本」などと呼ばれているが、文書にはなじまない呼称なので、史料館の近年の用語によって「かぶせ綴」とした。中には背をくるまずに、簡略に綴目や角のみを貼って隠しているものもある。本集ではこれも前記と区別せず「かぶせ綴」とした。

（26）　四ツ目綴による造本も近代になると簿冊の一般的な形態となり、近世に見るような特別の意味合いは薄らいでいると思われるが、統一的に「四ツ目綴」と記載した。他方、四ツ目綴を記載するならば、五ツ目綴、三ツ目綴の場合も見逃すわけにはいかなくなる。また、色表紙の例では飯野村の「飯野村拾壱ノ内壱・弐番帳」（1。41L-4,183-1。検地水帳）がある。仮綴については、当初「仮綴」と記載したが、全史料についてその判断をなし得るか疑問であったので、「仮綴」と記載することは断念した。

（27）　編綴の完結度との関連では、平野正裕「近代文書整理法序説――文書の「成立様式」と「集積文書」について――」（『横浜開港資料館紀要』第一二号、一九九四年三月、所収）が「仮とじ」「綴」「冊」の区分を精細に論じており、目録作成者が考えるべき多くの点を指摘している。もっとも本集の場合、形態に関するこの提起を十分吸収し得たとは言えない。「仮綴」の表記を断念したように、形態の種類、それぞれの定義について、本集ではさらに考究する必要があろうと思う。また同論文のもう一つの主要な論点である「成立様式」（刻字様式・印写様式）について、本集では活版・木版印刷のみを形態情報として記載するにとどめ、本章でも十分論及していない。本集の近代史料が多くは簿冊であって、文書一通ごとに記述する例が少なかったためである。なお本集では、刻字・印写方法は「成立」情報とはせずに形態情報の一部として位置づけた。

　最終文書年次の文書作成後、一定年月を経て簿冊の編綴がされた場合、その表紙あるいは内表紙・目次の料紙として編綴した役場の罫紙を使用していることがある。この場合は最終文書年次の主務者と簿冊の編綴者との間に乖離が生ずることにもなる。またこれとは別に罫紙および押印欄の表示から、その村役場の文書の一部とは到底思われない史料があり、後考を待つという場合もある。例えば、源村の「［地価帳］」（105。41L-3,136）は松本税務管理局黒色一二行罫などを使用しており、同局の文書としか思われない。

（28）　罫紙についての表記方法はいまだ確立していないのではなかろうか。「一三行罫」というと一般の罫紙では片面一三行罫を意味し、これが版心をはさんで左右両面に存在することが含意されている。しかし、なかには版心が無題のもの、半面のみのもの、版心のない全面二五行罫などもある。本集では、上記の区別をしてとりあえず記載した。全面二五行罫の例では、飯野村の「下圦訴訟費用書」(505。41L-4,176のうち9)がある。

(29)　かぶせ綴の綴目に見置印の押印が確認し得る例として、飯野村の「子村入用夫銭帳」(302。41L-4,221-7)がある。

(30)　内表紙は、二枚目の表紙であって、図書でいう「扉」に相当するという説明がしやすい。しかし多くの場合、史料の「内表紙」は、元来が最初の表紙であって、のちにもう一枚の表紙を重ねて付加したことによって生じたものと推定されるので、「扉」とせず「内表紙」とした。ほかに簿冊解体後の反故となった表紙の裏を使用したと推測される、表紙・内表紙・後表紙の例もある。簿冊改変の痕を示すものとして、データには採取したが、目録としては有効な情報にはならないと思われたので、記述の対象とはしなかった。

(31)　河原部村、「村中請印帳」(6。42E,21)。

(32)　河原部村、「当辰田畑取附帳」(23。42E,40)。

(33)　源村、「一筆限反別地位取調帳」(37。41L-3,105-3)。

(34)　鰍沢村、「御布告」(73。41K-1,10)。「布告」という法令の種別は、太政官の発するものに限られているが、ここでは諸省・県の布達を含む内容となっているので、それを補完する意味で内容の注記を行った。

(35)　増富村、「郡衙往復綴」(330。41M44-5)。

(36)　史料請求番号は、明瞭に表示する必要がある。その記載が他の番号と十分に区別されていないと、閲覧の際に誤った番号で請求されることが起こるからである。本集でも、筆者が当初考えたレイアウトでは、閲覧請求時の混乱等が生ずるという批判があり、史料館情報閲覧室の有志による若干の実験がなされ、その結果、図8-11に見るような記載となった。

(37)　現段階におけるデータベース化された『史料総覧』は、テキストファイル化した本文の文章をたどるというものである。本集の分は、テキストファイル化したものと「桐」によるデータベースとの両方がある。これを『史料総覧』全体のデータベースとどのように結合させていくか、目下の課題である。

(38)　「桐」からテキストファイルに変換することによって、直ちに印刷原稿が完成したわけではない。例えば、当初はセルごとに付されている区切り記号を一括して消去し、かつ各情報のまとまりごとに改行するという処理を行う予定であった。詳細は略すがそれは実行できず、印刷業者の処理に委ねた。おそらく、より簡便な方法があるものと思われる。

(39)　一レコードが二四項目にも及ぶと、A判サイズの用紙に一段で打ち出したならば、五頁、時には六頁にわたることになる。一レコードをこのように長大にすると、元の原稿との照合、校正などの際に不便であり誤りも生じやすい。また、データは右から左へ移動していくので、次のレコードと混同はないはずであるが、前項の複写を多用すると操作ミスが生じ、校正の際にも見落とすことがあった。

第六節　おわりに

本章の最後に前項(第五節六項)で述べた第三の点に触れ、今後の課題を論じて本章を閉じようと思う。前項の第三の点は、目録規程が一定程度、整備しているならば、目録担当者が当初に、その史料に対して十全の知識がなくとも、目録の作成に着手し得るという点であった。

筆者は、もとより近世文書や農地の地租改正関係文書にも山梨県の歴史にも〝不案内〟な者で、この文書群を当初から熟知していたわけではない。しかし、そのような場合でも、史料保存利用機関にあっては、眼前の史料の目録作成に迫られることがある。むしろ目録作成の担当者がその史料に対して、十全な知識をあらかじめ備えている場合よりも、そうではない場合の方が多いといえるかもしれない。目録作成の担当者がその作業に携わりつつ、史料自体への知識を加えていく場合が少なくないと思われる。しかし、もし目録作成の担当者に史料に対する知識獲得と史料構造解明への意欲があり、必要最小限の時間が確保されるならば、〝不案内〟を一定程度克服して目録作成に従事し得るのではないか、と考える。(1)この努力を支援する方策が、目録記述の規程化(やがては標準化)にほかならない。

本章がこれまで触れてきたのは、史料に遭遇した際に目録作成者が行う細部の作業についてであった(本集の目録全体の構造については、第四節二項「目録編成についての検討」などでも触れたが、近世そして近代の町村役場の文書群をどのように目録として編成するかという問題は、いずれ別に稿をあらためて考えたいと思う)。整理の当初に、その史料の階層構造がいまだ明らかにならない段階において、いかに史料一点ずつを記述しやがて全体の構造解明に到達するかというのが、本章の課題設定であった。これは本集が『史料総覧』の編集という事前の作業があったとはいえ、右のような作成過程、すなわち整理過程を経てきたからである。

本集のような目録作成の考え方、記述の方法は、数多くある目録作成手法の一つにすぎないが、本章は目録記述についての議論を呈示することはできたのではないかと思う。特に史料一点ずつを把握するという本集の方法というのは、印刷・刊行する冊子目録の目録表現のみを想定したのではなく、目録作成がカード目録として行われる場合であっても、コンピュータによって検索される目録であっても、共有し得る論議となることを期待して呈示したものである。史料を個別に把握することは、史料を階層的に把握することと対立する手法ではなく、両者は接合するものであると筆者は考えている。コンピュータによって多角的に検索する場合にも、史料の階層構造上の位置を明示して置くことと、史料一点を個別に把握する方法とは、どちらを欠いても目録本来の機能を発揮し得ないであろう。

次に、今後の整理論の課題について若干の点に触れておこう。まず第一に目録記述の標準化の問題である。本章は、『目録六四集』を素材としたものであって、論議の枠組もその範囲に設定してきた。したがって記述標準化の必要性を指摘したが、その内容を提起したものではない。しかし、本章が呈示した課題を手がかりに、記述を共有化する論議が少しでも進むならば、本章はそれにいくらかでも貢献したことになる。

第二に、史料を階層構造として把握する方法の深化という課題である。本章でも若干触れたが、史料の構造を把握するという場合、これにはさまざまな階層構造に対する理解や把握の手法があり、構造自体にもさまざまな原理が働いている。多様な階層構造理解や把握の手法を共有化する作業が必要である。史料の階層構造とはどのようなものか、具体的な論議が深められなければならないであろう。

第三は、国際的な記述標準化への対応である。本集は、「国際標準記録史料記述」と訳されるISADなどとの関係は意識していなかった。ISADとは別な課題を追求していたからである。ただ、「記述」という語にしても、ISADの概念は、目録編成と記述を分離させず、目録編成あるいは分類の部分も含めて史料の内容、主題を記述するというものであって、「記述」の概念を拡大している。[2] 筆者は、いまISADについて論評する用意はないが、ISADが目指す記述のありようと、本章で扱ったような目録記述の方法が接合する課題があろうという点は指摘できる。すなわち、ISADの場合でも、個々の史料をどのように把握するかという課題があり、また多様な階層構造の把握と検索手段の構造化がどのように一致し得るかという課題が依然として存在している。

本章は、前章「近現代史料整理論の状況」での結論とした整理実践に基づく整理論の展開という課題の一端を担うものであるが、解決すべき課題の多さにあらためて気づかしめられる。本章で行った指摘や主張は目録編成・記述についての結論ではなく、課題の始まりである。本章が目録編成・記述の次なる課題を指摘し得たのであれば幸いである。『目録六四集』と本章についての御批判を得たいと思う。

(1) その文書群の内容を熟知した研究者の史料分析能力が、目録作成の場合にもその良否を決定する重要な要素となることを、筆者は軽視するものではない。筆者自身の体験によって示すと、筆者が行った北海道立文書館所蔵の「北海道開進会社関連資料」目録と、この文書に精通している研究者の成果、大庭幸生「北海道開進会社に関する史料論的覚書」(『北海道立文書館研究紀要』第一一号、一九九六年三月、所収)において再構成された同文書の目録を比較すれば、後者の再構成が優れていることは明らかである。ただ、そうであっても目録作成者が、不十分な知識であることを自覚しつつ目録化に従事する場合が少なくないことも事実である。

(2) 中野美智子「近世史料目録の標準化と電子化について」(『岡山大学大学院文化科学研究科紀要』第三号、一九九七年三月、所収)二九三頁。

【補　記】

本目録については、久慈千里による紹介(『記録と史料』第八号、一九九七年十月、一八三頁以下)があり、青山英幸「目録記述の標準化に向けて――記録史料の編成・レベルの設定について――」(国文研究資料館史料館編『記録史料の情報資源化と史料管理学の体系化に関する研究、研究レポート』№2、一九九八年三月、所収）の批評がある。このうち青山批評は、目録編成における階層構造の把握、項目設定などを問うものであるが、論点の主眼は筆者の『目録六四集』ほか数例の目録記述がISADを的確に踏まえたものとなっているか、というところにあった。しかし『目録六四集』は、『史料総覧』の延長上に生みだされたものではあるが、ISADの適用を念頭に置いてはいなかったから、ISADとの乖離はそもそも議論の対象とはならない。指摘していただいた論点の中には、今後検討すべき点、またすでに本章で論及している点もあるが、同レポートは、研究会の報告のレジメ集であって、文部省科学研究費補助金の報告書と同様、必ずしも広く行き渡っているものとはいえないので、右の論及があることを示すにとどめておくこととする。

なお、ISADの関連では、第二節以下で触れたフォンド、シリーズ、ファイル、アイテムについて、一般になじみのない術語であるので、若干の説明を付記する必要があろう。ISADでいうフォンド(Fonds. グループとも呼ばれてきた)は本章では文書群(史料群)としているもので、特定の個人、家、団体(組織体)が作成、蓄積、使用してきた記録の総体であり、同一の出所を持つ一群の史料を指す単位である。もしフォンドの構造の下部に、出所を共通にする史料群の単位が存在すれば、これをサブ・フォンド(Sub-fonds)として位置づけることがある。組織体であればそれを細分した、部局などがこれに相当する。シリーズ(Series)は、フォンドあるいはサブ・フォンド内において記録の蓄積の仕方、組織の機能、形態などによって区分される単位を示す。シリーズは出所内の史料小群であり、これにもシリーズの下位にサブ・シリーズ(Sub-series)を設定できる。これに対しファイル(File)は、シリーズあるいはサブ・シリーズを構成する単位、すなわち簿冊あるいは文書控などの形態のもので、文書の作成、蓄積の過程のなかで同一の主題または活動の文書を集積した単位であり、アイテム(item)は、これ以上分割できないファイル内における最小の文書単位を指している。本章でいうシリーズは、本文でも触れたがISADのシリーズとは必ずしも同一ではなく、ファイルないしアイテムの集合を指している。

『目録六四集』のあと、「山梨県下市町村役場文書目録」は『目録七二集』を「その二」として二〇〇一年三月に刊行し、これによって完結した。同目録には、東山梨郡平等村上万力村組合役場文書目録など一七文書群および『目録六四集』の補遺、出所不明分を収録している。また「その一」「その二」を通じて頻出する、出所・地名、文書類別項目名、シリーズ文書名など三種類の索引を巻末に付し、文書群横断的な検索手段を提示した。ただ第五節末で「その二」の課題として記した、シリーズ単位の記述を具体的に行うことおよび地租改正関係文書の体系的把握を行うことは進展せずに終わった。後者の地租改正関係文書の解明は、山梨県の町村段階における地租改正過程の解明とともに、目録収載史料の利用者に今後を委ねることとした。

第九章　史料整理論の再考

第一節　本章の意図

筆者は、第七章「近現代史料整理論の状況」において、一九九五年までの研究史をまとめ、ついで第八章「市町村役場文書における目録記述の試み」で、筆者が行った山梨県下の市町村役場文書目録の作成方法を報告した。[1]両章において、筆者は、今後の史料整理論の課題および方向として、目録記述の標準化のこと、「国際標準記録史料記述」(ISAD)に代表される国際的な標準化への対応のこと、史料整理が図書等の整理と異なる方法であることを示す、史料の階層構造把握の深化の必要を挙げた。あわせてコンピュータ(電子化)による検索手段の多角化の可能性に論及し、同時にそのためにも整理論の深化がいっそう緊要であるという点にも触れた。[2]両章でも紹介したように、現在、これらの諸課題の解決のため、多くの研究が蓄積されつつあり、その成果の共有が期待される。本章は、今後の史料整理論発展のための基礎的作業として、もう一度、これまでの研究と整理実践の成果をたどり、史料整理論および史料整理のありようを検討し、それらを史料整理の課題に位置づけてみようと思う。

このように意図したのは、史料整理論の歩みが今日に至ってもなお〝模索〟中であると考えるからである。前章、前々章で述べたように、史料整理論は戦後における近世・近代史料の保存運動と整理実践の中から形成されたのであるが、その過程では、近世史料調査法、また図書館学の成果が援用され、やがて近世史料学の成果を吸収しつつ史料の特性に着目した独自の方法が模索された。さらに一九八〇年代後半以降、欧米の文書館学の導入による刺激を受けて今日に至っている。わが国の史料整理論は、いまだ歴史が浅く完成したものではなく、なお未確立な部分が多い。

未確立であることは、一面、多様な方向に発展させ得る可能性を有していることでもある。この多様な発展の中で、日本の文書館界は、国際的な記述の標準化、電子化の技術の進歩を吸収していくことになろう(3)。本章では、史料整理論がどのようなものとして考えられてきたかを検証するとともに、未確立の部分を指摘することによって、どのような方向を新たに考えるべきかを検討したいと思う。その意味で本章を「史料整理論の再考」とした。以下、次節「史料整理論の性格」では、史料整理の概念と整理論の軌跡からその性格を検証し、史料整理論の到達点を確認する。第三節「史料管理の状況」では、文書館における史料管理のありようを、館収蔵史料全体の管理、整理規程の制定の視点から論じ、第四節「史料の構造理解と目録表現」では、整理の諸原則、史料目録の構造と目録表現に触れ、公文書検索モデルの事例を紹介し、第五節を本章全体の「まとめ」としたい。

なお、これまで筆者は、近現代史料整理論として考察を重ねてきたが、本章では、あえて章題に〝近現代史料〟を冠し、あるいはこれを意味する時代的な限定づけをしなかった。本章では、文書館等の収蔵史料全体を念頭に置いており、必ずしも近現代史料のみを対象としないからである。したがって、ここでの史料整理論は、通時的なこととして扱うので、あるいはこれまでの論議の枠組に多少の揺らぎが生ずるかもしれないが、本章の主題である再考は、議論として成立すると考えている。

（1）第三編の論文初出は、第七章が『史料館研究紀要』第二七号（一九九六年二月）、所収、第八章が第二九号（一九九八年二月）、所収、本章は第三一号（二〇〇〇年三月）、所収、である。

（2）第七章第四節、第八章第六節。その後の電子化に関する研究としては、例えば、中野美智子「近世史料電子体目録の記述の標準化と利用効果について」（『岡山大学大学院文化科学研究科紀要』第五号、一九九八年三月、所収）、大友一雄・五島敏芳「文書館活動と情報資源化の構想――古文書整理からの展開――」（『史料館研究紀要』第三〇号、一九九九年三月、所収）、また、ISAD の適用については、青山英幸「国際標準記録史料記述等による箱館奉行文書目録作成の実験について」（『北海道立文書館研究紀要』第一二号、一九九七年三月、所収）、森本祥子「「国際標準記録史料記述（一般原則）」適用の試み――行政文書の場合――」（『史料館研究紀要』第二九号、一九九八年二月、所収）がある。

（3）第七章第四節。ここでは、筆者は、国際的標準化の中にあっても、「わが国の史料整理論の主体性を確立しておく必要がある」と述べた。

第二節　史料整理論の性格

一　「史料整理」の概念について

これまでの史料整理論および史料整理を検証しようというのが、本章の目的であるが、まず「史料整理」とは、どの範囲の作業また概念なのであろうか。第七章で筆者は、整理についてとりあえず、「保存されている史料を利用に供するために施す、検索・出納に必要な処理」としておいた。同時に整理は、収集―整理―利用という文書館業務の中で、収集と利用の間に位置するが、その領域は画然としたものではなく、整理の概念規定は、容易ではないと述べた（1）。

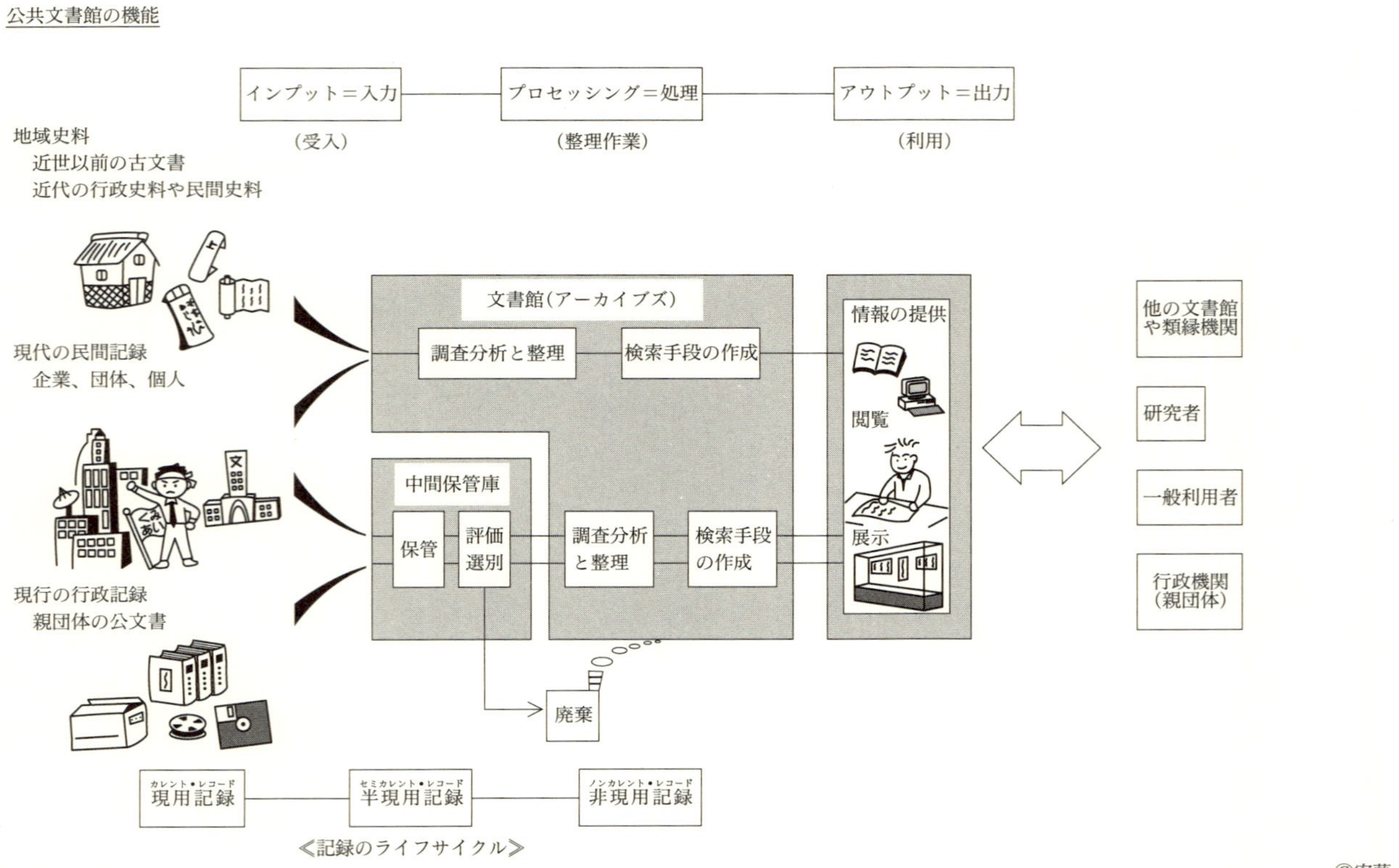
公共文書館の機能
インプット＝入力
（受入）
プロセッシング＝処理
（整理作業）
アウトプット＝出力
（利用）
地域史料
近世以前の古文書
近代の行政史料や民間史料
現代の民間記録
企業、団体、個人
現行の行政記録
親団体の公文書
文書館（アーカイブズ）
調査分析と整理
検索手段の作成
中間保管庫
保管
評価
選別
調査分析
と整理
検索手段
の作成
廃棄
情報の提供
閲覧
展示
他の文書館
や類縁機関
研究者
一般利用者
行政機関
（親団体）
現用記録《カレント・レコード》
半現用記録《セミカレント・レコード》
非現用記録《ノンカレント・レコード》
≪記録のライフサイクル≫
©安藤

図 9-1　公共文書館の機能（安藤正人作成）

史料整理について、とりあえずこれを概念規定した説明について述べておこう。まず史料の取り扱いが収集から整理へ、整理から利用へと移る過程として説明している二点の図を掲げてみる。図9-1は、「公共文書館の機能」として安藤正人が文書館業務を一般化した図である。[2] ここでは整理と検索手段の作成を、史料の収集と利用（情報の提供、閲覧、展示）をつなぐ位置にあるものとして説明している。図9-2は、「文書館業務の関連図」として筆者が北海道で計画中の文書館の業務を説明するために、一九八三年に作成したものである。ここでは収集―整理―排架という史料自体の流れ（⟶印で示す）に加えて、収蔵後の史料情報の流れ（⇢印で示す）を、やや業務の循環を意識した図として示した。あわせて史料保存に関連する分野（ここでは、「保存管理」）についても示している。

これらの図は、いずれも文書館業務の流れの中で、史料が収集段階からある時点で整理業務に移され、一定の処理を経てこれが終了し、利用に供されるという過程として捉えている。史料整理をこの図のように位置づけることによって、一応、整理業務は説明されることになると思うが、一見してこの流れは、図書館における収集―整理―利用業務の流れに類似しており、図書館の整理論の影響が認められる。[3] しかし詳細に見ると、文書館業務の実際の姿は、この図では説明しきれていない複雑な過程があり、図9-2のように業務が矢印の示すごとく、一方向で処理されるとは限らない。例えばどの公立文書館においても、整理を本格的に開始するまでの間、史料を未整理状態で保留することがある。この間、全く目録作成を行わないわけではなく、仮目録を作成することが多いであろう。特に親機関[4]から引継いだ文書については、引継目録を作成して文書館の内部管理にあてる場合がある。引継目録は、史料公開のために作成するものではないが、親機関との間で引継の事実を確認するために必要であり、時によっては親機関からの閲覧請求の発生に応ずるためにも用いられる。そのほかにも史料館が現に行っているように、基本目録編集・刊行の前段階の処理として、個別の史料番号と簡略な標題など出納に最低限必要な表示を付して、閲覧利用のために一定程度応ずる措置をしている仮目録もある。したがって、完全とはいえない

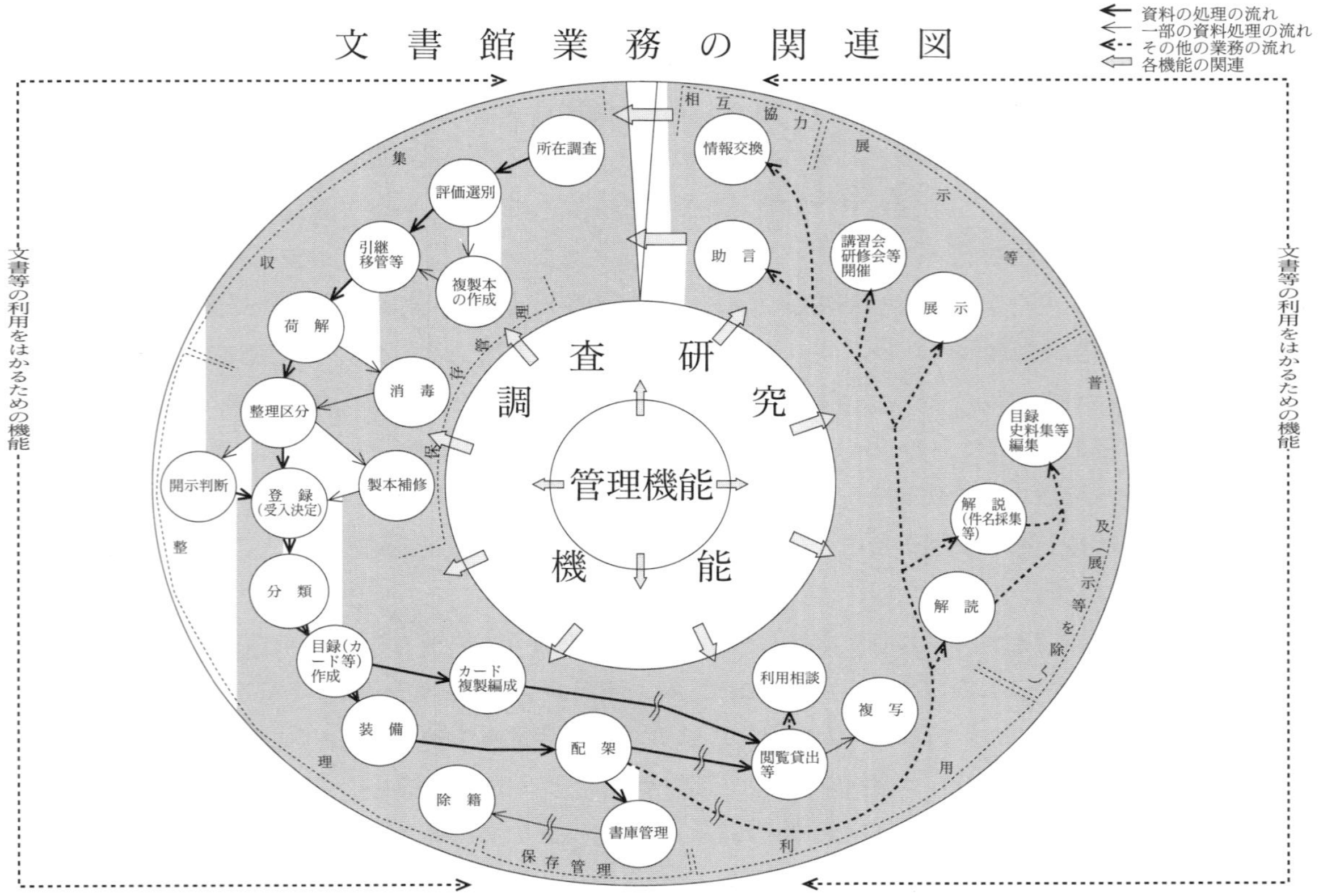

図 9–2　文書館業務の関連図（鈴江英一作成）

までも、仮目録の段階で閲覧に供することが可能となっている場合もある。(5)

このように、目録作成がすでに収集(ないし引継)の段階から始まり、また史料を利用に供し得る段階でも終わらないのであるから、文書館業務の流れ図から整理業務を切り取って、その部分のみを論ずるわけにはいかない。ましてや後述する件名目録のように、史料整理の一環に位置づけることもできるが、整理と切り離された検索手段の一種として、利用普及業務の一環に措定される業務もある。これもあとで詳述するが、右のように目録が各段階で作成され、かつ詳細になっていくのは、整理が段階的に行われる性質を持っているからである。また、各段階を進むごとに精度を増すことは、この作業過程が反復され深化していくものであることをも意味する。段階的・反復的作業は図書整理でも時にあり得ると思うが、史料整理の場合には史料自身の持つ性格に起因することとして捉えられる。(6)こうした面でも史料整理業務が図書館の整理業務とは距離があり、複雑な流れであることが理解されよう。(7)史料整理を考える時には、これに隣接する収集・引継後の処理、また閲覧提供後の各種の検索手段の作成も含めて、史料全体を管理する視点が必要であることを示している。これについては、主として次節で触れることとする。

二　史料整理論の軌跡

史料管理全体の中で整理について考えるために、史料整理の理論と技術の特質が何であったか、これまでの史料整理論の軌跡を確認することから始めよう。最初に述べたように、史料整理の理論と技術(特に分類と目録記述の方法)は、戦後の史料保存運動、例えば近世庶民史料調査、漁業制度資料収集調査以来の史料調査・収集事業などの中で、調査収集の必要に迫られて形成されてきた。(8)また、文書館制度が整備されるまでの間、整理・公開を担ってきたのは、多く公共図書館であった。図書館の整理技術もまた史料整理の技術に流入し、特にその影響は史料分類表の作成方法に現れるなど、古文書学・近世史料学とともに図書館学は史料整理に対して大きな影響を与えてきた。この影響は、例えば日本十進分類法に代表されるような主題分類表を採用するという明示的な場合とは限らない。史料整理を主題別に分類し、この分類項目を体系化し、一般的に適用させるための分類表の策定を志向すること、検索の便を図るため分類表の項目を記号化すること、目録記述の標準化をはかろうとすることなどは、いずれも図書館学が長年にわたって培ってきた理論と技術であって、そのような方向で整理を考えようとすること自体が図書館学の影響と考えてよいであろう。一方、古文書学・近世史料学は、分類に関しては史料(文書)作成の様式および伝達・施行の機能を捉える側面で、また目録記述に関しては、史料の内容に即した標題、形態を捉える側面で、史料整理に影響を与えてきた。加えて近現代史料論は、官公庁の文書に対して組織・機構による分類(目録編成)が有効であることを明らかにした(9)。

一九八〇年代の欧米の文書館学・史料管理学の導入は、史料整理に関しても理論化、体系化を促すことになった。その要点は、史料管理と目録編成における「出所の原則」「原秩序尊重の原則」の確認とその実践、史料の階層構造把握にあった。さらにこれらの処理に電子化すなわちコンピュータ利用が、次第に試みられてくるようになった(10)。これら欧米の文書館学・史料管理学の導入によって、史料整理論が図書館学・博物館学の資料整理から自立を遂げてきたといってよい。

また、文書館学・史料管理学が導入された時期には、一九七六年に全国の文書館の団体である、歴史資料保存利用機関連絡協議会(略称「史料協」)。のち「全国」を冠して、「全史料協」)が発足し、一九八七年には公文書館法が制定された。この間、一九八〇年には日本学術会議が「文書館法の制定について」を勧告するなど、文書館の内外で文書館設立の必要性が盛んに主張されていた。また、一九八二年に行政管理庁が国立歴史民俗博物館と国文学研究資料館史料館との業務の調整(組織の統合)について勧告を行うなど、文書館をめぐって深刻な議論がかわされ、博物館とは機能を異にする文書館の役割が強く主張されていた(11)。この時期はまた、各地で文書館が次々に設立された時期でもあった。

一九七〇年代後半から八〇年代を通じて文書館界では、文書館が図書館・博物館とともに三大文化施設であり、この認識が世界的な潮流であるとの主張がなされていた。いわば、〝三大文化施設論〟の主張であって、先発の図書館・博物館に対する、後発の文書館の自己主張であった。文書館の役割と機能は、図書館・博物館によっては代替され得ないというのがその理由である。三大文化施設論の強調はまた、史料整理論が自立していく主張でもあった。「図書は図書館、実物資料は博物館へ、そして文書は文書館へ」という簡潔な惹句は、文書館の存在理由の主張であると同時に、文書館における史料整理論が独自に存在するという主張でもあった。

三大文化施設論は、特に公文書館法制定時に法案推進の関係者によって最も強く主張された。その後、今日でもこの主張の意義は失われていないが、必ずしも文書館論の主要な位置を占めなくなってきた。(12)文書館をめぐる課題が、三大文化施設論の先へ――すなわち、類縁機関を含む地域史料保存のネットワーク形成へと進んできたからである。(13)史料整理論に即していうと、三大文化施設論は、文書館・図書館・博物館という館種に基づく収蔵史資料の分割、住み分けを行うための論理であった。文書は文書館へという収蔵区分は、文書館の史料整理論に一定の枠組を与えてきた。しかしながら、文書館が収蔵する史資料には、文書以外の図書・行政刊行物等があり、史料群の中にも書籍、印刷物、地図、写真が混在する。それら史料全体の整理を考えるならば、文書館の整理論が文書のみを対象として特化させることで、その役割を充足させ得るものとはならない。(14)また、文書館以外の機関における史料保存を念頭に置くならば、あらためて他の類縁機関、なかでも図書館の整理技術との整合性を課題としなくてはならないであろう。(15)例えば、近年、文字その他の記録史料のみを抜きだして史料保存の対象とし、これを文書館が保存することに対して疑問も提起されている。なかには土地、家屋敷、蔵を含めて保存することが提起されていて、文書館学・史料管理学がその中でどのような役割を果たすべきか課題とされている。(16)そのようなところでは、図書館情報学・博物館学における整理論との整合性の問題があって、それぞれの整理方法に互換性を用意する必要が生じてこよう。文書館の史料整理法が文書(史料)に特化するにとどまらない点がここにもある。すでに日本図書館協会による「日本目録規則」(NCR)の中で歴史的な文書・記録類については、「文書館・史料館における整理の基準を参考とすること[17]」とされており、これはとりも直さず図書館界から文書館界に、史料整理方法の明示を求めていることになろう。

文書館の史料整理論が史料(文書)に特化していったことは、これまでの歩みから必然性があったが、同時に特化したことによって捨象された部分、整理論の発展が抑えられた部分もあった。あるいは史料管理および整理実践では重要であっても、現状の文書館では必ずしも主要な議論の対象とならなかった点もある。史料整理論の中核は、文書館における文書の整理であるとしても、右のような広がりを前提として考えるならば、これまでの整理論では、十分、検討されてこなかった部分があったように思われる。

三　史料整理論の要点

前項のような軌跡を持った史料整理論の主張はどのような内容のものであろうか。一項の史料整理の概念を想起しつつ、史料整理論の主張の要点を図書館の整理論と対比して見ておくこととしたい。

表9-1は、一九九一年三月に北海道立文書館主催の「文書等保存利用機関・団体等職員研修会」において、筆者が「史料の整理方法と実務」の講義を行った際に、文書館・図書館・博物館の資料目録についての考え方を比較する意図で作成したものである。いずれも典拠は、当時三館の整理論の基本的な文献として使用されていた著作で、それぞれから関係記事を摘出してみた。この表の意図は、他の類縁機関の整理に対して文書館における史料整理の理論と技術の違いを強調する点にあった。この表自体が、八〇年代までに主張された、三大文化施設論を多分に反映した比較整理論の所産にほかならない[18]。

表 9-1　資料目録についての考え方(文書館・図書館・博物館の場合)

＊筆者の註

	目録作成の目的	目録の要件	記述の内容	目録の種類	「分類」についての考え方
文書館 (『史料の整理と管理』ほか)	〈整理の最終目的〉 文書群の階層構造を発見し，再構成し，呈示すること	〈基本目録の要件〉 文書群の階層構造を再構成するものであること ＊文書群全体のほか各レベルの群についても解説(解題)を伴う必要があるとの考え方	〈タイトルリスト〉 ①所属 ②部門 ③原，写，控，版の別 (④番号) ⑤表題 ⑥形態 ⑦数量 ⑧作成者 ⑨備考(注記) (国立史料館史料カード)	A　予備的目録 ①概要目録 ②タイトルリスト(史料名リスト) B　基本目録 ③体系的配列目録(主題，形態目録，編年目録，細目録)	文書群の中の文書相互の有機的な連関性を見出し，本来の位置に文書を戻すこと ①出所の原則 ②原秩序保存の原則(原形保存の原則) ＊統一的，標準的分類表は存在しないという考え方
図書館 (『新・図書館ハンドブック』)	〈目録の機能〉 ①タイトル(書名)，著者名によって所蔵を確認できること，所在(資料請求番号)を示すこと ②ある著者の著作がどのように所蔵しているか確認できること ③ある著作の版について，同上 ④ある主題の著作について，同上	〈記述の要件〉 ①他の資料と識別すること，資料の主要な特徴を示すこと ②他の資料の記入(例えば，カード)と統合できて大多数の利用者の検索の要求に応えること	①タイトル，著作者等 ②版 ③資料のタイプ(類型) ④出版社，出版年次 ⑤形態(ページ，大きさ) ⑥注記(シリーズ，内容細目，その他)	①著者目録 ②書名目録 ③分類目録 ⋮ ④件名目録	分類表は主題の論理的な体系表であって次の原則による ①合目的性(学問的基礎と利用の実用性) ②一貫性，網羅性 ③相互排除性 ④漸進性(段階を追った秩序性) ＊標準分類表を志向している
博物館 (『博物館学講座』6)	所蔵資料の情報(種類，数，内容など)を実物を見ないでも迅速かつ精確に知るため	①資料の増加に応じて追加できること ②資料の除籍に容易に対応できること ③記入の変更が可能 ④使用しやすい ⑤外部にも利用できる ⑥散失しない ⑦汚損に耐える ＊一般利用者による目録検索を前提としていない	①分類・登録番号・標本番号 ②名称 ③場所(採集地など) ④収集年月日 ⑤収集者 ⑥受入類別 ⑦法量 ⑧所在 ⑨登録年月日 ⑩備考	①分類目録 ②件名目録 ③品名目録 ④地名目録 ⑤人名目録 ⑥所在目録 ⋮ その他	〈基本的要件〉 ①あらゆるものが分類可能 ②細分化も，粗い扱い方も，同一方式のまま可能 ③分析的であり，総合的であること ④境界領域にまたがる項目が一部分に独占されないこと ⑤表示が簡単 ＊多観点多項目であることを強調している

さて、三館における所蔵資料の整理の目的とするところを約言すると、文書館では、「(史料の)分析的把握」、図書館では「資料の組織化」、博物館では「(資料)情報の把握」となろうか。[19] もっとも、一九九〇年代には三館それぞれに整理論の発展があり、表9-1に見るような比較は、現在では留保される部分もあるかもしれないが、文書館にとっては、これらを区分すること自体が史料整理技術の到達点であった。その到達点を若干敷衍すると次の四点に集約できよう。[20]

第一に、史料整理論が示す整理の基本的な考え方は、個別の史料情報を明らかにするとともに史料群の全体像および個別の史料相互の関係性の呈示にある。図書の場合は、図書を成立せしめる個別の著作者があり、その著述目的の下に個別の著作が成立する。図書整理はこの著作を独立した単位として、他の図書との同定識別を行い、すべての所蔵資料の情報を統合して書誌(目録)を作成する。これに対して史料整理では、史料を組織体または個人の活動の結果生じた痕跡として理解し、その生成過程に位置づけることを意図する。すなわち、史料の生成過程[21]の中でその存在を理解し、目録に固定しようと考える。それゆえ史料生成の出所などを意味する、〝群〟の把握がまず前提とされる。史料の集合体である史料群を最重視する理論が、「出所の原則」「家わけをくずさない」という整理の基本的な原則にほかならない。[22]

史料相互の関係性も史料の生成過程、すなわち文書の作成、伝達、授受、管理などの解明によって開示されるから、史料整理論は、生成過程を反映する史料の現状および原形を保存し、記録する必要性にも着目してきた。例えば、原状記録論がそれである。それぞれの史料は物理的に独立した個別の存在であるとしても、個々の史料とともにこれを生みだしあるいは管理してきた主体、他の史料との関係を解明することによって、その本質的な理解が得られるという認識である。群としての史料把握、生成過程による史料理解は、後述する史料の階層構造把握につながる(もっとも、階層構造把握に基づかず、編年体または発給者別でよしとする目録の場合であっても、群としての把握が、意識されていないわけではない[23])。さらに史料生成の本質的な理解を整理論の基底に据えることによって、史料整理論は、史料学(史料認識論)に接続しその史料認識を共有することになる。

第二に、史料相互の関係性は、史料群の内的秩序として呈示される。史料相互の関係性を具体的に示すのが、目録における項目の設定、排列である。図書の場合には、知識体系を分割し秩序性をもってこれを構成するという、分類の概念が発達した。図書を分類表の位置に指定することが、整理の主要な考え方であり、目録作成の中核的作業となっている。史料整理の場合には、前述のように図書の分類の影響を受けつつも、史料独自の特性に注目し特化させてきたわけであるが、その主張は、史料の内容の多様性が統一的、標準的な分類表の策定になじまないと認識したこと、分類の概念を支える主題が、図書の場合における著作の意図とは異なっていてより多義的であること[24]、史料相互の関係性は知識体系の分割とは異なった視点で秩序づけられるべきことなどにあった[25]。

それゆえ史料相互の関係性は、作成、授受、管理という史料生成過程の中に見出され、史料群内部の秩序として把握されるのである。具体的には、史料集積の態様が着目され、組織体の場合の組織・機構、個人の場合にも組織・機構に準ずる機能などによって区分され、さらに細分化される。史料群のこのような組織・機構、機能等による区分・細分化は、史料を階層構造的に把握することを意味する。

史料群の内的秩序を発見し、これを史料の階層構造[26]として再構成する行為を、図書の分類と区別するために目録編成あるいは目録構成と称しているが、いずれにしても内的秩序の諸段階を項目に置き換え階層的に設定することとなる[27]。この再構成を行う当面の手がかりが史料の原状にあり、それが原秩序を反映している時に、その状態を保持すべきとする考え方が「原秩序尊重の原則」である。前述の現状ないし原型の保存およびそれを記録する必要性も原秩序を尊重する立場の延長上にある[28]。

第三に、整理に必要な史料の情報は、史料整理者の関与によって目録として固定される。史料整理者は、史料に表示された標題をはじめ成立、形態、内容などの諸情報を把握し、これを記述し目録として再固定し伝達する。その際、史料目録の記述の主要な要素である、史料の標題、作成者、受領者、成立年代は史料整理者によって必ずしも自明なものではない。これは、不明な場合が少なくないというばかりではなく、それら名称の付与、特定について、史料整理者の判断が求められるところが少なくないからである(29)。

図書の記述は、原則として図書そのものに表示されている著者、書名、作成(または発行)年次、出版社などを把握し、他の図書と同定識別することが目的であり、図書に表示されているまま目録に転記することが原則である。しかし、史料は、複製物を除き一点のみが存在するのであるから、図書の場合のような同定識別の機能を史料の記述が果たすことは少ない。むしろ史料には、それらの持つ多面的な機能――例えば、文書の授受関係など――を記述の各要素によって表現しようとする側面が強いのではなかろうか。また、記述の根拠となる情報が、必ずしも史料自体に明示されているとは限らない。整理者の調査分析によって、ようやく明らかになることも稀ではない。標題の付与についての多様な方法、特に内容・差出・あて名を標題に付加されることが行われるが、これなど整理者による関与が顕著に現れる(30)。

組織体の史料を生成した機構に特定する際、多数の文書を編綴している簿冊の場合には、多年次の文書を含んでいることがある。これを文書の初年の機構とするかあるいは終年に該当する機構をとるかによって、史料生成機構の名称を異にする場合が生ずる。いずれの機構をとるか整理者(各館)の判断が働くことになる(31)。目録記述が史料整理者(である館の目録規程)によって、判断の振幅が大きくなるのは、記述の標準化のうえでは、困難な問題を抱えることになるが、これも生成過程の中に史料の位置を発見し、目録化するという史料整理の持つ分析的性格に由来するといえよう。

第四に、史料整理の過程は、前述のように不可逆的に進行するのではなく、段階的、反復的に進行するものである。図書の場合、個々の整理対象を個別にかつ一度(一回)に記述し、分類し終えることが容易である。史料の場合には、整理は長期にわたることが多く、段階を逐い繰り返し行われるという傾向がある。段階的ということで、一項で述べたのは、収集段階から幾度かの目録作成が行われて基本目録の作成がなされるが、基本目録の作成で史料の利用に供し得る段階に到達しても、なお目録の作成は結了せず、その後も、例えば簿冊に編綴された個々の文書件名を逐一明示する件名目録の作成に及ぶことがある、という点であった。これに加えてそれぞれの作業過程で目録の精度が増していくという意味でも、史料整理は段階的に進展する作業である。当初の簡略な記述から、所定の記述項目を満たした基本目録段階の記述へ、さらに厖大な作業を伴う件名目録その他の検索手段の作成へと、概要から細部へ進行することとなる。[32]

整理作業は、各階梯を完成に向かって登っていくように、あるいは深く潜行するように繰り返して行われることになる。作業を経るたびに史料整理者の理解が深化し、概略的に理解されていたことが、細部まで明らかにされあるいは修正されていく。繰り返し整理を行うのは作業の重複ともなるが、史料整理の期間は長期にわたることが多いのであるから、全体から細部へという作業過程は、史料群に対する史料整理者の理解の深化をもたらすのであって、繰り返し行う行為には合理性がある。むしろ反復性は、史料整理の持つ本来的な性格といえる。[33]また、段階的な整理は、記述の詳細化のみならず目録編成（または目録構成）の深化にも対応している。史料整理の場合にはこれも図書と異なり、目録記述と目録編成（構成）とは相互補完的であって、全く分離し得ない性格がある。[34]史料整理の反復性は、この相互補完的関係の検討を積み重ねる機会を保障するものともなっているのではなかろうか。[35]

以上は、先行の諸論考によってすでに指摘されてきた史料整理論の性格を要約したのであるが、右に概括した点および一、二項で踏まえた史料整理論の次の課題と方向を汲み取ることができよう。すなわち、一つには、これまでの史料整理論で十分触れていなかった点への言及、いま一つは、史料整理論の新たな動向との接点についての考察である。それゆえ、この点を明らかにするため、次節以下の論議に入っていこうと思う。

（1）　第七章第一節。本章では、一次史料として生成された記録を〝史料〟と呼んでいる。これは、いわゆる〝文書〟であるが、後述するようにその形態、内容は広範、多様なものがある。ただし、これも後述するように文書以外にも文書館が収蔵している文献（図書など刊行物）があり、それをも含めて史料と記している場合がある。厳密に区別する意味では、いくつかの文書館の例にならい、「文書等」「史料等」とし、「史料」と「等」（その他の資料。文書館によっては、両方を「文書館資料」と総称している）を区別して表記すべきかとも思うが、煩雑になるので、もっぱら「史料」とし、必要があれば「史料（文書）」とした。「史料」とした語に「等」の部分が含まれているか否か、叙述に混乱がないように心がけて論を進めていきたい。

（2）安藤正人著『草の根文書館の思想』（岩田書院、一九九八年五月）一六頁。ただし論文初出は、「明日への遺産——公文書保存の重要性を考える——」（大阪府公文書館編『大阪あーかいぶず』特集号№2、一九九〇年十一月、所収）。

（3）文書館用語集研究会編『文書館用語集』（大阪大学出版会、一九九七年十一月）では、「整理（せいり）〈史料の〉arrangement」を、「整理のプロセスは通常、箱詰め、ラベル貼り、配架である。これにより文書館の所蔵資料を物理的に管理ができるようにすることが主たる目的である。出所原則をはじめとする文書館原則にそって、整理のレベルのうち必要なだけのレベルにおいて論理的・物理的に資料を分析し組織化を行うプロセスをいう。またその結果のこともいう。［日本では目録作成を含める場合が多い］」（七三頁）としている。これに対し柴田容子は、「文書館学における「arrangement」とはなにか——文書整理の重要な機能——」（京都府立総合資料館編『資料館紀要』第二六号、一九九八年三月、所収）で、「同辞書の「整理」の項から参照されている「アーカイバルプロセシング archival processing」を「整理」と訳すべきであると考える」（九頁）と述べている。柴田の指摘のように、『文書館用語集』のこの説明では、前段と後段のつながりを十分に理解することが難しい。「整理のプロセス」は物理的管理のみではないというのが、本章の前提である。

（4）親機関とは、文書館を設立した機関で、都道府県立文書館であればその都道府県庁のことをいう。もとより企業立・学校立の文書館であれば、その会社・学園などを指す。文書館は、それらの機関から主たる収蔵史料を引継ぐことになる。

（5）史料館の史料整理は、収集—仮整理—閲覧提供—基本目録作成・刊行という過程を経る。これに対し、例えば北海道立文書館では、収集（あるいは引継）—仮目録の作成—基本目録の作成—閲覧提供—目録刊行という過程をとる。ここでは、閲覧室に備え付けるカードまたは冊子の目録を基本目録と位置づけていて、刊行目録の発行は普及事業の範疇としている。基本目録をどの段階に位置づけるかによって、整理業務の完結する時点が変わってくる。なお、基本目録とは何かについては、第四節二項参照。

（6）史料整理の各段階で反復して行われる作業の性格を、五島敏芳は、「再帰的反復的な作業」と名づけている（第一節註（2）、大友・五島前掲論文、六四頁）。

（7）図書館内部の機構が資料管理の流れに沿って、収集—整理—利用という横割りに設定されることが多いが、文書館では収集と整理が一体化されるとの考え方から、行政文書課(係)、古文書課(係)などと史料の種類によって縦割りに機構が設定されるのが一般的である(閲覧担当係を別に設置するところもある)。ただ、本章にいう整理業務の範囲というのは必ずしも整理担当係の業務の範囲というわけではない。

(8) 戦後の史料保存運動については、全国歴史資料保存利用機関連絡協議会編『日本の文書館運動――全史料協の二〇年――』(岩田書院、一九九六年三月)第Ⅰ部第一章第二節、参照。

(9) 第七章第二節一項以下。

(10) 近現代史料の整理論の体系化については、第七章第三節一項以下。

(11) 国文学研究資料館史料館編『史料館四十年の歩み』(一九九一年十一月)一八頁。

(12) 三館相互の関係がどのようなものであるかという議論の意義は、現在でも失われていない。文書館制度が立ち遅れているわが国では、今日なお強調すべき主張である。ただ、文書館の必要性は先験的に主張されるべきものではなく、綿密な論証が必要であろう。栗山欣也「史料の保存と活用――図書館・博物館そして文書館――」(埼玉県立文書館編『文書館紀要』第九号、一九九六年三月、所収)では、三館それぞれが依拠する法律、社会的位置づけ、館の収集対象と活用について、埼玉県立文書館を例に論じている。また、安澤秀一「アーカイヴズ：その特質をライブラリィおよびミュージアムと比較する」(電気学会電気技術史研究会報告、一九九七年九月)では、三館を「文化情報資源保管施設の三類型」として、史料の整理、目録作成の原則的理解について論及している。

(13) 文書館ネットワークの形成については、全史料協がこれを大会テーマとして、一九九二年、九三年に、地域史料の充実については、九八年、九九年に同じく大会のテーマとして開催をしている。

なお、付言すれば、三大文化施設論の構図は、一般に認知されている図書館・博物館に対し、その存在への認識が格段に乏しい文書館を同等の存在として位置づけさせようとするところにある。したがって、他の類縁機関に対し排他的に存在意義を主張することがある。例えば、日本図書館協会公共図書館部会ほか編『図書館は文書館問題をどう考えるべきか――昭和四一年度全国公共図書館研究集会記録(郷土の資料)――』(一九六六年八月)三―四頁、広田暢久「全国公共機関における歴史的史料の現況報告」ほか。しかし近年では、全史料協自体が組織の拡大とともに、多くの図書館・博物館を会員として迎えており、その比重が増している。

(14) 文書館の所蔵史料の概念の拡大については、文書館機能の拡大を求める立場から積極的に提起され、いまや収蔵対象の種類・形態を限定づけることを困難としている。このことについては、次節一項でも触れるが、例えば、津田秀夫が「公文書学」の立場から、「近代公文書学成立の前提条件――公文書概念の変遷と保存公開をめぐって――」(『歴史学研究』No.四〇二、一九九七三年十二月、所収)で、公文書概念の拡大を論じている。また、近現代史料論の立場から、筆者も第一〇章「近現代史料論の形成と課題」で触れている。

(15) 図書館・博物館所蔵の史料も文書館学の原則に基づいて扱うべきとする主張は、すでに大藤修・安藤正人共著『史料保存と文書館学』(吉川弘文館、一九八六年九月)において、安藤の見解としてなされている(二九頁)。

なお、日本歴史学協会主催シンポジウム「文書館・アーキビスト問題について」(一九九九年六月十二日)において、発題者から共通に、目録の作成は文書館および類縁機関の共有すべき重要な課題であると指摘されていた。

(16) 総合的な保存の提言として、大藤修「史料と記録史料学」(全国歴史資料保存利用連絡協議会編『記録と史料』第一号、一九九〇年十月、所収)五八頁。土地・家屋敷・蔵・家具・農具を含めて文書を保存する課題を持つ具体的な例としては、長野県中野市内の旧東江部村山田家の史料保存のことがある。

(17) 日本図書館協会目録委員会編『日本目録規則』一九八七年版改訂版(同協会、一九九四年四月)八六頁。

(18) 表9-1の典拠は次の通りである。史料館編『史料の整理と管理』(岩波書店、一九八八年五月)。岩猿敏生ほか編『新・図書館ハンドブック』(雄山閣出版、一九八四年六月)。柴田敏隆編『博物館学講座』第六巻、「資料の整理と保管」(雄山閣出版、一九七九年三月)。

(19) 当時の考え方では、博物館の場合、資料の整理の目的は、一般利用者が直接目録を検索することではなく、もっぱら博物館員のための情報検索にあった。

なお、註(1)で、「史料」という語の用法について触れたが、図書館・博物館では、「資料」と表記している。本章でも図書館・博物館所蔵の「文書」を指す時以外は、図書館・博物館の他の収蔵物を「資料」とした。

(20) 史料の整理が図書館の整理と異なる点については、註(18)、史料館編前掲書、五八頁以下をはじめ種々あるが、図書館の現状を例示しつつ説明したものに高橋実「近世史料の分類について」(『茨城県歴史館報』第一号、一九七四年三月、所収)がある。

(21) 記録の作成、授受、管理を含めて、これが一次的に成立する状態をここでは、「史料の生成」と読んでおきたい。「史料の発生」としなかったのは、作成、発給のみならず受領、編綴(簿冊化、ファイル化)を含めて捉えておきたかったからである。

(22) 註(18)、史料館編前掲書、五六頁。

(23) 編年体目録の作成としては、淡路文化史料館における整理実践がある(武田清市「洲本市立淡路文化史料館収蔵の文書群とその整理方法」(兵庫県史編集専門委員会編『兵庫県の歴史』兵庫県、第三三号、一九九七年六月、所収)。また、発給者別目録については、国立国会図書館政治史料課(憲政資料室)における個人史料の目録化の実績がある。近年は図書館においても、文書群を目録上で解体し各主題項目に分散させて分類・排列することは少なくなったのではなかろうか。図書館界の文書群把握についての積極的な取り組みは、成案に至らなかったが、『日本目録規則』一九八七年版、第一一章「非刊行物」の試みがある（第八章第二節四項、参照）。

(24) 文書の集合体である簿冊に主題を見出す困難性については、第八章第二節一項で述べた。

(25) 分類をめぐる図書整理と史料整理の分岐については、註(18)、史料館編前掲書のほか、大野瑞男「近世史料分類の現状と基礎的課題」（『史料館研究紀要』第一号、一九六八年三月、所収）、註(20)、高橋前掲論文、中野美智子「近世地方史料の整理論の動向について――所蔵目録作成の立場から――」（地方史研究協議会編『地方史の新視点』雄山閣出版、一九八八年十月、所収）がある。

(26) 註(18)、史料館編前掲書、五五頁、七八頁以下。

(27) 「目録編成」（arrangement）については、同前、五六頁。「目録構成」あるいは「史料構成」という用語の提起については、第八章第二節註(13)を参照。ただ、本章では、編成、構成の用語について主として論ずる趣旨ではないので、「目録編成（構成）」あるいは単に「編成」とした。

(28) 原秩序尊重の原則が、現在の秩序つまり眼前の現状を尊重するものか、あるいは本来の秩序を尊重するものか、という論議については、第七章第三節三項、同節註(56)のごとく本田雄二、竹林忠男の論考があるが、議論が尽きているわけではない。これについては第四節一項で再論する。

(29) 標題付与に際して、筆者自身は、史料そのものに標題が付されている場合、その標題を採用すべきと考えており、標題に対し差出・あて名を含めて多面的な機能を担わせることに賛成しているわけではない（第八章第五節二項）。ただし筆者のような立場をとっても、史料整理の場合には整理者が標題に補足、補記して関与の度合いを強めることは避けがたい。

(30) 註(18)、史料館編前掲書、七四―七六頁。

(31) 多年次の簿冊の扱いについては、第八章第五節三項。

(32) 註(18)、史料館編前掲書、五七頁以下。

(33) 段階的な史料整理について、同前、五八頁以下では、「概要調査」「内容調査」「構造分析」「多角的検索」の四段階を措定している。反復的な作業については、『史料館所蔵史料目録』第六四集の事例を第八章第四節一項で、また、第一節註(2)、大友・五島前掲論文でも触れられている。

(34) 第八章第二節四項。

(35) 史料整理が長期にわたり、段階的かつ反復的に行われる性格は、文書館の機構のうえでも、文書館の独自性を主張する根拠となってきた。註(7)でも触れたが、収集と整理を切り離した横割りの組織で行うのではなく、両段階の連関を保障するためには、史料の種別による縦割りの組織が有効であり、かつ整理担当者が一貫してその史料群の整理を担当することが望ましいとの立場である。それゆえ、日本の文書館では、行政文書(公文書)課・係、古文書(私文書)課・係などと分けていることが多く見られる。図書館は、収集係と整理係とを分けていることが多いが、郷土資料室など単一の組織で、選書・収集と整理・利用を行う場合も少なくない。

第三節　史料管理の状況

一　整理の前提としての史料管理

前節では、文書館業務における整理業務の位置づけについて見た。整理業務のうち、その中核となる目録作成はまた、収集の段階においても、利用普及業務の一環としても行われていて、収蔵すべき史料を把握することから始まり、検索のための手段を構築するところに及んでいる。したがってこの作業は、収集と利用の間に位置しつつも、実際にはある時点からある時点までとの限定はなしがたい。また、三大文化施設論が主張される中で、「文書は文書館へ」という捉え方の中に、文書館の史料整理の概念が特化していったことを見た。ここでは、特化の結果、史料管理の側面で捨象された部分があることも指摘した。史料整理には、個々の史料および史料群の全体像と史料相互の関係性の把握、史料群の内的秩序の呈示、史料情報を目録に固定する際の史料整理者の関与、史料整理過程の段階的・反復的進行という性格があり、史料整理論は、これらを発展させて独自に確立してきた。本節では、前節二項で触れた史料の特化によって整理論としては捨象されがちになった点に主として焦点をあてて考えたい。

前述の通り、三大文化施設論は、史料整理においても文書館の独自性を育て自立を動機づける意義を持っていた。これを史料整理論の特化と呼んだのであるが、特化は文書館側からする収蔵すべき史料の分割、活動領域の住み分けを強調する論理であったから、文書館では文書などの非刊行物のみを整理対象として史料整理論を構築することになりがちであった。しかしながら、文書館には現に多様な史料が収蔵されている。例えば、現代の公文書について、「川崎市情報公開条例」では、行政情報を公開する立場から次のように定義する。

「実施機関の職員が職務上作成し、又は取得した文書及び図画（磁気テープその他のこれに類するものから出力又は採録されたもの及びマイクロフィルムを含む。）で当該実施機関が管理しているものをいう(1)」

右の定義は、公文書が紙媒体による、いわゆる文書に限らないのであって、多様な形態であることを示している。とはいえこれらは形態の相違はあるが、いずれも文書の範疇に属する史料である。文書館には、さらに文書以外の行政刊行物、図書なども多数あって、一般の利用に供している。これまで史料整理論では、文書以外の史料を含む文書館の史料全体の管理についての論議が手薄であったように思う。しかしながら、史料管理は史料（文書）に限定して終わり得るものではない(2)。

もっとも、収蔵すべき史料の多様化は、文書館に限らず、図書館においても同様のことがいえよう。ただ、文書館の史料管理を図書館の資料管理と比較して指摘できるのは、文書館の場合には、収集史料の種別の多元化が整理方法にも反映して、整理体系を多元化していることである。すなわち図書館の場合には、すべての資料を単一の分類体系の中に統合し、それに照応する目録記述法によって処理することを整理の目的としているのに対し、文書館では、行政文書、古文書、行政刊行物、図書など、それぞれに整理方法を分化させる傾向にある。この分化する傾向の中で、どのように史料管理の法規的措置が整備されているか、所蔵史料全体を対象とした整理規程を持っているか、各種史料が相互に関連を持って整理されているか、史料の管理のありようが問題となる。以下、筆者が手にし得た範囲であるが、文書館の『規程集』あるいは『執務の手引』に収載された諸規程によって、史料管理の体制について、わが国における文書館の整理諸規程のありようを概観してみることとしたい。(3)

二　所蔵史料全体の管理

一般に文書館の所蔵史料の管理は、文書館資料管理要領(北海道)、文書の取扱いに関する要綱(群馬県)、文書(または文書館資料)の収集および管理に関する要綱(栃木県、徳島県)という例規によっている場合が多い。これらの要綱・要領は、各都道府県の文書館関係法制の中では、文書館設置条例および施行規則または管理運営規則の下にあって、館の運営の細則および収集・整理・利用などを規定している。これらは、文書館を所管する部局の長である知事または教育長以下が定めるところによる。各館の整理に関する事項は、この要綱・要領(以下、これらを一括して「管理要綱」という)に基礎づけられているが、さらにその具体的な部分は文書館長の定める整理要領に委ねていることが多い。

この管理要綱─整理要領によって、引継移管、購入、寄贈、寄託などの事由により収集された史料は、受入・登録されることにより、その文書館の収蔵史料としておおやけに位置づけられて、整理がなされる。この時に必要なことは、史料を自治体の財産として、引継き文書であるものは、保存文書として登録すること、かつその登録はすべての史料に及んでいること、また未整理史料も何らかの方法でおおやけに管理されていることである。

まず、登録についてであるが、文書館によっては、親機関である県から引継移管(または管理委任)を受けた公文書は、その県の文書管理規程の支配下にある保存文書としての地位を引き続き保ち、行政文書引継目録(埼玉県)、文書引継簿(和歌山県)などによって、管理されている場合が多い。また、古文書など寄贈・寄託になる史料は、「寄託・寄贈受入れ要領」(群馬県)に見られるように県財務規則に基づいて登録される。いずれも、史料は保存文書としてあるいは県の財産(例規上は、「物品」)として、おおやけにその地位が付与されている。[4] 史料管理は、史料の存在を公式に確認し、管理責任を明確にすることから始まるが、この登録する事務は、その頭初の事務であって文書館の行政行為である。もし保存文書として、または財産としての登録がなされなければ、その管理責任は不明確となり、恣意的な廃棄が起こりかねない。

この登録の行為が必要であるのは、文書館が引継移管(管理委任)以外の、廃棄によって収集した文書も同様である。仮に県の文書管理規程の支配下からはずれた廃棄文書が、先の管理要綱—整理要領という体系に位置づけられないまま、物品として受け入れられるのでもなく、ただ収蔵されている場合があったとする。このような場合は、館の内規的な台帳に史料が記録されているとしても、それは文書館が事実行為として史料を収蔵しているにすぎない。もしその史料が失われることがあっても、法的な責任が問われ得ない状態といえる。そのような状態では、文書館が管理責任を十分に負っていることにはならないであろう。[5] また、寄託史料の場合には、寄託契約の根拠、手続を、県の会計規則、財務規則、物品会計規則などに基礎づけて規定しておく必要がある。もし法的な根拠、手続を欠くならば寄託者に対しては、賠償責任を負うことができない。寄贈史料についても同様で、県の例規上の体系に位置づけられた規程によって処理される必要がある。もし、それを欠くならば、館として寄贈者に対し十全な管理を約束したことにはならないであろう。[6]

登録の対象には、文書館が引継移管、寄託、購入以外の方法で取得した史料、例えばその自治体が発行した刊行物、寄贈された図書、価格が低額なために消耗品として扱われる購入図書なども含まれなければならない。[7] 少なくとも文書館内部の利用のみを目的とした執務参考図書は別として、文書館が収蔵し一般の利用に供しようとする史資料は、すべて規程に基づいて登録される必要がある。

収蔵史料全体の管理を成立させるのは、まずこの登録の行為から始まる。所蔵史料の全容は、すべてを明示的に登録することによって、初めて掌握が可能となる。整理体系が多元化するとしても、所蔵史料の登録は一元的になされている必要があるのではなかろうか。もし、所蔵史料の中で登録漏れが起こるとすれば、それは管理要綱―整理要領の中に所蔵史料の全域を支配しきれない、規程上の漏れがあると見なければならない。

各館の管理要綱の中には、収集の区分、例えば行政文書、古文書、行政資料などと史料種別の区分をしているが、これら区分された諸史料が、それぞれどのように登録され、また整理の区分にどのように接続していくのか、文言の限りでは判然としないものがある。(8) このような場合には、果たして館の財産としておおやけに登録がされているのかどうか、読み取りがたいところである。一方、群馬県のように、公文書、古文書ともそれぞれ収蔵文書台帳を作成するように要綱で指示している館もある。管理要綱には、各種の収集史料を所蔵する際の基本的事項、すなわち登録方法、所蔵台帳の名称、法的根拠などを包括的に明示しておく必要があろう。

何らかの登録が必要なのは、未整理段階でも同様である。いずれは未登録史料も登録の処置がなされるが、文書館の整理は、長期間を要し、時には整理作業の中断もある。この間、整理担当者の交代もあり得るのであるから、史料が未整理として存在し整理準備中であることがわかる方法、例えば未整理史料を簡易に仮登録をする方法を設定すべきであろう。もとより未整理史料の仮登録は、未整理であることからしても、詳細には作成できないが、収集の経過、概要、概数、排架場所を記録し、時には簡略な仮目録の作成は可能である。未整理史料についても、このような点検装置を文書館が備えておく必要がある。歴史の古い文書館・史料館ほど収蔵経過が不明な史料が発生しやすいからである。(9)

三　整理諸規程の制定

次に、多元化された史料整理について、その状況と問題点を整理規程のありようから述べることとする。各文書館では、管理要綱によって整理の原則・方針を定め、さらに各整理区分ごとに細部を規程している。例えば群馬県立文書館および和歌山県立文書館の古文書、公文書、行政資料の各整理要領、広島県立文書館の行政文書、古文書の各整理要領、図書等取扱要綱など、北海道立文書館資料整理要領とこれに基づく公文書、私文書の各目録規程などである。もっとも、筆者が管見した限りの各規程集には、その時点で整理要領が未制定または、制定していても規程集に収録していない場合もあると思われるので、すべての文書館の整理要領について比較して論ずるには、いまだ限界があることは、あらかじめお断わりしておきたい。

さて、整理要領は、目録の種類、整理手順、目録組織および記述について、文書館の整理業務を、統一的に処理する目的で制定されている。「群馬県立文書館公文書整理要領」を例にとるならば、管理要綱(「群馬県立文書館における文書の取扱いに関する要綱」)に基づいていることを明示したうえで、分類・排列(第二条)、登録(第三条)、目録の送付(第四条。公文書の引継・収集・管理受任等を行った旨を収集先の機関に送付すること)、補修・製本(第五条)、文書台帳の作成(第六条)、閲覧等(第七条)などを規定し、登録カード・台帳および引継目録の様式を定めている。分類・排列では、行政文書を機関別・所蔵別に建制順―編年順(一九四五年以前完結文書は、時代別―編年別―書誌別)に処理するとしている。また「古文書整理要領」では、目録編成(構成)を「出所の原則」に則り、所蔵家別単位に整理を行うこと(第二条一項)、原秩序(原配列)を尊重すること(同二項)、記述については、文書名の付与、受入番号、文書番号の表記方法を定め(第三条)、基本カードの作成方法と表題、年代、作成、形態、その他を記述の事項として定めている(第四条)。古文書の場合に、閲覧等の利用を目的として、所蔵家別の類別目録を作成することにしており、類別項目の設定(目録編成)は各文書群の性格、体系等を考慮するという、原則的な指示を行っている(第五条)。

各館の整理要領においてもほぼ同様に、行政文書、古文書についてのこのような原則的な指示が規定されているが、例えば北海道立文書館の目録規程では、記述の方法を細部にわたって規定する内容となっている。いずれにしても、目録作成の基本的原則が整理要領で確認され、さらに細部の規程で、目録編成・記述のありようをより具体的に規定していく構造をとっている。これら整理要領などがどのように所蔵史料の全容を捉え、かつ細部にわたって史料全体を制御し得るか否かが次の問題となろう。

文書館の整理体系は、前述のように図書館と異なり多元化の傾向を持っている。しかし、これまでは収蔵史料全体を統合し、総覧し得る方法についての検討が少なかったように思われる。もっとも、いくつかの館では、所蔵史料ガイド(史料利用の手引き)を作成し、収蔵しているすべての史料の概要を呈示してきた[10]。史料館においても、各館のガイドを参考とし、またマイケル・クックの『記録史料の情報管理』に依拠しつつ、先に『史料館収蔵史料総覧』[11](以下、『総覧』と略称)を刊行した[12]。また、当初に述べたISADなども、所蔵史料全体を総覧し、国際的に情報を交換する目的で策定された史料検索手段の一つである。そこで求められているものは、個々の史料および史料群が明らかになることはもちろんであるが、館に収蔵した史料全体が把握され、目録の体系に沿ってすべての史料および史料群にたどりつくことが可能となる史料検索装置の構築であった。さらに情報が他の情報と交換し接合し得るように史料情報を記述する方法、すなわち記述の標準化が求められている。文書館では史料整理法が多元的に分化し、併存する状態にあるとしても、これが目録体系の単なる拡散に終わることは、避けるべきであろう。それゆえ、史料整理について次の点が必要となる。

まず第一に、館として整理諸規程を制定する必要がある。これまで見てきた各文書館の多くは、『規程集』『執務の手引』に管理要綱・整理要領以下の諸規程を掲げている。文書館が整理にかかる諸規程を整備する際、その規程が公的な手続きを踏んで制定されていなければならない。整理業務は、収集、登録の行為とは異なり、整理担当者の内規的な処理によっても行うことは可能であるが、そのような場合、館内における整理規程の地位が不安定となることは免れない。整理担当者が代われば、整理の方針・方法が一変する事態が起こり得るからである。整理は、文書館内の統一した意見と一貫した方針の堅持によって持続的に進められなければならない。そのためには、整理諸規程は館の規程として制定される必要がある。日本の文書館界において、収集基準、評価選別基準に比較して整理規程の論議が手薄であったが、整理業務の統一性、一貫性、持続性を諸規程の制定によって担保すべきである(13)。

第二に、これらの整理諸規程は、体系性をもって構築される必要がある。前述の通り、文書館の所蔵史料が多元化し、これに対応して整理要領も種々制定されている。すなわち、行政文書(公文書)、古文書、行政刊行物、図書などに整理区分が設定され、さらに古文書は、「出所の原則」に従って各家別(史料群ごと)に分けられて整理される。行政文書も同様で、その県庁の文書のみが整理対象であるとは限らない。県内の国の機関、県内市町村の文書を収集するならば、それらが整理対象となり、それぞれの整理体系が多元的に成立することにもなる。行政資料などの刊行物も、広島県立文書館の「行政資料整理要領」を例にとると、県庁、県内市町村、国、他県の自治体およびその他の資料にそれぞれが区分されて整理される。マイクロフィルムのように、形態は写真・フィルムであるが、内容は文書など種々の史料である。各館では、史料の収集過程、史料の内容・形態の多様化を反映して整理規程も多元化する傾向があるけれども、整理諸規程全体は体系的に構築される必要がある。整理の多元化を前提にするとしても、諸規程が相互に位置づけられることなく、また体系化されることなく個別的に制定されていくのは、避けるべきであろう。文書館の整理諸規程は、多元化しつつも全体として関連性を持ち一つに統合されていることが望ましい。それらは、管理要綱から整理要領へ、さらに記述の規程へと下降あるいは上昇して、たどり得ることができ、また他の資料区分の整理要領に対しても横に接続するように制定されている必要があると思う(14)。

第三に、整理区分および史料群を超えた横断的な検索を可能とするための記述の統一がはかられることである。史料群および個々の史料の記述項目および記述内容は、統一されていることによって、史料の内容をより的確に利用者に伝えることが可能となる。もし、史料の検索が単純に史料群(グループレベル)からシリーズレベルへ、さらに個々の史料(アイテムレベル)へと直線的に下降し、あるいは直線的に遡って上昇する程度であれば、記述の統一性は緩やかであっても許容されるかもしれない。しかし、史料群を横断し、さらに史料群を超え整理区分を超えて検索がされる場合、相当程度の記述の統一、さらには標準化が必要となる。例えば、史料館の『総覧』を編集するにあたって、文書群名のほか出所、地名、歴史、年代など各文書群に共通した項目を設定した。これによって統一的な記述が可能となった。もし統一的な記述を館外、国外にも及ぼそうとするならば、ISAD のような国際標準化した規程が必要となろう。ここでは、レファレンスコード、表題以下二六項目が定義づけられて設定されている。(15)

また、「広島県立文書館図書等取扱要領」では、古文書等の一部をなす図書等の取り扱いについては、「古文書等整理分類要領」によるとしている。ここでは古文書の中の例外的に存在する図書の処置を規定しているようであるが、古文書、公文書の中に含まれる図書、私宅に持ち帰られて私文書の一部となった公文書、公文書の中の地図など資料区分の混在は、史料群の中にはしばしば見られるところである。さらにマイクロフィルムに撮影されている公文書などのことを考えると、整理区分を超えた検索の要求はつねに起こり得ると考えなくてはならない。各整理区分のそれぞれは他に関わりなく、完結しているのではないのであるから、これを横断的に検索し得る整理規程が必要である。館として記述の統一をはかり、異なる整理区分の情報を統合し、しかも、異なる形態の史料——例えば、一枚物の文書と簿冊形態の史料——を区別して記述するために必要な共通の記述形式を確立することが求められる。(16)

例えば、近代の町村役場文書には、しばしば印刷に付された県庁からの布達綴が含まれているが、史料群を横断してそれらを検索する必要が起こる。また家文書の中に含まれている近世の書籍史料を、史料群を横断して検索する必要も起きよう。(17)史料群の中の書籍、印刷物などを、他の文書と共通の項目で記述する一方で、他の史料群の中にある同種の書籍、印刷物とも一致するような記述を実現する必要があろう。これを可能とするためには記述の統一さらには標準化をめざす必要がある。各史料群には書籍、印刷物のほかにも、地図、写真という多様な種別の史料があり、これをそれぞれに共通した記述方法で捉え、かつ個々の史料群の中で他の史料と調和させることができる統一性が求められる。

右のように、整理区分および史料群を横断する検索は、記述に一定の統一性を求めることになる。記述事項また記述の方法が、もし史料群ごとに全く違っているならば、目録の情報を相互に参照して検索するのは、著しく困難となるからである。(18)

以上、史料管理のありようを整理諸規程の制定の意義、体系性の確保、記述の統一性の三点にわたって述べた。これらは、史料整理として当然前提となるべき諸点であるが、従来、史料整理論の中での検討が手薄であったと思われるので、ここで指摘しておいた。

四　史料管理についての小括

本節の課題である史料整理の前提としての史料管理については、各文書館はその設立とともに、それぞれ整理諸規程を整備して行ってきた。これらの諸規程に必要なことは、その適用対象が所蔵史料全体に及んでいること、すなわち利用に供する史料のすべてが整理諸規程の支配の下に置かれていること、文書管理規程あるいは財務会計規則などによっておおやけに登録がされていること、整理諸規程全体は体系的に統合されていて、各史料の記述項目・記述内容は相互の参照が可能となるような統一性が必要であることを述べた。

このような史料管理の状況は、史料整理のあり方が史料(文書)にのみ特化し、史料群単位で完結した整理方法に、もはやとどまり得ないことを示している。したがって、史料整理論も、文書館全体の史料管理の方法、時代を超えて生み出される多様な文書、多種類の所蔵史料に対応し、それらを体系づける方法の構築が求められよう。他方、文書館の整理論が個別の史料整理法への特化に終わらず、多様、多種類の史料に対応し得る一般性、普遍性をもって確立することが必要となる。そのことが図書館・博物館などの類縁機関の整理法との、より広い接点を持ち得る契機となるのではなかろうか。史料整理論の論点を広げ、構築する必要があろう。次節では、その一端として史料構造と目録構造との関係について、これまで確認された諸原則・手法を再考しつつ、史料整理論の歩を進めたい。

（1）一九八四年川崎市条例第三号、第二条（1）。
（2）ここでいう〝史料管理〟は、行論の通り史料を文書館において登録し、整理保管し、保存のための処置をするなど、収蔵史料を文書館の責任のもとに保存する行為をいう。第二節註（18）、史料館編前掲書の〝整理〟および〝管理〟とを包摂する意味で用いている。
（3）筆者が見ることができた史料館所蔵の各文書館の規程集などは、次の通りである。これらは、ほぼ各館の公式規程集として作成されたもので、多くは公刊されている。もっとも、規程集などに収録されていない規程もあり、ここに収載された規程がその館にとってもすべてではないと思われるけれども、それらによって各館を比較することは可能である。
なお、整理規程の策定にあたって、明らかに他県の規程の影響を受けていると認められるものもある。そのような文書館の規程が相互に影響しあっている状況も、将来は研究の素材となるであろう。

山口県文書館編『執務の手引き』一九八六年三月。『北海道立文書館関係規程集』一九八六年一月。千葉県文書館編『執務の手引』一八八九年一月。『京都府立総合資料館規程集』一九八九年一月。徳島県立文書館編『文書館関係例規集』一九九二年九月。『広島県立文書館規程集』一九九三年三月、一九九四年。『群馬県立文書館例規集』一九九三年三月。『新潟県立文書館規程集』一九九三年三月。秋田県公文書館編『公文書館関係例規』一九九三年。埼玉県立文書館編『執務の手引』一九九三年四月。『栃木県立文書館執務の手引』一九九四年一月。神奈川県立公文書館編『公文書館規程集』一九九四年四月。『和歌山県立文書館例規集』一九九六年四月。
（4）所蔵史料等をすべて財務規則による物品である「文書館資料」として一元的に登録しているのは、北海道立文書館の管理要領である。これは、財務規則上、図書館の「図書館資料」、博物館である北海道開拓記念館の「開拓記念館資料」と同様の扱いをするためである。
（5）事実行為として史料の保存をし、利用に供していた筆者自身の体験では、北海道立文書館の前身である北海道総務部行政資料課(当初、行政資料室)設置以前に、文書課史料編集係などで近代初頭の公文書その他の史料を管理していた時期(一九六〇—一六八年)がこれにあたる。また、かつて京都府立総合資料館所蔵の行政文書が、一時期にはそうであったと聞いている。

(6) 寄贈・寄託手続については、第二節註(18)、史料館編前掲書、四三頁以下。全国歴史資料保存利用機関連絡協議会公文書館法問題小委員会編『記録遺産を守るために——公文書館法の意義と今後の課題——』(同協議会、一九八九年一月)三四—三五頁。

(7) その自治体が作成または取得した刊行物などを、「行政資料」と規定しているのは、徳島県、広島県、群馬県などである。概して文書館の収集方針では、行政資料は公文書を補完するものとして重視されている。公文書とともに「行政資料」を保存する重要性については、戸島昭「地方自治体の記録をどう残すか——文書館へのステップ——」(『記録と史料』第三号、一九九二年八月、所収)七頁以下。

(8) 管理要綱で収集の区分を、整理の区分に連関させていることを確認できたのは、北海道、徳島県、広島県、群馬県、和歌山県などである。

(9) 史料の収蔵経過が不明になりやすい例として、自ら経験した二つの機関、北海道立文書館(一九八五年設立。ただし前身の組織による史料管理は、一九六〇年以来行われていた)および史料館(一九五一年設立)のこと以外には言及できないが、この二館の例だけでも、収蔵史料全容の把握の必要性を強調できる。以下は、書庫その他の館内を、順に点検することによって、それまで整理対象とはなっていなかった史料を再発見したという報告である。

北海道立文書館では、整理済みの史料は完全に管理されており、未整理の公文書も一点ないしは概括的に把握されていた。しかし、公文書以外の私文書その他の資料については、複雑な館舎ゆえに全容が把握されていなかった。このため担当の私文書係長の交代を期に、関係者が書庫を巡回して、未整理分の全容を確認することができた。

史料館では、『史料館収蔵史料総覧』(名著出版、一九九六年三月)編集の際、各執筆分担を再確認するために、担当者全員で書庫など館内をくまなく巡回して史料の所在を確認した。この結果、執筆分担不明の史料が発見されたばかりではなく、未登録の史料群、史料群を分割する必要、他の史料群の一部になっている史料、反古紙(補修の素材)と見分けがつかずに放置されていた史料、整理室に残されていた史料群の一部など少なからず存在していることを確認し、新規の登録また排架位置の移動を行った。

(10) 註(9)、史料館編前掲書では、都道府県立文書館の取り組みとして、北海道立文書館編『利用の手引き——北海道立文書館資料案内——』、京都府立総合資料館編『文書解題』、茨城県立歴史館編『史料利用の手引き』を挙げている。

(11) 同前。

(12) 同前、所収、「編集に当たって」八―一〇頁。

(13) 「整理規程」について、図書館と文書館の用語辞典の扱い方は対照的である。『図書館情報学用語辞典』(丸善、一九九七年九月)では、整理規程 rules for technical processes を、「図書館に受け入れられた図書館資料の整理業務を統一的かつ能率的に処理するため、その作業内容を流れに従って具体的に記述した規程。(中略)整理作業の過程における担当者の理解の違いや将来にわたる整理作業の不統一を避けるため、成文化された整理規程が必要とされる」としている。これに対し第二節註(3)、文書館用語集研究会編前掲書では、同註で見た通り、「整理 arrangement」および「アーカイバルプロセシング archival processing」において、「整理」を概念づけているが、整理規程に言及した項目が見当たらない。整理規程について、『図書館情報学用語辞典』と同様の記事が『文書館用語集』にも掲げられてよいと、筆者は考えている。

ちなみに史料館では、史料の整理規程がなく、図書についても「日本目録規則」および「日本十進分類法」に依拠しているが、慣習的に用いているのみで規程化されてはいない。史料整理規程が存在しなかったことの意義については、第八章第三節註(5)で述べたが、今後とも整理規程が全く成文化せずに済むと筆者が考えているわけではない。後述するようにコンピュータの全面的な利用は、必然的に記述の統一のための規程化を求めることとなろう。

(14) 収蔵史料全体への適用性が乏しく、また資料区分相互の関連を持たない整理規程は、所蔵史料全容の把握を難しくするのではなかろうか。史料館では、文書、実物史料は、「有形文化財」として、マイクロフィルムと図書は「図書」として、登録・管理されている(慣用的には、文書、実物史料、マイクロフィルムを「史料」と称している)。しかし、両者ともに統合する史料管理の規程を備えていないため、全容の把握を意識することが少ない。

(15) ISAD の一般原則(ISAD(G))については、『記録と史料』第六号(一九九五年九月)、一〇六頁以下に「国際文書館評議会記述基準特別委員会「国際標準記録史料記述:一般原則」」(青山英幸解説、森本祥子訳)として収載されている。

(16) 収集区分を受けて整理区分を設定した場合、例えば公文書については公文書の整理要領による公文書の記述、古文書(私文書)については古文書(私文書)の整理要領による古文書(私文書)の記述へと、特化しがちではある。北海道立文書館の整理要領も「私文書目録規程」では、主として一枚物を想定した規程となり、「公文書目録規程」では、簿冊の記述を前提とした規程となっている。これは史料認識の特化を反映しているが、はたして公文書、私文書と分化させる必要があったかどうか、両目録規程は現在でも有効に機能していると思うが、理論的には再考の余地があるように思われる。一枚物と簿冊は、公文書、私文書(古文書)いずれにも存在するのであって、両者を総合して「公・私文書目録規程」とする考え方も成り立つかも知れない。いずれにしても両規程によって整理された史料情報の相互参照を可能とする記述が必要である。

(17) 史料館所蔵の複数の史料群に県庁からの布達綴が含まれている例としては、山梨県北巨摩郡増富村役場文書、同県南巨摩郡鰍沢村文書などの例がある(『史料館所蔵史料目録』第六四集「山梨県下市町村役場文書目録」その一、一九九七年三月)。家文書の中の書籍史料については、藤實久美子「書籍史料の特性と調査方法について」(『学習院大学史料館紀要』第八号、一九九五年三月、所収)参照。

(18) 種別(「資料の整理区分」)の異なる史料の相互乗り入れを意識した目録規程としては、北海道立文書館の公文書・私文書各目録規程がある。また、史料館の複数の史料群の記述事項を統一する試みとしては、註(17)、「山梨県下市町村役場文書目録」参照。

第四節　史料の構造理解と目録表現

一　「原秩序尊重の原則」と史料構造

これまで述べてきたように、史料整理論が到達した史料整理のありよう、目録の構造は、史料が並列的に呈示されるのではなく、史料群を単位とし、さらにその内部構造を示すことであった。また、本章では、文書館が収蔵する史料全体を包括する整理体系を構築することによって、収蔵史料群全体から各史料群の細部に至るまで、また史料群を横断して検索し得る目録の構造になることを主張した。右のような館収蔵史料の体系化は、コンピュータネットワークによって個別の文書館を超えた(さらには文書館にとどまらず他の類縁機関を含めて)、情報接続の可能性を予測させる。(1)

では、史料の階層構造が目録の構造に転化していくとはどのようなことか、また、この考察の前提となる「原秩序尊重の原則」について再度検討を加えたい。すでに第二節三項で文書館の史料整理論・整理技術として論じてきた到達点は、史料生成過程の中で史料の存在を理解し、この史料群内の内的秩序を史料の階層構造として再構成し、目録に固定することであった。すなわち、史料の生成過程、史料の階層構造、目録の構造が一体化されて論じられ、「原秩序尊重の原則」は、それらの構造の把握を担保する原則的理解と位置づけられてきた。それゆえここでは、以下、㈠「出所の原則」と「原秩序尊重の原則」の基本的理解、㈡原秩序の把握と史料構造理解、㈢史料構造理解を目録へ転化することの順に述べていくこととする。

㈠「出所の原則」と「原秩序尊重の原則」の基本的理解について

「出所の原則」とは、出所が同一の史料を他の出所の史料と混在させてはならないことであり[2]、「原秩序尊重の原則」は単一の出所を持つ史料は、出所によってつくられた秩序を保存すること[3]、また、史料相互の関係性、内的秩序が組織活動を反映している場合に、その状態を保存することとして理解されている[4]。両原則ともこれが十分貫徹し得るには、出所の機関(または個人)を明瞭に他と区別し得ること、その保存すべき内的秩序が現実に存在していることが前提となっている。両原則は、元来が近現代の欧米の行政機関において発達し整備された文書管理制度の存在を基礎として主張されたものであった[5]。右の文書管理に基づいて文書館に移管された文書群は、自ずから原局(省庁・部課)の活動を反映し、この秩序の保持が史料の理解ひいては目録編成(構成)の根拠になるとされる。ジャン・ファヴィエ著『文書館』(永尾信之訳)が記している整理についての次の規定は、「原秩序尊重の原則」の起源として注意深く読むべきである。

「(フランスの)帝政時代の官房の書類は、各部局がその日その日でつくり、仕事がすんだあとで寄託したとおりの姿で、出所と関連して、有機的な配列そのままにおかれるか、あるいは有機的な配列におき直された。(中略)分類がいじりなおされずにそっとしてあった資料は、制度、さらには政治の組織および歴史の忠実な反映である。したがって、この原初における秩序を復元する仕事は――その順序が混乱してしまっている場合――とくに有益であり実り多いものである」[6]

ファヴィエの指摘は、「原秩序尊重の原則」の二つの側面を述べている。すなわち、原局の活動が史料配列の内的秩序として保存されていれば、その保存を、また、もしそれが失われていれば、その復元を行う（ことが「有益である」）、という二点である。「原秩序尊重の原則」は、原局からの引継の状態が保持されている史料生成の情報（「有機的配列」）の重要性を認識し、その保存が指示されているのであって、機械的に原局からの引継状態を固定する意味ではない。また、〝原秩序〟を〝現秩序〟に置き換えて、現状を凍結してそのままの目録を作成する方法とも異なる。[7]「原秩序尊重の原則」が貫徹されなければならないのは、原秩序が史料生成過程の状態を反映しあるいは復元するための豊富な情報を提供するからである。史料整理者にとって原秩序の定義や釈義が重要なのではなく、史料生成の状態を把握することが重要であると確認しておく必要がある。では、原秩序を把握することと史料構造を理解することとは、どのような関係にあるのであろうか。

(二)　原秩序の把握と史料構造理解について

「出所の原則」「原秩序尊重の原則」の両原則が典型的に貫徹し得るのは、行政機関、企業などの組織体の史料である。組織体の場合、組織体全体が階層的に構成されており、組織体の各部分、すなわち各原局の活動が史料を生みだしているからである。したがって史料の階層構造とは、多くは組織体の階層構造に還元され、原秩序を把握するとは、史料を生成した原局を発見し理解することを意味する。個人の記録であっても、出所が単一でその蓄積・保存がすでに一定の秩序を持って存在している場合には、両原則は的確に貫徹する。もとより個人の史料は、組織体的な構造を持たないけれども、史料が個々の活動の領域ごとに区分されている場合（また、区分し得る場合）、その区分が原秩序であり史料構造といえる。[8]

さて、史料の集積は組織体における組織の幅と時間の幅の中で行われる。組織体もまた経年による推移、すなわち縦の変化という構造を持っており、この変化は、史料構造に複雑な様相をもたらしている。史料群が横と縦に変化する構造を持つというのは、整理すべき史料群の出所がつねに単一のものとして把握ができ、内的秩序を確認し得るとは限らないことを意味する。行政機関の場合でも、文書の年次幅が広ければ広いほど組織の改廃統合が起こってくるからである。組織機構の変遷は、文書の引継、分散、統合を生じ、その結果、出所の複合をもたらし、原秩序もまた経年の変化を受ける。それゆえ、何をもって出所とするか、どの状態で原秩序とすべきか、という問題が生ずるのは避けられない。

このような出所、原秩序の複合的、分散的な状態について、史料整理論の視点から包括的に論じたのが、竹林忠男「行政文書の整理と編成——史料整理基本原則の適用とその問題点——」(9)である。竹林は、京都府立総合資料館所蔵にかかる大区区務所の文書、京都府史編纂史料、また戦前の町村組合、戦前戦後の町村団体の文書が一か所に集められた「乙訓自治会館旧蔵文書」など、史料が複合した状態における整理の問題点について論じている。これらは出所が二次的あるいは重層的に構成されていた例であった。もっとも、この例に限らず、史料の構造は、経年変化の中で、当然、複雑さを増すものである。この問題は、複雑な史料構造を目録の中でどのように表現するかという目録作成の課題となる。

(三) 史料構造理解の目録への転化について

史料を生成する組織構造は経年変化をするのであるから、組織に即応して把握された史料の階層構造(史料構造の横軸)も変化を遂げる。もし史料の構造を横の組織幅のみで捉えるならば、階層構造は、各組織軸に分割され、その中の機能によって細分されることとなる。したがって目録は、組織—機能を細分化し、これを項目化したものとして表現される。多くの近世の家文書の目録表現は、この方法をとっており、縦の経年変化を横の組織軸に吸収して項目を構成している。

もっとも、家文書でも近代文書を含む場合、組織―機能の変化は、例えば近世の名主(庄屋)の項から近代の戸長などを分離して項目立てをすることがある。他方、家政の部分では近世と近代を明瞭に区分できないために、近世・近代の区分がされていないことも多い。全体に家文書の目録編成(構成)では当主の代替わりのほかは、時期区分はあまり重要視されていないように思われる。

近現代の行政文書であっても、経年変化を前提とせずに目録化する場合には(それが可能であれば)、ある特定時点の組織体の階層構造に目録項目の構成を一致させることは行われている。短い一定年次幅の文書群の場合、また特定の小群(シリーズ)の場合には、これが容易に可能である。例えば、近世末の史料であるが、青山英幸「国際標準記録史料記述等による箱館奉行文書目録作成の実験について」[10]で試みられた幕府箱館奉行文書、また一定の編纂意図をもって編綴された簿冊群、例えば国立公文書館所蔵太政官文書の『公文録』『公文類聚』、北海道立文書館所蔵の『開拓使公文録』『札幌県治類典』などの場合である。[11]また、山口県文書館が試みた一九三〇年代、一九四〇年代を区切って文書を集合し、この時期の組織機構によって目録編成(構成)を行った目録もその一例である。[12]山口県文書館の目録は、経年変化を意識しつつも、その振幅を極力圧縮させることによって、目録編成を組織軸で一元化しようとしたユニークな試みである。ただ、この方法を他に及ぼして一般化し得るであろうか、筆者には疑問である。組織体の文書では、元来が組織の改変、文書引継による出所の複合は避けがたいのであって、これを織り込んだ目録表現が必要であろう。

一般的に史料群の構造は組織体の階層構造を反映し、目録は、史料階層構造を固定化することによって目的を果たし得る。しかしながら出所が複合している例では、史料情報を目録に反映する場合、一元的な目録の項目設定(あるいは分類表)では、捕捉することが難しい。[13]多元的な構造をどう目録化するか、次項では、目録構造に論議を及ぼしてみたい。

二　史料目録の構造と目録表現

前項で触れたように、史料の整理、目録化の方法論となっている、組織体の階層的な内部機構と史料の階層構造、目録表現の階層構造とは、多くは重なりあうけれども、必ずしも完全に一致するものとはいえない。組織体の内部機構とは、かつて実体として存在していたものである。今日の整理担当者にとっては、古い組織機構は判然としない部分があったとしても、史料管理史的な調査研究によって、客観的に明らかにし得る対象である。これまで各文書館では、所蔵史料に関係する行政機関（例えば明治維新以来の都道府県庁機構）の変遷を、史料管理史的に解明してきたが、これは、文書館学・史料管理学の重要な一分野をなしている。[14]

実態として把握できる組織体内部の構造に対して、史料の階層構造の把握は、史料群を史料生成の構造に沿って分割し、史料の内的構造を史料整理者が明らかにした結果得られたものである。これは、史料の残存状況に対して加えられた史料整理者の分析の成果にほかならない。[15]他方、史料目録は、史料構造を紙上の表または記事、あるいはカードの排列、さらにはコンピュータによって入力されたデータの排列として呈示されるものであって、物理的制約を免れない中で表現されている。コンピュータの使用によって、物理的な制約から相当程度、解放されつつあるとはいえ、本質的に制約がなくなったことを意味しない。ここでは、目録の構造と目録表現の可能性を、㈠史料生成の構造と目録表現、㈡経年変化などの複合構造、㈢多元的検索手段への展開の三点から検討したい。

㈠　史料生成の構造と目録表現

史料目録が呈示しようとするのは、史料に到達する道筋である。目録は一般に理解可能な認識構造に沿って史料の情報を排列し、利用者の検索の求めに応ずるのである。目録表現にあたって、史料生成の構造に沿って目録を構成し呈示しようとするのは、この認識構造の一つを選択することにはかならない。目録を生みだす認識構造の選択は、現在なお多様な選択がなされており、必ずしも史料生成の構造に限定されているわけではない。例えば、編年体、発給者別、主題別、また〝現〟秩序などによる目録表現は、現に多数採用されている有力な方法である。(16)

しかしながら、他の方法よりも史料生成の構造に即した目録表現に合理性があると考えるのは、これによって史料群の全体像が、構造的に呈示することができ、史料相互の関係性、内部秩序を切断せず目録の排列の中で保存しやすいからである。このような目録表現による目録を基本的なものとして確定し得るならば、前述の編年など他の検索手段をこれに付随させて、多様な目録表現をその体系の中に包摂し得る。(17) したがって史料生成の構造分析の結果であるこのような目録表現を「基本目録」と称している。(18)

組織体の活動は、元来が一部局で完結するのではなく、つねに組織の上下左右に接続し、反復して行われる。その活動の痕跡である文書(史料)は、組織体の中の特定の部局に所属し一時的な管理が行われる。この状態を復元した目録表現がこれまでも触れてきた、組織構造に即した目録である。都道府県立文書館によって意識的に追求されてきた方法がこれであった。(19) また、組織体の活動は、事務処理のプロセス、すなわち〝一連の事務過程〟――次の三項で詳述する――として捉えられ、史料検索の方法を導きだしている。

右の目録表現は、内部に組織・機構を持たない家文書、個人の記録ではどうなるであろうか。この場合には、組織・機構を単位としないが、前述の通り家、個人の多面的な機能が分割され得る場合には、史料生成の構造を目録に転化させることが可能となる。(20)

(二) 経年変化などの複合構造

史料生成の階層構造は、前項で触れたように、生成が多年次にわたるほど複雑化する。特に引継の過程で二次的な集積が見られる場合など、出所の複合化は免れない[21]。史料構造の複合化は、前述の竹林論文が挙げた京都府庁文書の例では、出所の異なる文書群が引継がれて一部に組み込まれる場合、また歴史編纂など別の目的のために再集積される場合、機構改革によって担当部局が文書ごと改廃統合、分割される場合に起こっている[22]。このほか、散逸した史料が回収されて再編入される場合、太政官の『公文録』、開拓使の『開拓使公文録』などに見るような文書の再編綴、また『太政類典』など一定量の文書を書写し集積した場合など、史料構造の複合化が起こる[23]。

このうち、出所を元来、別にする史料群の場合、原秩序に遡及して分離、あるいはサブシリーズとして特出する措置が可能であろう。現に『京都府立総合資料館所蔵行政文書簿冊総目録』二、所収の京都府庁文書においては、それぞれの史料群の項目を別に立てて処理している[24]。ISAD のように各目録記述要素を文章で記載する場合には、複合した出所の文書群を、記述の階層構造の中に吸収して記述することが、いっそう容易である。また、文書の再編綴、書写文書群も、その編綴、書写の目的、史料群の構成が明確ならば、組織全体の中の一部として目録に位置づけることが可能である[25]。もっとも、前述の通り、史料群の複合化は組織体の場合には避けがたいのであって、むしろ活動につねに随伴するものとして考えてよいのではなかろうか。

経年変化による複合化の処理が問題となるのは、機構改革による担当部局の改廃、統合、分割の場合である。従来、これに対する処理は、竹林前掲論文の指摘するように、機構改革前の元の担当課に史料を位置づけるか、新しい担当課に移すかのいずれかの方法がとられている。京都府立総合資料館における京都府庁文書は、後者の新しい担当先に移す方法――目録を閉鎖する時点の課に属させ、課名の建制順に排列する方法――によっている[26]。

前述の『行政文書簿冊総目録』における京都府庁文書は、大きく地方行政機関(行政庁)の種別で分け、組織・機構、機能で細分する。この場合は、京都府庁―課名―事務事業名に区分(目録編成項目)が設定され、さらにその中を簿冊番号(年次—個別番号)順に排列することとしている。一方、北海道立文書館の収蔵史料の場合は、行政庁—年次—組織(機構)名であり[27]、東京都公文書館所蔵の東京府文書の場合は、年次—類目—課係の順としている[28]。

機構改革の影響を京都府では、組織の建制の中に、北海道、東京府の例では、単年度の排列の中に吸収する方法をとっている。すなわち、前者の場合は、機構改革による統廃合を、課名の下に注記することによって示し、後者の場合は、各年度ごとに組織・機構を示すことによって、経年変化に対応しようとしている。いずれの場合ともに、機構改革による組織・機構の変遷の全容を明示する必要があるので、目録の巻末に組織変遷表を付している[29]。行政文書の目録では、右のうちどちらの方法をとるか、前者の方が多いのではないかと思うが、筆者としては、組織体の連続した時間の中で史料生成過程を捉え、かつこの後さらに追加される史料の存在を視野に入れるならば、単年度内の建制順という編成(構成)の方により合理性があると考えている[30]。

(三) 多元的検索手段への展開

これまで述べてきた史料生成の構造に依拠する基本目録は、さらにどのような検索手段を生じ得るであろうか。基本目録を前提とした多様な検索手段が考えられるが、ここでは、史料生成の構造の中から直接導きだされる、二、三の検索手段に言及しておこう[31]。

これまで、基本目録に付随する補助的検索手段として、わが国の文書館で広く作成されてきたのは件名目録であった。件名目録は、簿冊に編綴された一件ごと、あるいは一文書ごとの内容を網羅的に明らかにする目的で作成される。簿冊単位の記述では、内容を十分に伝えることが困難だからである。ただ、このような詳細な目録は、史料の総量が少ない場合はともかく、厖大にして一定期間内に濃密に残存している場合には、件名目録自体をさらに検索する装置が必要になってくる。例えば、筆者が手がけてきた開拓使文書など北海道庁所蔵の〝簿書〟は、幕末開港から一八八〇年代半ばまでの約三五年間に約一万一千冊を累積した史料群であった。仮に一冊平均一〇〇点の文書が編綴されているとして、約一〇〇万点にのぼる文書が存在することになる。[32]したがって、全簿冊の件名をたどり、個別の文書を検索するには厖大な労力を必要とする。[33]このような量になると、コンピュータによって個々の文書を日付順、或いは発信者・受信者名順に並べ替えたとしても、関係文書を逐一検索し、的確な情報を得るには限界がある。基本目録が存在するだけではなく、これに根拠を置く何らかの有効な検索手段を別に構築する必要があろう。

基本目録から各種の検索手段への展開ということについては、大友一雄・五島敏芳「文書館活動と情報資源化の構想――古文書整理からの展開――」が、「史料情報公開システムの基本構造」とし、コンピュータの活用を前提としたモデルを呈示している。ここでは、「縦断的な構造」と「横断的な構造」という二つの側面が設定され、「縦断的な構造」では「第一段階　収蔵史料群名一覧」、以下、第二段階を史料群ごと、第三段階を史料一点単位とし、さらに画像およびテキストに至る五段階を呈示し、「横断的な構造」では、史料群を超えた検索手段を呈示する。[34]ここでは、文書群(史料群)の階層構造を踏まえたうえで、史料情報をデータベース化し、基本目録の縦断的な検索を超えた史料群の横断的な検索の可能性が提唱されている。いわばインターネットのネットサーフィンのような操作が想定されている。[35]ただ、ここで想定されている史料の構造は、前述の京都府の場合のように、また近世文書などで行われているような、組織を編成の第一基準とした目録ないしそのように把握された構造の場合であって、基本目録の中の一つのありようにほかならないことを指摘したい。もう一つの組織体の経年変化を織り込んだ基本目録(行政庁―年次―組織)の立場に立てば、別の検索手段のモデルもあり得ることを、項をあらためて述べておくこととしたい。

三　公文書検索モデルの事例および小括

前項の経年変化を織り込んだ基本目録による検索モデルのありようについて、ここでは、二つの公文書検索モデルを例示したい。一つは、筆者が本書第一一章「北海道庁所蔵第一文庫系簿書の紹介と考察」[36]で呈示した検索方法によるモデル化である。同章で取り上げた検索モデルの例は、「屯田兵の設置」という主題であるが、ここでは屯田兵の設置を決定した太政官への稟議、太政官の達などから始まり、屯田兵召募を一般人民に周知せしめた布達等に至るまでの間、またその前後に、設置を求める開拓使の建議、開拓使内部での検討、決定後の財政上の措置、施設の建設、召募などの事務手続き、そのための経費の出納手続、それらをめぐる各方面との往復文書が多岐にわたり存在する。それらの事務の流れである文書の授受あるいは帳票記帳の過程を一つひとつ順に迷っていくことが、関係の文書を網羅的に渉猟する最も着実な方法であることを指摘した[37]。

特に一八七二年(明治五)以降、わが国の法令・文書には、達何号、東京発札幌宛第何号往翰、第何号来翰による回答というごとく、法令・文書番号を記して事務が遂行される。したがって、この法令・文書番号をたどることによって、関連する文書を次々と検索していくことが可能である。厖大に残存する文書の中からその文書番号の文書を発見するには、簿冊単位の史料構造に対する十分な理解が要求されるが、近代の行政文書に対し、事務の流れに沿って特定主題を検索するには、この方法が最も着実である[38]。このような検索の過程をモデル化すると、図9-3のようになる。仮にこれを筆者の名を付して「鈴江モデル」としておこう。右のモデルでは、求める主題の史料が、各部局に分布している。これを捕捉するには、すべての文書の件名目録が完成し、文書番号によって文書にたどり着くことができる検索手段(索引)の存在が必要である。すでに開拓使文書など北海道庁所蔵簿書は、件名の採取を完了しているので、文書番号索引を作成する基礎を備えている。ただ、この検索方法は、法令・文

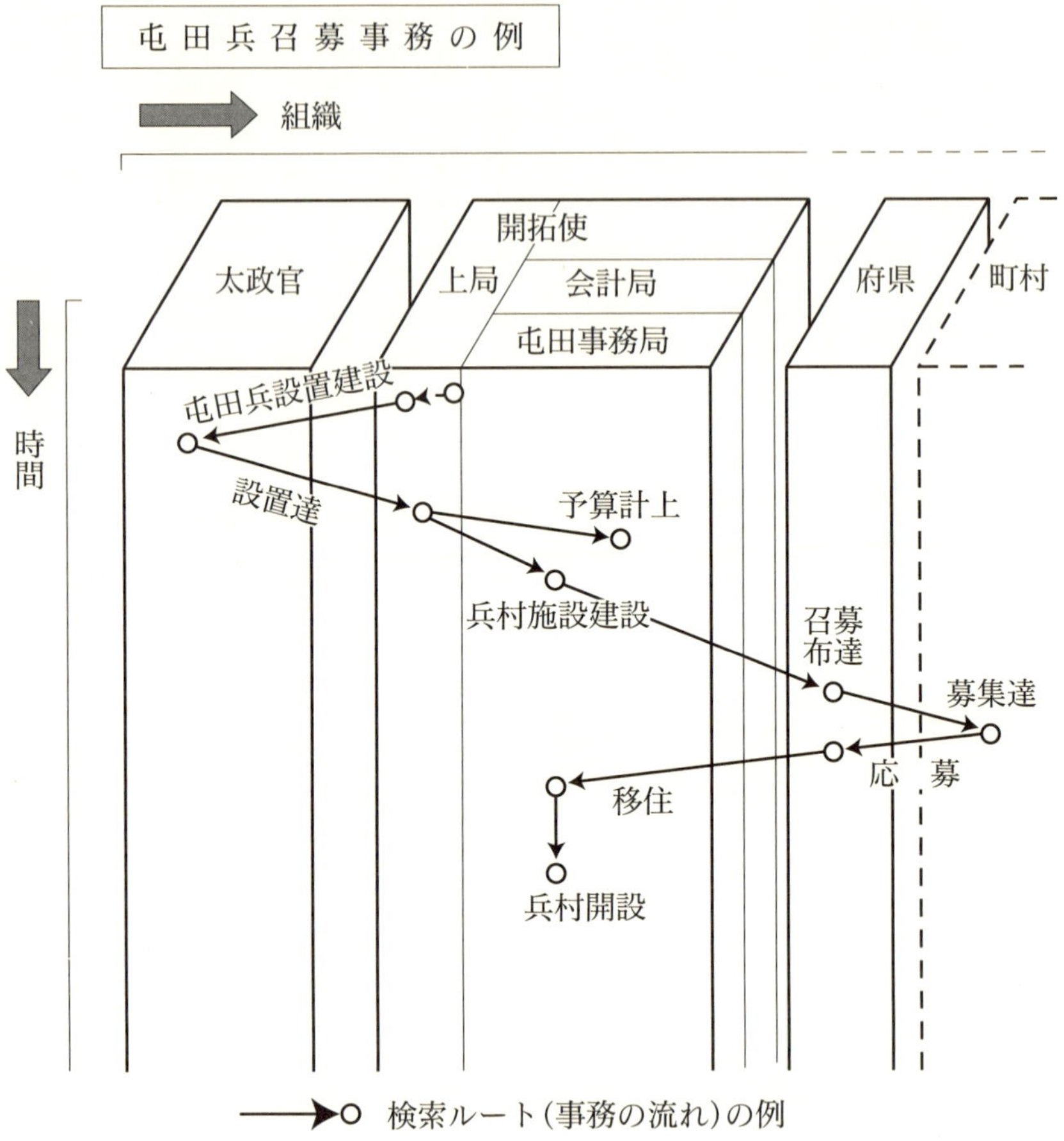

図 9-3　公文書検索モデル　その1　鈴江モデル

出典）鈴江英一「北海道庁所蔵第一文庫系簿書の紹介と考察」。

書番号という検索対象の発見手段を示したのみである。後述するように、この検索を実現するために、最終的には文書番号目録が作成されることで足りるのであって、検索システムを基本目録に即して構造化する必要があるわけではない。

次に示す図9-4は、水野保「明治三二年を中心にした台湾総督府の文書管理制度――検索利用上の視点をまじえて――」[39]による検索方法の提案を図化したものである。これも執筆者の了解を得て「水野モデル」とした(ただし、図の表現は、鈴江に責任がある)。水野論文は、東京府の文書にかかるレファレンスの経験とまた文書制度への考察をもとに、台湾総督府文書の検索に議論を展開しているが、ここでは、東京府文書の検索の提案部分を取り上げて図化してみたので、その部分についてのみ説明を加えることとする。

東京府文書の場合、簿冊の編纂は、それぞれの時期の文書編纂関係規程によっている。例えば、一九一七年(大正六)時点で見ると、組織名(部課)、類(業務区分)、目(簿冊区分)に区分される。すなわち、この文書群(簿冊)は、各課ごとにまた各業務ごとに区分され、さらに簿冊区分に細分される。いわば全体から細部に展開するという史料の階層構造を持って存在している。内務部学務兵事課を例にとると、類では、「学事」「兵事」「社寺」の項があり、このうち「学事」は、目として「例規」「府立学校」「市立学校」「町村立学校」「私立学校」などに区分される。その結果、「大正六年・学事・府立学校ニ関スル書類・学務兵事課」などという標題の簿冊が編綴される。学事の主たる担当課である学務兵事課の簿冊は、このような文書管理制度の中で成立している。このほか学務兵事課以外にも学事関係の簿冊が存在する。例えば、職員に関する褒賞は、「知事官房―褒賞―学事」に、統計は「庶務課―統計―学事統計」というごとくである。検索者は、それぞれの調査研究のテーマに沿って、組織と事務分掌とをわたって検索することになる。[40]

このように史料は、各事務の担当課における史料の階層構造の中それぞれに存在している。検索は、その主たる担当課に向けて、また図9-3でも示したように、関連する担当課を目指して組織横断的にも行われる。では、

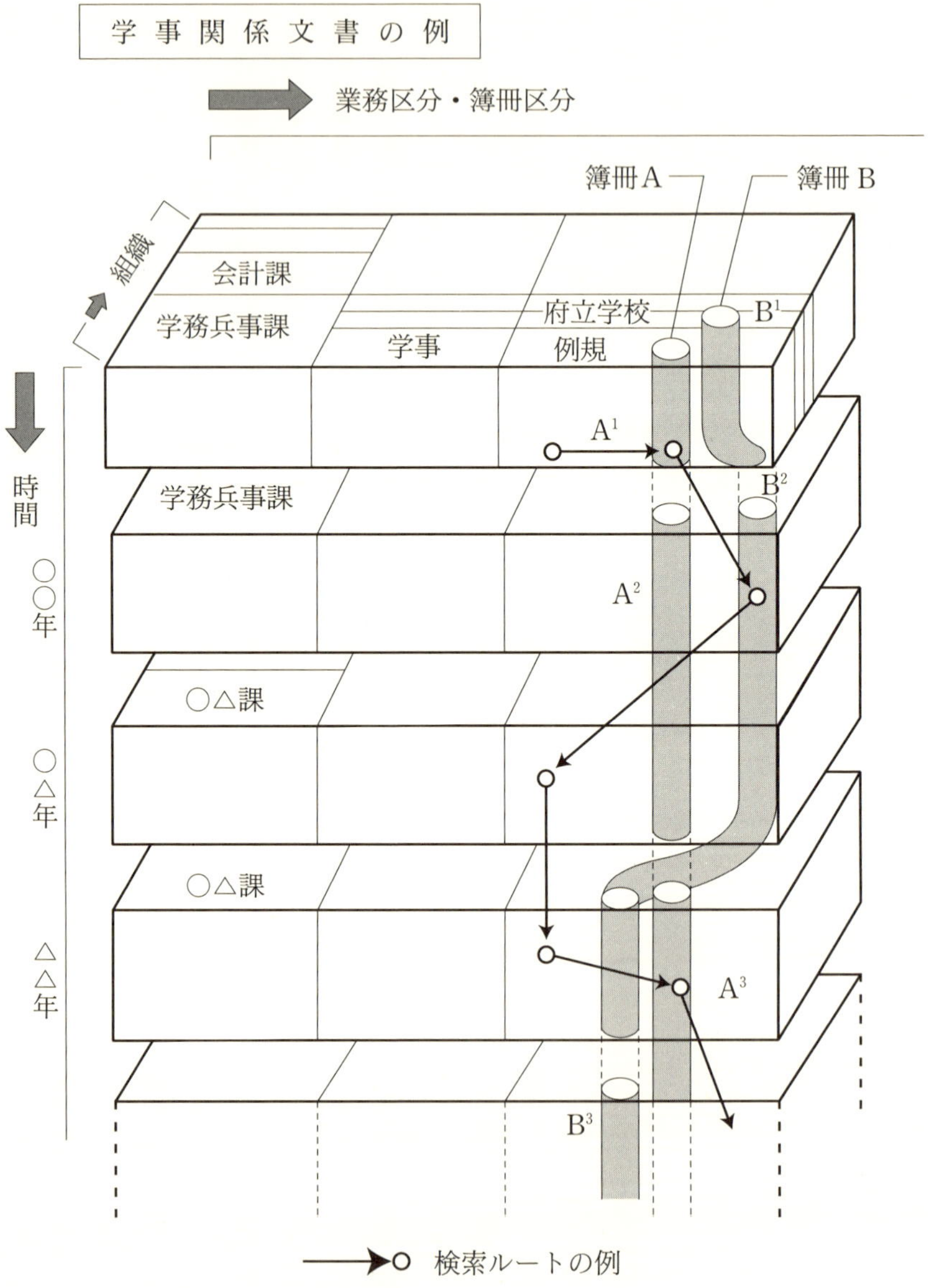

図 9-4　公文書検索モデル その2 水野モデル

出典）水野保「明治三二年を中心とした台湾総督府の文書管理制度」。

検索対象の史料はどのように発見し得るであろうか。これまで各館が呈示してきたのは、前述の通り担当課を発見しその所掌事務を確認するための組織図と事務分掌表であり、機構改革による組織の変遷については、この組織図を組織変遷表として提供してきた。図9-4の「水野モデル」が示そうとするのは、組織、事務分掌、文書編纂規程の持つ継続性と、同時にそれが制度改革によって変容する両方の性格、いわば経年変化を伴う簿冊存在の構造を考えようとする点にある。部課編成およびその事務分掌を、時間の推移の中で変化する関係として捉えると、三次元的な構造の図として表現されよう。特定の主題を年次の推移をたどって検索が行われるとすると、それは矢印で示したごとく、三次元の構造の中を時系列的に進むことになる。

東京府では、課の事務分掌・文書類別が、類(業務区分)―目(簿冊区分)となっており、簿冊区分の中には、それぞれ表題を有する多数の簿冊が存在している。その年ごとに生成する簿冊が多年にわたって累積するのか、例えばこの東京府内務部学務兵事課の文書群である。図の簿冊Aおよび簿冊Bは、それぞれ同課の特定事務の同一内容を持った一群の簿冊(シリーズ)である。それらは、経年変化の中で事務担当課が変わり、事務分掌上の位置づけも変わることがあるが、事務および簿冊の内容、また編綴されている文書の性格(例えば、学校の設置)としては変わりがなく、ほぼ一貫している場合がある。図ではこの簿冊群(シリーズ。史料小群)を時には屈曲した円柱(A^1・A^2・A^3……・B^1・B^2・B^3……)として示してみた。経年変化、制度改革による変化と同時に特定主題によって編綴された簿冊の継続性を表現したつもりである。したがって検索は、矢印のようにそのテーマに沿って、東京府の簿冊全体系の中を、簿冊Aまたは簿冊Bさらに別の簿冊、別の部課の簿冊へとわたり歩いて行われることになる。

この二つの検索モデルは、いずれもこれまでのレファレンスワークなどの体験から得た検索技術を図化したものである。右のモデルが考えられた時には、全体構造をコンピュータによるデータベース化のことを視野に入れていたわけではなかった(もっとも、東京都の学事関係文書の場合、件名目録を作成するにあたっては、コンピュータによるデータ入力がされている)[41]。したがって、コンピュータによる検索の可能性を主張しようとしたのではないが、図化してみるとコンピュータによる検索が、最も有効ではないかと思われる。

両モデルとも、それぞれの検索手段の構築には、史料の階層構造理解に立った基本目録の作成を前提にしているのはいうまでもない。基本目録の存在があって、個別の簿冊、文書を検索し得るという考え方である。ただ、図9-3の「屯田兵召募事務の例」は、仮に全文書をデータベース化し、文書番号を検索のコードとする全文書検索網というべきものがひとたび完成した場合には、検索者はもはや基本目録に立ち戻ることも、基本目録から検索を始めることもしなくなるのではなかろうか。図9-3の方法では、基本目録が表現する、史料生成の構造および史料残存の構造への理解抜きに史料に到達することが可能となるからである。一方、図9-4の場合には、史料生成の構造に即してモデルが構築されており、その理解に立ってデータベースからデータを引き出して呈示するのであるから、基本目録はその本来的機能を果たし続けるのではないかと思う。この意味で図9-4の「水野モデル」は、基本目録を軸に据えた検索方法としては、図9-3を一歩進めたものである。もっとも、「水野モデル」が成立するのは、史料の大部分が、文書編纂規程に即して編集されていることが前提にある。近代初頭の町村文書のごとく文書編纂規程がいまだ十分確立していないか、開拓使文書などのごとく文書編纂規程通りに編綴されていないことが少なくない場合には、整理担当者自身が文書編纂体系の再構築を行う必要が生じてこよう[42]。筆者は、かつて「編冊の状態が分類を規定する」[43]と述べたが、ここでは、簿冊のあり方が両モデルの発想を規定しているといえようか。ともあれ両モデルとも、ここでは今後の史料目録の編成・記述・検索手段構築への論議の素材として呈示してみた。

本節では、史料生成構造から目録編成へどのように転化していくか、特に出所が複合し、原秩序自体が経年変化する中で複雑化している場合に、目録がどのような形態になるかを検討した。検討の素材としたのは、経年変化しかつその変化が捉えやすい行政文書であったが、その場合の検索のモデルを呈示してみた。ここでは、整理論の諸原理と、基本目録の意義を確認したにとどまるが、これまでの諸議論を次の論議に向けて彫琢し得たのではないかと思う。

（1）青山英幸「『史料館収蔵史料総覧』を手にして」『史料館報』第六五号、一九九六年八月、所収）では、『総覧』の構成に関連して「「所蔵者機関（Repository）」の個別性を表示する情報」として、「レベル０」（二頁。この場合は、編者の史料館ないしは『総覧』の書名）の設定に言及している。国際的な史料情報の流通を前提としての提題である。

（2）第二節註（3）、文書館用語集研究会編前掲書、五八頁。

（3）同前、三五―三六頁。

（4）ＩＣＡ（国際文書館評議会）編『文書館用語辞典』（安澤秀一私訳）。詳しくは、第八章第二節五項。

（5）小林蒼海「公文書の作成から保存利用までの一貫した管理――FRANK B. EVANS博士の報告書の紹介を中心にして――」（国立公文書館編『北の丸』第一六号、一九八四年二月、所収）、七一頁以下。

（6）原題は、Les Archives. 白水社、一九七一年一月、七七頁。

（7）ファヴィエの説明からすると、国立公文書館編『公文書等の集中管理――保存・利用のための移管の重要性について――』（一九九一年七月）の「整理に当たっては、同じ「出所」の公文書等は、他のいかなる出所の公文書等とも混合させてはならず（出所の原則）、さらに公文書等が移管されたときの簿冊の順序に従って行われる（原秩序尊重の原則）」（一一頁）との規定は、公文書館の書庫において一定の行政組織単位ごとに区画を設け、各区画の中においては、公文書等がそれぞれの行政機関において現用に供されている時の保存順序に従って排列しなければならないとするものであって、「有機的配列」の有無を検討することが省略されているように思われる。また、第七章第三節註（56）で触れた本田雄二「史料整理と目録編成について――原秩序尊重の目録編成と分類項目付与の有機的連関――」（『新潟県立文書館研究紀要』第二号、一九九五年三月、所収）が主張する目録作成にあたって「原秩序」を「現秩序」にとどめる考え方は、原秩序が何であったかに対する判断停止の見解のように思われる。

（8）第七章に例示した個人文書の整理実践例では、石川一郎文書がある（同章、追記（1））

（9）『記録と史料』第五号、一九九四年九月、所収。京都府立総合資料館所蔵の京都府庁文書を事例に、「出所の原則」「原秩序尊重の原則」およびこれの適用について論じている。

（10）『北海道立文書館研究紀要』第一二号（一九九七年三月）、所収。

(11) 北海道総務部文書課編『北海道所蔵史料目録』第三―四集(一九六二年六月―六三年六月)、所載。

(12)『山口県文書館蔵行政文書目録』「一九三〇年代完結文書」「一九四〇年代完結文書」、一九九三年三月―一九九五年三月。

(13) 第二節註(3)、文書館用語集研究会編前掲書では、「史料群の階層構造」について、「行政や企業など組織体の活動はふつうピラミッド型の機能分担システムのもとで遂行されるから、史料群も自ずからそれを反映した階層構造を持つことになる」(六六頁)と説明する。ただし、すべての組織体の史料群が、つねに階層構造をもって現在しているとは限らない。組織体、史料、目録それぞれの構造が、どのように重なるのであろうか。これが、本節の課題である。

(14) わが国の地方文書館が蓄積してきた研究に、近代の行政機構の変遷と事務分掌の把握があった。これについては、第七章第二節四項、参照。

(15) 史料構造の把握が、史料の構造分析の結果によって得られることについては、第二節註(18)、史料館編前掲書、七八頁以下。家文書の場合の構造認識には、いっそうの分析が必要であることについては、安藤正人著『記録史料学と現代――アーカイブズの科学をめざして――』(吉川弘文館、一九九八年六月)第二章で論じられている「越後国頸城郡岩手村佐藤家文書」の事例を参照。

なお、註(10)、青山前掲論文の先行論文「箱館奉行文書について――簿冊についての覚書――」(『北海道立文書館研究紀要』第九号、一九九四年三月、所収)で示されている箱館奉行文書の構成は、残存した限りの簿冊の再構成である。ここでは、「(同奉行所の)掛の職務内容は、残存している史料の制約もあり、また近代の官僚制のように規則にもとづいた職務遂行の組織が編成されていた訳ではないので、厳密な位置づけは困難である」(七―八頁)と述べている。仮に掛の職務内容が相当程度明らかにされても、簿冊に加えられた編綴替えをも含めて考えると、目録の構造と史料の構造とが、完全に一致するものと考えることはできないであろう。

(16) 編年体の目録などについては、第二節註(23)、参照。

(17) 史料の生成構造を基本目録として位置づけた上で、さらに編年別、発給者別、主題別等々の付随的目録を作成することは可能である、ともいわれる。例えば、永桶由雄「国立公文書館」(『日本古文書学講座』第一一巻、雄山閣出版、一九七九年四月、所収)は、「原配列はそのままにしておき、検索の便を考慮し、目的に応じた二次分類、三次分類を行なった目録等を作成することはいっこうにさしつかえない」という(九二頁)。この逆に、編年別・発給者別・主題別目録から生成構造を反映した目録を再編成することはできない。

(18) 第二節註(18)、史料館編前掲書、七八頁以下。ただし同書では冊子目録の刊行をもって目録の「完成」としているが(八八頁)、ここに目録作成の到達点を置くのは、史料館の方法に引きつけた説明であって、すべての目録が冊子目録として刊行されねばならないというわけのものではない。目録の刊行は、あくまでも目録表現の一形態であって、どのような目録の形態をとるかは、各館が選択することである。

(19) 第七章第二節三項。

(20) 家、個人の文書については、註(8)、石川一郎文書、同(15)、越後国岩手村佐藤家文書を参照。

(21) 目録の多面的構造については、第二節註(3)、柴田前掲論文、一七頁以下。なお、柴田はここで、史料が多面的な構造を持ち、これを目録化する場合、「冊子体目録やカード目録の形で一次元あるいは二次元の世界に投影」させることの困難性を指摘している。行政事務の立体的な構造は多次元の目録表現を必然とするという主張である。しかし、多次元構造が四次元、五次元となると、具体的にどのような目録になるものか、呈示されていない。本章では、多様な検索が可能であるという意味で、〝多次元〟という語を避け〝多元的〟とした。

(22) 註(9)、竹林前掲論文、五七頁―五九頁。

(23) かつては一体であった文書が、再び統合される事例として史料の返還、買い戻しなどがある。北海道立文書館所蔵の史料では、かつて外務省に貸し出した外交関係文書が東京大学史料編纂所から返還された例、北海道大学において偶然発見されて同大学から送付された、開拓使札幌本庁民事局勧業課文書の例がある。これらの場合、すでに収蔵している開拓使文書の一部に単純に組み込むことでよかったのかどうか、それらを別置すべきではなかったか、検討すべき課題であったように思う。

なお、再編綴の簿冊の中には、相当の年数を隔てて複数の文書が編綴がされる場合をしばしば見ることができる。このような後代の編綴については、拙稿「北海道所蔵簿書の来歴について――第一文庫系簿書の履歴――」(『北海道地方史研究』第四四号、一九六二年八月、所収)参照。

(24) 京都府立総合資料館歴史資料課編、一九八七年二月。同目録では、京都府庁文書のほか、京都府庁史料(京都府編さん稿本記録類)、京都府公所文書、郡役所文書、町村役場文書、京都府布令書、京都府布達要約の項をそれぞれ立てて目録化している。

(25) 出所の確認について、文書群を区分する指標として、文書管理制度がそれぞれ独立しているか否かを指標とするとした、註(9)、竹村前掲論文の主張が想起される(五四―五六頁)。一方、筆者は、かねてから「編冊の状態が分類を規定(する)」(拙稿「府県庁文書の目録化と分類をめぐって」(『文部省史料館報』第一四号、一九七一年七月、所収))と述べてきた。目録実践の場合、簿冊編綴者の編綴意図と編綴の実態が第一義的に尊重されなければならない、と考えている。

(26) 註(9)、竹林前掲論文、六四頁。竹林は、機構改革後の新しい課に簿冊の位置を決めた京都府庁文書の編成を、「シリーズレベル・コントロール」の視点から意義づけている。

(27) 註(11)、『北海道所蔵史料目録』第一―四集(一九六一年二月―六三年六月)、同書凡例。機構改革などにより担当課に変更があった場合は、その年、新たに設置された課に位置づけている。現在、この目録の改稿版が、『北海道立文書館所蔵資料目録』一〇(一九九五年三月)以下として、逐次刊行されており、組織・機構の変遷がより詳述されている。

(28) 東京都公文書館編『東京都公文書館所蔵蔵書目録』一(慶應四年―明治三〇年)(一九七四年三月)。

(29) 年次―組織名の目録編成(構成)をとる場合は、特に組織・機構の連続・不連続を表現する必要がある。したがって組織変遷表は、目録本文を補助する重要な参考資料として欠かせない。もっともこの目録編成(構成)方法が成り立つには、文書(簿冊であることが多い)の主務者と年次が特定されている必要がある(第八章第二節三項)。年次の特定が困難な場合、また、複数年の簿冊を編綴している場合には、その文書の年次上の位置づけが問題となる。年次が文書日付の初年か終年かあるいは該当個所に重出するかという問題である(第七章第二節二項、第八章第二節三項)。また、同様の問題で編綴文書の初年に位置づけた青山前掲論文の試みについては、第一節註(2)、「国際標準記録史料記述等による箱館奉行文書目録作成の実験について」四頁を参照。

(30) 第八章第二節二項。

(31) 基本目録を前提とした多様な検索手段の可能性については、第二節註(18)、史料館編前掲書、九五頁以下、註(15)、安藤著前掲書、一七〇頁以下。ここでは基本目録を確立した上で、基本目録から派生する補助的検索手段として、主題別、年代別の検索手段の作成が考えられる、としている。もとより、多様な目録ないし索引の作成が可能であるが、史料館の目録でもその具体的な展開例が乏しく、愛知・群馬県庁文書を収録した『史料館所蔵史料目録』第一七集(一九七一年三月。原島陽一担当)の索引(「部局別と内容別の併用分類項目」)などに限られようか。

なお、安藤著前掲書では、基本目録の読みやすさをはかるため、基本目録とは別に詳細目録を作成することを提言している(一七一頁)。しかし、補助的検索手段(索引)が基本目録から派生するということを前提とするならば、基本目録は、基礎的情報源として情報量を一定程度蓄積していなければ機能し得ないと思う。基本目録が備えるべき情報を詳細目録に委ね、「読む」目録に徹することでは、基本目録が果たすべき速やかな検索機能を殺ぐことにならないであろうか。

(32) 拙著『開拓使文書を読む』(雄山閣出版、一九八八年十一月)三七頁、表7。

(33) 簿冊単位の目録と件名目録との間に、簿冊の概要を示す記述(ないしは目録)が必要と思われたのは、北海道立文書館に備え付けられた一万一千冊分の厖大な件名目録に直面して、あまりの量のため、これの検索を断念する利用者に出会うことが少なくなかったからである。

もっとも、岸田和明「記録/文書に対する主題検索の方法――文献検索理論からの接近――」(記録管理学会編『レコード・

マネージメント』№三四、一九九七年七月、所収)では、史料の主題検索の可能性を検索自動索引法などを応用する視点から論じている。ただ、後述するように個別の史料に対する主題検索が史料生成構造の理解とどのように関連づけ得るのであろうか。〝接近〟への課題は依然として少なくないように思われる。

(34)　第一節註(2)、大友・五島前掲論文、四一―四二頁。

(35)　同前、四二頁。

(36)　日本古文書学会編『古文書研究』第四号(吉川弘文館、一九七〇年一〇月、所収)。

(37)　同前、八四頁。

(38)　法令番号付与の指示は、一八七二年一月八日付、太政官正院達(註(32)、拙著前掲書、一二八頁)。文書番号を手がかりに文書往復の構図を示した例としては、同書、図28「「小川淳外一名、函館ニ於テ西教講説ニ付英国領事ヘ懸合ノ件」関係文書の関連図」(一四五頁)参照。

(39)　『台湾総督府文書目録』第四巻、解説(ゆまに書房、一九九八年九月、所収)。

(40)　同前、三八一頁。

(41)　山崎尚之・上田ひろや・保坂一房「明治期行政文書の目録作成と入力事業について――東京都公文書館の場合――」(全史料協関東部会編『アーキビスト』第一九号、一九八九年十二月、所収)。

(42)　ここに掲げたモデルとは直接の関係はないが、註(10)(15)の青山英幸の一連の研究は、文書編纂体系再構築のための一つの試みといえよう。

(43)　註(25)。

第五節　ま と め

本章は、史料整理論の再考として、これまでの整理論を検討しつつ、その課題と方向を探ってきた。史料整理論の課題については、本章の冒頭にも触れたように、筆者は、これまで第七章、第八章でいくつかの点を指摘してきた。すなわち、第七章では、実践による整理論の検証、目録記述の標準化の問題、またその国際的標準化、さらには整理論の枠組ないし整理概念の明確な規定の必要性を指摘した。[1] 第八章では、同様に目録記述の標準化、史料の階層構造を把握する方法の深化、ISADなど国際的記述標準化への対応の課題を指摘した。加えて多様な階層構造の把握と検索手段の構造化との関係などに触れた。[2]

本章では、右の課題のうち、整理概念、階層構造把握、またこれと検索手段の構造化との関係について考察し得たと思う。もとより考察の内容は、筆者自身の課題設定にも十分答えているとはいえないが、議論を彫琢し広げることができたのではないかと思う。特に、史料整理が史料管理全体の中で位置づけられる必要があり、整理論は、文書館の史料管理理論としての性格を求められていること、文書館所蔵のすべての史料を対象とする管理論、整理論は、史料管理学・文書館学の主要な一角として、他の整理論から独立した体系を構築するという基本的な課題があることを述べた。他方、史料整理の理論と技術は、他の類縁機関、図書館・博物館が収蔵する史料に対しても適用され得る内容である必要がある点についても言及した。文書館の史料整理論は、すべての史料に対応する内容を持っているとするならば、文書館だけの整理にとどまり得ないはずである。さらに、本章では史料生成の構造を明らかにする基本目録の性格と、基本目録を軸としつつ構築される検索モデルについて、近代の公文書を例に呈示した。

ひるがえってなお残された課題は多いが、本章では、目録記述の標準化および国際化については、触れずに終わった。むしろ、本章では、「出所の原則」「原秩序尊重の原則」をはじめ史料整理論の基本的理論を再検討しつつ、史料生成の構造と目録の構造との関係という、基本目録を成立させる諸概念に注目して論を進めてみた。行論の中からは、「出所の原則」などでは何をもって出所とするかという史料〝群〟の概念規定、史料本来の秩序を復元するための原秩序の把握などが課題となっているが、それは、史料および史料群がどのように成立し、伝存されたかという、史料認識論に隣接した課題である。史料認識論が史料整理論にどのような関連を持ち得るかと

いう議論は、わが国では緒についたばかりであろう。(3)

史料構造の理解も史料認識論の一部であると筆者は思っているが、認識論から整理論へという道程が〝整理〟されて、初めて「出所の原則」「原秩序尊重の原則」理解、史料構造の理解も目録表現も安定し得ると思う。史料整理論の課題は、目前の史料の整理を解決するための手法として有効に機能する必要と同時に、史料の全体的な管理、情報交流のあり方、史料認識論との関連づけなど、多面的に論じられる必要があろう。このことを指摘し、ようやく史料整理論の入口に立ったのではないかと思われる本章を閉じることとする。

（1）　第七章第四節。
（2）　第八章第六節。
（3）　「史料認識と史料目録」を掲げたのは、第四節註(15)、安藤著前掲書、一六四頁、であるが、わが国ではこの議論はまだ少ない。

〔付　記〕

本章は、一九九八年十二月に開催された国立公文書館主催の「公文書館専門職員養成課程」において、「資料整理論」を講じたことを契機としてまとめたものである。ただし議論の組立や細部は、全く新たなものとなっている。

【補　記】

本章の初出論文校了後、最近の『図書館情報学ハンドブック』(同編集委員会編、第二版、丸善、一九九九年三月)を見ることができた。同書には、「記録史料」「文書館」(青山英幸執筆)などの項目があり、文書館界が蓄積してきた史料管理論の成果が反映されている。図書館界で従来使用されてきた「整理」「資料組織化」を、この版では「書誌コントロール」として概念づけている。もっとも「書誌コントロール」の概念の拡大を積極的に展開している根本彰の著作『文献世界の構造――書誌コントロール論序説――』(勁草書房、一九九八年二月)によっても、この概念には議論の幅が大きいようである。史料管理における整理関連の全体像をどのように概念づけるか、本章でも課題であるとしたが、ここでは整理に代わる術語を新たに設定することはせず、整理の内容が史料管理全体に関わること、および史料情報の制御を意識的に行う必要があることを念頭において執筆した。

本章をおおやけにしたあともアーカイブズ・インフォメーション研究会編訳『記録史料記述の国際標準』(北海道大学図書刊行会、二〇〇一年二月)が公刊され、「記録史料記述に関する原則についての声明」(マドリッド原則)、ISAD(G)本文、ISADと対になる団体・個人・家に関する記録史料オーソリティ・レコード(ISAAR(CPF))全文、これらを解説したマイケル・クックなどの二論文を収録している。また水野保「公文書の検索システムを考える――東京都公文書館の件名目録事業から――」(東京都公文書館編『研究紀要』第三号、二〇〇一年三月、所収)、梅原康嗣「行政文書の目録記述のあり方とガイド」(『長野県立歴史館研究紀要』第七号、二〇〇一年三月、所収)、柴田知彰「記録史料群の内的秩序の復元に関する一考察」(『秋田県公文書館研究紀要』第七号、二〇〇一年三月、所収)などに接することができた。文書館から発信する史料整理論は、これから体系的に深化していくものと思う。深化の方向については第三編の他の章でも触れたが、ISADおよびISAARなどの国際的動向とわが国で蓄積してきた整理論、目録論、またコンピュータを念頭に置いた史料管理などがどのように組み合わされ体系化していくかが課題となるのではなかろうか。

その際、留意したいのは、それぞれの方法論が何に関心を持ち、何を解決しようとしているかを識別しておく必要があろう。ISADが根拠とする「マドリッド原則」では、フォンドを「ものに関わる概念(a physical concept)としてよりも、情報に関する概念(an intellectual concept)としてとらえること」を求めており、各所蔵機関における「管理レベル」については主たる対象とはしていないようである(引用句は、前掲『記録史料記述の国際標準』一一頁)。これに対し本編の各章をはじめこれまでわが国で蓄積してきたのは、ものに表意される史料生成の関係性をいかに目録に呈示しうるかというものであった。また本章でいう史料総体の把握は、史料を財産として管理する、いわば物理的管理のありようを追求することと密接な関係がある。史料の目録、検索手段の作成を目指しながら、それぞれ関心の向け方が同じではないとした上で、多様な発想が止揚され体系化されていく論議を進めていくべきであろう。

第四編　近現代史料の史料認識

第一〇章　近現代史料論の形成と課題

第一節　問題の所在

本章は、近現代史料論がどのような形成過程と枠組をもって成立し課題を持っているか、またその構築にあたって最も関連の深い古文書学などがどのような接点を持ってきたかを検討しようとするものである。もっとも、右のような課題を設定する場合に、近現代史料論自体がどのような概念として捉えられているか、あらかじめ明らかにしなければならないけれども、それこそが本章の課題であるので、行論の中で筆者の理解を明らかにしていきたい。

近現代史料論を考えるうえで、まず古文書学との接点を問題にしようとするのは、これも次節以降で具体的に触れるところであるが、近現代史料論形成の過程に果たした古文書学の役割の重要さと、同時に従来の古文書学の方法論では包みきれない様相を近現代史料論に見るからである。すなわち、近現代史料論は、その当初において古文書学を拡大する方向で発想されたが、間もなく古文書学によっては捕捉されがたい領域へ論議を拡大させていった。その方向は、近現代史料の種類、形態の持つ多種、多様性への注目であり、史料の管理すなわち官公庁文書など組織体史料の評価選別、整理、提供のための方法を考究する分野への展開であった。また、本章では十分触れ得ないが、現代にあって「史料」は、必ずしも歴史学の史料としてのみ位置づけされるものではなく、史料論もまた現代の情報学に隣接した分野の研究として捉えられる。したがって古文書学が研究の対象と認識の方法を限定することで発展してきたのとは対照的に、近現代史料論は当初からその対象と方法において論議を拡散させる方向を持っていた。

右のような状況であるから、近現代史料論は、論議の仕方もいくつかの複合的な要素を抱えているので、本章も、近現代史料論の形成過程をたどることによって、その論議の枠組を整理し、史料論としての可能性について検討を加えたい。以下、次節では、近現代史料論の起点を見定めるとともに、古文書学との関係を明らかにし、第三節では、近現代史料論自立への模索と史料管理学との関係に論及しようと思う。最後に第四節では本章全体をまとめつつ、近現代史料論の方向を考えることとしたい。(1)

（1）本章では、近代史料と現代史料とを分けずに「近現代史料」とした。近代史料と現代史料とは別に論ぜられるべきとする意見があり、これには聴くべきところはあるが、本章では特別な個所以外、この区分には立ち入らずに近現代を一括して論ずることとする。そのようにしても論旨が維持できると考えたからである。

また、本章で取り上げたのは、近現代史料〝論〟自体をどのように考えるかという問題の提起を持った論考に限った。近現代史料に関する論考は多々あるが、右の視点から対象論文を選択したものであることをお断りしておきたい。

第二節　近現代史料論の提起と古文書学

一　近現代史料論前史

近現代史料論が提唱されその構築が具体的な研究として試みられたのは、次項で述べるように、戦後、一九六〇年代以降である。戦前には遂に近現代史料論が起こらず、近現代文書が古文書学などの研究対象とならなかったといってよい。その理由については、近現代史研究そのものの未発達、また研究を支えるべき史料、なかでも公文書の非公開、また史料の保存公開を保障する制度である文書館の未設置を挙げることが多い。

例えば、一九八〇年代初頭に近現代史料論の状況を包括的に紹介した松尾正人は、第二次大戦以前には近代の文書を直接対象とした歴史研究が少なかったため、「文書学的研究」がほとんど着手されていなかったとし、「近代文書に関する研究の遅れ」を「行政文書が一般に公開されていなかった事情」にあると説明している(1)。また、戦前の公文書の非公開、文書館制度の未発達の要因を論じた青山英幸は、「官学アカデミズム」の歴史学が学問領域の対象を幕末までとし、同時代史研究を除外したところに求めている(2)。すなわち学界は同時代公文書の保存、文書館の設立に消極的かつそれらの公文書を「研究対象領域外と位置づけ(3)」たが、それと「官僚制における記録の非公開体制」が結びつき、「国民から記録を隠蔽する、いわば天皇制国家の官僚制度の一環として成立した記録保存体制」が構築されたとする(4)。

近代日本の歴史学研究が国家的制約の中にあり、また政府が近代初頭にヨーロッパ諸国の文書館知識を吸収しつつも、文書館制度を導入しなかった点については、すでに多くの指摘がなされているところである。[5] しかしながら戦前には公文書の一般的公開がなかったとはいえ、近現代史料の研究や公文書を保存する文書館設立の意見が表明されていなかったわけではない。例えば、明治維新史、幕末・維新期の外交史に対しては、政府部内、在野を問わず史家の関心が強く、歴史叙述と史料編纂事業が盛んであったことが知られている。[6] 一例を挙げるならば一八七二年(明治五)から本格化し八九年(同二二)に完了した『復古記』一五〇巻、『復古外記』一四八巻の編纂がある。『復古記』編纂は、太政官の一機構である修史館による事業であって、大政奉還から天皇東幸に至る維新政府確立への歩みをたどっており、維新政府自らが行った同時代の修史事業、同時代史料の収集事業であった。この編纂過程の中でも公武諸家の記録の不一致、錯綜が自覚され、関係史料についていっそうの収集とこれらを「精密ニ調査シ彼我ノ記録ヲ対照[7]」する必要が強調されていた。近代史料についての史料批判の必要性、さらには近現代史料論を成立せしむる前提が、それらの中に存在してなかったわけではない。

また、政府の公文書の保存と学術利用についても、一八九〇年代には研究者の側からの種々の提起があった。[8] このうち日本の古文書学を体系化した黒板勝美は、古代・中世のいわゆる〝古文書〟に加えて、現代の公文書を保存する施設としての「古文書館」設立を主張している。[9] 一九一二年(大正元)に「古文書館の設立は、単に学問研究の為めのみならず、また政治上各省の事務を敏括ならしむる上に多大の便益あることを信ず[10]」と述べているのは、黒板の先駆的な文書館認識の一端である。

近現代史料の保存・公開の意見は、この後も三浦周行《ひろゆき》、藤井甚太郎によって主張されている。なかでも藤井は、かつて一八八七年(明治二〇)頃に逓信省がまとめた「記録法案」を紹介しつつ「記録館」設立の提唱を行っている。[11] しかしながら、これらの主張が歴史学界、古文書学界において大勢とはならず、戦前には遂に公文書の公開、文書館の設立を見ることはなかった。官学、在野の歴史学界の先駆的な提起にも関わらず、それが大勢とならなかったのは、同時代史料の保存、公開、さらに近現代史料論への展開が、具体的な歴史学研究、古文書学研究と結びつかず、それとの乖離が大きかったことを示している。慎重な言い廻しながら「最近世[12]」（ここでは「昭和時代」）史研究の必要性を説いた黒板勝美も、自らの古文書学を近現代文書に及ぼすことはできなかった。

二　近現代史料論の提起

近現代史料論の最初に掲げられるべき記念碑的な研究は、一九六〇年におおやけにされた大久保利謙《としあき》「文書から見た幕末明治初期の政治――明治文書学への試論――[13]」であろう。同論文の主題は、「幕末＝明治初期の官庁文書の様式・性格に就いて考察して、当時の政治の推移との関連を明らかに[14]」するところにあって、副題の「明治文書学」が示すように、近代史研究への古文書学の導入であった。すなわち、「近代史研究を堅実たらしめるためには、今後史料学的な基礎工作を確立せしめることが重要な問題の一つ[15]」とする執筆意図は、古文書学による近現代史料の史料学（論）の展開であった。

右の意図のもとに、同論文では「勅書」以下の幕末の政治的文書に触れ、次いで「沙汰書」など維新後の政治的文書、なかでも法令公布様式（「天皇が発する文書」「一般の法令」など）を論ずる。特に論文の過半を費して、法令の様式（布告と布達の区別など）、高札撤去後の公布方式、法令掲示法および掲示日限の変遷、また『太政官日誌』など一般への周知手段としての頒布物について論じている。

本章は大久保論文の内容を全面的に紹介する趣旨ではないので、近現代史料論としての大久保・明治文書学（以下、他の論文もこのように適宜略記することがある）の意義を四点にわたって指摘しておきたい。その第一は、近現代――に限らないが――文書学的研究の視点として、黒板勝美が主張する様式論、効力論とともに「時代的性格の解明」を提起した点である。これは、一定の研究蓄積がある古代・中世文書に対峙して近現代文書の研究（「明治文書学」）を意義づける意味を持っている。第二に、近代文書学の内容として、幕末から近代への「過渡期」の性格把握研究が意義づけられた。大久保・明治文書学にとって、この過渡期はわが国の「近代的統一[16]」への階梯、法体系の変貌過程として把握されている。後述するがこの視点は、今日、近現代史料論の有力な一分野を構成している。

第三は、この過渡期の文書の諸相を最もよく説明し得る素材として法令の様式・公布方式のありように注目した点である。近代法令の持つ全国的な統一性、画一性は、当時の政府にとって政策目標であったが、歴史研究においても、その「法的交流の全国的な配置関係、交流の速度[17]」は、主要な関心になると指摘している。法令様式、公布様式については、この後、同論文が諸論考に参照、引用されるようになり、幅広い影響を持つことになる。また各地の実態の解明を促す契機ともなっている。

第四に、大久保・明治文書学は幕末・近代初頭の文書に対しても、文書の様式による区分を行い、古文書学の研究成果、なかでも様式論の視点を吸収しているが――この点は次に述べる藤井貞文の示唆によるという――、同時に当時の古文書学の文書の概念を超えて近現代史料の考察対象を拡大した点が挙げられる。黒板勝美以来の古文書学の主流は、文書を記録・著作などと明確に区別する目的から、文書の概念を差出人から受取人に効力を及ぼすために作成されたもの、という授受の関係に限定して研究の領域を設定してきた。しかし、大久保・明治文書学では、「文書と史料の概念は同じではない」としつつ、近現代文書ないし近現代史料の範囲を「多種多様」と捉え、「新聞雑誌、広告類なども含まれる」として、『太政官日誌』などの一般頒布の刊行物をも研究の対象としている[18]。文書、史料をこのように拡大し、多種、多様とする見解は、その後の近現代史料論で一般化されるようになるが、この文書・史料概念の拡大は、近現代史料論の構築に際し、古文書学に全面的に依拠しがたくなったことを示している。

大久保・明治文書学に続いて、一九六八年に藤井貞文「近代の古文書[19]」が公表された。大久保の論文には、同論文の幕末・維新期の文書についての考察が藤井の示唆によるものであると記している。藤井は、戦後、近世以降の文書が研究の対象とされるようになったことについて触れ、これらの文書の利用が、「文書其ものゝ研究ではなく、性急なる歴史研究に資する史料として文書を取扱はうとした迄であった。従って文書の研究と言へば、新に出現した文書を処理し整理する為に急いだ方途に過ぎなかった[20]」と批判する。これは戦後の近世史研究の盛行とその史料発掘の状況を念頭に置いての指摘であろうか。そのうえで近代文書研究の遅れが著しく、ために「近代の歴史の研究の道の遥けさを思はしめられる[21]」と述べている。

藤井論文は、幕末・維新期の諸文書の成立背景、材料、様式、効果（効力）に触れ、これらが前時代を引継ぐ一方、「当代社会の要求」に応じて変形し新たな「社会の出現に応じて創始」し、特に「外国交際の開始乃至新社会の発達に伴ひ、幾多の新式文書が現はれた[22]」と論述の前提を呈示する。そのうえで文書の料紙の紙質、形状、筆記用具、文字、文体などの「一般的な成立条件」を述べ、次いで「朝廷文書」（詔、詔勅、勅、宣命など）、「政府文書」（官符、解、官宣旨など）、幕府等の「武家文書」（内書、朱印状、達書など）、「国際文書」（国書、信任状、条約書など）に分類し、それぞれの様式、成立の事情を解説する。ここでは、古文書学の様式論的把握を近代の文書にも及ぼし得る可能性が呈示され、また幕末・維新の政治的変革期が文書のうえでも前時代からの継承と、新たな時代に即応して「創始」されていくという、文書制度の過渡期として把握されている。

藤井が近代の〝古文書〟を古文書学の一分野として考察しようとするのは、近代初頭の文書がもはや同時代の文書ではなくなっているという側面が生じているからである。文書の正確な解読には、「作製せられた社会の要求、即ち其社会に対する知識と慣用とに慣熟通暁する必要があった[23]」と述べるのも、古文書理解のための一般的な原則がいまや近代初頭の文書に及んでいるという、藤井の認識であった。

戦後二十余年の時点で、近代初頭の文書が同時代の文書ではなく、ようやく古文書学の研究対象となる〝古文書〟[24]となったことになり、この点、一九〇〇年代初頭に黒板勝美が同時代史の研究を論じていた状況とは異なるところである。同時代の文書として近代初頭の文書を理解することが研究者にとっても困難となってきたからである。

近代の文書が研究の対象として認識されることになった一九六〇年代に、近代の古文書学・史料学(論)が、初めて意識されるようになったといえよう。またその方法論が文書様式論を手がかりとしたのは、一九六〇年代の古文書学が様式論以外の方法論を発展させていなかったことと関係があろう。

三　古文書学からの接近

近現代史料論は、一九六〇年代に提起された段階ですでに、古文書学が近代文書にも適用し得る可能性と、同時に古文書学の領域外にも対象・領域を設定する必要性を持っていた。これは近現代史料論が古文書学の方法論を包含しつつも、古文書学に全面的にとどまり得ないことを意味するものであった。

もっとも一九七〇年代初頭、佐藤進一著『古文書学入門』[25]が公刊されて古文書学からの新たな提起がなされた。ここでは従来の古文書学が「中世古文書学」にとどまっていたとし、「既成の古文書学を批判し再検討して、複雑多様な近世近代文書を含めて新たに体系化することが、日本古文書学の将来に課せられた大きな課題である」[26]として、古文書学を再構築し、近世・近代文書を包摂することを提起している。これは、近現代史料に対する古文書学からの接近であった。

さらに同書では、古文書学の新しい定義として著名な〝文書史〟を呈示する。佐藤によれば、古文書学が歴史学に対し単なる補助学ではなく、また古文書の真偽鑑定や難読の古文書の解読に存在意義を置くのではなく、「独立」(自立)した学問として独自の研究領域を確立すべきとする。そのために主張されたのが〝古文書学は文書史であるべき〟とする提起であって、文書史であるがゆえに「時代の新古を問わず、あらゆる文書が、文書史の素材として取上げられる」こととなる。かつ「文書史の目的は文書の機能の歴史を明らかにする」ものであるとして、「機能論を主軸にすえて個々の文書を考察すること」[27]が可能になる、という。したがって文書史としての古文書学は、機能論を軸に近現代の文書をも包摂する通時的な普遍性を持つことが可能になる、と主張する。

ただ、近世・近代文書を含み得る古文書学の領域拡大を呈示した〝文書史〟であるが、その提唱部分は、同書の冒頭と結びの部分に限られていて、本論部分で十分展開されてはいない。佐藤自身の古文書への具体的な関心は近世以前にとどめられており、近現代文書へ及んではいなかった。

もう一つの古文書学から近現代史料への接近が、一九七〇年代末から八〇年代にかけておおやけにされている。『日本古文書学講座』全一一巻の刊行である[28]。この講座の刊行自体が、わが国の古文書学界でも画期的な意味を持っているが、それにとどまらず、一一巻中、三巻を近代編にあてており、近現代史料を古文書学的に把握するというこれまでにない試みとして意義があった。この近代編は内容も多彩であって、Ⅰ(第九巻)で中央の官省庁から都道府県・郡市町村に至る公文書を、Ⅱ(第一〇巻)で、金融、産業経済、政党、社会、文化、地方の民間文書を、Ⅲ(第一一巻)で、宗教、被差別部落、政治家という広い分野を概観した上で、海外のGHQ文書および各文書館・史料館の近現代文書の整理、公開などにも言及している。

同講座が各分野の近代文書を総覧した上で、その整理・公開という史料管理学の領域をも取り扱い、近現代史料整理論の論議の機会を提供したのは、この分野でも画期的な意義があった[29]。もっとも、近代編の各編が古文書学講座の一編として、一定の方法論(例えば様式論、機能論)によって文書を把握し論じ得たわけではなかった。近代編Ⅰ所収の三上昭美執筆による公文書の「総説」「新政府の成立と公文書」は、近代編Ⅱの松尾正人「文献解題」で評されている通り、大久保・藤井論文が呈示した公文書の様式、種類、公布方法を「整理・体系化」[30]したものであったけれども、他の執筆者による各論、すなわち各官省の記述では、それぞれの文書管理の一端、保有状況、所蔵史料の概要あるいは史料の例示を行う場合が多かった。すでに戦前の文書が大半失われている事情もあって、刊行物(図書、統計、調査報告)の紹介に終始した例もある。政府の公文書に限ってみても、古文書学一般の成果、方法とは相当の距離があり、古文書学からの接近がすべてにわたって有効性を立証し得たわけではなかった。むしろ古文書学に包摂しきれない近現代史料の多様性が浮彫りにされたといってよい。

古文書学からの接近について見ると、〝近代文書学〟を初めて標題に掲げた一九八〇年代初頭の著述、すなわち岩倉規夫・大久保利謙共編『近代文書学への展開』[31]に触れなければならない。古文書学との関係性が論議の対象となっているからである。同書は、国立公文書館開設一〇年を記念し、あわせて同館初代の館長であった岩倉規夫と設立運動に「中心的な役割を担って」[32]きた大久保利謙を記念する論文集である。同書所収の二二編の論文のうちでは、直接、近現代文書学・史料学(論)の体系化を課題とし、大久保・藤井両論文に触れているのは、津田秀夫「近代公文書学への模索」[33]と拙稿「明治初年、北海道における法令の施行――開拓使文書の体系的把握のための試論――」[34]の二編であった。

右のうち津田論文は、大久保・藤井が論及していない近現代文書の一定の特質を取り上げて、これを〝近代公文書学〟の課題として呈示する。その特質、課題とは、近代公文書学が公文書を歴史史料として「保存すべきか否か」の選択を抱えている点であって、これが「近代以前の文書等を対象とする古文書学とは近代公文書学は性格が異なる」[35]ところであるとする。さらに津田の公文書学では、公文書の管理・保管、記録化(史料編纂)、評価選別、廃棄、分類、整理などが考究の対象となり、文書館学・史料管理学と重なることとなる。津田自身も公文書学と古文書学との研究領域の違いを強調する立場であって、この論文は、欧米の文書館制度・文書館学を紹介した『近代文書学への展開』所収の他の論文[36]とともに、日本における文書館学構築を提起するものとなった。

次節で詳述するが、津田にはすでに、一九七三年の論考「近代公文書学成立の前提条件――公文書概念の変遷と保存公開をめぐって――」[37]があり、公文書の保存と公開を目的とした史料管理の学としての近代公文書学を提唱している。一方、拙稿は大久保が提起した、中央の文書が地方へ伝達され、法令が各地に施行され浸透していく問題について、北海道を事例として考察したものである。近代初期の地方官庁文書が成立する時期に生じた文書の伝達、法令施行の地域間格差、地方的独自性(時には地方官の恣意性)とその等質化、画一化が史料学(論)的課題になることを述べた[38]。

同稿で筆者は、古文書学を近代公文書制度確立期に及ぼし得るとし、その研究課題として、①稟議制をはじめ近代文書の作成・決裁過程、②文書の授受過程、法令の公布施行過程、③文書の集積・編綴過程及び保存管理の変遷等の来歴への考察、および④文書への史料批判を挙げた。これらは北海道という一地方の事例として呈示したのであるが、後述するように一般性のある論議として受け止められた。少なくとも、近代公文書制度確立期の文書に対しては、古文書学の範疇で「文書の作成、施行、編綴と管理、そして機能と効力の問題[39]」を研究の枠組として成立させ得るとの主張はなし得たと思う。その際、史料学(論)的把握の方法論は、文書館学を成立させる文書の評価選別基準、整理、分類、利用、保管等にかかる分野の研究とは[40]、どのように関連づけられるか、あるいは区別されるべきかという課題があったが、文書館学とは異なる領域に史料学(論)を設定することの必要性を筆者としては含意していた。

近現代史料論が、一九六〇年代―七〇年代を通じて追求したのは、古文書学の方法論を吸収しつつ、当時の古文書学が自己抑制的に設定した古文書の概念を拡大し、あるいは古文書学の研究領域外に対象を求めることであった。次節では、拡大する近現代史料論をたどりつつその論議の到達点を見ることとしたい。

（1）　松尾正人「文献解題」（『日本古文書学講座』第一〇巻、近代編Ⅱ、雄山閣出版、一九八〇年七月、所収）二八九頁。
（2）　青山英幸「日本におけるアーカイブズの認識と「史料館」・「文書館」の設置」（安藤正人・青山英幸共編著『記録史料の管理と文書館』北海道大学図書刊行会、一九九六年一月、所収）二六〇・二八三頁。
（3）　同前、二六二頁。
（4）　同前、二五三・二八三頁
（5）　歴史学の国家的制約が後世への影響を与えたものとしては、一八九一―九二年(明治二四―二五)に起こった久米邦武「神道は祭天の古俗」をめぐる事件がある。久米邦武事件については、例えば、宮地正人「幕末・明治前期における歴史認識の構造」(田中彰・宮地正人校註『歴史認識(日本近代思想大系、一三)』岩波書店、一九九一年四月、所収)がある。政府の文書館知識の導入については、註(3)、青山前掲論文、高橋喜太郎「明治前期を中心とした政府の記録組織の変遷等について」(岩倉規夫・大久保利謙共編『近代文書学への展開』、柏書房、一九八二年六月、所収)、拙稿「文書館前史」(全国歴史資料保存利用機関連絡協議会編『日本の文書館運動――全史料協の二〇年――』岩田書院、一九九六年三月、所収)など。

(6) 註(5)、宮地前掲論文、五四一頁以下。

(7) 註(5)、『歴史認識』三九〇頁以下。「復古記編纂ヲ乞フノ議」(一八八八年(明治二一)五月(同『歴史認識』、所収)三六一頁以下。

(8) 註(2)、青山前掲論文および註(5)、拙稿。

(9) 黒板勝美著『虚心文集』第七(吉川弘文館、一九三九年十二月、所収)、「欧米文明記」。

(10) 黒板勝美「国立古文書館の設立について」(『史学雑誌』第二四編一号、一九一三年一月、所収)九八―九九頁。

(11) 註(5)、高橋前掲論文および拙稿。

(12) 黒板勝美著『更訂、国史の研究 総説』岩波書店(一九三一年八月)、所収、三五六頁以下。

(13) 立教大学史学会編『史苑』第二一巻二号(一九六〇年十二月)、所収。

(14) 同前、二頁。

(15) 同前、一―二頁。

(16) 同前、三頁。

(17) 同前、一七頁。

(18) 同前、二頁。

(19) 日本古文書学会編『古文書研究』創刊号(一九六八年六月)、所収。

(20) 同前、七二頁。

(21) 同前、七二頁。

(22) 同前、七二―七三頁。

(23) 同前、七二頁。

(24) 近代の文書を〝古文書〟と称するのは表現矛盾のように思われる。大久保利謙が「明治文書学」としたのは、右の表現矛盾を回避する意図であったかもしれない。

(25) 法政大学出版局、一九七一年九月。なお、九七年四月に「新版」が刊行されている。

（26）同前、七頁。
（27）同前、二九一頁。
（28）雄山閣出版、一九七八年六月―八一年二月。
（29）第七章第二節四項。
（30）註（1）、松尾前掲論文、二九一頁。
（31）柏書房、一九八二年六月。
（32）同前、四二八頁。
（33）津田論文は、のちに『史料保存と歴史学』（三省堂、一九九二年五月）、第二部に収録。
（34）『近代文書学への展開』に所収の二二編の論文のうち、日本近現代史料論に直接関わる論文には、津田論文および拙稿のほか註（5）、高橋前掲論文、横溝光暉「戦前公文書の成立過程」、石渡隆之「『御署名原本』とその周辺――終戦の詔書原案をめぐって――」がある。
なお、拙稿は、本書の第一二章「近代初頭、北海道における法令の施行――開拓使文書の体系的把握のために――」として収録した。
（35）註（33）、津田著前掲書、四一頁。
（36）金井圓「アメリカ合衆国における国立公文書館制度の発展」、城戸毅「Adolf Brenneke, Archivkunde について」など。
（37）『歴史学研究』№四〇三（一九七三年十二月）、所収。同論文も註（33）、津田著前掲書に収録。
（38）筆者が地方的独自性と等質化、画一化の例としたのは、遠隔地への法令到達日限、法令施行にかかる地方官の取捨選択、娼妓解放令への開拓使の恣意的処置、開拓使の全国布達権限などである。
（39）第一二章第四節。
（40）同前。

第三節　近現代史料論の拡張と交叉

一　「公文書概念」の拡大

一九七〇年代は、各地で史料保存利用機関としての文書館の設立が進み、わが国の文書館制度が拡充された時期である。例えば、七一年に国立の二つの公文書館、国立公文書館と外務省外交史料館が設置または開館した。七六年には、全国の文書館関係者によって「歴史資料保存利用機関連絡協議会」(現、全史料協)が設立され、文書館運動また文書館についての研究・研修の機会が組織された(1)。文書館制度の拡充は、欧米の文書館学の吸収を促し、文書館の業務の中から提起された諸課題を解決するための研究が追求されてくる。前述の『日本古文書学講座』近代編、『近代文書学への展開』所収の論考の大部分や、これから触れる津田秀夫「近代公文書学成立の前提条件」などは、文書館の業務の進展を背景として生まれた諸研究であった。

文書館制度の拡充は、一九八〇年代にはいっそう進展し、八七年には「公文書館法」の成立という、文書館運動の頂点の一つを見ることになる。近現代史料論も史料の利用者である歴史学界の視点からのみならず、文書館業務の課題を担うものとしても考究されるようになる。前述の津田秀夫「近代公文書学成立の前提条件」は、七〇年代の論考であるが、文書館(ここでは主として国立公文書館)の課題に対して近代公文書学を設定して応えようとした早い時期の研究であった。

津田は、この論文で公文書の概念、すなわち公文書館の収蔵史料の範囲、保存のための評価選別基準、廃棄処分のあり方、公開、整理等、文書館業務全般を論じているが、特に論議の中心に置いたのは、保存すべき「公文書概念」の措定であった。津田が公文書の概念を新たに措定しようとするのは、古文書学の方法の援用（様式論に基づく立論）だけでは、近現代の公文書学を成立させ得ないと考えたからである。すなわち対象となる「文書の適用範囲を出来うる限り限定し、そのなかで形式的な類型化を試みた学問[2]」である古文書学に対し、近代公文書学はその研究対象を自ら見出し保存か廃棄かを評価し決定するものであって、「（研究）素材の選別・保存を含めて学問の対象」が検討される。したがって、「公文書概念の範疇」も評価選択（選別）の対象となり得るすべての記録、すなわち官公庁および公務員が「公務執行のために、政府機関によって作成蒐集された記録の全体[3]」となる。公文書とは、「各省庁及びその部局において、法的義務に従い、本来の業務の措置に関連して、作成され受け入れた書類、文書類等」を言い、さらに、形式的な面からも「物理的形状ないし特徴[4]」にこだわらず、次のように概念づけられる。

「広義の公文書は、通信、抗議文、報告書、執務用紙に記載されたもの、カード報告、書式用紙に記載されたもの、航空写真、地図、図表、青写真、写真、映画、スケッチ、設計図、各種統計表、録音（レコード、テープ）等まで含めた材料のものも包括しなければならないのである[5]」

津田が「公文書概念」は時代とともに変化し拡大するとして[6]、右のように公文書の概念を拡大して見せたのは、国立公文書館に収蔵すべき対象の公文書を限定的にではなく、より広汎に概念づけようと意図したためであることは、その行論から明らかである。しかしながら、拡大する「公文書概念」は、国立公文書館の収蔵対象に限られるものではないのであって、むしろ各地の文書館業務の中で把握されてきた史料の一般的な性格が、右のような概念の拡大をもたらしたのである。したがってこのような史料・公文書の概念の拡大とともに、近現代史料論もまたその領域を拡大していくこととなる。

二　近現代史料論の拡張

近現代史料論が古文書学の援用、拡大、またその領域外への拡張という論点をもって提起され始めたのに対し、「近代」という時代の性格から近現代史料論の論点を呈示したのは、丹羽邦男「近代史料論」である。この論文は、『講座日本歴史』二五、別巻二、「日本史研究の方法」[7]の一編であって、同書の総論にあたる石井進「「史料論」まえがき」では、「(近世及び近代の史料論は)文献史料中心に当該時代の史料の特質とあり方を明らかにすることに重点をおいた」[8]としているように、近代史料の特色、性格が何であるかを明らかにする意図のもとに書かれている。

丹羽・近代史料論では、「近代史料の一般的性格」を前提とし、対するにわが国の特殊性および近世史料との断絶を措定したうえで、私的史料、官庁史料について論じている。ここでいわれる「近代史料の一般的特性」とは、近代が封建的諸関係を排除したところに成立したものであって、「自由な個人が成長し、個性的な意志・思想が、印刷・通信・交通等の発達にたすけられ、前時代よりはるかに多様化した方法によってひろく伝達され、交流」するところにある。「言論・出版・集会・結社の自由」はその法的表現となる。「近代社会で生産される「近代史料」も、量的な厖大さとともに、前時代とは明確に区別できる豊かな多様性を持つ」とする。しかし、「わが国の近代史料は、量的にも質的にも制約された私的文書と、統一された様式を備えた厖大な官庁史料とから成り立っている」と規定する。この論議は、私的史料に対し「公的史料の優越」[9]が、わが国の近代史料の特色である、という主張であり、丹羽が公的史料に先立って私的史料を論じようとしたのも、右の意図を強調するためであった。

丹羽が呈示する近代史料論は、まず「私的史料」の項で、民間史料の生成とこれに対する政府の規制、すなわち「出版条例」(一八七三年(明治五))、「新聞紙条目」(一八七三年)から第二次大戦下の戦時統制における言論、出版などの制限、統制に触れる。私的史料ではほかに「経営史料」として農家簿記など地方旧家の帳簿組織に注目する。[10]一方、「官庁史料」の項では、戦前期における官僚制の形成とその文書管理、すなわち「職階系統を通し些事にいたるまですべて文書・伝票の伝達によってなされる」という「官僚制に固有な事務方式」[11]から生みだされた文書制度を、太政官正院、内閣、大蔵省、内務省について概観する。次いで統計調査組織とその事業の形成過程を論じ、かつ統計調査の不完全性と限界を指摘している。

丹羽・近代史料論は、公的史料と等置されるべき私的(民間)史料の重要性を喚起しようとする主張であり、また、官庁史料の重要な一角を占める統計史料に対する史料批判を促すところにも力点が置かれている。それらへの着目のうえに立って、私的史料に加えられた政治的制約が、わが国近代の史料に限定的な性格を与えていると指摘し、この点に近現代史料論の論点を求めている。同論文の頭初に、まず文献史料の外にある「思い出」(口述史料)の存在を置いたのも、文献史料を相対化する意図であろう。丹羽・近代史料論は、自ら指摘しているように一般的な政治史史料への言及を割愛しているが、初めて近現代史料総体を史料論として提示した試みであった。これによって近現代史料の全体像が示されたかどうかは別として、近代以降の多様にして厖大に増加し続ける史料の特色を把握する視点――近代本来の性格とわが国の場合との落差また限界性――を提起したことになる。また、ここで取り上げられた史料は、文書、書簡、編纂物、帳簿、簿記、日記、新聞・雑誌などの出版物、統計書、調査報告書などであって、近現代史研究に資する史料全般を視野に入れようとしている。

なお、近現代史料の対象についての議論としては、丹羽・近代史料論以前に藤原彰「現代史の史料について」[12](一九七四年)がある。ここでは「(現代史料の)無数に存在する史料はその立場方法によっていくらでも系統的に利用できる」[13]とし、現代における史料が本質的に無限定であり、いっそう多様化が進行することを示唆している。

また、この『講座日本歴史』二五には、ほかに佐藤進一「中世史料論」も所載されている。佐藤はここで従来の古文書学の概念では文書に入らないが、いわゆる〝記録〟でもない、中間的な領域があり、「授受関係の有無だけに注目しては、個々の書面の機能を明らかにできない場合も生ずる」[14]と、現代と古代の戸籍を例に指摘している。ここには古文書学概念の修正によって、古文書自体の研究領域の見直しをはかろうとする方向が見られる。

近代〝古〟文書学が拡大、膨張していくことは、前節で紹介した『日本古文書学講座』近代編所収の各編でも示されたが、関係文献を総覧した前述の同書所収、松尾正人「文献解題」[15]からも同様の状況がうかがえる。この「文献解題」では、一九二〇年代から七〇年代初頭にわたる近現代史料を対象とした諸研究を詳細に紹介したものであるが、ここでは、近現代史料論の流れに二つの視点のあることが確認されている。その第一は、大久保・明治文書学が提起したように「近代史研究を堅実たらしめるため」の史料学的基礎を確立しようとする視点、第二は、近現代史料の保存・整理のための諸論およびそれらの「延長上に近代史料の文書学的研究を不可欠」とする視点である。[16]この二つの視点を軸として、松尾・文献解題ではさらに、「公文書の研究」「私文書の研究」に区分して研究動向が概観されている。また、松尾は公文書研究に対して収集、保存そして体系的整理に困難が伴う私文書について、その「文書学的な研究の成果」[17]の少なさを指摘し、特に第一の視点による研究の必要を強調している。

松尾・文献解題は近現代史料の研究が、一つば歴史学を補強するものとして、またいま一つは史料の保存、管理にかかるものとしての二方向に可能性を持っていることを示唆している。また、いわゆる狭義の文書のほか、戸籍、統計、新聞に関わる研究動向にも触れて、近現代史料論研究の広がりを確認している。

近現代史料論の対象の広がりは、一九九二年に公刊された『日本近代思想大系』別巻「近代史料解説・総目次・索引」[18]の各編についてもうかがえる。この「解説」は、全二三巻の同大系に収録された史料の全体像を解説する意図で編集されたものである。「はじめに」を除く二一編は、「公文録と太政類典」以下、法令、官報、政治家、地方行政、神道・神祇、軍事、美術、芸能、居留地から「アメリカの日本関係史料」に至る各分野にわたっている。

これらは単独の執筆者による史料論の呈示ではないが、近現代史料を概観するものとしては、『日本古文書学講座』近代編以来の論考といえよう。特に由井正臣執筆の「はじめに」は、短文ながら全編を総括した近現代史料論となっており、近現代史料の理解の要点として、史料作成の時代背景、特に政治体制の構築がもたらす時代の「刻印」[19]への注目を促す。同時に公文書には限界があり、それに対する私文書(政治家、政府高官の所蔵文書)の補完的関係にも言及する。近現代史料の主要な要素にあえて「時代の性格」という歴史的視点を強調するのは、明治維新以降一世紀余の中でめまぐるしい変遷を遂げる国家体制、政治状況のもとで、史料の著しい変遷、推移のありようを見ること自体が、史料論の視点になるとの主張であったかと思う。

同書の中で、近現代史料論の項を立て、その構築を意識的に論じているのは、中野目徹「公文録と太政類典」[20]である。ここでは、太政官の編纂になる『公文録』『太政類典』両文書群の編纂経過と存在形態(伝来、概要)を総体的に論じている。そのうえで中野目は、近現代公文書のライフ・コース、すなわち官庁内の案件にかかる決裁原議の作成(起案)・受付、決裁・供覧、原議の成立、送付・公布、整理、保管、移管、編集という文書処理の流れを示す。このうち、特に「(文書の)編纂方法を詳明する」ことと、「原議の形態からその文書の処理過程を再現する方法を確立すること」を重視して、近現代公文書にかかる史料論の「第一の課題」[21]に挙げている。これによって成立する史料論とは、史料(公文書)の生成・保存の全過程を統一的に把握し、これの「史料的価値把握及び性格」[22]を位置づけ説明するもの、ということになろう。

公文書の生成から伝存に至る全過程を視野に入れた近現代史料論の枠組は、この時期、竹林忠男「京都府庁文書に見る明治前期公文書の史料学的考察」[23]によっても提起された。同論文は一八六八年(慶応四)―一八八一年(明治一四)における京都府庁文書について、「定式化の過程の把握を通じて成立期の近代公文書についての史料学的考察を試み」[24]る視点から論じたものである。ここでは、文書事務――収受、作成、決裁、施行、形式(様式)、署名式、公印、編纂保存、住民の願伺届、稟議制、回議書――について取り上げている。

竹林は、右の考察の前提として、これまで本稿で述べてきた大久保、藤井、津田および拙稿などの論点に触れたうえで、近代公文書にかかる史料学の対象が、「その発生から廃棄保存にいたる全過程即ち、収受、作成、決裁、施行、編綴保管、廃棄、保存の各段階における文書記録の処理方法、様式、形態及び機能等の解明」[25]であるとした。さらに研究の体系としては、各行政部門に共通する「総論部分と各行政部門別の専門的な文書と記録類」に対する「各論的な部分」[26]に分けられるとしている。右の理解に立てば、近代公文書のあらゆる側面が史料学(論)的な検討の対象となることを意味しよう。

公文書の諸側面を網羅的に検討して体系化しようとする発想が生ずる背景には、竹林自身が指摘するように、一九七〇年代―八〇年代に各地の文書館などで史料管理業務の実務的課題解決の要請とそれを理論的に支える史料学的検討の蓄積があった[27]。すなわち、文書館業務にかかる諸課題を史料学(論)、文書館学、史料管理学(論)によって体系的に解決することが希求されるようになったからである。もっとも、あらゆる側面が史料論の対象になるとしても、近現代史料論構築の軸となるのは何であろうか。これを考えるために、次項では近現代史料論のいま一つの発展の方向である史料管理学(論)との関わりに触れておくこととしたい。

三　史料管理学(論)との関連

前項で触れた藤原彰「現代史の史料について」の中で現代史料は、「無数」に存在すると述べている。近現代史料はいわば無限定に存在するということになるが、同時に、藤原はわが国では戦前のみならず戦後においても史料の利用と公開について著しい制限がある、とも述べている[28]。これを敷衍すると、前者の、史料が無数に存在する状況は、史料の選択の必要と、選択された史料に対する史料批判の必要を生みだすことになる。また、後者の公開利用の隘路を打開するには、史料公開への運動、文書館制度の確立が課題となろう。一九八〇年代、九〇年代には、後者の史料公開運動、文書館設立運動が多く論じられている[29]。

史料公開運動や文書館制度については、すでに多くの論考があるが[30]、これを近現代史料論の構築という視点から論じた九〇年代半ばの二点に注目して取り上げることとする。いずれも岩波講座『日本通史』別巻三、「史料論」所収の松尾尊兊《たかよし》「近現代史料論」[31]、安藤正人「記録史料学とアーキビスト」[32]がそれである。

松尾・近現代史料論は、丹羽・近代史料論とは対照的に、その内容をもっぱら「史料の収集保存および公開利用の歴史と現状」[33]に集中している。その内容は、まず戦前の史料の公開・利用状況を要約し、次いで終戦・占領期における史料の焼却、押収、公開について、具体的な原史料名、公刊史料名を挙げて紹介する。さらに占領期以降の私文書・公文書の史料収集、調査、保存、公開、刊行についてそれぞれ論述する。特に保存・公開問題では占領軍押収文書の返還・公開、各地の文書館の設立、公文書館法の成立と日本学術会議における資料保存問題への取組みなどに触れた後、今後の課題として文書館施設の問題点とその設置、拡充および公文書の公開促進を強調している。

松尾・近現代史料論は、その冒頭に示しているように、「現在なお史料の収集保存および公開利用を妨げている幾つかの問題点とその打開の方策を指摘」[34]するところにあった。それゆえ丹羽・近代史料論の論述の枠組を発展させあるいは対比させようとする意図は、松尾の行論からはうかがい得ない。したがってそこでは、具体的な原史料、公刊史料を豊富に紹介してはいるが、史料の形成、内容についての論究は希薄であって、ここから近現代史料の性格をどのように統一的に見得るか、また近現代史料論がどのような枠組をもって成立するか、という視点を引き出すことは難しい。むしろ松尾・近現代史料論の特色は、近現代史料の研究の進展(または不振)が史料の保存、利用(特に公開)と密接な関連があることを明らかにしたところにある、といえよう。

右の松尾の指摘は、近現代史料論として史料の内容とともに、史料保存の環境についての論議が存在することを積極的に提起したことになる。ただし、松尾が論述の軸とした史料の保存公開運動史は、はたして史料学(論)

の範疇に包含し得るものであるか、また史料論の構築を有効ならしめ得る方法であるか、という論議も生じてこよう。これは、史料管理学(論)との接点の問題でもあろう。

史料学(論)と史料管理学(論)の関係を、安藤正人「記録史料学とアーキビスト」では、「記録史料学」の中の、「記録史料認識論」と「記録史料管理論」の二つの領域として説明している。ここでは、史料は「記録史料」とされ、「記録化された一次的な情報物のうち歴史認識のもとになる素材としての価値を有するもの」[35]と定義される。そして「(記録)史料となる素材の属性や存在の意味を科学的に明らかにし、それによって史料としての本質を理解する」のが「史料認識」であり、「史料となる素材そのものを収集あるいは保全し、史料として広く利用できるよう適切に整理し、これを維持する」のが「史料管理」[36]であるとする。これによって安藤は、史料認識と史料管理の二つの研究領域を統合する「学」を、「記録史料学」として提唱している。

安藤論文は、右の記録史料学の研究領域の構造を示した後、記録史料群の構造的認識、史料整理および目録編成の基礎理論、史料調査論、史料情報の電子化とそのための標準化について研究動向を紹介しつつ、最後にこれらを担うアーキビスト(Archivist)の専門性とそれを支える研究について述べる。安藤の記録史料認識論と記録史料管理論の二区分からすると、松尾・近現代史料論は記録史料管理論のうちの収集論、公開制度論、史料管理機関論などの範疇となろう[37]。

一方、本章でこれまで論じてきた史料論は、安藤のいう記録史料認識の領域となる。安藤・記録史料学では、この認識論の部分は、歴史研究者の歴史学とアーキビストの記録史料学が交差し共有される研究領域として設定され、図解もされている[38]。史料認識のありようが、歴史学・史料管理学(論)の両方を支える基礎的な性格を有しているという指摘は首肯できよう[39]。ただし、歴史学からの古文書学の自立を目指して文書史の提起がなされたように、自立した史料学(論)固有の研究領域を考えるとするならば、必ずしも歴史学と記録史料学の両翼が交差する部分——歴史学にとっては周辺部分——に史料論(史料認識論)を位置づける必要はないのではなかろうか。史料学(論)を自立させて、歴史学・史料管理学と並列して、それぞれに貢献しあい、かつ影響しあう位置にあると考えても、それほど無理があるようには思われない。歴史学の研究者(その他の学の研究者においても)とアーキビストとの間に異なる史料認識の領域や方法が存在するとは思えないからである。

なお安藤・記録史料学における記録史料の設定も本章の史料学(論)の史料と同様、幅広く措定されている。ただ先の記録史料の定義によると、記録史料は一次的な情報物のうち歴史認識のもとになる価値を生むもの、ということであった。これは記録の中から史料的価値のあるものを評価選別して抽出するという作用が働いた結果が記録史料であるという意味である。「記録史料」の中核的概念が、このように史料管理の対象となる範囲に限られるとするならば、記録史料認識もまた一定の範囲を限定したものになろうか。[40] これに対して本章がたどってきた史料学(論)の対象である史料は、その範囲に限定性がなく、利用する側(例えば歴史研究者)の関心によって無限に拡散するという性格がある。これは、どの時代の史料にも該当することであるが、近現代史料に最も特徴的に現れる性格といえる。

(1) 日本の文書館運動および全史料協の活動の歩みについては、第二節註(5)、全史料協編前掲書、参照。
(2) 第二節註(33)、津田著前掲書、四七頁。
(3) 同前、四七頁。
(4) 同前、四八頁。
(5) 同前、四九頁。公文書の定義では、津田は「協会・団体・個人であれ、本来私的文書でも、それが公務執行のために作成され、収集されたものであってみれば、これを公文書として取扱うようにする必要がある」と付加している。
(6) 同前、四六頁。
(7) 岩波書店、一九七六年九月。
(8) 同前、七頁。
(9) 同前、一七二頁。

(10) 同前、一八八頁以下。
(11) 同前、一九二頁。
(12) 『歴史評論』№二八九(一九七四年五月)、所収。
(13) 同前、一一頁。
(14) 註(7)、『講座日本歴史』二五、一〇四頁。
(15) 第二節註(1)。
(16) 同前、二八九―二九〇頁。
(17) 同前、二九六頁。
(18) 岩波書店、一九九二年四月。『日本近代思想大系』全二三巻は、一九八八年五月―九二年三月刊行。
(19) 同前、別巻、四頁。
(20) 同前、七頁以下。
(21) 同前、一八頁。
(22) 同前、一六頁。
(23) 京都府立総合資料館編『資料館紀要』第二一号(一九九三年三月)、所収。
(24) 同前、五頁。
(25) 同前、四頁。
(26) 同前、四―五頁。なお、丑木幸男「近代民間史料の構造――群馬県水沼村星野家文書を事例として――」(『群馬文化』第二五〇号、一九九七年四月、所収)では、近現代文書の史料学研究の課題を、一、様式論、二、形態論、三、構造論、四、史料管理史の四点にまとめ、「研究蓄積のある古文書学研究成果の吸収と、近世史料との連続面と断絶面とに留意して近代・現代社会の特質との関連で近代・現代史料の性格を解明することである」と要約している。
(27) 註(23)、三頁。
(28) 註(12)、藤原前掲論文、七頁以下。
(29) 史料公開運動・文書館設立運動については、例えば、第二節註(5)、全史料協編前掲書、参照。
(30) 史料論と史料管理論に関わるものとしては、例えば第二節註(2)、安藤・青山共編著前掲書がある。文書の評価選別という課題からわが国の文書管理史を通観した研究であり、本章の課題とも十分関係があるが、本章の主題を評価選別にかかる公文書の保存体制に広げるためには、さらに別の論点を立てる必要があると思われるので、論議の対象からは割愛した。

(31)　岩波書店、一九九五年十二月。同巻の総論部分は、網野善彦「史料論の課題と展望」であるが、ここでは近現代史料論についての論及はない。
(32)　安藤論文は、のちに『記録史料学と現代――アーカイブズの科学をめざして――』(吉川弘文館、一九九八年六月)の第一章「記録史料学の課題」として改題し収録。
(33)　註(31)、松尾前掲論文、九七頁。
(34)　同前、九七頁。
(35)　註(32)、安藤前掲論文、三五六頁。
(36)　同前、三五三頁。
(37)　同前、三五八―三五九頁。
(38)　同前、三七四頁。なお、アーキビストと歴史研究者の研究領域については、保坂裕興「記録史料学と史料論について」(『歴史評論』№五六一、一九九七年一月、所収)が安藤の示した図解の修正提案を含めて論じている(六―七頁)。
(39)　安藤は、近年の研究を踏まえつつ記録史料認識論の研究領域を、搬送体論、様態論、構造論、存在環境論などに区分している(三五七―三五八頁)。しかし、この領域設定の体系化確立自体も、今後の課題として依然残されているものであろう。
(40)　「記録史料」および「記録史料学」について、安藤自身の説明はさらに註(32)、同著前掲書、七頁以下などを参照。

第四節　近現代史料論の方向――まとめとして――

これまで本章で述べてきたことは、一九六〇年代から意識的に論じられるようになった近現代史料論が、七〇年代以降、その深化を見せるとともに拡大・拡張(時には拡散)を遂げてきた軌跡であった。近現代史料論の提起に当たって手がかりとなったのは古文書学であったが、対象史料の拡大、拡張は、史料論の研究のあり方においても古文書学の領域外に及んでいった。これは、近現代史料が多種、多様なものになっているというほかに、近現代という時代および近現代史料の持つ性格が、古文書学の研究領域、方法論に全面的に依拠しなくなったことを意味している。古文書学自体も文書史の提唱に見るごとく、学としての概念を捉え直し研究領域を広げつつあるが、近現代史料の領域に本格的に及んでいるとは言いがたい。

さらに九〇年代には、近現代史料に関する論議自体が史料を認識するための研究と、史料管理のための研究とに分化し、それぞれの研究領域を確立していく方向が明瞭になってきた。一九七〇年代—八〇年代では、史料学（論）の概念が混然としていたように思われるが、本章で追求してきた史料論は、この史料認識の研究であったことになる。史料論は史料認識の方法として深化し体系づけられるべきものであろう。本章で捕捉できた近現代史料論の研究課題をもう一度整理してみると、近世から近代への移行期における文書・法令の作成・施行の変化、日本近代の〝特殊〟性から導きだされた史料の限界性、公文書の全過程、すなわち文書管理（生成—保存）の諸相、文書館における評価選別および史料整理を根拠づける近現代史料の性格把握という点が挙げられる。(1)

最後に、以上のような論点を包み込んで今後の近現代史料論が深化するとすれば、どのような方向が考えられるであろうか、次の三点に要約してみたい。

まず第一には、無限定に拡大する諸々の近現代史料を生成せしめるシステムへの考察がなされよう。近現代は政治、行政、経済、文化等のあらゆる社会機構で厖大な記録を日常的に生じさせていることは、これまでも触れてきたが、近現代の組織体あるいは個人がどのような社会的機能を発揮する中で、いかなる記録を生成することになるかを明らかにする課題がある。丹羽・近代史料論が手がけた近代社会特有の史料状況は、近現代史料生成・存在の特質論として捉え直さなければならないであろう。

第二には、前近代から近代への移行の問題であるが、これを文書様式の単なる継続あるいは変化、また近代公文書制度の確立という視点からだけではなく、文書管理制度の近世からの継承という側面、行政組織編成、文書管理概念の近代的変容という側面から見ていく必要がある。その意味では、近世史料論、近世文書論の蓄積を視野に入れる必要があろう。(2)例えば、近世の合議制、稟議制を継承した近代の稟議制が、行政機構の肥大化とともに確立していく過程の分析などが課題として挙げられる。

第三に、生成し伝存される近現代史料の伝える情報の社会的位相が、考究の対象となる。近現代史料の概念は無限定に拡散するが、それぞれ近代社会のどの部分を伝え得ているか、あるいは伝え得るかを明らかにすることである。特に現代の史料は、他の時代の史料とは異なり時間による淘汰が作用していない、いまだ同時代の史料である。現代の史料が後世に対して発する歴史的情報の性格を、近現代史料論は考えることになろう。これが史料管理論のうちの評価選別論に隣接していることはいうまでもない(3)。

以上、筆者の小見が及ぶ範囲で近現代史料論の今後の方向を要約してみた。最後にこの後の古文書学との関係について触れておこう。古文書学は広い意味では史料学(論)であって、その対象も時代も拡大の可能性を有している。〝古文書〟が史料の大半を占める時期は、古文書学もまた史料学(論)の大部分を担ってきたが、近現代史料についても史料学(論)の中で古文書学が主要な位置を占めることとはなろう。その場合は、これまでも古文書学が射程に入れてきた近代初頭、すなわち明治維新から一八九〇年頃までのいわゆる近世から近代への過渡期の文書にとどまらず、電子化が進む現代の文書まで視野に入れるものでなくてはならない。また本章で論じられているように古文書学の主要な方法論である文書様式論を超えたところに分析の視点を据える必要があろう。その意味では、稟議制――稟議書、稟議過程の分析を含む稟議による事案決定方式全体――への検討は、近世から近代へさらに現代に至る史料生成システム、史料管理形態への考察であり、またその社会的位相への考察として、近現代史料認識論研究の主要な一角を占めるものであろう。先に触れた近現代史料研究の三つの方向、すなわち第一の近現代史料生成システムへの考察、第二の近世からの継承および文書管理概念の近代的変容の分析、第三の近現代史料が伝える情報の社会的位相への考究などは、いずれも稟議制への検討を内包している。近現代稟議制の研究は、近現代の史料認識論を確立させる有力な分野となり得るのではなかろうか(1)。

（1）近現代史料整理論の軌跡については、第七章第二節、参照。

（2）近世の稟議制については、例えば笠谷和比古著『近世武家文書の研究』（法政大学出版局、一九九八年二月）、第二章、第三章、参照。

（3）史料管理論、特に評価選別との関係については、第六章、第一三章においても触れている。

（4）近現代史料への古文書学の接近については、公刊予定の拙稿「古文書学における近現代史料――近現代文書への接近の試み――」（『高橋正彦先生退職記念論文集』（仮題）、所収）で触れた。ここでは近現代史料論の主要課題として稟議制を位置づけた。同書の公刊は未定であるが、主張の一端は「日本古文書学会第三十三回学術大会」（二〇〇〇年十月八日）において報告した。同大会での報告「近代稟議制文書についての試論」の要旨は、『古文書研究』第五三号（二〇〇一年五月）一三〇頁以下に収録されている。

【補　記】

本章は、もともとある論文集の一編としてまとめたものであるが、事情によって同論文集の刊行が遅れたため、『史料館研究紀要』第三二号（二〇〇一年三月）に掲載することにしたものである。脱稿したのは一九九九年一月であって、二年余を経ており、その後の近現代史料論の進展について補ってはいない。例えば歴史人類学会編『国民国家とアーカイブズ』（日本図書センター、一九九九年十一月）、中野目徹著『近代史料学の射程』（弘文堂、二〇〇〇年二月）、松尾正人編『今日の古文書学』第一二巻、「史料保存と文書館」（雄山閣出版、二〇〇〇年六月）などについて論及することができなかった。

もとよりこれら新たな研究を視野に置かねばならないが、本章は一九九八年までの近現代史料論の研究史としてひとまず完成しているので、一九九九年以降の研究については別に触れる機会を得たいと考えた。もっとも本章第五節末尾は、最近の筆者の見解によって結論を補強した部分であり、さらに文末の「付記」はこの「補記」と差し替えたことをお断りしておきたい。また中野目徹著『近代史料学の射程』については、筆者に『歴史学研究』掲載の書評が課せられ、同誌№七四九（二〇〇一年五月）にこれがおおやけとなった。

第一一章　北海道庁所蔵第一文庫系簿書の紹介と考察

第一節　はじめに

北海道史関係の文書群には、その地方的特色として二つの主要な流れがある。一つは、近世中・後期に北海道の生産機構となり経済の広汎な基礎となった場所請負《ばしょうけおい》制度に関する史料である。他の一つは、近代になって本格化し、かつ、全域的に拡大し、現代の北海道における政治・経済機構の基盤を形成した開拓および開拓政策の展開を示す史料である。

前者は、場所請負制度という経済体制に依拠する藩政（幕府が直轄した一時期もある）、場所の経営にあたった場所請負人および流通関係を掌握した問屋《しいや》などの文書が主である。特に、請負人の中には、近代初頭の請負人廃止から一八九〇年代にまで大漁業経営者として残存した者もあり、それらの文書の中には近代の漁業史につながる史料も少なくない。これに対し、松前藩政文書はひじょうに少なく、今日、断片的にしか残存が知られていない。大部分が一八六八―六九年(明治元―二)の箱館戦争前後に焼失したといわれている。

後者の開拓関係には、実際の開拓者である個人、団体、農場、会社などの経営上の記録、報告書の類と、開拓を政策として指導し推進し、人民を統治した行政機関の文書がある。このうち圧倒的に多いのは行政機関の文書で、ここに紹介しようとする「簿書《ぼしょ》」もその一つである。

簿書というのは、「北海道の行政庁が取り扱った公文書の綴を指すものであって、主として箱館奉行所時代から三県一局時代(一八五四〈安政元〉―一八八六年〈明治一九〉)までのものをおさめ、道庁初期のもの若干を加えた約一万八〇〇〇冊(現在の道庁所蔵数)に及ぶもの」(『北海道所蔵史料目録』第一集、「はしがき」)である。このほかに道が所蔵する近代初期の文書には、一八九〇年代以降の国有未開地払い下げに関する文書をはじめとして、重要にしてかつ膨大な史料群があるのであるが、その中にあっても、「簿書」は、文書の保存にあたって、また北海道史の史料として、独特の地位を今日まで占めてきたといってよい。

というのは、簿書が量的に特に多いこと、史料として重要な修史事業に重用されてきたこと、さらに、それにも増して、「簿書の時代」が北海道史の中で持つ歴史的重要性、加えて、その時代は、官庁史料の中で文書の占める役割の、より大きい時代であったからである。簿書の時代の中心である開拓使時代、三県一局時代は、わが国の政治・行政制度の上でも、幕藩体制から近代国家へと統治構造の変革を見る重要な時期であるが、北海道では、さらに、統治の確立が大規模な国家資本の投入を行う開拓政策の展開を随伴し、また帝政ロシアとの武力紛争を含む外交上の緊迫のさなかに経過するきわめて重視すべき時期である。このため、簿書に編綴されている諸文書は、単に辺境の一地方の史料としてばかりでなく、広く日本史全体にかかわる問題を含み、北海道史のうえからは、本格的な歴史の出発点であることなどから、行政庁の文書では他の時期に見られない豊富な内容を持っている。今日、量のうえでは、かなりの滅失を経てきたとはいえ、文書の軽重を問わず、また選択の手を加えずに保存されてきたため、当時の文書の様式を体系的に知るうえにも、きわめて興味ある存在である。いささか前置が長くなったが、本章では、以下の通り、簿書の概要や来歴について述べ、文書の例を挙げると同時に、近代初頭の地方行政庁文書としての簿書の特質、他府県庁文書との関連、古文書学的アプローチの方向にも若干触れていきたいと思う。

第二節　簿書の来歴と概要

一　簿書の保存

一九〇一年（明治三十四）に、北海道庁は第一文庫と称する石庫を本庁構内に新築し、ここに幕末以来その当時までの文書綴を整理し票簽（ラベル）を貼り分類を施して保存したことがある。今日、道内の文書で（なかでも道庁所蔵文書の中で）、特に「簿書」と呼んでいるのは、この第一文庫に収蔵された簿書のうち、現在残存しているものなのである。厳密には、「第一文庫系の簿書」というべきであろう。(1) 先に紹介した簿書の定義「北海道の行政庁が取扱った安政―明治二十年ころまでの公文書綴一万余冊」とは、あくまでも現在道に残っている第一文庫系簿書の定義であって、これ以外にも「簿書」と呼ばれるその時代の文書綴がある。それらは、最初から道庁に引継がれずに、したがって第一文庫に属さずに、今日に至っているものである。例えば、一八七五年（明治八）七月、大蔵省収税寮に移管された開拓使函館支庁税関の文書（『応接書上留』など幕末の箱館奉行所運上役所文書も含む）、北海道庁時代になっても引き続き函館に残存した開拓使函館支庁外事課文書の一部がそれである（いずれも市立函館図書館所蔵・寄託史料）。また、裁判所関係、屯田兵関係（特に陸車省移管後の文書）も同様である。

このように、第一文庫系簿書が、当時の簿書のすべてではないが、第一文庫系として残存する文書群が質量ともに圧倒的であることには変わらない。

第一文庫を建造し簿書を収蔵するに至った動機や経緯は、必ずしも判然とはしないが、幕末から一八八〇年代にかけて、それぞれの行政庁が生産し編綴した文書を、機構の変遷とともに、次々と引継ぎ、北海道庁設置後、ここに集約したのであろうことはほぼ確かである（詳しくは、『北海道所蔵簿書件名目録』第一部、北海道総務部文書課、一九六五年、所収、「解題一・その一　第一文庫系簿書の来歴などについて」参照）。ほぼ四、五〇年にわたって累積した第一文庫系の簿書のうち、現存するそれを行政庁によって大別すると次のような構成となる。

①箱館奉行所文書（一八五四年（安政元）－一八六八年（明治元））
②箱館府文書（一八六八年（明治元）－一八六九年（明治二年））。箱館裁判所と称していた時代を含む）
③省府藩等文書（一八六九年（明治二）－一八七一年（明治四））。北海道内諸郡を分領支配した省、府、藩、士族、寺院などの文書。一般的な時期区分としては、開拓使時代に含まれている）
④開拓使文書（一八六九年（明治二）－一八八二年（明治一五））。ただし開拓使残務整理委員の活動期を含むと一八八四（明治一七）まで）
⑤函館県文書（一八八二年（明治一五）－一八八六年（明治一九））
⑥札幌県文書（同前）
⑦根室県文書（同前）
⑧省府文書（一八八一年（明治十四年）－一八八三年（明治一六））。主に開拓使の官営事業を引継いだもの。ただし、一八八一年の分は、開拓使と別に設置された官営工場に関するもの）
⑨農商務省北海道事業管理局文書（一八八三年（明治一六）－一八八六年（明治一九））。旧開拓使の官営事業を省府からさらに引継ぐ）

上記⑤—⑨の時期を一般に三県一局時代と呼んでいる。

⑩北海道庁文書（一八八六年（明治一九）—一九四七年（昭和二二）。ただし現存の第一文庫系の簿書では、ほとんど一八九〇年代まで）

次にこれらの簿書数であるが、当初、第一文庫に収蔵した総数量は一万八〇〇冊、袋二括六五〇枚とある。その後さらに二千数百冊が付加された。その分の多くは簿冊、諸帳簿と称している（『第一文庫簿書目録』）。この数は現存する簿書の実に二倍以上であって、その半数以上、散失しているのが惜しまれてならない。表11-1は一九〇一年（明治三四）に作成された最初の簿書目録である『第一文庫簿書目録』の数と、最近の『北海道所蔵史料目録』第一集—第四集における残存数との大略の比較である。年度の分け方で、分類方法上の相異があるので厳密な対照とはいえないが、各時期の概要と残存の状況は察知できると思う。

表 11-1　第一文庫簿書数と現所蔵数

	1901年の数	現所蔵数
①箱館奉行所	167冊	105冊
②箱館府	54	32
③省府藩等	22	19
④開拓使	9,878	7,234
⑤函館県	1,974	854
⑥札幌県	2,499	1,762
⑦根室県	894	72
⑧省府	1,191	51
⑨北海道事業管理局		530
（三県一局時代小計）	(6,558)	(3,269)
⑩北海道庁	848	145
〃諸帳簿・簿冊	5,075	
図　表	650	—註1
開拓使(裁録)～道庁指令録類	188	—
合　計	23,440註2	10,804註3

註）1．ただし開拓使裁録96冊は，開拓使の分類に含まれている。
2．『第一文庫簿書目録』作成後付加された総計による。
3．このほか，束ねた文書35束がある。

二　簿書の文書様式

さて、簿書（以下、第一文庫系簿書に限っていう）に編綴している個々の文書は、どのような様式に分類できるのであろうか。簿書全体への検討が十分進んでいないので、その典型的な開拓使中・後期の文書の場合を取り上げよう。

一八七五年（明治八）十二月に制定された「開拓使分局章程」は、開拓使の最初の各課事務分掌規程として、また同時に各課で「管掌スル簿書」を具体的に挙げた注目すべき規程である。むろん、この章程に掲げられている簿書や文書の様式が、当時のすべてではないが、基本的な骨組はうかがうことができよう。いま試みにこの章程の中から、それらの簿書に綴られるべきとしている文書の諸様式を摘出し分類してみると次のようになる。

㈠ 達、布達

達に限らず、伺・届の類には開拓使へあてたものと、開拓使からのものとの両方があるが、達、布達の場合、前者には、制旨《せいし》(正院からの達)、太政官布告、諸省達・布達、後者には、開拓使名のほか本支庁、局課、郡出張所名などからそれぞれの各下部機関へ、また管内人民へ下した達、布達がある。(2)

㈡ 伺、願

達、布達と同様、太政官の上裁を求める「稟裁《りんさい》」以下、諸省に対しての伺、開拓使部内の本支庁・各局課・郡出張所などからの稟議、部下人民、社寺からの伺願など。

㈢ 届

太政官への開申(申奏《しんそう》)以下、伺、願と同様である。伺と届との区別は、伺が「議判ヲ請フ者」であるに対し、届は「事、具状ニ止ル」(「分局章程」第十条第三)にある。これの区別は本来重要なのであるが、職務権限として規定していないため、しばしばあいまいとなる。例えば、「唯事由ヲ開申スル」申奏が、時に太政官から「聞置」として決裁文を付され、あるいは「難聞置」として却下され、実質上、届が伺に変じている場合が少なくない。

なお、請書などは届の一種と考えてよいであろう。

㈣ 往復(文移《ぶんい》)

達、伺、願、届は、地方官庁文書の体系の核となるが、この背後に事務連絡のための往来翰がおびただしくかわされている。開拓使の場合、太政官制の一部であったため院省との往復も多く、また府県庁との往復文書も少なくない。開拓使部内では、東京出張所が実質上の本庁と化していたため、また、各本支庁が相互に遠隔であったためその間の往復が多く、内容も重要である。さらに部内の各局課間、出張所、町村戸長などとの間、および官員、雇外国人、人民など、また開港地函館を管轄していた関係で駐剳公使、領事はじめ外国人との往来翰がある。往復(文移)の概念をすこし広げておくと、建白書(官員、雇外国人、人民から)、出納関係の申牒、票、領証もはいるであろう。

(五)　辞　令

辞令の内容を「分局章程」からひろうと、任解、転課、出張、帰郷、病暇、褒賞、賑恤、承嗣となる。これらは、いずれも開拓使の辞令で、ほかに太政官から高級幹部(勅奏任官)への宣下も加えられる。

以上の達、伺、願、届、往復、辞令のうち、開拓使(およびその下部機関)で自ずから発した文書には、それぞれに起案文が作成されている。

(六)　権利・許認可状など

このほか、いわゆる文書となるのは、権利・許認可状、例えば航海免状、鉱山開採免許、営業・船鑑鑑札、地券、さらに契約書(例えば雇外国人条約など)がある。

(七)　報告、指導書

「分局章程」には、文書の名称は挙げていないが、個々の文書を編綴することを目的とした簿書名を挙げている。それらは報告書の類である。代表的な簿書としては、建築録、造営録、製作録、病囚録および鉱山、産物、製煉、学校、病院の明細帳、検使具状録、断獄と聴訟の一件録など。牧畜、種植、養蚕、製煉の方法書もこれに類する。

(八)　帳　簿

近代となって、帳簿が官庁文書の中で占める比重は質量ともいよいよ大きくなる。古文書学からするとこれは厳格には文書の範疇には入らないのであろうが、これを欠いては近代の文書の体系は成立しない。いま「分局章程」のうち代表的な帳簿・名簿類を挙げると次の通りである。

検印録、職員録、雇外国人明細簿、居留外国人名簿、経費録、歳出入概算帳、金穀受払帳、捕縛明細帳、土地売貸明細帳、貸金受払帳、断獄表

(九) 統計表

統計表で簿書名が挙がっているのは、牧畜歳計表、航海・電信の明細表、物価表、管内一覧表、産物捷覧表など。

(一〇) 編纂物

編纂物の中には、文書とその写本の綴である公文録、公文摘要、事務日誌である工作場日誌(「分局章程」にはないが本支庁、局課を単位とした日誌もある)、全くの編纂物である開拓使日誌、北海道地誌要領がある。

(二) 図　面

これも「分局章程」に示されている簿書は国郡経界表だけであるが、報告、統計(時には写真も)とも、諸々の簿書に多く編綴している。

(三) 裁判関係記録

開拓使本支庁(函館支庁では一八七四年(明治七)まで)で行った検察・裁判・刑執行関係の文書は、それぞれに達、伺、届その他に分類され得るが、独自の様式もあるので「分局章程」に掲げている分を列挙する(ただし、帳簿は省略)。訴状、罪囚口書、原告と被告人受書、済口証書、罪案、擬按、擬律按、裁断書などがこれである。

以上は、幕藩時代から戊辰戦争期の過渡期を経て、開拓使の簿書がその骨格を確立した時期の様式の種類である。[3] したがって、その間、様式の種類のみならず書格、文体においても変遷と発展が見られる。これについては次節で触れておこう。

（1）第一文庫のほかに第二文庫もあって、これは一九〇九年（明治四二）の道庁本庁舎火災によって焼失したようである。しかし第一文庫の方は類焼を免れた。一万冊以上にのぼる簿書の散逸はこの火災によるのではなく、その後の、一九二五年の書庫移転の前後、一九三〇年代の北海道史編纂の前後、さらに戦中・終戦前後に、急速かつ大量の散逸があったと見られる。現在、道庁以外の大学、公共図書館に収蔵の簿書は五〇〇冊ほどにすぎない。大半の所在は不明である。散逸した簿書の中には、三県の『官省令達録』『各省指令録』、北海道庁の『省令達録』『指令録』など、地方官庁文書として、その中核となる簿書も含まれている。

（2）開拓使布達には、一八七四年（明治七）以降、管外すなわち府県あての布達がある。これは、開拓使が諸省と〝同等〟の権限を持ち、一地方官ではないという論拠による。『開拓使公文鈔録』明治十年、一二二頁に所収の「当使権限御下問ニ付上答」（乙第四拾号）がこの問題に触れている。さらに詳しくは、『開拓使公文録　太政官往復　明治十年』（北海道所蔵簿書〇五八四七号）所収、№二九「山梨県伺ニコリ本使権限下問ノ件」参照。

近代初頭の文書の布告・布達と達の区別については、大久保利謙「文書から見た幕末明治初期の政治」（『史苑』二一巻二号、所収）一二頁以下に詳しい。開拓使による初期の達、布達などでは、両者の区別は厳格でなく、〝布告〟も法令の公布という意味での一般的な名称として使用されている。それぞれ、達であるか布達であるかが厳密となるのは、一八七三年（明治六）太政官布告二五四号の布告達類結文例制定、七四年以降の達、布達を区別して番号を付することなどが開拓使および本支庁などでも浸透してからあとのようである。

（3）開拓使などの近代の地方官庁文書を様式論的に分類するのが、いかなる意義を持つのであるか、なお今後の課題であろう。様式による分類のほかに、開拓使が行った主題による文書の分類がある。次に挙げたのは、「開拓使公文録編纂例則」（一八七四年〈明治七〉）による分類項目のうち綱の部分である。この編纂・写本事業には『太政類典』の影響がある。

儀式、社寺、巡幸、職官、外事、会計、学制、兵制、生産（勧業）、建築、舟車、法憲、賞典、文書、地方、戸籍、非常、雑

各綱はさらに目に細分化されている。外事之部の例を示せば次の通り。

航海、外艦難破、留学、外客雇使、器具購求、博覧会、樺太事件

第三節　簿書における文書の事例

一　箱館府の「布告書」

開拓使の他の時期の文書も、おおむね前述の「達」以下が基本である。箱館府以前の文書はやや別として、開拓使以降の三県一局文書も、これと基本的には大差がない。ただ右の各時期では、文書、なかでも達、布達、伺、起案文などについて書格、文体の変遷も見られるので、そのいくつかの事例を呈示しておこう。

まず、箱館府時代の「布告書」と称する触書の類を示す。これは、箱館戦争により旧幕府脱走軍が維新政府に鎮圧された直後に発せられた文書である。

布　告　書

此度賊徒征討として官軍進撃ニ付而は、下々ニ至まて安堵いたし、すべて御用向差支なき様、可申諭置事。

一賊徒逃去り、所々ニ隠れ居も難計候間、見請次第、其役場江可届出事。

一賊徒通行之ため、人馬或ハ旅宿等申入候はゝ捕置可差出事。

　但、手ニ餘リ候節は、打捕可申事。

一器械財物等預リ候ものは、早々可届出、若於隠置は、急度御沙汰之次第も可有之事。

右之趣、小前末々ニ至迄不洩様、可相示もの也。

巳（一八六九年〈明治二〉）

箱館府

五月　　民政方

〔『村々雑留』簿書一三三号、所収〕

触の末文の「小前末々……」は、この場合、すでに村方組織が確立している北海道南部（渡島国地方）一帯の村々に住む人民への触であることを示している。内陸の開拓の時期、大小区画の施行があり、札幌地方で、また他の地方でも「区々可触知もの也」「区中洩無可触知もの也」と記すようになる。これが、開拓使中期にかけて、開拓使の布達式の整備、町村統治制度の確立によって姿を消し、やがて、一八七三年（明治六）一一月八日の達（開拓使札幌本庁一〇号達、函館支庁一一号達など）によって、「云々候条此旨布達候事」と定式化していく。

二　様式の確立、複雑化

様式の確立、複雑化は、開拓使というより太政官から府県にいたる政府機構全体にわたっており、太政官の文書式によって地方のそれがならっていく。次に、太政官から開拓使への初期の達と開拓使末期の達の両方を掲げよう。前者は、その最初の達である開拓使設置の達、後者は、有名な官有物払下げ事件にかかる達である。

今般、開拓使ヲ被置候事。

明治二年七月八日　　太政官

〔『制旨録』、簿書一〇六九五号、所収〕

（欄外朱書）

内閣書記官局	令第一六号

開拓使

先般、其使所属官有物拂下聞届ノ儀、及指令置候處、詮議ノ次第有之、取消候條、此旨相達候事。

明治十四年十月十二日

太政大臣三條實美（朱角印、「太政大臣三條實美印」）印

〔『制旨録』、簿書一〇七九号、所収〕

三　伺文書の変容

伺文書には、上部機構へいわゆる「伺」として差出す場合と、文書を作成するための起案文である場合とがある。また、「伺」のうちでも、機関（または個人）から機関へ文書として差出す場合と、その機関の内部で上位者の決裁または評議を求める場合とがある。これらの区別は、のちになると明瞭に区別されるが、ごく初期には分化していない文書も多い。次の例は、やはり箱館府の文書である。

議事局

御中印（朱印「河」）印（朱印「長」）

当田方検見之義、先般諸役免除被　仰出候ニ付而は、御取箇附候義ニも無之候得共、作方善悪取調候處、仕附時節戦争ニ付無仕付之ケ所多く、左も無之場所ニ而も季（気）候不順故歟更ニ穂出不申、皆無同様ニ有之候間、別段筆役之者等差遣無之候而可然哉、尤内見積之義者、夫々為差出候積。

巳九月（一八六九年（明治二））

庶務局印印印

〔『御用留』簿書一三二一号、所収〕

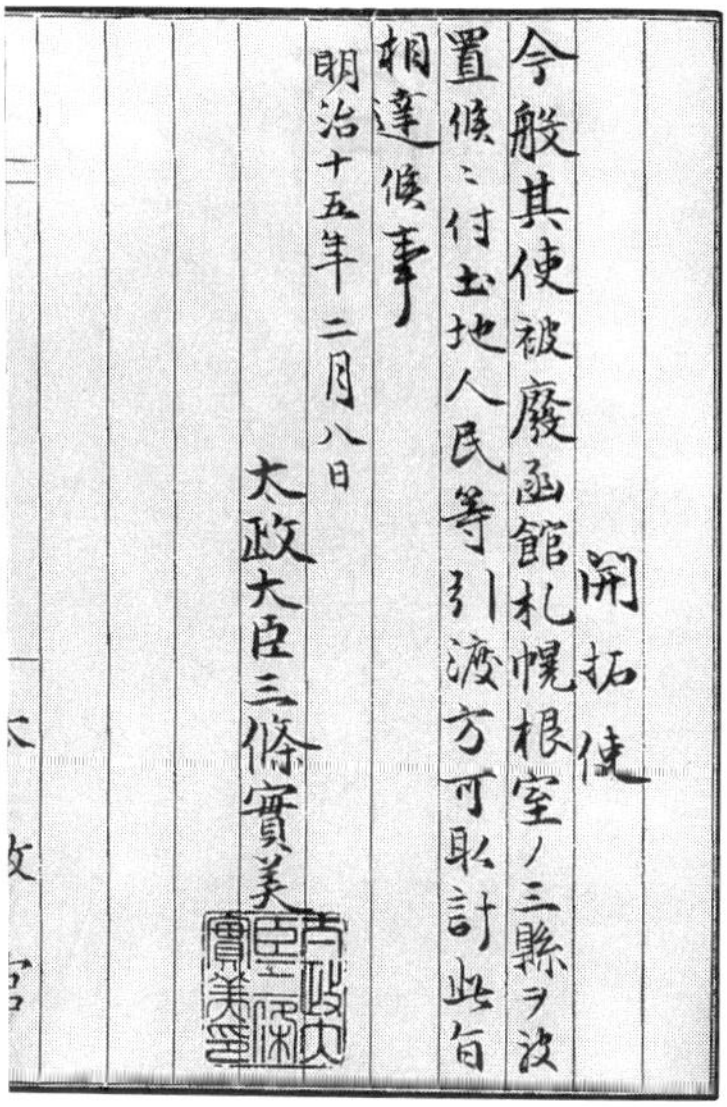
開拓使
今般其使被廢函館札幌根室ノ三縣ヲ設
置候ニ付土地人民等引渡方可取計此旨
相達候事
明治十五年二月八日
太政大臣三條實美
太政官

図 11-1　開拓使廃止の太政官達（『制旨録』，簿書 10779 号〈北海道立文書館蔵〉所収）

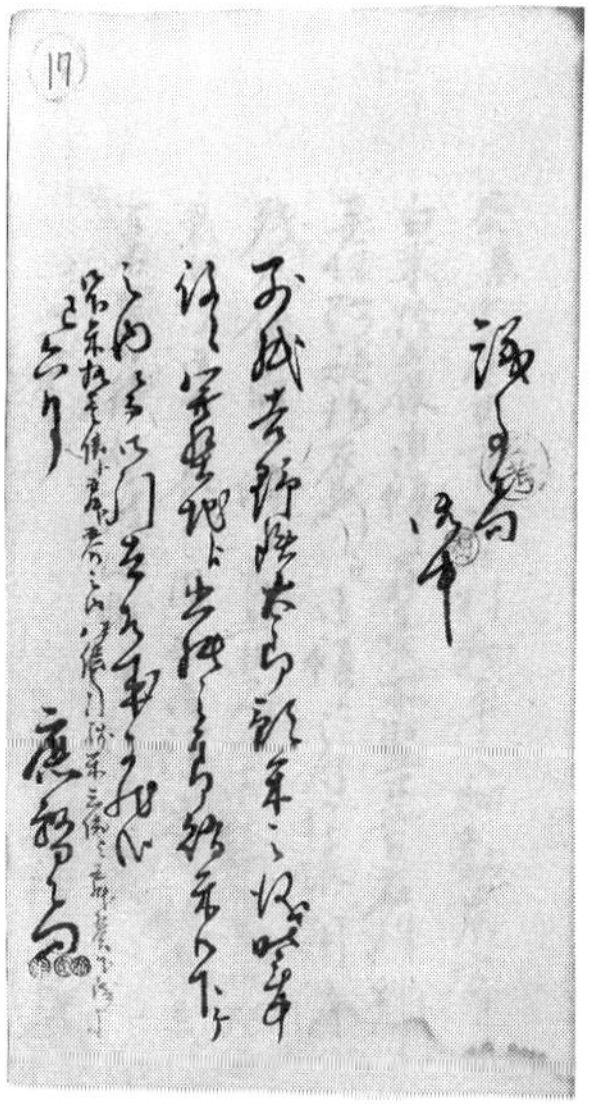

図 11-2　「議事局御中」とした箱館府庶務局の伺の例（箱館県『御用留』，簿書 132 号〈北海道立文書館蔵〉所収）

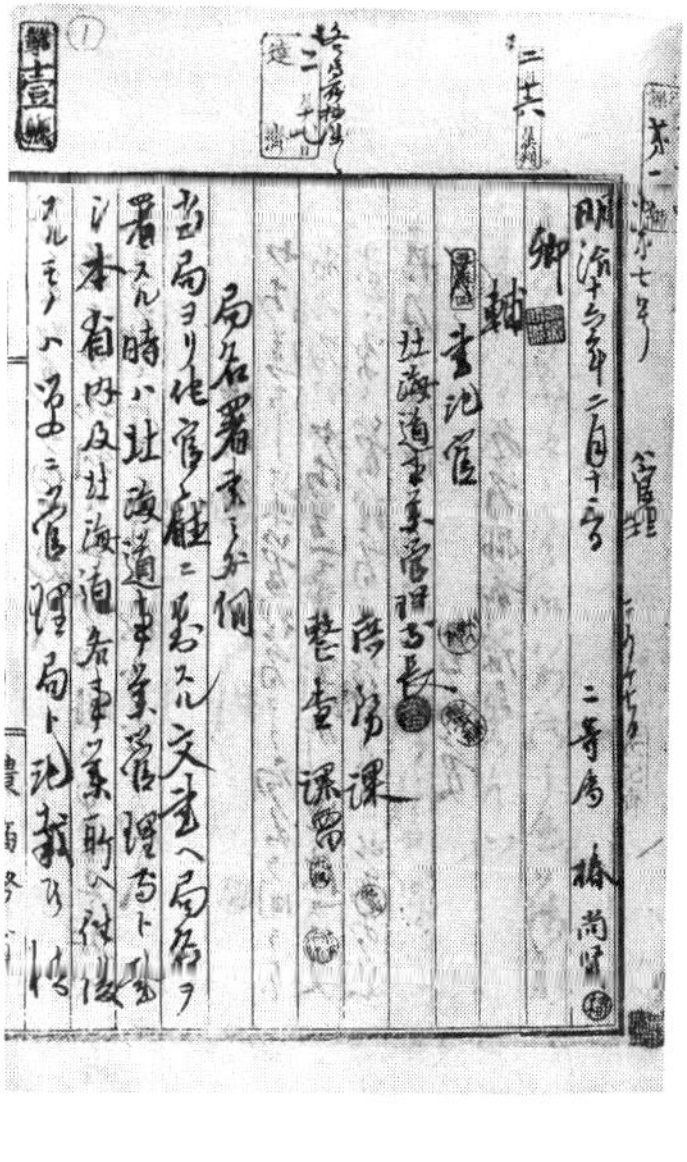

図 11-3　北海道事業管理局の起案文の例（『農商務編年録』，簿書 7851 号〈北海道立文書館蔵〉所収）

あて名を「議事局御中」とし、一見、往復文書のようであるが、議事局、庶務局ともに箱館府部内の上級と下級の機構であって、逓送が必要なわけではない。単に、執行の機関(下局)である庶務局から議決の機関(上局)である議事局への伺にほかならない。

伺式、起案文に決裁欄、文書番号を付すようになる開拓使中期にかかると次のようになる。

(朱書)中判官㊞(「杉浦」)　(朱書)惣 触案　(朱書)民 事 係㊞(「原」)㊞(「酒」)㊞(「三嶋」)

(朱書)百四十二号　(朱消)戸長心得□達

亀田郡上磯郡茅部郡山越郡右四郡、今般別帋之通大小區劃相定、就而ハ名主ノ名義ヲ廃シ候間、自今副戸長ト相唱可申并年寄小頭百姓代之名義是亦相廃シ、右三号とも(傍線は朱による書込み。以下同じ)壱村限リ壱人或ハ二人宛村用掛ト相唱人頭可申出(可申)(二字抹消)、尤勤向従前之通たるへく事。

右之趣、村中へ無洩可為心得もの也。

明治六年五月　　開拓中判官　杉浦　誠

村々役人中

〔『支庁布達達書原稿　其二』、簿書七一五号、所収〕

さらに年代が下ると、差出・検印日付、起案者名、件名を付し、やがては、今日、官公庁で使用する形式に近い草案・起案用紙が用いられ、伺の趣意と案とを分離して記載し、起案、決裁、施行の日付をそれぞれ別に記入するなど、意図的に合理化を進める。次の文書は、北海道事業管理局の起案文の例である。

（欄外朱書）

往復課	十六年二月十四日
	第二號

上達㊞（「益子」）

（この行、欄外朱書）北第七号

管理　二月十七日

表記済

明治十六年二月十三日

二等属　椿尚賢㊞（「椿」）㊞（「永井」）㊞

（欄外）二月十六日決判

卿㊞（「西郷之印」）

輔

（欄外）各局所掛課へ

二月十七日
達　済

書記官㊞（「大槻」）　㊞（「奥青輔」）

北海道事業管理局長㊞（「安田」）

庶務課㊞（「矢島」）

整査課西田（書判）㊞（「大槻」）　㊞（「近藤」カ）

局名署書之義伺

当局ヨリ他官廳ニ差出スル文書へ局名ヲ署スル時ハ、北海道事業管理局ト書シ、本省内及北海道各事業所へ往復スルモノハ単ニ管理局ト記載候様致度、此段相伺候也。

追テ御決判之上、各局掛へ通達之義ハ其筋ニ於テ取計候様致候也。

通牒按　印（関場一）

北海道事業管理局ヨリ局名ヲ用テ本省各局及北海道事業所へ往復スル文書ハ、単ニ管理局と記載候条、此段為御心得及御通牒候也。

書記官

各局掛所課宛

〔『農商務編年録』、簿書七八五一号、所収〕

四　開拓使初頭の書状

前各項のごとく、文書の作成にあたって機能的かつ合理的に処理しようとする意図が、事務機構の整備、確立、増大とともに現れる。一方、開拓使期初頭の前後にあっては、公的な往復文書も、個人から個人あての書翰文の形式をとる場合が依然として多い。例えば次の例は、開拓使発足の年、在京の首脳部へあてた札幌本府建設に着手したばかりの判官島義勇《しまよしたけ》（銭函《ぜにばこ》仮役所に拠り、石狩・後志国地方の管轄を主宰）からの書状である（図11-4）。

以書状致啓上候、然ハ、今般仙臺藩伊達英橘（邦成）伊達勝三郎（広高）家来共よ利別紙弐通之通り伺出候、然ル処当九月廿日長官（東久世通禧）始出船後、地所願出候諸藩等江御割渡相成候時は、一應石狩府江御問合之上ならでハ御聞済不相成様伺済相成居候廉ニも致相違、当府江未タ何等之御達も無之取計兼候得共、畢竟札縨郡之儀は御案内之通本府取建候地所ニ付、同人共江相応之土地割渡、開墾為致候儀は格別之事ニ候得共、支配ト申義不都合ニ存候、尤空知郡等之儀も最前願出候向ニは支配被　仰付候筈之処、上川郡ト連リ札縨本府ゟ漸々取開候得共、後来之御為メニ可相成と存、先般右上川空知其外共最早御割渡ニ不被差出　御親料ニ被成置度旨以急飛申上置候處、未タ何等之御沙汰茂無之処、突然確證も持参不致前段之通仙臺藩中之者共願出候通ニ而は不都合之義ニ付辨官中江も御打

合相成は勿論、至急否御答可被下候様存候、此段態と急飛を以得御意候条、如斯候也。

島　従　四　位
義勇(花押)(朱印「義勇」)

（一八六九年（明治二））
十二月廿二日

松浦（武四郎）判官殿
岩村（右近）権判官殿

猶以本文之通諸藩等江地所御割渡之時は、以来共最前御議定之通、一應當府江御問合有御座度ト存候、此段も為念申上置候也。

〔『開拓使公文録』、簿書五七〇二号　所収〕

右の文書も個人名ではあるが、内容は機関上の往復文書に類するものである。この文書の内容だからでもあろうが、自筆自署の上、花押に印判を添えたのは、念を押す意味であろう。開拓使以降の文書としては稀なようである。いずれにせよ一般に初期の文書には、内容にも様式上にも個人的色彩が濃厚である。それが年とともに個人名よりも機関名を付す場合が多くなり、高官の自筆、自署は一層減少する。

やがて、職名、機関名によるとを問わず、移文案(往復文書作成の起案)がつくられるようになる(前述、事業管理局起案文の例)。これも当初の書式では、印判の二、三(起案者、決裁者の認印)を押し、字句をあらためる程度の簡略であったのに対し、前述の伺案のごとく複雑な起案式を確立していく。往復文書が差出し人個人の人格を離れて、機関的な性格をさらに強めていくのである。これは、機構内の人員が多くなり機能が複雑となり、事務量の増加によって、個人の人格的意志の表示と分離した機関的機能を発揮させる必要性が増大したからであろう。このため、書格、文書番号、禀議方式の確立、整備が求められ、形式的機能性が意図的に追求されていくのである。

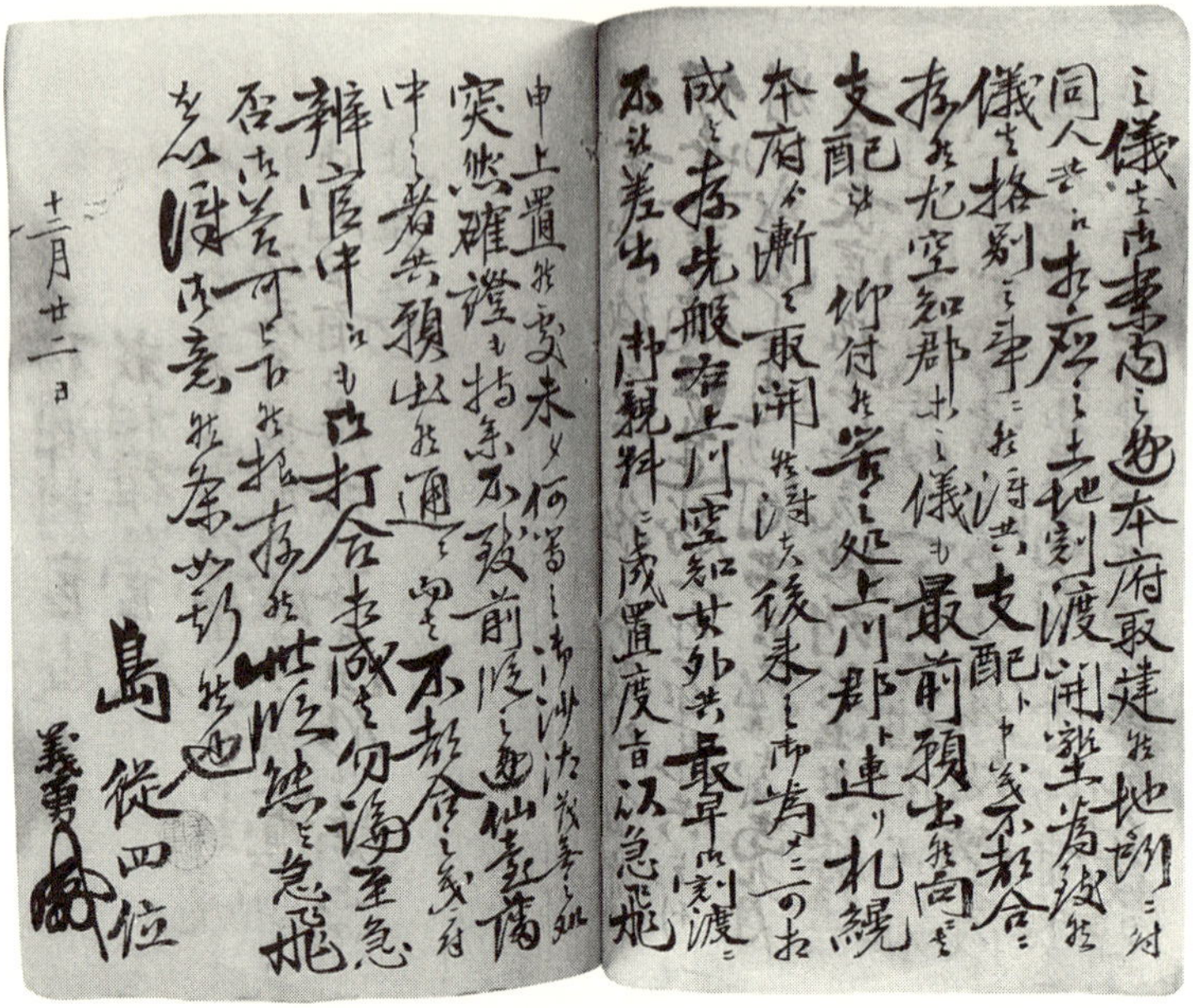

図 11-4　開拓判官島義勇の自筆・自署・花押・押印の書翰
（『開拓使公文録』，簿書 5702 号〈北海道立文書館蔵〉所収）

このようにして、文書の形態を見ていく時、それらの諸性格は、行政機構の確立、展開と表裏の関係にあることを思わしめられる。それぞれの文書の性格、特質、意義といったものの検討は、行政機構（あるいは、もっと広く官制）の機能の側面からも考えてみる必要があろうかと思われる。そして、これも次節で触れるところであるが、簿書が近代の行政機構の産物であるとの性格は、個々の文書の様式、形態に現れるのみならず、まず、それの集積（さらに編綴）の仕方の中にも、特質として見出されるのであるまいか。

第四節　簿書の特質について

一　簿書の史料的価値

簿書に編綴されている近代初期の文書が、どのような基準で残存し、第一文庫への収蔵に至るまで保存されてきたかは、十分には明らかでない。基準が明らかでない、というより、むしろ、そのような保存（裏を返せば廃棄）の基準がなかったのではないかと考えられる。現在の官公庁文書は、どこでも文書保存の規程があって、行政上の必要の見地から（多少は歴史的価値を加味して）、長いのは永年保存から、短いのは一年保存まで何段階かの保存期限を定めている。保存期限を設けることは、とりも直さず廃棄時限の指定でもある。

これに対して、前述の「分局章程」では、保存すべき簿書を規定しているが、その年限については触れていない。「分局章程」以外にも組織的廃棄に関する規程はつくらなかったようである。事実、思わざる滅失や、他への移管や、また若干の廃案文書、個人的な綴の廃棄があったとしても、計画的に処分した形跡やそれを裏づける史料を見ない。作成され集積された文書は、すべて保存すべきであるとの意識が当時の官吏にあったと思われるのである。もっとも悉皆保存などというのは、近世ではともかく、膨大な事務量を抱えるようになる近代の行政庁が、いつまでも継承し続けるわけにはいかないことであって、第一文庫系簿書のうちでも北海道庁時代の分になると、何がしかの意図的淘汰がなされていると見えるふしがある。

開拓使・三県一局時代を中心とした時期、廃棄を考慮せずに文書を保存した結果、どのような史料的価値が「簿書」に付与されるに至ったのであろうか。気のついた点のいくつかを挙げると次のようになる。

第一に、開拓政策や民治行政の全般、すなわち行政庁が担当し関係した全領域にわたって、文書が広汎に残存しているため（途中で滅失、移管した分は別として）、行政的行為の内容とそれが人民に接触するに至るところまで明らかにされる（さらに、統治側と人民との関係が一片の法規によってすべてが決定的とはならないことを具体的に知らせるものを見る）。

第二に、行政的行為がその時間的な経緯に沿って、文書の中に残存しているため、政策決定と施行の過程、問題の経緯が、かなり明らかにされる。この過程をたどることによって法令や制度の背後にある統治側の考え方が把握できる。文書が個々ばらばらにではなく、綴であるところのいわゆる「簿書」として、かつ網羅的に残されたことによる最大の利点がここにあろう。

第三に、他の官省、府県の文書が、北海道の行政庁との往復または達類として残っている。内容が直接北海道と関係がなくとも(例えば府県人事のごとく)、よく残存している。今日、近代初期の文書が少ない府県もあろうし、省庁の中にも古い文書がすでにないところも多いから、道外の史料を補う意義も大きい(例えば、農商務省の文書は関東大震災と戦災でほとんど煙滅に帰したといわれるが、北海道事業管理局の簿書は、短い期間とはいえ一局分がまとまって残った唯一の文書群と見られている)。

第四に、財政上の文書、会計、出納の文書が多量に残存している。これらの文書は経済史的研究が進んだ昨今でも、なかなか利用されにくいが、他の文書や記録の記述を覆す史料もあろうかと思う。研究の課題を基底から掘り起こす可能性が、多量の会計関係文書から期待できよう。

これらいくつかの史料的価値のうち、特に第二の点を中心に簿書の特質をいささか掘り下げてみたい。

二　簿書の史料検索

事務の流れに沿って作成された文書がそのまま集積され、行政的行為の過程、問題の経緯が理解できるという「簿書」文書群の特質は、裏を返せば、ある事務の過程の中の一、二の文書を見出しただけでは、その全容を正確に把握しがたいものであることを意味している。諸々の問題や決定は左右に揺れ動き、紆余曲折をたどる場合が多い。その際、一時点を限った、または一方の側の文書を見ただけからでは事態を見誤りやすいのは、いうまでもない。したがって文書を利用する者は、一連の事務の過程にかかるすべての文書を膨大な簿書の中から選び出さねばならないことを意味している。しかるに現存の一万八〇〇余冊の簿書は、平均の厚さ三センチで、延長三百数十メートルの書架に格納されており、一冊に編綴した文書の点数を平均一〇〇―二〇〇とすると、全文書点数は一〇〇万の単位となるから、手あたりしだいにめくって、探すのは、ほとんど不可能に近い。

簿書から、それぞれに必要とする文書を選びだすには、簿書によく適合する検索の方法(コード)を見出さねばならない。この場合、図書の分類に用いられる主題による分類では、利用者にとってあまり有効とはいえない。少なくとも、必要とする文書のすべてを把握するためのコードとしては完全を期しがたい。また、日付順の目録も、文書の大半が一八七〇―八〇年代の約二〇年間に密集しているため、あまり意味を持たない。この整理と分類に関する検索上の問題が、簿書利用の第一の課題となっている。

いまのところ「事務の過程」をたどっての把握が、最も有力な検索のコードの原理になるのではないかと筆者は考えている。「屯田兵の設置」という主題を例にとれば、まずこれを決定した太政官達や稟裁の類から、一般人民に衆知せしめた布達等に至るまでの間に、設置の建議、開拓使部内での検討、決定後の財政上の処置、施設の建設、召募などの事務手続、出納手続、それらをめぐる各方面との往復がある。それらは、達何号、東京発札幌あて第何号往翰、第何号来翰による回答等々として展開する。これらの事務の流れである文書の授受あるいは帳票記帳の過程を一つひとつ順に追っていくことが、いまのところ関係の文書を網羅的に渉猟する最も着実な方法ではあるまいかと考えるのである。

この文書授受の関係を把握するためには、授受の機構や文書施行番号、契印などの意味と機能を解明する必要が生じてくる。ともあれ、最近では、例えば開拓使時代の基本史料として重視されていた『開拓使事業報告』の誤りが種々の研究者によって指摘されつつあることなどから、文書原本の利用がさらに一層必要とされ、簿書に対する古文書学的検討の必要性が研究者の間でもいよいよ痛感されてきている。

三　編綴された形態の史料価値

「一連の事務の過程」ということからすると、事務の流れから作成されるのは、個々の文書（および文書群）とは限定されない。それらを簿書として編綴するに至る行為もまた、事務の一過程である。特に近代の官庁文書は、個々ばらばらに保存されることはなく、編綴されて「簿書」のごとく簿冊の形態をとるのが原則である。ある年度が終了し、またある事件が終結して、個々の文書は簿冊として残る。編綴の状態もまた記録であり、史料であり、それゆえ史料批判の対象でもあろう。編綴されている文書の内容、意義を理解するためには、その簿書がどのような意図と主題をもって、いつ頃、どの機関によって編綴されたものであるか、まずもって解明する必要がある。

したがって、簿書整理の現段階の作業（『北海道所蔵簿書件名目録』第一部・第二部その一―五）は、個々の文書を明らかにすると同時に、簿書がどのような意図で編綴され、他の簿書および簿書群とどのような関係を持っているかの解明に重点を置いて進めている。編綴すべき簿書名を逐一列挙した前述の「分局章程」は、行政機構と事務分掌に簿書を位置づけて、簿書群を体系化したものであり、個々の簿書の性格と編綴の契機を簡略ながら示した規程として、ここでも貴重な存在である。これによって、事務の関連を追って簿書から他の簿書へと文書を検索していく手がかりをわれわれは得ているのである。

しかしながら、問題は、第一文庫に収蔵する前に（といっても、ほとんどが道庁に引継がれる以前だが）、編綴を変えている簿書の少なくない点である。「分局章程」で規定する各課（事務の単位機構）で、年度や事件の終了、終結ごとに編綴した簿書が、のちになって改編されることがあり、あるいは、断片として残った文書をのちに主題や年次によって一括編綴したなどの簿書（これらを後代《こうだい》編綴と名づけている）がある。これらは、分局章程による簿書(章程簿書)および個別の事件をその時期に編綴した簿書(当代の章程外簿書)に対して、量的にも質的にも劣っているわけでは決してない。

後代編綴の代表的な例には、『太政類典』編纂の影響を受けた『開拓使公文録』『札幌県治類典《けんちるいてん》』、また『外国人ニ関スル件』『漁業資本ニ関スル件』などというかなりの量の簿書群がある。これら第二次(ものによっては第三次、四次かもしれない)編綴には、最初の簿書が持っていた「編綴自体が史料」であるところの史料価値は大幅に減退しているか、ほとんど失われてしまっている。そして、主題別等、第二次編綴の当事者が考案した分類によって編綴されているのである。事務の過程を追って、他の簿書と関連づけ得る可能性はここに大幅に制約され、あるいは関連を絶たれている場合も少なくない。このため、当初に編綴された簿書(第一次編綴の)の体系がどのようであったか、また、すでに散逸、滅失した簿書にはどのようなものがあったかを明らかにし、当初の簿書の体系を再構成してみる必要がでてくる。簿書体系の解明なしには、どのような文書が存在し授受されたか、文書の体系はどのように構成されていたかを十分明らかにすることはできないと思うからである。

四　簿書解明の課題

以上二つの点、すなわち、文書検索の方法としては事務の過程をたどるのが最も有効であること、編綴の過程の解明と第一次編綴(当代編綴)への復元とを、簿書の持つ特質としてまた同時に当面筆者ならびに簿書整理作業の課題であることを述べてみた。

これらは、いわば行政機関の文書作成、授受の機構と機能の解明を通じて、文書の利用をはかり、その分析の手がかりをつかもうとする試みである。この試みは、前に述べたように、文書の網羅的な残存によって初めて可能である。さらに重要なのは、「簿書の時代」は、すでにどの事務はどの課係で担当し、どのように処理するかという近代的な事務の組織が確立していく時期でもあった。それらは事務の機構を、明文化した規程に基づいて設置し、分掌事務を合理的に配分しようとする意図の存在があって可能となることでもある。

簿書に編綴されている文書は、かかる事務の機構によって作成され、効力を付与されている。文書のさまざまな様式の発生も、ここでは行政機関の機能に深く根ざして考案され、また改善されてきているといえる。この意味で簿書およびその文書の解明には、北海道地方官制、組織・機構の把握が必要となる。現在の整理事業の第一段階であった『北海道所蔵史料目録』第一―四集「簿書の部」(一九六一―六三年)で、簿書の分類を年度と機構によって行った理由も、かかる近代行政文書本来の性格に基づくためであるにほかならない。

第五節 あとがき

『古文書研究』創刊号で藤井貞文が、「近代の古文書」の中で、近代の古文書研究の少なきを指摘しておられた。文中で触れられた大久保利謙「文書から見た幕末明治初期の政治――明治文書学への試論――」は、これが発表されてから一〇年になる。この間、近代史研究のめざましい進歩にもかかわらず、近代文書への古文書学的検討は、管見の限りではあまり前進していないように思われる。しかし、近年、中央政府・府県段階から戸長役場文書に至るまで散逸防止が叫ばれ、保存の対策が地方自治体の手でも着手されてきており、さらに一歩進んで地方の文書館設立の動きが徐々にではあるが陽の目を見ようとしてきている。この動向は、単に近代文書の保存だけを契機としているわけではないが、近代文書の目に見えての散逸が、研究者ばかりでなく行政当局をも動かすようになったからであろう。

筆者は、ここ約一〇年、この簿書の整理に携わってきたのであるが、それが、ひとり北海道地方史のためばかりでなく、全国的な関連の中で問題として取り上げられるようになってきたことを嬉しく思うものである。中央の省庁や府県の文書が互いにその欠を補いあう可能性と連帯の必要性を、大久保利謙は最近、『文部省史料館報』第七号(一九六八年八月)所収の「一つの提案」で書いておられたが、この第一文庫系簿書は、そのような役にも大いに立つと確信している。文書の上での、特に他府県との関連性は、各地方史との連関を明らかにするとあろうし、近代における地方統治の展開、社会構造変革の比較研究の場を提供すると思われる。

本章では、道庁所蔵簿書の紹介を中心に、途上にある簿書整理事業の方向と現段階の問題点を不十分ながら指摘したつもりである。簿書に対する古文書学的アプローチは、ようやく出発したばかりであり、近代の古文書学自体草創期であるため、これから新しく開拓しなければならない点があまりに多い。諸先学のご教示、ご批判を願うしだいである。

なお、現在、北海道庁では、一課に相当する行政資料室を重要文化財に指定された道庁旧本庁舎(赤れんが庁舎)内に新設し、ここで、行政資料とともに簿書など古文書の整理、保存、公開、利用にあたっていることをあわせて報告しておきたい。

【補　記】

本章は、論文としての初出が一九七〇年十月であって、すでに三〇年を経ている。したがって補足すべきことが多く、改稿してもしかるべき内容である。例えば、この「簿書」は現在、北海道総務部行政資料室の後身である北海道立文書館の所蔵史料となっている。また、この論文が『古文書研究』第四号に掲載後、簿書に関する研究は、急速に進展しているのはいうまでもない。拙著『開拓使文書を読む(古文書入門叢書、八)』(雄山閣出版、一九八九年十一月)もその一つである。本論文の簿書ならびに史料論理解、またデータはあくまでも執筆当時のものである。

その意味ではここで指摘した論点も、議論がすでに遠くに進んでいるものが少なくないのであるが、しかしこの中には、本書各章の萌芽を多数含んでおり、それらの論文を引き出す役割を持っている。その意味で本章は、豊富な可能性を含んでいる一文であったと筆者自身が評価しているところである。例えば本章では、近現代史料論について古文書学からの接近を試みているが、同時に史料の分類、検索をめぐって史料論と史料管理論の接点を模索している(関連論文として第九章第四節二項(三)など参照)。また、史料把握の方法では、次の第一二章のテーマに直結している。それゆえ未熟な記述を随所に見るが、二、三の語句を補ったほかは、あえて改稿せず、また註も新たに付加せず当時のままの姿で呈示することとした。ただ、他の章との均衡を得るため、第二―四節に項の名称を付し、また西暦主表記に変え、敬称は省かせていただいた。

なお、本章では、近現代史料に対し古文書学的あるいは史料学(史料認識論)的アプローチを模索したが、論点がそれに徹し得ず、史料整理論など今日でいう史料管理論に傾斜していきがちであった。この時点では、筆者の議論の立て方が近現代史料論として自立していなかったからである。当時、近現代史料の史料論も整理論もともに萌芽状態であって、この種の論議が少ない中では議論そのものをどのように立ち上げていくか、そもそも近現代史料を古文書学的に扱うことにどのような意味が見出されるか、いまだ漠とした状態であったことを付言しておきたい。

第一二章　近代初頭、北海道における法令の施行

——開拓使文書の体系的把握のために——

第一節　はじめに

近代の文書、ことに官庁の公文書を歴史資料として把握する方法について、「明治文書学」また「近代公文書学」なる提唱がある。前者は、大久保利謙「文書から見た幕末明治初期の政治——明治文書学への試論——」であり、[1]後者は、津田秀夫「近代公文書学成立の前提条件——公文書概念の変遷と保存公開をめぐって——」である。[2]「明治文書学」の方は古文書学の範疇を近代の文書に及ぼし、かつ近代官庁文書の特質を見出そうとする視点で論じられており、「近代公文書学」は主に近代の官庁文書の保存と公開を、文書館設立運動の視点から論じた問題提起である。

近代公文書の史料学的把握をどのように行うかについて、近年、丹羽邦男「近代史料論」[3]をはじめいくつかの業績があり、ことに『日本古文書学講座』[4]が全　一巻中三巻を近代編にあて、多方面から文書その他の近代史諸

史料を論じているのは画期的といってよい。ただ、明治文書学といい、近代公文書学といい、学問領域の新たな誕生を思わせる新鮮な響きを持つ言葉であるが、一面、その学がどのような範疇で成立し得るのか、いまだ明確にはされていない。北海道においても、北海道立文書館設置への論議の中で「北海道文書学」の提唱がないではないが、これまた十分な概念規定を伴ってのことではない。

近代の公私の文書の研究業績を初めて概観した松尾正人「文献解題」[5]を見ると、前記の論文を含めて、公文書（法令、統計資料を含む）の様式、機能の考察、保存状況や来歴紹介、保存整理・分類方法の検討等々、おおやけになった成果は実に多彩であることが知られる。また、その範囲が従来の古文書学の範疇では包摂しきれない広がりを持っていることをも理解できる。

ただ、これら多彩な成果が近代文書の「文書学」として結実するまでには、今後さらに多くの試行錯誤が続くものと思われる。将来、近代文書の「学」が構築されるとすれば、そのためには体系化を意識した研究がさらに蓄積され、また概念の提示と論点の整理が求められよう。本章は、北海道という限られた地域の地方官庁文書に対してであるが、その史料学的把握の方法を模索しつつ試みた考察である。主題を北海道における文書の授受、法令の公布施行に置いたのは、これが近代初頭の官庁文書の研究にあたって解明すべき基本的課題の一つであること、その事例を通して開拓使など近代地方官庁文書の体系が成立する時期の特質を、よく紹介することができると思ったからである。

明治維新政府の法令の公布施行については、大久保利謙前掲論文の主たる内容でもあった。同論文では、高札などによる法令掲示主義が、通信、交通の未発達もあって全国的な統一をとれず、中央と地方間、地方間相互に落差を生ぜしめ、近代初頭の政治の上にさまざまな影響を及ぼしていると指摘している。また、政治の統一、近代化が政治意識だけではなく政治や法の「交流の速度」、さらに技術の体系の近代化を条件として成立するという指摘もあった[6]。北海道における諸事例は、まさにそれを裏づけているとともに、近世から近代国家の形成過程が生みだした痕跡を文書のうえに残しているもののように思われる。

(1)『史苑』第二一巻二号(立教大学史学会、一九六〇年)、所収。
(2)『歴史学研究』No.四〇三(歴史学研究会、一九七二年十二月)、所収。
(3)『講座日本歴史』二五、別巻二(岩波書店、一九七六年)、所収。
(4) 雄山閣、一九七八—八一年。
(5)『日本古文書学講座』第九巻、近代編Ⅰ(雄山閣、一九七九年)、所収。
(6) 註(1)、大久保前掲論文、一七頁。

第二節　諸省法令の施行と地方官の「恣意」

一　文書伝達の時間差

文書の授受伝達、法令の公布施行は、官庁機構の運営、行政の実現の上で基本的な営為の一つであろう。近代初頭の北海道においては、これらが㈠他府県との時間的格差、㈡道内各地域間の時間的格差とその等質化、㈢中央諸省法令(太政官布告・達を含む)に対する「独自」性、㈣開拓使の管外布達権限などにおいてその特質を際立たせている。

周知の通り、本州と北海道を南北に分かつ津軽海峡は、近世において発達を遂げたわが国沿岸海運の重要な舞台であった。ただ海峡自体は、多くの船舶に航路を提供してきたが、和式帆船の機能の限界は冬期間途絶を止むなくさせていた。北海道では毎年、春二月頃、最初に海峡を越えて各港に渡来する商船を氷割船《さいわり》と呼んで歓迎し、近世では入港時の沖ノ口課税を免除して優遇したほどである。(1)冬期間の航路途絶は、洋式帆船や蒸気船の就航が一般化するまで、近代初期においてもなお継続し、貨客の輸送はもちろんのこと、文書の逓送をも遅延させていた。

冬期間の航路途絶は、津軽海峡にとどまらない。さらに奥にある北海道内各地が、この障害にさらされていた。文書伝達の地理的制約の一例を近世末の幕府箱館奉行(堀織部正利熙)よりの「場所詰調役江申渡」にとってみよう。

一八五六年(安政三)十一月(五日)に箱館(函館)を発したこの「申渡」は、西海岸を寿都、石狩(あるいは留萌)、宗谷の各御用所を経て北上する。このうちいずれかの地点で越年(越冬)し、宗谷経由で翌五七年(安政四)二月二十九日、オホーツク海岸の紋別御用所に到着する。これを場所詰の幕吏が、「申渡」本文の趣旨に沿って御用所へ張出したのが三月である。また宗谷から対岸樺太の久春古丹《クシュンコタン》を経て(と思われるが)、最終の白主《シラヌシ》御用所に到着したのは、実に五か月後の同年三月二十六日であった。(2)

半年に近い送達の時間は、長距離のしかも風待ちを必要とする船便であったがためであるが、遅延の一層の理由は、明らかに冬期間の海陸路の途絶である。流氷による北海道東北部の海域閉鎖は決定的であるが、それ以外の航路も冬期間は閉鎖されるのが通例であった。

二　法令掲示日限の遵守問題

文書の伝達が遅延し法令の施行、命令の伝達の実効性に制約が生じるという事態は、明治維新政府にとって統治の貫徹および法の支配の正当性、全国的斉一性の実現を阻害する要因として捉えられている。一八七二年(明治五)十一月二十日の司法省第四六号布達は、地方官に対する最初の行政訴訟の法規として著名であるが、それとともに、諸省法令の斉一な施行の実現に関する重要な規程でもあった。

すなわち、㈠「地方官及ヒ其戸長等ニテ太政官ノ御布告及ヒ諸省ノ布達ニ悖リ規則ヲ立、或ハ処置ヲ為ス時ハ各人民(華士族卒平人並称ス)ヨリ其地方裁判所へ訴訟シ又ハ司法省裁判所へ訴訟苦シカラサル事」とし、以下、㈡地方官、戸長等が各人民からの願伺届等を「壅閉」する場合、㈢人民の移住、往来を地方官が抑制する場合、㈣太政官布告、諸省布達など中央法令を、地方官が隣県の掲示よりも一〇日以上過ぎてなお布達しない場合、㈤布告、布達を地方官の誤解によって、これに「悖ル説得書等ヲ頒布」する場合は、いずれも地方裁判所または司法省裁判所へ訴訟できる、また、㈥人民が地方裁判所、地方官の裁判に服しえない場合は司法省裁判所へ訴訟できるとしたのである。これに対し、次に掲げる開拓使の、幹部の建議は、この司法省布達が与える北海道への影響の大きさを実務上から提起した批判である。

「壬申十一月廿八日(第四十(ママ)四号)附を以、司法卿輔より一般へ布達有之候内、別帋の△印之分ハ当使管轄北海道之如き内地一般之比例ニ相成兼候儀有之、諸御規則類を始め今日施行之上ニ於て適宜取捨致し候義も可有之、右ハ強て御規則其它ニ悖戻致し候義ニハ無之、勢止を得さるより権宜を用ひ候譯ニ付、其旨委細同省へ豫て通達ニ及ひ置可然哉

○印之如きも地方官ニて其隣縣之地方掲示之日より十日を過クルモ猶延滞布達セサル時ハ、各人民より其地方之裁判所へ訴訟□(スヘシカ)と有之候得共、御用状東京出張所より郵便を以至急送致ニ及ふと雖も、当北海道之如き険海を隔つる地にして、縦令隣縣とも見るへき青森縣等ニて其管下へ布達致し候得も、海上風波之為乎十日餘も渡海而已ニ時日を費し候事も不少、猶又、東京出張所より蒸氣舩便等ニて海上より送致之分も、何日出発何日到着と図期致し難く札幌本廳より各支廳ニ於けるも其地遼絶、剰へ驛場等之設立もまた全備致さす、逓送之便利内地之比ニ無之、殊ニ積雪中ニ至りては数日或ハ氷海渡航之術無之場所も有之、要するに右等之布達相成候と

も事実履行相成兼候条、此旨精細同省へ通達ニ及ひ置可然哉
右本廳へも御打合之上御決議相成、次官殿へも陳述ニ及ひ正院へも御届出ニテ可然哉と相考候、可否之御報後便御廻し有之度、此段及掛合候也

明治六年二月十日　　　内山國雄㊞

函館支廳

杉浦　中判官殿」(3)

内山国雄は函館支庁福山出張所(松前)在勤の開拓七等出仕(奏任官)である。文中、「△印」とあるのは、前述司法省布達の第一項であり、「〇印」は第四項、すなわち「太政官ノ御布告及ヒ諸省之布達ヲ、地方官ニテ其隣縣之地方掲示ノ日ヨリ十日ヲ過クルモ猶延滞布達セサル時ハ、各人民ヨリ其地方之裁判所江訴訟シ又ハ司法省裁判所江訴訟苦シカラサル事」を指している。

内山の主張のうち、第一項については、北海道の特殊事情から内地(府県)一般のごとくに施行しがたいとした中央諸省の法令を、取捨選択して施行している事実をあらわにしている。その理由を内山は「勢止を得さる権宜」として、むしろ北海道独自の判断の積極的な必要性を司法省に対して主張するよう求めている。第四項については、先に述べた津軽海峡をはさむ海運の制約、また冬期間の途絶、さらに札幌本庁まではよいとして、そこからさらに函館、根室、浦河、留萌、樺太の各支庁に伝達する時間の必要を論じ、司法省布達通りに行うことの不可能性を主張している。いずれも開拓使にとって、また政府にとって実際に対応を迫られる問題である。前者の法令施行の「取捨」の問題は次節で触れることとし、後者の布達施行期日について、いま少し述べておこう。

三　法令施行日限の設定

司法省第四六号布達は、出訴の便をはかったあまり「行政牽制の弊」を生じたとして、その後修正または行政訴訟法の整備に向かうが、(4)一方では地方官の日常の行政遂行に影響の多いこの第一項、第四項の問題が、法令の公布式の整備へと発展していく。

政府は一八七三年(明治六)二月二十四日太政官第六八号布告をもって、高札による法令公布を廃止するとともに、その期間を三〇日として法令の発効時点の全国画一化をはかることとした。しかし、地域間格差を無視し得ず、同年六月十四日には太政官第二一三号布告によって、法令の各府県到達日限を法定した。すなわち各府県ごとに定められている日数に三〇日を加えることになったが、一八七四年(明治七)四月十四日第四八号達により、管内触示まで謄写印刷の日数を到達翌日から二〇日とみて、さらに翌日から三〇日間を「人民知得ト見做」してこれを発効の日とした。

この過程の中で政府は、七三年第二一三号布告の府県到達日数を北海道には定めがたかったため、開拓使からの「到達ノ日ヲ以テ施行ノ初ト致シ」たいとする伺を認めて、七月十四日、諸省に「本午六月第二百十三号布告到達日限ノ儀開拓使管轄北海道ハ管内地理ノ不弁ヨリシテ書信往来、若干ノ時日ヲ費シ就中氷海中ニハ秋末ノ書信、翌春尾ナラテハ不相達儀モ有之、豫メ日限難定ニ付、向後同使ニ限リ其管内各所到達掲示ノ初日ヲ取纏可届出段許可相成候条、此旨更ニ相違候事」と達している。北海道への法令公布は依然として到着の事実をもって起算せざるを得なかったのである。開拓使各支庁へも、七四年五月十八日達によって本庁からの回送が到着した日をもって発効するとした。一時、これらは七八年(明治一一)七月十三日、開拓使の上申に対する指令によって大幅に改正となる。すなわち到達の日に発効することをやめて、それぞれ東京から、札幌本庁へは二五日、函館支庁へは一八日、根室支庁へは二九日と到達日限を定め、千島には従来通りとした。

しかしこれも、一八八三年(明治一六)五月二十五日第一七号布告で沖縄県とともに当時の北海道三県(函館県、札幌県、根室県)には、再び県庁到達の翌日から起算することに戻り、北海道への法令施行の特例は続いた。一八八五年十二月、法令掲示主義をやめ全面的に官報への登載に統一するいわゆる官報公布主義となっても、また一八八六年(明治一九)二月二十四日に勅令第一号をもって定められた「公文式」においても、さらには、一八九〇年(明治二三)の「法例」によって官報公布の日から法律が効力を発生する同時発生主義が採用となっても、北海道は依然として官報到達の翌日より施行と定められている。(5)

「地方官の恣意」を人民の訴訟によって牽制しようとした一八七二年第四六号布達による司法省の意図は、このように一定期間の法令掲示後は人民が「之ヲ知リ得タル事ト看做」したものとして、人民を支配し拘束する趣旨の中に包摂されていく。北海道では、内山国雄の建議などが契機となって公布施行方法の改正となっていくが、一方、住民側の要求として中央諸省の法令施行を迫る事態は遂に生まれなかったようである。

また、一八七三年前後、北海道内での法令施行の区域が、前述の本庁・支庁単位のほかに、さらに各地に多様な細分化を生じさせていた。例えば、札幌本庁では東部(太平洋側)と西部(日本海側)、あるいは函館支庁では東部四郡と旧松前藩領の福山(松前)・江差地方などと別個の法令の施行区域が事実上存在し、開拓使の布達施行範囲は複雑な様相を呈している。(6)

近代初頭のこの施行区域は漸次解消されていき行政の等質化に向かう。地域間格差の解消、斉一化は明治維新政府の行政的課題でもあった。いま一つ開拓使の場合に着目しておきたいのは、細分化した法令施行区域と表裏の関係にある、開拓使の各級地方機関が法令施行にあたって独自の取捨選択の判断を行っている点である。(7)

(1) 『新北海道史』第二巻、通説一(北海道、一九七〇年)一八〇頁。

(2)　箱館奉行所白主御用所『御用留』、一八五七年(安政四)、北海道所蔵簿書一五号、所収。拙稿「古文書あれこれ」32、「中渡、カラフトへ」(北海道総務部行政資料課『赤れんが』第三四号、一九七四年十二月、所収)。

(3)　開拓使函館支庁『福山上局往復留　乾』、一八七三年(明治六)、北海道所蔵簿書七〇七号、所収。

(4)　小早川欣吾著『明治法制史論　公法之部』下巻(巖松堂書店、一九四〇年)八〇五頁。和田英夫「行政裁判」(『講座日本近代法発達史』三、勁草書房、一九五八年、所収)一八頁。

なお司法省四六号布達の背景にあるといわれている司法省と京都府との対立、いわゆる槇村正直の事件については、的野半助著『江藤南白』上(復刻、原書房、一九六八年)六八頁以下。

(5)　近藤金広著『官報創刊前後』(原書房、一九七八年)一八六頁以下。

官報到達の日から効力発生という北海道の特例は、公文式第一二条が途中で廃止になっていないと見られるので、「法例」施行の一八九三年(明治二六)以降も存続し、一九〇七年(明治四〇)一月三一日付「公式令」(勅令第六号)によって廃止されたものと考えられる。

(6)　拙稿「開拓使の布達・施行式の問題――主として初期における町村制度を事例とした問題の提起――」(北海道道史編集所編『新しい道史』二九、一九六八年九月、所収)。

なお、開拓使以降北海道庁初期までの法令公布関係の達、布達等については、北海道庁第一部記録課編『沿革類聚布令目録』(一八九〇年)でその件名が一覧できる。

(7)　多様な地域性が等質化していく一方、達・布達番号の付け方によって公布施行対象を明らかにすることが開拓使本庁、支庁でも行われている。甲、乙、丙、丁(札幌本庁)あるいは元、享、利、貞(函館支庁)などという、記号に序数を付するのであるが、この内容・変遷の考察も開拓使文書では研究課題である。達・布達番号解明の必要性については、拙稿「古文書あれこれ」2、「過渡期の触書」(『赤れんが』第四号、一九六九年十二月、所収)、佐藤京子「開拓使文書の署名式等について」(『赤れんが』第六二号、一九八〇年八月、所収)がある。

第三節　開拓使による法令の「取捨」施行

一　法令の「取捨施行」

内山国雄建議が指摘したのは法令施行期日の問題のほかに、いま一つ「内地一般之比例」とはならない北海道で、法令を施行するに際し「適宜取捨」してきたことの可否があった。開拓使函館支庁福山出張所で具体的にどの布告、布達を「取捨」したか定かではないが、一八七三年(明治六)五月十日付の杉浦中判官から内山あての達に、「其地ニ於テ差支之有無御熟考之上、布告スヘキト布告見合トヲ弁別シ、施行有之可然ト存候」として、現地での取捨施行を認めている。これは単に福山出張所の特例ではなく、右の達の前後に出された開拓使からの達、布達を見ると末端機関での法令の取捨施行がむしろ一般的であったと思わざるを得ない。

すなわち、七三年五月八日第七九号布達「公書配達定則」第三章には、「民事ニ関スル布告ノ類モ(略)各局へ回達ノ時、民事局ニテ之ヲ写シ、管内へ布達ノ可否ヲ記シ上局ノ決ヲ乞フヘキ事」とし、続く同月十七日付一ノ二七号、一ノ二八号(本庁達、各郡出張所宛)では次のように指示している。

「御布告及ヒ正院御達并諸省布達ノ類、郡民へ頒布可致条件ハ本庁ニ於テ検査ノ上、施行ノ有無可相達候条、各所限リ施行致ス間敷事

但右ノ内ニテモ各地方ニ於テ又難止情実有之分ハ伺ヲ経テ施行可致事」

つまり札幌本庁管内各郡出張所段階における「各所限リ」の取捨を禁止し、その機能をもっぱら本庁に集中さ

せようとしているのである。

開拓使の北海道全域に対する命令は開拓使布達または達によっており、本庁の布達、達の効力は支庁に及ばない。したがって右の本庁の措置は、先の函館支庁が福山出張所に委ねた法令施行の可否の権限を消滅させる命令とはなり得ないのである。もっとも、各管内へ公布施行する可否の判断を地方官が行うに至ったのには、中央政府側にも一斑の原因があった。その法令の適用範囲が、人民一般であるのか、特定地域、特定人であるのか、また官庁宛であるのか、達文ではしばしば不明瞭であったからである。一三年七月一八日太政官二五四号布告は、布告、布達、達の結文制定によって適用対象を明瞭にしようとするものであった。開拓使札幌本庁は、これを受けて同年八月十四日付本庁八ノ五号達で、先の同年五月十七日付本庁達を取消し、「自今御布告ハ別段郡民ハ布達ノ有無申遣候間、右ニ照準触達掲示等可取計、尤実地難行件々頒布見合ノ義ハ其時々可相達候條可得其意候事」とした(1)。

ここでは、「取捨」は「頒布見合」と表現されているが、これがなお存続していたことには変わりはない。札幌本庁では、一八七七年（明治一〇）に「御布告并達布達書類掲示其他取扱方」（同年三月二十九日、本庁記録局第二五号達）、「公布頒布規程」「公布取扱順序」（いずれも同年九月七日、本庁乙第四九号達）を定めているが、「公布取扱順序」第一条第一項では、「太政官公布頒布ノ後、実際践行シ難キト認ムル時ハ、其主務課ニテ之レカ理由ヲ詳明記載セル具状書及ヒ長官伺案ヲ作リ公文課ニ付ス、該課受ケテ上局へ進達議判ヲ待ツ」とある。函館支庁も七四年十二月十日、「各省達布達宛書ナキハ当使ニ関スルモ実際上支牾セル件ハ達方差控其旨開申スヘク」として、開拓長官に対し伺出た。これに対し開拓使は七五年二月二十二日付で「伺之通」とした達を他の支庁に発して函館支庁への指示を一般化した。「取捨」はなお引続き開拓使の課題であった。

「公布頒布規程」をはじめ一九八〇年代になっても、太政官布告、諸省・開拓使の達、布達の公布掲示表を、地方の分署または区戸長、総代から提出させている。法令掲示主義をとる限り、開拓使各級の地方機関による「独自」の、時には「恣意」的な判断と地域差を克服することができなかった。

二　娼妓解放令の場合

地方の分署または区戸長段階の取捨施行は、人民への不徹底とはなっても、法的効力は疑われなかったであろうけれども、開拓使または本庁、支庁が「捨」の判断を行った場合は、その法令自体が公布されたことにはならず、法的有効性を持たない事態が起こる。

開拓長官の布達を伴わない場合の取扱は、例えば、一八七七年(明治一〇)の「公布取扱順序」で見ると第二条第一項で「諸省布達ヲ本使管下ニ発スルハ必ス本使長官の布達ヲ副ヘテ之ヲ発ス、其副布達ナキハ事務参考ノ為配達スルモノトス」とあるように、事実上その取扱方の効果を異にするのである。もとより、その実態については、さらに解明を必要とするであろう。ここでは取捨施行の実態の解明が今後の課題であると指摘するにとどめたうえで、開拓使の恣意的な取捨の可能性を示す一事例を紹介しておこう。これは、太政官、諸省からの法令公布をもって施策が直ちに地方へも貫徹したように考えるわけにはいかないという一例でもある。

一八七二年(明治五)十月に太政官布告と司法省布達によって発せられた、いわゆる人身解放令は、人身売買の無効性、終身年季奉公人・芸妓・娼妓の解放を宣言した。特に焦点となっていた芸妓、娼妓については、法律上の人格を持たず法的な責任主体にはなり得ないとして、借金による拘束から名目的にも実質的にも解放しようとした。ことに司法省布達では、「娼妓、芸妓は人身ノ権利ヲ失フ者ニテ牛馬ニ異ナラス、人ヨリ牛馬ニ物之返辨ヲ求ムルノ理ナシ、故ニ従来同上之娼妓、芸妓江借ス所之金銀并売買掛滞金等は一切償ルヘカラサル事」と芸妓、娼妓への債務無効を強調している。また養女の名目で実質的に芸妓、娼妓の「所業等」をさせることをも禁じた。

これに対し開拓使は次のような伺を太政官正院にあて提出している。

「先般娼妓等解放之御布令ハ実ニ（平出）聖世之美典ト深奉感戴候得共、北海道ハ百度草創之際、人氣ニ致関係候情実有之ニ付、緩急弛張之順序ニ於て施行之方法取調不日ニ奉伺度、共間ハ右御布告管内布達之儀一先ツ見合置候条、此段申上置候也

壬申（一八七二年〈明治五〉）十一月廿三日」

北海道の「百度草創之際」の「人氣」に関わるとして、開拓使は娼妓解放令施行の一時延期を主張する。芸妓、娼妓の営業が直ちに廃絶となることは、北海道の諸般の事業遂行を阻害するというのである。その特殊事情とは、毎年渡来する漁場の出稼者、急速に流入する建設工事従事者の蝟集する状況を示しているのであろう。ただ、布達延期をあえて正院に「申出」たのは、草創期の札幌で薄野遊郭の建設、運営に開拓使が一方の当事者であったためであるのかもしれない[2]。しかしこの伺は到底、正院の認めるところとはならなかった。正院は十一月二十八日付で「娼妓解放御布告管内布達見合之儀申出之趣不被及御沙汰、早々施行可有之、此段更相達候也」と達し、これを受けて開拓使は止むなく施行する。

施行に際しても開拓使は、「就てハ民間ニおいて万一娼妓等放逐ト致心得違、目前游離之者有之候てハ不容易事」との理由をつけて、次のような四か条の付則を加えた。㈠年季解放の者が身寄りがなければ旧主、財主に寄寓するのは差支えない。㈡今後、芸妓・娼妓の営業をする者には証印（免許）を与える。㈢衣食や器物など生活、営業の資を旧主、財主から借用、提供を受けるのは差支えない。そして第四条は、「一、是迄ノ貸借ハ相対和談ノ上、年賦返済等ノ方法ヲ以テ情誼ニ不悖様、穏便ニ取引可致事」という。

この第四条が人身解放令の司法省の布達に真向から対立する内容であることは明らかである。また、司法省布達第四六号の第一項に抵触することも明白である。司法省の布達の趣旨は借金によって芸妓、娼妓の身分を固定させるのを警戒しての措置であったからである。人身売買の禁止、娼妓解放が各地方で骨抜きとなり有名無実となって戦後に至るまで消滅しなかったのであるが、開拓使の場合には法令によって無効をはかろうとした。さす

がに開拓使内部からも矛盾が指摘され、第四条は取り消される。ところが、その際、東京出張所から札幌本庁・函館支庁への説明(西村貞陽ほか一名より松本大判官・杉浦中判官宛、三ノ一二二号)には、次のような文言がある。

「貸借云々ノ条(第四条……鈴江註)御取消相成候共勉テ其取引ヲ禁スルト申ス布令ニハ相及間敷、唯御取消シト申迄ニテ可然候、当府下(註、東京)ニテハ別紙新聞抜書ノ通、身ノ代取引等厳禁ニテ若シ相犯候者ハ当罰ノ筈ニ候得共、北海道ニヲイテハ其情誼ヲ追イ相対和談ヲ以、隠々取引イタシ候分ハ黙許ニテ可然、是畢竟北海道情実ノ上ニシテ別段ノ御注意有之所以ナル故、其事ニ関スルノ官員差含居候様有之度、次官殿ノ意ヲ請、此段申進候也」

相対和談の布達は取り消すが、それを禁ずるというのではなく、陰での取引は黙認しておればよい、北海道的情実を担当官員は十分含んでいるようにという。第四条を運用面で生かそうとの意図である。その推進者が開拓次官黒田清隆であることも、文言その他から明らかである。(3) 娼妓解放をめぐる一連の動きを見ると、黒田次官らの開拓使首脳部は、北海道の「特別」な事情と開拓使の独自な地位のゆえをもって、これらの法令施行適用を見送り得るかのごとくに考えていたように思われる。

三　開拓使の管外布達権限

法令施行に関する開拓使の独自性の主張のうちで、見落とせないのが他府県に対する開拓使の管外布達権限である。開拓使は、管内管外達・布達の区別が比較的明瞭になる一八七四年(明治七)以降、一八八二(明治一五)の開拓使廃止までの八年余に少なくとも九三件の管外達、布達を公布施行させている。もっともその内容は九三件のうち、㈠三一件は漂流船の捜索依頼に関するもの、㈡二〇件は駅逓廃置里程改正、㈢一二件は村市名称改称の布達にすぎず、これらを差引くと達八件、布達一五件が残るだけである。その中には、㈣屯田兵の召募、屯田兵例則増補など屯田兵関係七件、㈤手宮―幌内間鉄道運送仮規則・賃銭表、電信架設・分局設置、日本形商船への過石積載禁止など交通・通信関係五件、㈥地所払下・移住農民給与・渡船手続関係が四件、㈦漁場・昆布場（海産干場）の割渡に関するもの三件などである。(4)

数としてそれほど多くはない他府県への達、布達であるが、この布達権限に対して山梨県令（藤村紫朗）から一八七六年（明治九）十一月二十日付で太政官宛に疑義が呈された。山梨県の指摘は、一八七五年十一月の開拓使職制に北海道の開拓を管するとあるが、開拓使が諸省のように府県の地方官と一般人民に対し達することができるとはうたっていない、開拓使は要するに一地方を管轄するものであるから管轄地外へ布達する権限はないというものである。太政官側の当初の見解（一等法判官尾崎三良）も同意見で、「到底開拓使ハ其位地ノ高等ナルト権限ノ広大ナルトニ拘ハラズ、其性質ハ一地方ノ委任ヲ受ケタル地方官ニ類似シテ、諸省ノ如ク其一部ニ付テ全国ヲ管スルノ義ナシ」として管外布達権限は「其地位ノ諸省ニ亜クヲ以テ自然慣習トナリタルヘシ」と否定している。(5)

開拓使からは、一八七七年（明治一〇）五月、乙第四〇号「当使権限ノ義御下問ニ付上答」(6)をもって、およそ次のような反論を展開している。

㈠　開拓使の権限は、諸省と異ならない。長官が諸省卿と同様の扱いを受け、諸省のそれと異ならない職制章程を持っている。

㈡　開拓使の事務は全国に及ぶ。その業務遂行のため、府県に対し「諸省同一ノ権」を有する。

㈢　開拓使は地方官ではなく、諸省と同じく全国を所管する官庁である。地方の事務は副次的である。「（当使ハ）北海道墾地殖民ノ事ニ付全国ヲ管スルノ権義アルハ、諸省ノ各其一部ノ事務ニ付全国ヲ管スルノ権義アルト一般ナリ、銭穀ノ事ハ大蔵省之ヲ命令布達シ、法律ノ事ハ司法省之ヲ命令布達シ、北海道墾地殖民ノ事ハ当使之ヲ命令布達シ、以テ其業ヲ施シ其務ヲ成ス」と。

(四) 開拓使の事務を徹底するには、一般に周知させるだけの「広告」では不可能であり、達、布達によって命令しなければならない。

(五) 管外布達権限は諸省につぐ地位からくる慣習ではなく、開拓使創置以来、また政府の個々の命令によるものであり、開拓使の恣意ではない(一八七四年保任社の廃止、村市名称駅逓廃置の布達の場合など)。

開拓使の主張はそのまま認められたようで、前述の通り一八七七年以降も開拓使の廃止に至るまで管外達、布達は継続している。ただその内容が、拘束力のない「広告」に依存するのでは不都合であったのかどうか。前述の管外達・布達の実態からすると、開拓使の主張する必然性が薄いようである。むしろ疑義の提起に対して開拓使が用意した長文の反論およびその草案作成の精力ぶりの方が際立っている。(7)

開拓使が擁護しようとした権限の実体がどれほどのものにせよ、近代初頭に見る北海道の法令の諸相はやはり府県一般のそれとは、かなり異なっている。それは「其地位諸省ニ亜ク」といわれる開拓使の中央官庁としての性格と、府県同様の一般地方行政を担当する地方官の業務とをあわせ持ったために生じた性格のようである。そして法令を含む公文書についても両者をあわせ持つ性格から、多様な種類と複雑な構造を持つ文書の体系になっているといってよい。最初に述べた近代初頭の文書の授受伝達、法令の公布施行に関する四つの特質に沿って若干の事例の紹介を進めてきたが、さらにこの時期の文書を把握するにあたっての考え方の枠組を以下に述べてみたい。

(1) 第二節註(6)、拙稿前掲論文。

(2) 一八七二年(明治五)一月、開拓使は正院に対し「此度北海道開拓人夫壱万人程モ差遣シ候テハ、遠境ノ義、自然人夫共厭倦ノ意ヲ生シ候モ難計候ニ付、妓楼ヲ立置、公然売女免許仕候心得ニ御座候間、此段御届申上置候也」と売春公認を伺出ている(『新北海道史』第三巻、通説二(一九七一年)、八七三頁)。

(3) 拙稿「古文書あれこれ」⑨、「起案文を読む」(『赤れんが』第一一号、一九七一年一月、所収)。

（4）開拓使管外達・布達の九三件の内訳は、達四四件、布達四九件である。このうち一八八一―八二年（明治一四―一五）の達の有無が未詳である。なお、典拠とした法令集などは次の通りである。『開拓使布令録』明治二年―一〇年（全六冊）、『官令全報』明治一一年（第一九―二二号）（弘令社）、『申奏録　明治十一年―十三年』（北海道所蔵簿書一〇七五二号、一〇七六一号、一〇七六九号）、『本使布達　明治十四年』（同四五〇六号）、稟裁録　明治十五年』（同一〇七八六号）。

（5）拙稿「古文書あれこれ」18、『草案の価値』（『赤れんが』第二〇号、一九七二年八月、所収）。

（6）開拓使札幌本庁『申奏録　上　明治十年』、北海道所蔵簿書一〇七四四号、所収。

（7）註（5）、拙稿前掲論文。

第四節　「簿書」の史料学的把握の枠組について

近現代の北海道関係文書、それを公文書に限ってみても、文書を産出する各種の行政機関、また百年余にわたる長期の年月、さらに湮滅廃棄（特に庁舎の焼失、敗戦後の廃棄）による文書の散逸を考えると、北海道の官庁文書に関わる諸問題を総合的に論ずることは困難というほかはない（とはいえ、そのような事情の中であっても、文書保存のための基礎的な諸研究、すなわち文書の評価選別基準やその方法論の獲得、また整理、分類、利用、保管など技術上の諸問題の解決等々は、文書館業務を成立させるために早急に解決されねばならないであろうが）。

ただ、古文書学の範疇を拡大してそこに位置づけ得る分野を、北海道の公文書の中に求めるとすれば、当面、開拓使文書を中心とした幕末・近代初期の文書群、いわゆる「簿書」に対してのものではあるまいか。この簿書の本流は、のちに北海道庁の第一文庫に収蔵され、その多くが現存している。[1]その数は一万数千冊に及ぶが、もし筆者なりにこれらの簿書群の史料学的把握検討を行うとすれば、その基本的な枠組として次の四点を設定できようかと思う。

まず、この時期の文書は北海道に限らず、近世文書から近代文書へと移り替る過渡期の様相を持っており、かつ近代官庁文書確立期の所産としての性格を持っている。その推移は、近代官僚機構による日本独特の稟議制確立していく過程であって、文書の作成(起案)方法の上でも、近世のそれを継承発展させつつ種々の新たな様式の文書が生まれている。したがって文書作成(起案)方法、署名式、決裁過程についての解明が第一に挙げられる。(2)

第二には、本章で取り上げた主題であるが、作成された文書の授受過程と、決定された法令の公布施行過程を解明する課題が挙げられる。近代官僚機構の運営を考えると、決議された事案の文書が未到達、未施行になるなどとは、一般には考えられにくく、また公文書の豊富な残存を前にしては、ともするとその施行をいちいち確認する作業など等閑視されやすい。しかし、本章の事例が示すように、近代初頭の官庁文書では、現実にそれらが到達し施行したかどうか、末端に行けば行くほど確認を必要とする場合が多くある。辺地、広大、寒冷な島である北海道では、文書が実際に伝達されたのかどうか、またどのような時間差が存在したかということを、念頭に置く必要がある。これも本章で述べた通りである。

第三には、起案され授受された文書が集積されていく過程についての解明が課題となる。今日、われわれが目にするのは、多くの場合、文書単独ではなくこれを編綴して簿書(簿冊)となった形態のものである。どのような意図をもって文書を集合し編綴していったのかを明らかにすることは、簿書に含まれている個々の文書の内容を理解するための前提である。簿書のようにわずかな年数の中に、膨大かつ濃密に残存する文書群の場合には、ことにそうであるが、他の簿書との関連、簿書の体系、編綴の事情また散逸、残存の程度など、簿書の構成に関わることを明らかにしておく必要がある。この解明は、文書を検索して利用するためにも役立つところが大きいはずである。さらに簿書の保存管理の変遷を含む来歴への考察も、この課題に加えておきたい。(3)

第四には、文書の記述に対する史料批判の必要である。これについては、簿書など近代官庁文書だけのことではないので多言を要しない。ただあえて付言すれば、文書が豊富に残っており、かつ作成者、施行方法、簿書編綴の意図が明らかであっても、なお利用が難かしい文書は意外と多いものである。ことに会計関係書類、帳簿、統計表や地租創定(改正)関係の調書類、集計表など数値が過半を占める文書などは、一連の事務処理の経過の中に位置づけられて初めて理解され、また他の関連文書との関係が理解されてようやく安心して利用できるという場合が少なくない(4)。利用にあたってその文書がいかなる機能を担って官庁間また私人との間で往復したのか、効力を発揮していたのかを解明する課題がある。

以上、北海道近代初頭の公文書に対する考察の枠組を、文書の作成、施行、編綴と管理、そして機能と効力の問題として捉えてみた。このほかにも挙げられるべき点はあると思われるが、いまはこの範疇で近代初頭の北海道の官庁文書を把握していけばよいのではなかろうかと考えている。もとより本章は限られた知見によってまとめたものであり、特に他府県との比較において論ずることはできなかったためまことに不十分な論稿となったが、今後の研究の一助となり得れば幸いである。

(1)　第一文庫系簿書についての概要は、本書第一一章「北海道庁所蔵第一文庫系簿書の紹介と考察」(初出論文は、日本古文書学会編『古文書研究』第四号、一九七〇年、所収)および第一節註(4)、『日本古文書学講座』第一一巻、近代編、III(雄山閣、一九七九年)所収、「文書館・公文書館の近代文書とその分類」のうちの拙稿「北海道総務部行政資料課」などに譲り、本章では割愛する。

(2)　稟議制についてやや歴史的に考察した論文には、辻清明「日本における政策決定過程——稟議制に関して——」(『思想』No.四八七、岩波書店、一九六五年一月、所収)があり、北海道の事例については、本書第一一章および第二節註(7)、佐藤前掲論文がある。

(3)　簿書の来歴保存の経緯については、佐藤京子「簿書の来歴ノート」(『赤れんが』第五三号、一九七八年七月、所収)および註(1)、拙稿論文など。また簿書の諸文書の様式と構成について総括的に触れたものに、拙稿「古文書あれこれ」40、「あれこれ総括」(『赤れんが』第四二号、一九七六年三月、所収)がある。

(4) 地租創定関係文書の構造と機能については、『松前町史　史料編』第四巻(松前町、一九八〇年)所収の「海産干場地租創定関係文書　解題」を参照されたい。

【補　記】

本章の執筆も前章の次に古く、論文としての初出(岩倉規夫・大久保利謙共編『近代文書学への展開』柏書房、一九八二年六月)からすでに二〇年近くを経ている。前章の補記でも触れたが、簿書に関する研究は、この論文が掲載後、急速に進展しており、本章で取り上げた史料は、拙著『開拓使文書を読む(古文書入門叢書、八)』(雄山閣出版、一九八九年十一月)においても論述の対象としている。したがって部分的にいえば、補足したいところも多々あるが、全体的には筆者なりに近代史料論の枠組を論じ得たと考えている。ただこれも前章の補記で述べたことであるが、筆者自身は、拙著『開拓使文書を読む』をおおやけにしたけれども、近年までこの枠組による史料論を論文として深めてはこなかった。もとより個々の史料についての考察は行ってきたが、史料論を深化させる意識で取り組んだのは、ようやく一九九〇年代になって本書の第一〇章、第一三章および史料館編『町村制の発足(史料叢書、三)』(名著出版、一九九九年三月)およびその「解題」であった。

筆者にしても、近現代史料論を具体的に論ずるには、一定の年月とこれを論じ得る場所が必要であった。特に史料論(史料認識論)と史料管理論との関係を整理する必要があって、この作業が前々章の第一〇章である。史料論は、それ自体自立した存在として意義づけられるべきものであって、史料管理論に対してはその理論的基礎を提供するとしても、史料管理論によってその存在を基礎づけられるものではなく、まして史料保存運動論ではないと考えている。

第一三章　「町村制」における文書管理の性格
――近現代史料論としての考察――

第一節　本章の課題

近現代の史料について、これを史料学(または史料論)として扱うようになったのは、一九六〇年代からであるが、理論を体系化する試みは依然として多くはない。史料を扱う研究者個々には、それぞれの史料論があるはずであるが、眼前の史料を超えた史料論の一般化は、いまだ十分な成熟を見ていないように思われる。近代史料論の軌跡と到達点については、第一〇章「近現代史料の形成と課題」で触れた通りであるが、近現代史料をどのような枠組で論じ得るかについて、その論議が深められているとは思われない。いまだ近現代史料論の核というべきものを据えがたい状況であるといえるのではなかろうか。第一〇章で触れた通り、一九七六年の岩波講座『日本歴史』二五、別巻二に収載された丹羽邦男「近代史料論」と、一九九五年の同じ出版社の企画になる『日本通史』別巻三に収載された松尾尊兊「近現代史料論」の内容を対照すると、史料論としての議論の中心が変わっていることがわかる。前者の議論の対象は、史料作成過程における問題であったのに対し、後者の中で大きな位置を占めているのは史料の保存公開体制への言及またその運動の状況であった。両論文の違いは、この二〇年間の史料学、史料管理学の発展を反映しているのであるが、同時に議論の振幅の大きさに近現代史料論が成立する全体的枠組を設定する課題のあることが示されてはいないであろうか。

もとより本章では、近現代史料論の枠組を全体的に論じ得ないが、史料論としての論点を整理しつつ、一八八九年(明治二二)の「町村制」(基礎的自治体制度としては、「市制」とあわせて論じられるべきであるが、本章で論及する文書はほとんど町村に限定されるので「町村制」とし、特に制定時の法律名を記す時のみ「市制町村制」とした)発足前後における、町村文書の生成(作成および授受)、保存の事例に触れ、近現代史料論の一端を構成したいと思う。なお町村文書を素材に考えたのは、近現代史料論の主要な一角を占める行政文書の中では、統治の末端にすぎない一町村の事実が直ちに日本近代史の解釈を左右することは少ないとしても、町村文書は各地に広範に散在しており、事例を豊富に提供することができ、共通する事象また地方的特色を検出し得るからである。

町村文書のこのような性格は、すでに近世の地方文書についても見られるものであるが、「市制町村制」は全国の大部分に適用された統一的法規であり、その行政執行を支える文書管理制度は全国的な普遍性を備えている。したがって一部町村の文書管理を検討することによっても、近代町村文書制度ひいては近現代史料の確立の様相を見ることができるのではないかと考える。あわせて本章では、右のような近現代の地方行政文書に対する考察が史料管理論とどのような関係を持つかにも触れておきたいと思う。前述の松尾尊兊「近現代史料論」のように、史料管理論的な分野が史料論の中で論じられており、両者を関係づける接点についても諸々の角度から触れる必要があるのではないかと思うからである。

以下、次節では、近現代史料をどのように論じ得るかに触れ、第三節では、「町村制」発足時における文書の生成、保存にかかる論点を「町村制」の性格自体の中から見出し、その具体的様相に触れたいと思う。最後の第四節では、本章のまとめを行うとともに、近現代史料論と史料管理論の接点について検討したい。

第二節　近現代史料についての論点

一　近現代史料の一般的性格

近現代史料の一般的性格として指摘し得るのは、量的増大とそれが多種、多様であるという点であるが、そのほかいくつかの基本的性格がある。まず本章ではこれまで〝近現代史料〟と一括してきたが、日本の近代の始年を一八六八年(明治元)の明治維新に置くとして、すでに一世紀と三分の一を経過している。近代初頭の史料と現代の史料とは、文書の様式、材質、作成、伝達方式にすでに幾多の歴史的変遷があり、同一に論じ得なくなりつつある。それでも、前近代と異なり、これまでの歴史研究者にとって近現代史料は、多くの場合、同時代の史料であった。同時代の研究者にとっての近現代史料は、史料それ自体を解読し、解釈し、理解することでは、前近代の史料と比較して困難さが少なかったといえるのではなかろうか。このことが近現代史料に対する史料論的検討を乏しくしてきた原因の一つに挙げ得よう(1)。しかして近現代史料論には、同時代人である研究者が現在の史料をどのように認識しているか、またなし得るかという課題がつねに随伴している。

同時代の史料という点について、さらに述べるならば、〝現代〟という時代は、その名辞からして、年次の下限を持たないのであるから、現代史料は前近代の史料と異なり、量、質、年代において無限定な存在ということができる。したがって現代史料には、未来に向かって日々生産されているといういま一つの性格がある。前近代の場合、史料は過去に作成されたものであり歴史の中ですでに淘汰されてきたことの結果であって、残された記録はすべて史料と考えられている。これに対し、近現代史料の場合、時期によっては前近代と同様の取扱がされる部分もあるが、恒常的に多量に生成する記録のすべてが史料になるとは考えられていない。無限定に存在し増殖する現代の記録はすべてが史料となり得ると同時に、存在するすべての記録が史料となるのではない。またそれを同時代人、すなわちわれわれがすでに意識しているところにも、現代史料(もしくは史料論として論ぜられる場合)の特徴がある。(2)

しかしながら史料と史料でないとされるものの関係は、相対的であって、何が史料となり得るかは、戦後の史料保存運動が明らかにするように、研究の進展によってその範囲が変化し拡大してきた。後述するように現代史料の場合、両者——史料と史料とされないもの——の区分をどのように行うかという問題から、史料の評価選別という史料管理論の課題が引き出されるが、評価選別論の前提には現代社会の中で記録ないしは情報が歴史的資料としてどのような位置づけを持つものであるかという史料認識の課題が存在する。このように現代史料には、いまだ歴史の淘汰を経ない生成の段階で早くも歴史的〝評価〟が加えられるという性格がある。

二　史料論としての論点

史料論にとって近現代史料は、その量的な膨大さ、多種、多様さから、前近代とは異なったものであることを述べた。また、同時代の史料であることから、論ずべき対象の確定という課題がある点にも触れた。このほか史料論がどのような枠組をもって成立するかという問題では、戦前来、古代・中世文書についての蓄積を持つ古文書学、また戦後、領主・地方《じかた》文書の利用と保存を契機に発展してきた近世史料学との関連および継受についても検討されなければならないであろう。前述のように近現代史料論が、個々の近現代史料および史料群の研究を超えて、どのように論じ得るかという全体的な枠組について十分な蓄積を持てないのは、先行するこれらの諸学との接点が明らかにされていないためで、この点も見逃せない。この接点についても詳しくは第一〇章に委ねたいが、近代史料論を意識した最初期の論考というべき大久保利謙「文書から見た幕末明治初期の政治——明治文書学への試論——」[3]、藤井貞文「近代の古文書」[4]が、近代文書への古文書学の応用を手がかりとしていた点は指摘しておきたい。本章では、近現代史料論を成立させる議論の立て方について、いまだ体系的な枠組は呈示できないが、これまで触れてきたことに即して近現代史料論の視点の可能性を挙げてみたいと思う。

近現代史料論の視点として、まず、第一に挙げ得るのは、近代史料一般を理念的に捉えて、これを日本の状況と対比させる方法である。これは、丹羽・近代史料論が議論の頭初に掲げた提題であった。丹羽は、近代が「封建的諸関係を排除しつつ自由な個人が成長し、個性的な意志・思想が印刷・通信・交通等の発達にたすけられ、前時代よりはるかに多様化した方法によってひろく伝達され、交流する」、近代史料はこのような社会状況(言論、出版、集会、結社の自由)から「生産」され、「量的な厖大さとともに、前時代と明確に区別できる豊かな多様性を持つ」とする。しかしながら日本では、「私的史料」に対し「公的史料の優越こそ、わが国近代史料の特色にほかならない」と述べている[5]。ここでいう〝近代〟をどのように評価するかという新たな議論はあろうが、〝普遍〟性を追求する近代の性格は、史料の存在のありようについても、各国の政治体制および社会を単位として考察する比較史的視点を持つことを可能にしよう。第二に、古文書学ないし前近代史料論の成果を近現代史料へ、どのように適用し得るかという視点がある。前述の通り近代史料論が〝明治文書学〟〝近代の古文書〟としてまず論じられたように、古文書学の援用を追究するという視点が研究の当初から存在していた。そこでは前近代との連続性、あるいは前近代とは異なる近現代の文書の位相が論議の中心となろう[6]。

第三は、近世から近代への移行期を対象として、そこに近現代史料の特性を把握しようとする視点である。前記の〝明治文書学〟も主たる論点は、近代への移行の諸相を取り上げようとするところにあった。同論文では、この移行期を法令の公布、施行における近代的合理性の確立過程として呈示しているが、その後の諸研究でもこの論題設定は再生産されており、そこに近代初頭の文書制度の形成過程を論ずる意義を確認することができる。第四は、近現代史料がどのように生成するか、個別の史料に対する検討がさらになされねばならない。例えば日本古文書学会編『日本古文書学講座』第九巻、近代編Ⅰ—第一一巻、近代編Ⅲ[7]、岩波書店編集部編『日本近代思想大系』別巻、「近代史料解説・総目次・索引」[8]などがおおやけにされ、個別の史料研究の蓄積が俯瞰できる。これらの研究蓄積は、史料論の全体像が明らかにされ、体系化へ進む基礎が形成されつつあることを示している。第五には、史料を生成し保存管理する文書管理の歴史的過程の研究がある。これは史料自体の歴史であって、保存管理の歴史は史料管理理論の前提として研究が蓄積されている[9]。現存する史料の伝存過程(廃棄、散逸を含む)の解明は、もとより近現代史料のみの課題ではないが、特に近現代史料については、史料の存在のあり方を理解し、また複雑に引継移管された経過を明らかにすることが、公文書の評価選別あるいは目録の作成に際して、それぞれの作業を遂行する前提となっている。

近現代史料論の視点として五点を挙げてみたが、これらの視点は、いずれも具体的な研究においては、相互に重なり合い補完する関係であって、排他的に対立するものではない。かつて筆者は、近代初頭の地方官庁文書を素材に近代公文書の史料学、文書学の研究の枠組を呈示したことがある。「明治初年、北海道における法令の施行——開拓使文書の体系的把握のための試論——」[10](本書第一二章)であるが、ここでは、大久保利謙前掲論文の提起する〝明治文書学〟を踏まえつつ、基本的な枠組を次の四点として設定した。すなわち、㈠近世から近代へ移行する過渡期、近代官庁文書確立期の諸相——文書作成(起案)方法、署名式、決裁過程——を捉えること、㈡作成された文書の授受過程、決定された法令の施行過程を解明すること、㈢起案、授受された文書が集積されていく過程の解明、保存管理の変遷への考察、㈣文書の記述の内容に対する史料批判の必要、文書の機能、効力についての解明などであった。これらは、上記の近現代史料論の視点のうち、第二の視点に属する、幕末・近代初頭北海道の公文書群を古文書学の範疇を拡大して論ずること、第三の視点に相当する、近世から近代への移行の特質、第五の文書管理の歴史的過程などに主として関連することになろうか。

筆者の指摘は、一地方の特定の公文書群を事例としたものであったが、のちに竹林忠男「京都府庁文書に見る明治前期公文書の史料学的考察」[11]が、京都府庁文書を事例に研究の体系的構成を呈示した。そこでは、近代公文書の史料学的把握は文書の作成から廃棄に至る全過程が対象となることと、研究の体系としては、各行政部門に共通する「総論的部分と行政各部門別の専門的な文書と記録類」に対する「各論的な部門」に分けられるとしている。

右のような研究史を踏まえて、本章が取り上げようとするのは、明治維新からはやや経過した一八八九年(明治二二)の「市制町村制」施行時前後における町村役場の文書という個別の文書群についてであり、これは近現代史料論の視点の第四に属するものである。同時に視点の第五に掲げた保存管理の歴史的変遷も視野に入れて検討を加えようと意図しており、また右の(三)で掲げた文書の集積、保存管理の変遷に関わる問題に触れるものでもある。

(1)　「文書学的研究」が近現代史料について研究が乏しかった理由としてはかに、戦前は歴史研究が近代文書を直接の対象としていなかったこと、なかでも特に「行政文書が一般に公開されなかった事情」を挙げたのは、松尾正人「文献解題」(『日本古文書学講座』第一〇巻、近代編II、雄山閣出版、一九八〇年七月、所収)二八九頁の指摘である。また、青山英幸「日本におけるアーカイブズの認識と「史料館」・「文書館」の設置」(安藤正人・青山英幸編著『記録史料の管理と文書館』北海道大学図書刊行会、一九九六年二月、所収)では、戦前の公文書の非公開を天皇制国家の官僚制のありようから説明しようとしている。

(2)　文書館の収集基準の中には、戦前または地方自治法施行(一九四七年五月)以前の文書を網羅的すなわち無条件に保存するという条項が見られる(例えば北海道立文書館の『文書館資料の収集に関する留意事項』第一・1・(二)・イ、「神奈川県立公文書館公文書等選別基準」2(3))。これらは半世紀以前が、すでに現在から遠い年代であることが認識されたことと、その年代の文書に希少価値が生じたことの反映である。一見、この基準の条項は近現代史料に対して絶対的な評価基準を設定しているように見えるが、これも時間が生みだした相対的な尺度にほかならない。

（3） 立教大学史学会編『史苑』第二一巻二号（一九六〇年十二月）、所収。
（4） 日本古文書学会編『古文書研究』創刊号（一九六八年六月）、所収。
（5） 『講座日本歴史』二五（岩波書店、一九七六年九月）一七二頁。
（6） 前近代史料論の近現代史料論への援用の可能性については、大久保・藤井両論文という近代史料論の頭初の所説ばかりではなく、近年では笠谷和比古『近世武家文書の研究』（法政大学出版局、一九九八年二月）第二章、第三章で論じられている稟議制の問題がある。同書の論述は、この決裁方式が近現代の稟議制へ発展するものであることを示唆している。
（7） 雄山閣出版、一九七九年十二月―八〇年七月。研究の概要、文献の解説については、註（1）、松尾前掲論文、参照。
（8） 岩波書店、一九九二年四月。
（9） 史料の保存管理に着目した研究の蓄積については、近世では、近世都市・村落研究者の業績が知られているが、近代史料の場合には、研究の大勢は、地方文書館の活動の中で生みだされたものである。近年では、註（1）、安藤・青山共編著前掲書、第四章、渡辺佳子「明治期中央行政機関における文書管理制度の成立」、第五章、水野保「明治期地方官における文書管理制度の成立」などがある。
（10） 岩倉規夫・大久保利謙共編『近代文書学への展開』（柏書房、一九八二年六月）、所収。
（11） 京都府立総合資料館編『資料館紀要』第二一号（一九九三年三月）、所収。

第三節 「町村制」発足期の文書管理

一 「町村制」の性格

近現代史料論の素材として「町村制」施行時における町村役場の文書を考察の対象にした理由は、本章の最初に述べた通り、町村文書は統治の末端に位置する文書ではあるが、これが各地に広範に散在し豊富な事例が存在しており、同時に史料論として共通する事象を検出し得るからである。かつ「町村制」が全国の大部分に適用される統一的法規であり、その事務の執行を支える文書管理制度には全国的な普遍性があり、近現代史料論の素材として一般性を持っているからである。この時期では、町村の文書管理がどのような中央政府(内務省)、府県からの命令・監督関係の中で行われたか、また町村機能の変化、新町村と合併旧町村との関係いかんが問題となり、それをどのように史料の存在理解につなげるかという課題がある。

ここで「町村制」について、若干、触れると、「市制町村制」は一八八八年(明治二一)四月二五日(官報登載日付)に法律第一号をもって公布された。「市制町村制」は、戦後、地方自治法の公布、施行に至るまで、幾度かの改正を経つつも、六〇年間にわたり本土における基礎的地方自治体制度を基本的に規定した統一的法規であった(「市制町村制」は一つの法律の中で、「市制」と「町村制」という二部構成となっていたが、のちには「市制」「町村制」という二つの法律に分割される)。「市制町村制」によって、市町村は存立の法的基盤を付与され、中央政府は統治体制の下部に市町村を位置づけることになった。もっとも、同法の施行は八九年以降、各府県知事の具申によって市は内務大臣の「指定」により、町村は同じく内務大臣の「指揮」によりなされることになっていたから、この法律による制度の発足は、府県によって異なっている。また北海道、沖縄県およびその他の島嶼は、当初から「町村制」第一三二条により施行を除外され、のちに勅令によってそれぞれの区制、町村制が別に制定されている。

本章では、「市制町村制」制定に至る経過、法制度の詳細、歴史的評価について詳述する必要はないと思うが、本章に直接関連する範囲でこの制度を述べると次のごとくに要約される。「市制町村制」施行以前、政府は一八七八年(明治一一)制定のいわゆる〝三新法〟の一つ「郡区町村編制法」、一八八〇年(同一三)制定の「区町村会法」などによって町村の組織と議会制度を法制化していた。ただし、一八八四年(明治一七)の戸長官選制以降、全国的には数町村に一名の戸長を置く聯合戸長役場制(管区戸長役場制とも呼ばれる)をとったため、個々の村には村を代表する理事機関が置かれないことになる。「市制町村制」の施行に当たっては、財政力の強化という政府の方針から、新町村の規模を拡大することが、当初から要請されていた。このため聯合戸長役場の範囲をめどに、旧来の町村の大規模な合併が行われた地方が多く、全国七万一、三一四の町村が五分の一弱の一万五、八二〇市町村に縮減した。(1)

「市制町村制」は、末尾に付された「市制町村制理由」によって、法律中で自ら解説を加えるという異例な構成をとっているが、それによると、市町村は、その地域の住民を直接統治し、財産を所有し他と契約をなし得る権利と義務を有する法的な人格を備えた団体として法定されている。市町村は、自ら地域の事務を処理する「自主」の権能を持つが、市町村の事務は国の統括のもとにあり、法律によって規制され国の監督を受ける。市町村には議決機関である議会(市町村会)が、またその事務を執行する理事機関が置かれる。これらの構成員となり市町村の自治に参画する権利を持つのは、一定の財産・居住・納税要件を満たす「公民」であって、これは無給の名誉職として市町村の事務に従事するのが原則である。このような名誉職制自治を担うのは、特に地方名望家の義務とされる。

これら「市制町村制」にかかる研究は、同法が現行の法律であった戦前からなされていたが、戦後、同法が廃止となり、全く歴史的研究の対象となってからは多くの研究が、歴史学、行政学、財政学の立場から輩出した。特に制度への批判的研究は、戦後になって一般化したといってよい。本章では「市制町村制」自体を考察の対象としているわけではないので、施行された「町村制」のいくつかの性格を挙げて町村文書との関係に言及するにとどめておきたい。(2)

「町村制」について、第一に挙げられるべき点は、文書管理の前提となる行政制度全体の中での町村の位置である。すでに述べた通り、「市制町村制」は基礎的自治体制度の統一的法規であるが、「市制町村制理由」の冒頭部分で自治区(市町村)は、「素ト国ノ一部分ニシテ国ノ統轄ノ下ニ於テ其義務ヲ盡サヽルヲ得ス故ニ国ハ法律ヲ以テ其組織ヲ定メ其負担ノ範囲ヲ設ケ常ニ之ヲ監督ス可キモノトス」との性格規定がされている。自治の根拠が住民固有の権利ではなく、国が与えて初めて成り立つものという前提に立っており、町村の存立は国家の法に出来しているとされる。町村の組織、権限、事務内容も、中央政府またはその指示を受けた府県の法令、指令によって規定される。いわゆる〝官治的〟という批判がなされる所以である。町村の文書管理もこのような中央からの制御のもとに置かれていた(3)。

第二に、この制度は、一部施行されなかった地域を除き全国的に適用されるものとして、執行方法を細部にわたって規定されている。町村が「自主ノ権」をもって制定する条例、規則もそれぞれ内務大臣(市および人口一万以上の町村は勅裁)、郡参事会(「町村制」発足当時は郡長)の許可を要し、町村会の議決も同様の許可を経ることが規定されている。「本邦各地方ノ情況ヲ斟酌シ自主ノ権ヲ適実ニ施行ス可キノ望ナキモノハ法律ヲ以テ之ヲ規定シ或ハ法律ヲ以テ模範ヲ示シ猶地方ノ情況ニ依リ自主ノ権ヲ以テ之ヲ増減斟酌スルヲ許サントス」という「市制町村制理由」の説明は、地方の状況による「自主ノ権」の幅を担保しているが、「町村制」の各条項に見る町村の事務は各監督官庁(内務省、大蔵省、府県、郡など)の強固な監督、監視のもとに置かれるという構図の中にあった。条例、規則をはじめ町村文書の様式、内容の全国的な規定性は、制度そのものに起因している。

第三は、町村の事務には、町村固有の事務のほか、町村長という職に委任された国政事務(いわゆる機関委任事務)が含まれている。「市町村ハ又国ノ一部分ニシテ市町村ノ行政ハ一般ノ施政ニ関係ヲ及ホシ従テ国家ノ利害ニ関セサルコトナシ且市町村及其吏員ニ委任スルニ国政ニ属スル事務ヲ以テスルコトアリ」とした「町村制」第六九条の規定する司法警察補助官の事務、地方警察の事務、浦役場の事務、国、府県、郡の行政のうち町村に属する事務がこれにあたる。また、それらを執行するための費用は町村の負担とされていたが、委任事務については町村会は関与しない。町村事務の中の委任事務は狭い範囲のものではなく、町村文書の中に占める委任関係文書は少なからぬものがあった。

第四は、国政委任事務を含む市町村事務の増加を担わせるために財政規模の強化が必要とされ、このため前述の大規模な町村合併が各地で行われた。この制度は、「現今各町村ノ大半ハ狭小ニ過キ本制ニ拠テ独立町村タル資格ヲ有スルヲ得サルモノ蓋少カラス故ニ合併ノ処分ヲ為スモ亦巳ムヲ得サル所ナリ(中略)資力ナキモノハ之ヲ合併シテ以テ法律ノ冀望スル有力ノ町村ヲ造成センコトヲ期ス」という意図であったからである。ほとんどの府県で町村合併が行われた結果、面積、人口、財政の規模がより大きな市町村を現出させたが、同時に、近世以来の旧村(大字、部落)を「区」としてその財産を継承させ、区会を設置し得るとした。「旧慣」の尊重は、旧村を新町村の下部組織として位置づけ町村行政全般に機能させることになった。新町村と区の機能分担は、町村役場の文書の範囲を限定づけるものとなる。

以上は、これまでも「町村制」の歴史的性格として指摘されてきた諸点と町村文書のありようを結びつけたものであるが、ほかにも町村文書について考えるべき点はあろう。例えば、前記の町村合併、区との機能分担、また「町村ニ於テ相当ノ資力ヲ有セサルトキ組合ヲ為サシムルヲ必要ト為ス」として認められた組合役場の設置あるいは解消による組織の変更は、文書そのものの移動を広範にもたらした。このような文書の移動また散逸を把握する課題や「町村制」が全国的な画一性を持っている中でも、なお文書の生成、保存において地方的差異が見られるなど、文書管理にかかる重要な課題が存在する。

二 「町村制」下の文書管理

「町村制」下の各町村では、全面的に中央の制御のもとに文書管理制度が形成され、文書の様式、内容に全国的な規定性が加えられ、しかも国、府県以下の委任事務関係文書を多量に擁している一方で、町村が区、旧村と機能を分かち合い、相互に文書を集積することが起こる。それらが具体的にどのような事象として捉えられるのであろうか、事例を挙げて課題を展開していこう。

㈠　中央からの文書管理の制御

近代初頭、特に廃藩置県以降、町村制度も大小区制期、三新法期またその中の聯合戸長役場制期と十数年に及びめまぐるしい改変を遂げた。この間、区長、戸長の交代が頻繁に行われ、事務引継書の交付、その際の引継文書目録作成の規程が各府県で制定され、また平時において文書目録の備置と点検が命じられていた。新町村における文書管理は、その発足以前における文書管理の蓄積、成熟の上に行われたといえよう。中央政府が地方、特に町村に対して行った文書作成、保存管理にかかる施策のうちで、主要な契機となったのは、事務受渡にかかる規程の制定である(4)。

府県段階の事務受渡規程が明定されるのは、一八七三年(明治六)七月に「府県事務受渡規則」(十七日付、太政官布告第二五一号)である。この規則では、引継に際して事務引継書の交付を行うこと、また引継の際に「諸帳簿ノ類目録ヲ添ヘ受渡スヘキ必要ノ書目」を挙げている。この布告はさらに府県が町村への諸規程を制定することを促すことになり、同年九月、山形県では「戸長交代ノ節帳簿受渡ノ式」の雛形が、また十月、山梨県では「戸長事務受渡規則」などが制定されている(5)。

三新法期には、一八七八年(明治一一)七月に「府県官職制」(太政官達第三二号)中、「戸長職務ノ概目」が定められると、その第一二「諸帳簿保存管守ノ事」などの文書管理事務が戸長の職務に結びつけられて明定された。また、一八八〇年一月内務省(達乙第三号)は、先に各庁へ記録文書の保存の方法策定、さらに目録を毎年、内務省へ提出することを規定した七五年四月の太政官達第六八号をいっそう強化する趣旨で、各町村公有記録絵図面等」についても目録二通の作成を府県に命ずるなど、戸長役場を構成する町村の帳簿類について、府県庁の関与をさらに強化している。この期には、一八八四年(明治一七)に官選戸長制、聯合戸長役場制へ移行することもあっ

て、事務受渡にかかる府県の規程制定また規程励行の命令は各地に及んだ。(6)

「市制町村制」施行に際して、内務省は一八八八年八月内務省令第四号で、区長、戸長からの事務引継と諸費用の取扱方法を定めるが、この第五条で「区長戸長ニ於テ取扱タル一切ノ金穀并会計帳簿ハ其金穀ノ種類及ヒ所属年度ヲ区別シタル明細書ヲ製シ之ヲ市町村ニ引継クヘシ」と規定した。言及された文書は、この限りでは会計帳簿についてであるが、例えば山梨県では、翌八九年六月に「[市]町村事務引継手続」(山梨県訓令第三五号)を定め、内務省令第四号の会計に関する諸帳簿以外の文書について次のごとく規定している。

「第二　戸長役場部内各町村二個以上ノ町村ニ分裂セシ場合ニ於テ総テ事務及諸書類ヲ各新町村若クハ其一部毎ニ区分シ各町村ニ引継クモノトス

但シ諸書類ノ区分シ難キモノ及二個以上ノ新町村ニ聯係スル事業ハ其関係ノ重ナル町村ニ対シ引継ヲ了シ其旨関係町村長ヘ報告スヘシ

第三　旧事務及書類ノ引継ハ市町村長就任ノ日ヨリ遅クモ十日以内ニ結了シ戸長及市町村長連署ノ書面ヲ以テ其旨郡長又ハ知事ニ届出ヘシ(後略)」

これによって、北都留郡廣里村(現大月市)では、九月二十四日に同村戸長から新町村長への引継を終え、同郡の全町村が九月三十日までには事務引継を完了している。同様の指令は、他県にあっても、和歌山県、茨城県などの例が丑木幸男「戸長役場史料論」で指摘されている。(7) このように、内務省―府県―郡―町村という地方行政体制が確立していく中で、文書管理もまた中央が基本的指令を発し、地方官が指揮監督し、戸長役場・町村役場単位で管理することが、近代初頭の約二〇年の間に制度化された。

(二)　文書様式、内容の全国的規定性

中央の指令によって地方の文書管理制度が形成されていく場合には、町村が作成する文書の様式、内容もまた

全国的に規定されたものとなる。全国均一な制度形成は、明治維新後の政府の基本的な方向性であって、〝明治文書学〟などのテーマともなった。

「市制町村制」施行後、一八九二年（明治二五）五月に内務省は、市町村行政への監督強化を意図して「市町村行政事務ノ監督ヲ行フヘキ事項ノ要領」（訓第三四八号）を定めた。この監督強化については、発足直後の新市町村行政の実態が政府の要求するところと乖離が生じていたことに起因したものとの指摘がされている。[8]同要領では、列挙された事項の六に「市町村ノ事務ヲ整理スルニハ簿冊ノ種類員数様式ヲ一定スルヲ要ス　依テ各府県ニ於テ適宜其準則ヲ定メ漸次施行スヘシ」としているほか、「出納帳簿ノ例式ヲ一定スル」（五）こと、市町村長・収入役の事務引継の順序を「一定ノ例」（四）によって行うことなどを定めている。加えて各府県でこの後、市役所町村役場処務規程の準則を各市町村に示し、市町村事務報告例、同巡視規程を制定しているのは、内務省訓第三四八号を受けた結果で、町村事務の実態が国家的規模で統一的に捕捉されることになる。

山梨県の場合を例にすると、同県では、九月「処務規程標準」（六日付、訓令第三五号、郡役所・市役所・村役場宛）を制定し、執務時間、出勤簿、事務の分担、区長・常設委員の事務報告などを設定したが、文書処理の項目が全七項のうち三項を占めていた。すなわち「三　市役所町村役場ニ到達スル文書ト発送スル文書トハ其件名番号等ヲ簿冊ニ登載スヘキ事」「五　完結シタル文書ハ種類ヲ分チテ仮ニ簿冊ニ編綴シ紛失錯乱ナカラシムル事」「六　処理スヘキ事項又ハ文書ハ通常其事件ノ生シタル日若クハ文書ヲ収受シタル日又ハ一定ノ期日内ニ於テ処理完結ニ至ラシムヘキコト」というものである。同県ではさらに同日付で「市役所町村役場書類整理順序準則」（訓令第三六号）を定め、これの「設定施行」を命じている。[9]

文書様式の全国的画一化は、「町村制」施行に伴う文書自体にも多く見られるところである。その代表的なものが、「町村制」第一〇七条第二項の内務省令によって制定をなし得るとされた「予算表調製ノ式」ではなかろうか。これは具体的には一八八九年三月「市町村歳入出予算表式」（内務省令第二号）によって制定され、「市町村歳入出予算表記載例備考」が補足されて、府県から郡役所(市の場合は、府県庁より直接)を通じて各町村に訓令、通知がされている。そのほか、町村の「自主ノ権」によって制定される条例、例えば助役定数、議員定数条例案の「書体」(文例)も、内務省県治局によって示されている。山梨県の場合には、選挙人等級条例、区長条例、委員条例から使用料条例、徴収督促条例に至る町村行政の中核となる条例案の文例を「町村条例之書体標準」として町村に示しているが、これも全国的に行われたことの一環であろう。(10)

ただこのような全国的規定性の枠の中にありつつ、地方的な差異が存在することにも留意したい。例えば内務省から送付される「町村制」の条項の解釈あるいは府県からの照会に対する内務省の回答が、通牒などによって府県に到達し、その一部は町村に伝達される。その場合、何を通知、通牒するかという取捨選択、どのような形式で行うかという伝達方法に地域差が見られる。府県によっては少なくとも、内務省の通牒を再び印刷し複製して配付する方法と、通牒の内容を取捨要約したものを通牒とする方法のあることが認められる。町村文書を史料論の視点で考えるならば、画一性をもって施行される法令であっても、末端に伝達される具体的な内容、形態を検討することは、法令の浸透を考えるという意味からも必要である。(11)

(三) 委任事務にかかる文書

「町村制」下において、町村の事務の範囲、地域社会の中で果たす機能によって、どのような文書を残すことになったか、という課題が史料論にはあると思う。その課題の一つとなるのが、前項一で「町村制」の性格の第三に挙げた委任事務にかかる文書である。

町村事務に占める国などの委任事務(ここでは機関委任事務)のありようは、「町村制」下の町村行政の性格、範囲、機能を考えるうえで、次の(四)に掲げる旧村との関係と同様に、町村が、国、府県、郡などとどのような関係を持っていたかという検討の手がかりを与えよう。「町村制」発足時の委任事務が町村事務の中で七、八割に及ぶという指摘もあるが、一般的に委任事務と固有事務は区分が難しく、その区分自体が歴史的な所産であるという指摘もある。[12]委任事務の実態は、町村の財政負担額から検討することはできるが、また、その事務量をはかる文書の残存を手がかりにすることもできよう。今のところ簿冊の類別および簿冊名によって委任事務を的確に析出することは難しいが、一、二の例示を試みるならば、次のようなことがいえよう。

㈡で述べた、内務省による一八九二年五月の「市町村行政事務ノ監督」強化を契機に、各府県では、町村役場で編綴すべき簿冊の種類を挙げ、文書管理の適正を指示することになった。例えば、熊本県では同年九月訓令第一七一号によって「市役所町村役場ニ備フヘキ帳簿並様式等」を定めるが、ここで挙げられた四四種の簿冊名のうち、明らかに委任事務を含む国政・地方事務と見られるのは、徴兵、徴用、国税、土地登記(土地台帳など)、営業税、衆議院議員選挙、地方税、県会議員選挙、戸籍、学校、税務記録の一部など、二六種にわたっている。[13]

また、京都府では、同年十二月、訓第四八号によって「町村役場ニ備置スヘキ帳簿」四五種を定めており、同様に一二種の国政、地方の委任事務関係の帳簿(簿冊)が確認できる。これは熊本県の場合に比較すると少ないが、簿冊名を列挙するにあたって、「法律命令ニ依ルモノ、外」としており、京都府では徴兵、徴用、選挙、学校関係の文書を除いていたためであろう。[14]例えばこれを具体的な町村文書で見ると、京都府中郡五箇村役場の簿冊目録の中から、「町村役場ニ備置」することになる九三年度(明治二六)編冊・使用の簿冊では、簿冊名一七二件のうち九四件(冊数が複数にわたるものもある)を委任関係文書として析出することができる。それは「第弐号　農工商之部」以下、戸籍、土地、学事、徴兵、国税、地方税公儲金郡費、租税未納調、営業、戸長役場費、令件ニ係ル雑、徴発物件、酒醤油、統計、印鑑、税外地、裁判所警察署監獄署、召喚、登記、収税部出張所往復留の各部にわたっている。ちなみに「第六号　徴兵之部」では、「徴兵適令各自届、徴兵人名簿、国民兵各自届、国民軍人員調簿、徴兵免役相当・同徴集人名簿、国民軍籍者異動届、徴兵人別表、徴兵ニ係ル願伺届往復留、徴兵検査日割告知書・割符・諸令状受取書、豫備役充員・後備役招集・近衛後備役招集名簿」となっている。[15]

右の結果は委任事務の割合が、町村事務の過半を占めていることを想定する十分な根拠となる。事実、兵庫県津名郡来馬村の『上申届其他記録綴』（一八八九—九一年）に見る津名郡役所への上申、届、報告などを見ると、対郡役所文書であるという簿冊の性格にも起因するが、大半は学事、国税、地方税、地価・地租、国会・県会議員選挙、国道保全、営業税関係、コレラ病対策、難船救助、送籍・加籍、身分証明、戸籍調査、屯田兵召募、徴兵入営などの文書となっている。(16) このような町村事務の中で見る委任事務その他の国政・地方事務にかかる文書の存在は、「町村制」下において町村が果たした国政上の機能の大きさを反映するものである。

(四) 町村の事務と区（旧村）の事務

町村の事務の範囲を考えるもう一つの視点は、これも前項一の第四に挙げた区（ないしは旧村）との機能分担、また町村を超えた機関（例えば水利土功会・同町村聯合会、学区会）との機能分担のありようである。(17) 合併した新町村が旧村の自立性を一部に残しつつ、いかに新しい行政村として形成されていくか、これまで住民の生産、納税、生活を統合してきた旧村とどのような機能を分け合うか、あるいは吸収していくかということについては、従来から新「行政村」と近世以来の村落共同体である「自然村」との、二重構造の問題、また部落有林野の残存という新町村の財政的強化を阻む制度的矛盾として把握され論じられてきたところである。(18) しかしながら、近年の研究には、旧村の機能を含めて存在する「町村制」下の行政村の全体像を解明する視点が顕著になっているといえよう。(19)

「町村制」下の区の機能を見るには、区有文書として残された文書のうち、「町村制」施行以降の文書が検討の素材になると思う。もっとも事例とするには、残存が多量で近世から現代まで通時的に累積していることが望ましい。量的な充実は豊富な情報の提供を可能とするからである。一、二の例を挙げてみよう。まず長野県中野市西条、岩舟、小沼、大熊、金井などの各区の区有文書目録(20)を総合してみると、文書はおよそ次のように共通した内容となっていることが読み取れる(ただし「町村制」施行から部落有林野統一がはかられる一九一〇年(明治四三)までの分)。

役場ヨリ達、地価金、地位等級、地租修正、入会地、造林、共有財産、協議費、区費、用水、水番、水害防禦、堤防工事、害虫駆除予防、農事督励、神社・祭典、兵役、出征兵士送別・慰労、葬儀、学校建設、就学、墓地、衛生組合、伝染病予防、消防(特にポンプ購入)、印鑑

さらに区の文書を精細に知ることができるのは、同県北佐久郡浅科村の『矢島区有古文書目録』[21](「町村制」施行時は、南御牧村大字矢島)である。同書には一六四八年(慶安元)から終戦までの文書四、七六九件を収録しており、年次が目録に明示されている文書のうち「町村制」施行以後、部落有林野統一通牒以前の文書として確認できるのは二七九件である。これは全体の約六%弱であるが、中野市の区有文書の例にならって摘出すると次のようになる。

原野買入・払下、官地拝借、耕地諸費、開墾地諸費、開墾畑年貢金、部分林界調製、部分木其他共有調製、共有地、基本財産・積穀金出入、上木金請取、地租・村税納付、祭事・祭典、祠堂賄料、芝居諸入費、兵役優待、召集兵士餞別、奉告祭・軍人凱旋式、葬式道具新調、墓所新設・管理、火葬場新設、種痘、理髪床諸費、衛生組合費、道路・用水修繕、大池水入・収支、常設委員・氏子総代経費、集合場屋根替入費、紙類・小使・人足控

右は、目録から簿冊名を摘録、要約したものである。なかでも集中しているのが、土地・林野、共有地・基本財産、区の入費、理髪床、兵事、衛生、用水、祭事関係文書であった。これらの文書の存在は、区の事務が多岐にわたることを示しているほか、区有財産、共有地・入会地、衛生、道路・用水などの文書には、南御牧村政全体との関連を予測させるものがある。もっとも中野市の各区有文書と対照すると、矢島区有文書には、農事、教育、消防関係を欠いている点は留意しておきたい。戸籍関係とともに本村および他の機関へ文書が移管されてい

ることを想定する必要もあろう。ともあれ「町村制」発足時の住民自治は、町村役場のほかに関連機関の文書を総合することによって、全体の枠組が明らかとなるものである。

以上、前項一で指摘した「町村制」の性格によって、町村文書の生成、保存が規定されている諸相をやや具体的に見ることができた。町村文書は、今日残存している状態からだけではなく、当時の町村事務およびこれと関連する諸機関の文書生成の行為からその存在全体が理解されるべきであろう。もとより文書生成・施行の時点に立って史料の状況を理解することの意義は、近代町村文書の史料理解に限られるものではないが、町村文書は文書生成時から把握することが可能であり、新町村を旧村の機能を含めて全体的に理解することをも可能とする。また、このような視点は、行政村と自然村との「二重構造」論を超えた「町村制」理解のためにも有効ではないかと考える。しかし現在、文書生成時点の状態で文書が保存されているところは多くはないのであって、文書生成当時と現存の町村文書、区有文書との関連を理解するには、前項一の末尾に触れた文書の移動、散逸、すなわち伝存(および非伝存)の問題を視野に入れる必要がある。現存の文書がどのような経過をたどって残されたかあるいは散逸したのか、また評価選別の手が加わっているのか、という問題が次にある。さらにはこれらをどのように把握し、史料整理者が目録化し、検索手段として呈示し得るか、という史料管理論の課題がある。次節では、本章全体のまとめとともに史料管理論との接点を含めて考察を加えることとしたい。

(1) 亀掛川浩著『明治地方制度成立史』(柏書房、一九六七年十二月)二九九頁以下。原典は『内務省統計報告』第四回—第五回。

(2) 「市制町村制」についての一九六〇年までの研究成果は、大島美津子「地方自治制の制定」(歴史学研究会編『明治維新史研究講座』第四巻、平凡社、一九五八年十一月、所収)によって詳述されている。これ以降一九九〇年までの研究は、拙著『北海道町村制度史の研究』(北海道大学図書刊行会、一九八五年三月)の「序論」、また山田公平著『近代日本の国民国家と地方自治』(名古屋大学出版会、一九九一年二月)の各所で紹介されている。

(3) 官治的性格を「町村制」の特質とする指摘は戦前の研究にもあるが、これを含めて「町村制」をトータルに批判する研究は、戦後になって有力となった。例えば大石嘉一郎「地方自治」(『講座日本歴史』一六、近代三、岩波書店、一九六二年九月、所収)二五六頁以下。

(4) 拙稿「地方行政文書の保存・公開をめぐる問題」(『歴史学研究』七〇三号、一九九七年十月、所収)。中央政府が地方、特に町村に対して行った文書作成・保存管理にかかる施策のうちで、「事務受渡」のほか、いま一つは「国史編輯」あるいは「政事・風俗・人情」すなわち地誌・歴史記録のための保存に対処するものがあった。この二つの方向は時に重なりあうが、文書管理上、異にする二つの視点として考えることができる。しかし、一八八〇年代後半、内閣制度の発足、「市制町村制」の施行時期には、前者の地誌、歴史のための文書保存が後退し放棄され、後者の『事務受渡』を担保するための保存が文書管理施策の中心となった。

「町村制」発足時までの、町村役場の文書管理については、高橋喜太郎「明治前期を中心とした政府の記録組織の変遷等について」(第二節註(10)、岩倉・大久保共編前掲書、所収)、安藤正人「近世・近代地方文書研究と整理論の課題」(大藤修・安藤正人共著『史料保存と文書館学』吉川弘文館、一九八六年九月、所収)、第一節註(11)、竹林前掲論文、丑木幸男「戸長役場史料論」一―四(『史料館研究紀要』第二四―二六・二八号、一九九三年三月―九七年三月、所収)、第二節註(9)、渡辺・水野前掲論文など豊富な蓄積がある。

なお、拙稿「地方行政文書の保存・公開をめぐる問題」は、一九九七年度歴史学研究会大会「特設部会」Iの報告であるが、筆者などに対する報告批判には冨善一敏「特設部会I」(『歴史学研究』七〇五号、一九九七年十二月、所収)がある。冨善批判の中に、文書館学を意識しての報告であるなら、保存管理のあり方から組織体の性格やその時代的特質を明らかにすべきである、という趣旨の指摘があった。本章は、この指摘に即事的に答えたことにはならなかったが、批判に触発されて同報告の一部に内在していた課題を史料論として展開してみたものである。

(5) 註(4)、丑木前掲論文、四、参照。出典、山形県編『山形県史』資料篇一、明治初期、上(一九六〇年四月)五〇二頁以下。山梨県立図書館編『山梨県史』第三巻(一九六〇年十一月)、三三八頁以下。

(6) 同前、丑木前掲論文、三、二七六頁以下。

(7) 国文学研究資料館史料館編『町村制の発足(史料叢書、三)』(名著出版、一九九九年三月)一三六・一三九頁①(八〇)(八四))および註(4)、丑木前掲論文、三、三〇四頁以下。

(8) 京都府立総合資料館歴史資料課編「京都府文書事務基本史料集成」(2)(『京都府立総合資料館紀要』第二一号、一九九三年三月、所収)「解説」、一九九頁。

(9) 堀口兼三郎編『山梨県例規類纂』(芳文堂商店、一九一〇年五月)二三頁以下。
(10) 註(7)、史料館編前掲書、六三・一七二・七五・一七六頁など(廣里村〔八〕、来馬村〔一二〕、廣里村〔一一〕、来馬村〔一三〕)。
(11) 同前、所収、「解題」参照。
(12) 大島美津子著『明治国家と地域社会』(岩波書店、一九九四年四月)二二六頁、大井隆男「市町村役場文書」(第二節註(7)、前掲『日本古文書学講座』第九巻、所収)二九二頁などでは、出典の明示はないが、ともに町村事務の中の委任事務が七、八割であるとしている。固有事務と委任事務の区分の困難性については、鈴木武男「地方財政学説史概説」(河野義克編『都市・自治学説概説』第三版、東京市政調査会、一九七八年六月、所収)における井藤半弥などの学説の紹介による。
(13) 玉名市史編集委員会編『玉名市史』資料篇六、文書(近・現代)(一九九四年三月)一三六頁以下。
(14) 註(8)、京都府立総合資料館歴史資料課編前掲史料、一五三頁―一五五頁。
(15) 史料館所蔵「京都府中郡五箇村役場文書」(史料群記号三六X三―一)のうち史料番号九一。『戸長役場書類并器具目録』と仮題されているが、「町村制」施行以降の五箇村役場の「記録文書目録」である。目録の作成時期は京都府訓第四八号前後と思われ、一方書込み下限が一九〇一年(明治三四)であるので、そのころまで使用されたものと考えられる。詳しくは註(7)、史料館編前掲書、参照。
なお、熊本県の場合では、国政・地方事務の割合が、五九%、五箇村の例は五四・六%にあたる。ほとんど六割となるが、この近似は偶然であろう。
(16) 史料館所蔵「兵庫県津名郡・三原郡村々戸長役場文書」(史料群記号三四J)のうち史料番号八四。註(7)、史料館編前掲書、二三一頁以下に収録。
(17) 水利・森林組合関係史料については、註(12)、大井前掲論文、武田勉「組合」(『日本古文書学講座』第一〇巻、所収)参照。また、註(12)、大島著前掲書では、徴税・徴兵・貯蓄関係の組合、団体について「行政補助機関の成立」と説明している(三〇四頁以下)。
(18) 「町村制」下における行政村と自然村(主として旧村を指す)との分離が、町村の二重構造をもたらしたとする見解は、戦前来、町村制度史研究の当初からあったが、戦後でも大石嘉一郎著『日本地方財行政史序説』(御茶の水書房、一九六一年二月)四一二頁以下の主張がある。
(19) 個別の村の研究が単独の著作となった近年の研究成果では、例えば、長野県埴科郡五加村を対象とした大石嘉一郎・西田美昭共編著『近代日本の行政村』(日本経済評論社、一九九一年二月)、同県諏訪郡湖南村を主対象とした大淵英雄著『地方制度と生活意識』(慶應通信、一九九三年六月)、秋田県由利郡西目村を対象とした大鎌邦雄著『行政村の執行体制と集落』(日本経済評論社、一九九四年五月)がある。ごく最近の論文、例えば住友陽文「公民・名誉職理念と行政村の構造——明治中後期日本の一地域を事例に——」(『歴史学研究』№七一三、一九九八年八月、所収)でも、行政村が部落(大字、近世村、旧村)連合を基盤として機能しているとし、両者を一体のものとして捉える視点で論じられている。

(20) 中野市立図書館・中野市誌編纂準備委員会共編『大熊区有文書目録』『小沼区有文書目録』『岩舟区有文書・町田むつ氏所蔵文書目録』『金井区有文書目録』『西条区有文書目録』一九六七年一月—一九六八年十一月。

(21) 浅科村教育委員会編、一九九三年二月。

第四節　ま　と　め——近現代史料論と史料管理論の接点——

本章は、「町村制」発足時の町村文書のありようを素材として、近現代史料にかかる史料論の枠組について考察を進めてきた。論議はまだ緒論の域にとどまっているが、町村文書について考える方法の一端は呈示できたかと思う。

本章で設定した視点は、第二節の最後で述べたように文書管理の歴史的過程を捉えるというものであった。もっとも本章でいう文書管理は、作成された文書の保存、集積がどのように行われたかという側面に限定されず、どのように作成、授受されたかという文書生成の側面をも含めている。近現代における公文書の管理というのは、作成、授受、編冊と保存とを含めて考えられているからである(1)。

文書管理をこのようなものとして捉えると、本章の主題に隣接するいくつかの課題に導かれる。その一つは、町村文書に記録される町村事務の範囲をどのように認識するかという課題である。すでに本章でも、町村の固有事務とともに町村が担うことが要求されている委任事務の範囲に触れ、また一方、旧来の村の事務を区(大字、旧村）と町村が分け合っている様相を見てきた。町村役場で生成する文書は、町村事務のどの部分を記録したものであるか、区を含めて町村自治にかかる文書は、これら地域諸活動のどの側面を記録として残したものか、という文書と社会の関係を明らかにする課題が文書管理の歴史的把握に隣接して存在する。

例えば近世では一体化していた貢租と土地と村の関係は、近代になって地租改正を契機に変容する。地券の発行は、貢租負担の配分が村の事務から分離されることによって年貢村請制は解体し、さらに地券の廃止、「土地台帳」への移行によって、土地登記事務が国の機関へ移管される。この過程で町村役場で管理する土地関係文書の態様に変化が生ずる。村民の土地所有の証となる「地券台帳」「土地台帳」なども、町村に存在する時期によって自ずから存在の意味を異にしよう(2)。社寺など宗教関係の事務も同様で、宗門改、寺請制が廃止となった以後の仏教寺院、国家宗祀化以後の神社では、町村文書においても扱いが違い、また近世以前からの社寺と教派神道各派、キリスト教その他の新しい宗教などとの間には公文書で取り扱われる内容に差異がある。廃仏毀釈政策、政教分離政策、教師・堂宇等の届出制、宗教団体法の施行という宗教制度の変遷によっても、当然ながら行政側が各宗教を捕捉する場合の態様を異にしている(3)。

もとより、町村文書も地域社会全体の諸事象からすれば、ある一片を切り取って記録しているものにすぎない。町村文書が地域の事象をどのような範囲で、またどの位相で切り取っているか、文書に記述された内容の理解とともに、文書の存在のありようについて認識する必要がある。町村文書の史料論には、そのような認識構造を明らかにする課題があると思う。

このような課題は町村文書のみに設定されるべきものではなく、近現代史料特有の課題でもないであろう。むしろ史料論一般の設題となり得るものである。ただ、筆者は、「町村制」以降の町村の場合、すでに述べてきたように法律、命令によって、その事務の範囲が明示され、かつ文書が詳細に残存していることから、前述のような課題設定が有効であると考えており、一方では、同時代人として接近しやすい近現代史料であるがゆえに、文書生成の構造を理解する必要性が閑却されやすいのではないかと思うがためである。

本章の主題にいま一つの隣接する課題は、このように生成した町村文書が現用の文書として保存されたのちの伝存過程の解明である。今日、市町村役場または文書館・史料館その他史料保存利用機関に保存されている町村文書は、「町村制」発足時に限ってみても、文書生成当時のすべてが残存していることは、ほとんどないであろう。多くの場合、町村文書に対してはすでに保存年限に即して選別廃棄が行われ、あるいは庁舎の火災、移転、新築、改築に際して、亡失または廃棄がなされた結果、今に現存しているものであることは、一般的な事実として指摘できる。現存する個別の町村文書群を理解するためには、その引継移管、散逸の過程を可能な限り把握することが必要である。これは史料内容の認識のために必要な手続きであるばかりではなく、町村文書を整理し目録化するという、文書館・史料館でいえば史料として管理する際に把握されなければならない点であって、史料管理論としても解明すべき対象である。

町村文書に即していえば、近世の村が明治維新後、戸長制・大小区制・三新法期また聯合戸長役場制、さらに町村大合併を経て「町村制」施行に至る中で、文書もまた選別、引継移管を遂げてきた。加えて戦後の町村大合併の中で大量の文書が引継あるいは廃棄の過程を経て今日に至っている。このような文書の離合集散の中から、文書群の出所とその変遷を確定することが、史料整理の最初に位置づけられなければならない作業である。また、それぞれの文書が生成した状況、すなわち文書を作成、授受した部署、その所掌を根拠づける規程を理解することは、文書群の内部構造を把握し、目録として史料の再構成を行う場合の前提となる作業である。個々の文書とともに文書相互の関連性も同様で、それらの必要な知見は文書管理の歴史的な解明から獲得されるはずのものである。(4)

近現代史料の文書管理の歴史的過程に隣接しているのは、文書生成への認識と史料管理論の一部、特に史料構造の復元を目指す場合の整理論である。さらにいま一つ付け加えるならば、文書生成への認識は、これも史料管理論の一部である文書館における評価選別論に接続し、それを支えるものである。文書館が現代の、特に公文書をどのように評価選別して保存の対象にするかという課題について論議がかわされているが、何を残すかという設題の前提となるのは、同時代の文書を史料としてどのように認識できるかであり、文書がどのようにして生成するかを明らかにすることであろう。市町村の文書でいえば、それが地域社会のどのような位相を表現するものとなっているか、検討がされなければならないということである。(5)

本章では、史料論のうち文書管理のありようを追究する延長に史料生成への認識があり、またそれが史料管理論のうち整理・目録論と評価選別論の課題へ必然的に接続することを見出し得た。近年、史料論と史料管理論の区分あるいは相互の関係、役割についての論議も蓄積されている。それらは、本章の最初に述べたように前近代の史料論として論じられているが、すでに近現代を含む史料全般を意識した論議となっている。したがって本章で述べたことも、それらの史料論の中で指摘済みの点も少なくなかったかと思うが、近現代史料論を組み立てるために、ひとたび論を立てておく必要があると考えていたので述べてみた。今後の課題を一つ提起し得たことになるのであれば幸いである。(6)

(1)　現代の官公庁、企業の文書管理については、例えば、国文学研究資料館史料館編『特定研究「記録史料の情報資源化と史料管理学の体系化に関する研究」研究レポート』№1(一九九七年三月)、所収の第二部会における水口政次、戸島昭、田中康雄、岩本雅子および筆者の諸報告を参照。

なお、本章では、論述の主題を「文書管理」とし、「史料管理史」「文書管理史」として規定することは避けてきた。本章の主題は、近年、成果を挙げつつある史料管理史(文書管理史)と重なる部分も多いと思うが、作成、授受から廃棄に至る近現代の文書管理という範囲で論じたいと考えたからである。

(2)　山梨県内の町村で地券制度が廃止となった一八八九年(明治二二)以降も、『地券台帳』や『地券名寄帳』を一〇年以上にわたって使用し、書込みを加えている例に出会う(本書第八章第五節三項)。これらの文書については、当初とは作成目的、機能を異にした使用がされるようになったものと推定される。

(3)　キリスト教が幕末維新期の公文書に捕捉されている場合は、ほぼ何らかの取締事件であって、公文書に現れている様相は、平時の宣教活動の姿ではない(拙著『開拓使文書を読む』雄山閣出版、一九八九年十一月、一五〇—一五一頁)。

(4)　町村文書が複雑な引継移管の過程をたどるものであり、この解明が文書群の出所確定の前提となることについては、筆者による『史料館所蔵史料目録』第六四集、「山梨県下市町村役場文書目録」その一、一九九七年三月、「解題」、および本書第八章第四節二項を参照。

　このほか、引継移管の過程の中には、聯合戸長役場や新町村発足に際し、旧村に文書を引き分けることが行われるが、本章では、これについて論ずることができなかった。第三節註(4)、丑木前掲論文、三、および拙稿「地方行政文書の保存・公開をめぐる問題」、参照。

　なお、近世村方文書管理史(史料管理史)の立場からも、「廃棄文書の存在をふまえた村方文書全体像の復元」が提起されている(冨善一敏「村方文書管理史研究についての覚書」(註(1)、国文学研究資料館史料館編前掲書、No.1、所収)五六頁)。

(5)　最近の文書館の評価選別論の動向を伝えるものとして、安藤正人著『記録史料学と現代——アーカイブズの科学をめざして——』(吉川弘文館、一九九八年六月)、第五章「記録評価選別論の現在」がある。ここでは、欧米における評価選別論史と近年、欧米で議論が活発化した「能動的」あるいは「巨視的」評価選別論およびそれへの批判が紹介されている。なお同書では、日本の文書館における評価選別について触れるところがないが、これは日本の活動がこの分野ではいまだ日が浅く、各館の評価選別の実践が議論の場にのぼってこないためであろう。とはいえ日常的に行われている評価選別行為と評価選別の理論を結びつけることは、文書館の存在意義を支える理論の構築と深い関係を持っている。

(6)　史料論と史料管理学、また歴史学と史料学の関係については、種々の発言があるが、それぞれの課題がトータルに論じられているものに、安藤正人著「記録史料学とアーキビスト」(『日本通史』別巻三、「史料論」、岩波書店、一九九五年一二月、所収。のちに註(5)、安藤著前掲書、第一章として収載)があり、さらに保坂裕興「記録史料学と史料論について」(歴史科学協議会編『歴史評論』No.五六一、一九九七年一月、所収)が議論を発展させている。いずれも史料論(史料認識論)と史料管理論が区分されて論じられている。両者を明瞭に区分して論じられるようになったのは、ここでいう「記録史料学」研究の到達点であると思う。

終　章　史料管理論、史料認識論の展望

一　本書の課題と各編の到達点

序章で述べた通り、文書・記録が生成時の使用目的を超えて保存されるのは、その内容が第三者によっても視認され、時間を超えて伝達し得る性質を持っているからである。文書・記録には、時間幅をもって事象を考察するための素材として豊富な可能性があり、しかも今日では伝達、移動、複製がきわめて容易なものとなっている。われわれは、経過した事象を文書・記録によって復元することができるが、その際、時間差がもたらす位相の変化を認識の手がかりとして、過去を理解し解釈をしている。文書・記録保存の効果は、現時のわれわれまた将来の利用者が、時間を超えてこの認識を共有し得るところにあるのではなかろうか。さらに文書・記録の保存が恣意的ではなく体系的、構造的であるならば、保存の営為をいっそう意義あらしめるとの考えが、史料管理論のみならず一般的な主張となっているといえよう。

このような文書・記録の性質は、古代、中世また近世の文書も近現代の文書においても変わりがないが、〝古い〟

時代の文書については、その稀少さをもって今日、保存すべき価値を云々することなく保存の対象とされている。しかしながら文書・記録それ自体にアーカイブズ(史料)として保存の対象となり得るかなり得ないか、有用と認識するかしないかは、それらを使用し保存する側の価値基準に基づいているのであって、文書・記録に客観的な標識が備わっているためではない。このことを特に意識させられるのは、近現代史料について考える場合であろう。

近現代史料保存の特徴は、保存する側が保存価値を意識的に付与する行為を伴う点にある。しかも保存する側は保存価値自体が相対的なものであることを自覚しつつ評価選別を行うわけで、この行為が現代の文書館機能の相当部分を占めている。文書・記録の大量な生成の渦中で、何を保存すべきかは現代の史料管理の基本的部分を規定する問題であって、その課題の解決を利用する側のいわば代理人である——と筆者は思っているが——アーキビストに委ねられているといえよう。したがって、近現代史料の史料管理論は、現代において史料保存の意義をどこに求めるか、またそのために文書館が果たすべき機能が何かをたえず問題とせざる得ない。いきおい近現代史料の史料認識論もその史料存在のありよう、認識の視角を史料管理論との関係で考究する課題を負うことになる。この問題意識は、本書の各章に共通する底流である。

もとより各章の執筆年代幅は、三〇年にわたっており、振り返って微妙な変化を認めざるを得ない。例えば一九七〇年代では、筆者が文書館設立を体験する以前であり、考察が現実の文書館制度と結びついていないので、史料保存、また史料認識も歴史学に依拠している感がないでもない。しかし、各章に通底しているのは、他の時代、古い文書のみを扱っている研究者、史料館員にはあまり問題とされない分野について、これを課題として引き受けようとする問題意識であり、各章の到達点はその軌跡と結実にほかならない。

右の論点を軸に、本書各編の到達点を見ると次のようになろう。まず第一編「現代日本の文書館状況」では、文書館の機能および史料保存の意義が、戦後の史料保存運動から文書館設立運動へと展開する中で、保存対象史料たるアーカイブズ理解が拡大していく点に触れた。これが文書館の機能を単なる歴史研究のための施設から、広く業務記録保存（地方自治体であれば行政的記録保存）、文化的遺産保存として性格づけられていったと強調した。特に兵庫県、秋田県を事例として、わが国の文書館制度発展の方向性を指摘した。そのうえで、わが国の文書館が公文書館法の規定を超えてそれぞれ設置条例等によって業務を位置づけ活動していること、特に公文書館法には積極的な位置づけがない地域史料について地方文書館の業務が存在することを指摘するとともに、文書館の専門職員であるアーキビストの業務が、同法の解釈以上に広範なものであることを、各館の条例、業務の実態から示し得た。

第二編「史料の引継移管と評価選別」では、まずわが国の都道府県立文書館など各館の引継移管体制および文書の選別の指標となる「収集基準」を比較検討した。ここでは、引継移管体制の比較を通じて、各都道府県の文書管理事務の中に文書館が位置づけられること、廃棄文書に対し文書館がこれを掌握し主体的に評価選別し得ること、かつ永年保存文書等、他の部局を含む体系的文書保存が可能となるように志向することの重要性を提起した。また、実際の評価選別判断の事例を開陳し、評価選別の分析方法についてその一例を呈示した。また、評価選別判断が、史料生成状況、親機関の社会的位置づけに対する評価と関連を持っていることを示した。社会総体の中で史料の位置づけを測るという点において、いわゆる「能動的記録評価選別論」の主張は、本編の主題と接点を持っている。ただし本書の手法はあくまでも文書・記録の実態から出発して、これを生成させる親機関の社会的機能を考察する方向へと広げていこうとするところにある。かつ史料とその発生母体をどのように見るかについては史料認識論の支援が必要であるという点を指摘した。

なお、第一、二編とも、アーキビスト問題を主たる論題として取り上げてはいないが、文書館の機能、評価選別論の中で若干の論及を行った。特に行政経験を基盤とした史料価値の判断とアーキビストの視点との差異を指摘した。

第三編「史料整理論の検討」では、まず、一九七〇年代以来の近現代史料整理論を点検し、戦後の近世史料保存運動、都道府県庁部内また文書館などの史料整理の蓄積、欧米の史料整理論の影響の軌跡をたどったうえで、史料の目録編成(構成)と記述にかかる課題の論点を明らかにした。さらに「山梨県下市町村役場文書目録」編集の経験に基づく目録編成(構成)と記述の具体的な検討の成果を開陳した。目録自体が整理論の問題提起として呈示したものであるが、本書での意義は、個別の史料を目録としてどのように把握して表現するかという課題を史料管理論として提起したところにある。さらに、文書館では欠落しがちな、館所蔵史料全体を統合して管理する視点の必要性を指摘し、「出所の原則」「原秩序尊重の原則」など史料整理論の諸原則を確認し、また文書館に限定されない図書館・博物館にも通ずる史料整理論の必要性を主張した。史料整理の基底に置かれるべきは、史料生成の構造をいかに目録構造に反映するかという点にある。目録の階層構造把握にかかる論議の意味もそこにあると指摘した。そのうえで、史料構造に即した二つの検索モデルを呈示してみた。

第四編「近現代史料の史料認識」では、近現代史料論の研究史をたどり、従来これが史料認識論と史料管理論・保存運動論とが混在して論じられてきたこと、史料論は史料認識論として、史料管理論とは独立して論ぜられるべきことを指摘した。また、北海道立文書館に現蔵する開拓使文書等を例に、史料論の成果を史料検索の方法に応用し得る可能性および近現代史料論と古文書学との接点を模索した。ここでは近代初期の公文書であるこれら〝簿書〟を素材とした史料論の論点として、近世から近代へ移行する過渡期の性格、文書の授受および法令の施行過程、文書の累積過程、史料批判の四点があることを指摘し得た。さらに、「町村制」の文書管理については、そのありようを史料認識の視点から捉え、町村文書生成の理解に到達する方途を述べた。ここでは、近現代史料論の視点として、近代史料の一般的性格とわが国の状況との対比、古文書学、前近代史料論の近現代史料への適用、近世からの移行期に見る特性の把握、個別史料に対する検討、文書管理の歴史的過程の解明などを挙げることができた。町村文書が、「町村制」の制度的枠組に規定されて生成し、それが各町村の社会の一定部分を切り取っているものであること、この位相を解明し現存する史料が町村文書のどの部分を保存したものであるかを把握することが、史料認識論の課題となり、さらには史料整理論などを支援する知見となることを指摘し得たと思う。

二　本書の方法再論

本書各編が到達し得たことは、前項で述べた通りであるが、加えて序章でも述べた本書の方法について再論しておこうと思う。これが本書の性格を説明することになると考えるからである。

まず第一に、本書では研究史に相当の紙数を割いた。これは、研究史の解明それ自体を目的とした第七章、第一〇章にとどまらず、第一章、第六章および第一三章においても研究史に言及した部分が少なくない。本書が研究史を重視した意図は、主に次の二点にあった。その一つは、各章の主題として設定した課題が、何ゆえ論議すべき必然性があるのか、論文として立論することの有効性を研究史の中から見出そうとしたところにある。研究史に論及し関連する多くの論議の中に、自らの論文を位置づけることは、史料管理論、史料認識論の場合でも欠かすことのできない、論文作成上の当然の作法であろう。またいま一つは、それら先行論文の方向を十分に踏まえて進もうとしたところにある。第一章(第三節一項)でも若干触れたが、先行論文全体の主張を研究史の中で位置づけ、その論旨全体を的確に踏まえたうえで、先行論文を継受しあるいは批判する必要がある。研究史を重視するのは、批判的に引用する場合にしばしば陥りがちな、全体の論旨からは枝葉にすぎない片言隻語の引用となることを避けるためでもある。

このような点をあえて挙げるのは、近年は改善されてきてはいるが、かつて史料管理論の分野では、先行論文の提起に自らの立論の意義を位置づけるという、研究上の手続を省略した論議が少なからずあり、またその主張が急なあまり、自己の論述を補強するため、元の執筆者の意図とは異なった引用がされていることもあったからである。文書館論・史料管理論が、自己の主張を客観化し論理化する作法から免除されているわけではないであろう。

第二には、右の研究史とも関連があるが、本書の主張は、これまでの史料管理論がたどった研究の軌跡を踏まえ、これを発展させる方向で展開してきた。筆者自身の研究をも含むこれまでの研究は、各館の文書館運営、史料管理の実践に裏づけられているのであって、多くの限界を持ちつつも現実の基盤を持っている。本書では、他の論者への批判から議論を立てるよりも、既往の研究と実践が到達した点から、いわば補助線を引いてその延長上で論ずる方法をとったところが多い。これも筆者が研究の方法として批判する視点よりも、議論の継受と発展をより重視したからである。

史料管理論にかかる本書の議論は実践の中から生みだされ、実践の中で検証され理論化されてきたものである。なかでも第二編第六章、第三編第八章、第九章は、立論の基礎となったのが北海道立文書館において筆者が主唱して行った評価選別「試行」であり、目録記述の方法であり史料管理体系の構築であった。史料管理論は、このような史料管理の実態を離れて論じ得ないものであろう。

第三の点は、近現代史料の史料認識の方法を模索するところにあった。第一〇章で見た通り、これまでは史料論として近現代史料が意識的に論及されることは少なかったが、近現代の文書・記録ないし史料についても、他の時代の〝古〟文書と同様、史料論としての研究分野を立てることは不可能ではない。古文書学などが追究してきた文書の来歴、様式、授受の手続、効力・機能、保存管理の歴史的変遷等々は、近現代史料の研究にも同様に付随していよう。近現代史料といえども、二百年、三百年の幅で考えるならば、中世文書論、近世文書論とひとしく〝二〇世紀文書論〟が、古文書学の一分野としての範疇に入ってくると考えられるからである。現に〝明治文書学〟の提唱があるのは、近代初頭の文書が〝古〟文書となってきたからにほかならない。しかしながら、例えば現代の公文書の場合、文書の来歴および文書の形式部分については、自明であることが少なくない。来歴以下の各研究分野が近現代史料について全く不必要であるというのではないが、それらを研究として立論せしめる必然性がどのようなものか、吟味されるべきではないかと思う。現代の文書にかかる史料論でより重要なのは、発信する情報がどのような背景で成立しまた配付されて影響を与えたのかという側面に、より重点が置かれるのではないかと思う(もっとも、文書の電子化など電子情報を扱う場合になると、文書の公的性格にかかる証明のために、データ作成の前提となるメタデータが史料学的考察の対象になるかもしれない)。

筆者としては、対象となる史料が単に存在することをもって前近代史料と同じような研究課題が近現代史料論についても成立すると理解されるべきではなく、近現代史料論研究の必然性がどこにあるかを考究する必要があることを強調したい。研究の必然性があってこそ、史料論としての立論が意味を持ってくるのではなかろうか。その必然性が何によってもたらされるかといえば、これまでの史料管理の歩み、史料論の軌跡からすると、近現代への歴史的・社会的研究の深化と近現代史料管理論の進展ではなかろうか。

以上、三点にわたって本書の方法を補足的に説明したのは、史料管理論の着実な発展を希求するからである。次項では、本書を閉じるにあたって史料管理論の今後の方向を想定した見解を呈示しておきたい。

三　今後の展望

本書がこれまでの史料管理論の継受を重視したとはいえ、新しい論議の展開に筆者が無関心であるというのではない。ISAD(G)など目録記述標準化の国際的動向、能動的記録評価選別論の展開、またコンピュータなどの情報技術の発展が今後わが国での文書館界に与える影響は大きいと筆者は考えている。筆者が継受を重視してきたこれまでの議論や方法が、今日ではコンピュータの技術的発展の中で、その意義を一朝にして雲散霧消させてしまう事態は、大いにあり得ることではある。

しかしながら、史料管理論の大きな変化が予測されるとしても、史料管理論のこれまでの蓄積を確認するという本書の意図は、依然として失われていないと考えている。史料管理論の新たな展開があるとしても、これまでの蓄積を確認する作業が必要であり、今後の動向は、その蓄積と接合することによって、新たな展開を可能にするものであろう。

そのうえで、筆者が言及し得る今後の史料管理論の方向性を述べるならば、次のように言い得ようか。その第一は、史料情報の全国的交流に伴う史料管理論の深化である。本書では、個別の館における史料全体の管理について論じたが、さらに今後は、個別の館を超えた史料情報の交流、またそれを実現するための目録記述および編成の全国的標準化が課題となる。それゆえこのための議論の深化が要求され、また、ひるがえって全国的情報交流の前提となる個別館の史料管理システムの確立を志向する論議が生じよう。史料整理論は、すでに本書でも触れたように史料整理の概念を超えて史料全体を制御する史料管理システムとして理解されるようになるのではなかろうか。加えて文書・記録自体の電子化の進行は、史料管理論の中心部分に、コンピュータの活用を据えて考察することが必然化すると指摘できる。

第二に、史料管理論の国際的交流の進展である。第一に挙げた全国的情報交流は、同時に国際的交流に拡大されよう。本書のいくつかの章でも触れた通り、すでに試みられているISADの国内史料への適用実験があり、さらに文書館理論、史料管理論の諸方面でも国際的交流が進められよう。日本の文書館制度は、依然として不十分であるが、今後はわが国の文書館界から史料管理論の側面で発信し得る、新しい理論と技術が出てくるのではなかろうか。諸外国の文書館から学ぶ点は、引き続き多いと思うが、彼我の落差から論議を起こすことは、文書館の外で他を説得する論理としては効果的であろうとも、史料管理論の研究方法としては、自らを育てる役割を果たし得ないのではなかろうか。今後は外国の文書館状況を相対化し、比較研究の素材としていく方向がとられるべきであろう。

第三は、アーキビスト論の強化である。アーキビスト制度の未確立はわが国の文書館制度の弱点の一つであって、この確立のため国立公文書館および全史料協、また日本歴史学協会において、報告書の作成、シンポジウムの開催がたびたび行われてきた。しかしながらわが国のアーキビスト像が明確化され、養成課程の確立に結びつくまでには至っていない。アーキビスト制度の確立には、専門職としてのアーキビストが何を行うものであるか、客観的な解明が必要であろう。特にわが国の地方自治体の中で、文書館専門職員がどのような資格、任用、権限、業務内容、専門性の裏づけとなる知識を必要とするのであるか等々、文書館界内部の願望としてではなく、それら専門職員の要件を理論的、実証的に論証することが求められているのではないかと思う。加えてアーキビスト論の前提には、文書館の性格、機能そのものを検証する文書館論の強化が欠かせない。アーキビスト論の追究は、必然的に文書館論の深化を要請することになろう。

第四には、わが国における近現代史料の保存意識に関する解明があると考える。これは史料認識論の分野として扱われるべき課題であるが、わが国の文書館制度、アーキビスト制度の未確立、史料保存認識の脆弱性については、多くの指摘があり、その要因を諸外国に比較してわが国における歴史意識の希薄さに求められることが多い。しかしながら史料認識の分野で彼我の歴史意識を比較するのは抽象的、観念的な議論に向かいやすいのではなかろうか。わが国における史料保存認識の脆弱性を歴史意識の較差によって説明しきることは、果たして有効であろうか、疑問である。比較検討するのであれば、まずもって文書・記録の有する法的、政治的、社会的証明機能の差異が考究の対象にされなければならないであろう。この分野は比較史料学と名づけられるべきであろうが、なぜわが国の近現代において文書・記録が容易に廃棄され、国民の眼から容易に秘匿されてきたかという史料の存在状況を、感覚的にではなく実証的に明らかにする必要がある。史料の保存と公開に対する関心の薄さは、戦前の国家体制に起因する部分は大きいが、それに原因を収斂させた見方では、今日の史料問題の状況を説明し尽くし得ないのではないかと思う。この状況は、果たして近代の、また日本のみの特殊な事象であろうか。またその理由をわが国の国民性という超歴史的な特殊要因に求められることがある。もしそうなのであればこの問題を現実的に解決する手がかりは、いよいよ見出しがたくなろう。しかし、これまでの史料保存、文書館状況の歩みをわれわれが的確に解明していくならば、今日の状況を論理的に説明し、新たな方向を見出す理論的裏づけが得られるのではなかろうか。しかしてこの分野こそ、アーキビストが蓄積してきたアーカイブズによって、答えが見出されていくべき史料論の課題ではないかと考える。

以上、史料管理理論、史料認識論の今後の方向について、本書各章から導きだされた結論に基づいて私見を呈してみた。この他にも展開されるべき重要な点があると思われる。特に史料認識論の分野では、課題が上記の第四の点にとどまらないのはもちろんであるが、筆者自身の今後の課題としたい点でもあったので、最後に掲げておいた。これらの指摘が、近現代史料管理理論、史料認識論の今後を切り開く方向につながるのであれば、「はしがき」で述べたように本書の目的を果たしたことになろう。

主要参考文献目録

㈠　ここには、本書の各論文執筆にあたって直接参照あるいは引用した限りでの主要な研究書、論文を収録した（ただし【補記】の部分を除く）。
㈡　掲載にあたっては、著編者名、書名、論文名、副書名・副題、巻冊次、叢書名（括弧内）、発行所名、刊行年次・あるいは収録書名、雑誌名、刊行年次ほか）、その他註記すべき事項の順に記載した。なお、版次などは、本書各論文を執筆した当時のものである。
㈢　各文献は、およその分類を施して排列した。ただし、下記の㈤の場合を除き、重複掲載をせず、また、史料管理論、史料認識論の各分野の主要文献を網羅的に掲げたものではないので、項目によっては収録の程度に精粗は免れないところがある。
㈣　各分類項目内の排列は、著編者、執筆者の五〇音順とした。著編者、執筆者が特定されていないものおよび確認することができなかった文献は、各項目の末尾に一括した。
㈤　多数の項目に及ぶ著作は、二、「史料管理論一般」にまとめ、個々の項目に掲げることを避けたが、論文集の中の論文であって、特に各項目にも掲げる必要のある場合には、それぞれの項目にも掲載した。
㈥　本書に収録した筆者の論文および未刊の史料は、収録していない。

一　史料管理論文献目録

・小川千代子「諸外国の公文書館制度等に関する邦文資料の紹介」（国立公文書館編『北の丸』第二〇号、一九八八年、所収）。
・君塚仁彦編「文書館関係文献リスト――一九八六年一月～一九八九年四月――」（『地方史研究』第二二二号、一九八九年十二月、所収）。
・佐原和久・石川美代子「文書館関係文献目録稿（昭和五十四年一月～昭和六十一年三月）」（埼玉県立文書館編『研究紀要』第二号、一九八七年、所収）。
・鈴江英一「資料ガイド・文書館と近代文書学」（北海道総務部行政資料課編『赤れんが』第七四号、一九八二年十二月、所収）。
・全国歴史資料保存利用機関連絡協議会（以下、全史料協と略称）編『記録と史料』第一号（一九九〇年）所収、「アーカイブズを学ぶ」。
・同関東部会編『文書館学文献目録』（岩田書院、一九九五年十一月）。
・山田哲好（研究代表）編『史料管理学に関する文献情報の収集とデータベース作成についての基礎的研究（平成四年度科学研究費補助金（一般研究C）研究成果報告書）』（一九九三年三月）。

二　史料管理論一般

・ICA Mission 受入実行委員会編『記録管理と文書館――第一回文書館振興国際会議報告集――』（全史料協、一九八七年十二月）。
・安藤正人著『草の根文書館の思想』（岩田書院、一九九八年五月）。
・同著『記録史料学と現代――アーカイブズの科学をめざして――』（吉川弘文館、一九九八年六月）。
・安藤正人・青山英幸共編著『記録史料の管理と文書館』（北海道大学図書刊行会、一九九六年二月）。
・大藤修「史料と記録史料学」（『記録と史料』第一号、一九九〇年十月、所収）。
・大藤修・安藤正人共著『史料保存と文書館学』（吉川弘文館、一九八六年九月）。
・国文学研究資料館史料館編『史料の整理と管理』（岩波書店、一九八八年五月）。

・文書館用語集研究会編、全史料協監修『文書館用語集』（大阪大学出版会、一九九七年十月）。
・安澤秀一著『史料館・文書館学への道――記録・文書をどう残すか――』（吉川弘文館、一九八五年十月）。

三　文書館運動、文書館論

・安藤正人「日本の史料保存利用問題に関する国際文書館評議会の勧告について」（『歴史学研究』No.五六八、一九八七年六月、所収）。
・岩倉規夫「情報化社会における行政資料室（文書館）等の果たす役割」上・下（『赤れんが』第四一―四二号、一九七六年二月―三月、所収）。
・梅村郁夫「一九九〇年代初頭のアーカイブズ理解について」（『山口県文書館研究紀要』第二〇号、一九九三年三月、所収）。
・大藤修「史料保存をめぐる問題点と課題――『地方史研究』一八八号・特集「地方史研究と文書館」の論点整理を通じて――」（『地方史研究』第一九四号、一九八五年四月、所収）。
・大庭幸生「北海道立文書館設立準備の現場から――背景、経過、課題について――」（『地方史研究』第一九四号、一九八五年四月、所収）。
・大濱徹也「日本のアーカイブズ――現在問わるべき課題をめぐり――」（国立公文書館編『国際公文書館会議東アジア地域支部第三回総会報告書』一九九七年十月開催、所収）。
・北川健「文書館のアイデンティティーとそのイラスト表現」（『山口県文書館研究紀要』第一七号、一九九〇年三月、所収）。
・同「文書館運動と史料保存運動のインターフェイス」（『地方史研究』第二二八号、一九九〇年十二月、所収）。
・栗山欣也「史料の保存と活用――図書館・博物館そして文書館――」（埼玉県立文書館編『文書館紀要』第九号、一九九六年三月、所収）。
・小林蒼海「アーカイブズについて」（『北の丸』第二〇号、一九八八年三月、所収）。

・埼玉県市町村史編さん連絡協議会編『地域文書館の設立にむけて』(同協議会、一九八七年)。
・鈴江英一「都道府県にみる行政資料室と文書館」(『赤れんが』第三一号、一九七四年六月、所収)。
・同「史料を残す、歴史を残す」(國學院短期大学図書館学会編『滝川図書館学』第三号、一九九二年三月、所収)。
・同「黒板勝美と〝古〟文書館」(『古文書研究』第五二号、二〇〇〇年十一月、所収)。
・高野修著『地域文書館論』(岩田書院、一九九五年九月)。
・高橋実著『文書館運動の周辺』(岩田書院、一九九六年十二月)。
・竹澤哲夫「裁判記録の保存と利用」(『史料館報』第五四号、一九九一年三月、所収)
・同「裁判記録をどう残すか」(『記録と史料』第三号、一九九二年八月、所収)
・田端宏・井上勝生・船津功「北海道立文書館設立運動の経過について」(『歴史学研究』No.四九九、一九八一年十二月、所収)。
・日本図書館協会公共図書館部会ほか編『図書館は文書館問題をどう考えるべきか——昭和四一年度全国公共図書館研究集会記録(郷土の資料)——』(一九六六年八月)。
・広田暢久「文書館設立のための若干の提言——山口県文書館を中心に——」(『地方史研究』第一八八号、一九八四年四月、所収)。
・飛高守「久喜市公文書館の活動——公文書の保存と公開を中心として——」(『八潮市史研究』第一四号、一九九三年十二月、所収)。
・ジャン・ファヴィエ著、永尾信之訳『文書館』(白水社、一九七一年一月)。
・安澤秀一「記録史料《アーカイヴズ》——人類の遺産を守るために——」(全史料協編『記録と史料』第一号、一九九〇年十月、所収)。
・『日本古文書学講座』第一一巻、近代編III(雄山閣出版、一九七九年四月)。

四　文書館史、文書館事情

・青山英幸「日本におけるアーカイブズの認識と「史料館」・「文書館」の設置」(安藤正人・青山英幸共編著『記録史料の

管理と文書館』北海道大学図書刊行会、一九九六年二月、所収)。
・国文学研究資料館史料館編『史料館四十年の歩み』(同館、一九九一年十一月)。
・全史料協編『日本の文書館運動——全史料協の二〇年——』(岩田書院、一九九六年三月)。
・高橋喜太郎「明治前期を中心とした政府の記録組織の変遷等について」(岩倉規夫・大久保利謙共編『近代文書学への展開』柏書房、一九八二年六月、所収)。
・北海道総務部編『文書館に関する調査報告書』(同部、一九七八年)。
・北海道立文書館編『北海道の歴史と文書』(同館、一九八五年)。
・山口県文書館編『山口県文書館の三〇年』(同館、一九九〇年)。

五　海外文書館紹介

・城戸毅「Adolf Brenneke, Archivkunde について」(岩倉規夫・大久保利謙共編著『近代文書館学への展開』柏書房、一九八二年六月、所収)。
・黒板勝美著『西遊二年、欧米文明記』(文会堂、一九一一年九月)。「欧米文明記」として『虚心文集』第七(吉川弘文館、一九三九年十二月)に再録。
・鈴江英一「欧羅巴文書館疾走記　一九八一年」(『赤れんが』第七四号、一九八二年十二月、所収)。
・藤井甚太郎「読書生として見たる欧米の公文書館及び図書館」(『図書館雑誌』第二六年七—八号、一九三二年七—八月、所収)。
・三浦周行「欧米の古文書館」(『史林』第九巻一号—第一〇巻一号、一九二四年一月—二五年一月、所収)。三浦周行著『欧米観察——過去より現代へ——』(内外出版、一九二六年)、三浦周行著『日本史の研究』新輯三(岩波書店、一九八二年三月)に再録。

六　公文書館法

・岩上二郎編著『公文書館への道』（共同編集室、一九八八年四月）。
・大野瑞男「公文書館法と文書館」（『歴史評論』№四六三、一九八八年十一月、所収）。
・全史料協公文書館法問題小委員会編『記録遺産を守るために——公文書館法の意義と今後の課題——』（全史料協、一九八九年一月）。
・総理府「公文書館法の解釈の要旨」（一九八八年六月一日）。
・高野修「『公文書館法』制定への経過」（『藤沢市文書館紀要』第一一号、一九八八年、所収）。
・林英夫「公文書館法の成立と「史料保存」運動」（『地方史研究』第二一五号、一九八八年十一月、所収）。
・広田暢久「文書館法制定のための提言」（『歴史学研究』№四八四、一九八〇年九月、所収）。
・吉原健一郎「地方史研究協議会と史料保存運動」（『地方史研究』第一八八号、一九八四年四月、所収）。

七　文書管理、情報公開

・井出嘉憲「行政における文書管理」（『社会科学研究』第三五巻五号、石田雄教授還暦記念号、一九八四年二月、所収）。
・後藤仁「情報公開・記録史料・公文書館」（『神奈川県立公文書館紀要』創刊号、一九九七年十一月、所収）。
・作山宗久著『文書のライフサイクル』（法政大学出版局、一九九五年五月）。
・水口政次「都道府県における文書保存・利用の現状と課題」（安藤正人・青山英幸共編著『記録史料の管理と文書館』北海道大学図書刊行会、一九九六年二月、所収）。

八　アーキビスト論

・石原一則「アーキビスト養成の歴史と課題」（『記録と史料』第四号、一九九三年九月、所収）。
・国立公文書館編『公文書館における専門職員の養成及び資格制度に関する研究会報告書』（一九九三年六月）。
・寿松木毅「アーキビスト養成・資格制度に関する問題点の考察」（『秋田県公文書館研究紀要』第二号、一九九六年三月、所収)。
・全史料協編『「文書館専門職(アーキビスト)の養成」についての提言』(一九八九年一月)。
・同『アーキビスト養成制度の実現に向けて――全史料協専門職問題特別委員会報告書――』(一九九二年十月)。

九　収集、移管、評価選別論

・青山英幸「対話都道府県(公)文書館における公文書引継・選別の現状と課題――北海道を中心として――」(『北海道立文書館研究紀要』第六号、一九九一年三月、所収)。
・安藤福平「公文書の管理・移管・評価選別について」(『広島県立文書館紀要』第五号、一九九九年三月、所収)。
・同「公文書の管理、移管、評価選別について」(『記録と史料』第一〇号、一〇〇〇年二月、所収)。
・石原一則「現代公文書の評価・選別方法について――神奈川県立公文書館の実務から――」(『神奈川県立公文書館紀要』第二号、一九九九年三月、所収)。
・小川千代子「記録管理とアーキビストの役割――文書館史料の価値判断基準について――」(『地方史研究』第二〇三号、一九八六年十月、所収)。
・小林蒼海「公文書の作成から保存利用までの一貫した管理――FRANK E. EVANS博士の報告書の紹介を中心にして――」(国立公文書館編『北の丸』第一六号、一九八四年三月、所収)。
・同「公文書史料(アーカイブズ)の選別と分類」(国立公文書館編『第七回公文書館等職員研修会受講資料』、所収)。
・同「アーカイブズについて」(国立公文書館編『北の丸』第二〇号、一九八八年、所収)。
・小森治夫「京都府における行政文書の引継移管と評価選別」(京都府立総合資料館編『資料館紀要』第二三号、一九九五年三月、所収)。
・国立公文書館編『公文書等の集中管理――保存・公開のための移管の重要性について――』(一九七七年一月再版)。一九九一年七月版の副題は、「保存・利用のための移管の重要性について」。
・埼玉県市町村史編さん連絡協議会編『行政文書の収集と整理(地方文書館の設立にむけて、二)』(同協議会、一九八九年三月)。
・佐藤京子「歴史資料としての公文書保存のために」(北海道立文書館編『赤れんが』第五号、一九八七年六月、所収)。
・総理府訳編『公文書と公文書館(公文書保存制度等連絡会議資料、第一号)』
・同『公文書の管理(同前、第三号)』。
・同『外国における現代公文書の評価(同前、第五号)』。
・高崎進「文書館における行政文書の課題」(『藤沢市文書館紀要』第四号、一九八一年、所収)。
・高野修「藤沢市行政文書保存の課題と問題点」(『藤沢市文書館紀要』第一号、一九七五年、所収)。
・戸島昭「地方自治体の記録をどう残すか——文書館へのステップ——」(『記録と史料』第三号、一九九二年八月、所収)。
・同「文書・記録の評価と選別」(安藤正人・青山英幸共編著『記録史料の管理と文書館』北海道大学図書刊行会、一九九六年二月、所収)。
・富永一也「新しい評価選別論の構築をめざして」(国立公文書館編『平成一〇年度公文書館専門職員養成課程修了研究論文』一九九九年、所収)。
・中村頼道「企業史料の収集保存と記録管理」(『地方史研究』第一八八号、一九八四年四月、所収)。
・樋口雄一「公文書館における評価と選別——原則的な考え方——」(『神奈川県立公文書館紀要』第二号、一九九九年三月、所収)。
・広田暢久「県庁資料の収集と整理について」(山口県文書館編『文書館ニュース』一〇号、一九七六年、所収)。
・福原徹「行政文書の保存及び管理業務の現状」(『藤沢市文書館紀要』九号、一九八六年、所収)。
・宮本功・小南晴彰「公文書保存の理念と現状——藤沢市文書館を事例として——」(『藤沢市文書館紀要』第三号、一九七七年、所収)。

一〇 史料整理論

・青山英幸「『史料館収蔵史料総覧』を手にして」(『史料館報』第六五号、一九九六年八月、所収)。
・同「国際標準記録史料記述等による箱館奉行文書日録作成の実験について」(『北海道立文書館研究紀要』第一二号、一九九七年三月、所収)。
・同「目録記述の標準化に向けて――記録史料の編成：レベルの設定について――」(国文研究資料館史料館編『記録史料の情報資源化と史料管理学の体系化に関する研究、研究レポート』No.2、一九九八年三月、所収)。
・安藤正人「記録史料目録論」(『歴史評論』No.四九七、一九九一年九月、所収)。
・同「越後国頸城郡岩手村佐藤家文書の構造」(渡辺尚志編『近世米作単作地帯の村落社会――越後国岩手村佐藤家文書の研究――』岩田書院、一九九五年一一月、所収)。
・上島有「東寺百合文書の整理について」(『史料館報』第二六号、一九七七年三月、所収)
・同「東寺百合文書の整理と保存」(『北の丸――国立公文書館報――』第二三号、一九九一年三月、所収)。
・梅原康嗣「行政文書の目録編成と日録記述――記録史料の検索システムの視点から――」(国立公文書館編『平成一〇年度公文書館専門職員養成課程修了研究論文』一九九九年、所収)。
・大友一雄・五島敏芳「文書館活動と情報資源化の構想――古文書整理からの展開――」(『史料館研究紀要』第三〇号、一九九九年三月、所収)。
・大野瑞男「近世史料分類の現状と基礎的課題」(『史料館研究紀要』第一号、一九六八年三月、所収)。
・大庭幸生「北海道開進会社に関する史料論的覚書」(『北海道立文書館研究紀要』第一一号、一九九六年三月、所収)。
・岡部真二「現地調査における史料整理の方法について――原秩序尊重・段階的整理の実践報告――」(『記録と史料』第三号、一九九二年八月、所収)。
・大村進「史料館所蔵史料目録第十七集刊行に寄せて」(『文部省史料館報』第一四号、一九七一年七月、所収)。
・鎌田永吉「近世史料の分類〔遺稿〕――第十八回近世史料取扱講習会講義草稿――」(『史料館研究紀要』第九号、一九七七年三月、所収、日本古文書学会編『日本古文書学論集』1、総論Ⅰ(吉川弘文館、一九八六年十一月)に収録)。

・岸田和明「記録／文書に対する主題検索の方法――文献検索理論からの接近――」（記録管理学会編『レコード・マネージメント』No.三四、一九九七年七月、所収）。
・国際文書館評議会記述基準特別委員会編、青山英幸解説、森本祥子訳「国際標準記録史料記述：一般原則」（『記録と史料』第六号、一九九五年九月、所収）。
・国文学研究資料館史料館編『史料管理学研修会講義要綱　平成元年度長期研修課程』一九八九年）。
・小嶋一夫「京都府立総合資料館」（『日本古文書学講座』第一一巻、近代編Ⅲ、雄山閣出版、一九七九年四月、所収）。
・柴田容子「文書館学における「arrangement」とはなにか――文書整理の重要な機能――」（京都府立総合資料館編『資料館紀要』第二六号、一九九八年三月、所収）。
・鈴江英一「府県庁文書の目録化と分類をめぐって」（『文部省史料館報』第一四号、一九七一年七月、所収）。
・同「北海道総務部行政資料課」（『日本古文書学講座』第一一巻、近代編Ⅲ、雄山閣出版、一九七九年四月、所収）。
・同「『総覧』から『目録』へ――「山梨県下市町村役場文書目録」その一の編集を終えて――」（『史料館報』第六六号、一九九七年三月、所収）。
・高橋実「近世史料の分類について」（『茨城県歴史館報』第一号、一九七四年三月、所収）。
・武田晴人「経営史料としての個人文書――石川一郎文書の整理に即して――」（『企業と史料』第一集、企業史料協議会、一九八六年三月、所収）。
・竹林忠男「行政文書の整理と編成――史料整理基本原則の適用とその問題点――」（『記録と史料』第五号、一九九四年九月、所収）。
・田中康雄「文書館における近世文書の目録作成をめぐって――コンピュータ化環境の中での問題点――」上・下（群馬県立文書館編『双文』第三・七号、一九八六年三月―一九九〇年三月、所収）。
・塚本学「文字史料の整理をめぐる問題若干――福富家文書目録の作成を終えて――」（『国立歴史民俗博物館研究報告』第四五集、一九九二年十二月、所収）。
・永桶由雄「国立公文書館」（『日本古文書学講座』第一一巻、近代編Ⅲ、雄山閣出版、一九七九年四月、所収）。

・長沢洋「広島県立文書館におけるコンピュータ利用とその問題点」(『広島県立文書館紀要』第三号、一九九四年三月、所収)。
・永田治樹・増田元・竹内比呂也「文書目録情報のデータベース化の問題——文書 OPAC 作成と MARC(AMC)の事例から——」(『大学図書館研究』第三三号、一九八八年十二月、所収)。
・中田佳子「『日本目録規則一九八七年版』第一一章非刊行物(第一次案)について」(『記録と史料』第三号、一九九二年八月、所収)。
・中谷弼「近代行政文書の課題」(『史料館報』第五〇号、一九八九年三月、所収)。
・中野美智子「近世地方史料の整理について」(『大学図書館研究』第二八号、一九八六年六月、所収)。
・同「近世地方史料の整理論の動向について——所蔵目録作成の立場から——」(地方史研究協議会編『地方史の新視点』雄山閣出版、一九八八年十月、所収)。
・同「近世史料目録の標準化の問題点と課題——『日本目録規則一九八七年版』第一一章非刊行物(第一次案)をめぐって——」(『記録と史料』第三号、一九九二年八月、所収)。
・同「近世史料目録の標準化と電子化について」(『岡山大学大学院文化科学研究科紀要』第三号、一九九七年三月、所収)。
・同「近世史料電子体目録の記述の標準化と利用効果について」(『岡山大学大学院文化科学研究科紀要』第五号、一九九八年三月、所収)。
・中野目徹「参事院関係公文書の検討——参事院の組織と機能・序——」(『北の丸』第一九号、一九八七年三月、所収)。
・原由美子「行政文書整理試論——総目録第2集を編集して——」(埼玉県立文書館編『文書館紀要』創刊号、一九八五年八月、所収)。
・原島陽一「県庁文書目録化に関する覚え書」(『文部省史料館報』第一三号、一九七一年二月、所収)。
・同「県庁文書の分類について」(同前、第一五号、一九七一年十二月、所収)。
・広田暢久「県庁史料の分類について」(山口県文書館編『文書館ニュース』第四号、一九六九年二月、所収)。

・平野正裕「近代文書整理法序説——文書の「成立様式」と「集積文書」について——」(『横浜開港資料館紀要』第一二号、一九九四年三月、所収)。
・Paul Brunton, Tim Robinson 著、石原一則訳「史料編成と目録記述」(神奈川県立文化資料館編『郷土神奈川』第二八号、一九九一年二月、所収)。
・本田雄二「史料整理と目録編成について——原秩序尊重の目録編成と分類項目付与の有機的連関——」(『新潟県立文書館研究紀要』第二号、一九九五年三月、所収)。
・増田元・永田治樹・竹内比呂也「国策研究会文書目録のデータベース化」(『書誌索引展望』第一二巻三号、一九八八年八月、所収)。
・水野保「近代行政文書の整理と文書館」(『史料館報』第三八号、一九八三年三月、所収)。
・同「明治三二年を中心にした台湾総督府の文書管理制度——検索利用上の視点をまじえて——」(『台湾総督府文書目録』第四巻、ゆまに書房、一九九八年九月、所収)。
・森本祥子「「国際標準記録史料記述(一般原則)」適用の試み——行政文書の場合——」(『史料館研究紀要』第二九号、一九九八年二月、所収)。
・山中秀夫「近世地方文書の検索の機械化及びその利用」(『ビブリア』第八七号、一九八六年一〇月、所収)。
・鷲塚研「道立文書館の資料整理について」『北海道立文書館研究紀要』第二号、一九八七年三月、所収)。

二 史料目録

・浅科村教育委員会編『矢島区有古文書目録』(一九九三年)。
・岡山大学附属図書館編『池田家文庫マイクロ版史料目録』改訂増補、全七冊(丸善、一九九二年一月—九三年十一月)。
・金沢市立図書館編『加能越文庫解説目録』上・下巻(同館、一九七五年三月—七六年三月)。
・京都府立総合資料館歴史資料課編『京都府立総合資料館所蔵行政文書総目録』二(同館、一九八七年三月)。
・国文学研究資料館史料館編『史料館収蔵史料総覧』(名著出版、一九九六年三月)。

・同『史料館所蔵史料目録』第三八集、「越後国頸城郡岩手村佐藤家文書目録」その一（一九八三年十月）。
・同『史料館所蔵史料目録』第六四集、「山梨県下市町村役場文書目録」その一（一九九七年三月）。
・東京都公文書館編『東京都公文書館所蔵蔵書目録』一、慶應四年―明治三〇年（一九七四年三月）。
・中野市立図書館・中野市誌編纂準備委員会共編『大熊区有文書目録』『小沼区有文書目録』『岩舟区有文書・町田むつ氏所蔵文書目録』『金井区有文書目録』『西条区有文書目録』（一九六七年一月―六八年十一月）。
・北海道総務部文書課編『北海道所蔵史料目録』第一―四集、「簿書の部」（一九六一年二月―六三年六月）。
・北海道立文書館編『北海道立文書館所蔵資料目録』一〇―（続刊中）（同館、一九九五年三月―）。
・文部省史料館編『史料館所蔵史料目録』第一七集（同館、一九七一年三月）。
・山口県文書館編『山口県文書館蔵行政文書目録』「一九三〇年代完結文書」「一九四〇年代完結文書」（一九九三年三月―一九九五年三月）。

一二　史料利用、展示論

・青山英幸「開館五周年記念特別展示について」（『北海道立文書館研究紀要』第六号、一九九一年、所収）。
・鈴江英一「地形模型「草創期の札幌」の制作について――制作の意図と関係資料――」（『北海道立文書館研究紀要』創刊号、一九八六年、所収）。
・中野等「文書館（史料館）における「展示」業務――柳川古文書館を素材として――」（『記録と史料』第二号、一九九一年、所収）。

一三　図書館情報学、博物館学

・岩猿敏生ほか共編『新・図書館ハンドブック』（雄山閣出版、一九八四年六月）。
・木原通夫ほか共著『資料組織法』第二版補訂版（第一法規、一九九一年四月）。
・桜井宣隆「図書館情報学の誕生と将来」（『図書館情報大学研究報告』一九九一・一〇巻一号、一九九一年八月、所収）。

・柴田敏隆編『博物館学講座』第六巻、「資料の整理と保管」(雄山閣出版、一九七九年三月)。
・日本図書館協会目録委員会編『日本目録規則』一九八七年版改訂版(同協会、一九九四年四月)。
・同協会用語委員会編『図書館用語集』(日本図書館協会、一九九六年八月、改訂版)。
・『図書館情報学用語辞典』(丸善、一九九七年九月)。

一四　史料学(史料認識論。一部、文書館学、史料管理研究論を含む)

・青山英幸「箱館奉行文書について――簿冊についての覚書――」(『北海道立文書館研究紀要』第九号、一九九四年三月、所収)。
・同「日本におけるアーカイブズの認識と「史料館」・「文書館」の設置」(安藤正人・青山英幸共編著『記録史料の管理と文書館』北海道大学図書刊行会、一九九六年二月、所収)。
・安藤正人「記録史料学とアーキビスト」(『日本通史』別巻三、「史料論」、岩波書店、一九九五年十二月、所収。安藤正人著『記録史料学と現代――アーカイブズの科学をめざして――』吉川弘文館、一九九八年六月に収録)。
・岩倉規夫・大久保利謙共編『近代文書学への展開』(柏書房、一九八二年六月)。
・丑木幸男「戸長役場史料論」一―四(『史料館研究紀要』第二四―二六・二八号、一九九三年三月―九七年三月、所収)。
・同「近代民間史料の構造――群馬県水沼村星野家文書を事例として――」(『群馬文化』第二五〇号、一九九七年四月、所収)。
・大井隆男「市町村役場文書」(『日本古文書学講座』第九巻、近代編I、雄山閣出版、一九七九年十二月、所収)。
・大久保利謙「文書から見た幕末明治初期の政治――明治文書学への試論――」(立教大学史学会編『史苑』第二一巻二号、一九六〇年十二月、所収)。
・同「一つの提案」(『文部省史料館報』第七号、一九六八年八月、所収)。
・笠谷和比古著『近世武家文書の研究』(法政大学出版局、一九九八年二月)。
・黒板勝美「国立古文書館の設立について」(『史学雑誌』第二四編一号、一九一三年一月、所収)。

・同著『更訂、国史の研究　総説』(岩波書店、一九三一年八月)。
・同「欧米文明記」(黒板勝美著『虚心文集』第七、吉川弘文館、一九三九年十二月、所収)。
・国文学研究資料館史料館編『町村制の発足(史料叢書、三)』、名著出版、一九九九年三月。
・小早川欣吾著『明治法制史論　公法之部』下巻(巌松堂書店、一九四〇年)。
・近藤金広著『官報創刊前後』(原書房、一九七八年)。
・佐藤京子「簿書の来歴ノート」(『赤れんが』第五三号、一九七八年七月、所収)。
・同「開拓使文書の署名式等について」(北海道総務部行政資料課編『赤れんが』第六二号、一九八〇年八月、所収)。
・佐藤進一著『古文書学入門』(法政大学出版局、一九七一年九月)。新版は、九七年四月刊。
・鈴江英一「北海道所蔵簿書の来歴について——第一文庫系簿書の履歴——」(『北海道地方史研究』第四四号、一九六二年八月、所収)。
・同「解題一・その一　第一文庫系簿書の来歴などについて」(『北海道所蔵簿書件名目録』第一部、北海道総務部文書課、一九六五年、所収)。ただし無署名。
・同「開拓使の布達・施行式の問題——主として初期における町村制度を事例とした問題の提起——」(北海道道史編集所編『新しい道史』二九、一九六八年九月、所収)。
・同「古文書あれこれ」2「過渡期の触書」、9「起案文を読む」、18「草案の価値」、32「申渡、カラフトへ」、40「あれこれ総括」(北海道総務部行政資料課編『赤れんが』第四・一一・二〇・三四・四二号、一九六九年十二月—七六年三月、所収)。
・同「海産干場地租創定関係文書　解題」(松前町史編集室編『松前町史　史料編』第四巻、松前町、一九八〇年　所収)。
・同『開拓使文書を読む(古文書入門叢書、八)』(雄山閣出版、一九八九年十一月)。
・同「文書館前史」(全史料協編『日本の文書館運動——全史料協の二〇年——』岩田書院、一九九六年三月、所収)。
・同「地方行政文書の保存・公開をめぐる問題」(『歴史学研究』第七〇三号、一九九七年十一月、所収)。
・同「近現代史料と保存意識」(『学術月報』第五一巻八号、一九九八年八月、所収)。

月）。

・高木俊輔・渡辺浩一共編『日本近世史料学研究――史料空間論への旅立ち――』（北海道大学図書刊行会、二〇〇〇年二月）。

・竹林忠男「京都府庁文書に見る明治前期公文書の史料学的考察」（京都府立総合資料館編『資料館紀要』第二一号、一九九三年三月、所収）。

・崔承熙「〝朝鮮王朝實録〟の由来と編纂に對して」（『史料館研究紀要』第三二号、二〇〇一年三月、所収）

・辻清明「日本における政策決定過程――稟議制に関して――」（『思想』No.四八七、岩波書店、一九六五年一月、所収）。

・津田秀夫「近代公文書学成立の前提条件――公文書概念の変遷と保存公開をめぐって――」（『歴史学研究』No.四〇三、一九七三年十二月、所収。津田秀夫著『史料保存と歴史学』三省堂、一九九二年五月に収録）。

・同「近代公文書学への模索」（同前『史料保存と歴史学』に収録）。

・冨善一敏「村方文書管理史研究についての覚書」（国文学研究資料館史料館編『特定研究「記録史料の情報資源化と史料管理学の体系化に関する研究」研究レポート』No.1、一九九七年三月、所収）。

・丹羽邦男「近代史料論」（『講座日本歴史』二五、別巻二、岩波書店、一九七六年九月、所収）。

・藤井貞文「近代の古文書」（日本古文書学会編『古文書研究』創刊号、一九六八年六月、所収）。

・藤原彰「現代史の史料について」（『歴史評論』No.二八九、一九七四年五月、所収）。

・保坂裕興「記録史料学と史料論について」（『歴史評論』No.五六一、一九九七年一月、所収）。

・堀内謙一「公文書館学の課題と今後の展望」（国立公文書館編『アーカイブズ』二号、二〇〇〇年二月、所収）

・松尾尊兊「近現代史料論」（『日本通史』別巻三、岩波書店、一九九五年十二月、所収）。

・松尾正人「文献解題」（『日本古文書学講座』第一〇巻、近代編II、雄山閣出版、一九八〇年七月、所収）。

・的野半助著『江藤南白』上（復刻、原書房、一九六八年）。

・宮地正人「幕末・明治前期における歴史認識の構造」（田中彰・宮地正人校註『歴史認識（日本近代思想大系、一三）』岩波書店、一九九一年四月、所収）。

・和田英夫「行政裁判」（『講座日本近代法発達史』三、勁草書房、一九五八年、所収）。

・『日本古文書学講座』全一一巻(雄山閣出版、一九七八年六月—八一年二月)。
・『日本近代思想大系』別巻「近代史料解説・総目次・索引」(岩波書店、一九九二年四月)。

一五　地方自治制度史

・大石嘉一郎著『日本地方財行政史序説』(御茶の水書房、一九六一年二月)。
・同「地方自治」(『講座日本歴史』一六、近代三、岩波書店、一九六二年九月、所収)。
・大石嘉一郎・西田美昭共編著『近代日本の行政村』(日本経済評論社、一九九一年二月)。
・大鎌邦雄著『行政村の執行体制と集落』(日本経済評論社、一九九四年五月)。
・大島美津子「地方自治制の制定」(歴史学研究会編『明治維新史研究講座』第四巻、平凡社、一九五八年十一月、所収)。
・同著『明治国家と地域社会』(岩波書店、一九九四年四月)。
・大淵英雄著『地方制度と生活意識』(慶應通信、一九九三年六月)。
・亀掛川浩著『明治地方制度成立史』(柏書房、一九六七年十二月)。
・鈴江英一著『北海道町村制度史の研究』(北海道大学図書刊行会、一九八五年三月)。
・鈴木武男「地方財政学説史概説」(河野義克編『都市・自治学説概説』東京市政調査会、一九七八年六月〈第三版〉、所収)。
・住友陽文「公民・名誉職理念と行政村の構造——明治中後期日本の一地域を事例に——」(『歴史学研究』No.七一三、一九九八年八月、所収)。
・山田公平著『近代日本の国民国家と地方自治』(名古屋大学出版会、一九九一年二月)。

あとがき

本書には、史料保存のため、また文書館の活動を支えるために史料管理学・文書館学が必要であり、あたかもそれは図書館を支える図書館情報学、博物館を支える博物館学と同じように独立した研究分野であるという前提がある。それがこの題名を掲げ、一三編の論文を一書にまとめた所以である。しかし、本書の初期の論文を書いていた一九六〇年代末から七〇年代初頭には、この前提を私ならずとも自明のこととして言い得たわけではなかった。文書館そのものがいまだ少なく、全史料協（全国歴史資料保存利用機関連絡協議会）の発足以前で、問題を論議する場もいたって乏しかったからである。そのような状況では、史料保存を地方自治体の業務として永続させること自体が先立っての課題であった。史料保存にかかる研究は、数少ない関係者の中でかろうじて行われていたにすぎなかった。

日本の史料保存運動、文書館運動が、諸外国なかでも欧米の文書館界に眼を向ける中で、アーカイブズの学(archival administration, Archivkunde)が〝ことば〟のみではなく、体系的学問として紹介され、受容されるようになった。史料保存の関係者たちが、手探りで築いてきた日本の文書館像は、それらの研究の導入によって理論的に基礎づけられていく。そして史料管理について論ずることが研究に値する、と文書館の実務に携わっている職員、文書館に関心のある研究者——研究者の大部分は日本史研究者であったが——によって認識され確信となっていった。

とはいえ史料管理学は実用の学であって、眼前の課題から離れては論じ得ないものである。いきおい研究は個別の館の課題、個別の史料管理に限定された議論となることが多かった。したがって、そこでは史料管理学の方法論を共有化することもまた手探りで進んできた歩みがあった。もっとも、この数年、史料管理学の研究、近代史料学の研究は、加速度的に進展しており、各章の補記に記したように、本書執筆中、校正中にも注目すべき論文・著作が多数、おおやけとなっている。それゆえ直近の新たな研究成果を紹介することは、もはやこのあとがきではなし得ない。本書の刊行準備中にも文書館の現実や議論が先へ進んでおり、はたして本書のような論点と発表の体裁でよかったのかという思いを反芻することしきりである。ただ自ら思いなしているのは、本書の意図がこの課題のごく基礎的な議論を呈示するところにあった点である。

史料管理学研究、近代史料学研究の視点をどこに据えるか、研究方法をどこに求めるか、という設題は、その研究を自立させ、独自の領域を生みだすために欠かすことができないものであろう。研究の必要性、独自性が強調されるべきはもとよりであるが、史料保存と文書館運営のためになるべき研究が、どのような内容、方法によってなされるべきか、それらははたしていかなる有効性を持っているのであろうか、という問いは、私の関心からつねに離れない。文書館のあるべき姿を高唱するのみでは研究の内実を生みださないのであって、具体的な研究――さらに具体的には研究論文――というかたちをなして初めて研究の有意義性を立証し得るものである。海外の優れた研究には、私も大きな刺激を与えられ、それによって文書館の方向性を示されてきた。ただ、日本における研究の自立を考えるならば、研究の方法も自ら立脚している史料保存の現場から紡ぎ出す作業は省略できない。

このように考えるのは、海外の文献を吸収することの全く不得手な者の言い訳とされるならば一言もないが、私としては、史料保存の実務の課題から出発し、自らの営為を理論的に整序し、それを実務に還元していくという相互作用が必要であると考え、それを重視してきたつもりである。ひらたく言うならば、なし得たことを言い、なし得ていないことは言わない、という態度をもって終始してきた。こうした研究の態度にはもちろん限界があって、自らの理論や実践に接合しがたいと思われるような、新しい理論や未経験の技法を吸収することには遅れがちとなる傾向は免れない。けれどもこれもまた研究の一つのあり方ではないかと思う。特に研究が草創の時期――と私は思っているが――では、本書のようなごく基礎的な研究の報告は、それなりに意味があるのではないかというのが、このところの私の結論である。

一九六〇年代、七〇年代に日本の文書館館界が模索し、私も模索してきた文書館と文書館学の自立は、今日、わが国でも史料管理学・記録史料学という語を生みだし、一定の姿を整えつつある。その中で本書のたどりついたところが例えつたないものであったとしても、これまた日本の文書館界が積上げた成果の一部であると言って許されるのではなかろうか。もし本書が、今後、これからの人たちから乗り越えられる対象とされるのであるならば、本書を批判してさらに先へ進んでいっていただきたいと思う。ただ、その際にも切望したいのは、ここで論じられている課題をも所与の前提とはせず、また研究自体の成立を自明のこととせず、史料管理学・文書館学の研究をいかに自立させるかという課題が、これからもつねに私たちの前にあることをはずさないでほしいという点である。本書で幾度も言及したような研究史への目配りは、問題の所在を私たちに明らかにしてくれるはずである。

私自身の史料保存の仕事と研究の歩みを重ね合わせてみると、それが研究として体をなしているかどうかは別として、相互に呼応する関係にあった。一九五九年に北海道庁に勤務して北海道庁所蔵簿書の整理と公開にあたったが、ここでは史料整理論、史料認識論と格闘することとなった。六〇年代末から七〇年代にかけて職場が北海道総務部行政資料室(のちに行政資料課)となってからは、北海道庁の史料総体の保存管理論と文書館設立を目指す過程での文書館論と取り組むことになった。一九八五年に北海道立文書館がようやく発足するが、その間、文書館運営、展示、公文書の引継移管の諸論議の渦中にいた。私の研究は、史料保存のための職場内外のたたかいをはらみつつ、文書館を目指して進んできた各段階に照応して生まれてきたものであった。本書の各論文が初出当時の姿をもって呈示した理由も、その時点で生まれた意義を温存したかったからである。

もっとも、本書に収録した大部分は、一九九三年に私が現在の国文学研究資料館史料館に職場を移してからの論文である。本書がこのようにまとまった一冊となったのは、この転任が契機となったことは明らかである。ただしそれは豊富な研究の時間が私に与えられたという意味ではない。史料館がこれまで存在意義を問われる中で史料管理学を生みだしてきた歩みにならうと、これらの研究は史料館の課題に私も否応なしに対峙した結果、必要に促されて乏しい時間から刻み出したものである。

以来、他のことに関心を向ける余裕もなく史料館の現場と本書のような研究に没頭した感があるが、史料館での刺激があって本書は陽の目を見たと思っている。森安彦前史料館長はじめ同僚の教官、また史料館を軸として開催された諸々の研究会でお会いした館外の研究者との交流は、本書の成立にあたって欠くことのできない要素であった。本書所収の初出論文が、多く『史料館研究紀要』はじめ史料館の出版物であるのは、その証左である。

このほか本書所収論文は、ほとんどが勧められて執筆し公表の機会を得たものである。特に最初の『古文書研究』所収論文は、古文書学の手ほどきを受けた慶應義塾大学名誉教授高橋正彦先生のご推輓によるもので、文章を綴る苦闘とともに、何か私の出発点となったような思い出がある。

また、本書はすでに触れたように、学位申請論文であり、論文審査にあたっては北海道大学文学部史学科（大学院文学研究科）の諸先生方に、ひとかたならぬお世話になった。厚くお礼を申し上げたい。特に論文審査の主査になっていただいた井上勝生教授は、かつて史料館に勤務され、いま北海道立文書館運営協議会の座長をも務めておられる。井上先生の史料管理学への関心が、本書のような、必ずしも歴史学の範疇とは言えない論文を学位審査の対象にしてくださったものと思う。また副査の白木澤旭児助教授（日本史学）には、井上先生ともども精密に論文を検討していただいたほかに、きめ細かな連絡の労をとってくださった。さらに日本史学以外の副査として東洋史学の津田芳郎教授、西洋史学の長谷川貴彦助教授からは、それぞれご専門の領域を背景として文書館についての示唆をいただいた。日本の史料管理学と近代史料学にかかる学位論文は、いまだわが国では稀なテーマであるにもかかわらず審査をしてくださった四人の先生方のご厚意には感謝のほかはない。

本書刊行に際しては、このほかにも多くの方のお世話になった。なかでも私が全く不得手な英文要旨については、同僚の安藤正人教授のアイデアで、オハイオ州立大学フィリップ・C・ブラウン准教授にお願いした。ブラウン先生は史料館との御縁がある方で、一九九七年に外国人研究員として半年間、史料館に在籍しておられた。この英文要旨によって本書を日本発信の史料管理学とすることができた。また、安藤正人氏からも史料管理学の専門用語の訳語について貴重な助言をいただいた。心強くもともにたいへん有難いご支援であった。

本書のほとんどはまた、既往の論文を収録したものである。史料館はじめ古文書学会、北海道立文書館、兵庫県文書課、秋田大学史学会からは、本書への掲載を快く許可していただいた。さらに本書の刊行にあたっては、日本学術振興会の「平成十三年度科学研究費補助金(研究成果公開促進費)」の交付を受けることができた。学位審査の時期と出版助成の申請時期とはあい前後していたが、この間、申請の事務、出版の実務は北海道大学図書刊行会前田次郎氏の適切なご指示と配慮によって進められた。また校正および索引の作成にあたっては横井広美氏の助力を得た。それぞれ記してお礼としたい。

私にとって本書は、研究の最も基礎的な部分をなしている。私の経験では、史料保存というものは、全く地味な仕事であって、人目に付かないところで営々たる持続を求められるという性質がある。ましてわが国では、アーキビストはいたって少数で、行政の分野でも学界においても周縁的な存在である。アーキビストの地位が高くなった方がわが国の史料保存にとってもよいことではあるが、一面、そうではなくとも誰かがこれを志して取り組まねばならないものであろう。そのような史料保存に立ち向かう気概もまたそれぞれが自立した学問としての史料管理学・文書館学を紡ぎ出すことによって獲得されるのではなかろうか。そうした想いで私は、これまで史料保存の問題に取り組んできた。このような周縁的気概もあるいは乗り越えられ、相対化される日が遠くはないのかもしれない。その時が少しでも早く到来するために、私の研究もいましばらく続けていきたい。今後は、史料認識論、文書館論の方向に関心を向けていくことになるかと思う。

二〇〇二年一月

鈴江英一

索　引

〈凡　例〉

1．この索引は，序章，1～4編，終章の本文(図表を除く)，および註に記述した主な「事項」「人名」「機関・組織名」「地名」「文献・法令名」を収録したものである。

2．「事項」等を採取するにあたっては，網羅的に行わず，目次を補完し本書の主要な論点，記述を参照し得る範囲で行うにとどめた。したがって「事項」等の検索にあたっては，まず目次(図表目次を含む)に掲げている語を参照していただきたい。

3．「事項」については，本文・註において主要な論点となっている史料管理および史料認識に関わる語を採取した。

　なお，主要な論点となった語の採取にあたっては，本文では頁を単位として，註では註の番号を単位としているので，採取の単位ごとに採否の判断が異なるものであることをおことわりしておきたい。

4．「人名」は，本文・註において主たる議論を呈示している著作の執筆者を採取した。執筆者と著書・論文名を挙げたのみの場合は，採取を省略した。

5．「機関・組織」は，本文・註において，検討対象とした主要な官公庁，文書館・史料館等の史料保存機関名，研究団体等の名称を採取した。

6．「地名」は，主として史料保存に関わる都道府県，市町村名などである。引用した史料等に記載されている地名などは採取の対象としなかった。

7．「文献・法令名」は，主たる議論の対象とし，あるいは多く引用した著作，法令に限って採取した。第4編第11章，12章で引用した文書名は，採取していない。

8．註では，本文に該当の語句がない場合にのみ採取した，本文に同じ語句があるときは採取しなかった。本文に註の番号のある語句は，その註の部分をも含んでいるので参照していただきたい。

9．各章の末尾に付した付記，補記については，特に留意すべき事項を採取した。

10．採取にあたっては，若干の語句(例えば「の」など)を補い索引事項を統合したものある。

11．参照すべき「事項」等については，→(～を見よ)，→：(～をも見よ)を付して示した。

12．排列は，50音字順とした。

ア　行

カ　行

タ　行

ナ　行

ハ　行

マ　行

ヤ　行

Modern Archives Administration and Archival Science

SUZUE Eiichi

1 The Objectives of this Book

The field of archival administration and science in Japan is still in the process of development. I have undertaken this study in order to help lay a foundation for the field in Japan. The themes that I take up in this study are those of the status of archival administration and archival science (including manuscript forms, organization in an archival cluster, preservational and historical contexts, and the like), especially as they apply within the broader field of Japanese archive studies to work with modern manuscripts. This study is a revision of the thesis submitted as part of the requirements for the degree of Doctor of Philosophy, which I received from Hokkaido University in June of 2001.

In recent years, the national government, local governments, industrial concerns, schools, churches, and other groups have established various archival institutions for the purpose of preserving archives (historical materials) that represent the cultural legacy that is the mark of their activities. In Japan, archives whose function is to make manuscripts available to the public could not be created in the pre-war years, but finally in the post-war era the first such institution, the Yamaguchi Prefectural Archive, opened in 1959. Thereafter, from the 1960s on, in many parts of Japan local governments have established archives. At present, archives in Japan include, at the national level, The National Archives, The Diplomatic Record Office of the Ministry of Foreign Affairs, the Department of Historical Documents at the National Institute of Japanese Literature; and further, of the forty-seven prefectures, twenty-six have established archives as have more than a dozen cities, towns, and villages. In addition, no small number of archives have been established by businesses, schools, and religious groups. I predict that hereafter the establishment of archives in Japan will grow, albeit at a relatively slow pace.

It is highly desirable to have a Japanese archival administration that supports this growing archival activity both technically and theoretically.

However, regrettably, I do not think that Japanese archival administration studies currently have the strength to create new archives and to sufficiently support archival activities in accord with such expectations. Japanese archival administration might well be considered as having just been born, numbering its days fewer than even those of archival institutions whose own history is still very thin. Yet just in the past few years the research in archival administration by archivists throughout Japan - among whom I am one - have deepened our understanding and led to great expectations for the field from now on. I offer this book to Japan and the world as one of the results of late twentieth century archival administration science in Japan.

In this book I offer my thoughts on archival administration based on my own experiences, focusing on the theory of manuscript appraisal and selection, archival arrangement, and archives administration from within the broader field of archive sciences. Further, distinctive Japanese traditions in archival thought have heretofore been confounded with archival sciences and archival administration in our discussions, but I believe that these should theoretically arranged to treat traditional elements of archival thought as part of an archival science, and we should ask what points of conjunction and overlap exist between archival administration and our traditional archival science foci (e.g., documentary form, preservation, historical context, etc.).

2 Structure of the Book and Summary of Each Chapter and Section

The major sections of this book are organized into an introduction, the main substantive essays (divided into four sections and thirteen chapters) and a concluding chapter. In addition, at the end of the volume I have appended a reference bibliography and an index. First, in the introductory chapter, I place the perspectives of the research underlying this book in the context of developments in the field of Japanese archives and archival administration. The essays in the main section of the book are divided into two fields of archival administration (sections 1-3) and archival science (the fourth section). To begin with, in the first section, "The Status of Modern Japanese Archives," I take up the functions of archives, which are charged under the Public Archives Law with the preservation of manuscripts and resolving problems of Japanese archives, especially archives created by local governments. The second section, "Manuscript Acquisition, Transfer, Appraisal Criteria and Selection" takes up the current status of contemporary collection standards and manuscript transmission, which comprise the central work of archives. Here I also indicate, through actual examples of appraisal and selection, the problems of manuscript

preservation which occur in Japanese archives. In the third section, "An Investigation of Archival Organization," I discuss the techniques of archival management based on examples of the arrangement of late nineteenth century city, town and village office archives and the history of modern archival arrangement theory. I also reflect on problems of overall archival administration of manuscripts stored in archives. The fourth section, "Modern Archival Sciences," reflects on research methods in the field of archival studies based on an overview of the formation of modern archival theory and using as exemplary materials late nineteenth century Hokkaido manuscripts. I also discuss the historical circumstances of archival administration, which is influenced by the law that regulates the Japanese system of towns and villages. Finally, in the concluding chapter, "The Prospects for Archival Sciences and Archival Administration," I summarize the preceding chapters and bring together my assessments of the future direction of the field.

Within these sections I take up the following points in each of the individual chapters.

The first section, "The Status of Modern Japanese Archives," begins with an essay entitled "On the Function of Archives as a Structure for Preserving Manuscripts," in which I relate the ways in which archives have been understood over time and the development of the movement for preservation of manuscripts in Japan. The earliest ideas of a Japanese movement to preserve manuscripts sprang from the necessity to preserve manuscripts for historical research. Further, archival institutions came to be seen as facilities whose purpose was to support historical research. The development of the movement to preserve historical materials was fulfilled when it was transformed into the foundations of an archival system. An understanding developed broadly that manuscripts are materials in which are embedded many social phenomenon, which are important for us to view over a span of time, and which have an import that transcends their role as materials for historical research. Consequently, a major subject for archival institutions lies not only in preservation of records from old eras, but also in the increasing emphasis we see on the process of appraising and selecting contemporary records as part of the procedure for deciding which records should be preserved. I have pointed out this function, too. On the other hand, I have argued to locally-established public archives that they also have a role to play in the preservation of local historical manuscripts. In this chapter I take up the social function of archives based on recent understandings of archives' roles; it functions as a means to frame the overall argument of the book, presenting the perspective which underlies the arguments present in each chapter below,

Chapter 2, "Recent Directions and Prospects for Public Archives: The Ten Year Anniversary of the Enactment of the Public Archives Law," written in 1997, ten years after the enactment of the Public Archives Law, discusses the degree to which Michael Roper's advice on structures for preservation of historical materials in Japan, offered during his 1986 mission to Japan from the International Council on Archives (ICA), has been implemented in Japan's archival system as of today.

Chapter 3, "Constructing the Professional Work of Prefectural Archives," discusses the multifaceted functions of Japan's prefectural archives and compares the regulations in various prefectures which lay the foundations for the operation of prefectural archives as of 1991. This comparative approach to the study of archives is one that has heretofore been completely absent in the field of archival administration in Japan. This method is one that I have developed on my own as I will also discuss in Chapter 5. Based on this approach, I make it clear that the actual business and duties of the various regional archives transcend the scope of the Public Archives Law.

Chapter 4, "Archival Duties and the Public Archives Law: An examination of the Prescriptions of the Akita Prefecture Regulations for Public Archives," extends the analysis of Chapter 3 to the Akita Prefecture Public Archives which were established in 1993. Here I investigate the scope of archivists actual professional duties and the regulations which established this archive. I argue that our country's archives are constructed based on duties that lie both inside and outside the scope of the organizational framework of the Public Archives Law and, moreover, that this is as it should be.

As described above, the book's first section clarifies the circumstances under which an understanding of the need to preserve historical archives (manuscripts) widened, and indicates that the understanding of the significance of historical manuscript preservation and the functions of public archives developed out of a movement to establish archives which in turn grew from the post-war movement to preserve historical manuscripts. This discussion noted that the functions of archives have a character that is not simply limited to their establishment for the purpose of serving historical research, but that they were established to more broadly preserve our cultural heritage and business records (in the case of local governing bodies, preservation of administrative records). Especially in discussion of the cases of Hyogo and Akita prefectures, I indicate the directions in which the Japanese archival system should develop. In addition, I indicate that there are problems for regional archives regarding the efforts to establish archival duties based on various regulations and rules where archival duties extend beyond the principles of the Public Archives Law and

especially regarding the preservation of regional historical manuscripts responsibility for which was not positively established by that law. Further, I indicate that the real duties of the archivists who constitute the professional staff of archives are much broader than those prescribed by the Public Archives Law. I draw these conclusions from my study of the actual conditions of various archives' regulations and duties.

The second section of the book, "Manuscript Transfer, Appraisal and Selection", is comprised of chapters 5 and 6. Chapter 5, "On the Manuscript Collection Standards and Acquisition Procedures for Archives in Japan," takes as its object of study the archives of prefectures (treated in Japanese practice in several different categories: *to*, *fu*, *dô* and *ken*) and reflects on a classification of procedures for manuscript acquisition from the parent organization which is the principal client of the archive. In addition, I develop a classification of collection standards of archives. Through this comparative analysis I discuss what will be necessary in order to establish an acquisitions structure which is appropriate for the circumstances that Japanese archives confront. Heretofore this kind of comparative research methodology has not been well developed in the field of Japanese archives research. Indeed, this essay represents the first fundamental effort at comparative archival research in Japan.

Chapter 6, "An Investigation of the Theory of Archival Appraisal and Selection, with a Test Effort at Selection," reports on an actual effort to evaluate and select manuscripts from the Hokkaido Government Office for acquisition by The Archives of Hokkaido. I introduce a concrete example of appraisal and selection, an activity for which there are few reports in the world of Japanese archives, and based on what we can learn from the process of selection in this case, I indicate several general problems that intervene in the appraisal and selection process.

Section 2 conducts a comparative investigation of the principles of collection which guide manuscript selection and the structure of archival acquisition in Japan's prefectural archives. Among the results of this comparison of the structures of manuscript acquisition and transfer, I suggest that the most important are 1) the place of the archival institution's responsibility within the duties of archival administration, 2) the archival institution's ability to take overall responsibility for the handling of unneeded documents and its overall grasp of the central function of appraisal and selection of documents for preservation for posterity, and 3) the inherent potential of systematic preservation of documents, including those of other departments,. Further, based on indications from actual cases of appraisal and selection, I offer examples of how to analyze this process. While doing so, I clarify that the exercise of judgement in appraisal and

selection of documents involves an intimate relationship between discernment of the social function of the documents' parent organization and the circumstances of the documents' creation. The perspectives on functional appraisal and selection stressed by Hans Booms and others has points of agreement with my approach to the issue of appraisal, selection and the evaluation of a document in its social context. However, my approach is firmly rooted in the actual condition of the records and archive, and aims to establish a perspective of appraisal and selection based on consideration of the social function of the parent organization which created them. I indicate that archival science supports appraisal and selection based on a clarification of the character of the originating body and of the document.

Sections 1 and 2 of the book both make no direct effort to take up the issue of the archivist which is a central point of debate within the profession, but some relevant arguments are presented in the discussion of appraisal and selection, and of the functions of archives. In particular, I indicate differences between of perspectives which reflect on the archivist's judgement of documentary value based on their view of its place in the span of historical time, and the perspectives of government officials' value of a record based on their administrative experience.

Section 3, "An Investigation of the Arrangement of Historical Documents," is comprised of chapters 7 through 9. It discusses primarily the status of the arrangement of archival materials in archival institutions. Based on a considerable expenditure of funds and research effort, this section occupies about a third of the main section of the book. Among these three chapters, Chapter 7, "The Status of Modern Perspectives on Documentary Arrangement," was undertaken as a preliminary effort, one undertaken with the intent of investigating perspectives on the arrangement of specifically modern manuscripts and assimilating the results prior to creating an index of the archives of city, town and village office records in Yamanashi Prefecture which form the subject of the next chapter. I discuss the main accomplishments of investigations of documentary arrangement and clarify the changes in classification, arrangement and description practices which underlie prefectural archive indexes, and modern theories of documentary organization as they developed from the 1970s.

Chapter 8, "An Effort to Create Index Descriptions for City, Town and Village Office Documents," is a report of index editing (structure) and index description which appeared in "An Index of City, Town and Village Office Documents in Yamanashi Prefecture (1)," published in *Indexes of Documents in Archival Holdings of the Department of Historical Documents (National Institute of Japanese Literature)* (Number 64, March, 1997), for which I was responsible.

However, this is not just a report of a case study; I offer archival descriptions and arrangement which I attempted in this index as a means to improve more general discussion.

Chapter 9, "A Reconsideration of Documentary Arrangement," presents an overall reflection on the status of documentary arrangement based on the investigations included in chapters 7 and 8. Here I investigate the various principles of documentary organization and the characteristics of documentary organization as it occurs in Japanese archives; I also indicate conditions essential to the general realm of archival management of documentary holdings which are preliminary to the arrangement of individual archive groups. I also offer a model of finding aids for official documents.

In this third section, I examine modern perspectives on archival arrangement, follow the tracks of the influence of relevant American and European theories and describe the results of archival arrangement which took place in prefectural archives and during the movement to preserve early modern documents in the post-war period. From this I extract subjects to examine regarding archival description and the arrangement of archival indexes. Further, based on experience in editing indexes for city, town and village offices, I develop the outcomes of concrete investigations of archival description and index arrangement. I present, based on specific cases, important points regarding how we can grasp the character of individual archives and documents and express them in an index. I also stress the necessity of understanding an archival arrangement which is not limited in its appropriateness to archives, but also applies to museums and libraries; I stress the significance of "the principle of respect for the original order of documents", "the principle of provenance" and other various principles, and suggest the inevitable necessity of an integrated management of the entire document collection. I stress that the foundation of archival arrangement lies in recognizing the necessity for the original documentary structure to be reflected in the structure of the index for the archive. In addition, I offer diagrammatic illustrations of two models for organizing a document index that conforms to the structure of the documents: the "Mizuno model" and the "Suzue model."

The essays included up through the third section of the book deal with archival administration, including regional archives, but Section 4, "Archival Studies of Modern Records" is comprised of essays on archival science. It is comprised of chapters 10 through 13. Archival science abuts archive management and it has a role to play in supporting such activities, but archival science has its own structure and research fields that are independent of archival management. Chapter 10, "The Formation and Problems of Modern Archive

Studies," is a history of research studies in the field, which pursues the formative process of modern archival science in Japan. This chapter introduces the general argument of the fourth section of the book. In particular, its central discussion deals with the kinds of agreement that exist between modern documents and diplomatics, a field which occupies an important position in the realm of archival science in Japan but that focuses on pre-modern materials. Here, along with depicting the development of the autonomy of modern archival science from diplomatics, I demonstrate that while we have heretofore discussed archival administration and archival science without making a distinction between the two, we really should make a distinction.

Chapter 11, "An Introduction to and Consideration of Bound Archives of the Dai-ichi Library of the Hokkaido Government Offices," introduces a nineteenth century Hokkaido documentary collection which has at its heart the materials from the Commission of Colonization responsible for the exploitation of Hokkaido. It is a study which applies formalistic theory of diplomatics to modern historical records. This chapter attempts to tie an understanding of documentary quality to the development of finding aids. This point has some relationship to the subjects developed in Chapter 9.

Chapter 12, "The Implementation of Law in the Early Development of Modern Hokkaido: An Attempt to Grasp the Structure of the Records of the Colonization Office," clarifies the circumstances in which there was special treatment of and delay in the transmission of documents when laws were first implemented for Hokkaido during the late nineteenth century. I indicate here the possibility of establishing a field of modern diplomatics while I simultaneously stress the regional quality of law and records.

Chapter 13, "Characteristics of Archival Administration under the 'Town and Village System Law: Considerations as a Late Nineteenth and Early Twentieth Century Archival Study," discusses the influence on archival administration of the laws which laid the foundation for the modern system of cities, towns and villages, implemented in 1889. Here, while discussing those what elements of town and village government activities which were recorded in records under this nationally established administrative system, I also consider the ways in which archival science abuts archive administration and supports the field of archival arrangement and theory in appraisal and selection.

In this way, Section 4 traces studies of modern archival science and indicates that this has heretofore been discussed in such as way as to confuse the preservation movement, archive administration and archive science. Consequently, I stress the fact that we should be discussing records theory (*shiryô ron*) as part of archive science and archives administration as an independent

endeavor. In addition, I reflect on the points of agreement between diplomatics and studies of specifically modern archives and the possibility of being able to practically apply the results of records theory (*shiryô ron*) to records accession. Here I discuss four points: 1) the necessity for records criticism, 2) clarification of the process of documentary accumulation, 3) clarification of the process of implementing laws and the transmission of documents, and 4) as points of discussion when we reflect on late nineteenth century public records, getting a grasp of the character of this period as one of transition from the early modern to the modern eras. I again argue as follows from the point of view of constructing a theory of modern archives based on this kind of thinking; That is, the following concerns become central to the discussion: a comparison of the general character of modern records and their circumstances in Japan, application of the results of diplomatics and theories of pre-modern records, grasping the special character of records of this time as in various ways reflecting the transition from the early modern period, and the need for broad investigation of many kinds of modern records. Further, concerning records of towns and villages under the nationally determined "town and village system," I note that documents were created within the confines of the organization of that system, that they cut off a piece of the various village and town societies, and based on a proper understanding of these facts, we can extract methods which will help us to think about archival arrangement; this will provide knowledge to support theories of archival arrangement and related fields.

3 How Will Japanese Archives Administration Advance in the Future?

Japanese archives administration was born of the movement for records preservation and archival management, received stimulus from the accumulated results of the world of European and American archivists, and, has groped toward a systematization which has absorbed these influences bit by bit. Today, contemporary records are being created in great quantity. Archival institutions face the great problem of determining from among them which documents will remain for posterity. Further, the form in which records which should be saved will change with the development of computers and other information technologies, and there will be great changes in the methods of transmitting information and managing them. The world of Japanese archives will also feel the impact of this wave of global transformation. I sense that for the recently-born field of Japanese archives administration, the problems of modern records preservation pose a heavy burden, but that Japanese archivists are capable of earnestly bearing this responsibility. Perhaps the time is not far

off when Japan can make contributions to the global world of archives based on transmission of the results of its own research on archival administration. This book is but one waypoint in this process, one among a number of interpretations of archives administration, but the research of the Japanese archival community capable of making an international contribution will come at a time when it has superceded this work. I look forward to reactions to and criticisms of this book.

August, 2001
SUZUE Eiichi
Translated by Philip C. Brown

郵便はがき

料金受取人払

札幌中央局
承認

25

差出有効期間
2003年12月31日
まで

060-8787

札幌市北区北九条西八丁目
北海道大学構内

北海道大学図書刊行会 行

ご氏名（ふりがな）		年齢　歳	男・女
ご住所	〒		
ご職業	①会社員　②公務員　③教職員　④農林漁業 ⑤自営業　⑥自由業　⑦学生　⑧主婦　⑨無職 ⑩学校・団体・図書館施設　⑪その他（　　　）		
お買上書店名	市・町　　　書店		
ご購読新聞・雑誌名			

書　名

本書についてのご感想・ご意見

今後の企画についてのご意見

ご購入の動機

1 書店でみて　　2 新刊案内をみて　　3 友人知人の紹介
4 書評を読んで　　5 新聞広告をみて　　6 ポスターをみて
7 DMをみて　　8 その他（　　　　）

値段・装幀について

A　値　段（安　い　　普　通　　高　い）
B　装　幀（良　い　　普　通　　良くない）

鈴江英一(すずえ えいいち)

1939年 札幌市に生まれる
1959年 北海道総務部に勤務
1968年 慶應義塾大学文学部卒業
1985年 北海道立文書館に勤務
1993年 国文学研究資料館史料館に勤務
現 在 国文学研究資料館史料館教授，博士(文学)，古文書学会理事
主 著 『松前町史』史料編第1-4巻，通説編第1巻上・下(共編，松前町，1974-88年)
『北海道町村制度史の研究』(北海道大学図書刊行会，1985年)
『札幌とキリスト教』(共編，札幌市教育委員会，1987年)
『開拓使文書を読む』(雄山閣出版，1989年)
『町村制の発足(史料叢書3)』(編集，名著出版，1999年)
『キリスト教解禁以前――切支丹禁制高札撤去の史料論――』(岩田書院，2000年)

近現代史料の管理と史料認識

2002年2月28日 第1刷発行

著 者 鈴江栄一
発行者 佐伯 浩

発行所 北海道大学図書刊行会
札幌市北区北9条西8丁目北海道大学構内(〒060-0809)
tel.011(747)2308・fax.011(736)8605・http://www.hup.gr.jp/

㈱アイワード／石田製本

ISBN4-8329-6261-2